问津四雅

问津·开卷·品报·参差

王振良　董宁文　张元卿　沈文冲／编

天津出版传媒集团
天津古籍出版社

图书在版编目(CIP)数据

问津四雅:问津·开卷·品报·参差/王振良等编
. -- 天津:天津古籍出版社, 2019.5
(汛海文丛/王振良主编)
ISBN 978-7-5528-0804-9

Ⅰ.①问… Ⅱ.①王… Ⅲ.①文化史—研究—天津—文集 Ⅳ.①K292.1-53

中国版本图书馆 CIP 数据核字(2019)第 061628 号

问津四雅:问津·开卷·品报·参差

WENJINSIYA WENJIN KAIJUAN PINBAO CENCI

王振良等 编

出版人/张玮

*

天津古籍出版社出版

(天津市西康路 35 号　邮政编码:300051)

http://www.tjabc.net

天津市天办行通数码印刷有限公司印刷

全国新华书店发行

开本 880×1230 毫米　1/16　印张 91.75　字数 1300 千字

2019 年 5 月第 1 版　2019 年 5 月第 1 次印刷

ISBN 978-7-5528-0804-9

定　价:268.00 元(全四册)

问津四雅弁首

《问津四雅》是问津书院纪念文集《汛海文丛》之第四种，本来拟在书院揭牌五周年庆祝会上推出，可受制于各种主客观因素，迁延了竟然整整一年。这是必须向作者诸君致歉的！

《问津四雅》全书别为四卷，每卷评议一种以问津书院名义编印的内部资料——《问津》《开卷》《品报》《参差》。以编刊形式来倡导读书或者推求学问，对书院来说自是一桩雅事，因此未避"王公卖瓜"之嫌疑，在此权自以为是一回，名此书曰"四雅"。至于是否说雅就"雅"了，读者当然能够明鉴。

第一卷"问津"，王振良先生编。《问津》创办于2013年，其问世是问津书院启动运作的标志。《问津》着眼于天津地方文化，可看作《问津文库》的拓展与补充，因其薄厚不拘机动灵活，深受沽上学人的喜爱。但在文库笼罩之下，受关注度明显不足。

第二卷“开卷”，董宁文先生编。《开卷》创办于2000年，与书院合作前已有十余年发展历程，在读书界影响相当深远。2014年与《开卷》结缘，对于问津书院来说是锦上添花之事，而且添的是朵芬芳的奇花，馨香绵远，助力书院快速地走向了全国。

第三卷“品报”，张元卿先生编。《品报》创办于2010年，是一份电子刊，关注以天津为重点的民国通俗文学，其自2014年起与书院相依相伴，走过了三年的如诗岁月，2016年10月宣告停编。因此本卷之印行，可以说是《品报》与读者的最后揖别。

第四卷“参差”，沈文冲先生编。《参差》创办于2005年，专门探讨毛边书文化，或高台论道，或故纸抉微，可谓小众而又小众。但是推出六期之后，也自赢得了读者的喜欢。可惜刊期不大稳定，有负书友殷殷雅意，令编者惶恐不已，今后定更加努力。

王振良、董宁文、张元卿、沈文冲四位编者，也是《问津》《开卷》《品报》《参差》的操盘者，由“问津四友”分工合作来完成《问津四雅》，不是故事也算是故事吧！

感恩谢泳先生、蔡玉洗先生、张铁荣先生、徐雁先生，他们为四卷纪念集惠赐了序言，但因全书体例的关系，虽仍冠诸各卷之守，却只能享序言之实而无序言之名了。

《问津四雅》编辑不易，铭记师友鼓励，深谢作者宽容！

2019年5月23日杜鱼写于沽上半湖斋

问津四雅·问津

王振良/编

此情可待成追忆

谢　泳

振良兄近年为搜集、整理和保存天津地方文献投入极大精力，成绩有目共睹。振良兄是有心人，他不但要保存关于天津的记忆，还要同时保存友情，让朋友在多年以后有对天津的美好回忆，有对一本杂志的美好回忆。《问津》作者及朋友，多年后再读此书，一定会有“此情可待成追忆”的感慨吧！

《问津》大体可说是本同仁杂志，主要刊载与天津有关的文史资料，虽有地域限制，但依然广受欢迎，我是每期必读。我虽在大学里教过文学课，但我一向不提倡学生轻易把自己的志向放在文学创作上，对大学里热衷写诗写小说的学生，我总是提醒他们，创作太难，人一生在创作上要有点成绩非常不易，所谓诗有别才，非关学也。我建议学生写传记和留意乡邦文献，我说只要努力，以后总会有些成绩。

世间凡入门易的事，做好了其实都极难；入门难的事，一旦进去，倒是相对容易,比如医生工程师一类。理工农医难在前,而文学难在后。文学创作没有门槛,谁都可以上手,但文学这东西很怪,它只认最好最高,以下基本皆是白费功夫。小说诗歌,多年后自然再版的概率非常之低,这早已是业界共识。

人在青年时代,似乎多看不起为人做传和整理乡邦文献一类事,但时间久了,才会发现,早做这个事,其实是最讨巧的。因为地方文献虽在全国未必重要,但对地方来说,它的重要性显而易见,而为人做传,总是一件容易让人记住的功德。人在青年时代的文学活动,如抛开文字训练等抽象成绩,最后基本都是无功而返,但如果为人做传或整理地方文献,则多少会留一些痕迹,因为这种学术工作有它的特殊性。

我客居闽南已逾十载,前两年厦门鼓浪屿申遗,大量前期准备工作,主要依赖地方文史专家完成。那段时间,看到地方文史专家如此繁忙,如此受到尊敬,如此有丰厚报酬,我就想,同时代那些大学历史系教授的学术工作早就无人问津了,而这些地方文史专家却获得了学术地位。学术虽无可比性,但如果学者一生的工作完全是换了饭碗,想想也不免可悲。这还都属历史专业,而那些同时代的文学活动,则更是过眼云烟了。

我当时还有一点感慨是长文章管现在,短文章管将来。大学里教历史的,一般还看不大起整理地方文史的,以为他们最多也就是写写小文章。但时间无情,也最公正,离开公职最后还有饭吃的,常常是那些写小文章的人。评职称要大文章,要字数,高头讲章才好,所以它管现在;小文章靠积累,要干货,货真价实才好,所以它管将来。野史笔记的生命力,似乎多强过高头讲章,这个简单道理,其实很多人不明白。学术方向的选择,有时候看似兴趣问题,但其中也有人生阅历。

振良兄的选择其实是最聪明的，对他近年的学术努力，时间会做出判断。多少年后，当我们再回头观察振良兄这些累积的学术工作，一定会感慨他是以怎样的智力和毅力做了这样明智的选择。

我是《问津》的老读者，本来应该写篇文章，振良兄体谅我的忙乱，要我来完成一篇短序，我乐意为之。

是为序。

2018年5月29日于厦门

目　录

竹间楼

双槐轩

郁文馆

学海堂

从“记忆”到“问津”

——《问津》民刊五十期综述

[天津]谭汝为

问津书院，是天津历史上建筑规模最大、持续最久的民间教育机构，初创于乾隆十六年（1751），旧址在今鼓楼南街。一百多年来，津沽文人名士多在此讲学、学习或活动。清道光年间，著名诗人梅成栋在问津书院的双槐书屋发起组织了梅花诗社，成为当时天津雅文化的中心，流风雅韵，沾溉津沽文坛甚深。清光绪年间，李鸿章在问津书院设直隶官书局，使这里成为天津重要的图书印刷和集散中心。清光绪二十六年（1900），在天津文化史上产生过重大影响的问津书院，毁于八国联军炮火。其后，问津书院旧址先后成为天津市民立第二小学、问津小学、南门里小学、津源中学所在地。

问津书院的“问津”取“汛海问津”之义。乾隆年间，清廷命令各省会成立官办书院，“于学宫之外，另建肄业之所，礼聘名儒掌教”。乾隆十六年(1751)，天津盐商查为义捐出运署旁废宅基地一块 (在今鼓楼南街)，经盐运使卢见曾请准，用银

2400余两建成讲堂、山长室、学舍等共64间，取名问津书院。所谓“问津”即以“汎海问津”勉励学子刻苦学习，不断探索。卢见曾在《问津书院碑记》中说：“孔子之道犹海也……学者因文见道，譬如汎海者……不能达者皆不得其津者也。”用现代汉语解释，所谓“问津”就是问路，引申为探求的意思。

历史车轮行转一百多年之后，问津书院枯木逢春，2013年得以重建。重建的问津书院，位于天津市河北区四马路158号，在巷肆创意产业园内。书院以“追寻津沽记忆，守望文化家园”为主旨，致力打造天津地方文化研究、交流、协作、推广的平台，积极推动天津历史文化资源的抢救、发掘、保护、宣传，同时大力推广全民阅读和营建书香社会。

问津书院在致力于天津地方文化研究方面，有一项十分令人瞩目的系列成果，即编印了供内部交流的资料刊物——《问津》，主要围绕天津历史、文化、民俗等展开，汇集保存了天津诸多学人大量的研究成果。重建的问津书院及《问津》期刊，皆致力于“探索天津”，含上下求索之意。著名学人锺叔河先生曾专门写信给王振良，称《问津》刊名“取得很好，远胜泛泛者流”。

其实，探讨民间刊物《问津》的前身，不能不提王振良先生主持编印的《天津记忆》。《天津记忆》系国标32开不定期刊，著名学者来新夏先生题签，于2008年10月15日问世，由三五友人襄助约稿，王振良修改、编辑、排版。当时，天津学界昵称之为“小白本”。其装帧印刷虽然简洁朴素，但它适应了天津民间历史文化研究蓬勃兴起的形势，搞得轰轰烈烈，风生水起。截至2014年2月28日，在五年多时间里，《天津记忆》总计印行130期(含增刊2期)。平均算下来，成了不折不扣的半月刊。在2010年，竟然编印41期，平均每八九天就有一册问世——这种编辑出版速度，在古今中外皆为罕见。

关于创办《天津记忆》的初衷和过程，王振良先生说："2007 年 1 月，我在'中国记忆论坛'注册并关注建筑遗产保护；5 月，出于保护建筑遗产的目的，我萌生创办《天津记忆》的想法；6 月 9 日，在天津网友庆祝中国文化遗产日暨纪念中国记忆网开通一周年的见面会上，我提出《关于创办〈天津记忆〉的设想》。经过年余的运作，终于在 2008 年 8 月印出《天津记忆》仅有的年刊。接着就是张元卿兄与我合编的'小白本'（2008 年冬季号）。……其实，当初动议编辑这些东西，主要是想留存天津网友的文化遗产研究保护成果。后来，发现研究对保护的意义十分重大，才逐渐转为以推广相关成果为主，并且作者队伍也逐渐由文保志愿者扩大到天津地方历史文化的研究者和爱好者。我一直在报社当记者和编辑，做志愿者介入文化遗产保护，纯属业余兴趣和爱好使然。所以编印《天津记忆》，也与工作没有任何关系，不过记者和编辑的身份，使我的城市田野调查顺风顺水，编起刊物来也自然轻车熟路。《天津记忆》多数都是几位编者自掏腰包，因此早期的封面都是黑白印刷，以最大限度地节约成本。"（《应弃须弃 当止则止——答《梧桐影》主编夏春锦问》，刊于桐乡市梧桐阅社编《梧桐影》2015 年第 2 期，2015 年 10 月印行）

《问津》刊物是问津书院着力打造的基础平台，于 2013 年 1 月 23 日问世，按照每月一期的节奏，截至 2017 年 8 月共印行了 50 期。刊物的约稿、编辑和排版，所有事务皆由王振良先生一人独立完成，的确难能可贵！这个以问津书院名义印行的内部资料，无论是办刊宗旨还是编辑理念，都承继了《天津记忆》的传统，立足天津，其作者和读者主要是天津地方文化的研究者和爱好者。

笔者已目睹的《问津》前 50 期，涉及作者或整理者 30 多人，其中焦静宜、张元卿、张建、侯福志、杨仲达各 2 期，李炳德、高洪钧各 3 期，王和平 6 期，杜鱼 7 期。按内容可划分为四大类，即诗文集整理（20 册）、历史人物研究（8 册）、地方文史研究（12 册）、民俗与方言研究（10 册）。本文拟对此进行评析。

一、诗文集整理

《问津》杂志重视对天津作者诗文集的整理工作，先后刊印散文集整理 10 期，分别是：高洪钧整理的杨辉祖《玉堂曲艺集》（总第 8 期）、罗容海辑录的《卢木斋文存》（总第 9 期）、高洪钧整理的《邵冠祥集》（总第 15 期）、张元卿整理的宫白羽《日新录》（总第 17 期）、周贵麟整理的周祜昌《藤荫馀话》（总第 19 期）、杨传庆和王圣思整理的辛笛和辛谷的《珠贝集》（总第 28 期）、陈天水整理的陈诵洛《朋谈杂记》（总第 31 期）、杜鱼整理的陈嵩若《蟫香馆别记》（总第 41 期）、罗丹整理的郑家相《梁范馆谈屑》（总第 46 期）。

其中，罗容海辑录的《卢木斋文存》（总第 9 期）很值得重视。卢靖（1856—1948），字勉之，号木斋，湖北绵阳（今仙桃）人，近代著名数学家、藏书家和教育家。历任保定大学堂监督、直隶提学使、奉天提学使等。先后捐资兴办卢氏蒙养院、木斋小学、木斋中学、南开大学图书馆、北京木斋图书馆等。卢木斋历经咸丰、同治、光绪、宣统以及北洋政府、国民政府，直到解放前夕去世。《卢木斋文存》由《卢木斋先生遗稿》、木斋往来信札佚文、《卢木斋先生事略》三部分组成。对于中国近代史、教育史以及天津地方史研究提供了珍贵的资料。

对于民国初期北派通俗小说作家宫白羽，老年读者并不陌生；但通过张元卿整理宫的白羽《日新录》，我们才得知宫白羽的国学功底很为厚重！《日新录》主要是从历史学和语言学角度研究先秦历史和古文文法，另外还涉及古汉语和学术史的探索。写作时间从 1941 到 1965 年，长达 20 余年，其中不乏真知灼见，值得古汉语教研者收藏研读。

周贵麟整理的周祜昌《藤荫馀话》很值得细读。周祜昌（1913—1993），津南区咸水沽人，著名红学家周汝昌之四兄。《藤荫馀话》是周祜昌于 1971 年 6 月至 1972 年 1 月寄给周汝昌的书信。书名用周氏先德书屋“藤荫斋”名之。这数十封信函对于红学研究和咸水沽历史文化研究不无裨益。

《问津》刊印诗集整理 10 期，分别是：苏克臣、杨仲达校注的《津门小令注》（总第 3 期）、张元卿整理的刘云若《待起楼诗稿》（总第 7 期）、高洪钧整理的杨辉祖《玉堂曲艺集》（总第 8 期）、侯福志整理的张同书《一沤阁诗存》（总第 12 期）、杜鱼整理的王敬熙的《莲品诗钞》（总第 13 期）、杜鱼整理的任传藻的《剑庐诗存》（总第 20 期）、刘景周整理的刘述尧的《止堂吟草》（总第 24 期）、卢岚整理的《卢星野先生诗存》（总第 40 期）、杜鱼整理的李烛尘的《行吟集》（总第 42 期）、张履鹏整理的崔戟荣《翠槐堂诗集》（总第 44 期）。

苏克臣、杨仲达校注的《津门小令注》，系津门两代学人精诚合作的结晶。苏克臣（1921—2008），天津市民，酷爱梓里文史，为清代文人樊彬《津门小令》作注，孜孜不倦，历时四十载。天津学者杨仲达生于 1975 年，系天津档案馆编研部的研究人员，为《津门小令》的整理和补充校注，经历了五年时间。书末收入苏克臣自创《续津门小令》16 首，追步樊彬词风，并依例自注，毫不逊色于前。这部注本的注释,史料详尽,评论公允,文笔顺畅,不愧为一部优秀的注本。

刘云若(1901—1950),天津人,民国时期著名的小说家、报人、诗人。一生创作了《春风回梦记》《小扬州志》《粉墨筝琶》等60多部小说。曾与友人组织晶社,与沽上诗人常相往还。张元卿整理的刘云若《待起楼诗稿》,系从《北洋画报》《新天津画报》《大报》等旧报刊中辑录。诗稿按发表时间排列分为五类。刘云若诗作摹写艺苑轶事和社会世风,半文半白,谐趣横生。正如赵元礼《赠刘云若》所言:"刘君绝顶聪明人,妙笔一支盖一世。嬉笑怒骂皆文章,使我开颜又流涕。"张元卿整理的《待起楼诗稿》,是刘云若唯一的诗作结集,诗集命名系从刘拟编的《待起楼文稿》推衍而来。

高洪钧整理的《玉堂曲艺集》系清乾隆三十三年举人、天津人杨辉祖所作鼓词三篇和唱段四则。将天津有作品可考的曲艺历史,上推到清代乾隆时期,堪称津门曲艺的珍贵化石。杨辉祖在鼓词创作中大量使用天津方言叙事抒情,在客观反映当时社会生活风貌的同时,为语言研究保留了大量语料,具有极高的文艺学、民俗学、语言学和社会学价值。

综上所述,《问津》组织整理并刊行的20部诗文集,为天津近现代史和天津地方文艺研究提供大量鲜活的素材。

二、历史人物研究

《问津》刊载的天津历史人物研究,涉及教育家卢木斋、书法家华世奎、文化名人阿英、戏曲家华粹深、作家孙犁、史学家来新夏,以及水西庄人物等。

杜鱼辑录的《慎始基斋琐谈》(总第10期)是问津书院与木斋中学于2003年为共同主办"纪念卢靖卢弼兄弟学术讨论会"征集的文稿汇编。我国著名近代教育家、藏书家、刻书家卢靖简介已见前述。其弟卢弼(1876—1967)字慎之,现代藏书家和学者。所谓"慎始基斋"就是以兄弟二人的字"木斋""慎之"命名的。卢氏兄弟联手刊刻了三部丛书,即《慎始基斋丛书》《湖北先正遗书》和《沔阳丛书》。《慎始基斋丛书》大约刻于1897年,多为指导治学门径的书,如张之洞的《輶轩语》《书目答问》《劝学篇》等。为当时探求真知的年轻学者提供了治学探研的路径——《书目答问》给出读书范围,指示应该读什么?《輶轩语》介绍治学路径,指点如何读?《劝学篇》则推崇儒家文化精神文化背景文化家园,强调为什么而读?三位一体,体现张之洞氏的学问境界和卢氏启蒙新文化的主旨。

杜鱼整理的《思闇学行录》(总第23期),系纪念天津著名书法家华世奎诞辰150周年学术讨论会文集。华世奎(1863—1941),字启臣,号璧臣。天津"八大家"之一。其书法走笔取颜字之骨,气魄雄伟,骨力开张,功力甚厚,居近代天津四大书法家之首。《思闇学行录》分为"家世与故宅""生平与交游""书法与艺品""诗歌与国学""文化与教育"等五个栏目,收录文章28篇,涉及华世奎书法、诗歌、教育、文化等多方面的成就。其中华克齐《津沽乡贤华世奎》(代序)、杨传庆《盖棺不变此心丹——华世奎诗歌简论》、徐凤文《何处楼台寻旧梦——华世奎〈思闇诗集〉中的前朝梦忆》等篇什皆堪称研究力作,颇具学术价值。

阿英(1900—1977),即著名诗人钱杏邨。1949年春夏之交先后担任天津市军管会文教部文艺处长、市文化局长、市文联主席。1952年夏离津。倪斯霆的《阿英在天津》(总第 47 期)，对阿英于解放初期在天津主持文艺工作这段历史进行钩沉探研，篇幅不长，但为天津当代文化艺术史研究提供了详实史料。该书前言《应重视天津当代城市史研究》高屋建瓴，将个案的微观研究置身于宏观的历史背景之中，令人耳目一新。

宁宗一整理的《华粹深纪念集》(总第 14 期)主要内容：(1)2011 年 8 月 20 日在南开大学文学院举行的"华粹深先生逝世三十周年追思会"纪要；(2)有关华先生的评论回忆性文章；(3)华先生早年观戏随笔《听歌人语》及其他散佚文章。华粹深(1909—1981)，著名戏曲教育家、戏曲史家、戏曲评论家、剧作家、南开大学原中文系古典戏曲小说研究室主任。其中的《听歌人语》是华粹深先生以随笔形式写的观戏心得 200 多条，所有记述都来自亲闻亲见，所涉剧坛掌故轶闻和戏曲表演评论甚夥，对于京剧(兼及河北梆子、评剧和昆曲)艺术发展的研究，提供了珍贵的第一手资料。

孙犁(1913—2002)，著名作家，荷花淀派创始人。1949 年来天津，长期主编《天津日报》的《文艺周刊》。其外孙女张璇所作《耕堂忆趣》(总第 6 期)共收入为纪念孙犁先生百年诞辰而撰写的回忆文章 20 多篇，4 万多字。张璇是今晚报社编辑，其视角独特，文笔灵动，语言流畅。在她的笔下，孙犁先生在日常生活中富有人情味的画面活灵活现地展现在我们面前。

著名历史学家来新夏(1923—2014)，曾任南开大学历史学教授，图书馆学情报学系主任，校务委员兼图书馆馆长、出版社社长和总编辑等职。《问津》杂志最厚重的是焦静宜女士整理的《忆弢盦》(总第 21 和 22 期)，系来新夏先生纪念文集，上下两册共 600 多页。其中篇幅最长的是焦静宜《他在馀霞满天中走入历史》

(代序)和宁宗一先生《我心中的来新夏先生》,情真意切,读来十分感人。《忆弢盦》也收入了拙作《誓不挂笔》(2014 年 4 月 21 日《天津日报》第 12 版“满庭芳”)和《来新夏先生的开拓精神》(2014 年 4 月 15 日天津《滨海时报》第 12 版“望海潮”)。纪念文集收录各地友朋对来新夏先生的缅怀和追忆文章 100 多篇。正如王振良先生指出的:“可以真切看出,先生在学界和民间的巨大的双重影响,而这在先生那一代学人中并不多见。”(见《编后记》)

清代查氏水西庄,是天津古代最著名的私家园林,在文化史上占有崇高的地位。研究水西庄,就必须研究与之相关的人物。郭凤岐所著《水西庄人物》(总第 11 期)用 20 年时间去积累资料,最后选取与水西庄有关的人物 147 人,分为“家族人物”“官吏”“文人墨客”“僧道”四类,一一加以简介,便于研究者和读者按图索骥,随时翻检,对于水西庄研究也是一个有力的推动。

三、地方文史研究

《问津》刊物的天津文史研究论域广阔,内容丰富,涉及零售商铺、卷烟业、典当业、娼妓业、学会学校、故纸商标、村镇历史以及口述史等领域。

在《问津》刊物中王和平属于高产作者。《天津记忆》(小白本)就刊载了他的《南市记忆》以及续编共两册。人们常说:天津老南市有“三多”,即小旅馆多,小饭馆多,小戏园子多。王和平的《南市的小店铺》(总第 38 期)又增添另一项重要内容,例如粮店、副食店、糕点铺、小酒馆、酱菜园、茶叶铺、裁缝铺、理发馆、土产店、玻璃铺、棺材铺、澡堂子等四十多篇文字,给我们认识老南市的文化价值和平民生活，提供了新视角和丰富鲜活的资料。王和平还有另一部力作《天津吆喝》（总第2期），详尽地描述了街头各类叫卖吆喝百种，可谓集大成者，语言风格务实而流畅，尤为可贵的是善于挖掘各种蕴含的文化。

天津是中国卷烟工业的发源地。烟草工业的发展，曾对天津城市经济的发展起过重要的推动作用。与此同时，与烟草有关的文化传奇和历史故事，也成为天津历史文化重要的组成部分。曲振明《津门烟话》（总第5期）收入作者多年来在各类报刊发表的文章45篇。其中《五甲子老烟铺》《"三炮台"与天津电影》《恒大企业公司与恒大香烟》《"烟斗"香烟的故事》《"永红"和文革语录标》等篇什，都能引起天津父老种种挥之不去的回忆。

《天津典当业》（总第29期）的作者张中龠，1911年出生，山西介休人，16岁县城高小毕业后，随父亲去天津学生意共十年，主要是在当铺里学徒，因而对天津典当业的情况，有着较为深刻的了解和认知。决心兴利除弊，为旧的典当业开出一条新生之路。于是广泛调查，潜心研究，并于1934年结撰成书，1935年出版，作者当时年仅24岁。该书当时被列入"商学丛书"，如今成为商学院学生研究中国典当业的必读书目。

刘轶男整理的《天津市妓户妓女调查报告》（总第25期），其本体文献系天津社会局于1930年编印的《天津市妓户妓女调查报告》，可以说是中国近现代第一次由官方组织的天津市区娼业调查研究，对当时天津娼妓业的整体情况提供了较为详实可靠的统计数据。因而可以肯定，这是一份严肃的社会调查报告，也是一份难得的民国社会史料，即可供历史学、社会学、民俗学、妇女学等多门学科研究的参考资料，也可使普通读者了解社会侧面。

年逾八旬的老教师李炳德先生大半生都没离开崇化学会和崇化学校，他仿照郑逸梅《艺林散叶》形式将在崇化期间的见闻进行梳理并记载下来。通读《崇化杂忆》(总第4期)“尽皆崇化旧典,先贤行事,观之如睹,顿觉楮墨生辉,不忍释手”(王振良《编后记》语)。

侯福志是天津文史研究领域沉实而高产的中年学者。他2010年以前的作品。很多结集在《天津民国的那些书报刊》、《地质史上的天津》(《天津记忆》第56期)、《津沽谈往录》(《天津记忆》第73期)等专著或专辑里。《沽水旧闻录》(总第30期)收录侯福志2011年以来陆续发表的有关天津文史的短文一百多篇,分为“津沽旧事”“三津名人”“津门故里”“故纸流芳”“报海钩沉”等五个部分。千字短文,言之有物,新见迭出,自有其学术价值,焉可小觑也!

由国庆《淘故纸,与天津相遇》(总第50期)刊载了作者多年来在采购、搜罗、收藏、研究故纸的同时,撰写篇趣味数十篇横生的文史随笔。这些文章见诸《天津日报》《渤海早报》《藏书报》《中国收藏》等专栏,篇幅短小,内容充实,笔调灵动,高产而接地气,使之成为“故纸温暖”文化品牌创始人。

郑中和《穿芳峪史话》(总第26期)，属于天津民间编撰村镇史志的典范之作。郑中和先生是普通农民,长期扎根农村,从大量文献和口碑中辑录有关资料,撰成《穿芳峪史话》。全书由“村名由来”“穿芳名胜”“流传故事”“抗日纪实”“山乡巨变”“旅游兴起”“民风民俗”“谚语土语”等部分组成,具有史料、民俗、文学、收藏等多方面的价值,语言朴实流畅,可读性强。

以口述史形式呈现的有以下四部:张建撰《原住民口中的西沽》(创刊号)和《原住民口中的西沽(续)》(总第18期),杜鱼编《天津解放那天》(总第49期)、和

《我的地震记忆》(总第 43 期)。

《今晚报》摄影记者张建志向高远，求真务实，在先后完成“南市访谈”“堤头访谈”“铃铛阁访谈”之后，从 2011 年 5 月开始至 2013 年 7 月，完成了对红桥区“老西沽”62 户居民的走访，前后历时两年多。随着历史社区调查数年的历练，彰显出在城市田野调查方法上的探索和精进，为天津历史社区的社会学、民俗学、文艺学研究提供了厚重而典型的素材。

2015 年，王振良先生指导天津师大新闻传播学院本科生社会实践，曾将学生分为两组，分别对天津战役和唐山地震亲历者进行采访。《天津解放那天》(总第 49 期)和《我的地震记忆》(总第 43 期)即是口述史料采集的成果。《天津解放那天》展示了 8 位民间亲历者的视角，记录了这个时刻的历史变局。《我的地震记忆》辑录了 8 位民间亲历者对 40 年前那场天灾的叙述。

四、民俗与方言研究

文史研究学者王和平的书稿“天津民风民俗”纳入《问津》印行，因篇幅长，被分为五小册：(1)《天津的时令习俗》(总第 32 期)；(2)《天津的饮食习俗》(总第 9 期)；(3)《天津的居住习俗》(总第 34 期)；(4)《天津的服饰习俗 天津的商业习俗》(总第 35 期)、(5)《天津的生育习俗 天津的妈妈例儿》(总第 12 期)。这些资料对研究天津民俗不可多得。例如“居住习俗”介绍了四合院、三合院、四合套、筒子院、独门独院、门脸儿房、筒子楼、窝棚等民居类型与样式；再如“商业习俗”介绍了天津商人的道德操守——长存吃亏心、商家诚为先、货真还价实、秤平要斗满、精品防假杂、童叟都无欺、商德惠常年、真诚换真心等——令读者耳目一新。

李树德《街坊人物志》(总第45期)写出20世纪50年代天津西北角附近南大道内张家胡同的街坊们,一共涉及二十多位普通的人物。这里有卖药糖、卖崩豆的小贩,玩蜻蜓、斗蛐蛐的闲汉,还有蹬三轮的苦力、算命先生,俄国老太,卖酒的老头等等。对这些小人物的回忆,似乎无关历史大局,但对于反射社会历史风貌却大有裨益。杨仲达整理刘继椿的《野老闲谈》(总第27期),读来饶有兴味。刘继椿,1932年生,天津市西青区精武镇傅家村人,幼读私塾五年,及长在村务农。每有所思,随手记录,成三万余言。整理者将其重新编排,分为"桑麻共话""流年旧语""一家之言"三编。刘继椿老人以一介农夫之身,记乡村琐事,述桑梓风情,语言直白,叙事明晰,在闲适无意之中,为我们留下这份有料有味有情有义的记录。即小见大,窥斑见豹,堪为一个时代之缩影也!《街坊人物志》和《野老闲谈》一册写城市,一册写乡野,相济互补,恰成双璧。

刘国华、曾莹编《海下文武高跷》(总第4期)系编者于2005年到南洋码头村采风时发现完整的海下文武高跷唱词39段。海下文武高跷于2009年被天津市人民政府正式批准列入市级非物质文化遗产名录。

李炳德老先生还有与天津方言有关的著述三部:(1)《津门艳迹中的天津土语》(总第37期),从天津著名通俗文学作家李燃犀先生代表作《津门艳迹》中辑录天津土语1700余条;(2)《天津抄本小说中的方言俗语》(总第39期),辑录《毛公案》《于公案》《刘公案》等八部清代中篇章回体公案小说中的天津土语数百条;(3)《天津土语拾零》(总第48期),释义外兼附例句。笔者主编的《天津方言词典》

在增补修订时，这三部书将成为重要的语料库。

总之，《问津》刊物遵循“追寻津沽记忆，守望文化家园”的主旨，积极推动天津历史文化资源的抢救、发掘、保护和宣传，对于大力推广全民阅读和营建书香社会做出了令人瞩目的贡献。我们衷心祝福她百尺竿头更进一步！

2017年9月

《问津》丛刊的编辑特色与内容分类

[天津]倪斯霆

2012年底,以"追寻津沽记忆,守望文化家园"为指归的《问津》丛刊,开始启动编辑工作启动。2013年1月23日,首册《原住民口中的西沽》杀青。四四方方的小开本,配以素雅古朴的牛皮纸封面,甫一面世便受到津沽与外埠文史同人的喜爱。关于刊物的由来与办刊初衷,主持者王振良先生在《开篇絮语》中有如下解释:"天津本不缺乏各种平台,但是好玩些的应该说还较少。所谓好玩,于个体应当有趣,于他人应当有益,于社会应当有用,只有这样的平台才有可能坚稳牢固,不受或者少受外界风浪影响。在各界有识之士支持下,天津市巷肆创意产业园,筹备重建天津文化史和教育史上著名的问津书院。"他又对"问津"进行了释义:"考'问津'之义,本来是问渡或问路,逐渐引申为访求或探询。书院而名之问津,当是取义于后者。如今这册《问津》复以'问津'名之,更可发挥为探求推阐天津文化之义,此亦先贤所意想不到者也。"

由此可见,《问津》丛刊实乃伴随着如今已成沽上文化符号的问津书院应运而生的。其在追求“有益”和“有用”功利的同时,兼顾“好玩”和“有趣”功能,则不仅在天津,就是放眼全国也是罕见。要知道,民国时期被“左翼”文人不屑甚至大加讨伐的市民文化,如武侠小说、言情小说乃至武侠影片、老戏旧曲等,便体现着诸多“好玩”与“有趣”的元素。也正因为如此,它们不但在当年便被沈雁冰、郑振铎等斥为反动的“封建的小市民文艺”,而且在新中国成立后,由于二人分别出任中华人民共和国文化部正副部长,流风所及,这种“好玩”与“有趣”竟被摈弃于各类文化传媒近四十年。虽然随着拨乱反正及对文化功能的深层次反思,近年学界已清醒地认识到真正深入人心潜移默化地“教育”与“引导”人民的文化产品,是包含着“好玩”与“有趣”元素在内的,但在出版物中公然宣称“好玩”与“有趣”,《问津》则是“先吃螃蟹者”之一。尽管这一追求是与“有益”和“有用”相伴而生的,然其舍弃“心照不宣”并“堂而皇之”地“开宗明义”,而且把“有趣”置于“有益”和“有用”之前,确实需要很大的识见与勇气。而这种识见与勇气,也恰恰是《问津》的编辑特色之所在。

其实,任何文化产品,如欲达到既能让世人普遍地自愿接受,而又产生“有益”和“有用”的作用,“好玩”和“有趣”应该是个不可或缺的前提。以《问津》为例,其不随时俗的异型四方本,便是一种形式上的“有趣”。这种“有趣”不但继承了民国通俗期刊中“有趣”的方形本而“标新”,并且在民国方形本基础上缩小开型成为便于携带的“口袋书”而“立异”,这让《问津》与当今愈演愈烈的各种既大又厚且笨的书刊,形成了一种强烈的反差,让人们在情趣盎然中得到轻松愉快和随时把玩的乐趣,同时亦达到了“促进天津地域文化研究,推动爱国爱乡教育,乃至塑造文化天津形象，吸引更多的人关注天津，研究天津和宣传天津”的办刊宗旨。

除了开型上的“好玩”与“有趣”，《问津》在内容上选题多样，文体上形态各异，这种舍大取小的“小题大做”，亦在显示着编者无拘无束的率性。或许是欲与《问津》的小型开本相配套，或许是想与公开出版的大型系列丛书《问津文库》有所异，更可能是要对眼下各类臃肿的“高大上”书刊发起挑战，在已面世的数十册《问津》中，除了《耕堂忆趣》《华粹深纪念集》《忆弢盦》《阿英在天津》等稍涉“宏大叙事”外，其余各册均为性情十足的以小搏大式的个体发声，或诗词，或忆旧，或民俗，或掌故。虽然内容不一体例驳杂，但选题原则却是不变，那就是在对一人一事一物的“访求或探询”中，达到“探求推阐天津文化之义”。正是在这种小处着眼、小题大做、以小博大的编辑方针指导下，目前我们所看到的《问津》系列丛刊，多为一人之声，一事之论，一物之考，它们各成系统，短小精悍，内容完备，要言不繁，文字轻灵，趣味盎然。在读者轻松浏览反复把玩中，实现了“研究天津和宣传天津”的编辑愿景。此等编辑特色，既是同中求异，也是寓教于乐，更是读者所需。

然而正如“外行看热闹，内行看门道”一样，我们透过编者故意设置的无拘无束的率性情趣，还是能够感受到其理性控制能力和“探求推阐天津文化之义”的良苦用心。《问津》自2013年初问世以来，至今已出版50册(个人所见)，综观其内容，虽然题材纷繁，体例各异，但其无目有类的隐形取稿标准还是清晰可见的。笔者以为，“口述历史辑录”“天津方言考释”“沽上民俗采集”“津门往事杂忆”“津沽文化研究”“乡贤著述整理”这六大板块，便是目前《问津》小册的内容分类。下面便是笔者依据个人识见所做的六大板块划分。

一、天津方言考释

1.《〈津门艳迹〉中的天津方言》,李炳德辑录,第4卷第1期,总第37期,2016年1月23日印行。

2.《天津抄本小说中的方言俗语》,李炳德辑录,第4卷第3期,总第39期,2016年3月23日印行。

3.《天津土语拾零》,李炳德辑录,第4卷第12期,总第48期,2016年12月23日印行。

二、口述历史辑录

4.《原住民口中的西沽》,张建著,第1卷第1期,总第1期,2013年1月23日印行。

5.《原住民口中的西沽(续)》,张建著,第2卷第6期,总第18期,2014年6月23日印行。

6.《我的地震记忆》,杜鱼辑录,第4卷第7期,总第43期,2016年7月23日印行。

7.《天津解放那天》,杜鱼辑录,第5卷第1期,总第49期,2017年1月23日印行。

三、沽上民俗采集

8.《天津吆喝》，王和平著，第1卷第2期，总第2期，2013年2月23日印行。

9.《海下文武高跷》，刘国华、曾莹整理，第1卷第4期，总第4期，2013年4月23日印行。

10.《天津的节令习俗》，王和平著，第3卷第8期，总第32期，2015年8月23日印行。

11.《天津的饮食习俗》，王和平著，第3卷第9期，总第33期，2015年9月23日印行。

12.《天津的居住习俗》，王和平著，第3卷第10期，总第34期，2015年10月23日印行。

13.《天津的服饰习俗 天津的商业习俗》，王和平著，第3卷第11期，总第35期，2015年11月23日印行。

14.《天津的生育习俗 天津的妈妈例儿》，王和平著，第3卷第12期，总第36期，2015年12月23日印行。

四、津门往事杂忆

15.《津门烟话》，曲振明著，第1卷第5期，总第5期，2013年5月23日印行。

16.《崇化杂忆》，李炳德著，第2卷第4期，总第16期，2014年4月23日印行。

17.《穿芳峪史话》，郑中和著，第3卷第2期，总第26期，2015年2月23日印行。

18.《野老闲谈》,刘继椿著,杨仲达整理,第3卷第3期,总第27期,2015年3月23日印行。

19.《天津典当业》,张中龠著,刘涛整理,第3卷第5期,总第29期,2015年5月23日印行。

20.《沽水旧闻录》,侯福志著,第3卷第6期,总第30期,2015年6月23日印行。

21.《南市的小店铺》,王和平著,第4卷第62期,总第38期,2016年2月23日印行。

22.《街坊人物志》,李树德著,第4卷第9期,总第45期,2016年9月23日印行。

23.《梁范馆谈屑》,郑家相著,罗丹整理,第4卷第10期,总第46期,2016年10月23日印行。

五、津沽文化研究

24.《耕堂忆趣》,张璇著,第1卷第6期,总第6期,2013年6月23日印行。

25.《慎始基斋琐谈》,杜鱼辑录,第1卷第10期,总第10期,2013年10月23日印行。

26.《水西庄人物》,郭凤岐著,第1卷第11期,总第11期,2013年11月23日印行。

27.《华粹深纪念集》，宁宗一整理，第 2 卷第 2 期，总第 14 期，2014 年 2 月 23 日印行。

28.《忆弢盦（上）》，焦静宜整理，第 2 卷第 9 期，总第 21 期，2014 年 9 月 23 日印行。

29.《忆弢盦（下）》，焦静宜整理，第 2 卷第 10 期，总第 22 期，2014 年 10 月 23 日印行。

30.《思闇学行录》，杜鱼整理，第 2 卷第 11 期，总第 23 期，2014 年 11 月 23 日印行。

31.《阿英在天津》，倪斯霆著，第 4 卷第 11 期，总第 47 期，2016 年 11 月 23 日印行。

32.《淘故纸，与天津相遇》，由国庆著，第 5 卷第 2 期，总第 50 期，2017 年 2 月 23 日印行。

六、乡贤著述整理

33.《津门小令注》，苏克臣、杨仲达校注，第 1 卷第 3 期，总第 3 期，2013 年 3 月 23 日印行。

34.《待起楼诗稿》，刘云若著，张元卿整理，第 1 卷第 7 期，总第 7 期，2013 年 7 月 23 日印行。

35.《玉堂曲艺及》，杨辉祖著，高洪钧整理，第 1 卷第 8 期，总第 8 期，2013 年 8 月 23 日印行。

36.《卢木斋文存》,卢靖著,罗容海整理,第1卷第9期,总第9期,2013年9月23日印行。

37.《一沤阁诗存》,张同书著,侯福志整理,第1卷第12期,总第12期,2013年12月23日印行。

38.《莲品诗钞》,王敬熙著,杜鱼整理,第2卷第1期,总第13期,2014年1月23日印行。

39.《郘冠祥集》,高洪钧整理,第2卷第3期,总第15期,2014年3月23日印行。

40.《日新录》,宫白羽著,张元卿整理,第2卷第5期,总第17期,2014年5月23日印行。

41.《藤荫馀话》,周祜昌著,周贵麟整理,第2卷第7期,总第19期,2014年7月23日印行。

42.《剑庐诗存》,任传藻著,杜鱼整理,第2卷第8期,总第20期,2014年8月23日印行。

43.《止堂吟草》,刘述尧著,刘景周整理,第2卷第12期,总第24期,2014年12月23日印行。

44.《天津市妓户妓女调查报告》,臧启芳著,刘轶男整理,第3卷第1期,总第25期,2015年1月23日印行。

45.《珠贝集》,辛笛、辛谷著,杨传庆、王圣思整理,第3卷第4期,总第28期,2015年4月23日印行。

46.《朋谈杂记》,陈诵洛著,陈天水整理,第3卷第7期,总第31期,2015年7

月23日印行。

47.《卢星野先生诗存》，卢绳著，卢岚整理，第4卷第4期，总第40期，2016年4月23日印行。

48.《蟫香馆别记》，陈嵩若著，杜鱼整理，第4卷第5期，总第41期，2016年5月23日印行。

49.《行吟集》，李烛尘著，杜鱼整理，第4卷第6期，总第42期，2016年6月23日印行。

50.《翠槐堂诗集》，崔戟荣著，张履鹏整理，第4卷第8期，总第44期，2016年8月23日印行。

通过以上划分，《问津》五年来所印行的内容已各得其所，编者的组稿范围及编辑思想也清晰显现，而且从"乡贤著述整理"18部、"津沽文化研究"9部、"津门往事杂忆"9部、"沽上民俗采集"7部、"口述历史辑录"4部、"天津方言考释"3部的统计可见，编者明显对"乡贤著述整理"更为垂青。如此，固然对保存抢救乡梓文献功莫大焉，但笔者以为在保存抢救的前提下，今后《问津》能够扩大选题范围，将历史上天津方方面面的文化遗产通都纳进来，形成一套全方位的权威的"天津历史文化小百科"。

2018年1月14日

《问津》五十期小札

[湖北]李传新

《天津记忆》2008年10月创刊之后，颇有一发而不可收的后力，成为刊期最短的一份民刊。编者在2011年11月纪念出刊百期时说，刊物还能走多远实在是个未知数，此言不免给读者带来一丝担心，也许有朝一日天津真不"记忆"了？殊料一年多后峰回路转，2013年1月就有了《问津》，弹指之间已刊行50期，作为她的读者当然感到由衷的高兴！

无论是《天津记忆》的100期，还是《问津》的50期，我以为值得庆贺和纪念的原因，是泛意义上的民刊越过百期的，其时还只有《开卷》和《温州读书报》，仅此三种而已。《天津记忆》以其封面素色被称为"小白本"，《问津》则更注重开本设计，于是有了我们看到的这种"方开本"，而且封面更上一层楼，那色调给人的感受很"历史"，仿佛"记忆"到天津小洋楼(王和平著《天津的居住习俗》称小洋楼被误读，其实它并非天津传统民居，笔者第一眼看到《问津》创刊号还真是误读了)。

《天津记忆》第79期系刘运峰著《百花小开本散文百种经眼录》,“百花小开本”出版于“文革”前,“文革”后也断断续续出版过若干,是当时唯一与众不同的具备丛书形式的小开本。“方开本”的《问津》一经到手,很容易让人联想起“百花小开本”,小开本、方开本都出自天津,似乎无形中也接续了历史,有趣味有意思,真是让人喜欢!

《问津》以卷次区别年度及标示总期号,2013年1月23日第1卷第1期创刊以来,到2017年2月23日第5卷第2期整整刊布了50期。《问津》每期一个专题,实际上就是小册子形式的一本书,其中如总第21期、从第22期的《忆弢盦:来新夏先生纪念文集》(焦静宜整理),后来列入《问津文库》由天津古籍出版社公开出版。《问津》各期内容囊括范围甚广,有严肃的学术文献,有珍贵的专业史料,比较多的是对天津传统文化习俗源流等内容的记载,这些资料涓滴成河,让读者看到全方位的天津城,岂止是功莫大焉,利用《问津》这样的形式留住历史,也为其他领域的专题发掘、研究提供了成功范例。

《问津》刊发专题是其独特之处。倪斯霆著《阿英在天津》(总第47期)提供了钱杏邨在津领导文艺工作的一些情况,阿英不仅在津创办了中华人民共和国成立后的第一份文艺小报《星报》,还创办有名噪一时的《文艺学习》杂志,笔者虽存有全套《文艺学习》,读《阿英在天津》才知道发刊词出自阿英手笔。

晚清民国卢靖寓居天津时,捐资兴建南开大学图书馆,还预立遗嘱使其遗产全部用于教育事业,不传子孙。《卢木斋文存》(总第9期,罗容海辑录)收入严修致卢靖札六通,其中收有“木斋学校校训”,联想到前几年所看开明版重印的民国小学生课本内容,对比现在的教育理念与教科书,自有一番感概。《慎始基斋琐谈》(总第10期,杜鱼辑录)系卢靖卢弼学术讨论会成果,收入“关于卢靖”“关于卢弼”两辑,其中“关于卢靖”有《卢木斋与天津近代教育》(阿敏古)、《卢靖与南开大学木斋图书馆》(吴振清、李世锐)等文章。“关于卢弼”辑有关于《天演论》若干文字,提供的细节颇有意思,原来严复译《天演论》时,其翻译、出版过程中还得到过吴汝纶、卢靖的帮助。

《崇化杂忆》(总第16期,李炳德著)记录作者在天津崇化学会国学讲习科时及其后数十年与相关人物交往的所见所闻。其中谈到卢弼《三国志集解》手稿本赠给郭霭春,虽秘不示人,却在20世纪90年代初捐赠给了南开大学图书馆。《三国志集解》初版线装本价格不菲,手稿本之珍贵不言自明了。《蟫香馆别记》(总第41期,陈嵩若辑录),记载严修“通《说文》之学,其读许书,由于张幼樵、蒯礼卿两先生之怂恿”。《朋谈杂记》(总第31期,陈诵洛著,陈天水整理)编者以为其“可作世说新语来读”,与《崇化杂忆》《蟫香馆别记》一样,感到其形式都有郑逸梅《艺术散叶》之妙,读来意趣盎然。这种形式后来还得到延续,最早是范笑我发端于《秀州书局简讯》的文体,之后“百花齐放”形成有各种类似文体,笔者以为甚至初始的微博限定字数,或许也为这种形式推波助澜了吧。

《问津》刊布的诗文内容,不少可圈可点,基本皆为中华人民共和国成立后首版。

《津门小令注》(总第3期,苏克臣、杨仲达校注),除了欣赏津邑名胜、津邑轶事的叙述之外,笔者细细阅读了其注,以为考据亦具一定价值。《待起楼诗稿》(总第7期,刘云若著)由张元卿从民国旧报刊和作者的长篇小说中辑录。报人刘云若以小说家名世,生前未出版过诗集。张元卿其后所著《刘云若评传》(天津古籍版,2016年)则为关于刘云若的第一本研究专著。

《一沤阁诗存》(总第 12 期,张同书著)1949 年以后一直未印行,侯福志根据自藏本整理,其中不少内容是作者和城南诗社成员的事迹,以及和严修之间的饮酒赋诗,对研究严修生平或研究津门地理环境变迁都有意义,正应了古人所云:观览古戒,反覆参考。

《邵冠祥集》(总第 15 期,高洪钧整理),邵是 20 世纪 30 年代天津新诗歌运动的主持者,在津三年间发起和组织了文学社团海风社,年仅 21 岁就惨遭日本人杀害。考"国防诗歌"的写作者,邵冠祥是不可或缺的一个人物。

任传藻晚清时期从直隶法政学堂毕业即入仕途,但"从政之余不废吟咏",《剑庐诗存》(总第 20 期,任传藻著,杜鱼整理)即为其与沽上时贤相唱和的成果。《思閤学行录》(总第 23 期,杜鱼整理)是纪念华世奎诞辰 150 周年学术讨论会文集。与任传藻一样,华世奎亦入仕之人,常聚同好吟诗谈词,"百日维新"后弃官隐居,终成天津近代四大书法家之一,中国 20 世纪建筑遗产名录位居前十处的"天津劝业场"即由华世奎题匾,据称此匾被国家有关方面定为历代名匾之一,不过笔者向国家文物局询历代名匾评选的确切出处,然而无果。

《卢星野先生诗存》(总第 40 期,卢岚整理)是建筑史学家和建筑教育家卢星野的诗作。"千年文物终应护,百世王侯久已空。"本书值得细细品味之余,让我想到专心治学,到底还是"文所以载道也"。

《止堂吟草》(总第 24 期,刘述尧著,刘景周整理),作者刘述尧,1914 年生人,9 岁入私塾,至津南小站后师承良师。临床中医 50 年,行世中医学著作多种,所吟跨度 40 余年。

《翠槐堂诗集》(总第 44 期,崔戟荣著,张履鹏整理),崔戟荣是中国第一代铁路工程师，其著《翠槐堂诗集》“文革”之后影印不过20册，20世纪80年代有香港印本，大陆无出版。

《行吟集》（总第42期，李烛尘著）的作者1958年任轻工业部部长，1961年自刊诗集，是作者自订铅印本，收录“六十年间，就记忆可诵者得七律四十余首”，此次重见天日十分难得。

卢星野、刘述尧、崔载荣、李烛尘著述版本寡见，《问津》刊《卢星野先生诗存》《止堂吟草》《翠槐堂诗集》《行吟集》或为孤本。

别有情致还有两种：一为《莲品诗钞》（总第13期，王敬熙著，杜鱼整理），作者虽业盐却亦商亦文，吟诗写字之外还致力公益事业。大凡经商的实业家，意识到“名缰利锁尽难牵”委实少见。一为《天津典当业》（总第29期，张中龠著，刘涛整理），卷首韩石山代序，转述作者1934年写出《天津典当业》，其时23岁，不过是当铺的小伙计，一时街谈巷议颇为轰动。是书排版“另页起章”，留有不少空白，排满当时新文学名家关于当铺的描写，如章克标、胡也频、鲁迅等人。鲁迅倡导毛边本也在这个时期，我想“另页起章”或许与毛边本初衷倒有一些呼应，《天津典当业》系创办民刊《名堂》的刘涛所整理，是先有“另页起章”还是先出来毛边本，可能是一个有趣的联想，也可能真是有一些名堂可以研究的吧？

《珠贝集》（总第28期，辛迪、辛谷著，杨传庆、王圣思整理）收入辛氏兄弟二人诗作。辛迪的《珠贝集》由光明印刷局1936年印行之后一直未再出版单行本，作品收入《辛迪诗稿》辑为“珠贝篇”，整理刊布，终于有了一个独立的版本。

《耕堂忆趣》（总第6期，张璇著）的作者是孙犁的外孙女，虽然已是成年人，但描述的却是外孙女眼中的姥爷，颇多童趣。

《日新录》(总第17期,宫白羽著,张元卿整理),宫著有《十二金钱镖》《偷拳》等,系武侠小说名家之一。《日新录》主要从史学和语言学角度研究先秦历史和古文字等,诚如编后记所云,民国通俗小说作家多有不一般的国学功底,不知当下诸多畅销书作家能有几人望其项背。

李炳德辑录的《天津抄本小说中的方言俗语》(总第39期),含清代小说《毛公案》《于公案》《刘公案》《双龙传》《青龙传》等八部,这些通俗小说在20世纪八九十年代均有不同版本印行,因为供职书业之故,深知其读者之众之广,当然盗版不免也有盯上这些小说的。异曲同工之妙的还有李炳德辑录的《〈津门艳迹〉中的天津土话》(总第37期)和《天津土语拾零》(总第48期)。中华书局有陆澹安编著的《小说词语汇释》,这三种则显出地域特色,可读可查兼备,如一刀两断、犯愁、鸡毛蒜皮、多一事不如少一事、闹着玩儿、尝个鲜儿等,各地域似都容易解读其含义,归之天津土话,研究起来会有许多文章可做。

《华粹深纪念集》(总第14期,宁宗一整理),华系戏曲研究名家,谈昆曲、唱昆曲成为华粹深与俞平伯交往的重要内容之一。《玉堂曲艺集》(总第8期,杨辉祖著,高洪钧整理)收入清代杨辉祖的曲艺作品,为演绎《论语》《牡丹亭》《西厢记》等的鼓词唱段,是为"珍贵的曲艺化石"(杜鱼编后记语)。

侯福志著《沽水旧闻录》(总第30期)介绍"天津首倡乒乓球运动第一人"的毛骏民、蓟县史前"石头记"、谈蓟县剖面、12亿年前蓟县一年有500多天等,这些内容不但有一定的科学价值,深入策划还能够提升旅游意义。

口述记录天津起步不晚,《一百个人的十年》(冯骥才著)或为发端。《问津》对口述记录这种形式特别重视,已刊发的口述记录有:张建著《原住民口中的西沽》

(总第 1 期、总第 18 期),他的《口述津沽:民间语境下的西沽》《口述津沽:民间语境下的西于庄》后来还列入《问津文库》正式出版。《天津解放那天》(总第 49 期)口述记录历史节点的百姓感受。唐山地震四十周年之际,《问津》又刊发《我的地震记忆》(总第 43 期),是天津人对这场灾难的记忆。口述人多为寻常百姓,文字记录这样加工,基本事实是不会改变的,因此读来不嫌枯燥,但若视为不足为凭也非正解,像李树德著《街坊人物志》(总第 45 期),编者归为口述史料,我觉得更为妥贴。2016 年张掖读书年会之后,先见到李树德在微信中预告,不久即见此集。作为口述史料,自然也有去伪存真、去粗取精的过程,但终竟这都是第一手资料,今后的相关研究和著作在引用的时候会知道多么弥足珍贵。

《问津》关注寻常百姓的习俗史料是一个亮点,王和平的著述多达数种,蔚然大观:《天津吆喝》(总第 2 期),题目有拉洋片、切糕、煎饼馃子、磨剪子戗菜刀、木盆换底、剃头、窗花年画、弹棉花等,包括饮食、修配、日杂、服务、娱乐等诸多方面,每一种吆喝配有图片,收集之力让人钦佩。天津民风民俗连续刊发的有之一到之五——《天津的节令习俗》(总第 32 期)按农历排列,从正月到腊月的节令习俗尽在其中;《天津的饮食习俗》(总第 33 期)还应了时下的美食热;《天津的居住习俗》(总第 34 期)从"北京四合院,天津小洋楼"被误读,谈到小洋楼并非天津的传统民居,天津的民居该是四合院或者四合套,还谈了类型与样式、结构与安排、现存传统建筑、取暖与烧柴、吃水与排水、仪式与禁忌、租赁与买卖等;《天津的服饰习俗 天津的商业习俗》(总第 35 期)、《天津的生育习俗 天津的妈妈例儿》(总第 36 期),还有一册《南市的小店铺》(总第 38 期),王和平的主题系列不但可作为习俗史料来看,又都是喜闻乐见的内容,读之有趣有益。

与王和平民风民俗主题系列相映成趣的，还有《海下文武高跷》（总第4期，刘国华、曾莹整理）。高跷是传统民间舞蹈形式之一，发端于津南区咸水沽镇北洋村的海下文武高跷，已经列入天津市非物质文化遗产名录。《穿芳峪史话》（总第26期，郑中和著）的作者是一位普通农民，他对本乡本土的文化历史进行挖掘整理，难能可贵。

《藤荫馀话》（总第19期，周祜昌著，周贵麟整理），作者周祜昌与其弟周汝昌合著有《石头记鉴真》《红楼梦真本》等。是册称1971年研究《红楼梦》，"校理工作为公安部门所注目，陷于停顿，无抓无挠"，寥寥数语写出一个时代的特征。再看《野老闲谈》（总第27期，刘继椿著，杨仲达整理）所写皆为杂忆、家私，陈谷子烂芝麻琐事，目录有芝麻、谷子、牲口干活、小孩打仗、张家窝卖粮食、小铺买东西、手表分配、早先手纸。家事有我家土地、洼里干活不回家、父亲的辫子、分大门。如编者跋云，绝无雕琢的事实，"朴素得撼人心魄"。

《问津》囊括有关于天津的方方面面，有一些内容不经刊发，简直不知道有这么精彩。《津门烟话》（总第5期，曲振明著）谈天津的烟草文化史，"三炮台"在老电影里经常可以见到，似乎是很遥远的事情了。有烟瘾的我吸过天津的"恒大"，却才知道"永红"也是天津出品，或许其时压根儿就没有注意产地吧。而《天津市妓户妓女调查报告》（总第25期，刘轶男整理）既是严肃的社会调查报告，也是难得的民国社会史料。这个报告由天津市社会局1930年编印，主编者臧启芳时为天津市社会局局长兼护市长，原件存天津市档案馆，《问津》慧眼独具予以刊发，为民国研究和社会学研究提供了不可多得的文献。

《梁范馆谈屑》（总第46期，郑家相著）的作者是钱币收藏家和研究者，罗文华代序中介绍了《郑家相笔下的天津泉藏》,全册十二篇,1942 年 7 月开始连载于《泉币》杂志,对于方兴未艾的钱币收藏热而言,静下心来看看关于泉藏的文章,或者研究泉藏,都有一定的益处。如《梁范馆谈屑》记偶游冷摊,见约百余枚的一串古泉,"惟见行书元丰通宝钱,阔缘厚肉,较折二钱微大。以小银圆一角得之",而归家细细审视"盖一铁母钱也,不胜快乐。噫奇品异泉之被埋没者多矣,是则有赖好古泉者之识拔也"。即使如我不懂不嗜泉藏者,也能从中读出会心,岂不妙哉!

《淘故纸,与天津相遇》(总第 50 期,由国庆著)的作者是天津的老广告收藏者,无论是收拾地上的废纸团儿被索价,还是"废纸堆里扒出同陞和",在他眼里满满都是收藏的逸趣。其出版的著作有《老广告里的岁月往事》《民国广告与民国名人》《与古人一起读广告》《老广告里的美食滋味》等,把天津老广告研究得如此风生水起,当为第一人吧!淘故纸与淘旧书是一个道理,只要有心用心,此与天津相遇,彼与他地邂逅,都可以把心得分享给天南地北的同好,亦为快事。

《问津》创刊的《开篇絮语》称,问津书院肇建至今已有两个半世纪,"问津"由本意问渡、问路引申为访求或探询,书院名"问津"当取后者,刊物"复以'问津'名之,更可发挥为探求推阐天津文化之义"。纵观《问津》50 期,相信会走更远,等到将来书写城市史,如《问津》如《问津文库》这般气势留下的地域学术文献和文化史料,很难想象还有哪一座城市能与之匹敌。直想说"方开本"的《问津》让我受益良多,祝福她走得更远,更要向问津书院致敬,为着它让一座书院、一本刊物、一套丛书,使天津这座饱含沧桑与厚重文化底蕴的城市留在了读者的心底。

2017 年 9 月

对于《问津》的几点建议

[天津]侯福志

《问津》为月刊，每年12期，由天津市问津书院印行。自2013年1月到2017年12月，累计印行5年共60期。《问津》作为天津地方文化丛刊，在拾遗补缺、保存文献和传承天津优秀文化方面传统发挥了不可替代的重要作用。

就笔者的体会而言，《问津》有以下几个方面的特点：

首先，内容的多样性。《问津》涉及文献整理、民俗记忆、口述历史、方言研究等诸多方面，其中有不少属于历史文献，也有一部分属于今人之撰述。无论是整理的历史文献，还是专家学者的辛苦耕耘，都具有非常宝贵的文献价值。尤其是一些年岁稍长的专家所整理的作品，如李炳德先生有关天津方言研究的系列著述，王和平先生有关天津衣食住行等风俗类系列著述，因作者经历过，见识过，所记载的内容更具真实性，更具有文献价值。表面看，这些资料题材宽泛，内容驳杂，长短不一，但万变不离宗，每一辑的主题均聚焦在天津这个特定地域，写天津人,述天津事。

其次,作者的差异性。《问津》作者群以民间学者为主,他们的职业、经历、教育背景各异,研究领域、研究方向不同,这种差异性,避免了内容趋同和"撞车"情况的发生,这也是《问津》在内容和题材方面多姿多彩的重要原因。此外,民间学者学术水平差异很大,但主编者善于发现闪光点,沙里淘金。经其指导提升后,内容方面突出了优点,弥补了不足,使各专辑整体水平不低于正式出版物,这一点实在难能可贵。

第三,型制的特殊性。《问津》为"小方本",型制小巧精制,携带灵便;外观古朴大方,夺人眼目。试想,现在的出版物,体量越来越大,页数越来越多,但携带实在不太方便,而且内容太多容易引起审美疲劳。而"小开本"就像传统的小人书一样,除封面设计具有美感外,其体量上具有轻盈、便捷的特点,体现了编辑者的审美趣味和独具匠心,故为《问津》加分不少。

迄今为止,《问津》出版的 60 期,似乎都存在一些问题。一是多文少图。除张建先生配合摄影的口述资料外,差不多所有专辑只配有少许图片,很多应当录入的图片出于节约资源等考虑,被舍弃或缩减,在吸引读者深入阅读兴趣方面稍显不足。二是选题重点可以更有侧重,在拓展题材范围的同时,可适当增加历史文献整理的比重,使《问津》在保存文献方面的作用更加突出。三是没有正式刊号,在收藏和引用上受到限制。准此,对于继续办好《问津》提出几点建议:

一、适当增加图片。随着生活节奏的加快,人们的阅读习惯发生了很大的转变,若不是学术研究,已很少有人专注于从头到尾看个仔细,"随便翻翻"成为阅读者的习惯。而图片具有较强的冲击力、诱惑力，可以减轻阅读疲劳，增加阅读者的兴趣。何况，有些历史图片本身信息量也不容小觑，它们本身承载着历史记忆，是文献的重要组成部分，适当增加图片也许会起到事半功倍的效果。

二、突出保存历史文献功能。就本人爱好而言，笔者更喜欢“小方本”有关旧体诗集类文献史料，如《翠槐堂诗集》《卢星野先生诗集》《待起楼诗存》《一沤阁诗存》《莲品诗钞》《剑庐诗存》等，此类文献大量散落民间，可遇不可求，而且多属于民间学者个人收藏，很多甚至属于孤品。民国时期的诗草、诗集，文化内涵十分丰富，历史价值巨大，但还未引起研究者足够重视，应鼓励民间学者进一步挖掘整理，让“私房菜”走出家门，为更多读者所享用。

三、申请正式刊号。实际上这个话题比较沉重。按常理，《问津》价值如此之大，作用如此之重要，本就应当给它一个名份，一个准生证，让它堂堂正正走进学术圈，走进各大图书馆。但现在取得正式刊号很难，具体操作时，可有两种途径：一种是借鸡生蛋，将有关期刊收购或重组，这可能是简便的方式，但需要财力；再一个就是直接申请正式刊号，这需要做大量的准备，同样会有很多困难，但长远考虑还是值得的。此外，还有一种解决“户口”的方式，即将《问津》小丛刊作为《问津文库》的储备库存，根据题材和出版社的需求，可以将更多资料源源不断输送到这个文库里，以正式出版物的方式与读者见面。从目前情况看，这个做法已经成熟，而且很有成效。

《问津》是在天津乡贤、有识之士和民间学者共同努力下的一个创举。考察天津文化史，除民国时期出现了以金钺为代表的私人刻书处并保留有大量乡邦文献外,在以后数十年里虽也有不少学者做过努力,但因为种种原因并没有出现第二个金钺。在当今文化繁荣的历史时期,问津书院凭借王振良先生等的努力,传承接续了这个优秀传统并发扬光大,它为传承和传播天津地方文化所作的努力,可以说是天津文化史上前无古人的重大事件，相信在历史的画卷中会留下浓墨重彩的一笔。

2018 年 1 月 10 日

说说《问津》小方本

[天津]杨仲达

提起《问津》小方本，我还是有点发言权的。为什么这么说呢？因为我是它比较早的“作者”，那是2013年第3期，也是总第3期。屈指算来，此刊印行至今已五年矣，恰好伴随着问津书院一路走来。解释一下，我为什么要给作者这两个字加上双引号？这是因为，那期刊登的是已故苏克臣先生毕其一生的撰述《津门小令注》，我充其量只不过是它的挖掘整理者，后来振良觉得百首小令未能注全，为成完璧让我续注，我才做了力所不逮的事。那时候我轻狂慵懒，加之才力有限，把这部书稿一拖再拖，又注解得粗糙不堪，而振良宽怀以待，我至今思之仍觉歉意满怀。现在《问津》小方本已集成60册之众，真是洋洋大观，我于津门地方史虽非热衷，却也不得不钦佩振良的执着和勇毅。

如果为了显摆资历，说自己“入刊早”，那么作此小文则纯属率性。其实我要说的是，《问津》小方本是问津书院最早具有旗号性质的杂志，它其实脱胎于此前名噪一时的“小白本”——《天津记忆》，而苏克臣先生与我合注的这部《津门小令注》，最初就是为“小白本”准备的稿源，结果最终进入了《问津》的系列，我正是这样见证了从“小白本”到“小方本”的起承转合。

仅仅因为“入刊早”就说自己有发言权，那当然也是不够充分的。第二个值得我说道的就是，此后我还给小方本做了选题推荐和整理工作。这就是收入 2015 年第 3 期的《野老闲谈》和 2017 年第 8 期、第 9 期的《乡村琐忆》。现在我就逐一针对这两部作品说说。

先说《野老闲谈》。这是西青区精武镇傅家村年近九旬名为刘继椿的老者所作。精武镇是我的祖籍所在地，但是我和刘继椿老人并不认识，也是从报纸上得知他写作此书的消息，遂通过乡人搭桥才得以看到这部书稿的。刘继椿老人念过私塾，一生当中做过两个重要职业，即木匠和会计，虽然这和文史无甚关系，但是可以推断他是农村的能人。他写的文章，清新、明快、短促，一事一记，不芜杂，不啰嗦，也不有意拔高抒情，只是如述家常，读之如坐春风，乡野农村琐细，均涌于笔管。我拿到书稿后即刻给振良打电话，但当时我并无把握，《问津》庙堂雅音，能否接受如此呕哑嘲哳的文字？且我最初曾为其命名《野老心史》，乃是我觉得这更像是一部个人历史，而非堂皇正史及志余随笔之类，这是大约应该归为子部的书。当然，后来证明是我自己先设置了框框，振良不但接纳了它，更给了它较高评价。《问津》方册兼容并包，其中也有不少个人专集，而《野老闲谈》所记不仅是一己之私，也涉及到了天津一隅几十年乃至几百年的历史，从一个侧面，从一个农夫、一个家庭、一个村落的角度，反映了沽上的旧貌与风情，不少细节亦值得关注。

再说《乡村琐忆》。这部作品我更为熟悉和接近,关注的时间也更长,因为它是我的父亲杨世珊所著,也是我参与整理的。相对来说,如果说刘继椿的作品可算笔记的话,我父亲的作品则更接近新文学,无论是每章的篇幅还是所涉的领域都更为深广。它是以我的故乡小南河村为主体,兼记了现河西区西楼村和大港区薛卫台村等地的情况,并非是某个村庄的史记,而是从津沽的角度去打捞乡俗和乡情。它所记载的,都是已经过去二三十年乃至五六十年的旧事。当下的农村正处在急剧的转型期,而《乡村琐忆》关注的正是过去的农村农业生活,这看似无关大雅的一瞥,不仅包含着"琐忆",其实也捎带着"琐论",其对农事农人缅怀之间,经常进行提炼勾勒,自成一套具有理论色彩的东西。我父亲下乡之初,曾作有一本诗集,后来自编成册,题为《初学耕耘》。这是一个知识青年投身农村时自身理想主义的产物,但这位青年厕身乡土耦作躬耕之后,居然把对于农艺的兴趣保持下来,最终结晶为《乡村琐忆》。这些文字都是真实的,带着泥土气息,也带着真挚情感,尤其是对已经和即将消亡事物的记载,很多篇章里忆中有论,可以视为对于农事的总结,这在我看来也不免惊奇。我的少年时代也有这十年以上的农村生活经历,然而父亲的文字所载,大都是我闻所未闻更见所未见的。振良出身东北农家,对于某些内容亦感隔阂,加之行文多用方言俚语,故而最初阅读上也存在阻滞。或者可以这样来看,我和振良均是出生于农村的学生,对于稼穑之学只是看客;而我父亲是出生在城市的学生,却跑到农村接受贫下中农再教育,他不是看而是做,所以认识才大有不同吧。

概叙《野老闲谈》与《乡村琐忆》,说的也不是它们,其实还是要讲《问津》。如果说苏克臣以普通天津老人的身份和视角注解清代樊彬《津门小令》是雅俗共赏的话，那么《闲谈》与《琐忆》基本是俗的，是完全民间的。《问津》只问津逮，不问雅俗，这或许是民刊的特点，但绝对不是一般胸襟，从我经手的三部作品即可作如是观。若再纵览《问津》总目，则更知如此，如其开篇第1期即是张建先生所作《原住民口中的西沽》，是极具原生态价值的作品，《问津》所收凡此种种，亦是不一而足的。它几乎涉及天津文史的每一个层面，而民间、学院资源大体各半，虽然各有千秋，但我还是认为它对民间学人作品的吸收功绩更大。《问津》不板着面孔，不晦涩难解，不故弄玄虚，姿态怡怡，这正应了振良常说的那句口头禅："好玩！"不追求多大的宏观要旨，而却要有真东西且见真性情。在我理解，"好玩"既是趣味所在，也是衡量标准，"不好玩"自然是不入围的。兼容并包并不意味着无所不包，若设想以"好玩"为标准，则可知其遴选是严谨的，入围其间不易。"好玩"也承担着历史的责任，"小白本"盛行之际，我尚在军旅和回津之初，因无意文史故所读不多，但是翻阅目录可知，其内容无外乎"天津"与"记忆"四字，亦如今之小方本"追寻津沽记忆，守望文化家园"的口号。小方本赓续了"小白本"的初衷而再升级之，真个延续了"好玩"旨趣，也渐成一部天津大观，假以时日，则更成气候矣。

振良本翰苑中人，却着意于民间土壤，为我乡人敬重。以其之才若深入于一隅，亦必有所成，但他以天津地方史研究为己任，不拘泥于一砖一石而愿筑鳞鳞大厦，他在《问津》方册《开篇絮语》中言："编辑问津和组织问津讲坛，可能是我心甘情愿倾注心血做的最后一件事了"，其情可感！赴汤蹈火不过如此！

我不学寡识，回望曩昔，悔怍犹多，最不能自安的就是缺乏振良这种赴汤蹈火的劲头，唯有见贤思齐而已。

著此文之前，我把所存小方本铺满一几，并把数目作了梳理，真有“去故所来径，苍苍横翠微”之感。曾经有刊物能让我视如己出吗？印象中只有《解放军文艺》和《读书》，前者是当年订阅（每月要到部队北营门传达室去问去等），后者是每月专程去潍坊和平路的邮局去买……《问津》之前，仅此而已。看着一几《问津》，又是拉杂说来，好在有文无定法这句搁着，那么暂且就说这些吧！

让我们和《问津》一起走下去，走着瞧，也走着聊！

2018年2月25日

问津书院的“海绵宝宝”

[天津]刘礼宾

小《问津》具备比较纯正的天津气质，即雅俗并存、中西同构、水乳交融、高度自信的气质。这么说小《问津》，怕又要有吹捧问津书院、讨好振良先生的嫌疑啦。不过，“问津”无须人来吹捧，那么，我就坦然地畅谈我浅薄的感受了。对了，我不但不吹捧“问津”，我还对小《问津》存有遗憾，我蕴这小小的遗憾于字里行间，各位学者师友若有兴趣，请找寻喽。

天津是汇集古今中西文化于一炉的国际化大城市。直到现在，“百年历史看天津”和“我们是大直辖市”的概念依然深存在天津人的潜意识里，这可能促成了我们的傲骨，使我们有些倔强，平常隐藏着，但不知什么时候就因为什么事便激发出来。一般认为，在天津定居五年以上的人就会成为天津人，也就是说其“融入了”且自我改变了，之后这些人也会有前文说的那种“与生俱来”的傲骨，凡事“不服输”。可是，到了刚过去的几十年，曾经属三大直辖市的天津在经济转型中渐渐失去了曾经的"强大"优势，魅力似乎在衰减。那么，表现在地方史研究上，天津面临着可怕的"霜冻"，这时正是振良先生到今晚报社工作不久，因工作关系而引发对天津思考的时候。那时，地方文史研究成果正在北京、上海和其他一些省市茁壮成长。

振良先生说过，凡事做不成是因没找到方法。他还说过，做成事还要看能不能坚持。我只听他说过这两句话。从这两句话看，他确实做到了。十来年前，在天津社会各界尤其是地方史研究前辈学者的支持下，以振良先生为代表的中青年学者疾流勇进，这一班人努力探索、创新思路、整合资源、汇集能量、传播理念、搭建平台，边抢救边深研，抓住了泛媒体时代的优势，以其自办刊物为载体和主导平台，循序渐进，科学推进，迎合了时代发展的步伐，使天津民间的文史研究在短短几年里突飞猛进。这从《天津记忆》开始，到小《问津》再到大《问津》(问津文库)，还有问津书院的其他刊物中可以得到充分映证。这些年，这些刊物将天津历史文化几乎搜罗了一遍，"皮"剥了一次又一次。当时，要看振良的劲头，真是不给人家扒到衣不避体不算完事，脱光了人家的衣服还要拉着人家照X光片，得把五脏六腑也扫干净。大家请看，我们熟悉的问津学者中，很多都在问津书院全媒体(书也是媒体)中反复留痕，但每次必有新信息、新成果蕴含其中。而且，问津书院全媒体平台，也成为培养新一批学者的摇篮。

在问津书院全媒体中，小《问津》是基础，是载体。我喜欢小《问津》，首先因其装帧古朴又不失时代特征，有味儿，雅致。另外，小《问津》小巧精致，携带方便，便于阅读。小《问津》是一本宽14.2厘米、高也14.2厘米的正方形图书，截至目前我接到的小《问津》中，页数最多的一册是第37期《津门艳迹中的天津土语》，总共 308 页，书脊厚度仅 1.9 厘米，真是口袋书，走到哪里，或坐或卧皆可捧卷。现在很多书做得豪华，阅读起来很费力气，有时我看着心痛，这不是浪费大树吗？心想这穷底子生成的“炫富”行为，什么时候才能结束呢？20 万字的书排成 200 页出头完全可以呀，75 克及以下的新闻纸翻阅起来手感不是更好吗？关键是我们的生活要简单，要精致，读书读的是内容，不是“装修”好，页数多，学问就越大，跟那些没关系。好，说到这！我们再看《天津记忆》、小《问津》、大《问津》及问津书院的其他刊物，它们皆以内容为主要着眼点，以科学合理和贡献度为追求，这才是干事！

小《问津》比《天津记忆》向前迈进了一步，因为有问津书院了，小《问津》有了相对正式的主办单位，这等于让大家的平台有了“正式户口”。再说到天津气质，小《问津》的内容包含了雅俗和中西文化。我想在其他学者师友的文章中会列有目录，我就不一一录入了。至今，我接到小《问津》到达第 42 期，内容涵盖了天津文化的几个主要方面。

小《问津》在问津书院全媒体中有中流砥柱的地位，它应该算是问津学术研究理论成果的“先行官”，即在大《问津》尚未形成前，小《问津》是舞台，是平台，是抛砖引玉的，能迅速汇集更多研究信息和成果的具有一定分量的文史研究刊物，某些时候小《问津》像海绵，为更为深入地进行研究起到了吸水的作用。因为小《问津》是方的，又很可爱，所以我有时叫它问津书院的“海绵宝宝”。

小《问津》虽然很简朴，但是它在人们心目中不仅不“寒酸”，而且很有地位，因为做得好而且有名气，所以有一定的“标定”作用，这还得说与编者振良先生的学识水平、编辑能力和文字修养有关，同时还与问津书院的影响力和执行力有关系。因为小《问津》的页数不同，最薄的一期是第28期《珠贝集》，仅40页，书脊厚度仅0.3厘米，估计正因为这个原因，所以不容易将书名印在书脊上，于是查找起来不太方便，这是我心中对小《问津》存有的遗憾，但这也成为了小《问津》的特点。

2018年1月

《问津》的念想

[山东]薛　原

关于天津,这几年对我来说,多了一个念想,就是问津书院。关于问津书院,在我其实没有什么确切的了解,但是,却又觉得非常的熟悉。若说起天津,现在我最熟悉和最想去的所在是哪里,我会不加迟疑地回答:问津书院。之所以如此,没有其他的原因,只有一个缘由,这就是一本小小的标注着"内部交流"的《问津》杂志。说杂志,其实并不确切,因为《问津》属于内部交流的民间"刊物",并非正式发行的正规杂志。但是,正是这份并不出眼的小小的民刊,这几年来,却像一道汩汩流淌的清流,成为我书桌上的风景。

我已经忘记读到第一期《问津》的具体时间,也已经忘记《问津》起初几期的具体内容,说实话,最初看到《问津》时,对这小小的不起眼的方形开本并没当回事,甚至觉得这样的民刊,过不了多久,也就销声匿迹了,因为已见过形形色色的民刊如过眼云烟,有的先声夺人,有的气势不凡,有的书香弥漫,但几年过去,往往成了消逝的风景。所以,我在看到各种新诞生的民刊时,往往并不抱多大期待,尤其对一些热心的书人为自己的梦想而组编的民刊,在敬佩他们的努力与付出的同时,往往也知道,这样的民刊要想持续经营下去,仅仅依靠主编者的激情与奉献是远远不够的。所以,对待民间读书人自发组编的民刊,我并不抱太多的阅读期待,因为对这些民刊的生存不抱乐观的态度,对于像上海巴金故居的《点滴》这样由上海市作家协会开办的“民刊”反而抱有期待。

但是,《问津》的力量震撼了我。我用了“力量”二字,是的,《问津》是有力量的,这个力量就在于《问津》的生命力,这个生命力我想是来自两方面:一是主编者的坚守和智慧;二是出资人的胸怀和理念。其实关于《问津》和问津书院的运作和经费支持等项我并不了解,纯粹是我从每期《问津》的持续问世得到的阅读印象。因为这样的民刊,若是没有主编者的坚守和资金的保障,我想象不出依靠民刊自身怎么可能生存至今。之所以说《问津》有力量,还在于在这份小小的民刊之外,还衍生出来《问津文库》。其实,《问津文库》在天津地方历史文化上的价值更体现了《问津》的力量。也是忘记具体的时间了,看到了同样开本的《问津文库》的一本本小书,有厚有薄,有的是上下两册,每一种都打着鲜明的津沽文化和文献的烙印。至今,《问津文库》可以说已经蔚为壮观,尤其值得称道的是,这个文库已经推出的《津沽名家诗文丛刊》和《津沽笔记史料丛刊》,都是繁体字竖排的丛刊。这些书,一册在手,感受到的是文化沉淀的气息。例如手边的《刘大同诗集》《碧琅玕馆诗抄》等,还有上下两册的《口述津沽:民间语境下的西于庄》等,这种地方文化名家的诗集和地方平民口述记忆在时下追逐图书码洋数额的出版界,若无资金支持恐怕难以出版,但在《问津文库》里,这种书却是常态。翻阅这一类诗集,有时候会有穿越的感觉，但更有在物欲喧嚣的当下享有片刻的宁静之感……

其实，《问津》的主编是固执的，从他所编的《问津》和陆续推出的《问津文库》的开本和封面装帧的风格就能看出他性格上的固执，固执的另一种说法或说就是目标明确埋头深耕的执着。《问津》的风格是不与时俱进的，在这个越来越迅疾的网络时代，更多的人是惟恐落伍和跟不上时代的步伐的，但在我看来，《问津》的可贵正是不怕被讥笑为保守和落伍的，这个时代不缺弄潮儿，缺少的恰恰是甘心保守和执着于自己的一念之想的人，从这点来说，《问津》的存在是一个标本，是一个甘于不迎合大众的小众的园地，一个孤独但却不寂寞的挖井人，这是一口一直在涌出甘泉的深井。

这几年来，在我的案边，有两种风格独特的民刊是每期都要阅读的，这就是上海巴金故居的《点滴》和天津问津书院的《问津》，一个是对现代文人的打捞和挖掘，一个是对津沽文化的挖掘与打捞。一南一北，恰成两道绝然不同而又殊途同归的文人风景。

这几年，我一直想再去天津，主要目的就是想去看看问津书院的风景。

2017年10月

《问津》的喜悦

［辽宁］萧文立

春节过后，取回最后四册，2013 年的《问津》全了。

《问津》是天津问津书院编印的内部资料，当下读书界艳称的所谓民间读书杂志的一种。先说读书界。读书还能成为一种界别，我百思不解，读书不过一种生活方式而已，虽然许多人根本不读书，但无论如何，读书只是学习，进而言之是生存生活的一种手段，万万不能成为一种姿态，尤其不能搔首弄姿，以读书自高自大，以读书界自成一体，区别于其他不读书的俗人。果真有此心态，读书也就和打牌打麻将穿名牌追明星等同，成为所谓时尚的一种，那可和读书的本意相隔悬殊到甚于云泥。至于所谓民间读书杂志，更不知所云。什么是民间，我就想不清楚。但无论如何，读书是我的赏心乐事，所谓民间读书杂志也是我关心的一种，但同时又有了新问题：民间读书杂志真不少，能看得下去的有几本？我翻阅过的，真有些内容不是简单的读后感作业簿的，但这确实罕有。如济南自牧编的《日记杂志》、慈溪上林书社的《上林文丛》，一关心日记这种体裁，一关注慈溪地方文化，算是其中翘楚罢。更闻名遐迩的《开卷》，因为近年心境的转换，反倒觉得可有可无。《问津》的出现，说是异军苍头突起，毫不为过。

知道《问津》，好像是在山东阿滢的博客上，见其提到有一期是刘云若的诗集，觉得颇出乎意料，于是试着与编者王振良（杜鱼）联系，人家很痛快地就答应了，不久就寄来《问津》前八册。说起编者，似乎耳熟，几年前为雪堂天津旧居照片事，曾托龚云起先生代联系过，云起先生给了电话，我却因循未打。接到前八期很高兴，因为是小型近乎正方形开本，典雅精致。但其时正赶上心烦意乱，未能实时细看，不久临时赶着为老友施乐先生打工，帮忙整理其十六代祖李永绍的诗集，以致拖延至今。现在一整年过去，十二册出齐，我的心绪也趋向好转，任务完成，应该谈谈关于《问津》的感想了。

对于书，我挑剔过甚，很少心满意得，《问津》也是如此。虽然得到人家赠书，却还挑三拣四，实在有些不讲究，但心里有话总得说，公开说比腹诽总要好，那就先说说不甚满意的地方，想来编者杜鱼先生大量，不会计较。

我不甚满意于《问津》的，其一是版式装帧。前面说，开本精雅印制精良，确实不虚，但还有可以改进的。依我看，一是内文书眉，正反页都印“问津（总第1期）”之类，不很方便而且无意义。若正反页分工，一印期数与总期数，一印本册书名，似乎更好。其二《问津》一期一书，采取专刊形式，而封面只印“问津”，不印当期书名，也不甚方便。其三制作上似乎应再求精一步，如用纸应统一，开本大小应更精确一致，书脊书名要排列整齐，否则放到书架上不太好看。这些都是看似小事，而其实颇影响书刊质量的细节，改进起来也并不困难。

我不甚满意的，其实都只是小焉者，从整体上看，我非常欣赏这套丛书，说丛刊似乎更恰当。因为它在目下颇有些泛滥成灾的所谓民间读书杂志中，其实是另类。从形式上说，它不是杂志而是丛书丛刊，一期就是一本书；从内容上说，它不是读后感作业簿，它继承延续的是地方文献丛书的血脉，主题集中，内容扎实，资料难得。因为流传一定不会太广，我且将十二期略作分析，归纳列为下表：

第一期 原住民口中的西沽 张建著 口述实录 172 页

第二期 天津吆喝 王和平著 民俗史 272 页

第三期 津门小令注 樊彬著 苏克臣 杨仲达注 民俗史 210 页

第四期 海下文武高跷 刘国华 曾莹著 民间文艺 84 页

第五期 津门烟话 曲振明著 地方工业史 收藏 民俗 140 页

第六期 耕堂忆趣 张璇(孙犁外孙女)著 人物研究 文学史 146 页

第七期 待起楼诗稿 刘云若著 张元卿编 文学史 人物研究 100 页

第八期 玉堂曲艺集 杨辉祖著 高鸿钧整理 民间文学 94 页

第九期 卢木斋文存 卢靖著 罗容海编 文集 人物研究 118 页

第十期 一沤阁诗存 张同书著 侯福志点 人物研究 文学史 148 页

第十一期 慎始基斋琐谈 杜鱼编 人物研究 地方史 204 页

第十二期 水西庄人物 郭凤岐著 地方史 人物研究 92 页

可见《问津》涉及之广泛，主题之集中，体裁之多样，材料之宝贵，眼光之独特，这是一般所谓民间读书杂志无法望项背的。一句话，有用。我感兴趣的，如《玉堂曲艺集》用大鼓书演绎《论语》，不禁想起柳麻子说书；《天津吆喝》搜集之广解释之深，读了解渴；《耕堂记忆》写亲人的亲切入微；还有关于卢木斋的两本及《一沤阁诗存》的有关史料，都有味道。《问津》体现出天津地方文史研究的深入、细致、扎实。

《问津》我只是大体翻阅一过，有几本稍微细看了看，觉得整理上还得加强，这是对整理者和作者说的，与编者无关。如《水西庄人物》将乾隆帝归入官吏，无论如何都不合体例；《一沤阁诗存》整理尚需提高质量。

去年才创刊，就按时出版十二期，没有拖延，编辑者好像只有一个人，非常难得。我也编过此类杂志，深知此中甘苦，对王振良先生，不得不表示敬佩。何况他还亲自编了其中一本，还在编《天津记忆》呢。

（载于《上林》2014 年第 2 期）

《问津》三说

[河北]王庆安

与振良以文结缘，一晃快十年了。先是饱览《天津记忆》《品报》等，2013 年又有了正方形小册子《问津》，五年下来竟收到五十多期。每见《问津》，便先睹为快，览后仍愿意复读。于是，便摆放在书橱的显要位置，如“雀”立鸡群。说《问津》如“雀”，首先是就版型、体量而言，与 32 开本比矮了很多，然而在 32 开、16 开等版本的陪衬下，“口袋书”矮得醒目、矮得可爱。说它如“雀”，还有第二层意思：居住市井，难觅鸡只，不闻鸡鸣，却常见雀立枝头，跳跃鸣啾。《问津》不断地被寄至案头，不懈地为我补养精神食粮，及时近便。三是如雀的《问津》，没有窝草儿，自觅其食，没法与吃喝不愁的家禽、信鸽等宠养之类相提并论。正如《问津·开篇絮语》中杜鱼所言“‘民刊’是‘非婚生子’（来新夏先生语），法律地位素来尴尬，故以‘内部资料’形式出现”，这是于大报大刊而言的。五年下来，《问津》何止是在我家书橱、他家书架上“雀”立，俨然在津门及其更为广袤的空间，居然成了报春的布谷，振翅的雄鹰。

《问津》是津沽文化、民族文化的灿烂成果，是口述文学、地域文史的智慧结晶。透过历史，穿越时空，从那斑驳优雅的文字中，我们依稀可以看见它的耀眼光芒。鲁迅先生说过："一部《红楼梦》，道学家看到了淫，经学家看到了易，才子佳人看到了缠绵，革命家看到了排满，流言家看到了宫闱秘事。"透过沉甸甸的《问津》，我看到了中国梦。遂试作"问津三说"。

一、《问津》之"和谐"，体现在它的组成上

如果问五千年中华文明最核心的文化内涵是什么？我想它一定会是"和"。"和"，它既和而不同，又一以贯之。《问津》正是这样彰显着"和"的内涵。《问津》"口袋书""白报纸"的装帧，接地气，近民风，这本身就是一种"和"。且说《问津》的内容编排，既有清末民国的佳作诗篇，又有街市吆喝、风俗流变；既有对历史碎片的累年挖掘，又有对市井"聊斋"的志异掠影；既有对历史事件的各式观察，又有对自然灾害的亲历亲述。比如，1976年7月28日唐山大地震，既有震前天气状况的叙述、震前征兆的"马后炮"，又有震时脱逃、震后救灾等铭心之述。稍有一点墨水，便可读懂；倘若过来之人，依然身临其境，后背冒凉气儿。再说《问津》作者及资料提供者，上到著名作家、诗人、收藏家、民俗学家、文史学家，下到市井细民、邻里街坊、平头百姓，无所不包。不得不说，《问津》的语言，佳作诗篇气势雄浑，庄严阔达，而更多的则是平白直叙、务实流畅，客观真实地展示了不同阶层、不同地域人们的所思所想、所作所为，不愧是当时社会发展风貌的百科全书。

《问津》每册各具特色，各不相同，通过“国家繁荣昌盛”和“人民快乐富足”这一主线紧密的组合，形成了壮丽的诗篇。《问津》在收录作品的过程中，以市井风情为最多，充分体现了对社会底层的关切。古训说，“知屋漏者在宇下，知政失者在草野”。今天，在实现伟大中国梦的历史进程中，和谐社会显得尤为重要。国以民为本，民富国自强。所以，为政者要充分重视民生，了解人民疾苦。要察民情，听民声，知民心，顺民意。全社会也应该以“国富民强”为目标，和谐发展，共同建设全面小康社会，打造伟大的中国梦。国之所需，我之所行；民之所需，我心所向。“和谐”，这正是《问津》带给我们的时代启示。

二、《问津》之“聚力”，体现在它的内容上

《问津》除具备政协文史资料存史、资政、团结、育人的作用外，在汇智聚力等方面的功能也是显而易见的。《问津》自 2013 年起，五年不到已印行五十多期。一类是遗稿轶文，如《津门小令注》《待起楼诗稿》《玉堂曲艺集》《一沤阁诗存》《玉堂曲艺集》等二十五期，占了几乎一半。作为清代民国之遗作，大多是鲜为人知的，凝聚着整理者敏锐的发现力、坚韧的挖掘力、高超的整合力以及学术的严谨性、系统性及权威性。有些诗文，上升到文献高度也不过分，它们的印行带有很大的抢救意义和发掘意义。2014 年第 5 期《日新录》，将武侠小说宗师宫白羽的《傅说贤相费姓傅》《管仲不名仲》《隋唐多胡姓》等百余条甲金诠释内容展示出来，为甲金领域提供了新的研究空间。一类是口述文学，如《原住民口中的西沽》《天津吆喝》等 6 辑，有积沙成塔之奇、集腋成裘之妙以及集聚零金听玉声之效。《原住民

口中的西沽》两辑数十名口述人，被访者当时年龄最大的 99 岁，最小的 50 岁，平均年龄 76.6 岁，其中女性 13 位，学历最高的北京大学本科毕业，最低的不足小学文化，涉及已消失的传统行业十多个，拍摄图片千余幅，整理访谈实录十余万字。这些生硬的数字背后，是喜悦，是汗水，是如释重负，是担当和责任，真正做到了“唯一”和“独家”，堪称“永不锈蚀的记忆”。《天津吆喝》属于城市商业文化与方言文化的集合。先是列举描述百种吆喝，可谓集大成者，如饮食、修配、日杂、服务、娱乐、物回等；再者介绍吆喝只是由头，重点在于挖掘其蕴涵的文化。《问津》还有《崇化杂忆》《忆弢盦》等回忆纪念文章，有《海下文武高跷》及“天津民风民俗”等非遗类资料等。这些家长里短，鸡零狗碎，找不到任何宏大的叙事，但却有着特殊的意义。

坚持文化自信，文化聚力，以德育人。聚力是中国梦实现的有力支撑。聚力需要达观的心态，拼搏进取的实干，“思无邪”的正能量，强大的文化自信以及良好的社会道德氛围。这样，才能真正将力聚好，将梦建实。而《问津》所抢救的内容，无疑为聚力提供了一种抓手。

三、《问津》之“铸魂”，体现在它的内涵上

杜鱼《问津·开篇絮语》言：“其实民刊大都具同仁性质，就是找个平台或载体，志趣相投者在一起玩，同则聚异则散，并无什么太多目的，《问津》就是类似这样的平台，凝聚天津地域文化研究者和爱好者，以‘追寻津沽记忆，守望文化家园’为指归的平台。天津本不缺乏各种平台，但是好玩些的应该说还较少。所谓好

玩,于个体应当有趣,于他人应当有益,于社会应当有用,只有这样的平台才有可能坚稳牢固,不受或者少受外界风浪影响。……但愿这个新平台的构建,对促进天津地域文化研究,推动爱国爱乡教育,乃至塑造文化天津形象,吸引更多的人关注天津,研究天津和宣传天津,能够起到积极的作用。”

《问津》千人千面,“不浮不躁,默默无闻,平生所学,尽倾在此。虽无伟业,可称伟哉,虽无壮举,可称壮矣”。其或佳酿新瓶,或稚羽重生,作为文化遗产抢救成果,资源丰富,意蕴厚重。

不管什么样的题材,《问津》总是能流露出一份真性情,一份真仁义,一份勇担当。它让《问津》虽历经岁月沧桑,却依旧能震撼心灵。

从字面上看,《问津》的很多内容,似乎只是在描写各自时代人们的普通生活,但是真、善、美这条隐藏的主线,一直贯穿于《问津》的全篇。真、善、美是《问津》的灵魂,亦是中华民族的灵魂。俗话说,“文以载道,以用为最”,如今的中国高速发展,在发展之中有人略显浮躁,在浮躁之中“迷失自我”,在浮躁之中“拜金奢华”,在浮躁之中“崇洋媚外”,于是变得真假难辨,善恶不明,美丑不分,拥有了精致的皮囊,却丢弃了最初的灵魂。茶余饭后的闲暇之时,我们每个人不妨都静下心,沉住气,细细读读《问津》,品味其中的真、善、美,感受那些超越时空的情怀。那些情怀就是魂魄,它是盎然的生机,它是燃烧的激情,它是纯粹的信仰。魂,它为人类所独有,它纯真睿智,它美丽高尚,它无私伟大!伟大的中国梦,需要铸就伟大的灵魂。

透过《问津》,我看到了“中国梦”。

2017年7月28日

一缕绵绵不绝的文化乡愁

[湖北]毛本栋

一直爱读余光中先生的那首小诗《乡愁》，它把一种说不清道不明的情感，巧妙地化作四种具体的意象，营造了令人荡气回肠的艺术感染力，读后不觉情思缱绻，惆怅而悲怆。每过一些时日，我都会下意识地于心中默诵一遍，随后就会呆愣半晌。到底是一种什么力量紧紧地攫住了我的心呢？以前不懂，以为只是一种物质意义上的乡愁所产生的情感力量。涉世既深，阅历既广，现今味之，方顿悟其中自有一种文化意义上的乡愁起着发酵作用。随着岁月的流逝，这种文化乡愁会使记忆变得愈来愈香醇。

人对自己生于斯长于斯的历史地理的怀念，总会衍生出一种绵延的情感，这种情感反映了人们对其成长经历的自我确认，成为回顾往昔岁月的文化乡愁。身处纷繁复杂的现代社会，这种乡愁在现代语境中映现了人们的“集体记忆”和“个人感受”。现代社会的文化乡愁，不仅呈现了人们对其生活过的地域的忆旧思绪，而且浮现出人们对前现代社会的文化想象以及对后现代社会的文化期望。天津毗邻京城，是一座历史文化积淀深厚的港口城市，民国时期，遗老、军阀、商贾、政客、名流、学者麇集，催生了别样的文化乡愁。故而，侧重于挖掘整理天津民间文化资料的问津书院，理所当然就成为了天津文化乡愁的渊薮。问津书院 2013 年 6 月底正式揭牌成立，至今忽忽已历五载，陆续编印的刊物图书数量和质量均颇为可观，俨然沽上文化一景。这些天津历史文化图书中，影响最著者当为问津书院策划、王振良先生主编的《问津文库》大型丛书，迄今已出五十余种，在全国读书界掀起了一股热潮。这套丛书已然深入读者内心，厦门作家何况先生曾深情地说："我与天津的缠绵，则是读书读出的记忆与乡愁，以至于每隔一段时间，我便开始期待天津方向的邮件，每有书来，总要挤时间阅读，然后郑重地摆到它的兄弟姐妹旁边，以免它在远离故乡的地方感到凄清与寂寞。"可见文化乡愁是可以传染的，发乎作者而波及读者。于此观之，王振良先生功莫大焉。只可惜那套《问津文库》丛书，我无缘得见，像一个美丽的传说，出现于我的书香梦里。

而我有幸亲炙的，则是王振良先生主编的《问津》小杂志。这缕文化乡愁，就是通过它感染到我的。那本小杂志是小小的方形开本，古色古香，玲珑雅致，盈手可握，装帧印制精而不腻，内容纯干货，耐赏耐读，让人爱不释手；有时出些专辑，也是小散文、小掌故、小诗集，像是"口袋书"。这杂志 2013 年 1 月起每月印行一期，内容主要围绕天津历史、文化、民俗等主题展开，汇集保存了大量天津学人的研究成果。大概是从前年起，我开始陆续收到问津书院寄来的《问津》，它成为我的读藏新宠，被悉心收存，爱如拱璧。每每拍下书影，发到朋友圈晒一晒，总是招来众多微友的由衷歆羡，更有痴者，询我能否允借与他拿去复印。整理所收到的

《问津》，竟有厚厚的一沓，整齐方正，别具一格，计有《朋谈杂记》《天津的时令习俗》《天津的饮食习俗》《天津的居住习俗》《天津的商业习俗 天津的服饰习俗》《天津的生育习俗 天津的妈妈例儿》《蟫香馆别记》《行吟集》《翠槐堂诗集》《我的地震记忆》《街坊人物志》《梁范馆谈屑》《阿英在天津》《天津土语拾零》《天津解放那天》《淘故纸与天津相遇》等。这些口袋书属内部交流资料，均有极高的文化价值和收藏价值，每册的集名都是古朴典雅的木刻宋体字，封面设计端庄古雅，现在大多已成为爱书人的抢手货，网上售价不菲。若能收集全《问津》，必不失为一桩大大的美事。而这一缕文化乡愁，自会绵绵不绝地在书香中延续下去，这些口袋书还会源源不断地出下去，故要将《问津》杂志"收集全"实属谬说了。

读过的《问津》中，印象最深的是《梁范馆谈屑》和《阿英在天津》，使我对津门文化的独特之处和名家在津的活动经历有了深入的了解。《梁范馆谈屑》凡 12 篇，共计 2 万余字，作者是《泉币》杂志总编辑郑家相（1888—1962），浙江鄞县（今宁波市鄞州区）人，是中国现代著名的钱币收藏家和研究者。《梁范馆谈屑》是郑家相关于泉藏的专题回忆录，是一份独特而珍贵的天津文史资料。作者详细叙述了自己早年在京、津、沪等地从事钱币收藏活动的丰富经历，尤其是描述了他与方药雨、张迥伯等泉藏大家的密切交往，内容翔实，文字生动。20 世纪 20 年代末至 30 年代初，郑家相曾在天津工作过一段时间，在此前后又多次旅居津门，故《梁范馆谈屑》多记述天津泉藏名家和泉藏市场。《阿英在天津》梳理了阿英（原名钱杏邨，1900—1977，安徽芜湖人）自 1949 年 6 月来津以"帮忙"身份介入天津文化接管工作起，到 1951 年夏调到北京担任华北文联主席这一时期在天津领导文艺工作的工作和生活经历。该书作者是《书报文摘》总编辑倪斯霆，一个魁梧健壮、勤恳踏实、酷爱藏书的天津文史学者。20世纪四五十年代的天津，正处于一个特殊的历史时期，文艺工作更是前所未有的纷繁复杂，面临那样一个大摊子，阿英以朝夕必争的工作干劲投入其中，表现出老一辈文艺家和革命家筚路蓝缕的实干精神和公而忘私的高洁品质，实在令人感佩。有了阿英这样一些文艺干部的披肝沥胆和忘我付出，中华人民共和国成立初期的津门文艺迎来了一个空前未有的繁荣期。其他各本《问津》小册子，披览一过，亦皆有诸多可圈可点处，兹不一一赘述了。

2017年8月30日

《开卷》的意义和《问津》的价值

[江苏]毛乐耕

时间过得真快，不知不觉间，天津问津书院已经成立五年了。五年来，作为学术性的文化组织，在国家繁荣稳定，重视精神文明建设的大背景下，问津书院开展了一系列的文化学术交流活动，办刊物，出图书，设讲坛，聚文献，工作做得有声有色，社会影响逐渐显现，发展势头良好，已经成为天津一张美名远扬的城市名片。真是可喜可贺！

我远居江苏南京，虽然尚未参加过问津书院的相关活动，但在王振良先生的关心下，总是定期收到书院主办的数种刊物，让我"居家不出门，也知问津事"，对问津书院的工作成绩颇有具体的感受。现在，我就来谈谈对书院所办的两个内部交流刊物《开卷》和《问津》的印象，并以此表达我对问津书院及其主持者的深深敬意。

先说《开卷》。《开卷》自十八年前在南京创刊，到如今已经以每月一期的形式出刊了二百多期。这一本外表朴素无华却颇有内在张力的民间读书杂志，在全国读书人心目中的地位及影响，可以说是有口皆碑。《开卷》的具体操持人、勤勉而又有韧劲的董宁文先生，是位有理想有抱负的编辑家，他心目中存有一个美好的愿望——把精心编好每期刊物看成是一个文化累积的工程。他兢兢业业地为这个工程添砖加瓦，孜孜不倦，锲而不舍，若干年下来，《开卷》才能够成为一座金碧辉煌的文化大厦。

董宁文的愿望是美好的，但要实现这个愿望，方方面面的支持却必不可少。事实也是这样，《开卷》曾一度遇到过困难，是个相当现实的问题——资金。《开卷》创刊之初，是由南京凤凰台饭店以“凤凰读书俱乐部”的名义出刊的，后来又转以“卧龙湖书院”的名义出刊，但时间不是很长，资金困难的问题又摆在《开卷》面前。对于这个杂志来说，具体的操持人很称职，高水平的作者队伍也逐步建立起来，刊物本身的影响力正在持续增加，如果因为资金问题而停刊，实在十分可惜。就是在这个关键的时刻，是问津书院及时出手，接办了《开卷》，给了《开卷》强有力的支持，并且“用人不疑”，放手信任董宁文继续主编，以保持《开卷》的一贯风格与品位。所以董宁文会在《〈开卷〉二〇〇期·总序》中说感谢大家“十几年来的风雨同行”，并且充满信心地展望：“接下来应该还会向着三百期继续前行。”问津书院对《开卷》的支持，绝对是当代文化建设中的一大善举，是当代读书界的一则佳话。

再说《问津》。这也是问津书院编印的一本有特色的刊物：方方正正的开本，深沉稳重的装帧设计，而且专题性非常明确，一切与天津有关的资料，举凡社会变迁、历史人物、城市街坊、语言文学、民风民俗、节令特产……都在编纂收录的范围之内，题材广泛，视野开阔，广采博收，繁简皆可。这也是一项富有意义的积累的工作。初始的资料聚集多了，就可以开展扎实而有深度的研究，借以弘扬“天天乐道，津津有味”的天津地方文化。

《问津》中有句“编者的话”也让我颇感兴趣，语云：“内部交流，免费赠阅，欢迎赐稿，没有酬劳。”虽然“没有酬劳”，但《问津》却不缺稿源，内容丰富、文笔精到的独家资料一本接着一本，源源不断地编印出来，从中可见《问津》的人脉之广。在许多刊物的后面，还常附有“编后记”，这是编辑者杜鱼（王振良）付出的心血。由此我体会到，《问津》的作者和编者，都是一群辛勤劳作的志愿者，为了天津这个城市的文化建设，无私地奉献着自己的智慧和心力。他们的情操是高尚的，他们的精神世界是丰富的，他们对社会的贡献也是实实在在的。

这真是：

《开卷》卷章秀，

《问津》津味浓。

借此机会，我向问津书院献上美好的祝福！

2017年9月30日，桂花飘香的时节

竹间楼

来新夏先生与《问津》

[天津]焦静宜

时间过得真快——《问津》五岁了,可喜可贺!对我来说,关注《问津》的一个原因,是来先生生前喜爱这块文化园地,且与长少津门文化研究者、爱好者长期交往、研讨切磋,从而更有一种怀念在其中。所以仅就记忆所及,略述来先生与《问津》交往的几个片段,作为祝贺与纪念。

虽然说不清来龙去脉,但印象中说到《问津》,总要想起诞生于十年前的民刊《天津记忆》。2008 年秋,我随来先生出席在山东淄博举行的第六届全国民间读书年会,会上各地书友自办的读书刊物琳琅满目,令来先生十分感动和感慨,他在会上发言说,"我们现在把许多真实的文献积存在里面,让大家能够看,不仅当代的人看,将来的人也能看。现在大家寄来的书刊我都保存起来,我珍惜……有这么许许多多苦心经营的朋友们,在为我们读书界的人、读书的朋友们提供这么多的平台……通过这些书刊把大家团结在一起了",所以民间书刊和一些读书界朋友所做的这些努力,“有两大贡献是不可泯灭的:一是积存文献,一是聚集人才”(冯传友整理《第六届全国民间读书年会暨淄博笔会与会代表发言摘要》,《齐风》,2008 年第 6 期)。当时,张元卿携带与会的第 1 期《天津记忆》还散着墨香,薄薄的小册子给大家留下深刻印象。如果记得不错,这是《天津记忆》在全国性民间读书活动中首次亮相。

2010 年来先生米寿,王振良等所编《天津记忆》连发《烟雨平生——邃谷主人自述》《弢盦自订学术年谱》《沽上闲弹》《天津的人与书》《邃谷主人速写》《邃谷书香》六个专号(第 50 期至第 55 期)以贺,并于 8 月间在评选天津十大藏书家活动的同时,举办了来新夏先生米寿庆祝会。这是对来先生有关天津历史文化著述的第一次整理集结,由此先生才萌生了编辑《旅津八十年》的想法。诸事丛杂,以致着手较晚,2013 年秋书稿始成之际,来先生诚邀振良君为此书作序,其心迹当毋须言表。《旅津八十年》收录关涉天津历史文化研究的文章八十余篇,分为五卷:天津史事、天津回忆、天津碑刻、天津的人、天津的书。这是来先生生前面世的最后一部文集,振良君撰《来新夏的第二故乡》代序并提供了内文配图,齐珏君任装帧设计,出版后广受好评而荣登“中国好书榜”,有评论认为“《旅津八十年》以丰富的内涵记述了天津的人文史事,展示了一位年逾九旬学者的学术功力和人生情怀”,“读其书思其人,让我们更深切地感到这部著述是来先生留给第二故乡的礼物”[2014 年 9 月 1 日“百道网”中国好书榜(2014—4)]。

2013 年初,在书香氤氲的大环境下,众所期待的《问津》和“问津讲坛”低调问世,为津门地方文史爱好者提供了交流的新平台。主持者还是振良君,只是开本变了,但选题内容更丰富,作者来源更广泛。不同的切入角度,不同的记述风格,读来引人入胜。每期寄来，来先生都要认真翻阅，看到那些具体、生动地记述社会风情和各色人物的篇章，总不禁赞叹民间文史研究者、爱好者对乡邦文化研究的独到之处，而对那些发掘自冷僻角落的文献资料，更时常感慨主持者的眼光和整理者的不易。如南开大学华粹深先生是著名剧作家、戏曲理论研究家，“文革”后不久即逝世，还有些散佚文章未及面世。在华先生诞辰105周年之际，其弟子宁宗一教授在南开大学文学院组织召开了“华粹深先生追思会”。会后振良君得知线索并征求宁先生意见后，将《听歌人语》及华先生其他文章进行整理汇集，又补充了一些散逸的诗歌作品，在2014年2月的《问津》第2卷第2期（总第14期）以《华粹深纪念集》名目面世。华先生沉埋多年的著述得重见天日，为天津戏曲文化的研究增添了具有重要参考价值的历史文献。

同年，正逢来先生九十初度，先是故乡萧山政府举办有江南友朋参加的“来新夏教授学术思想研讨会暨九十华诞庆典”，后在南开大学有“来新夏教授九十初度暨从教六十五周年学术研讨会”和“一蓑烟雨任平生——来新夏先生九十初度著述展”，而来先生最感开心的则是6月9日至10日的“弢盦九秩诞辰系列庆祝活动”，这是一次由振良君联络各方共同组织的民间活动，旧雨新知和学生同仁欢聚一堂，其中主要的还是天津和来自北方各地民间读书界的朋友们，大家围绕着读书的话题畅所欲言，真是一次难得的读书人的雅集。

随着《问津》杂志和“问津讲坛”的陆续推出，问津书院于2013年6月正式揭牌重建，来先生闻知十分高兴，很赞同书院“追寻津沽记忆，守望文化家园”的立意，不仅应振良君之请题写了匾额，还向书院捐赠了个人著述和藏书以表支持和祝贺。2013年9月28日，来先生应邀在问津书院作了一次题为《袁世凯：在津推行北洋新政》的公益讲座。那天来先生侃侃而谈,并与在座书友互动近两小时而兴致未减。这是问津书院的第8期讲座,也是91岁高龄的来先生生前最后一次参加公众学术活动,讲的正是他用了半个多世纪时间研究的有关北洋军阀史的题目。他通过向乡友们讲述发生在津沽大地的史事,阐说自己对清末民初社会转型期的关注与研究的新思考,也表明其学术视阈的自如开合——从北洋军阀史的宏观研究到从地域史的角度考察历史人物对中国近现代社会发展的作用及影响。虽然《北洋军阀史》作为一部通史性著述已问世多年,但来先生始终认为北洋史仍有很大研究空间,尤其天津是北洋军阀史研究的重镇,不仅文献资料得天独厚,而且具备学术研究的丰厚基础,更有关注这一史学领域的研究群体,如果从多角度深入探索,一定会成果累累,人才辈出。

我与《问津》建立直接联系是在来先生谢世后。当时,振良君在主持《今晚报》副刊繁重工作的情况下,竟在不到半年内收集整理了各地报刊所载纪念来先生的文章一百三十余篇及相关资料,2014年9月和10月,《忆弢盦》上下册(分别列为《问津》第2卷第9期和第10期)相继印行。我深深感念这些识与不识的朋友,是他们的忆念存录了世间的真情和厚谊。振良君在编后记中说:"为来新夏先生做些事,于我绝对义不容辞。虽然我非先生亲传弟子,抑或不敢'私淑',但多年面炙聆教,使我的学术活动(如果勉强算数)和生存选择,几乎都被先生的教诲所轨范,被先生的影响所笼及。"振良君是来先生的忘年交,读之令我感动不已。同时又深知何尝仅此,人生的互动是双赢的,来先生曾说他之所以喜欢并愿意结交年轻朋友,是因为这些他称之为"小友"的年轻人常带给他很多活力。及至2015年春,作为《问津文库》中"天津记忆"丛书之一的《忆弢盦:来新夏先生纪念文集》在来先生逝世一周年之际正式出版，并在第十三届全国读书年会首发。这部容纳了一百八十余篇文章的纪念文集，使一介书生得到了“学人长存在民间”（湖北十堰李传新先生语）的缅怀，也被称为“当代文坛难得的一大景观”（吉林省图书馆前馆长金恩辉先生语）。

过去因为工作需要而较多接触的是专业学术刊物，退休后则阅读家里经常收到的各地读书民刊，感到又是另一番天地。来先生晚年念兹在兹的“学术回归民众”的理念，正是在这些民刊中得到了体现。对天津地方文化研究领域来说，有《问津》对津门文化的的推广普及，有《问津文库》将天津民间文史研究水准的进一步提升，还有问津书院作为聚拢同道的平台，际当地利人和，愿天津乡邦文化事业的传承蒸蒸日上！

2018 年 1 月

老而承教读《问津》

[天津]刘景周

我是《问津》期刊的痴迷读者。2017年，虚度七十有五了，向读杂书，漫无目的，手边收存，几经翻阅，屡见不鲜。忽然有了这个贶赠的新老师，无价的课本，且陆续递增如饷糈，其获益处，就好像五风十雨，浇灌知时，旱土遭逢甘霖，点营滴养，润物无声，渗透到了心灵深处。

《问津》历时五年，出到了第五十期。

诗词类有：《一沤阁诗存》《莲品诗钞》《邵冠祥集》《剑庐诗存》《止堂吟草》《珠贝集》《卢星野先生诗存》《行吟集》《翠槐堂诗集》等。

人物类有：《卢木斋文存》《慎始基斋琐谈》《水西庄人物》《华粹深纪念集》《藤荫余话》《忆弢盦》《蟫香馆别记》《阿英在天津》等。

天津旧闻类有：《崇化杂忆》《日新录》《原住民中的西沽》《野老闲谈》《天津典当行》《沽水旧闻录》《朋谈杂记》《我的地震记忆》《街坊人物志》《天津解放那

天》等。

民俗类有:《海下文武高桥》《梁范馆谭屑》《淘故纸与天津相遇》等,还有王和平的“天津习俗”系列,包括居住、饮食、商业、服饰、生育、妈妈例儿、节令及南市的小店铺等。

语言类有:《〈天津艳迹〉中的天津土语》《天津钞本小说中的方言俗语》《天津土语拾零》等。

坦白地说,这诸多篇目,我并非一一通读。每逢新书到手,自然是翻阅一遍,领略大体内容,以备用时查阅。真正一经寓目,辄掩卷不能,寝馈无挡,读来大快心神的,回顾起来约有七种,它们是《华粹深纪念集》《日新录》《藤荫馀话》《野老闲谈》《朋谈杂记》《蟫香馆别记》《街坊人物志》。我个人的这种选择,不关涉《问津》的文章优劣,价值高低,唯系性情所使,口味不同而已。

《华粹深纪念集》的“师恩永恒”“评说回忆”部分,使我认识了一位资深老教授,一位戏曲通人,一位中国戏曲研究、匡正并创作,有着丰功伟绩的实践家。诸多教授专家老师们的回忆和追思,内容充实,情至意切,显示了这些高层次文化人尊重业师、尊重知识、珍视传统文化的品格修养。每个人的发言,都给我上了很生动的一课。“听歌人语”和“鳞爪辑存”部分,广博的戏曲知识,真灼的认知见解,底细的梨园名宿之艺术优长和欠缺,起始与归宿,沿革更迭,特别是对昆曲的知识传授,都将成为中国戏曲史绕不开的宝贵资料。像我这样一个也曾看戏多年却孤陋寡闻的外道观众,从中所获得的教益自然多多,能被振聋发聩,涤除愚昧,实在是无上的幸运。我们曾经盲目地推崇过名生、名旦、名丑,鲜于知道他们也有短板。如高庆奎的杂拌腔,声腔中杂糅老旦或花脸腔调;言菊朋晚年败嗓,有疙瘩腔之弊等……这些都不是我辈乐于窥见名角缺欠,是知其优长又知其未免不达处,认知才算完整,才谛于心而近乎真。

宫白羽先生的《日新录》,读来令人惊异!原先只知道他是一位通俗小说作家,读此竟发现他原来更是一位精通经史的硕学鸿儒。晚清科举时代,人重家馆名师,如遇宫先生这样的解经通人,其家子弟必然功名有望。我们今天读经典,得睹《日新录》一册,能匡正多少谬误,其扩展后学的知识领域的功能,实在是至宝至贵,不可多得的。尤其是今天国学的延续,也正需要这样的真传。这等珍籍岂能沉寂不彰!我想,凡读到斯辑的学人,将无不感激辑录它的学者,无不赞赏出版它的盛举。《日新录》研究诸如《诗经》这样的显学,不惜白圭三复,如对"薄言"一而再的揣度,最终以为作"赍然"解,有"迫而临之""骤然至前"之意。对当时社会流行以为文人谈资的典故,也不放过深究,指明存疑之处。如"李广射虎,中石而没",《史记》记为李广,《吕览》记为养由基,而《论衡》记为熊通;"翁仲作仲翁"故事,有说是明武宗正德皇帝事,也有说是清高宗乾隆皇帝事。正德(乾隆)皇帝拜明孝陵,南京通判为导游,把墓前翁仲叫作仲翁,皇帝作诗曰:"翁仲缘何作仲翁?只因读书欠夫功。尔今不得为通判,贬尔苏州做判通。"这些,都给后学留下了探究空间。

《藤荫馀话》是周祜昌老先生随笔遗稿,原为写给胞弟周汝昌先生作一夕之谈资的,渐积成秩,给后世留下了兄弟研红治学及居乡就学成长故事。文字清新简洁,状人叙事,活脱如在目前。《问津》刊发时,暑热蒸溽中,读之如啜凉饮。特别是对"才学识"的论述,令人深得治学要窍。我曾据之写了《终老巷陌的红学达人周祜昌》,发表在《天津文史》上。

《野老闲谈》的作者刘继椿先生,居陋巷,箪食瓢饮,不改其乐。少年读书,从心所欲之年,笔记前尘,竟成难得史料。杨仲达先生,慧眼识珠,整理推荐,《问津》主笔辑成刊出,都有拾遗补阙、勾陈史世之功。试看旧时记账用数码,十六两秤,16与10的换算口诀,在昔年是常识,于今日则奇古,能予以留下,便是一字千金。

《街坊人物志》与《野老闲谈》有异曲同工之妙。当然,《街坊人物志》是教授之作,行文有技法,可以作短篇小说看。最可贵的是,作者记述了20世纪五六十年代天津基层的平民生活,这种绘声绘形的描写,真实地反映了一个时期内天津市民的经济、文化状态,形成一种记述范例,这也启发人们,凡有社会生活的人,都可以有类似的记述。

陈诵洛先生的两本旧作《蟫香馆别记》和《朋谈杂记》,是绝对不能埋没的文化珍籍。刊印了,就流传了,就溥益于大众了。它不仅是史料书,还是文学艺术品,是20世纪二三十年代的时代诗话和笔记,语体也与历代诗话笔记相埒。其文采有类"随园",昔年读小苍山房,读随园,极慕袁子才简约典雅的行文,不期得阅诵洛先生大作,便能再赏同样高雅的辞致,实有相见恨晚之慨。

感谢《问津》主笔,眼界宽,交谊广,不惮繁劳,甘为天津文化补缀光彩。甘为读者提供如此珍贵的精神食粮。行文至此,激情在焉,诌几句歪诗再表情怀:

倚镜观书课问津,香茶绮语共怡神。
不容沦落收残帙,雅见拾遗启俗尘。

义比孟尝拥多士，经脱孔壁利后昆，
五年心血三生幸，一握刊幅百丈身。

2017年7月19日于大港

从《问津》谈到“问津”

[北京]鲍迎秋

我手里有三册方方正正的口袋书——《问津》小册子。虽然没有华丽的装帧，却在我为数不多的藏书中特别受青睐。因为这几本小小书册中，有着我别样的情怀。

这三册《问津》并不是公开出版发行的，是天津市问津书院的内刊，没有书号，无从购买。换言之，就是我花钱也买不着。因为这个缘故，这个小册子就显得分外地与众不同。

其中有两本《问津》来源还比较曲折，它们都属于同一位作者侯福志先生，是《一沤阁诗存》和《沽水旧闻录》，扉页上还都有侯福志先生的名章和签名。虽然我是同时收到这两本作品的，然而落款时间却分别是2014年1月和2015年7月。这事儿说来还挺有意思。

因为经常博客互访的原因，我早在2011年就和天津著名文史学者侯福志先生建立了博客好友关系。侯福志先生在《问津》里有了自己的读本以后，自然会想到我这位志同道合的文友。很奇怪的是，我通过博客留下地址“有误”，侯先生的大作被原封退了回去。我也不清楚问题到底出在哪儿，此事就一直搁置着。

2015 年 6 月，侯福志先生的第二部《问津》丛刊再次印行，我又试着给侯先生留了同样的地址，只是特别注明了工作单位。不久，这两部作品就被送达我的手上。

看着侯福志先生的题款，清晰端正的字迹，衬着朱红的名章，我更感受到侯先生治学的严谨和认真。尤其是不同的时间落款，说明它们被侯先生保存了很长时间。对文友真诚若此，我又焉能不感动？更何况在此之前，除博客点评之外，我们是从没有过任何接触的陌生人。如此师友的人品才华肯定为人称道。

从多位文友的博客里，我了解到天津市问津书院成立和开展活动的情况。因为我既不是天津人，也算不上文史研究者，但因为侯福志、由国庆等天津文史圈内活跃的学者，使得我成为问津书院的支持者和围观者，用网络术语就是“打酱油的”，书院的很多动态我都能通过博客、微信、图片多方面了解。我也会经常性地与北京的朋友主动谈起问津书院的活动，甚至还有主动参加的蠢蠢欲动心理，以至连天津籍的朋友都说我快成“天津通”了，这应该就是问津书院带给我的改变。

说起问津书院，在我看来她是更多地凝聚了天津当下的具有人文情怀的文史学者的精神家园。她有大海一样的胸怀，像我这样关注天津文化的外地人，也能够在问津微信群里分享专家的智慧和成果。精神家园必须要有物质载体，于是问津书院这个实体就成了问津人开展学术交流的地方，每月一次的问津讲座，每年一次的问津年会，学术水平越来越高，影响范围越来越大。

问津书院还出版了系列专著，如王振良先生的《记忆的碎片》、由国庆先生的《故纸温暖》、周利成先生的《楮墨留芳》、侯福志先生的《大地史书》、葛培林先生的《立宪领袖》、金梅先生的《李叔同与天津》等，我手里都有留存，而且每一本都进行了认真的通读。在“问津”的书刊中不断积淀知识，甚至让我这个北京人也因此爱上天津这座城市。

问津书院已经成立五年了，真的是弹指一挥间。据说问津书院编的《问津》也有六十多本了，对我而言这里边有的不仅仅是学者的研究成果，还饱含着文友的真诚与热忱。然而，我手里的存量不到印行种数的二十分之一，这未免是一种遗憾！

2018年1月8日

《问津》:天津民间文化的挖掘者

[河北]李树德

第十一届全国民间读书年会2013年11月在上海召开。在这次年会上,我与天津代表王振良先生相识。我也是天津人,小学、中学、大学都是在天津上的,虽然参加工作后定居廊坊,但两地近在咫尺,我仍经常来往于天津、廊坊两地,对天津的一切都怀有浓厚的兴趣,感到亲切。早就知道王振良先生不但是作家和编辑、记者,而且是一位执迷于天津旧闻逸事的文化工作者,多年来他一直从事着天津民间文化的研究、挖掘、整理和保护工作。他编辑的《问津》月刊和《问津文库》就是他的研究成果。

当我第一次收到《问津》时,眼睛为之一亮,64开小本,正方形的,大小很像过去的小人书。在扉页上还印有如下的文字:"内部交流,免费赠阅,欢迎赐稿,没有酬劳;资料一本,聊以为报,纠错指谬,无任欢迎。"从这些简朴的文字,可见这是一本朴素大方、来自民间的草根刊物。《问津》一月一期,一期一个主题,内容可以用两个字来概括:珍贵。写的都是老天津卫的人和事。《问津》创刊于 2013 年,到 2016 年 10 月,已经出版 46 期。我收藏有 30 多期:其中有关于天津人物的,如关于"第一写家"华世奎的《思闇学行录》(2014 年第 11 期),著名诗人王辛笛兄弟的《珠贝集》(2015 年第 4 期),实业家李烛尘的《行吟集》;有关于天津人日常生活、风俗习俗的,如《天津的时令习俗》(2015 年第 8 期)、《天津的饮食习俗》(2015 年第 9 期)、《天津的生育习俗 天津的妈妈例儿》(2015 年第 12 期)等;有关于天津各行各业的, 如《天津典当业》(2015 年第 5 期)、《南市的小店铺》(2016 年第 2 期)、《天津市妓户妓女调查报告》(2015 年第 1 期)等。

《问津》的文字,多为第一手资料,故有特殊的价值。如 2015 年 3 期的《野老闲谈》,作者刘继椿是天津近郊的一位普通农民,幼年读私塾五年,长期担任村里的出纳和会计。每有所思,一题略记数字。这部《野老闲谈》分"桑麻共话""流年旧语""一家之言"三辑,共 200 余题。看似家长里短、鸡毛蒜皮的小事,像什么"冬天拉网""村边下箔",什么"老秤算法""老太太捻线",还有"粮食器皿斗""生产队的休息时间"等,但所反映的却是农村生活的方方面面,从中可以窥见时代的面影,风土的变迁。随着时间的推移,更显现出它的价值。

应该说,天津的文化积淀是丰厚的。从明朝永乐二年(1404),明成祖朱棣正式建卫算起到现在,天津城已有 610 多年的历史。天津地处九河下梢,近代开埠较早,对外的交流很频繁,西方文明的引进也较早,这些与本土的文化交融,形成了天津独特的人文景观。如果对这些不重视、不抢救、不保护、不记录,随着时间的流逝,必将湮没在历史的长河中。《问津》正努力地、默默地做着老天津卫的民间文化研究、抢救、挖掘、保护工作,功德无量,意义深远。

每期《问津》到手，我都仔细阅读，除了获得了天津文化知识之外，更重要的是《问津》里讲的一些事，提的一些地名，还有词语、习俗等都是我熟悉的，甚至是经历的，感到格外亲切。这些都激发起我的怀旧情绪，使我回忆起童年的人和事，也想把它们记录下来。于是，从今年初开始，陆陆续续写出《狗拉子》《红手》《卖药糖的》《租书的潘奶奶》《卖酒的老头》等22篇小文章，写了记忆中的22位普通邻居。

8月份，第十四届全国民间读书年会在甘肃张掖举行。我与振良先生同时参加了这个会议，我们相识有年，几度聚首，可以说是很熟悉了。在与振良先生的聊天中，我提到这些小文章，并探询是否能在《问津》上刊出。振良先生听了我简单的内容介绍后，当即表示可印一期专辑。

会议结束回到廊坊，我对那22篇小文章进行了整理、修改和润色，共5万余字，冠以《街坊人物志》的总名发给振良。振良写了一篇精彩的短文《“回忆”与“口述”》作为“编后记”。2016年第9期的《问津》刊登了我的《街坊人物志》全部文字，这使我有幸为故乡天津卫的民间文化挖掘尽了一点绵薄之力。最后，用一首打油诗结束此文：

九河下梢故事多，时光荏苒渐消磨。
问津一卷勤追忆，沽上遗珍任评说。

2016年10月

《问津》与杜鱼

[浙江]子　张

去春在天津初见振良先生(他喜欢用笔名杜鱼,但我更愿意称他本名)回来后,除了应约为计划中要编的年会文集提供稿件,其他时间因忙于教学,一时未多联系。不料有一次我以短信向振良索求《问津》杂志,却立刻得到他的电话,告诉我杂志每期都寄过来了。这让我大吃一惊,却又不晓得该到哪里询问,振良让我先等等,说是查查再告诉我。果然随后振良又打来电话,告诉我一共寄了几次,用的哪家快递,这样我才顺藤摸瓜地找到校园内的快递公司。结果一报姓名,店家就把全部邮件抱出来了,原来是所附手机号码出了差错,人家联系不上我了。

此后将电话号码改过,邮件就总是正常到达。《问津》之外,尚有一本接一本的《问津文库》丛书,其中又分"津沽文化研究集刊""津沽名家诗文丛刊""天津记忆"等系列图书,封面都是同一种色调,主编一律是振良先生本人,且出版频率颇高,隔不多久就收到一两种,才大半年就已经是高高一摞了。

这又令我大吃一惊，在我极为有限的视界中，非出版机构而大量编辑推送某类图书者，似乎只有南京董宁文等个别人，振良的出现着实出我意外。及至粗略翻翻这些书，想不到之外又增加了一份大敬佩，因为与宁文侧重编辑读书随笔图书不同，振良做的乃以文献学术类为主，而又以津沽文化为重点，书的作者都是于津沽文化素有研究积累、功底深厚的老中青学者，“津沽名家诗文丛刊”所收更是天津文化史上有地位而又近乎湮灭的珍贵文学遗产。倘不是有对这些工作的高度自觉意识，如何会作出如此博大周详的筹划？倘自身不具备对地方文献史料卓越的眼光或鉴识力，又如何能挑得起这副沉甸甸的担子？我于文献学近乎无知，实在无力从学术本身评价这一文化工程，而由这一本接一本的新书产生的印象，却是相当新鲜和深刻的。

年初以来，我在应约尝试为振良先生主持的《今晚报》副刊撰稿过程中，了解到一条“规矩”：一般不发表关于当代作者的书评，以免互抬互吹庸俗风气的泛滥，这也很触动我。倒不是不理解这“规矩”，而是深知做到这一点极难。我当然不知道究竟有多难，也不晓得他和他的助手们是否真的做到了，心里可是对他们敢于立这么条规矩佩服得很。我想，《今晚报》副刊及其读书栏目之所以有广泛的良好影响，一定与这条规矩有些关系。因为明摆着，要想约到好稿子，就必得挡住所谓“面子稿”，熊掌与干柴棒子岂可兼得！

去年在天津第一次见到振良是在报到的会务组，只见他和李传新两个人在不停地接待来宾，与传新相比，振良尽管年轻却似乎略显疲惫，想必是甚劳累（当然也许是我的错觉）。可接下来几天，只见他背着个包，往来穿梭于众多参会人员中，处处照顾，处处衔接，面部表情持重而平静，亦不多话，使我感觉到他乃是一个做事情心中有数、目中有人、脚下生风的实干家。而且，我参加的上海、天津两次年会，给我印象最好的一点就是真的很“民间”、很“读书”，并没有那些令人生厌的官场气和江湖气。读书，从个体意义上是涵养精神，从社会意义上是提升文化，如果沿用流行的会议模式办成仅具有仪式功能、追星功能或帮派功能的活动，可就大大地南辕北辙了。

由《问津》《问津文库》《今晚报》和读书会，看到了振良的抱负、眼光、能力和作风，也许还只是浮光掠影，但我相信我的直觉不至于太错。希望有机会读些振良自己的文字和著作，或者会从那里感受到振良精神世界的更深层面。

2016 年 7 月 25 日星期一 子张写于酷暑中的杭州午山寓所

不久之后，终于读到了振良自己的著作《荏苒芳华：洋楼背后的故事》，天津古籍出版社 2014 年 8 月第 1 版。天津，历史之大隐者，于我既陌生又神秘。此书以“三重证据法”，即“人证的寻访、书证的查找、旁证的采集”撰述，由地面上的一座座冷冷然的洋楼开始，层层深入，步步为营，将隐匿在冰冷的建筑体深处的有血有肉的历史人物和历史史迹邀请回来，使之重现于今日，功力不可谓不深。全书按人物身份，大体分为四个系列，共涉及 25 人，有故事，有心灵，有启示。振良兄真乃有心人！这是我读过该书留下的印象。

2017 年早春子张补记

喜《问津》五岁

[陕西]理　洵

与《问津》结缘于《今晚报》。几年前，经书友文彦群推荐，我开始给《今晚报》投稿，于是很荣幸地成为该报副刊作者，而由此竟和编辑杜琨以及副刊部主任王振良相熟了。随后不久，就能不定期地收到天津市问津书院寄赠的院刊《问津》以及由书院策划出版的系列书籍，它们的编辑者都是王振良。很显然，振良先生在繁忙的公务之余，还在为挖掘天津这座历史文化名城的文献史料做着大量的工作。

最初，我对于问津书院是陌生的，好奇的。读《开卷》十多年了，它的主办方换了好几家，相信《开卷》的读者，大多亦会注意到这种变化，而前几年的这一次，却让《开卷》走出南京，由天津的问津书院主办了，这自然更能引起人们对问津书院以及《开卷》的关注。原来这样一家延续了历史文脉的民间机构，成立短短几年间，不只吸纳了《开卷》这样在全国文化界颇有影响的刊物，还创办了全国首家以毛边本书籍为研究对象的读物《参差》，当然它的主业《问津》及《问津文库》系列图书，都是以天津本埠文化为根本的，深挖细追，规模初具，逐渐形成了较为系统的问津书院文化品牌。“问津”是包容的，又是专一的，影响力也是逐步增强的。

当然，对于问津书院来说，办刊与出书是远远不够的，书院依托实体平台还策划了一系列文化活动，如问津学术讲坛、问津学术年会、问津学术沙龙等，又有电子平台微信公众号、天津文献中心等，把传统的文化活动模式与现代电子平台有机地结合起来，双翼齐飞，充分展示天津港口的大文化实力。还有一个有利条件则是《今晚报》副刊，每周都会有两个版面“津沽”，来专门刊登有关天津历史文化的内容，它对于天津历史文化的挖掘与普及，是大有裨益的，历时弥久，春风化雨的成效亦会更为显著。

振良先生不是天津人，但他自南开大学毕业之后，居津数十年，是俨然把自己作为天津人看了。他倾心倾力地为挖掘和弘扬天津的历史文化做着扎实的工作，这种对天津的赤子之情，是让人感佩的。他的视野是宽广的，不只着眼于严肃的学术层面的文献资料，对于民间的民俗文化也是重视的，因而我们就不仅仅能看到《严修日记》一类的津沽笔记史料书籍，也会看到五花八门的天津民俗小册子，这都为文化传承所必须。常年的文字生涯，也让他对于文字有着超乎寻常的敏锐性，我的一些文字，看似杂乱，经他一手调和，在晚报上以专栏面目出现，就能让人耳目一新。所写纪念高信的一篇文字，他在博客上看到后，立即推荐给《参差》，而后刊物上就出现了不同作者五六篇文字组合起来的纪念专栏。他的做派，给人的印象，实在可以称作是文字上的烹调高手了，因而，《问津》以及《问津文库》的繁忙出港，真是“好快刀”，想来亦为自然的事。

《问津》出刊五年，出书数十种，讲坛近五十期，各种活动无数，一时呈泉涌之态，是天津的福气，是读者的福气，是值得欢喜的，愿它持续地葆有文化的情怀，以持久的力，一如既往地、平和地做自己的事，使天津港的文化得以发扬光大，继而普惠各地读者。

2017 年 8 月

留住乡愁的典范

——从《问津》小丛刊说起

[江苏]顾艳龙

有幸获得《今晚报》王振良老师馈赠的《问津》小丛刊若干册，读后有几点感触，不揣浅陋，献芹于方家。

其一为内容丰瞻，蔚为大观，举凡天津人物、风俗、艺文……都是难得的史料，挖掘汇聚了天津的历史和故事，让人眼花缭乱，目不暇接。有些篇什初看显得琐屑，其实正是这些百姓故事的细节，才为历史留下生动的画面，使我们的文化乡愁有所凭藉。

其二是丛刊形式新颖别致，形制不拘，可长可短。每册都是“小人书”的开本，一册围绕一个主题。不但携带方便，阅读当然也不累。

其三是免费交流，嘉惠士林。小书有过去出版的“五角丛书”之妙，又不收书款，让人感动。君子固穷，然书必读。可天下书么，购之无尽，有此免费阅读，而书品又高，快何如哉！

小丛刊虽以天津地方文化为主题，但各地文化的交融也在丛刊中体现。例如吴地（苏州）文化，仅略举几例。总第30期《沽水旧闻录》中，有《中原游艺场每晚有“苏滩”演出》，介绍了“苏州滩簧”的由来、演变，点睛之笔是其与昆曲、评弹被誉为苏州文化的“三朵花”，同被列入国家级非物质遗产名录。总第31期《朋谈杂记》中，挖掘出刊载于1947年3月30日《天津民国日报》的关于柳亚子的文章，“柳亚子诗多奇气，尝镌印章曰‘诗坛草寇’殊新警；又一印章曰‘当今之世，舍我其谁’。或讶其夸，君曰：‘人知我，不如我自知也。’”总第40期《卢星野先生诗存》中，有数篇咏苏州诗词，摘抄如下。《姑苏怀古》（1947年春）：“横塘春涨碧如油，西出金阊古渡头。六朝残山留佛寺，半江渔火照僧楼。乌啼月落三更夜，树老星移几度秋。为问枫桥桥下水，几回天际见归舟？”“直上灵岩觅旧踪，废基何处馆娃宫。姑苏花草三生后，吴越河山一梦中。莲径不闻当日曲，琴台犹接昔年风。胥江西去山无数，掩映朝阳万树红。”“高义丰功仰大名，巍峨庙貌尚如生。孜孜手底三千卷，落落胸中十万兵。忧国常先天下士，伤时宁异古人情。飘零书剑今何世，蔓草荒祠旧影横。”“地悴丘平感恨长，难寻野老话兴亡。莫干宝剑都安在？殿宇浮图已就荒。百里山川归越主，两朝社稷笑秦皇。断崖剩有真娘墓，留得人间寸土香。”《南行忆旧·苏州游园林》（1964年）：“三生花草绕苏州，梅雨江南忆旧游。欣遇良朋来汉渚，喜聆耆宿话山楼。范公今见人间乐，淑世曾兴故国愁。二十年来多少事，令人欲凭尔石证春秋。”作者卢绳（1918—1977），字星野，江苏南京人。建筑史学家和建筑教育家。早年追随梁思成、刘敦桢在中国营造学社研习古建，曾任北大教授。其诗古朴雅致，典故信手拈来，可为苏州诗词集补缺。

总之,如果您也是一个痴迷读书的人,同时也幸运地读到这套还在不断编印的小丛刊,你也一定会喜爱上它的,足堪为“留住乡愁”的典范。

2017 年 8 月

《问津》:为市民留住乡愁

[天津]管淑珍

与报刊杂志界所谓的“四大名旦”或“四小名旦”不同,天津市问津书院的《问津》是民间刊物。一本民刊能坚持五年之久且每月印行,与民间学术研究团队的“学术带头人”王振良先生有着密切关联,是他将各行各业的民间学者聚集在一起共襄盛举,才终致众志成城。民间学术研究往往具有特殊的生机和活力,它不受体制内研究经费、成果数量和功利目的等因素限制,完全是民间学者的兴趣所致,因此具有极高的学术纯度。《问津》推出的成果就是如此。

“问津”二字,涵盖了天津地域的文化、历史、民俗等诸多研究领域,以“究天人之际”这几个字来形容并不为过。“问”字是动词,常引发诸多人生感悟;“津”字是名词,寓意着这本刊物可将津门旧事搜罗殆尽。两字相连,虚实相生,可使读者既有开卷有益之收获,也有寄托乡愁之共鸣。

《问津》作者群中,有些是来自本市高校或研究机构的专家学者,他们知识渊博，训练有素，同时又能放低身段将自己的研究视角对准民间文化或边缘学科，这一点是难能可贵的。

《问津》作者群还有一些名门之后，他们为读者提供了许多鲜为人知的历史记忆，具有极强的史料价值和文化价值。

当然，《问津》作者群中的大多数人都不是科班出身，他们往往利用业余时间来实现自己的兴趣爱好，而这些民间学者的研究方向也五花八门，包罗万象，可使读者眼界大开。比如对民国时期商业广告、商家吆喝、方言土语、民间风习的研究，如王和平的津门民俗系列，看起来似乎难登大雅之堂，实际上则关乎国计民生和文化传承。

由于各种原因，有些天津文化名人如陈诵洛、刘云若、华粹深等长期被人冷落，颇有渐行渐远之感，《问津》则及时雨一般对这些文化名人进行了“抢救”，利用口述史、回忆录及其他方式，将这些人的生平事迹、掌故传说和文献著作等搜集起来并加以评述，使津城文脉得以有序地传承下去，筚路蓝缕，功不可没。

《问津》中有几期是口述史研究成果，是作者对某些历史事件或历史街区亲历者进行采访而成的作品，如《我的地震记忆》《天津解放那天》《原住民口中的西沽》等，大多为作者通过录音、录像、文字的等方式记录保存的珍贵资料，具有难以估量的文化意义。还有一些是老人自述，如《野老闲谈》，将农业生产和乡村生活中的点滴小事记录下来，朴实无华却言之有物。专业学者倘能将这些宝贵的口述资料与正史进行对照研究，或可以拓宽历史研究的视野也未可知。

《问津》的未来是光明的，民间学术研究的道路是宽广的，而在这条道路上或徜徉或跋涉的民间学者，必会更加倾心地打造《问津》品牌，为天津市民留住更多乡愁。

2018 年 1 月

口述中的爱国记忆

[天津]王凯捷

我与问津书院的关系始于五年前,由于我在党史工作领域耕耘近三十年,对书院的成立感觉特别高兴。应振良同志盛情相邀,我多次到书院参加活动,这些经历给我留下了深刻的印象。

振良同志为书院的建立付出了极大心血和汗水。他本不是土生土长的天津人,但对天津地方史的热爱却格外引人注目。多年来,振良不仅出了很多作品,而且还广泛联系天津地方史各个方面的专家学者,开展地方史资料的征集和研究工作,为繁荣地方史研究做出了很大贡献。无疑,问津书院起到了桥梁纽带作用。

在振良主编的《问津》和《问津文库》口述史系列中,采集的市民口述史料不乏记录近现代重要事件的作品。如《八年梦魇:抗战时期天津人的生活》《天津解放那天》《我的地震记忆》等。这些回忆史料,从一个新的角度和侧面,反映了普通市民群众在重大历史时期和转折关头的所见所闻,以及发自内心并刻骨铭心的真切感受。

抢救活资料，是补充文字资料的重要方面，也是开展地方史研究的基础与前提。振良在编辑以上口述史料过程中，秉持以史为鉴的要求，以极强的责任感、使命感和紧迫感全身心投入这项利在当代的工作之中。在接受采访的对象中，大都年事已高，有的在接受采访后不久就离开了人世，但正是这种锲而不舍的执著精神，才使这项工作的意义愈加明显。其中，《八年梦魇：抗战时期天津人的生活》，通过采访 14 位亲历者，再现了抗战时期天津人民的悲惨生活，以及埋藏在内心深处的反抗精神，从而让今天的更多人进一步加深了对抗日战争胜利伟大意义的理解。《天津解放那天》和《我的地震记忆》，则是振良组织天津师大新闻传播学院 16 名本科生开展社会实践活动时的成果。振良将这些学生分为两组，分别对天津解放和唐山地震亲历者进行采访，从市民亲历的角度，生动、鲜活地记述了那难忘的岁月。这些对天津解放的回忆，使他们不仅体验了激烈的战争，而且还通过解放军的一言一行，使他们真正认识了共产党领导的人民军队作为文明之师的光辉形象，读来令人感动。这是振良自创办《问津》和《问津文库》后，第一次组织对中华人民共和国成立后重大事件进行的采访活动，在一定程度上唤起了人们对这段历史的回忆。

振良不仅广为团结联系各个方面的天津地方史专家和研究者，还带出了一支年轻且奋发有为的地方史资料工作团队。他们以自己的勤奋努力，穿行在天津的大街小巷，用笔和纸、录象录音设备去寻找一个个鲜活的故事。我也接触过许多当事人，特别是风华正茂的年轻人，对他们从事田野调查的奉献和敬业精神深有感触，更增添了自己的佩服之感。天津地方史工作后继有人。

《问津》与《问津文库》的编辑，在口述史方面与正史相互补充，较好地填补了这方面的空白。相信随着问津书院的发展进步，在天津地方史资料征集与研究上一定会取得新的更大的成绩。

2017 年 11 月 20 日

为《问津》五周年喝彩

[天津]王和平

到2017年底,《问津》小丛书已经出版五周年了。我是《问津》的作者,也是它的前身《天津记忆》的作者。这两种书看似不起眼,可它在作者眼里是神圣的,也是伟大的,所刊内容都是作者多年辛勤成果的体现,有了它们,普通的、看似不起眼的、凝聚着深刻回忆的那些事情,都被写出来了,被社会留下了。留下的,就是记忆,就是非常宝贵的财富。

2008年,第一期《天津记忆》冬季号出版,这是当时"中国记忆论坛"里的一件大事,因为此前还没有以《××记忆》为名目的杂志。《天津记忆》从封面设计到图章刻印,一直到内容审阅,都浸透了编辑们的心血。此后,小册子的编印一发而不可收,到2013年已印行120多期。这120多期中有着天津的方方面面,甚至是没有出版过的文化资料。许多热爱天津的人,到处搜集,可谓一刊难得,图书市场上甚至以十几元、几十元的价格,在炒作这套期刊的某几期。可这刊物上端端正正地印着编者的格言："内部交流，免费赠阅。欢迎赐稿，没有酬劳。资料一本，聊以为报。纠错指谬，无任欢迎。"就是这一本本无价的书，记录了天津的珍贵材料，也尽了编者王振良等的一片苦心，因为我知道，大多数书都是他们私人出钱印刷的。尤其是从第67期开始……

在《天津记忆》里，第3期和第15期都是我写的，说的都是天津南市的事情，一反旧的说法，讲的都是南市的好处，现在看来，这些"天津记忆"是宝贵的，留下了就可以传给后人，让后人知道南市是怎么回事。对此我心存感激之情，无以用言语表达。

到了2013年，王振良与天津巷肆创意产业园合作建立了以"追寻津沽记忆，守望文化家园"为宗旨的天津市问津书院，从2013年1月至今每月一期编印《问津》，这其中有我的《老天津的吆喝》《南市的小铺》和"天津民俗"五册。同时，《问津》还编印了《开卷》，随《问津》赠阅，此刊聚集了全国名人名家，所谓开卷有益，得此可谓心中大乐，眼界大开。

与此同时，王振良还与出版社合作出版了《问津文库》，到2016年已经有47种之多。天津市问津书院还举办了天津历史讲座问津讲坛，每次都得到好评。至今年，"问津"已经举办了五次年会，大家坐在一起探讨天津文化、天津历史、天津发展。我说，王振良真是社会中非常难得的人才！

虽然我跟王振良来往较少，可从2008年到今天的10年里，我看到了王振良对天津文化从心里的爱，这爱是大爱，是对天津这个城市真正的热爱，"问津"事业会继续，王振良的工作也会继续。

当然，这些年也有许多跟随王振良的文友，尤其是热爱天津的文友，孜孜不倦、夜以继日地探索工作着，“问津”的平台逐步扩大，这从问津学术年会的规模中就不难看出。从几十人发展到2017年的近百人，这说明热爱天津的人越来越多，“问津”的组织能力越来越强。我期盼着，期盼着“问津”越来越好。

2018年1月6日

不该忽略的《问津》小丛刊

[天津]张立巍

在天津，一提到天津问津书院，相信很多文化人，尤其是从事天津地方史研究的专家学者，都会不约而同地竖起大拇指。的确是这样。从2013年成立到现在，问津书院在传承和推广天津历史文化方面立下了汗马功劳，不仅开办了50场问津讲坛专题讲座，还编辑出版了60多种《问津文库》丛书，在社会上引起了广泛关注。其实，除了这些以外，还有一本小册子不能不提到，那就是问津书院编辑的《问津》小丛刊。

说到《问津》小丛刊，虽然只是薄薄的正方形小开本，但是所含的天津文化内容却包罗万象，从《莲品诗钞》到《卢木斋文存》，从《蟫香馆别记》到《水西庄人物》……每本看似很薄的小册子，实际上都有着其自身的厚重——它们既是内部交流资料，也是极其珍贵的历史文化史料，在天津地方史研究方面不断增添着精彩，受到天津文史界乃至全国文化圈及读书圈的一致好评。可以这么说，《问津》

小丛刊为天津增添了浓浓的书香，也增添了文化的味道。

“追寻津沽记忆，守望文化家园”是天津市问津书院的宗旨。多年来，书院不仅是这样说的，而且也是这样做的。就拿《问津》小丛刊来说，它的编辑就是天津著名文史专家、藏书家王振良老师，他为此付出了很多宝贵的心血和汗水。除此之外，还有众多天津著名文史名家，他们不计报酬、不辞辛苦地为《问津》小丛刊撰稿，贡献着自己的力量。正因有了他们的无私奉献精神以及对天津历史文化的热爱，才有了这一本本充满津沽文化气息的《问津》小册子。

内部印行的《问津》小丛刊，记载了天津丰富的历史文化。但由于正式出版的《问津文库》的势头正盛，《问津》的光芒几乎完全被它掩盖。然而，记录问津书院的文化作为，甚至是研究天津的历史民俗，《问津》的贡献不该被我们遗忘。

2018 年 1 月

我的《问津》情

［陕西］任　文

顷接王振良先生“问津书院五周年征稿启事”，让我激动不已。与《问津》结缘，进而与王振良先生为友，是我近两年读书生活中值得一提的事。适逢问津书院成立五周年，谨致以诚挚的祝贺。

天津市问津书院创意于2012年，已成为天津市的学术品牌和文化地标。五年来书院编辑《问津》《开卷》《参差》《品报》四种民刊，出版《问津文库》系列天津历史文化图书，举办学术讲座、学术年会、学术沙龙等公益性活动，搭建公益服务平台，营造书香天津，为实现书香社会推波助澜，其意义不言而喻。

说来惭愧，我与“问津”相识的时间只有两年，真是相见恨晚。2016年7月，在张掖读书年会上有幸拜见了天津地方文化学者、《今晚报》副刊部主任王振良先生后，得知他就是问津书院的掌门人，这让我惊喜不已。年会期间，王振良先生主编的《问津书韵》和《问津》杂志，成了我睡前的最佳读物。年会结束，我返程时在张掖火车站巧遇王振良、罗文华二位先生，我们在候车室等车闲聊家常，说书事，不知不觉中二位先生乘坐的火车进站，送他们检票乘车，握手道别。至今想来那情那景，如在眼前。

自从与《问津》杂志相识，就期期获得赠阅，我也是每期必读，受益匪浅！今抄录几段与《问津》有关的札记断片：

2016年9月25　星期日　下午，碧空蓝天，白云悠悠。收到邮政快递送来包裹，真是意外之喜。天津问津书院王振良先生寄赠《问津》杂志两本，即第7期《我的地震记忆》，第8期《翠槐堂诗集》。还有《开卷》第7期和第8期。张掖之行结识书友王振良先生，趁此机会与他倾心交谈，收获良多，感悟良多。他的学养和谈吐给我留下了美好的印象。

2017年1月6日　星期五　昨夜下雪，今晨大地一片白，路面积雪，道路泥泞，来往上下班行走不便。上午9点多，天津日报社（编者按：应为今晚报社）王振良先生发来短信："任文兄，张掖会后寄过几次资料给您。最近清理地址，才发现错成山西，不知是否收到过？"读短信，即复："王兄好！收到两次，谢谢！敬请改成'陕西省'，盼以后收到资料（包括《参差》）。任文拱手致谢！"即刻，王兄复信："不客气。地址已改，后边当无问题。"天气虽寒，读王兄来信，暖人心也。

2017年2月21日　星期二　居室内，眼望窗外漫天飞雪，感受一份难得的清爽与宁静。喜收邮政快递包裹，天津问津书院王振良先生寄赠《问津》2016年第11和12期，分别为《阿英在天津》与《天津土语拾零》专辑。《开卷》2016年第11和12期。《参差》第3期（2016年10月23日印行），刊发朱晓剑、陈子善、桑农、夏春锦、李树德、龚明德、阿滢、姜晓铭、沈文冲等文，闲话毛边书。本期"高信先生纪念续辑”，刊发王世家、武德运、理洵纪念文章，读来让人怅然，不由想起自己曾经面见高信先生的机缘。认识高信先生于1998年，得力于已故恩师方忠铭的介绍，缘于我的《作文技法指津》一书出版事宜。该书由方老师作序，介绍到高信先生所在的陕西人民教育出版社，虽最终未能在该社出版，但高信先生的真诚指点与周旋出版事宜，令我深深感动。在高信先生书房聆听关于做学问的一席话，受益终身，至今如在耳旁。后来，高信先生曾为出版事，专门给我写信说明，鞭策鼓励，令我难忘。

2017年4月17日 星期一　春光明媚，花香四溢。收《今晚报》副刊王振良先生寄赠《参差》毛边本，分别为第1期(创刊号)、第2期和第4期。创刊号刊发钟叔河先生《〈毛边党人〉易名〈参差〉有感》手迹，云：“‘毛边’讳姓‘毛’，无非怕挨‘边’。如今叫‘参差’，可能仍冒尖。何不都出家？磕拜求升天。光头清一色，脑袋最安全。”后署“乙未年清明后五日叔河戏作”，读来有味有趣。沈文冲主编在卷首《刊行缘起》中说：“小刊确定以毛边书的收藏、鉴赏、阅读为主导，力求做到：书影、书人、书事等图片与鉴赏、庋藏、品读的文章兼美，关注毛边新书的发布品鉴与点评中外毛边书文化的优秀传统并重，努力反映当代新老‘毛边党’们鉴藏、品评、印制毛边书的情趣嗜好。”其实，沈文冲先生的办刊理念也道出了神州大地毛边书爱好者的共同心声和志趣。杜鱼先生在编后记《“参差”闲弹》中诗云：“云舒风卷各由之，操管弄文有所思。丽日东风花万树，更添碧柳郁参差。”第2期和创刊号栏目相同，开专栏“高信先生纪念特辑”，刊发龚明德、秋禾、沈文冲、阿滢等人的文章，纪念当代著名书话家、知名学者、美术鉴赏家、研究员高信先生，所记所忆皆发自肺腑，真切感人，值得一读。第4期刊发陈老萌、陈子善、陈克希、龚明德、龚令民等关于毛边书的书话，说毛边书，话毛边事，抒“毛边党人”情怀，读来有滋有味。从创刊号以来连载沈文冲先生的《炉边茶歇》，记载收到书友寄赠的毛边书，与书友往来邮信，日日纪事，话书人书事，语气平实，娓娓道来。

2017 年 6 月 26 日 星期一 好天气，好心情。上班，从门房余师处领取邮件。天津问津书院王振良先生寄赠 2017 年《问津》杂志两期，第 1 期《天津解放那天》，第 2 期《淘故纸与天津相遇》（由国庆著，杜鱼序）。另有《开卷》2017 年第 1 至 6 期。其中《开卷》第 5 期（总第 206 期）刊发拙文《读桑农〈爱书者说〉》，这是我第一次在《开卷》发表文章，感谢董宁文先生提携。我坚信书友理洵的话：“在《开卷》上发表文章，一定要有耐性，要等，直到刊物上出现自己的名字。”此言信也。

值此问津书院五周年之际，我愿说出一个书友的肺腑之言：愿问津书院坚守一方净土，用真挚的情怀守护好读书人的这块精神家园，为构筑书香社会营造读书风气，也让更多的人展读《问津》。

2017 年 8 月 20 日草写于樱花居南窗 时雨后天晴见彩虹

《问津》

[四川]朱晓剑

天津王振良先生精力丰富,一人主编刊物数种,且各有精彩处,如《天津记忆》,如《问津》,如《品报》……今年,南京的《开卷》也加入这个矩阵。这里说说2013年创刊的《问津》,这是由王振良先生主编、问津书院出品的民间刊物。

《新文学史料》主编郭娟说:"每一本像过去小人书那样的开本,一本一个主题,有关于孙犁、刘云若等作家的,有关于天津某地界儿的,有关于曲艺的,有关于津门烟话的,有关于各类人物如卢木斋的,都是难得的史料。"这大致也是《问津》的特色所在,猛一看,是《天津记忆》的延续,实在是继续将地方文史向纵深挖掘。

在《开篇絮语》里,王振良说《问津》是凝聚天津地域文化研究者和爱好者,以"追寻津沽记忆,守望文化家园"为旨归的平台。他特意指出杂志要好玩,"所谓好玩,于个体应当有趣,于他人应当有益,于社会应当有用,只有这样的平台才有可能坚稳牢固，不受或者少受外界风浪影响”。这也是读书刊物的一种境界。

《问津》顾问，系前不久刚刚离世的著名学者来新夏先生。在地方文史研究方面，天津之所以能走在全国的前列，大致跟老学者、专家的支持分不开。也正是这样一种文化氛围，才有了《问津》的不断开花结果。

在谈到刊物的今后发展时，王振良说，展望未来是没有用的，现实总是残酷且无情。不过既然已经开了头，仍然希望“问津”能够走得远些……

2014年4月

《问津》真是好

[山西]杨　栋

《问津》第6期为《耕堂忆趣》，作者张璇，天津问津书院编，6月23日印行。作者是孙犁的外孙女，《耕堂忆趣》收录了她回忆耕堂的趣味逸事。文笔清丽，语言生动活泼，是好看的文章。附录了作者母亲孙晓玲的4篇文章。

第7期为《待起楼诗稿》，作者刘云若，张元卿辑注，天津问津书院编，7月23日印行。刘云若系民国时期著名小说家、报人、诗人，创作了《春风回梦记》《小扬州志》等60余部小说，历任多家报刊编辑。刘云若生前从未出版过诗集，《待起楼诗稿》系从《北洋画报》《新天津画报》《大报》等报刊中辑录。他的诗如同旧时柳枝词，很白话，也很有味。

第8期为《玉堂曲艺集》，作者杨辉祖，高洪均整理，天津问津书院编，8月23日印行。杨辉祖，天津人，字玉堂，号拙渔，乾隆三十三年(1768)举人，曾任河北隆平(今隆尧)县教谕，著有《学半塾吟稿》等。

小杂志为方开本,纸墨俱精,设计精巧,也是一种口袋本也。

(发布于 2013 年 10 月 5 日新浪网“梨花楼”博客)

《问津》书香

[天津]李红路

与书有缘，缘深在骨血里。父亲教书一辈子，退职后在家绘水墨画消遣，家中的这一缕书香气，只恨自己当初没有意识传承下来。想当年初中毕业后，我那灵窍鸿蒙开辟之初，却做了书的俘虏，为书而深种情根。

红尘里可以得到的东西很多，可以艳羡的东西更多，但我只与书结缘。

与《问津》相识是五年前，得知振良与天津学人在巷肆创意产业园内复建问津书院，自然很是欣慰。编印内部交流资料《问津》，自 2013 年 1 月起每月一期，内容主要围绕天津历史、文化、民俗等展开，汇集保存了大量天津学人的研究成果。现今书院名下拥有《问津》《开卷》《参差》《品报》四种内部交流资料，《问津文库》系列更是天津历史文化图书中的拳头产品，“问津学术讲坛”“问津学术年会”“问津学术沙龙”公益学术品牌也带动了天津的文化产业。

一座城市，不仅要有强大的经济实力与良好的市政设施，更要有优雅厚重的文化品位。而打造书香城市,倡导全民阅读,恰是涵养城市文化品位的重要途径。问津书院的创办与发展,实实在在地做到了这一点。

在漫长的人生成长过程中,穿梭在茫茫人海中,没有去掉自身的各种边角,因此曾迷茫,曾失望。是书籍,让我感受到阳光的温暖。每每收到《问津》,甚是欢喜!品读《问津》,丰富了我的精神内涵。在《问津》的陪伴成长中,我找寻到了快乐,寻觅到历史的真谛。打开《问津》的扉页,你会看到两行细小的文字:

内部交流 免费赠阅 欢迎赐稿 没有酬劳

资料一本 聊以为报 纠错指谬 无任欢迎

朴实无华的字眼,真诚地流露出《问津》的指导思想。

其实,每本好书都是一道菜,看书似乎就是用舌蕾去品,咸淡香甜,自己最能分辨。读《问津》的文章,质朴中有一种隽永,历史与文化交融其中,让人深思而回味。《问津》的书香,犹如冬季滋补的火锅,香气扑鼻,细绵柔长,使人中气十足。独到之处,犹如一味药剂,虽然苦,但利胆明目,浑身通泰。品书有味,却要细细地感觉,一册书让一个人读百遍,和一册书让一百个人读一遍,其味道肯定不一样。书犹香茗,须慢慢品茗,如果灌肠似的"牛饮",是感受不到那份浓浓芳香的。

合上书卷,细心咀嚼《问津》的每一个字眼,每一个瞬间,那澎湃着的思绪,让我着迷。不知谁说过,每本书都是用白纸黑字禁锢的一个灵魂,品读《问津》,我最爱的那本书,也许就是我还未读懂的灵魂,但我的思绪,已随那津卫之鸟,流萤飞舞……

冀望在《问津》陪伴的日子里,让我慢慢品茗成长……

2017 年 8 月

《问津》:有意思的天津史料小丛书

[北京]郭 娟

由天津问津书院编的小丛书"问津",从 2013 年起,三四本、四五本地寄来了。每一本都像过去小人书那样的开本,一本一个主题,有关于孙犁、刘云若等作家的,有关于天津某地界儿的,有关于曲艺的,有关于津门烟话的,有关于各类人物如卢木斋的,都是难得的史料。小丛书顾问是著名学者来新夏,编辑王振良以前开会时见过,是一位痴迷于天津旧闻逸事的记者,这些年来一直从事着关于天津的旧闻旧事的保护、整理工作。这套小丛书扉页上印着"内部交流 免费赠阅 欢迎赐稿 没有酬劳 资料一本 聊以为报 纠错指谬 无任欢迎",并印着电子邮箱:jwbwzl@sina.com。特此介绍,以表同道敬佩之意。

[载于《新文学史料》2014 年第 1 期(总第 142 期)"史料书讯"栏目]

双槐轩

关于《耕堂忆趣》的通信

——给张璇

[北京]冉淮舟

收到你母亲寄来的《耕堂忆趣》专辑，我一口气就读完了。过去只读过你的少数几篇——《与姥爷一起的日子》《忆姥爷》（三篇，即《小小"快递员"》《大作家的小板凳》《"恒大"与"牡丹"》），就留下了很好的印象，现在读了专辑中的21篇，加上不久前在报上发表而未收入专辑的《又见夏天》，印象就更加深刻了。

你的《耕堂忆趣》和你母亲的两本书（《布衣：我的父亲孙犁》《逝不去的彩云——我与父亲孙犁》），可谓异曲同工，都是写你姥爷——孙犁同志，内容动人，情感真挚，而且都写得亲切、自然。读你的《耕堂忆趣》，我有如下感想：

你对生活，看得准，记得深，写得真。这是从事写作的人，所应具备的最基本的，也是最重要、最宝贵的素质和品格——这些，都是孙犁同志经常向青年作者讲述的真经，显然你也是在自己的写作中实践着。比如在《小小"快递员"》中，写你姥爷的住处："是一座已经失去了章法和规矩的破败院子……那起伏不断的土坡连着土坑，间杂着几株向日葵的丛生杂草，西边角落里高大参天的老槐树，以及居住在这一切之下的诸如蟋蟀、蚂蚱、刺猬等等小生灵，在小孩子的眼中看来，却充满了趣味，这里简直就是一座飘荡着神秘荒凉气息，暗中却生机勃勃的童话花园。”

你所写的这个大院，我曾无数次进出，可以说非常熟悉，你的描写，让我惊叹，不仅逼真，而且有着你自己的独特的感觉，即童趣。也是在这篇作品中，写你姥爷的形象：“有时候，屋里静寂无声，只有吹过树叶的风声和小鸟偶尔的啼鸣，我会轻手轻脚，探头进屋，不出所料，姥爷果然坐在那张老藤椅上，左手捏着一支香烟，透过书桌上的大窗子凝视着树影斑驳的天空。”这种凝视天空的情景，我也是多次见过，并深印在心中，你的文字，我认为是传神的。

你的散文，有一个故事，有一个中心。50年前，百花文艺出版社出版我的第一本散文集《彩云》，我请孙犁同志审阅指教，他在看过校样后，给我写了一封信，所提意见中就有这样一条：“散文，最好有个故事。”你的散文，我看就比较符合这一要求。从每篇文章的题目，即可看出是要写一个故事，究竟是什么故事，就要接着往下看了。有故事，也就有了生活的基础，有了可触可摸的生活实景，对人和事所作的描写，也就有了坚实的凭借。这样的散文，其好处，就是让人容易记住。至于说到有一个中心，这又使我记起，30年前，我从天津调到北京铁道兵文化部后，深入部队写了一批散文在全国各地报刊发表。孙犁同志看后写了一篇评论文章《读冉淮舟近作散文》，就指出：“每一篇要有一个主题，一个中心。淮舟这次写的文章中，有些是太松散了。”《耕堂忆趣》中的文章，就没有这种毛病，而是写得紧凑集中，层次分明：先写一个引人入胜的开头，接下来紧紧围绕着一个中心，写出几个生动的小节，最后是一个意味深长、余音缭绕的结尾。说到写小节，这既是孙犁同志的文学理论（在《文艺学习》一书中，他详尽深入地论述过），也是他的创作实践（在各种形式的作品中，他都使用这种手段）。虽然写的只是生活中的一个小小的环节，但读者可以通过这样的环节，抓住整条环链，看到全面的生活、整个的人物。

语言生动有力，活泼有趣，字里行间有着一种让读者喜悦的稚气。比如在《善待"过客"》一篇中，写你姥爷养鸟："姥爷早上先拿出备用的鸟笼，在事先洗干净的食罐里装上小米，水罐里装上水，在笼子底板铺上一层干净的报纸。这一切准备就绪后，打开鸟儿所在的笼子，两个笼口一对，鸟儿就蹦蹦跳跳住进新家，开开心心晒太阳去了。"在《不养斗虫养鸣虫》一篇中写道："尤其到了夏天，入夜时分，院里种种昆虫拉开歌喉，竞相开唱。""那间老屋闷热不通风，姥爷总拿个板凳坐在门口的窗根下乘凉。有一次，晚上我母亲去给姥爷送东西，陪着他一起纳凉聊天，突然一阵清脆悦耳的蛐蛐声传过来，姥爷盯着不远处的煤池子，支着耳朵一动不动地听，享受着这自然的歌声。一曲过后，姥爷指着旁边的煤池子，叫我母亲过去看，他还告诉我母亲：'听到没，这种是蛐蛐叫。'那时，每家都有个煤池子，用方方正正的砖块砌出来的，姥爷扒开浮头的砖，跟我母亲说：'你看，这是个油葫芦，还有一种叫三尾巴腔子，都不是蛐蛐，这要看尾巴。'"这里所写的场景、氛围，多么形象、真实，你姥爷的静气、童真和他的那种独特气质，都鲜明地表现出来了。

有人曾问你姥爷："写作是不是主要靠天才呢？"他很肯定地点点头："是的。不过，我们都是凡人，就不好说天才了，姑且叫它特质吧！我不否认，我也是有特质的，有时候情绪一上来，自己就控制不住，所以别人总以为是精神不正常。特质对一个作家很重要。”那人又问：“是不是勤奋就可以写出好文章呢？”你姥爷又说：“光勤奋还不行。写作是个很特殊的事情，还得有特质。”写作得有特质，但特质不一定都像你姥爷那样，有时难以控制自己的情绪。依我看来，你也是有特质的。打个比方，生活就像一幅画存在了你的心中，经过了你的情感的加工，再复印出来，就是你的作品。要珍惜这种特质，加上勤奋，一定会取得大的成就。

我给你提一个建议，就是要扩大写作的题材范围。过去我曾给你母亲写信，出了个主意，建议她去冀中平原、太行山区以及延安，孙犁同志出生、读书、工作、战斗和写作过的地方，结合他的作品，进行采访和写作。但你母亲因为担心身体难以完成这一工作，也就没有去做。现在我把这个想法告诉你，希望你能来实现，你的记者的身份，也很有利于做这件事情。

这封信有点像篇文章，就写到这儿吧。

（载于2014年1月6日《天津日报》第12版“满庭芳”）

张璇的《耕堂忆趣》

[陕西]文彦群

最近,天津的王振良先生给我寄来一本小型的杂志书《耕堂忆趣》。我是偶然看到王先生博客里关于孙犁的文字,并知道他正在编辑这样一本书,就贸然去信索求。其实我们并没有太多的交流,可能是他看我博客里有关孙犁的文字较多,也在主持新浪博客"孙犁文库",就很愿意赠我此书,以示同道之好。《耕堂忆趣》由天津市问津书院主编,为书院内刊《问津》的第 1 卷第 6 期,是一期关于孙犁的专刊,具体编务由振良先生操持。

《耕堂忆趣》的作者张璇女士,是孙犁的外孙女。孙犁先生有四个子女,一男三女,张璇的母亲孙晓玲是孙犁最小的女儿,张璇是孙犁最小的外孙女。当然,她也是犁著中的人物,即短文《分发书籍》里的"第三代"之所指。孙犁后人中从事文字工作的,或者直接说喜欢文学的人,似乎并不见多,除孙晓玲在临近晚年出版过两册散文集外,张璇也是今年在报刊上才始见其文其名。毕竟是名家后人,她的文字颇见功力，也有当代年轻人特有的幽默。但书中几次将冉淮舟的名字写为“冉淮洲”，不知何故？作为孙犁文学谱系中的人物，冉先生当是一个重要的角色，其公开的名字似乎一直都是“冉淮舟”，如确属有误，虽是小疵，亦实不该。

《耕堂忆趣》为32开的异形小书，146页，封面饰有孙犁的经典照片一帧。书里收有张璇文字21篇，其中部分篇章，我当时就在网上觅到，并及时转发在“孙犁文库”中。另附其母孙晓玲近年文字4篇，书末有编者王振良先生的编后记，题为《“邂逅”孙犁》。张璇文字的内容，多是自己的亲历亲见，叙写过往日常生活场景中“不一样”的姥爷孙犁。作为孙犁的外孙女，多年里一直生活在身边的亲人，毕竟有着先天的外人难以企及的优势，她以孩童的眼光，打量自己这位“奇怪”的姥爷，亦多谐趣。此外，还有一些对犁著的解读以及部分来自读者和师长的回忆文字，如河北读者靳逊与孙犁的初见情景，津报同事李夫回忆孙犁的逸事趣闻，百花社当年的小编今天的社长李华敏与孙犁的请益交往。在张璇幼年的记忆中，她的姥爷似乎和别人的姥爷不大一样，老人家从不会主动来抱抱她，或者牵着她的小手去公园里玩耍。她更不能像别的小伙伴一样，骑在姥爷的肩膀上，神气活现地四处游逛。姥爷也从不接送她上学放学，甚至自己作为外孙女，连他日常亲切的笑容也难得一见。姥爷于她而言，几可说是一个客气又陌生的存在。每次去姥爷家时，姥爷不是在看书，就是在对着写字台，望着窗外的大树，默然做沉思状。彼时年少的张璇，总想不明白，常会生发出这样的疑问：姥爷每天都在想、想、想，他到底是在想什么呀？

少年张璇只知姥爷是写文章的，却并不清楚他的名头究竟有多响，分量究竟有多大。上了初中后，感觉语文老师对自己，似乎有着异于别人的特殊关照。看到语文课本里有着姥爷的小说《荷花淀》,觉得还真是“神气”得很。从彼时开始,她隐约感觉到姥爷的文名应该还是不小哩!但直到姥爷“离开”之时,那些前来告别的众多人物,才小小地“震撼”了她一下:这个几十年足不出户的老人,原来还被这么多人惦记着呀!

由于家里存放的各种版本的犁著很多,张璇对姥爷的作品还是比较熟悉的,比如她说读姥爷的文章,最大的感触是他写的全是大实话,怎么想就怎么写,字里行间全是一个“真”字。但她最初写回忆姥爷的文字,是在姥爷去世后,报社交付的一个“任务”,因时间紧迫,头绪繁杂,竟一时茫然,不知从何处下手,只好硬着头皮完稿,仓促交差,她感觉那太像是一篇“小学生作文”了。直到2012年,孙犁去世10周年之际,母亲孙晓玲回忆乃父的的散文集《布衣——我的父亲孙犁》由三联书店出版,于召开的专题研讨会上,在得到铁凝、丛维熙、卫建民、阎纲、冉淮舟等几位文坛师长的一番鼓励之后,她才开始有意识地写作回忆姥爷的文字,并于当年底在《今晚经济周报》开辟了“耕堂忆趣”专栏。张璇坦言自己为此颇动了一番心思,进行了精心的设计:她在家里寻找老照片,请书画名家治印作画,为专栏做配图装饰之用。后来的事实证明,她所做的这些努力,也确实达到了画龙点睛的美观效果,此专栏受到读者、师友等广泛的社会关注和好评,有些出乎她的意料。

张璇写的第一篇专栏文章为《小小的“快递员”》,文中写孙犁晚年长期一人独居,自己从七八岁开始,即被母亲派作“快递员”,经常为姥爷送各色吃食和日常用品。一个小姑娘,提着小菜篮子,沿着多伦道,从自家所在的208号,一路溜溜达达到姥爷所住的216号。她说这项“快递”工作,其实是自己小学时期,在书本之外最为喜欢的“功课”。孙犁一生对于日常衣食要求极简,始终保持了内心和生活的朴素。张璇每次为他所送的吃食，也无非是一些蔬菜和极少的蛋肉之类，偶尔也会有一盆鸡汤。因为每次母亲炖好汤后，会把鸡腿、鸡翅等软嫩部位一起送给姥爷，以至于小小年纪的张璇一度颇觉奇怪：为什么自家吃的鸡，都没有长腿和翅膀呢？

值得特别一记的是，《小小"快递员"》一文，在天津市好新闻副刊专项评奖中，一举获得了一等奖，且为该报历史上的第一次，打破了津市副刊文章评奖史上《天津日报》和《今晚报》常年垄断一等奖的格局。张璇此文，不仅展示了自己的文学才华，也为报纸赢得了巨大荣誉，可谓一举多得，皆大欢喜。

除孙晓玲的《布衣——我的父亲孙犁》和《永不失去的彩云》两书外，张璇的《耕堂忆趣》是孙犁后人所写的第三本书，对于学界的孙犁研究，有着特殊的价值和意义，而对于喜欢孙犁的读者，则是又一个意外的惊喜。广大的犁苑之友，是要感谢本书的作者张璇女士和编者王振良先生的。作为一名"犁友"，我是怀着无限喜悦的心情来读此书的，翻完书后略嫌美中不足，有两点遗憾：一是书中没有作者张璇的个人信息，比如一则简单的百字作者简介。因是名家后人，相信喜欢孙犁的读者，也希望能多了解其家族后人的相关情况，当属人之常情。二是张璇的这组文章，是报纸专栏文章的汇集，她当时为此颇费了一些心思，请人为孙犁治印，刻孙著书名印，为孙犁作肖像画等，这些印章和画作，无疑都是有关孙犁的重要资料，诚可宝贵，但却未能收录书中，实有遗珠之憾。

2013年8月4日

（发布于2013年8月4日文彦群新浪网"心有所感 落笔为文"博客）

由《耕堂忆趣》说到孙犁

[内蒙古]冯传友

《耕堂忆趣》，列为《问津》第1卷第6期（总第6期）。作者张璇，为孙犁先生外孙女。另一层，是《问津》编辑王振良先生的《今晚报》同事。为何要如此俗气地交代这“另一层”，因为张璇女士如不是王振良的同事，也许我们在《问津》中就看不到《耕堂忆趣》的文字了。

说起“耕堂”，需要简略交代一下我读耕堂的简史。在我的阅读史上，孙犁是排在很前面的。

我是小学六年级将毕业的时候，由山东老家的海滨乡下进城的。后来我很奇怪，略微认字却不会写字的父亲，居然还有一小箱子书？我懂事后，这个小箱子自然就归我了。我兴高采烈地翻检着小箱子里边的书，有二十多本呢！这对于只有一本《新华字典》相伴的我来说，无异于一笔巨大的财富！那时，我虽然转学了，但学校根本不上课，加之新来乍到，也没有什么朋友，于是就窝在家里，用几个月的工夫,把小箱子里的书看了个遍——有的半懂不懂,囫囵吞枣看故事,比如《三国演义》(仅有上册);有的连看数遍,里边的故事变成了我的故事,到处给那些听不太懂胶东方言的同学讲,比如《说唐》,比如《闹花灯》,比如《老共青团员》,比如《保密局的枪声》;还有一本,我却是作为作文范本的,那是一本有头无尾破烂不堪的《白洋淀纪事》。

那个年代,想看更多的书,必须悄悄地和好同学、好朋友、好邻居借,自己的书则要作为交换借出去。两三年的功夫,我这一小箱子图书,也就所剩无几了。五十年后的今天,上面提到的书,除了《三国演义》《老共青团员》,还有没提到的《海鸥》(翻译小说)等寥寥几本外,其他多数已不知去向,包括那本我非常喜欢的有头无尾破烂不堪的《白洋淀纪事》。

小时候看书,很少关注作者是谁,因此也很少能记住作者,这好像是许多小朋友的通病,自然包括我自己在内。但是奇怪得很,我却记住了孙犁,还有稍后看的《林海雪原》和《苦菜花》的作者曲波和冯德英。记住后二者是有原因的,曲波是山东人,老乡;而《苦菜花》写的就是我的家乡牟平,作者也是老乡。可孙犁怎么也会被记住呢? 我猜想还是名字特殊的原因:我的母亲姓孙,他们老辈子是一家,这个好记;犁,我太熟悉了,在乡下的时候,经常看社员犁地。夏收假里,有时候生产队长还要安排我们小学生跟在犁后边平地。也许就是这个原因吧,我记住了作者孙犁。

再看到他的书,则是十二年以后的事了。1979 年夏秋的一天晚上,我逛夜市,在新华书店发现孙犁的《村歌》,这是人民文学出版社出版的,版权页信息是“1961 年 11 月北京第 1 版,1979 年 6 月湖北第 1 次印刷,印数:00001—50000”。我的购书日期是“八月十一日”,也就是印出不到两个月,我就买到了。这是我购买的孙犁的第一本书。从这里，我又看到了《芦花荡》，看到了《荷花淀》，看到了孙犁那优美的文字，重逢了穿破短裤的老头子，重逢了水生，重逢了水生的女人，还有那些可爱的编席女人。

又两年，五卷本的《孙犁文集》陆续出版，我虽然没有买全，但也弄到四本。再后来，孙犁的书不断地出，我就不断地买，不断地读，《书衣文录》《芸斋书简》《孙犁书话》《风云初记》《芸斋小说》《孙犁散文》《耕堂劫后十种》《孙犁全集》等。有的还买了不同版本，如《书衣文录》和《耕堂劫后十种》，书房放一套，办公室也放一套，每天在食堂午饭后小憩，随手会翻上两篇。有些文章，反复读了不知多少遍，比如《孙犁文集》第七卷里的《耕堂读书记》。孙犁的许多文章，包括他后期的小说，基本都是纪实的，从中可悟到生活的真实。所以，对他后期的小说，我是当散文读的。

喜欢读孙犁，也就喜欢一切与孙犁有关的文字。前几年，居津的乡人刘宗武先生主编了一部《孙犁百年诞辰纪念集》，签赠我一部，我如获至宝，逐篇翻读，大过其瘾。

收到《问津·耕堂忆趣》一翻，居然是孙犁先生外孙女张璇写孙犁的文章汇编，自然十分亲切，读其行云流水般的文字，孙犁先生的音容笑貌如现眼前。作者为我们贡献了好多孙犁先生鲜为人知的故事。

孙犁先生爱书是出了名的，我们从他的许多文章中也能感觉到。张璇则从另一个侧面，为我们描述了孙犁爱书的情景："姥爷爱书的态度，近乎严苛。他的书，放置得极其整齐，一本不乱；取书之前，他一定会先完成指定动作：洗手。尽管书柜有门，但天津风沙大，灰尘总会见机而入。姥爷很执着，他有一把专门的毛刷，专门用来刷书页顶端积聚的尘土。一个夕阳斜照的黄昏，一个老人坐在小板凳上，不疾不缓，默默刷去书页积尘的画面，至今仍留在我的记忆里。”这样的画面我太熟悉了。笔者所在的城市处于内蒙古中部，周边有几大沙漠，风沙天气常常不约而至，门窗再紧密，书柜里的书也会蓬头垢面，所以我也备有一把油漆刷，用它那挺拔的鬃毛刷书页顶部的尘土。

孙犁先生爱包书皮也是出了名的，他那名闻遐迩的《书衣文录》就是写在这些书皮上的，但孙犁先生护书的另一种方式，我却是在张璇的文字中才知道的。张璇这样写道：“有些旧书，异常轻软，包上书衣反倒容易在翻阅时损伤书页。姥爷会用信封做成书套，把上下册的书装在一个书套里，更方便查找和存放。书套比书皮还简单，大个信封，竖起来，上下开口，两侧按书籍的薄厚压出折痕，信封成了扁扁的盒子状，把书往里一装，两头通气，抽取特别方便。”这种方法值得我们借鉴。

孙犁先生秉性耿直。张璇在《大作家小板凳》文中转述了孙犁的老同事、老邻居李夫讲的一段逸事。“文革”初期一个刺骨寒冬，李夫和孙犁被发配去修自行车棚，要夯实地面好放自行车。李夫和孙犁用一个夯：

孙犁说闲话，小声问我：“××，是学嘛的？”砸了一夯，我答：“别看他长得那模样，还是念清华化工系的哩！”砸了一夯，孙犁说：“什么系？”我说：“化工。”砸了一夯，孙犁说：“不会吧？”我说：“没错。就因为他是学化工的，一解放，就让他跑塘沽化工厂嘛。”孙犁说：“清华没有他那个系。”我说有，他说无，我们俩争持了好几个来回。我最后说：“怎么没有呢？人家就是从清华到解放区去的嘛！”孙犁笑了笑，问：“清华有他念的大腿系？”一听，我恍然大悟。

其实，李夫他追念孙犁的文章里写了好几个细节，其中还有这样故事，特值得一说：

记得在一次批斗会上，见一个汉子念了一段“最高指示”后，横眉竖目地指着孙犁的鼻子，厉声喊：“孙犁，你老实交代，怎么用小说反党！”孙犁拉长脸，眨了眨眼，不说话。问急了，他反问道：“××，你看过我的小说吗？你说说我哪篇小说反党？哪儿反党？”问得那人哑口无言，不吭声了。在那种嚣张场合，哪出现过这样大义凛然的反攻？我暗中称道：“好！鲁迅的骨气！”

我倒是觉得，这个故事，张璇也该转述到文章里。

我在前文说，读张璇的《耕堂忆趣》，“孙犁先生的音容笑貌如现眼前”，其实孙犁先生是很少显露笑容的。就以此书为例，全书收有孙犁照片二十五幅，面露微笑的仅仅两幅。一幅是“20世纪70年代的孙犁”，一幅是“孙犁在寓所（1992年10月）”。难道是20世纪70年代某年那荒唐的年代结束，孙犁才一展笑容？还是“1992年”那个特殊的一年，让孙犁先生看到了祖国的希望，才引发他又一次展露笑容？

杜鱼在编后记《“邂逅”孙犁》里说：“张璇的文字灵动轻盈，给我们留下了孙犁先生很多富有人情味儿的画面。”我想，凡喜欢孙犁先生的读者，也该看看张璇的这些文字，瞻仰这些“富有人情味儿的画面”。

二〇一七年十二月十六日记于阴山暖石斋

关于卢木斋的两册《问津》

[内蒙古]冯传友

《卢木斋文存》和《慎始基斋琐谈》，分别列入《问津》第 1 卷第 9 期和第 10 期，印行于 2013 年 9 月和 10 月。

我最早是从藏书家辞典里知道卢木斋的。自从小学五年级在老师帮助下得到第一部《新华字典》，我对字词典的喜爱可以说达到了痴迷程度。小学六年级时进城以后，一次随母亲去看望远在青山区的表叔，在他的桌子上发现一部有点破旧的《四角号码新词典》，我爱不释手，坐在那里就读了起来。该回家了，我还是不管不顾地看，母亲喊了几次都不理。表叔说，你喜欢就送你吧，我每天上班干活，也用不着。这是我拥有的第一部词典。工作以后，购买工具书成了我买书的大项，藏书家辞典自然也在其中，至今已有数部。

陕西人民出版社 1991 年 10 月出版的《历代藏书家辞典》，我是在其问世三年后买到的，其 69 页收有“卢靖”词条，下面紧跟着是其弟“卢弼”。从这里，我知道了这哥俩的简单情况，最主要的是知道了卢靖捐建南开大学图书馆的事迹。

同济大学出版社出版的《中国历代藏书家辞典》，时间要早于陕西版6个月，我却是在2001年才从江苏书友处得到。同济版比陕西版略详，说卢靖“主张废科举、兴学校”，“创立师范、法政、农工商矿、美术、水产等学堂”，“先后创建河北丰润地方书院图书馆两所，保定省城图书馆一所，天津图书馆两所，南开大学木斋图书馆一所，北京私立图书馆一所，并捐银数万两和私人藏书十余万卷”。这些内容，除了南开大学木斋图书馆外，陕西版均无记载。

2005年12月，李玉安、黄正雨编著的《中国藏书家通典》由香港中国国际文化出版社出版。这是一部厚达千余页、字数过百万的大部头辞典，内容自然比上两部为细。比如关于南开大学图书馆的记述，说卢靖“1927年捐款10万元兴建南开大学图书馆，并以73岁高龄亲临工地督看。又捐出‘知止楼’私人藏书6万卷作新馆藏书基础。南开大学为纪念他的贡献，命名为‘木斋图书馆’，并在1928年落成”。

后来，我又买到贵州人民出版社2009年1月出版的《中国私家藏书》（上下册）。该书没有单独介绍卢靖藏书，却介绍了其弟卢弼藏书，提到卢弼居津后，因生活所迫典卖所藏图书，最后一批售于北京大学图书馆。这段记载引起我的关注，因为这藏书的出售竟与胡适有关。该书说：“最后一次，将其珍藏二十余年，并经亲手批校的《三国志》《水经注》及各类参考书各数十部，还有善本书籍数百种，全部售与北京大学图书馆。其时，胡适正在北大，想搜求不同版本的《水经注》，卢弼这批藏书适逢其需。同时，卢氏也不愿意将他苦心搜集的这批图书售归书贾，散佚各处，于是售给了北京大学图书馆。”

2014年1月，我同时收到问津书院寄赠的《卢木斋文存》和《慎始基斋琐谈》，真是大喜。

《卢木斋文存》共三编：第一编为《卢木斋先生遗稿》，钱基博作序，金钺跋，卢弼后记；第二编为《木斋往来信札佚文》；第三编为《卢木斋先生事略》。首尾为卢靖嫡孙卢乐山序和编者罗容海跋。该书名目为《卢木斋文存》，因此并没收卢靖的专著，如《火器真诀释例》等。卢乐山先生在序中说："祖父和那个时代的许多贤士大夫一样，重身体力行、经世致用，并不刻意著述。他一生做了很多实际工作，这些在《事略》中都能看出来，但留下的文字不多，有限的几本著作都是在算学方面，还是为了方便教学而留下来的。其他的则四处散落，踪迹难寻。""从这个集子来看，祖父也并非不能撰述之人，所以料想除此之外，一定还有些文字尚待发掘整理。如果能够通过这个集子，引起大家对祖父和叔祖父（指卢弼——笔者注）的重视，发掘补充更多的材料，无疑是最值得期盼的事。"作为著名的藏书家，除了几部算学专著外，留下的遗文仅有薄薄一册，确实令人遗憾。虽然如此，也要感谢辑录者罗容海先生和《问津》的编者，否则就是这些，我们普通读者哪里见去？

《慎始基斋琐谈》正文分三部分：《关于卢靖》，收文17篇；《关于卢弼》，收文7篇，附录1篇；《综合研究》，收文8篇，附录2篇。前有卢乐山先生序，后有附录和《问津》编者杜鱼的编后记。编后记交代了该书的成因，知为卢靖、卢弼学术讨论会文章与部分已刊文章的汇编。

可以说，《慎始基斋琐谈》是我们目前了解卢靖、卢弼两位藏书家事迹最全面也最权威的资料。以首篇《官绅办学时代的代表人物卢木斋》一文为例，全文分八节：一、家庭和青少年时代。交代了卢木斋的出身和少年的学习情况。二、从经心学社到武备学堂。交代了卢靖撰著《火器真诀释例》的起因与过程，卢靖以此得到湖北巡抚彭祖贤的赏识，邀其到武昌经心学舍主讲算学，后又得直隶总督李鸿章委用，被安排到北洋武备学堂担任数学总教习。这期间他编写出了数部专著，包括《万象一元演式》《割圆术辑要》《叠微分补草》《求级数捷法》《代数补草》《微积溯源补草》《代数积拾级补草》等。这期间，卢氏兄弟还刻印了严复翻译的《天演论》，成为最早的通行版本。三、县官十四年。他在赞皇县剿匪，在丰润县疏浚河道，在各县兴办学堂，设立图书馆，开办学院，培养文士，这实实在在是功德无量的。四、投身维新变法运动。这节讲述卢靖如何学习新知识，探求新事物。他订阅报纸，支持办报，投身维新运动，发动家人捐赠支持务农会和《时务报》。这些行为放在今天也是超前的。五、执掌直隶、奉天提学使。这节讲述的内容，我以为是卢木斋人生辉煌的顶点。1905年袁世凯、张之洞等五六位总督、巡抚、将军，联名上奏请废科举一事，卢木斋在袁世凯面前“起了一定的催化作用”。他在提学使任上，重视普及教育、社会教育、实用教育、法政教育、国防教育等，而且取得了显著的收效。六、一位显赫的实业家。进入民国，他回到天津办实业，赚取了巨额财富，但他不仅仅将其用于个人享受，而是抽出大部分用于木斋教育基金，并立下遗嘱，所遗家财全部用于兴办教育。这和今天的一些企业家相比，真不知该作何感想？七、兴学建校，创办图书馆。这也是值得为卢木斋大书特书的。“卢木斋办学完全是独立承担的，为开办各项文教业提供经费，为实现开办木斋大学的愿望，便成立了‘木斋教育基金’。另外还在木斋学校建立助学金、奖学金制度，贫困学生可申请助学金或者免费入学；对优秀学生给予奖学金或发给有关奖品，此外学校的教职工子弟可免费入学。”与此同时，开办图书馆更是他上心的大事，不仅捐资捐书兴建南开大学图书馆，而且在北京筹办了一所供社会大众利用的“私立木斋图书馆”。八、近代著名藏书家。这节的内容多数藏书家辞典有介绍，只是没有该文详细。

通过以上的介绍，我们大体可以看出该书对我们了解卢靖卢弼兄弟是多么地不可多得，是多么地值得仔细阅读、认真思考。读罢该书，我想，今天的我们，该如何对待财富？如何对待藏书？我们真的还不如一位百年前的老人么？本地图书馆有位著名作家捐赠图书专柜，我去看过了。都是些什么书？除了普通杂志、单位发的干部读物之类，没有一本传统的经典或外国的名著。当然也不都是这样，我的中学老师、1949年前即发表作品的作家秦新民先生，前不久委托我联系，把他的藏书全部捐给图书馆，虽然数量不多，大约千余册，却大多是先生几十年积攒的可读、可藏的精品。面对这样的捐赠，我们才能肃然起敬！

2017年12月17日上午写至一半，中午和冬生、胡海老师小聚大喝后，下午6时续写至晚8时，边写边感叹。

为了叔父的嘱托

——先父周祜昌先生遗稿整理简叙

[天津]周贵麟

在2013年初举行的天津艺术史年会上，承蒙主编《天津记忆》的王振良先生热情关注，问及我父亲遗稿的整理情况，这使我倍感惊喜和意外，也深受感动！因为今年是先父周祜昌先生诞辰100周年、逝世20周年，先父遗稿如由《天津记忆》编印成册，将是对先父的一个最好纪念！

春节过后，振良先生又请刘国华先生问询此事。我先将《周祜昌诗词曲遗存》发出，后又将先父的笔记《溪山听雨录》发给王振良先生审阅。

下面简叙先父遗稿的整理情况。我开始整理先父遗稿，大约是2010年开始的，前后用了两年多时光，因能力所限，工作粗糙，只好如此。先父的诗词是改革开放以后重新续写的，内虽有旧作，但大多是新作。《津门竹枝词》是一本薄薄的自制32开小册子，由16开白纸对折订成。封面钢笔竖写《竹枝》二字，诗作皆系钢笔所书，从右至左竖写，不加标点。《老屋集》用深蓝纸作封面封底，内页也是16

开白纸对折再用线缝制而成，颇有点线装书的味道。封面因颜色深蓝没有题字，首页右上题“老屋集”三字。从字体看像毛笔所书，又像碳素笔。其余诗词内容大部分与《石头记》校勘有关，散记在各种日记本、零纸碎页、书法条幅之上。先父对《红楼梦》版本校勘胜业，终生与之，痴心不改。“文革”骤起，片纸无存。双膝为桌，从头再来。改革开放，春风再拂。九死不悔，《会真》稿成。填海精卫，移山愚公，精神不灭，斯气长存！

先父之笔记手稿《溪山听雨录》，初名《藤阴馀录》，只存下半部分，计六十六篇，实际只有全部的三分之一。记得大约是七八年前的一天，我正在北京叔父家中，伦苓姐将一沓散页手稿交给我：“这些是你父亲写的东西，还是由你保存吧。”记得叔父也对我说过：“既然你喜爱文史，有时间应将你父亲的手稿整理整理，以后有机会出版，也可告慰四爷……”回家细看先父手稿，大部分写在 16 开白纸之上，也有 8 开白纸对折使用的。其中有两页信纸，上方正中印有“敬祝毛主席万寿无疆”字样；还有两页手稿写在“商品盘点表”背面，正面左上方印有“最高指示：世界上怕就怕‘认真’二字，共产党就最讲‘认真’”。此亦见证着这批手稿的写作年代。先父所写文体则文白相间，文字则繁简俱用，由右至左竖行书写，也无标点。这对我而言，整理起来无疑是有难度的，尤其一些笔划繁难的行书字，确实不大好认。我想起公园内有书写地书的书法爱好者，便将不认识的字词句抄录下来向他们请教，如“骊”字、“晓”字的右半边草书非常不易识别，都是请教了这些业余书法家后破解的。记得叔父有两句诗说“津沽本是人文薮，高人奇士亦时有”，感谢这些热爱书法的老人！

《溪山听雨录》写于 1971 年，在那个特殊年代，先父的研红资料荡然无存，这才有了书写这批具有回忆性质笔记的时间，也算是因祸得“福”吧。先父日记中有一则记录：“客岁新春，祜老入京，此一九六六年以来首次入京，亦汝老楚行以次首次会晤。人日晴窗，弄笔为小札记，以‘真天人’‘大弦子’‘梦鉴’开篇。遄返后复屡续写寄，迤逦卒岁，都二百则，题名《溪山听雨录》。琐屑芜杂，俯仰陈迹，虽不足道，少见意度。其中：尾声、安排、复写、设计、语录、设计序例、写注写按、本字(子)代名，以迄汝老始冬书后之制，为今岁初夏写样，九秋递书之先声酝酿焉，偶检存目，小缀始末。故一时之兴会，亦胜业之端绪云尔。一九七二年壬子小雪节祜昌记。”于此可知，先父弄笔为小札记，屡续写寄叔父阅看，迤逦卒岁，达二百则。而现在我们见到的只有六十余篇，许多内容已无从想象了，惜哉！

先父也多次敦促叔父写笔记，叔父因有《脂雪轩笔志》数则。先父于此稿前面有“小启代叙(促汝昌写笔记启)”：

癸丑春夏之交，入京将近两月，佐理《证》(其时《红楼梦新证》要出增订版)稿之余，辄翻架上杂书，脑目昏花，卒莫深入，一生不能读书，老何为哉！然于昔人笔记，心窃慕之，鞺鞳委曲，排奡纵横，益神志，存益闻，有足多矣。因思汝弟求学就业，遇合因缘，每有奇致，见解识别，不乏真知。每当深灯絮语，话儿时故旧声容，歌管丝竹，师友嘉谊，文物法书，以逮川行以次，《新证》出后：如述师之欹床不寐，缪老之把卷忘饥，饶老之杖履偕游，菊老之儿妇命读，霁老之促座深语，以至敏公之谆谆续遗，谭老之莘莘雠校，如闻其声，如见其人，蔼蔼春云，神与俱远，不形笔墨，付诸云烟，不亦惜乎？汝(弟)诗词颇富，自无留稿。祜学为札记，粗略未工，互顾不遑，代筹难役。此小启者，补言谈书简之阙，为张扬鼓动之资，即自诩频年书札往复中之主要用意者也。嗟乎，胜业方兴，行年耳顺，心余力绌，云助盖希，引绪提端，少尽其责。俾汝弟大笔淋漓之余，有以细写传神者，则何其盛也！是为启。一九七三年五月十五日 癸丑四月十三日 祜昌记。

“小启”虽是为敦促叔父撰作笔记所写，也可看作是先父撰写笔记之缘起也，乃是其创作动机的难得注脚，读者诸君自可用心领会。以我这拙陋浅显之能力，实不能解说先辈遗稿之万一也。

2014年7月18日，一个难忘的日子。上午接王振良先生通知，先父的札记《藤阴馀话》已经印行。期盼已久的消息终于等到了，不禁喜出望外。当天正是夏季入伏第一天，我不顾天气炎热，即赴今晚大厦。及见新书，虽是小册，设计新颖，其意更深。封面即是先父墨书笔迹，清新雅致，别开生面，心中欢喜！原来本拟收入《天津记忆》，如今却被更精致的《问津》取代，令人刮目！有感于王振良先生及其同仁挖掘整理津沽文化的无偿奉献精神，勉成小诗一首：

振醒直沽记忆新，良琨焕彩问津人。
专攻学海虞初志，家国春秋苦用心。

初学为嵌名诗，难以称佳，聊表感激之情也。北京建临得此书后，亦欣赏不已，连声赞叹：四爷手笔奇佳！以后能写出这样文字的人恐怕不多了吧。建临又将《藤阴馀话》恭敬地摆放在其父亲周汝昌先生的半身铜像之前，精心拍照留为纪念。这也是表示郑重地告知叔父：四爷的手稿出版了，您可以放心了！此情此景，真是令人百感交集，遂再勉为小诗两首，以为一时之纪念：

藤阴馀话喜刊成，堪慰高堂未了情。
兄弟研红留史迹，风华才调世人崇。

第二首与此大同小异，略表心情而已：

藤阴馀话喜刊出，具见高堂笔墨殊。
此日吾书行海内，风神俊逸满津沽。

此诗第三句为当年先父得见《红楼梦新证》出版问世时所赋诗句，今借用过来，不知恰切否。

（发布于2016年3月10日"周汝昌学术研究网"）

恭品祜老《藤荫馀话》

[天津]孙树芳

艺术殿堂犹如一座辉煌的大厦，它必定由无数平凡而又瑰丽的生命构造而成。何丽堂、张春圃、孟志荪、陈家珍、李国镇……这一串我乍听起来陌生而读后又感到熟悉的名字,在周祜老的笔下一一展现,为我们打开了一扇扇窥探平凡而瑰丽生命的窗子。

周祜老是咸水沽人对周祜昌先生的尊称。在《藤荫馀话》这本笔记里,老人家用生花妙笔写了家乡的景,如藤萝、岸柳、垂柳、杏园、移竹、烟霞,写了家乡的物,如留声机、折扇、残灯和芹书月砚……这些读来固然亲切,但最震撼人心的还是“窗子”里的人物。

在《高子衡》一篇中,祜老说的少年求学时“总不出前五名”,成年后为“‘公兴存’粮店司账,解放后设旧书摊”,近年则“看水管(井水站盖小砖房,专人看管之),小屋多张自写主席诗词语录,容膝易安,老而弥健,可念也。月入十五元”。

高老看水管时，我正住在学校宿舍郑家瓦房内。一天下班后，妻已包好饺子，要煮时发现缸内无水，让我去挑。来到高老所看的水管处，发现小屋内竟贴有主席诗词“天生一个仙人洞，无限风光在险峰”，不禁心中遐想万千，仔细一看那草书行云流水，非一般人所书，忙问道：“大爷，这是谁给您写的？”他抬了抬下垂的眼皮，轻轻说道：“是老朽的拙笔。”我不禁又看了看那条幅，瞧了瞧老头儿那枯干如柴的手，方知其非凡人也！等我回到家，妻已将水饺改成煎饺了，不快地问：“你挑水挑到哪去啦？”饺子煎熟后，我急忙端上一盘子，并把凭本买的半斤梨酒给这位奇人送去。高老是个“自来熟”，接过酒来喝了两口，便张开少牙缺齿的嘴吞吃饺子。吃饱之后，他笑容毕露吟出半联：“东篱把酒黄昏后，袖盈暗香。”此联看似简单，确也难对。我思索再三未得要领，头上不由冒汗。正举止无措时，有一少年前来道：“高爷爷，俺爷让我给您送壶茶来！”这句话点醒了我，随之吟道：“西窗煮茶清明前，室溢雅味。”我接着说：“前辈看哪里不当，晚辈聆听指教！”他却回道：“我乃村夫粗人，哪敢指教。要想真心让人指教，就去你们胡同口副食店找那个卖酱油的去吧！”我知他指的是周祜老。从高子衡老人身上，我真正认识到了真诚。真诚将感动真诚，不朽的知识会丰富人生——原来那些如许平凡而瑰丽的生命，竟会使我们感到如此亲近。

祜老为我们常见的凡人作传，能够使人感到亲切实属不易。如果祜老笔下的高子衡友人，头上闪着耀眼的灵光，气宇轩昂，大度恢宏，一派超人入圣之状，那才是一种悲哀呢！而令人庆幸的是，周祜老并未如此落墨，他老人家以绝无循规蹈矩之笔，画出了高子衡等人物平凡而瑰丽的肖像。

祜老一生酷爱曲艺，在《高五姑》一篇里，他赞扬“刘(宝全)、白(云鹏)、金(万昌),皆逢老境,炉火纯青”之后,笔锋一转写道:“三津北里之哭者,其推高五姑乎?”接着又饱含深情地叙述:“听高五姑歌,令人起敬,令人下拜。尽管他人污蔑中伤,其人其艺,愈增高大。”可惜高五姑饱尝人生磨难和凌辱之后,1942 年冬凄然离世,而丧葬费都没超过一个乞丐被拉到乱葬冈子的钱。幸运的是,高五姑由于嗓音高亢宽亮,首创的“疙瘩腔”优美动听,其拿手节目《七月七》《喜荣归》《秦楼悲秋》等都灌制了唱片。笔者现存有数盘由唱片改录的音带,闲暇时也能饱享耳福。记得有一天被院前的副食店借去放听,周祜老坐在角落里闭目击节……当我问他老人家时,答道:“看戏,看戏,戏是要看的;听曲,听曲,曲是要听的!”

《藤荫馀话》为二十余人撰了小记,堪称是这些人物传神逼真的“速写”,平均每人还摊不上千字。这当然与祜老行文一贯惜墨如金有关。

祜老在《访师》一篇中,写欲见顾随师时的急迫心情:“周末汝老来就同宿,次晨早车赴京。下车先找票房林君,托买晚车票,便直去南官房。”紧接着写访师经过,“晤述师,一见如故,勾留经时,持师新作七古‘环山间韵’一纸而别,汝老曾三和焉”。在这里,我们看到的是祜老以最精练笔触勾勒出的授业恩师“肖像”。而简练之间的传神与逼真,正是这些人物“速写”的精彩之所在。

1958 年,我在西泥沽中学工作,被派到市教育学院进修,在师院任教的顾师,适受聘于教育学院教《古诗词选讲》。一次课间休息,顾师问我来自何校,我说西泥沽,他马上道:“那可是个人杰地灵的地方。你可知周氏三进士?”答曰:“人龙、人骐、人骥。”又问:“你可读过人骥的《香远堂诗抄》?”我摇了摇头。接着顾师吟诵了其中一首,我听后深愧无知。顾师又问:“那里离咸水沽不远,你可知周汝昌?”我一改窘态,答:“他是有名的红学家,著有《红楼梦新证》。听说他现在北京,无缘相见。"顾师笑道:"他四哥周祜昌可仍在咸水沽。""哦,可惜他没名。"顾师又说:"可是这'新证'背后,都有他辛勤笔耕的影子,他是一位'文坛隐士'……"

落实政策之后,祜老担任了津南区政协委员,可他仍住在土坯房里,那房子有一根边檩已经断裂。他常趴在土炕上,一手执放大镜,一手翻阅满炕资料,埋头于《石头记会真》那 500 万字的庞大工程。遗憾的是巨著出版时,祜老已故去七年了。

当然,《藤荫馀话》的"传神"和"逼真",绝不是那种照相和翻模,它字里行间体现的,是凝结智慧的传神,是依据生活的逼真。祜老在勾勒每一幅"肖像"之前,首先承认他们是人而不是神——尽管他们的生命中都有着一般人无可比拟的地方。

子夜已过,捧读仍无倦意。感谢祜老这位人性的歌者。

说说周汝昌先生被土匪绑架的时间

太瘦生

《红楼无限情》(又名《天地人我》)虽说是周先生自传,却又每篇文章各自独立,不同于传统意义上的传记。书中以《写呈子·劫秧子·进毓子》为中心的前后几篇,大多没有确切纪年,其中令我困惑的是周先生究竟何时被"劫秧子"。梁归智所著《红楼风雨梦中人》开篇即叙此事,时间明明白白记作 1937 年;《琳琅满纸忆前时》末尾所附周先生生平简表,则归入 1930 年,只是后面打了一个问号,并不确定。如果周先生先后两次被劫,那么 1930、1937 皆为可能,但这种可能性微乎其微,因为如此大事若两次亲历,周先生一定会在文中有所交待。如果只有一次,那么上面两个时间最多只能有一个正确。

周先生家乡咸水沽的抗匪历史极为漫长, 贯穿着 20 世纪的二三十年代,迨周先生回忆那段历史,前后相隔已达六七十年,偶有时空颠倒并不意外,他自谦"抗匪的全史,历时甚长,种种曲折,没有岁月提纲,实难尽明。可惜我记忆力已不能恢复事实大脉络，遑论全史。上文所述，恐不免次序颠倒，岁月隔离，但实质是一无走失的”。话虽如此，但有三条线索仍极为清晰：

1.绑架发生于失学时期（“我那时正好失学在家”）；

2.当时周先生父亲刚被保释回来借宿于津市（“父亲……不敢回沽，暂往津市寻借一处藏身之地。我在家得到喜讯，喜而不寐，连夜计议到市内去看望父亲……姨兄孙君，和……李君……主动与我同往”）；

3.绑匪头目是李大成（“匪首李某，大为兴奋”）。

周先生在自传中说：“我这辈子，求学历程，只有三年初中是平顺的。小学、高中、大学，那真是灾难重重。”1932 年至 1935 年，周先生就读于觉民初中，不可能遭匪徒绑架。由此上溯至 1926 年入小学，因闹兵荒与逃土匪，学业一直时断时续，甚至曾有一次短时间借读于外地小学。1935 年，周先生考入南开中学；1937 年 7 月 30 日，因日军飞机轮番轰炸，学校解散，周先生失学一年；1938 年，周先生插班天津工商学院附中，才得以完成高中学业。1939 年考入燕京大学，却因闹水灾搁学，迟至 1940 年才正式入燕园深造；1941 年 12 月 8 日，太平洋战争爆发，日军封闭燕大，周先生再次失学；1947 年再入燕大，直至 1952 年研究生毕业。

因此若据第一条线索，1926 年至 1932 年、1937 年夏至 1938 年夏、1941 年底至 1947 年重返燕园前，周先生理论上都存在遭土匪绑架的可能。

循第二条线索，《津南名人》“周景颐”（周先生的父亲）条有如下记载：“1931 年，自称‘东北队’的散兵，把周景颐等数人拘往小站交土匪做人质，周与匪徒巧妙周旋，使被绑架者免于枉死。”如果此记载可靠，且周老太爷一生只有一次遭到匪徒绑架，那么周先生之被劫就可确定为 1931 年。但其中亦有疑点，“东北队”散兵与周先生自传所述来自山东的"烟台梨"杂牌军不相吻合。

再看第三条线索。李大成,原名李秀成,山东潍坊人。1937年七七事变前,"入伙当土匪,被缉拿入天津监狱";10月,"乘乱逃回小站,成立土匪队,当了头目,到处绑票抢劫";1938年冬季,投靠日本,任少将旅长,继续绑票杀人;1939年3月,"被窦同义部队诱至马棚口杀死"。据此可知,李大成作为土匪的活动时间是1937年七七事变前夕至1939年3月,成为土匪头目则在1937年10月以后;而1937年夏至1938夏,周先生正处于失学时期。结合一、三两条线索,周先生之被绑票当在1937年10月至1938年秋入天津工商学院附中前。

近阅周先生四兄祜昌先生《藤荫馀话》,第116则标题恰为《绑架》,内言:

闹水之后□(引者按:原文缺)年,余在银行,裕樑表叔来告,沽中老当铺驻杂牌军投靠小站土匪,老人被绑架俱去。乡人百计营救,探问者不绝于途,接待不暇,具见乡人厚谊。韩兰亭曾住交通旅馆,即为屏当此事。拖沓匝月,老父到津张庄大桥元兴旅馆,李秀山邀听鼓王'百山图'即其时。老人后移居寿德大楼。方庆更生,一波又起,沽中来人报:老先生(汝老)又进去了。缘沽中闻老父抵津,喜心翻倒,汝老、茂林、秉兄三人同乘小火轮赴津相视。船抵东庄,土匪鸣枪轰乘客奔赴小站。汝老临危不乱,借喘息之机自报身份,遂使茂、秉二人得释,汝老又陷匪巢。辗转兼旬,终于脱险抵津,似是郑鑫泉所陪来者……老人在津日久不耐先行返沽,汝老勾留投考工商学院。

这则笔记极其重要,不但与一、三两条线索若合符契,即第二条线索亦得一强证。文中“闹水”发生于1936年(据《藤荫馀话》第113则),“老人”指周先生父亲周景颐,“汝老”即汝昌先生,“李秀山”即李大成(李秀成)之三弟。

有了这则笔记,周先生被绑架之“1930年说”已可排除,“1931年”也不成立(1931或系1937之误,因手书“1”“7”极易混淆;同样是兵,东北队散兵与“烟台梨”杂牌军亦可致混,当然也可能1931、1937年景颐公曾先后历劫),然具体年月仍不甚明,只能大致圈定在1937年10月(李大成成为匪首)至1938年夏(周先生1938年秋插班天津工商学院)。当然倘要再深入一步,范围似可再小。据祜昌先生笔记,景颐公“拖沓匝月”才得脱身,那么周先生之被绑架最早发生在1937年11月;周先生“辗转兼旬,终于脱险抵津”,后“勾留投考工商学院”,则周先生之被绑架最迟发生于1938年8月。梁归智作传将时间定为1937年,如其所本可靠,则周先生之被绑似在西历1937年年尾,但不知《津南区志》《古镇稗史》可有相关记载。

最后,如有人垂询重提周先生被土匪绑架的时间有何意义,我也说不出子丑寅卯,那是“周学”研究者们的事,我只是闲来无事,觉得如能弄清似乎也没什么不好。

2014年9月定稿

红学家周祜昌
回忆“悲调大王”高五姑

[天津]潘侠风　张津弋

在1953年正式被定名为“天津时调”之前，天津时调这一最具天津地方特色的民间曲种已经历经百余年的衍变。许多演员和伴奏员在旧社会极其艰苦的环境下，为这一曲种的发展生存做出了突出的贡献。今天咱们介绍的高五姑就是旧时调艺人中比较知名的一位。

高五姑（1883—1943），幼时被拐卖，后拜王宝寅（银）为师学唱时调，演出于各曲艺园子，逐渐享名，以演唱悲曲著称，有“悲调大王”的美称。她留下的唱片有《七月七》《喜荣归》《哭五更》《青楼悲秋》等，现在成为研究早期时调音乐发展的珍贵文献资料。1943年10月高五姑去世，终年60岁。

现在聆听高五姑所留下的唱片，虽然这种“大口靠山调”的唱法与现代的天津时调有很大的区别，但她唱腔中所蕴含的那种悲凉无奈的情感，却超越了时间的推移，至今仍保留着一种感人至深的力量。红学家周祜昌在《藤荫馀话》中，有记述高五姑晚年演出的文字：

余兄弟听刘（宝全）、白（云鹏）、金（万昌），皆逢老境，炉火纯青，三老中白、金，尤以“红楼”段见长，缠绵悱恻。惟刘以“三国”“水浒”段见称。而能传燕赵慷慨悲歌之致，豪宕感激之情，三津北里之哭者，其惟高五姑乎？观夫三弦一出，瞽目帽缨，弦定四合，酣畅朗澈，秋水苍波。四胡绵密，长袖飘拂。伊人云老，瘦骨嶙峋，扶案侧立，目不旁视。无开场白，亦无上台鞠躬，过门一启，引吭高歌，声振屋瓦，全力以赴，一唱三叹，余韵绕梁。“悲秋”也，“荣归”也，“七月七”也。一曲既终，其不大汗淋漓者几希。二先生韩兆谦之言曰：真煞口！比之如吃沙瓤西瓜，解渴消暑，无以复加。

兹推荐大家欣赏一段高五姑在百代唱片公司灌制的老唱片《哭五更》，这是时调的传统曲目，亦称《大五更》。这个曲目描写的是一位新寡的妇人在哭诉丈夫死去之后的艰难生活，在内容上和《七月七》（“光棍哭妻”）是相对应的。《大五更》曲目至今尚存，王毓宝、屈振庭、魏毓环分别保留有一更到三更的录音。在高五姑所留下的几种唱片资料中，这张唱片的艺术感染力是很强的，这可能也与她本人的经历有关系。

高五姑在她苦难悲惨的一生中，以卓越的天赋，对时调的发展起了极大的推动作用，在天津时调艺术发展史上，她是一个应该被铭记的人物。

2017年11月

红学家述高五姑

[天津]李汉东

高五姑又名高小芬，是靠山调（1949年后称天津时调）的第一代专业演员，生于1883年。据贾立青《曲坛漫步》记载，高五姑是武清县（今天津市武清区）人，《新凤霞回忆录》所载更具体，高五姑是直隶省武清县王庆坨人。

高五姑幼时被拐卖，清宣统二年（1910）拜弦师王宝银为师，正式学艺。遂应聘在小广寒落子馆登台演出，演唱靠山调、鸳鸯调。她20世纪30年代初蜚声曲坛，以善唱悲曲被称为“悲调大王”，与“靠山调大王”秦翠红齐名。她嗓音高而刚劲，宽而脆亮；吐字具爆发力，咬字狠，这些特点使她的演唱铿锵顿挫，刚劲苍凉，酸嘶悲咽，催人泪下。在长期的演出实践中，她还根据自身嗓音条件，创造了以“讲究唱小花腔玲珑，唱悲调感人”为特点的著名“疙瘩腔”，使其演出的曲目韵味醇厚，优美动听。30年代后期因年老失去登台机会，1943年10月30日冻饿交加，毙倒于南市街头。

近读红学家周祜昌《藤荫馀话》,有记述高五姑的文章。其文如下:

余兄弟听刘(宝全)、白(云鹏)、金(万昌),皆逢老境,炉火纯青,三老中白、金,尤以“红楼”段见长,缠绵悱恻。惟以“三国”“水浒”段见称,而能传燕赵慷慨悲歌之致,豪宕感激之情,三津北里之哭者,其惟高五姑乎?观夫三弦一出,瞽目帽缨,弦定四合,酣畅朗澈,秋水苍波。四胡绵密,长袖飘拂。伊人云老,瘦骨嶙峋,扶案侧立,目不旁视。无开场白,亦无上台鞠躬,过门一启,引吭高歌,声振屋瓦,全力以赴,一唱三叹,余韵绕梁。“悲秋”也,“荣归”也,“七月七”也。一曲既终,其不大汗淋漓者几希。二先生韩兆谦之言曰:真煞口!比之如吃沙瓤西瓜,解渴消暑,无以复加。

通过周先生的描述,可知高五姑技艺之精。

(载于 2015 年 12 月 16 日《今晚报》第 16 版“副刊·津沽”)

董永传说傅家村:种庄稼那些事

——《问津·野老闲谈》札记

[天津]吴裕成

天津问津书院编印的《问津》,五年来以每月一册的速度累加,《野老闲谈》排序为"第二十七"。作者刘继椿生于1932年,学历私塾五年,书中落笔最晚的一段文字写在2013年。这部三万多字的书稿,含了106个题目。老先生每有所忆,立题记之,多年下来,集腋成裘。书稿由市档案馆杨仲达整理,这似乎做了内容的提示,因为"民间生活档案"近年正热。编者王振良的跋语,则称赞"绝无雕琢的朴素事实"这样一种叙事风格。

读这本小册子,缘于上述,还在于作者刘老先生是津郊傅家村人。

傅家村,天津的康熙卫志、乾隆县志作富家村,"在城南,去城二十里,俗传汉孝子董永典身葬亲处"。几百年流传,还入载地方志,这里的董永传说应该算是一项文化遗产了。当然不仅限于天津。董永七仙女的故事,将古代社会主流价值观讲述得感天动地,传遍天南地北,湖北孝感由此得名;山西万荣县前小淮村的董永传说，得到“国家级非物质文化遗产”授牌。曾去采风，村里董氏宗祠兼作非遗项目陈列馆，邻村郭家岔仍存“千年槐荫”。一个传说，多地皆有景观，其实是历史上民众文化分享的遗迹，大可不必闹那种舍我其谁的“故里之争”。傅家村也有老槐。多年前去看，村民告知早先城乡间地势开阔，站在南门城楼上可以望见这棵大槐树。刘老先生书里则记，傅家村的大槐树原本傍着河，那河通向大南河村和小南河村，“这大槐树就是原来拴船的船桩长成的，也就是为董永和七仙女作媒的大槐树”。他还写道，祖先原居山西洪洞燕子嘴庄，燕王扫北时迁来。

回忆庄户人家那些事，接地气。刘老先生开篇先说种高粱。每年只种一茬。秋后田地要耠一遍，以减少地里的碱气。转年谷雨再耠一遍并耙好，套牲口拉耧播种。下了种子后，用石砘子轧过。苗长到四五寸高，用锄开苗，苗与苗间距一尺。锄第二遍，同时给苗培土。苗高二尺时，再用耠子培土——语言中“培养人才”“培植亲信”，褒也好贬也罢，取的都是这个培字。高粱初长成，顶了穗，这时要擗叶，五六尺高以下的叶子全都打下来。打下的叶子晾干，冬天铡碎喂牲畜。穗粒成熟开镰时，朝离地一尺处砍，撂倒了割穗。晾干的穗平铺场上，套牲口拉碾子，要碾两遍以求颗粒归仓。无粒的穗用来绑笤帚，秫秸是盖房子的建材，地里一尺高连着根的高粱杆拔出来，烧火做饭便有了燃料。物尽其用，一点都不糟践。

种麦，冬小麦秋分寒露时下种。刘老先生记农谚，“立夏麦呲牙，芒种三天见麦茬”。二十四节气与农时，芒种最直观。收割不用镰，称拔麦子。连根拔，为了下一季地好锄。据笔者所知，这与胶东半岛相同。傅家村也种春小麦。刘老先生经历的农事稼穑，还有种玉米、水稻、谷子、糜子、吉豆等等。

傅家村种麻，品种有紫杆、绿杆之别，春种秋收。收割后在水坑里沤麻，泡三四天，捞出擗麻。擗下的麻在水中洗净，晒干便可以合股搓绳了。刘老先生对成绳工艺有详述，不赘引。和傅家村同属西青区的杨柳青，旧时十景有“白滩绩麻”一景。就水沤麻，新麻色泽如雪，晾晒时远望一片银白，人称“白滩”。农耕时代男耕女织，绩麻也是一项，秦时《吕氏春秋》讲：“女有当年而不绩者，则天下或受其寒”。绩，将麻析成细缕捻接起来。麻成绳，绩有成——成绩，如今是使用率极高的词。

种田需要上肥。刘老先生说到积肥：“上点年纪的人，到冬春季节时，都背着筐子拾粪或者串门，这在当时是一种风气。”又道，“那时没有化肥，条件好的家庭，到市里大粪厂买来大粪，晒干轧碎后上到地里”。城市掏厕、粪厂，这是去向的对接。

讲到蝗灾惨烈，仍用平实的语言：天上大批蚂蚱飞过，“落在哪里，那里的庄稼就被全部吃光”，“也不知是从何处飞来的”。从哪来，道出抗蝗救灾史上一大困惑。古人以为蝗由虾变，纵论治蝗的明代科学家徐光启也没能走出这个误区。翻阅清帝实录，乾隆心系防蝗，紧盯不放，奏折多，旨令繁，却也要面对虫由哪来的难题。灾情呈爆发态势，闹不清怎么就冒出漫天飞蝗；地方官吏推诿扯皮，指责蝗虫从对方地盘飞过来。这好像有传统，宋代书法家米芾做县令，曾有诗：“蝗虫元是空飞物，天遣来为百姓灾，本县若还驱得去，贵司却请打回来。”

天旱，村人抬龙求雨，要找个年轻人装王八。祈雨仪式的尾声也是高潮，龙入水中，装王八的人被引进庙里，有人边念经边在“王八”头上敲打。书中道，“敲迷糊后，问他几天下雨，看他伸出几个手指，就表示几天下雨”。这类祈雨风俗，有的地方是“擂马子”。把充当人与神之间中介的那个角色，折腾得晕糊甚至癫狂，才认为灵验，颇见原始巫术遗风。

庄户人家当然盼风调雨顺，劳有所获好收成；盼温饱，乃至殷实富足。清代津城天后宫皇会，傅家村高跷进城，唱的就是“旺运发家”。这番场景被图文并茂地记录于天津的《天后宫行会图》，是渔翁樵夫对话。有渔樵就有耕读。演绎董永七仙女传说的村庄，对于好日子的祝福，渔樵耕读一个也不会少的。

据这一皇会长卷记载，打从“天妃圣会”第一年出会，傅家村高跷就随驾出巡，因此被尊为“老会”。以皇会老例儿，行会时不必抓阄排档，享受着“总让老会先行”的礼遇。傅家村高跷会的久远岁月与董永传说之间，有着怎样的历史文化纽带呢？追寻津沽往昔，这不妨作为一个话题。

2018 年 1 月

野老·闲谈·也是史

——刘继椿及其《野老闲谈》

[天津]周宝东

《野老闲谈》是问津书院编辑的小册子，印行于2015年3月，作者是西青区精武镇富家村（傅村）的刘继椿。

刘继椿先生1932年生，今年已经85岁了。和刘继椿老先生相识，是因为他的四子刘连升。刘连升是我们单位的物业经理，因为工作的原因，一来二去就熟识了。后来看他手机里有自制的微雕农具照片，我感觉很稀奇，就去找他看实物。铡刀可以铡草，洋井可以出水，真的是很精巧。问其手艺从何而来，原来是家学，父子师徒，也就是刘继椿老先生的徒弟。

说起自己的父亲，平时性格沉稳的连升兄变得滔滔不绝，说很多媒体都去采访过老爷子。于是，我也很想见见这位农村里的秀才。2016年的某一天，我终于见到了刘继椿先生。他的生活起居很简朴，又有一帮孝子贤孙，物质条件很好。难能可贵的是老人家业余还在干着三件事，令我非常感动。

第一件是修家谱。家谱是一个家族的香火图，曾子说，慎终追远，民德归厚。中国人讲究的就是忠孝节义，这其中“孝”是根本，求忠臣必于孝子之门。家族、家风，有了这些，人在世上才感觉有根，我戏称之曰“靠谱”。故而修谱这件事，实在称得上是刘老先生的一大功德。

第二件是写条幅，任人自取。刘老虽然只上过几年私塾，但是经过自己不断的自学，毛笔的小楷写得很好。于是经常写些劝善格言，如“静坐常思己过，闲谈莫论人非”“以待儿女之心待父母才是孝”等，谁喜欢谁拿去。我们见面的时候，他手头尚有写就的警句百余幅，真是“润物细无声”。

第三件是将陈年往事，认为值得记述者随手著录，用毛笔小楷认真誊写，其中有纯写农具、农作物的，有写动物的，有记亲身经历的，还有记录其他人其他事的，想起来就写，日积月累，竟成煌煌数卷。后有杨仲达、王振良和刘新虎诸君协力合作，选其中一部分辑录成册，竟以《野老闲谈》为名行世。虽然印数不多，但刘老慨然相赠一册。细读之下，我真是喜出望外，不期在这乡村野舍之中，还有这样一种个人化的历史书写。

刘老先生只上过五年的私塾，没有什么显赫的经历。他学过木工，开过店铺，在人生一圈摸爬滚打后，回到村里当了会计主管，60岁以后负责过车工运砖，而后就退休养老。毕竟是私塾出身，算是村里的文化人，所以才会有笔记体的《野老闲谈》问世。这让我想起古代的那些乡村知识分子，甚至是一些高官显爵致仕归老山林后，从事的不也就是这些事情吗，而他们正是中国古代乡绅的重要来源。又因为刘老先生是真正的农民出身，所以他的书写就更具有一种维度的价值。因为农民历来都是“失语者”，他们没有能力书写自己的历史，因此《野老闲谈》更显得弥足珍贵。

《野老闲谈》因为其芜杂，很难分类，好在杨仲达君做了大量工作，并且将其内容大致分为三部分，即“桑麻共话”“流年旧语”和“一家之言”，应该说这种划分是非常精当的。“桑麻共话”主要是对农事活动较为客观的记载，“流年旧语”主要记载他人他事，“一家之言”则主要是自家历史 。

总结起来，个人感觉《野老闲谈》具有这样几个动人之处。

第一是对几个时间坐标的回忆比较集中。首先是 1939 年的大水，虽然有很多资料都写提到了那次大水，但是真正写一个农家防水的事，还真不多见。其次是 1949 年天津解放。刘老家不仅帮助解放军运送物资，家里北屋还住着部队，另有关于津涞公路碉堡的记载。城市的发展日新月异，如果不是他的记载，谁又记得还有过这样一些建筑和故事呢。接下来就是 1958 年，那是个众说纷纭的年份，《野老闲谈》里面记载了许多荒唐的事，如用玻璃珠代替钢珠制轴承等。再有就是 2006 年，刘老从平房搬进楼房，个人生活方式发生了重大改变。这些时间点，既是个人的重要节点，也是国家和社会发展轨迹中的重要环节，每个人都置身在历史的大潮中，既被裹挟，也参与制造。

第二是关于农事的相关记载。因为熟悉，所以有别于一般的科学家和文人的记载，显得生动而精准。

第三是志人方面。写大力士马小海、奇人刘玉书等人，细节很有感染力，如马小海用自行车驮六百斤吉豆、刘玉书给人看坟地等故事都非常精彩。

第四是志异方面。“狐狸炼丹”“龙的出现”自然是传说，但也都可聊备一说，尤其是关于每年峰山药王庙时刮旋风的记载最有意思，其中旋风还能和人对话，类似于很多笔记小说中的扶乩，十分神秘，值得研究。

第五是关于先前民俗的记载。如求雨、打更、男女婚姻习俗等，这些记载可以看作是正史的注脚，对于了解农村习俗、解读历史材料甚至文学作品都有很好的帮助。

第六是关于家族历史的记载。刘先生考镜家史源流，上溯至山西老家，下及于儿女孙辈。其他所记人事，也基本都为本族亲友，此举对于传承本族历史大有裨益。

第七是对第二任妻子左维兰的记载，竟有十处之多。对于两人从结婚到妻子去世，到自己追忆多有记录。从这些记载中也可以将其妻的形象拼凑起来，如当大哥没人养时，父母把此事派到他们头上，“维兰也知道父母的难处，什么也没说就同意了”。还有刘老先生的弟弟刘继栋主动腾婚房的事，这些只鳞片爪，都彰显出左维兰贤惠的形象，正因如此刘老先生才对亡妻念念不忘，并作出断语：“自你十九岁嫁到刘家，上对公婆、哥嫂，下对弟妹以及晚辈孩子们，从没有做错过什么事，特别是你对儿媳们，自始至终都是和睦相处，与村内乡亲笑脸相对。”这可以说是对一个妻子最高的评价了。

追昔抚今，刘老先生每每流露出一种“不知今夕何夕”之感，因此今昔对比，也成为《野老闲谈》中的一个主题。这其中，就有面对物质条件快速发展和子贤孙孝的幸福感，但也有住楼房人们见面日少、交流益乏的困惑。

山东按察司副使吕盛在康熙年间编纂的《天津卫志》跋中说，“尝观古人，凡遇事触物皆有日记。记也者，所以纪其事之颠末、物之显晦及时之先后，以备他日之考究焉者，是岂徒然而已哉！故列国皆有史，而今之郡县莫不各有志，其亦古昔作史之遗法也。由是观之,则志之不可无也明矣。”刘继椿老先生的《野老闲谈》,是一部很好的民间语文文本，也是以农民知识分子视角写出的个人心灵史和社会发展史。心灵史体现了乡村知识分子的人文情怀,发展史则是对官修地方史志的有益补充。

北宋释文莹《玉壶清话》第一则记载宋真宗宴饮时,问近臣唐朝酒价,众不能答。唯有丁晋公对曰“唐酒每升三十”。上问其据,对以杜工部诗“蚤来就饮一斗酒,恰有三百青铜钱”。真宗大喜,“甫之诗自可为一时之史”。

刘继椿老先生的《野老闲谈》,可谓有异曲同工之妙。

2017 年 7 月

有书过年

[福建]何 况

杜鱼先生送我几册问津书院自印的小书，是王和平撰写的天津民风民俗内容,分别为《天津的时令习俗》《天津的饮食习俗》《天津的居住习俗》《天津的服饰习俗·天津的商业习俗》《天津的生育习俗·天津的妈妈例儿》。春节到了,读《天津的时令习俗》正好应景。

天津毕竟文化底蕴深厚,居然连过年习俗都可以唱成一首朗朗上口的韵歌:“初一饺子初二面,初三的合子往家转,初四的烙饼炒鸡蛋,初五捏上小人嘴,初六合子连成片。”我连“唱”三遍,这歌就记下了。

歌里只唱初一吃饺子,其实天津人除夕、初五都要吃饺子的。为什么春节要吃饺子呢？据书里说,饺子实际上来源于辞旧迎新的“交子”时刻,也就是三十儿夜里十二点整,所以一定要在“交子”时刻开始吃饺子,感受新年和旧岁交替时刻的到来。这除夕晚上吃的还必须是三鲜馅肉饺子,意思是说咱家富裕,大吃大有,都到年底了家里还不愁吃喝。而正月初一吃的,则是大年三十儿夜里包好的素饺子,图的是今年平安,素素净净的意思。那为什么非得吃三十儿夜里包好的饺子呢?这个意思是说这是去年没吃完剩下的饭菜,今年我们接着吃,表示家里年年有余粮。您瞧,这有多讲究!一滴水可以反射太阳的光辉,中国传统文化博大精深,由此可见一斑。

读到这儿,我开始走神了,思绪回到了我老家徽州婺源(今属江西)。婺源是儒学集大成者朱熹朱文公的祖籍地,素有"书乡"美誉,耕读传家,相沿成习,所谓"山间茅屋书声响,放下扁担考一场",科举时代一共出过五百多位进士。有文化积淀的地方规矩多,过年更少不了繁文缛节。据家乡文友毕新丁在《婺源风俗通观》一书中介绍,家乡春节从腊八开始,店家要吃"腊八饭",收账过年了。至今,婺源还有不能欠账过年的说法。

农村家家户户要杀"年猪",屠夫先将一碗猪血泼在门上,然后开膛。谁家杀年猪,都要请亲朋好友吃"杀猪饭"。随着旅游热的升温,现在吃"杀猪饭"成了一个极受欢迎的旅游互动项目了。阴历二十三是送灶司老爷的日子,家中的男丁就要在灶王爷的神像旁贴上"上天言好事,下界保平安"对联,摆上"糖籽"、水酒等供品,敬香欢送灶神上天。用黏黏甜甜的"糖籽"和水酒"贿赂"灶司老爷,是要请灶司老爷在玉皇大帝面前帮着一家人说说好话,图个吉利。神都要"贿赂",可见反腐之不易。

但是,与天津人除夕吃饺子不同,婺源人这天中午惯吃用豆腐、豆芽、干豆角、鸡杂、腌菜等"糊"(读去声,一种烹饪方法)起来的"米糊",年夜饭则要碗碗碟碟摆满桌,其中绝对不能少的两道菜,一是肉果(肉圆子),一是鱼。鱼自然是寓意年年有余，肉圆子则象征团团圆圆。徽州人平时都在外面做生意，春节才返乡，所以特别盼望全家团圆。大年初一，婺源人必吃四方开（粽子），企盼新的一年四季发财，四方如意。此外必吃的食物还有寓意“万象更新”的羹、寓意“健康长寿”的面和寓意“年年高升”的年糕。

仅大年三十、正月初一吃什么，天津与我家乡的差异就如此之大，其他方方面面的民风民俗想必更是大不同的。人道腹有诗书气自华，我说多读书方能广见闻。有了问津书院的这套书，我的猴年春节好过了。

（载于 2016 年 2 月 11 日《今晚报》第 8 版“副刊·读吧”）

问津书院为父亲出诗集

[天津]卢 岚

天津的问津书院始建于乾隆十六年（1751）辛未八月，落成于乾隆十七年(1752)壬申二月。书院以“汛海问津”勉励青年学生刻苦学习。

2013年,天津的问津书院在被毁百余年后,在有识之士努力下得以复建,很快成为坊间书人向往之地,也是天津的一处书香地标。问津书院的王振良堪称书虫,他主编的《问津文库》几年间里出了五六十种书,而他办的《问津》小杂志,方形开本别具一格,令人喜爱。

前两年,我先后在《今晚报》副刊发过几篇短文,从而结识了王振良主任。几次交谈后,他提出想在《问津》小杂志上为我父亲出诗集的想法。当时我喜出望外,真是“踏破铁鞋无觅处,得来全不费工夫”。我们祖籍南京,1952年全国高校院系调整时,父亲由梁思成先生举荐来到天津大学帮助筹建建筑系,由此毕生致力于中国古代建筑研究和教学。父亲幼承家学,雅擅诗词,中国传统文化底蕴积淀非常深厚。虽然 1977 年夏他就离开了我们,但是他横溢的才情依然感人至深。为父亲出本诗集成了我多年的夙愿,现在问津书院要助我好梦成真,怎能不让我感激涕零,快马加鞭?

父亲留下的诗词手稿原有近千首,“文革”中损毁了一部分,加上我们多次迁居遗失,保留下来的大约有 700 首。此次整理刊出的诗词,是 1937 年至 1977 年父亲在上学、工作期间的部分作品,其中大部分与古建筑研究有关,反映出他博大的胸怀和对祖国山河的挚爱。《揽胜集》沿着父亲的测绘足迹,体现出他对中国建筑文化的深刻感悟。《鸿爪集》则展开了父亲的人生画卷,彰显了他丰富儒雅的高尚情操。《挽鹿集》的诗篇都是为至亲所作,饱含了父亲对母亲的情深义重,对儿女及孙辈的浓情挚爱。

父亲的诗集以《卢星野先生诗存》之名,在 2016 年 4 月的《问津》总第 40 期上定格。泉壤之下的父亲,我想会得到安慰的!

感谢问津书院帮我圆梦!

《梁范馆谈屑》记天津泉藏

[天津]罗文华

郑家相是中国现代著名钱币收藏家和研究者，20世纪40年代任上海出版的《泉币》杂志总编辑。他追忆早年在京、津、沪、甬等地从事钱币收藏活动的情况，撰成《梁范馆谈屑》，在《泉币》杂志连载，颇得当时读者青睐。

郑家相在浙、沪等地居住时，即与天津泉(钱)藏界人士往来。他数次北上旅居津门，与天津泉藏名家交流。20世纪20年代末至30年代初，郑家相任职于直隶财政厅，在天津生活约一年时间，更是如鱼得水，几乎每日与泉藏名家和泉藏市场打交道。他掌握的很多相关细节，皆记录在《梁范馆谈屑》中。

每天下午五时下班，郑家相便到日租界同文俱乐部，与方药雨、张亦香、王禹襄等聊天，共进晚餐，再对打台球一二盘，才各自回家，“日以为常，无少间焉”。聊天中，方药雨话不离泉，侃侃而谈。王禹襄是书画名家，虽不集古泉，而亦好谈之。还有一位周谱生，他虽不爱存古泉，却喜集近代金银铜币，所藏亦洋洋可观。由此可知,同文俱乐部不仅是当时天津著名娱乐社交场所,也是个高端的收藏沙龙。

《梁范馆谈屑》所记天津钱币市场情况十分详尽。有家大吉山庄古玩铺,开在日租界旭街(今和平路)中心,郑家相每日往返必经过之,从铺主孙华堂手里买过一些好钱。郑家相还常逛河北公园(今中山公园),在古肆中选购古泉。天津东北城角地摊林立,陈列古泉甚多,郑家相路过此处,巡视摊间,必选购数品,作为配钱。"一日选半两十余品,内一品文字为绿锈所盖,不甚明晰,携归后,缓缓剔之,锈去字现,赫然一文帝四铢颠倒半两也,不胜快乐……"他得知方药雨也曾在这里捡过大漏儿,油然感叹道:"以一绝无仅有之泉,而出诸冷摊之中,谁谓丛蔓中无芳草哉。"

民国时期,天津商贸繁盛,文物麇集,钱币藏品交易火爆,一些金店银楼也能收到金银币名品。据《梁范馆谈屑》记,作为天津"四大恒"之一的恒利银楼,曾在北京收得金币四十余枚,皆故宫物,方药雨闻讯前去,购得丙午、丁未二枚,每枚四十二元。周谱生也购得同式二枚。待郑家相前去时,所余已入炉销毁。十几年后,这种金币价格涨至万元以上,郑家相深悔交臂之失。

《梁范馆谈屑》记述最多的泉藏大家,当数方药雨。郑与方有着至少二十年的密切交往,二人交流藏品,探讨泉学,推心置腹,互助互美。郑在天津工作初期曾住方家,后来方则是郑主编的《泉币》杂志骨干作者,足见二人关系非同一般。一日,泉友们在天津新旅社用西餐,席间郑家相谈道:"古泉虽非今日通行之物,亦古代财货,吾人爱好古泉成癖,岂非'好货如好色'哉。"方药雨笑答:"好古泉必须有今钱,有今钱方能得古泉,今以'宜古复宜今'为对,不亦可乎!"郑家相不禁为之叫绝,于是请名家书之而悬于座右。《梁范馆谈屑》记曰,当时中国集藏古泉者,寓居上海的张叔驯“年富力强，搜罗最力，不数年而为江南巨擘，与寓居天津之方药雨若，并驾驰驱，时人因有‘北方南张’之称焉”。郑家相是民国时期中国泉藏的亲历者和见证者，经常出入各大藏家之门，目光犀利，阅历丰富，由他的文字坐实“北方南张”之说，自然是再权威不过了。

（载于2016年11月28日《今晚报》第12版“津沽”）

《梁范馆谈屑》多涉天津史事

[天津罗 丹

《梁范馆谈屑》十二篇，共计两万余字，连载于《泉币》杂志，自民国三十一年(1942)七月第十三期开始，至民国三十三年(1944)七月第廿五期结束，中间有一期停载。刊至第十二篇时，末尾仍标"未完"字样，但是后面几期皆未见续文，也未见相关启事，估计可能是该杂志压缩版面或即将停刊所致。

《泉币》杂志由中国泉币学社创办于上海，社长丁福保，副社长罗伯昭，总编辑郑家相。该杂志为双月刊，从民国二十九年(1940)七月开始，到民国三十四年(1945)九月停刊，共出版卅二期。杂志的作者几乎囊括了当时中国所有的著名钱币收藏家和研究者，所刊文章反映了那个时期中国钱币研究的最新成果，成为研究中国钱币学历史的重要文献。

《梁范馆谈屑》的作者、《泉币》杂志总编辑郑家相(1888—1962)，浙江鄞县(今宁波市鄞州区)人，是中国现代著名的钱币收藏家和研究者，其学术著作《五铢之研究》曾在《泉币》杂志上连载，另撰有《中国古代货币发展史》《瘗钱考》《中国古代货币冶铸法考》《明刀之研究》《古代的贝币》《古钱的伪造及鉴别》等。民国十三年(1924)，他在南京任津浦铁路局文书员时，收购了当地古遗址出土的大量南朝梁代钱币泥范，进行整理、研究，撰写了《梁五铢土范考》，并自号“梁范馆主”“梁范富翁”，《梁范馆谈屑》之名即由此而来。

《梁范馆谈屑》是郑家相关于泉藏的专题回忆录，作者详细叙述了自己早年在京、津、沪、甬等地从事钱币收藏活动的丰富经历，尤其是描述了他与方药雨、张絅伯等泉藏大家的密切交往，内容翔实，文字生动，颇受当时读者喜爱。因郑家相20世纪20年代末至30年代初曾在天津工作过一段时间，在此前后又多次旅居津门，所以《梁范馆谈屑》记述天津泉藏名家和泉藏市场所占篇幅较大，第六、七、八篇几乎全写天津，其余各篇亦皆或多或少涉及天津，故此实际上也可将其视为一组独特而珍贵的天津文史资料。近日我予以整理，已由问津书院编印为单行本，以飨读者。

(载于2016年12月12日《天津日报》第12版“满庭芳”)

时光，它有脚呀

——读由国庆《淘故纸，与天津相遇》

[山东]祁白水

在文化人眼中，广告纸单与海报，大概是比新闻报纸还要“速朽”的玩意儿。而由国庆先生却慧眼独具，一直钟情于老广告的收藏，且由此开拓出独特的一方天地，令人叹服。百年无废纸，这些时效性颇强的纸片里，却有着时光的脚步，商业的烙印，人文的浸淫。

在出土文物愈益丰富的今天，考古研究是讲究文献与文物的互参、互证、互校的，唯此才能让历史这面镜子尽量的大，往昔的人类社会生活才会于此活现。国庆君的守望冷摊，淘宝故纸，就有点类似于考古学者的田野调查与发掘文物。国庆君素来致力于天津方志和民俗研究，用力甚勤，了解历史，熟悉掌故，他的文献与故纸的相证、相校，且参以个人回忆与冷摊趣事，比学者的学斋研究更多了个人的情感温度，令人感到亲切，感到温暖。

如果说里外满印的钱夹广告，显示的是绸缎庄的经济实力，以及广告宣传之出奇制胜的话，那么只画一只展翅鸿雁，唯以“信用久著”标榜的海报广告，彰显的乃是商家以德营商的自信与高迈；如果说精美的坤式折扇广告，讲求的是广告的实用与雅致之完美结合，收潜移默化之奇效，而以《临池清赏》册页风行于世的“插播”式广告，虽说是亦文亦商，显然是有意在做文化了，嘉惠士林，善莫大焉。

昌源号、凤祥号、谦祥益、礼和洋行、世昌洋行、瀛西制药、福聚成、永安堂、泰来、德士古、一品香、正兴德、桂顺斋、戴春林、同陞和、阴丹士林、大蚨织染等等，拂尘展纸，仿佛百年前后十里洋场、九河下梢的天津商埠码头，商家林立，百业兴盛，繁华靡丽，前尘历历，如在目前。而一张张温暖的故纸，就是彼时时光的一叠叠脚印，一痕痕雪泥鸿爪，印证着那些久已飞逝的往昔岁月。

然而，最令人潸然动容的，还是那些曾经拷贝在像作者这样普通百姓的记忆里，曾与自己生活息息相关、休戚与共的那些品牌与商标，如“放羊”袋色，如“深青酱(油)”，如“独流醋”，如蛤蜊油。邂逅这些故纸，犹如遭逢故人，出现在作者笔下的非唯方志和民俗记忆，更多的是一种时光岁月的温习，一见如故，摩挲再三，一纸可抵十年尘梦矣。

由此观之，由君的这些浸透了乡音、世情、尘梦的一篇篇收藏小品文，谁能又说它不是当代的《东京梦华录》和《武林旧事》呢？

2017 年 7 月

时代宠儿与性格悲剧

——读《问津·王小隐其人其事》

[北京]鲍迎秋

近些年,民国文化研究热潮不断,但真正走进历史,踏实研究民国文化的学者,仍是凤毛麟角,而其中能把被忽略的民国文人雅士在历史长河中给予客观还原的就更少之又少。天津文史学者侯福志,就是这样一位潜心做学问的学者。最近他在《问津》第53期推出的《王小隐其人其事》,就对著名民国报人王小隐进行了客观还原,让我们有机会从另外的视角看待民国学者,解读民国文化。

王小隐是20世纪二三十年代活跃在京津的著名报人,由于他曾在伪新民会短暂任职,最终虽然以死谢罪,却也洗刷不掉他作为汉奸的声名。也正因为如此,民国文化史的研究中,几乎忽略了他的历史存在。但历史终究是客观的,在民国京津文化圈中,很多地方都能见到他的身影。侯福志先生就是在这样的历史背景下,开展了对王小隐的研究。

一、大浪淘沙，抽丝剥茧，还原王小隐生平

由于历史的刻意避讳，历史档案更难以稽考，王小隐的生平语焉不详，可侯福志先生还是通过多年搜罗，在民国书报刊发现很多蛛丝马迹。如生卒年，作者依据 1927 年 7 月 6 日王小隐刊于《北洋画报》中的《自题“从十岁到三十三”》一文，推算出其出生年代应当是 1894 年。

侯福志先生的研究经常能够多角度考据，因此更加客观真实。如关于王小隐在天津的住址，他通过史料确认 1928 年 10 月王小隐迁往黄家花园的福顺里。在这一考据过程中，侯福志先生发现 1928 年 10 月 17 日报纸所刊《搬家热》一文，据载“忆婉庐主，迁其居于不出墙子河沿之福顺里三十五号”。作者又发现此文内容有误，在第二天的同一报纸上，王小隐作为报纸编辑发表声明：本来租赁而居，筑室尚在道谋，不必预为鳃鳃也。再则鄙人新居系英租界黄家花园福顺里三十三号，前报误三为五，特再宣传一下。作者找到王小隐亲自矫正的家庭住址，可信度当然更高。

二、社会名流，才华横溢，展现王小隐成就

中国传统文化总是强调“一失足成千古恨”，纵然王小隐在日伪时期因一念之差沦为日伪的宣传工具，我们也不应该把他的生平贡献全部抹杀。都说人以群分，从王小隐交游的朋友，可以看出王小隐当年的社会地位。据《王小隐其人其事》记载，王小隐结交了海内外许多名士，他是张汉卿将军的贵宾，是吴秋尘和徐

凌影的老师，朋友圈中有叶庸方、方地山、刘云若、徐一士、赵元任、袁寒云等，与津门耆宿严范孙先生有交集，还提携过画家赵松声等。

王小隐不但是一位著名的报人，他的诗词底蕴也十分深厚。他刊在《北洋画报》的诗作有数十首，里边有送别诗、咏物诗、抒情诗、怀人诗、纪事诗等，内容十分丰富。他的旧体诗创作十分老道，其中送别诗《悼回头望月》(1930年6月)云："名驹不共铁枪老，劫历虫沙尽可哀。只竟雄心容未死，为谁市骨到金台。"其后小注云："回顾望初屈身于张宗昌，再历主白崇禧，今则老死黄金台畔。两辱不逢，虚名自误。既痛逝者，独能不自念也哉？"读到此处，大有一语成谶的味道。

王小隐是高级票友和戏迷，更是一位资深的戏曲理论家。他研究涉猎的戏曲种类很多，不但爱听戏，而且能够有高屋建瓴的评论，与多位戏剧名家如孙菊仙、金惠君、章遏云有过往来，甚至他的第二位夫人陈文娣，也可以算是颇有名气的名伶，刘云若小说《春水红霞》的主人公文绯雪，就是以她为原型。

三、性情中人，柔弱顺从，造就王小隐悲剧

我们从侯福志先生的研究中不难看到，王小隐是一位性情中人。他怀念亡妻高婉闺，自命为"忆婉庐主"，他把自己丰富的性格和爱好融入到了诗文和书画之中。他喜欢戏剧，热爱交友，充分展现了多才多艺的文人雅士风貌。但是，王小隐的性格中又有致命的缺点，就是太过柔弱顺从。如他非常爱妻子高婉闺，但是对于母亲将妻子折磨致死，却没有能尽作为丈夫的保护责任，甚至不敢在明处悲哀。虽然文字上流露不少，但他受旧礼教的洗礼过深，对父母不敢有一点怨怼，只

能在“忆婉”中寄托沉痛。

正是由于王小隐柔弱顺从的性格和性情中人的敏感，导致他对很多事情能够做到心中有数却无力改变，只能在环境中压抑自己的性格。他好酒能饮，然酒后并没有做出惊人壮举，不过是牢骚满腹，呕吐不止，遂使他“能饮之名从此休矣”。

王小隐的性格弱点，也是造成他人生悲剧的重要原因。七七事变后，日本人需要社会名流代言，他被逼着入了伪新民会。以他的学问，他对时势分析得很清楚：不从则祸在眼前，从之则祸在日后，且腼颜事仇，更为不忍也不屑。但一个懦弱的文人，终于因怕死而入了樊笼。他挂了名义，一言不发，改名王梓生，更可见他不愿糟蹋二十多年令名的意思。没想到改名之后，他仍被自己的学生吴秋尘大加宣传，向世人证明王梓生就是王小隐。对此，王小隐是苦闷和矛盾的，他从来都习惯了逆来顺受，从没有想通过抗争改变什么，终究为人生悲剧埋下了伏笔。

《王小隐其人其事》中还记载了他的很多作为，如天津的市花被定为芍药最早起源于他的倡议，他与运河、天后宫、海光寺、西沽等“地标”都有深厚的渊源。作者所述的林林总总，都可以凭着历史的痕迹找出诸多线索，这样的研究让我们得以把影子一般的王小隐，像描摹画像一般还原，使这位文化学者重新生动地站在了我们面前。

作者侯福志先生对王小隐的研究不足三万字，薄薄的一册却是无数历史遗珍的连缀成篇，再加上他自己对王小隐的深入解读，既是研究成果，更是心血凝聚，然而这也只是天津民国文化研究的沧海一粟，但足以让我们通过一个历史上名不见经传的人物分析，看到历史的本来面目，意义何其大也！

2018 年 1 月

郁文馆

《问津》丛刊目录

（总第1期至总第60期）

杜 鱼 整理

一、本目为纪念问津书院揭牌五周年编辑，收录《问津》丛刊总第1期至总第60期详目。时间起自2013年1月，截至2017年12月。

二、本目首列卷期数和总期数，继之以印行时间、责任者（编辑均为王振良，不再每条重复），最后是目录。特殊情况在责任者后酌加说明。

三、著名史学家来新夏先生，于《问津》丛刊创办多所支持，生前题签之外兼任顾问，故前18期均署"顾问来新夏"，目中不再一一罗列。

四、部分《问津》丛刊未编详目，本次酌情补上，以便检索利用。有关方言土语工具书三种，因均按汉字笔画顺序编排，未再繁琐列目。

五、每册以丛刊名标目，前面冠以001式样的流水号，实际上等同于总期数，虽征之内文略显重复，但方便于快速检索，因此仍不计工拙。

六、《问津》丛刊原册目录存在个别错误，已发现者均予改正；目录编排格式根据出版要求作了规范统一；原册页码因无意义不再保留。

001 原住民口中的西沽

第 1 卷第 1 期，创刊号(总第 1 期)，2013 年 1 月 23 日印行。作者张建。目录如下：

开篇絮语 / 杜鱼

前言：令我留恋的西沽 / 张建

李干元

刘洪信

张风起

韩静轩

孟广泰

夏迺才

张云溪

王瑞年

李梦祥

孙国柱

002 天津吆喝

第 1 卷第 2 期,总第 2 期,2013 年 2 月 23 日印行。作者王和平。目录如下:

序:过去未来细斟酌 / 谭汝为

卖大馃子面茶

卖秫米饭

卖切糕

卖戗面馒头硬面饽饽

卖豆腐脑儿

卖肉包儿

卖煎饼馃子

卖肥卤鸡

卖烤山芋

卖老乌菱

卖大白菜

卖青萝卜

卖芽乌豆

卖臭豆腐麻豆腐

摇煤球

套清灶儿　套火炉

修理雨伞旱伞

箍筲和木盆换底

磨剪子　戗菜刀

修理钟表怀表

焊铜器锡器

换盆底壶底

锔锅锔碗

找零活

修理搓板

修笼屉

修皮鞋

坤皂皮底

卖药糖

卖估衣

喝破烂儿

拉洋片

剃　头

卖梳头油桂花油

卖鲜花

卖糖堆儿

卖水产

卖金鱼

吹糖人儿

捏面人

破烂儿换泥娃娃

打竹帘子

卖盖帘缸盖

扎　棚

磕　灰

水会 消防队

变戏法儿

卖布头儿

卖日用杂品

卖煤油

卖茶炊子

卖鸡毛掸子

卖荞麦皮

卖炙炉

卖瓦盆

卖夜壶

卖耳挖勺

卖报纸

卖窗花

卖花样儿鞋样儿

卖年画

卖针线

串铃卖药

修收音机

弹棉花

打草帘子

卖耗子药

卖小鸡儿

拔　牙

点痦子瘊子

修　脚

缝　穷

卖薰衣草

绑墩布

卖草鞋

赶大车的

澡堂子

拉　纤

拉胶皮

编马兰草

唱话匣子

卖耍货

卖叶噔儿

卖气球

卖泥模子

卖灯笼

耍小耗子

赛　马

吊车吊糖块

撂地相声

卖糕干

爆大米花

卖西瓜香瓜菜瓜

卖冰核儿

卖冰搅淋

卖雪花酪

卖大碗茶

卖崩豆

饭馆瞄门的

卖玻璃粉儿嘎嘣脆

编后记:远去的市声 / 杜鱼

003 津门小令注

第1卷第3期，总第3期，2013年3月23日印行。作者崔旭，校注苏克臣、杨仲达。另附苏克臣《续津门小令》。目录如下：

整理前言 / 杨仲达

津门小令注 / 苏克臣、杨仲达
津门小令注序
樊彬小序
渤海重名区
名胜共谁探
礼乐化偏隆
福地五云边
何必慕乘鳌
防海有新城
雄郡压东瀛
叠道去迢迢

形势巩金汤
规划有良模
到处水为乡
烟水渺无涯
巡幸忆当年
轶事几搜罗
石道北城新
望海有高台
古迹海滨传
祀典纪辉煌
诗酒兴飞扬
庙宇足流连
远聚四方财
救火事匆匆
水陆好生涯
人杂五方游
广种福为田
诵读课童蒙
生业仿京城
市上好徘徊
河岸布棚开

破浪快遨游
风俗美还淳
生计异劳薪
街市路纵横
梯不羡云登
忙碌杂优游
欢乐问闾阎
歧路去迢迢
字号重粮行
公事拣殷商
时派说纷纷
纲总势扬扬
纲总例称台
伙友带财来
善事出芦纲
盐晒灶丁勤
奔走岁阑人
乡俗久难更
上塚暮春初
天后庙开时
天后庙开时

皇会暮春天
味溢齿牙香
祈福共登场
新岁兴偏佳
佳节俗堪夸
元旦更增华
海舶立桅樯
钱赚富家多
纨绔少年场
奇货不寻常
人力夺天工
菊色到秋佳
物产水成田
巧匠艺偏高
服饰换随时
年少兴翩翩
关税榷年年
美味数冬初
时物细评论
风景记迷离
狂荡乐愚夫

俗雅各相宜

荒诞任流传

杂技亦称奇

积善散多财

携酒去招凉

水族四方稀

容易小星求

名士有园亭

囊袋剪青红

珍品重华筵

蔬味信堪夸

意匠妙生新

幼稚事分明

野外踏青游

脂粉女儿家

闺阁事新闻

时见丽人行

插戴耀金钗

无事也喧哗

妙曲值千金

乐部娈童多

烟景绕云屏

薄技细搜求

调养羽禽工

好胜到禽虫

儿戏笑声哗

时物说新尝

物产数多般

无事任逍遥

续津门小令 / 苏克臣

小序

誉美小江南

年年复年年

四季近分明

东沽已更名

城外御河边

义举争捷足

河东金钟河

庵宫寺院多

城北柳滩村

城外筑围墙

三秋好风光

河道移航线

买舟踏春游

盼望冬至来

宿儒乐固穷

古迹重点存

附录:记民间学者苏克臣先生 / 杨仲达

编后记 / 杜鱼

004 海下文武高跷

第 1 卷第 4 期，总第 4 期，2013 年 4 月 23 日印行。搜集整理刘国华、曾莹。目录如下：

写在前面 / 刘国华

海下文武高跷唱词

八仙庆寿

大对答

二对答

小对答

樵夫下山坡

坐子命而薄

渔翁八十多

渔翁八十三

渔人得利

公子逃学

公子用眼瞟

大会亲家

神光歌

白猿偷桃

翁姑拿鱼

行路歌

鹦哥好贪玩

行路曲

逛花园

老虎学艺

劝人歌

八大黑

八大白

妈妈寻人

妈妈逛花园

锣靠鼓鼓靠锣

骆驼歌·卖柿子

骆驼歌·卖瓜

骆驼歌·卖凉水茄

骆驼歌·鹦儿进香

十针扎

鹦鹉对答
大吉祥
号佛(一)
号佛(二)
笑满怀
高高山上
公子游注
渔樵耕读

海下文武高跷的历史传承 / 刘国华
北洋高跷第四代传人李少鹏 / 曾莹
偶然的发现 / 曾莹
海下文武高跷 / 曾莹
“海派”高跷文武戏绝唱 / 赵延华

附录:四段高跷唱腔曲谱 / 薛伟记谱

编后记 / 杜鱼

005 津门烟话

第 1 卷第 5 期，总第 5 期，2013 年 5 月 23 日印行。作者曲振明。目录如下：

前言 / 曲振明

烟草传入天津的两条途径
五甲子老烟铺
天津早期的吸烟风俗
旧时的烟铺与招牌
“品海”与老晋隆洋行
北洋烟草公司
《天津条约》与卷烟关税
中国第一位卷烟工艺师秦辉祖
直隶开征烟草税收
状元出身的烟草实业家黄思永
希腊商人的“理想”
天津麟记烟卷公司

天津东亚烟草工厂
袁世凯与烟草史的三个第一
天津颐中烟草公司大楼
英美烟草托拉斯的销售网络
“红锡包”与永泰和烟草公司
由卖烟发家的“公兴存”
名伶孟小冬与“小东”牌香烟
“三炮台”与天津电影
英美烟公司的买办
王文典的“爱国”情结
彭真建立天津英美烟公司党组织
张秀岩与颐中烟草妇女救国会
中共与英美烟公司罢工斗争
沦陷时期的天津烟草业
抗战胜利后的天津卷烟市场
天津卷烟税务局与卷烟捐税
恒大企业公司与恒大香烟
颐中职员记录的天津解放
解放军部队烟厂和军用烟标
康乐烟草公司与老乡牌卷烟
天津早期的手工卷烟

天津的卷烟凭票供应

卷烟的特需供应

“烟斗”香烟的故事

展览牌烟标与华北城乡物资交流展会

天津的抗美援朝烟标

卷烟统购统销与专卖管理

英商颐中烟草公司的转让承让

从公私合营到独家经营

烟草托拉斯时期的天津烟草业

“永红”与文革语录标

“定喘药烟”和药物烟烟标

天津的国庆纪念烟标

006 耕堂忆趣

第 1 卷第 6 期,总第 6 期,2013 年 6 月 23 日印行。作者张璇。目录如下:

代前言:不一样的姥爷 / 张璇

小小“快递员”

大作家的小板凳

“恒大”与“牡丹”

不一样的祖孙情

拐棍敲醒梦中人

过　年

套　袖

酸石榴与白菜花

不花钱的花

大师身边的小风景

善待“过客”

疾飞一过的蓝靛儿

不养斗虫养鸣虫
还有一缸小红鱼儿
书柜·麻绳·毛刷
名篇诞生的书桌
安静的书桌
来,我们一起包书皮
写给书听的话
纸背之后的温暖
附录孙晓玲文四篇
1984年:父亲关于《民间音乐》的一段评论
父亲在和平区的创作往事
逝不去的彩云
听家人讲爷爷

编后记:“邂逅”孙犁 / 杜鱼

007 待起楼诗稿

第 1 卷第 7 期，总第 7 期，2013 年 7 月 23 日印行。作者刘云若，辑注张元卿。目录如下：

王鑫樵

卷二 诗

陶园书所见

歌场三不见

题《蓼花》

赋得戏台上

戏咏特种捧角家

冯素莲专面抓诗一首

暮春偶成

过宝琴楼

赋得大脚

饮冰室即景

张园纪事

俗语诗笺注

黄连树下又弹琴

烧饼歌

谢罪文章忏悔诗

津门消夏竹枝词(上)

津门消夏竹枝词(下)

酸到欧林匹克大会中

新九一八与旧八一五
戏咏“李”“童”事二绝
天津小姐歌
新年幻想诗
古城残梦忆红儿
杨云史诗哀金友琴
非正式的启事
津门六不见诗
四季何时可戒烟
题知白庐所藏脸谱
为募赈捐者献一策
新年幻想诗
春日怀人十不见
神经诗草
题妹妹老七小影兼寄卧云楼主
赠嫣然老七
朱玺珍掌上情纹
铙吹歌

卷三　诗

赠大方

卷四 词(附联语)

卷五 交游诗词

008 玉堂曲艺集

第 1 卷第 8 期,总第 8 期,2013 年 8 月 23 日印行。作者杨辉祖,整理高洪钧。目录如下:

009 卢木斋文存

第1卷第9期，总第9期，2013年9月23日印行。作者卢靖，辑录罗容海。目录如下：

直隶学界饯别答词

送东三省总督徐公移节邮部序

《慎始基斋丛书》跋

李轨注《扬子法言》跋

《四库湖北先正遗书提要》序

《湖北先正遗书》序

《古辞令学》序

《古辞令学》叙例

《李子铭先生遗集》序

《万象一原演式》序

《补希堂文集》跋

《听春草堂诗钞》跋

《邃经堂诗文存》序

《陆文节公奏议》序

《四库未传本书目》序

《未刊未见未传本书目》序

《清代御纂钦定书目》序

《十三经证异》跋

《植物学讲义》序

巴岳特夫人五十寿序

贺母苏太夫人八十寿序

第二编 木斋往来信札佚文

第三编 《卢木斋先生事略》

伯兄木斋七十寿序 / 卢慎之

卢木斋先生寿藏铭 / 周贞良

跋 / 罗容海

010 慎始基斋琐谈

第 1 卷第 10 期,总第 10 期,2013 年 10 月 23 日印行。辑录杜鱼。目录如下:

关于卢弼

综合研究

011 水西庄人物

第 1 卷第 11 期,总第 11 期,2013 年 11 月 23 日印行。作者郭凤岐。目录如下:

查　林

查纳勤

查恩绥

金至元

查调凤

查容端

查绮文

严月瑶

宋贞娘

贰　官吏与水西庄

爱新觉罗·弘历

金　平

金大中

朱彝尊

陈奕禧

查慎行

查嗣瑮

查嗣庭

赵执信

姜宸英

朱　书
刘　岩
沈元沧
谈半村
沈青崖
程可式
姚　陶
刘文煊
陈　仪
钱陈群
鲁之裕
张　坦
徐　兰
符　曾
张　璨
宋　晶
陈鹏年
陈元龙
商　盘
伍泽荣
张若岩

许雪棠
陈宏谋
田同之
张凤孙
周长发
张　照
袁　枚
杭世骏
潘世仁
赵　贤
斌　良
钱　载
王文治
许佩璜
陶　梁
蒋　诗
陆建瀛
沈拱辰
张起鹓
彭玉雯
花沙纳

叁　文人墨客与水西庄

陆　枚
王　霖
丁　鹤
赵　松
佟　鋐
厉　鹗
朱　岷
吴廷华
汪　沆
胡睿烈
蒋　缨
恽源濬
陈元复
万光泰
查复昌
吴可训
吴寿宇
金玉冈
查昌业
罗　聘
余懋樯

葛正笏

陈　皋

康尧衢

佘尚炳

高季冶

高　秉

李向叔

赵永龄

赵贤秋

李宬业

周　焯

杨天壁

樊　彬

梅成栋

陈　靖

胡作炳

潘世仁

崔　旭

田雪峰

陈　珍

李金藻

012 一沤阁诗存

第 1 卷第 12 期，总第 12 期，2013 年 12 月 23 日印行。作者张同书，整理侯福志。原册未编详目，今补。目录如下：

甲子年(1924)

乙丑年(1925)

元旦后一日展墓

出　门

白沟河怀古

新城逆旅题壁

新城郭外书所见,时东方犹未白也

检阅新刊诗卷悲不自胜有作

都门寒食日

读庄子偶作

冯问田以同游天津李公祠诗见示次韵答之

某国侵陵日亟,因追忆甲午战事有作

郊　游

园　居

与陈子纶太史别十余年矣,乙丑暮春相遇都门,纵谈时事为之慨然,归寓感作

闻泰西乐曲

午　梦

瞑坐二首

范　增

月季花

村居初夏

客　至

武　侯

池　边

咏　史

夜　坐

深夜将抵药王庙口号

采　莲

归　舟

老　圃

兀　座

村　夜

北海公园

游清故宫作

四十六岁生日感旧

女珍生感作

李寱庵为余写《瓦桥归隐图》一帧赋谢

中秋夕游李文忠公祠月下书所见

秋暮酬步芝村夫子见和

题徐石雪(宗浩)《庚子避乱图》

贺李琴湘移居

石雪以所藏图册索题赋此郤寄

由高家铺暝行归里

偕桂从周宪章溪边散步

野　望

闻王逸塘先生归自大连赋赠

答从周画梅

喜　雨

书　旧

忆　旧

阻风东淀荏苒又年余矣，追忆有作

夏夜游某国公园漫赋并示从周阿南

晚凉二首

始　皇

梦破雨中作

龌　龊

雨后野眺

六月杪溽暑熏蒸为年所未有，因忆去冬寒亦特甚漫成一绝

城南纳凉

读毛诗有感

初秋雨后，纯之从周偕过寓庐作

从周过示新诗次韵奉酬

风　情

秋夜不寐

弭　兵

十二月十六日雪中范孙师招集□香馆分韵得复字

今　昔

十二月十八日，陈诵洛假蟫香馆觞客，予踏雪前往。是日北风怒号，寒气砭骨，途中有作

冬　日

丁卯除夕

见　月

王　戎

一沤阁诗存卷二（民国戊辰迄庚午）

戊辰年(1928)

元　日

斗　室

阴　晴

读少陵《短歌行》，走笔成此聊以自慰，不自知其言之肮脏也

春　寒

思　归

城　南

上元前一日，问田过谈涿州被围事甚详，时问田方丁外艰

己巳年(1929)

神　州

夏夜游某国租界园池

暑夜泛舟

苦　暑

月夜寄内

五月二十二夜偕仲莹溪边待月

夏夜郊外纳凉同仲莹作

月夜泛舟八里台有怀蟫香师

喜雨二绝句

醉后遣兴

文　字

雨中过神武门

雨夜示翃翕两儿

生日醉后作

仲莹以雨后诗见示次韵答之(二首)

过清故宫有怀旧游

新　凉

暑夜登露台纳凉同从周作

悯故乡水灾,时屏居沽上

六月十五夜登望海楼

挽徐友梅观察(次原韵)

夜　景

逃暑二首

六月晦日坐雨

雨后溪边玩月

琴湘与予有登楼纳凉之约,阻雨不果

残夜对雨,时距立秋才二日耳

溪　边

论诗四绝句

七月十四夜

独　坐

临河一首时水灾甚重

秋　思

石鲢鱼

贫　交

中原露台消夏同从周作

雨夜书感

客　衣

御　寒

七月十六日雨霁偕马仲莹步月

诗　魔

丁卯重阳前二日,石雪约予泛舟南溪为竟日之游。今夏五月以所写新图见贶,感

寓庐杂诗

夜行见月

看　山

寻　菊

兵祸二首

归　思

功　名

九月十九日择庐小集补作重阳分得城字(二首)

王逸塘中丞以诗选见诒赋此答谢

读《今传是楼诗话》题后

九日雨雪交作,寒甚对菊有感

送海藏翁南归

夜行

送桂从周之吉林

次韵答高彤皆先生(凌雯)

讷河铁桥落成诗

题杜少陵传后

世　态

曹纕蘅经沅以移居诗见示次韵奉酬

感事一首再叠前韵

答逸塘中丞见和

013 莲品诗钞

第 2 卷第 1 期，总第 13 期，2014 年 1 月 23 日印行。作者王敬熙，整理杜鱼。目录如下：

消寒雅集大雪

赠朱锦樵太守告养归里

和于筠庵《飞蝗叹》原韵

海河楼张秀岩招饮即席赠王袖山明府

哭云贵制军恒宜亭

雨中聚饮望海楼即景

七夕口号

过墓田有感

壬辰病睑

行乐歌

哭鄂松亭

解　嘲

纪事四首

问天四首

自　赠

步藕舲甥津门感怀原韵

和于筠庵《悲歌行》原韵

庚申海门纪事三首

慰松乔宗兄丧子

漂　母

咏牡丹

张绣岩招游莲池山房未果

跋 / 王益保

014 华粹深纪念集

第 2 卷第 2 期，总第 14 期，2014 年 2 月 23 日印行。整理宁宗一。原册《听歌人语》与《诗词摭零》未编详目，今补。目录如下：

华粹深节编“牡丹亭”

著名戏曲作家华粹深教授逝世/肖溪

华粹深逝世三十周年专家学者追思/韦承金

专家学者聚南开追思华粹深/韦承金

《华粹深剧作选》

听歌人语

编者按/黄克

王凤卿私淑汪桂芳

傅德威

谈郝寿臣

尚班角色

荀慧生

王又宸《斩黄袍》

孟小冬

刘鸿升与龚云甫

诸名小生

程连喜

萧老戏德

徐碧云班

老伶演戏各有专擅

大锣宝

柏鹤龄

小鸣钟

男女合演

听枫舍主

无天亮

小金钟

南京梅兰芳

顾珏荪

红眼王四

戏班称社之始

谈四大老“旦”

堂会琐记

悼林钧甫

最完整的《虮蜡庙》

小不点儿

《孝妇羹》

小　穆

涛七爷

张子寿

特别富贵衣

015 邵冠祥集

第 2 卷第 3 期,总第 15 期,2014 年 3 月 23 日印行。作者邵冠祥,整理高洪钧。目录如下:

风沙夜诗十首

风沙夜

时　间

夏　雨

夏夜的场园

退伍兵

码　头

江水说

除　夜

打鱼父

天桥这地方

旅途里一支歌诗十首

旅途里一支歌

我知道

车　中

希　望

雾　晨

给——

红的天使

病　夜

第二部　白河

补遗

第三部　晚集

散文特写

从天津到烟台

雨

烟台的海岸

褪色的故事

鲁迅先生

杂文小品

我的姓

开玩笑

伟 大

肉

“语林”的语林:关于“恶风气”

诗歌实践

诗歌小品征友征稿借地启事

要说的话——代(诗歌小品)发刊词

写在(诗讯)始刊

诗歌大众化的内容与形式上的检讨

诗与抒情

诗歌的技巧与内容

我们为什么要举行这次座谈会

016 崇化杂忆

第2卷第4期,总第16期,2014年4月23日印行。作者李炳德,校对傅磊。原册正文凡174条,无详细标目。内容主要是关于崇化学会和崇化中学掌故逸闻的回忆。目录如下:

017 日新录

第 2 卷第 5 期，总第 17 期，2014 年 5 月 23 日印行。作者官白羽，整理张元卿。题作"无题"诸目原无标题，为整理者所加。目录如下：

018 原住民口中的西沽(续)

第 2 卷第 6 期,总第 18 期,2014 年 6 月 23 日印行。作者张建。目录如下:

周茂森

陈长禄

苏　刚

何淑琴

韩世源

郭世勤

王永仁

刘麟昌

庞月刚

刘宝余

王玉敏

杨铭浩

赵淑兰

李玉珍

赵淑英

赵履彰

王乃青　王乃玲

任桂芳

梁植茂

李文和

廖鸿祺

刘秀琴

潘振海

贾桂英

朱金鸿

编后记：探索与升华 / 杜鱼

019 藤荫馀话

第 2 卷第 7 期，总第 19 期，2014 年 7 月 23 日印行。作者周祐昌，整理周贵麟。目录如下：

土　城

祖母丧事

村书家

张春圃

马老师傅

藤　萝

垂　柳

高五姑

小　结

孟志荪

薄绍清

陈家珍

魏焕章

留　声

照　相

安居乐业

吴毓祥

李国镇

谒金门

戴骕文

《石头记》英译

020 剑庐诗存

第2卷第8期,总第20期,2014年8月23日印行。作者任传藻,整理杜鱼。目录如下:

与诵洛夜话赋赠

逸塘督部见贻所着《今传是楼诗话》赋谢

赴官东明留别城南诸子即用芍晖社长赠韵

过邢台县作

卫辉登白云阁

渡黄河

幼梅有诗见怀次韵却寄

谢迈度以五十画象征言因赋为寿

汪景度采风入境赋赠

章伯东将军督师勦匪将凯旋赋赠

望河亭落成再用前韵赋寄伯东

捕蝗行

赠丰城二子诗

定兴鹿洛芬部郎祖母八十寿诗

万荩卿都转七十寿诗

先君忌日述哀

次幼梅寱庵诗韵即寄寿云孙

寱庵之官阜城寄诗赠行

郭蛰云学使太夫人七十寿诗

衙斋漫兴

重阳日同甘洗亭郝桂斋刘步瀛望河亭登高因访乔瑞亭巡检留酌菊花酒即席赋诗

九日寄怀琴湘兼简洛声幼梅云孙

次和张綍廷刺史见赠韵

洛声社长寄示海滨唱和诗次和兼简前溪

孙师郑社长寄示壬申自寿诗索和次韵奉答

北行杂诗

题诵洛《今雨谈屑》

幼梅被盗有诗索和次答

招同幼梅可鲁子通玉裁廖生诵洛慎五公湛富亭小集寓斋分韵得寒字

示万生荃荪

华壁臣年丈枉顾赋诗呈谢

别幼梅诵洛

济宁登太白楼

过浣笔泉留题用木兰山人韵

为杨逸巢题经声灯影图

孙绮芬浪墨题词

寿陈散原前辈八十

纕蘅寄示中秋怀友诗次答

寄赠潘对凫前辈谢其见惠《济宁州志》

刘芸生观察寄示秋兴咏桂各诗次其首章韵奉答

吴木公寄和渡黄河诗向疏谋面而诗固清隽可诵因走笔赋谢仍用原韵

幼梅以余考绩授奖贻诗见誉次韵赋谢

岁暮寄杨味云社长

幼梅以六十五岁生日述怀诗寄示次和即以为寿

为洪聿干题《活水亭怀古图》

谢冯问田社长画扇

读徐贞惠先生传书后

芍晖见和济宁纪游诗赋此奉酬

寄赠钱南铁社长

除夕署斋杂感

021 忆弢盦(上)

第2卷第9期,总第21期,2014年9月23日印行。整理焦静宜。目录如下:

南开大学历史学家来新夏辞世 / 彭未风

来新夏:远去的大师 / 毛嘉鹏

先生虽逝书香荫泽后人 / 邵隽

落花流水春去也 / 陈建强、陈鑫、陆阳

历史学家来新夏辞世 / 黄茜

有生之年不挂笔学人风范永留存 / 陈景欣

读书何须作大师 / 周怀宗

学者应以知识回敬民众 / 李香玉

91 岁,始挂笔 / 张国

著名历史学家、文献学家、图书馆学家来新夏逝世 / 陈鑫、陆阳

晚春再无来新夏 / 天津电台记者

著名历史学家、方志学家、图书文献学家——来新夏 / 南开学报

历史学家来新夏教授去世 / 古籍整理出版情况简报

开卷闲话(节略)/ 子聪

来新夏遗著《目录学读本》付梓 / 陆阳

留给第二故乡的礼物 / 吴中亚、焦若旸

附件五题

一、《中华读书报》关于《旅津八十年》的推荐”

二、《〈中国古代编辑事业简编〉写作提纲》感言

三、《读〈清史·朴学志〉管见》《关于〈溃痈流毒〉的几点考证》编者寄语

感念情深

乡谊交游

高山仰止邃谷楼 / 侯军

我与来新夏先生的文字交谊 / 钱婉约

哲人其萎 风范长存 / 李兴盛

在他的时代,做好他应做的事 / 沈迦

行有程路,读无字书 / 徐雁

记忆中的来新夏先生 / 刘运峰

归去来兮忆邃谷 / 肖跃华

我与来新夏先生 / 吴海发

摇旗鼓呼乐观其成 / 章用秀

邃谷春深 / 张元卿

结网达观 / 李福眠

追忆来新夏先生 / 阿滢

一苇亦可争流 / 姜晓铭

藏读来公 / 孙伟良

因材施教忆恩师 / 孙伟良

我与来老忘年交 / 由国庆

怀念来新夏先生 / 李俊义

难忘与来新夏先生的两次会面 / 常海成

哭来新夏先生 / 冯传友

“远”与“近”/ 陆子康

追忆好友来新夏 / 阎复兴

我与来新夏的“三序之缘”/ 方晨光

我的修志启蒙老师 / 孙乔

短笺长忆来翁情 / 袁逸

尽落繁花春去也 / 邓政阳

与来新夏先生一面缘 / 宋健

来生还是书友 / 金峰

022 忆弢盦(下)

第2卷第10期,总第22期,2014年10月23日印行。整理焦静宜。目录如下:

音容笑貌

我心中的来新夏先生/宁宗一

美如斯人——吾师来新夏/李冬君

我的老师来新夏(续一)/吴眉眉

“老骥出枥”的来新夏先生/吴裕成

学人长存在民间/李传新

八〇后来老印象/李传新

“读书人”来新夏/朱晓剑

率真诙谐的来老/由国庆

老骥九旬犹奋蹄/骆伟

来先生的记忆力/倪斯霆

怀念来先生的学问/于良芝

八十年和一座城/齐珏

来先生改变了我的一生/穆祥望

离别的车站和逝去的大师 / 方博
后有来者 / 李正明
亦师亦友 可敬可亲 / 林衍经
“乡友”来新夏 / 赵万新
怎一个“痛”字得了 / 袁逸
天堂有您添明媚 / 袁密密

往事风怀

来公题赠“读书是福”/ 罗文华
来先生二三事 / 曹培根
来新夏先生与十竹斋 / 魏立中
忆来新夏先生 / 高洪钧
来先生与邮政博物馆 / 仇润喜
来先生的最后一篇序言 / 龚绶
受益于来老的一件事 / 葛培林
来公写“梨花”/ 杨栋
铭记来老教诲 / 由国庆
我与来新夏先生的一次通信 / 陆继权
来先生为我写序言 / 莫艳梅
翰墨有余迹 / 陈鑫
怀念来新夏先生 / 孙肇净

来新夏写挽词 / 卢岚
我与来先生的“军阀缘”/ 王庆安
我为来老画《百寿图》/ 陈志南
缅怀来新夏先生 / 廉长江
来爷爷的一课 / 赵欢
我与来先生二三事儿 / 卢正明

学术人生

开显历史之大美——再拜来新夏师 / 刘刚、李冬君
开显历史之大美——三拜来新夏师 / 刘刚、李冬君
我随来老编大书 / 李国庆
把大众的东西反馈给大众 / 王振良
多业并举 样样出彩 / 魏桥
仰望先生 / 洪献耕
来新夏对图书馆事业和教育事业的贡献 / 柯平
归去来兮,道气长存 / 王启云
图书馆学家来新夏先生 / 王启云
天津图书馆学教育的拓荒者 / 郝瑞芳
架起“华北地区高校图协”友谊桥 / 杨华
改革开放时期天津高校图书馆的旗帜 / 李广生
来先生与图书馆学系 / 周玮璐

来先生与图书馆 / 唐澈
追忆来先生 / 徐久龄
方志泰斗来新夏 / 郭凤岐
史志工作的良师益友 / 秦海轩
来新夏的桑梓情 / 方晨光
故乡情多少 / 莫艳梅
含泪送别关心德州的来新夏先生 / 潘友林
永久的怀念 / 潘友林
来新夏,从研究北洋史起步 / 韦泱
来新夏先生与纪晓岚研究会交往实录 / 李忠智
来新夏先生关注文史普及 / 赵才萱
来新夏先生的开拓精神 / 谭汝为
来新夏先生的“勤”与“韧”/ 孙伟良
书话点将录:来新夏 / 王成玉
读来新夏《旅津八十年》有感 / 常虹
释来新夏之“来”/ 涂宗涛

诗联唁电

悼念诗词

悼来新夏先生 /Earlnickowl
减字木兰花·闻来新夏学长故世哀赋 / 林岫

唁电 / 教育部高等学校图书情报工作指导委员会
唁电 / 全国高等院校古籍整理研究工作委员会
唁电 / 国家清史编纂委员会
唁电 / 中共杭州市萧山区委、杭州市萧山区人民政府
唁电 / 中国图书馆学会
唁电 / 戴逸
唁电 / 安平秋
唁电 / 刘泽华
唁电 / 杜泽逊
唁电 / 周新国
附：南开大学讣告

附录

难得人生老更忙 / 来新夏
南开大学的几位老师 / 耐寒
来新夏先生资料征集启事
吊唁慰问单位及个人名单
各报刊纪念来新夏先生专辑专栏

编后记 / 杜鱼

023 思闇学行录

第 2 卷第 11 期,总第 23 期,2014 年 11 月 23 日印行。此为纪念华世奎诞辰 150周年学术讨论会文集。整理杜鱼。目录如下:

代序:津沽乡贤华世奎 / 华克齐

家世与故宅

天津华氏家族之渊源 / 华绍慧

华世奎家世求证 / 华绍慧

华世奎之父华承彦轶事 / 侯福志

东门里华家大院 / 华绍慧

华世奎及其故居 / 张绍祖

华氏家族民族意识浅析 / 尹树鹏

华世奎为何不剪发辫 / 侯福志

生平与交游

华世奎及其与高凌雯之交谊 / 侯福志

章式之钦重华壁臣 / 李炳德

金浚宣和华世奎 / 孙肇净

华世奎与孙氏针法 / 华绍慧

冯玉祥请华公题书不予 / 井振武

华世奎轶事五则 / 李志刚

书法与艺品

华世奎与书法 / 何德骞

馆阁体书法纛旗:华世奎 / 姜维群

津门榜书第一家 / 由国庆

“华体”油漆字 / 王海冰

华世奎的一幅楷书七言联 / 刘运峰

华世奎阎道生书画合璧 / 阎伯群

诗歌与国学

华世奎诗歌简论 / 杨传庆

华世奎的《思闇诗集》/ 姜维群

何处楼台寻旧梦 / 徐凤文

笔墨真参造化功 / 于长水

金浚宣的华世奎严范孙题纸跋 / 孙肇净

文化与教育

024 止堂吟草

第 2 卷第 12 期，总第 24 期，2014 年 12 月 23 日印行。作者刘述尧，整理刘景周。目录如下：

为人司帐
学习商业簿记
自题小照
小站郊游
田家乐
伏日喜雨
消　夏
四十生日自述癸巳
日本降服八年
七　夕
中秋雨霁时正朝鲜停战谈判
九日吟此权作登高
闲居赋
度　暑
同事张志明尊予为夫子却之
代张芗浦答和李勤安原韵庚子
答李勤安
和李勤安六十寿原韵代芗老作辛丑
叠前韵示云程姨甥
清明咏杏
张芗浦襟兄八十寿

清明用高菊磵原韵
为乐安堂主人作
临江仙
文　过
答谢李勤安书赠挑对壬寅
腊月二十九由北闸口归来度岁
劝张云程姨甥病假期中宜少用脑
题自裱李邦彦楷书
北京纪游癸卯
动物园
天文馆
天　坛
回音壁
中华门公园
天安门广场
五十初度癸卯
宁园看菊展甲辰
护　花
题五十新影
谪时吟乙巳
新农镇街头书所见

雨足郊原丁未夏午
向泊镇庞老师乞画
秋初野眺
鸡血疗法传闻
秋　感
挨饿的是书呆子
《桃花源记》读后
盆鱼戊申八月病愈后吟
与童孙抬水有感
居诸颂
无　题
感谢华亭
闲居赋
答谢云程姨甥赠送主席语录
春燕己酉
打苇帘
端　午
己酉岁七月津郊大风雨
初　秋
钞　诗
秋　热

025 天津市妓户妓女调查报告

第3卷第1期，总第25期，2015年1月23日印行。主编臧启芳，整理刘铁男。目录如下：

丙　妓女

一、各区人数

二、生活概况

三、籍贯

四、年龄

五、为娼年限

六、已未嫁

七、教育程度及技能

八、堕落原因及过程

九、妓女与坤书馆之关系

丁　特种妓业

一、沿革

二、设备

三、营业情形

四、妓户妓女的关系

五、官厅的管理

戊　妓业对于社会的影响

一、治安

二、公共卫生

三、风化

四、工商业

己　救济妓女的办法

一、对于已入者

二、对于未入者

三、妓女检验

四、规划娼寮区域

编后记/杜鱼

026 穿芳峪史话

第3卷第2期,总第26期,2015年2月23日印行。作者郑中和。目录如下:

小理海泉

庙沟泉

胡桃泉

马尾泉

响　泉

流传故事

中月庵尼姑出走

挂钟的传说

莺歌寨娘娘庙菩萨显灵

东大庙殿脊无“吻兽”

龙泉寺“脊正”被盗

抱子峪的故事

穿芳峪乡三大不解之谜

抗日纪实

半壁山抗战洞

东西大门修建与废毁

德和堂惨案

禽兽不如的小日本儿

陈杰与刘秀松之死

名人实录

艺人绝活

董家店大饼

首屈一指擀毡子

景全精掉皮袄

疔毒克星刘秀峰

刘德满的荆编

谚语和土语

地方谚语

歇后语

地方土语

弃置什物

妇女用品

生活用具

穿戴用品

居住物品

农作物

水果类

农具类

食品类

027 野老闲谈

第3卷第3期，总第27期，2015年3月23日印行。作者刘继椿，整理杨仲达。目录如下：

序言 / 杨仲达

桑麻共话

高　粱(一)

高　粱(二)

蚂　蚱

蚂　螂

麦　子

玉　米(一)

玉　米(二)

吉　豆

谷　子

芝　麻

稻　谷
糜　子
合　豆
大　雁
青　麻
钱蚂螂
火　绳
北洼锄地
放牲口
求　雨
拾粪锄地
兽类鸟类
鸽子小燕
秋后篱笆园
养牲口
耕　种
棉　花
牲口干活
拔麦子
夏季知了
小燕进屋

流年旧语

挖地道

大　枪

水筲挑水

夏天夜睡

小孩打仗

棰布石

解放天津

水缸冻水

锔锅碗

挑货去卖

老太太捻线

老秤算法

吃食堂

南窑烟筒

分　楼

闹大水

城　墙

吸烟用的火

早先数字号

张家窝卖粮食

男人搭布

学生疏散
下雪扫雪
贼星出现
男女婚姻
大门刘玉书
吃盐问题
刘连举的事
小铺买东西
水缸冻冰
炕上吃饭
户数人口
马小海耿吉豆
早先钟表
平房楼房
山西老家
大搞钢铁
木筲挑水
吃大食堂
大搞集体化
五八年耕地
建扬水站

家狗吃屎

大雨收秋

早先吸烟

静海行船

户里养猫

瓢与马勺

土坯房

减河闸水

挑生产河

夜间打更

建新楼房

早先厕所

逮虱子

我村变压器

粮食器皿斗

枷板纳底

节粮度荒

峰山庙会

虎跑出来

我的同事

解放天津

早先用灯
早先电视
手表分配
早先津夜
建设楼房
妇女缠足
平房天上
屋吃屋拉
爬烟筒
旋　风
电劈槐树
讨饭人
茶壶套
白尔友
全乡合并
平房火炕
节粮度荒
冰棍下乡
驮　盘
猫羊眼珠
冰窖拉冰

逃大王庄

父亲外出

继凤出生

上　学

从宽河回家

河西收稻谷

北洼栽稻谷

寄语儿孙

府君庙老人

去邵公庄拉锯沫

自家堂号

纯德堂号

石磨碾子

狐狸炼丹

独流交粮

我家土地

表兄弟等

我去各地

老宅新宅

龙的出现

怀念维兰

我的一生

我爷病故

第一位夫人

第二位夫人

东洼种瓜

冬天拾柴火

粭地牲口跑

妻十九岁进门

洼里干活不回家

学木工活

去南洼玩去

买　房

换房地基

大嫂病故

卖山芋秧

继栋结婚

妹去沈阳

连三当兵

四六四做活

老照片

我的婚礼

028 珠贝集

第3卷第4期,总第28期,2015年4月23日印行。作者辛笛、辛谷,整理杨传庆、王圣思。目录如下:

《珠贝集》浅识 / 杨传庆

题赠 / 南星

珠贝集其一 / 辛笛

有客

弦梦

夜别

印象

怀思

夜乐

生涯

航

款步

冬夜

029 天津典当业

第 3 卷第 5 期，总第 29 期，2015 年 5 月 23 日印行。作者张中龠，整理刘涛。目录如下：

代序：张中龠和他的《天津典当业》/ 韩石山

整理缘起 / 刘涛

序一 / 祁云五

序二 / 张中龠

最近六十年来天津典当业的盛衰史

都市人民、乡村人民和当铺

目下天津典当商组织方法

典当业现行的营业法则

典当业团体的组织并其章程

典当商营业时估价的标准

收货、存放和取赎

当商内部服务人员的层级和责任

当铺服务人员所受的待遇
典当商做交易时应加的防患
当铺内部服务者与典主双方应存的道德观念
转当局与人民及当铺的关系
典当商应用文字写法的沿流与举例
天津典当商过去所受的意外损失
当铺倒兑的手续
收买当铺估货的几行商人
天津范围中现有当铺的一个调查
典当商捐税的负担
当铺内外观的写真并说明(原书存目)
天津典当业前途的展望
附录
A.设立典当业育才学社的一个计划
B.服务典当业中店员学徒生活的讨论
C.作完之后

编后记 / 杜鱼

030 沽水旧闻录

第 3 卷第 6 期,总第 30 期,2015 年 6 月 23 日印行。作者侯福志。目录如下:

代序:痴于收藏甘甜自知 / 袁文洪

前言 / 侯福志

津沽旧事

六十多年前的天津鬼市

公馆大院里的除奸案

话剧与评剧《雷雨》在津打擂

露克话剧社演《雷雨》

中国旅行剧团演出《雷雨》

黎元洪津门出大殡

李汉元侦破津城撕票大案

李琴湘主张保留旧历年

芍药曾被选为天津“市花”

昔日松亭饭店也卖包子

闲话“苏氏正骨”
中原游艺场开幕风波
中原游艺场每晚有“苏滩”演出

三津名人

天津首倡乒乓球运动第一人
梆子老生王金城
报界女编辑徐凌影
曹汝霖寓所失火案
从天津走红的画家赵望云
“纪念刊”中的冯彬彬
贾恩绂保存卢木斋手简
李琴湘别署“择庐”的由来
卢氏家族与木斋学校
梅成栋笔下的天津掌故
诗词名家杨轶伦
赵元礼笔下的刘云若
杂技表演艺术家孔祥瑞

津门故里

话说“福禄林”

青龙潭的得名
民国时期的大华饭店
八十多年前的西沽桃花
八十年前杨村“石幢揭幕式”
高凌雯笔下的海光寺
葛沽合号小江南
蓟县史前“石头记”
旧天津的屋顶花园
黎桑与老西开地热井
民国时期八里台
民国时期的天津跳舞场
七十多年前的“比国界”
七十年前聂公碑
武清曾是珍珠之乡
严范孙题匾“真素楼”
张玉裁笔下的新农园

故纸流芳

难得一见的《天津快览》
《津市中第一届高中毕业同学录》中的地下党
凌志笔下的杨柳青年画

031 朋谈杂记

第 3 卷第 7 期，总第 31 期，2015 年 7 月 23 日印行。作者陈诵洛，整理陈天水。原册正文凡 44 条，在报上连载时只有序号，无详细标目。内容主要是记述友朋交往及掌故逸闻。目录如下：

032 天津的节令习俗

第 3 卷第 8 期，总第 32 期，2015 年 8 月 23 日印行。此为天津民风民俗之一。作者王和平。目录如下：

三月春日逢清明

三月二十三出皇会

四月

四月初八浴佛节

城隍出巡和鬼会

四月富绅设摆会

四月二十八药王诞辰

五月

插艾枝

老虎奔拉

赛龙舟

全城放假

六月

六月初六天贶节

六月初六晾经会

头伏饺子二伏面，三伏烙饼摊鸡蛋

六月十三分龙日

六月二十四祭关公

六月二十八秃尾巴老李回家

七月

七月初七乞巧节

七月十五放荷灯

立秋之日要咬秋

八月

八月初一六神日

八月初三灶王诞辰

八月十五中秋节

八月二十七孔子诞辰

九月

九月初一到初九祭北斗

九月初九重阳节

九月十七祭财神

十月

十月一送寒衣

十月二十五皮袄生日

冬月

腊月

腊八

腊月十五上全街

二十三糖瓜粘

二十四扫房子

二十五炸豆腐,二十六炖大肉,二十七宰公鸡,二十八把面发

二十九贴倒酉

大年三十熬一宿

033 天津的饮食习俗

第 3 卷第 9 期，总第 33 期，2015 年 9 月 23 日印行。此为天津民风民俗之二。作者王和平。目录如下：

034 天津的居住习俗

第 3 卷第 10 期,总第 34 期,2015 年 10 月 23 日印行。此为天津民风民俗之三。作者王和平。目录如下:

035 天津的服饰习俗
天津的商业习俗

第 3 卷第 11 期，总第 35 期，2015 年 11 月 23 日印行。此为天津民风民俗之四。作者王和平。目录如下：

小序/王和平

天津的服饰习俗

服装

长袍马褂与坎肩

袍子裹腿丏裆裤

帽盔鞁鞋和零碎儿

西装东装随意穿

女装裙衫花色多

镶滚花边看家境

旗袍凸显女性美

天津女子一身红

饰物

老虎耷拉

簪　花

老虎帽　老虎鞋

百家衣　百家被

长命锁

“金嘎子”

挤红点　贴太阳骨

服饰形象时尚化

俗语

穿衣吃饭，各随己便

贫学富，富学娼

左大襟

甩大鞋

穿小鞋

千里做官，为了吃穿

穷人身上扯补丁

吃不穷，穿不穷，算计不到就受穷

身上连，万人嫌

要想俏，一身皂

黄配紫，臭狗屎

新年到，闺女要花，小子要炮，老头要顶破毡帽

狗熊穿马褂——人啦

正月不买鞋

歪戴帽儿，斜瞪眼儿，嘴里叼着破烟卷儿

仁丹胡，协和服，打上绑腿就是牛

反穿皮袄——装羊(洋)

老虎鞋还没做好了——哪儿去

市井中的服饰行业

裁缝铺

盔头作坊

绱鞋作坊

皮　匠

眼镜铺

缝穷妇

擦皮鞋的

天津的商业习俗

老天津的商业信条

买卖商号敬财神

庄稼钱，万万年

商人喜本图利

买卖不成仁义在

经营管理"忠厚第一"

注重开发节令市场

商店的禁忌

天津商人的道德操守

长存吃亏心

商家诚为先

货真还价实

秤平要斗满

精品防假杂

童叟都无欺

商德惠常年

仿单货上盖

要奸不要赖

真诚换真心

氛围融洽的商业交流

茶　园

会　馆

园　林

义　地

商业指南看百年

036 天津的生育习俗
天津的妈妈例儿

第 3 卷第 12 期，总第 36 期，2015 年 12 月 23 日印行。此为天津民风民俗之五。作者王和平。目录如下：

037《津门艳迹》中的天津土语

第 4 卷第 1 期，总第 37 期，2016 年 1 月 23 日印行。辑录李炳德。本册收录自李燃犀《津门艳迹》(百花文艺出版社，1986 年)辑出的天津土话(包括词、短语、句子)1700 余条，依汉字笔画顺序排列，因此未编目录。首有李炳德《前言》。

038 南市的小店铺

第 4 卷第 2 期,总第 38 期,2016 年 2 月 23 日印行。作者王和平。目录如下:

裁缝铺

理发馆

厕　所

小旅馆

土产店

早点铺

小医院

小邮局

照相馆

煤　厂

废品店

白傻子布铺

小饭馆

鞋　铺

胡琴铺

玻璃铺

铁匠铺

点痦子的小诊所

棺材铺

澡堂子

书　场

039 天津抄本小说中的方言俗语

第 4 卷第 3 期，总第 39 期，2016 年 3 月 23 日印行。辑录李炳德。本册收录自储仁逊《清代抄本公案小说》(百花文艺出版社，1996 年)辑出的直隶、山东一带方言俗语。每书之下词条依汉字笔画顺序排列，因此未编详录。目录如下：

040 卢星野先生诗存

第 4 卷第 4 期,总第 40 期,2016 年 4 月 23 日印行。作者卢绳,整理卢岚。目录如下:

新都弥牟镇旱八阵图

新都弥牟镇游马超墓

新开市

灌县都江堰与云尧同游

李庄石牛山旋螺殿

戎州纪行

峨游纪程

峨山金顶

游嘉州凌云寺

北行杂句戎蓉道上

琴台怀古

南归诗

溪庄端阳观龙船竞渡

姑苏怀古

西湖十景

北征纪程

第二卷(1950—1957)

云中纪行

平成怀古

云冈山石佛寺

明长陵怀古

南征纪程京西道上

关中纪行

齐鲁纪行

承德纪行

避暑山庄杂诗

重游蓟县独乐寺

遵化清东陵怀古

孝庄昭西陵

顺治孝陵

康熙景陵乾隆裕陵

慈禧定东陵

盛京怀古

沈阳清故宫

太祖福陵

太宗昭陵

沈阳皇寺

雁代访古杂诗

京汉道上

石太道上

太原小驻

宋村石佛寺

永济桥

第四卷(1973—1976)

南行杂咏

石家庄烈士陵园

定县料敌塔雪浪石

满城刘胜墓

北京历史博物馆出国文物展

南行纪历

北京调查

云岗石窟

应州木塔

金沙滩遗址

华严善化两寺

太原晋祠

交城玄中寺

解县关帝庙

芮城永乐宫

风陵渡

洛阳西工

龙门石窟

郑州二七塔

武汉长江大桥

参观武汉博物馆游东湖

彭泽小孤山

舟次安庆

南　京

秦淮杂诗

桃叶渡

玄武湖

莫愁湖

五合山

秦淮河

瞻　园

望鹤岗故居

与南工诸友游采石太白楼

雁北杂诗

游晋祠

游南禅佛光两寺

游五台诸寺

应县再登辽释迦塔

鸿爪集

第一卷(1938—1946)

赠友人入滇

咏史四首

秋感八首

献　岁

书　感

华西大学聚会

改画金陵古迹图

言　志

溪庄辞岁

元旦呈刘梁二师

溪庄杂咏

赠罗哲文

除夜口占

第二卷(1949—1975)

国庆日天安门观感

服阕致哀

挽鹿集

小疏词录

代序:减字木兰花·读小疏词录 / 唐圭璋

减字木兰花·京口北固山甘露寺怀古

沁园春

浪淘沙·调查涞源阁院寺

点绛唇·喜入藏大军平定叛乱

词六首

清平乐·小住沪上

蝶恋花·杭州西湖雨中谒岳王墓

渔家傲·杭州西湖阻雨

渔家傲·杭州西湖晴日

减字木兰花·苏州游诸园林

采桑子·南京雨花台谒烈士陵园

蝶恋花·话剧《年轻的一代》观后感赋

卜算子·赠张华凤同学毕业去山东

西江月

采桑子·赠刘策同学毕业去宁夏

减字木兰花·送倓儿去新疆

满江红·春行过赵县杨家郭

附：散曲

041 蟫香馆别记

第4卷第5期,总第41期,2016年5月23日印行。辑录陈嵩若,整理杜鱼。原册正文凡94条,无详目。内容主要记述严修生平行事及掌故逸闻。目录如下:

042 行吟集

第 4 卷第 6 期,总第 42 期,2016 年 6 月 23 日印行。作者李烛尘,整理杜鱼。目录如下:

043 我的地震记忆

第 4 卷第7 期,总第 43 期,2016 年 7 月 23 日印行。辑录杜鱼。目录如下:

弁言 / 杜鱼

从未溜走过的 7 月 28 日 / 曹集祥口述 杜姗整理

只有感动不随时间流逝 / 董义茂口述 郭小平整理

一个村妇的朴素回忆 / 冯秀香口述 张芷嫣整理

地震时难忘的几件事 / 刘玉琦口述 刘雅冰整理

劫后余生与震后自救 / 高景留口述 黄珊妮整理

总有一些记忆永不复苏 / 刘洪路口述 芦思凝、刘雅冰整理

串联着一生的痛苦记忆 / 薄克礼口述 陈亚飞整理

一个被地震遗忘的角落 / 刘桂芹口述 高雅君整理

编后记 / 杜鱼

044 翠槐堂诗集

第 4 卷第 8 期，总第 44 期，2016 年 8 月 23 日印行。作者崔戟荣，整理张履鹏。目录如下：

收权篇

端阳节感怀

岞山客舍

岞　山

前　题

岞山宿舍

岞山宿舍花园

电　话

偶题步严太史范孙清明后五日赏梨花韵

游泰山步前韵

登泰山

前　题

泰山石阶路

青　岛

青岛海滨

春　雪

瀑　布

火　车

四方公园

胶济路四方公园

安居篇

丁丑春院中梨花盛开

公园栏内豹

即　事

前　题

夏日家居即事

东　港

明月初升

菊　花

感　怀

丁丑冬书春感怀

戏题诗稿

答　友

题画兰

丁丑冬感时

丁丑除日村外闲游

戊寅元旦游兴福院

戊寅正月四日送冬对表

戊寅元宵节客中赏雪后林景

戊寅清明后一日雨后柳景

客中自慰爱戊寅春

春日晚游

归家篇

东　港

前　题

戏题王顺秋节祭闸

紫　荆

珊瑚文明杖戊寅夏

其　二

戊寅夏题新院

答问居

前　题

东　港

其　二

盐积如山

重吃港蟹

冒雨泛舟重游东港

东港秋景

戊寅秋代父作

庆父寿期颐

冒雨泛舟重游东港

挽族叔母许夫人

答友问港

即事代贞子作

045 街坊人物志

第4卷第9期，总第45期，2016年9月23日印行。作者李树德。目录如下：

前言 / 李树德

狗辣子
红　手
蛐蛐四
崩豆张
卖药糖的
书　迷
老姑爷
杨　婶
张大爷
俄国老太
孙大娘

046 梁范馆谈屑

第4卷第10期,总第46期,2016年10月23日印行。作者郑家相,整理罗丹。目录如下:

047 阿英在天津

第 4 卷第 11 期，总第 47 期，2016 年 11 月 23 日印行。作者倪斯霆。目录如下：

前言：应重视天津当代城市史研究 / 倪斯霆

引 子
摆在新文艺当权者面前的燃眉之急
阿英到津初始并未介入天津具体工作
文代会期间接手天津文艺工作
作为主管文艺领导积极推动“戏改”
新中国第一张文艺小报在津创刊
在“联合文艺的整风”中奉调华北文联

编后记 / 杜鱼

048 天津土语拾零

第 4 卷第 12 期,总第 48 期,2016 年 12 月 23 日印行。辑释李炳德。本册收录《天津的方言俚语》《天津方言语汇》《这是天津话》《天津老俗语》《哏儿都说哏儿话》《天津方言词典》等著作之外的天津土语,词条依汉字笔画顺序排列,因此未编目录。首有李炳德《前言》,尾有杜鱼《编后记》。

049 天津解放那天

第 5 卷第 1 期，总第 49 期，2017 年 1 月 23 日印行。辑录杜鱼。目录如下：

弁言：记忆不磨 / 杜鱼

地下室里迎来天津解放 / 刘钟鑫口述　刘聪瑶整理

解放当天我就参加工作 / 石凤五口述　李久凤整理

借住在我家的两个连队 / 李雄普口述　张丽斌整理

院中落下没引信的炮弹 / 陈宜莲口述　赵茗琪整理

四野战士翻过我家房顶 / 张显明口述　黄河清整理

老房子底下的“防空洞” / 隋清钧口述　钟晗整理

一夜间德利香夷为平地 / 孙茂森口述　金津整理

解放军确实不拿一针一线 / 杨树楷口述　唐静怡整理

050 淘故纸，与天津相遇

第 5 卷第 2 期，总第 50 期，2017 年 2 月 23 日印行。作者由国庆。目录如下：

前言：故纸里的滋味 / 杜鱼

“虎口”夺食

又见“刘二姐”

那些“染色”的旧生活

“放羊”之路

信誉久著的谦祥益

礼和洋行卖染料

故纸里有滋味年

滦水记忆

老扇“破镜重圆”

偶然收获显现价值

温暖的蛤蜊油

051 大学忆旧

第 5 卷第 3 期，总第 51 期，2017 年 3 月 23 日印行。作者王钢。目录如下：

052 锦川集

第 5 卷第 4 期,总第 52 期,2017 年 4 月 23 日印行。整理杜鱼。目录如下:

过万寿寺与住持谈禅

三月初五日奉迎座师留少司空于高稿

广宁牛广文尚信宣化龙门人也谒选后徒步之官过郡相见为买车送之戏赠七绝二首

十三山顶一石望之可五尺许俨然如人头冠帻分明眉目如画因命曰人面峰作七言一绝

中秋二十韵

哭房师任先生启运

副都统达公馈鹤

赠　鹤

代鹤答

又赋断句四首

宁远州学正诸景贤馈鹿

除　夕

上元日广宁道中晓行夜宿胡家窝棚子

十八日入奉天城二首

忆梅断句四首

锦川石有序

又赋七古一首为某公作

往来广宁道上春寒特甚默坐车中未尝一望医巫闾山今日复过山下风日晴美横峰侧岭各含美态得七截四首正月晦日也

锦川集下

郡庭前小桃一树立夏后始放花漫赋

观音洞

止　水

游青云寺

游青岩寺

携义州管边司马岳海署广邑令刘□广文牛尚信游医巫闾山之观音阁五首

戊辰正月九日由郡至省有述

上元寓奉天作

十六夜观灯作

宁远州汤泉五绝三首

恭赋大行皇后挽诗三首

闰七月初三日感恩纪事

附一:《垤进斋诗集》卷七首叶(图)

附二:《垤进斋诗集》卷八末叶(图)

053 王小隐其人其事

第5卷第5期,总第53期,2017年5月23日印行。作者侯福志。目录如下:

自序/侯福志

王小隐生平

生卒年

笔名梦天的得来

在津的大致经历

王小隐的性格

天津住址

斋　号

妻子高婉闺

对酒的嗜好

王小隐与陈文娣

与王小隐结为夫妻

天津住址

职　业

才　艺

爱好昆曲

交　游

刘云若笔下的陈文娣

王小隐与天津风物

城南八里台

西　沽

罗　园

天后宫

海光寺

运　河

王小隐与天津游艺场

中原公司游艺场

英国跑马场

大罗天

王小隐与戏曲

关于曲种

关于艺人

关于戏曲理论

王小隐与诗词

送别诗

咏物诗

抒情诗

纪事诗

怀人诗

王小隐与天津市花

王小隐的交游

张学良

吴秋尘与徐凌影

叶庸方

徐一士

《北洋画报》朋友圈

金惠君

054 老西北角点滴

第 5 卷第 6 期,总第 54 期,2017 年 6 月 23 日印行。作者石楷忱。目录如下:

“角”之南——西马路

西马路东侧

西马路北口

西门往东的西门里大街

西门往西的西关街

“角”之西

文昌宫大街

小石道大街

贞女胡同

太平街往西靠南侧

太平街西口

《血溅津门》冯老辛的原型

“角”之北——大丰路

豆腐房往北的死胡同

针市街里买卖大

说说竹竿巷

清真大寺小广场

栅栏口东街

栅栏口西街

055 马厂兵营史略

第5卷第7期,总第55期,2017年7月23日印行。作者王庆安。目录如下:

自序 / 王庆安

马厂兵营的创建

中央炮台遗存

开凿马厂减河

马厂兵营与大沽口、小站

北洋军阀的鼻祖——马厂定武军

段祺瑞誓师讨伐张勋复辟

第一次直奉战争的争夺地

国奉战争的惨烈战

直鲁联军进攻国民军的拉锯战

沧州抗日第一仗

铁打的兵营流水的兵

马厂兵营人物

编后记 / 杜鱼

056 乡村琐忆(一)

第 5 卷第 8 期,总第 56 期,2017 年 8 月 23 日印行。作者杨世珊。目录如下:

柴火垛

土砖窑

烟袋 火镰

骡 子

驴

鸡

鹅

马

鸭

牛

羊

狗

猫

赶 网

燕子 土燕子

逮蚂蚱

船

水车 吊斗子

茶摊儿

鞋 靸鞋 实纳帮儿鞋

057 乡村琐忆(二)

第5卷第9期,总第57期,2017年9月23日印行。作者杨世珊。目录如下:

鹅毛扇子

箅叉子 盖帘

盖顶 盖顶板儿

笤帚 炊帚

浅子 柳条笊篱

茶壶套

蒲团 蒲垫子

帽 盒

针线笸箩

草 帽

筛子箩

笸箩 簸箕

帽头儿 毡帽

袜楦儿

刨地梨

陀轮子

打兔子

斗 宫斗 柳斗子

芦草 芦苇 芦根

扇 车

058 马大夫医院

第 5 卷第 10 期,总第 58 期,2017 年 10 月 23 日印行。作者张诚。目录如下:

059 津沽民间花会

第 5 卷第 11 期，总第 59 期，2017 年 11 月 23 日印行。整理高惠军。目录如下：

060 记忆中的西于庄

第5卷第12期，总第60期，2017年12月23日印行。作者范立国。目录如下：

城　防

两次洪水

未建成的铁路桥

中昌当

水　会

通往西部的土路

土地庙

私　塾

大粪场

编后记：还原历史的细部 / 杜鱼

2018 年 3 月 25 日整理完成于沽上恐高轩

编者私语

问津书院的旗下，总计有过四种民刊——《问津》《开卷》《品报》《参差》。为纪念书院揭牌五周年，我们决定为这些小刊编辑纪念集，每种独立成册，合而名曰《问津四雅》。至于是否真的称得上“雅”，则是需要时间检验和读者评判的。

本册文字专述《问津》，根据内容别为四个部分：首曰学海堂，收录略有学术研究色彩的篇什，兼取学海问津之旨；次曰竹间楼，收录整体绍介和认知《问津》的篇什，暗合师友竹林论道之趣；三曰双槐轩，收录评述或援引《问津》各册的篇什，隐喻槐屋芸香之景；四曰郁文馆，附录《问津》丛刊目录，寄寓郁文呈艺之意。

学海堂、竹间楼、双槐轩、郁文馆，四者皆书院堂舍之名。学海谈玄、竹间贮宝、槐屋芸香与郁文呈艺，均厕于问津十景之列。今以专名颜小册栏目，攀附或有未当，尚祈方家正之。

深谢董宁文兄、张元卿兄和沈文冲先生，因为他们的积极配合，使得《问津》

《开卷》《品报》《参差》四刊编者，有了这次特殊合作的机缘。更要铭感厦门大学谢泳先生不弃鄙陋，百忙之中赐序增色。

《问津四雅》即将付梓，漫吟小诗自以为贺："盛世昏昏块垒浇，参差何处觅箫韶。问津无路唯开卷，品报观书慰寂寥。"

王振良 2018年10月5日于沽上恐高轩

辰芬篆刻

问津四雅

问津·开卷·品报·参差

王振良　董宁文　张元卿　沈文冲／编

天津出版传媒集团
天津古籍出版社

图书在版编目(CIP)数据

问津四雅：问津·开卷·品报·参差 / 王振良等编
. -- 天津：天津古籍出版社, 2019.5
(汛海文丛 / 王振良主编)
ISBN 978-7-5528-0804-9

Ⅰ. ①问… Ⅱ. ①王… Ⅲ. ①文化史－研究－天津－文集 Ⅳ. ①K292.1-53

中国版本图书馆 CIP 数据核字(2019)第 061628 号

问津四雅：问津·开卷·品报·参差

WENJINSIYA WENJIN KAIJUAN PINBAO CENCI

王振良等 编

出版人 / 张玮

*

天津古籍出版社出版
(天津市西康路 35 号 邮政编码：300051)
http://www.tjabc.net
天津市天办行通数码印刷有限公司印刷
全国新华书店发行
开本 880×1230 毫米 1/16 印张 91.75 字数 1300 千字
2019 年 5 月第 1 版 2019 年 5 月第 1 次印刷

ISBN 978-7-5528-0804-9

定 价：268.00 元(全四册)

问津四雅弁首

《问津四雅》是问津书院纪念文集《汛海文丛》之第四种，本来拟在书院揭牌五周年庆祝会上推出，可受制于各种主客观因素，迁延了竟然整整一年。这是必须向作者诸君致歉的！

《问津四雅》全书别为四卷，每卷评议一种以问津书院名义编印的内部资料——《问津》《开卷》《品报》《参差》。以编刊形式来倡导读书或者推求学问，对书院来说自是一桩雅事，因此未避"王公卖瓜"之嫌疑，在此权自以为是一回，名此书曰"四雅"。至于是否说雅就"雅"了，读者当然能够明鉴。

第一卷"问津"，王振良先生编。《问津》创办于2013年，其问世是问津书院启动运作的标志。《问津》着眼于天津地方文化，可看作《问津文库》的拓展与补充，因其薄厚不拘机动灵活，深受沽上学人的喜爱。但在文库笼罩之下，受关注度明显不足。

第二卷“开卷”,董宁文先生编。《开卷》创办于 2000 年,与书院合作前已有十余年发展历程,在读书界影响相当深远。2014 年与《开卷》结缘,对于问津书院来说是锦上添花之事,而且添的是朵芬芳的奇花,馨香绵远,助力书院快速地走向了全国。

第三卷“品报”,张元卿先生编。《品报》创办于 2010 年,是一份电子刊,关注以天津为重点的民国通俗文学,其自 2014 年起与书院相依相伴,走过了三年的如诗岁月,2016 年 10 月宣告停编。因此本卷之印行,可以说是《品报》与读者的最后揖别。

第四卷“参差”,沈文冲先生编。《参差》创办于 2005 年,专门探讨毛边书文化,或高台论道,或故纸抉微,可谓小众而又小众。但是推出六期之后,也自赢得了读者的喜欢。可惜刊期不大稳定,有负书友殷殷雅意,令编者惶恐不已,今后定更加努力。

王振良、董宁文、张元卿、沈文冲四位编者,也是《问津》《开卷》《品报》《参差》的操盘者,由“问津四友”分工合作来完成《问津四雅》,不是故事也算是故事吧!

感恩谢泳先生、蔡玉洗先生、张铁荣先生、徐雁先生,他们为四卷纪念集惠赐了序言,但因全书体例的关系,虽仍冠诸各卷之守,却只能享序言之实而无序言之名了。

《问津四雅》编辑不易,铭记师友鼓励,深谢作者宽容!

2019 年 5 月 23 日杜鱼写于沽上半湖斋

问津四雅·开卷

董宁文/编

小刊物与大想法

蔡玉洗

2000 年春天，南京的一批文化人聚集在凤凰台饭店的书吧——开有益斋，商议办一个专门议论读书的刊物。当时大家的观点相当一致，要提倡非功利性的读书态度，努力营造全民爱读书想读书的书香社会，把个人读书行为和追求人格完美的理想融合起来——读书不是为了考试升学，也不是为了晋级评职称，也不是为了当官做专家搞学问。读书与不读书也不要上纲上线，谈什么高雅与鄙俗，读与不读随意而为，纯粹就是一种个人爱好、修为和趣味。

我们办刊物就是要表明这样一种态度，如果在读与不读两者中做选择，我们还是主张多读书读好书。因为一个人从出生到去世最长也少有过百年的，遇到的人和事，还是相对比较少的，在这样少的时空中，能做你人生导师和指引的人就更少了。但一个人如果有了读书的欲望，知道利用书籍作为自己认知世界的工具，情况就会改变。

有文字记载的历史已几千年，其中产生了无数的文化典籍，这些典籍记载了各朝各代志士仁人对自然、社会和人生的探索和认知，它会对我们当代人不了解、不清楚的问题和疑问给出多种解决方案，你可以从中比较选择，增加、积累自己对当今社会和自身的认识理解，它们会给你的生活增添美丽的色彩，会使你变得充实、可爱、聪明，成为一个有素养的文化人，在生活中遇到困惑和迷茫的时候能自我释疑，知道前面的路如何走才比较通畅并少走弯路。所以过去孩子入学读书叫开蒙或启蒙。孩子的开蒙主要是识字，我们成人的启蒙主要是寻找认识世界的方法和探索人生的路径，历史上每部名著的著作者都是我们不入室的老师，都是照亮我们人生之路的路灯，这些老师举着手中的火把，让我们看清幽蒙混沌的前程。这些老师不会主动来教我们，他们的思想是埋在土层里的矿藏，要我们花力气去挖掘和开采。

我们办读书刊物的目的就是提供一个讲台，聚集一批知道开矿的老师和学者，告诉愿意寻找这些矿藏的年轻人，哪些地方有矿以及它的位置、性质和储量。我们并不是这些矿藏的所有者，而是提供一个指引，让探索、研究、开采这些矿藏的行家来到我们的刊物，发布他们的研究成果和读书心得。当然，这些专家也不是所有意见都正确，都对你有用或有效，行家之间也会有对立的意见和观点，他们的辩驳论难同样会给爱读书的青年朋友提供参考。

从我们当初的立意来看，心思不能说不高，想法不能说不大，但牵涉到具体办刊物，就不是件简单的事情，特别在我们的社会环境里，有无穷的障碍让你去跨越，一个没有耐力和韧劲的人，在当下是办不了刊物的。好在当初我们的想法大，但涉及具体计划时我们比较现实低调，再加上我们的饭店有出版传媒的背景，我又在出版部门供职多年，各种有利条件较多，所以刊物进展得还算顺利，很快就办起来了。

一个印张的《开卷》小刊，素面朝天，放在那些装帧豪华高大威猛的大刊当中，实在是小不点儿。但唯其小而实、简而朴，反而引起读者的注目。几期之后就点赞鹊起，美誉纷呈，我们也没有想到读者会如此关注和欢迎这个小刊的出生。当代几个读书界的大家，都注意到《开卷》选稿、编辑的价值取向。北京的范用、黄苗子、姜德明、杨宪益和止庵，四川的流沙河，湖南的锺叔和和朱健，上海的黄裳和陈子善，南京的章品镇和忆明珠等，还有全国各地以浙江嘉兴《秀州书局简讯》为代表的民刊，也在不自觉中汇集成一股倡导读书的汩汩潜流。正是在这股涓涓细流的推动簇拥下，我们才有召开全国民间读书刊物年会的想法。

第一次全国民间读书刊物年会在南京启幕后，就一发不可收，接二连三，一年一年地在全国各地开下去。现在已经快开第十六届了。民间读书刊物也如雨后春笋，此消彼长，蔚然成了气候。我也常常思考这种民间自发的读书活动，既没有人有意地去发动组织，也没有某个大人物或领导者去提倡号召，为啥能坚持这么久，勃发出如此大的生命力？这也从另一方面说明民间草根性是它的源泉，没人管它，所以它爱怎么长就怎么长，每个人只代表他自己的读书取向，他把自己有关读书的想法无拘束地说出来，你可以不同意，可以反对，但你没有权威去打压它、控制他、取消它，给它下一个闭嘴的禁令。我想这种无组织、无压力、无领导、无统一、无定规的读书气氛，就是个体读书人追求的状态。正是这种状态契合了读书人内心的愿景，让他们的精神有了托靠，相依相守，欲罢不能。所以虽然一波三折，坎坷不断，但每次都能很好化解，完成自我救赎。

作为逐渐融入世界文明潮流的民族，应该有一个健康的全民阅读生态，就像丰富多彩五光十色的自然界，有大河大海，也有小溪细流，有大红大紫，也有闲花野草,有大鹏展翅,击水千里,也有枝头小鸟,自由鸣唱。这样的大自然才会循环往复生生不息。社会的文化、文明和知识也有生态一说。主旋律之外,也得有变奏与和声。主流与支流是源与流的依存,红花与绿叶是美的衬托。以《开卷》为代表的民间读书活动之所以十八年绵延不绝且显出勃勃生机,也是主流意识形态的宽容包孕、共生共荣的结果。每次年会都会得到各级政府部门的支持和肯定,文化宣传部门的关心和扶持。这样的阅读生态来之不易,我们祝愿这样的共美其美局面能花好月圆,源远流长,这是读书人的幸事,也是中华民族的幸事。

《开卷》办刊已经十八年了,这十八年虽然历经风雨,但它还是顽强地生存下来了。这起码说明几点:一是中国改革开放政策的持续,中国从封闭走向了世界,融入到人类文明发展的大潮之中,《开卷》作为这个潮流里的一朵小花,它和大潮一起歌唱和忧戚。二是《开卷》十八年来已在无形中形成了一大群支持爱护《开卷》的作者和读者的队伍。他们以各种形式关注《开卷》成长,不断地为它输送营养和新鲜血液。《开卷》不是几个人在努力,而是有了一支浩浩荡荡的队伍,是中华民间读书大军中的一个方面军。三是编辑人员稳定。有一个董宁文硬撑着《开卷》的一片天。一个小刊有十八年的寿命,与以前很多民办刊物相比已经算长寿了,却不可能长生不老。好花少有百日红,再好的宴席也有曲终人散的时候。《开卷》作为给读者提供读书指引路标的作用其实已经完成了,功德圆满,什么时候画句号都问心无愧、青春无悔了。

当然,条件允许的话,《开卷》能够多活几年,为中华阅读空间再继续奋斗下去,我们大家也是衷心赞成的。

是为序。

2018 年 5 月于南京

目　录

说　刊

评　书

访 人

附　录

说刊

书友兴会 开卷闻香

[湖北]李传新

由《开卷》领衔召开的首届自办读书报刊讨论会，虽只有短短两天的时间，却热热闹闹，紧紧张张。《书友》的小分队奔赴南京后，的的确确也收获颇丰，与会者既可意东道主的安排，又高兴故交晤面，也神往新知识，并留下难忘印象。

《书友》一行 2003 年 11 月 28 日下午抵宁，我们先去了开有益斋和凤凰读书俱乐部，之后，凡有暇通常都在这里泡时间。董宁文宴请我们一行时介绍了会议的基本安排，所谓会议的说话其实并不贴切，没有开得如此实惠痛快的会议，其间安排的活动更充盈着浓浓书香。朝天宫真是一个淘书的好去处，但据说只有双休日的短短两个小时可以淘书，所以我们天蒙蒙亮就去了。一字排开的旧书摊果然有些好货色，同去的书友刘吉善也禁不住诱惑配了诸如《考古》和文史、方志方面的旧书，我也淘得初版《金蔷薇》等一批旧书，价格比起在十堰低廉得难以置信，北京《芳草地》的谭宗远后来打听到书价，眼热得不了：哪里是淘书？简直是白捡！大约因为旧书摊主属“游击队”的缘故，无须交纳费用才如此便宜吧。而他在古旧书店购一套旧期刊却花了150元。给我留下美好印象的是南京旧书摊主的友善热情，一是选中十余册《新文学史料》，说好在别处淘完后即来付款，返回时摊主已走，正准备走的另一位摊主见我十分迫切，遂骑车找到他的同行，并帮我把杂志送来。二是看中一旧笔记本，所记为“文革”期间外调笔录，因无零钞，摊主见我不舍，说你喜欢就送你了。唯一遗憾的是见到赵瑞蕻的诗集《梅雨潭的新绿》，当时未买，得知赵夫人杨苡将参加会议中的一个首发式后，再去寻觅却空空如也，失去一个得到签名本的机会。不过，在宁却见到倾慕已久的化铁先生。董宁文介绍，化铁常骑自行车到《开卷》做客，老人还好登山，精神状态十分好。年近八旬的他还有些酒量，见成勇喝酒喝得脸红，顽皮地再与他干杯。化铁那本诗集《生命中不可重复的偶然》我没带来，老人沉吟片刻，为我拿纸题上“读书是生命的延续 / 也是历史的延续 / 化铁 /03 年 11 月 30 日 / 于南京凤凰台”，至此我总算了却了得到老人签名的心愿。

会议的时间不长，来自全国各地的自办报刊的同仁在会议上交流了情况，据说有不知道或没有办相关手续的，如果换作另外一种会议，没准儿仅合法性的主题就可以讨论若干天，薛冰的发言直接谈及他对《宪法》的认识，引起与会者的共鸣。《读书人》的阿年幽默风趣地谈及了办刊的曲折，如何赔钱十余万的苦衷，终于扭转成自负盈亏的局面。《日记报》的自牧介绍由报而刊怎样坚持迷途而不知返，至今于晓明还赔进去数万元；《可一》《博一管理理论丛》创办的意趣等等。正如来自合肥天涯网的戴玮君所云，各地同仁如此热衷于自办读书报刊，其实就是一个信念：我乐意。而黄成勇则实事求是地总结了在新兴的城市里，官营的书店主办民间报纸《书友》的文化理念和商业理念，由于局限性功利性的东西无法避免，只能够去适应之，但最终还是要融入书香大社会。吸引人眼球的还有上海图书公司的《博古》，目前出了三期，印制精美，既有实力，又显大气，也许是此次会议之后最先走向公开发行的刊物。由于出现一些变数，尚有未能赶来赴会的，如《清泉》《书人》等，但这次聚会毕竟是一个良好的开端，甚至会为历史留下点什么。徐雁说得好：年会年年开，有坚持不住的，有退出这个圈子的，大家不妨颁给一个推进书香奖欢送，而“我乐意”的同仁将继续去办乐意做的事情。

我们到薛冰的书巢一观。一个好居处，窗外尽管已非往日情调的秦淮河水，但还能远眺莫愁湖，在优化环境之前，终究还能给主人带来一些情趣和灵气。几排大书架一直到棚顶，拥挤的各类文史古籍显示着主人的学养，工作室除电脑外，像通常的书友一般凌乱堆放着各类报刊，只有主人自己才可准确无误地翻出自己使用的书来。少顷，王稼句的到来给书友们带来一些欢快，他直言：“他（薛）的书没有我的多！”不知徐雁再与稼句一比如何？薛的书橱里倒有些稀见线装精品。经过介绍，王稼句记得给我写过信——信很短，我笑说不是信，是题辞，何况他自称不轻易给人写信的。稼句充满激情，是一个惹眼的书人，在宴席上也成为中心人物，这大概与他酒量了得有关系。薛冰赠新著《金陵女儿》，收入江南风月丛书，正好遇上《红楼梦》热，不妨凭此领略一下江南风月，于是将该书带到了海南。巧，在海南原只记得一个红色娘子军，其实还有宋氏姐妹、冼夫人、黄道婆等等，连地名也充盈着柔意：海秀大道、美兰机场，难怪简称亦为琼字哩！不过，读《金陵女儿》却没读出风月，私认为它更应归于文史小品。我曾读过《金陵野史》，一些不甚清晰的故事从书中明了端底。比如我曾读过介绍川话曾试图取代通用语言之缘故,更耳闻说粤语如何借助经济发达之势而成为时尚,在文艺形式中,东北话至今还火,却不晓得南京官话曾在长时期内成为全国的通用语言。改版后的《日记报》也在会上受赠,我还特意找到自牧、晓明交流。他们看来真忙,在南京还抽时间买了些新书,是因为在济南难得有专门的时间逛书店。说起山东人,老让人联想到梁山上的人物,似乎粗门大嗓是特征,殊料两位仁兄竟言语不多,倒显得有些腼腆。

我知道自牧善饮,也许喝出兴头来才能显出性情;倒是晓明十分有意思,一副书生模样。自牧兄同我在电话中交谈时说晓明下海经商多年,见面时却感到他与我想象的商人模样相差甚远。他太爱《日记报》,所以终于没能赚到钱,却还在追求着《日记报》的前景。

范笑我的秀州书局名声在外,此君的发言以及所作所为,酷似我在四川联大的师友文楚安,也许用但丁的名言可以概括:走自己的路,让别人说去吧!可不说不行,因而他的《秀州书局简讯》也招致了一些非议。我虽非《简讯》的长期读者,但对《笑我贩书》结集并不完善,抑或也有技术修改之类表示遗憾。叶兆言把《简讯》称之为一种文体,这文体也影响着《开卷》,如《开有益斋闲话》,因这么多年受《日记报》的影响,读了一些日记,窃以为这文体其实是日记的异化,日记由自己看变作大家看,是不是多了一些文采和趣味?

董宁文所赠的《开卷闲话》是会议其间凤凰版首发《开卷文丛》之一种,所收《开卷》三年间的开有益斋闲话能集中阅读一遍十分快意。该文丛还收入龚明德作跋的《明窗亮话》。《明窗亮话》系吴茂华的首部个人专集,一些篇什读之,竟唤起我继续着快乐的情绪。在这之前我翻过《比我老的老头》，黄永玉的幽默机智遍撒行文之中，吴文亦了得，虽然有“轻理论”的议论，到底不失夫君流沙河《丫先生语录》式的活泼和辛辣，真的是夫唱妇随了。同为首印个人专集的《寂寞的缆绳》，收入远方版的凤朝阳文丛。谭宗远这部集子最大的特点是短而精，几乎似在未看书的状态下看完书的，我极为惊羡这老兄得天独厚的条件：受着那么多文坛名家的熏染，且为《芳草地》尽职尽责地耕耘着。

会议之后不久，董宁文又寄赠他的《人缘与书缘》。该书图文并茂，书影、书札和图片都弥足珍贵。照片的董和接触的董，给我留下虎虎有生气的印象。此次会议，宁文忙里忙外，若非对书香的热爱，若非对书友的倾心而难为，读完《人缘与书缘》才知道，他实在有太多忙得不可开交的时候，黄裳给他的七个字恰如其分：为书辛苦为书忙。成勇代表《书友》在会上请同仁到十堰参加第二届年会，使书友们欣欣欢然。论起书友间的沟通与交流，还有比这更惬意和快乐的事吗？

附记：

2002 年 11 月 29 日，《书友》应邀参加了由南京《开卷》举办的首届读书报刊讨论会。民营报刊中北京的《芳草地》、上海的《博古》、山东的《日记报》、四川的《读书人》、浙江的《秀州书局简讯》、安徽的《博一管理论丛》及在宁的《可一》等书界同仁济济一堂，在凤凰台饭店度过了两天的美妙时光。

凤凰台饭店总经理蔡玉洗和《开卷》的执行主编董宁文为此次会议倾注了大量的心力。应邀与会的《文汇读书周报》和在宁的新闻媒体派出记者饶有兴趣地关注了在读书报刊这一独特的文化之苑的爱书人举动。通过民营形式创办的全国各地的读书报刊为传播书香文化作出了值得记载的贡献，与会者的激情发言以创办报刊过程的艰难曲折之切身体验，昭示在中国有这么一群“我乐意”的人在传播着浓浓书香，并使这种不懈的努力为按照宪法规定“推动物质文明、政治文明和精神文明协调发展”结出书香文化之果。

《书友》总编黄成勇介绍了《书友》报创办之由。《书友》从创办至今一直与谷林先生有难了的书缘情愫，谷林先生五年多来笔耕不辍，为《书友》撰写出篇篇美文，如今先生在网上颇具声名，这是《书友》为之欣慰的。黄成勇还实事求是地谈到《书友》办刊时需面对的不可避免的功利性因素以及刊物特点，他的总结是新兴的城市（十堰）、官营的书店（十堰市新华书店）、民办的《书友》，他还说《书友》最终是要融入书香大社会的。为参加此次会议，《书友》特意装订的若干册合订本成了抢手货，而《博古》的陈克希更提出让《书友》在上海拥有更多的读者，充分说明同仁对《书友》的厚爱。

会议期间举办了凤凰出版社的“开卷文丛”第一辑的首发式。本辑共十册，其中绿原的《再谈幽默》一书收入了曾在《书友》发表的《武当山和一家书店的风格》一文，此文盛赞了《书友》，并宣传了十堰市新华书店。

《书友》一行拜见了著名“七月”诗人化铁和欧阳庄两位先生，也在会议期间与全国各地同仁进行了交流。与《书友》同时与会的还有南京市读者代表刘吉善。大家分别参观了凤凰台饭店的开有益斋、先锋书店、可一画廊、朝天宫旧书市场、古旧书店等，一行数人购新书、淘旧书，置办下琳琅满目的几大捆，算下来有两千多元。

黄成勇在会议上吁请第二届读书报刊讨论会明年在十堰举办，与会同仁鼓掌首肯。会议之后，以“融入书香大社会”为宗旨的《书友》将更加密切与同仁之间的交流合作，我们也期盼着来年再与书友相会。

（载于 2003 年 2 月《书友》总第 61 期，后收入李传新著《拥书闲读》，中国文史出版社，2016 年）

《开卷》有益(外二篇)

[北京]康　健

每次接到《开卷》的日子,都是我最为幸福的日子。

《开卷》到了,我最幸福的时刻也就到了。只要接到新出的《开卷》,我就什么也不用想,什么也不用做,只需两手捧着《开卷》静静地读了。读《开卷》的时候,人世间的什么荣辱、什么哀乐、什么成败、什么贫富、什么得失、什么贵贱,都在一瞬间离我远去了,和我融为一体的,只有《开卷》。

是的,《开卷》有益。

《开卷》的益处首先在于它安妥了我浮躁的心灵。

在这个浮躁的世界上,人心就像大海中的泡沫一样,被生活的潮水卷得时起时落,漂浮不定。而本来能够安妥人的灵魂的书籍,现在也越出越花、越出越浅、越出越"色",越出越让读者心浮气躁无法静读了。在这样的大背景下,我庆幸自己认识了《开卷》,认识了这个由南京凤凰台读书俱乐部编辑出版的朴素清新的读书杂志。读这本丝毫没有商业色彩的民间刊物时，我的心里常常会产生一种平淡、宁静、祥和、天然的感觉，使我对“去留无意，任天上云卷云舒；宠辱不惊，看庭前花开花落”有了更加深切的理解。

我之所以要这样说，就因为纵观《开卷》上的所有文章，几乎没有一篇与当下这个浮躁的文坛有关。它所评介的，大多是那些“明日黄花”；它所钩沉的，大多是昔日文坛上的碎片。然而，正是这些没有烟火味、不含铜臭气的短小的文字，却让我读后如沐春风、气爽神清，使我的心灵仿佛靠在了母亲的怀抱里，那样平静，那样妥帖，那样安详。

《开卷》的益处也在于它坚定了我的写作的志向。

从文二十年来，应景的文字我也写过，能够跟得上时代潮流的畅销的书籍我也出过。可是，回过头来细细看时，我忽然发现真正有价值的，还是那些能够经得住时间淘洗的、像《开卷》上介绍的那些作家留下来的文字。是的，正是《开卷》上介绍的谷林、王辛笛、龚明德们，用他们朴素的情怀，给我们的这个世界留下了最值得回味、最值得珍藏的东西。读着《开卷》上谷林、王辛笛、龚明德们的精妙短文或评介他们的文章，我便觉得，只有静下心来写一些虽不能在当下走红，但却更具有生命力的文章，才是对将来的自己的最好交待。于是，我便更紧地握住了手中的笔，写那些有知识、有情趣、有价值的短章。

《开卷》的益处还在于它是读书人交流的平台。

据说，《开卷》不大发表六十岁以下作者的文章，有些读者认为他们的这种做法不可理解，而我却举双手赞成。因为一个人，在一般情况下，没有五六十年的人生历练，他的情绪难免会有烟火气息，写出的文章也就难免会有烟火味。《开卷》

上的文章读起来之所以平淡、冲和,与作者的年龄较高不无关系。但这并不等于不给普通读者交流的机会。“开有益斋闲话”就是专供读者互通有无的一个平台。在这个平台上,大家想说什么就说什么,想怎么说就怎么说,人不分尊卑,话不分前后,“信口开河”、畅所欲言。读这些思想真实、言词真切的“闲话”时,我犹如与全国各地的书友围炉琐话,真是一种绝美的享受。

是的,《开卷》是有益的。有益的《开卷》让我受益无穷。

2004年6月1日于京东燕郊·高远斋

(载于香港《读书人》2004年第4期)

我看《开卷》

记得好像是2000年5月,我意外地收到了寄自江苏凤凰台饭店的一份印刷品,打开一看,方才知道那是凤凰台饭店总经理蔡玉洗先生主编的《开卷》杂志。尚未细看,我先一笑:都什么年代了,居然还有人自费主编这种刊物。而主编这种刊物的人居然是一个饭店的总经理,这就更使我感到可乐。是的,大凡懂点“时事”的人便都知道,现在的社会是人人想方设法捞钱的社会,而凡是进过饭店的人,谁又不知道那里面的总经理都是些干什么的呢?所以,尽管它的版式设计十分素雅,尽管所刊文章品位极高,我还是没把它放在心上。因为我认为,当那些有钱人活得只剩下钱的时候,他们难免会附庸风雅,借此来填补他们的空虚,以此来显示他们的高贵。

也就是从那时开始吧，每隔一段时间，我都会收到新出的《开卷》，至今已经整整两年，居然没有间断过一期。我又不是社会名流，也不曾掏钱订过它们，他们这样不惜邮资不嫌麻烦地给我寄赠，图什么呢？这使我不得不静下心来翻看它们、品味它们，体会他们的一番苦心了。读过，品过，我才悟出，原来他们是在为营造书香社会而尽力啊。于是乎，我便对他们格外地尊敬，对于他们所编的刊物也就格外地看重了。

从那以后，我每有闲暇，便要取出《开卷》品读，读着读着，我便发现，《开卷》实在不是一份世俗的刊物。它所介绍的，都不是当下走红的名家；它所评介的，也不是时下畅销的“名著”。它只是为那些纯正的读书人搭建了一个交流、切磋的平台，让他们在这个并不花哨的平台上说一些他们想说的话，谈一谈他们的真知灼见罢了。有了这样的认识之后，我便主动与他们联系。在第三卷第十期的《开有益斋闲话》里，便有了我与他们交往的记录：“北京东燕郊冶金子弟学校的康健来信：‘愿《开卷》成为读书人的一块精神家园，给他们带去永远的慰藉。’康健同时寄来两篇稿件：《杨沫的孩子写日记》《浩然，您好！》。”读着这样的一段记述，我的心里格外温暖，我为我能与《开卷》建立起双向交流而感到高兴，因为，我在骨子里也是一个文人。

读得多了，我还发现了《开卷》最为不俗的所在：它所刊发的，多是学林鸿儒的短文章和学界新人的长文章。这些短短长长的文字，便让我在阅读时生出了许多长长短短的感叹：那些大家的短文，如于光远的《场所》（载《开卷》第三卷第四期）写得多么的余味悠长，而那些新人的长文如曾伯炎的《文坛傻雄》写得又是怎样的深刻、隽永。

我希望《开卷》能永葆这种编辑风格，我希望《开卷》能多刊登一些耐读、耐品的文字，我更希望《开卷》能不被世俗淹没，永远按照自己坚持的理念编辑下去。因为，看到一份不俗的刊物忽然之间销声匿迹，实在是一件让人深感痛心的事，而这样的事情在目前的中国大地上却时有发生。

2002年12月6日于京东燕郊·高远斋

最爱看的《开卷》，最好心的编辑

在我的印象中，2000年的夏天似乎格外炎热，给人的感觉是满世界没有一块儿清凉的地方。就在心浮气躁、情绪沉闷的情况下，我收到了寄自江苏南京凤凰台饭店的《开卷》杂志。读它的时候，烦躁的心情竟然渐渐地平缓下来，天气也似乎凉爽了许多。从此以后，我便对《开卷》格外的钟爱。

盼望每月一期的《开卷》，就像盼望每月的开支那样心切，等不到它来的那几天，真是望眼欲穿、神不守舍。它寄到了，心里也就踏实了许多。于是，每天的夜晚，都要捧起《开卷》品读，就连那排在末尾的《开有益斋闲话》，也被我读得津津有味、爱不释手。

从那时至今的三年时间，《开卷》每一印出，编辑都不忘寄我一册，让我很是感受到了阅读《开卷》的清妙所在。在每次给我寄来的《开卷》中，都附有一份读书会的会员登记表。虽然会费只有二十元钱，入会后购书时还可以享受八折的优惠，可是，在他们给我义务寄《开卷》的三年时间里，我并没有参加读书会，当然也没有寄过刊物费。不是我不爱买书，也不是我对他们推荐的好书不感兴趣，而是在这个物欲横流、物价飞涨的世界上，对一个月薪只有几百元的小学教师来说，这二十元钱，足以好好地改善一下一家三口的生活了。为了三口人的生活着想，我实在不忍心拿二十元去满足我个人的购书欲望。就这样，我整整占了《开卷》三年的便宜——白白阅读了他们寄赠的三十多期《开卷》。我有时想，假如我是一位名人，拥有这样的殊荣似乎还可以说得过去，然而，我只是一名普普通通的小学教师，每月却受《开卷》编辑的这样的厚待，着实让我惶恐得很啊。

也许是为了使自己的心灵安妥一些的缘故吧，我于一个冬日的午后，写了一篇《我看〈开卷〉》寄给了《开卷》，无非是想表达一个读书人对《开卷》满心的喜爱。没有想到，这篇文章竟然被湖北十堰的《书友》看中刊登了出来。这让我的心里好不快活——我终于为《开卷》做了一点力所能及的事，我以后再读他们寄赠的《开卷》，也就心安理得、不必恐慌了。

遗憾的是，自从《开卷》在《开有益闲话》里登出了我在《书友》发表《我看〈开卷〉》的消息后，却再也不给我寄《开卷》了。我心里于是有些郁郁：怎么回事？难道《开卷》看起来高雅，骨子里也像当今的某些人一样的世俗——用过人后便卸磨杀驴？如果如此，我恋它还有什么意义？在当今中国，虽然缺少品位高雅的读物，但如果一种刊物竟这样做事，那它的高雅只不过是一种蒙骗俗人的把戏罢了，它的编辑，也就必然的俗不可耐。从此以后，我尽管偶尔会在往月《开卷》到来的日子里想起《开卷》，却并不曾去信向他们讨要。说老实话，我对编《开卷》的那些人已经多多少少有了些看法，而我一向是不愿跟自己有看法的人打交道的。

万万没有想到的是，2003 年 9 月 2 日，我竟意外地收到了久违的《开卷》，当我捧着第四卷第七、八两期《开卷》品读时，犹如与老友重逢，心中竟泛起了一种涩涩的感动。是的,不是《开卷》世俗,是我太世俗了,是我用世俗的心态衡量了并不世俗的《开卷》。于是乎,我深深地责怪着自己,觉得以前的那些不该有的想法,全是对《开卷》的无端亵渎。

于是,我立即拿起笔来给《开卷》的编辑写信,一方面表达自己错怪《开卷》的极不应该,一方面请他们能补寄漏掉的那些《开卷》。在我写这封信的时候,我居然变得十分的理直气壮,仿佛是向自家人要东西一样,一点儿也不觉得难为情了。

大约过了半个月吧,我收到遗漏了的各期《开卷》,同时收到的还有《开卷》执行主编董宁文先生的一枚名片。老实讲,在我的手中,名人的名片可谓不少,但没有一张能让我像把玩董先生的那样把玩良久。是的,董先生的名气固然不如其他人大,但他是一个好人,一个能让读书人想起来心中感到温暖的好人,而这样的好人,这样的编辑,在这个世界上的确是越来越少,越来越少了。有多少编辑不但不给作者寄送样刊,就连稿酬也被他们私吞了。与那些人比,董先生就像他的《开卷》一样的纯真、高洁而温暖。

以上是我对《开卷》和它的编辑想说的真心话,我之所以愿写上面的这些文字,实在没有讨好《开卷》和《开卷》编辑的意思。我只是希望有更多的报刊、更多的编辑能向《开卷》及《开卷》的编辑学习,改变一下目前这种污浊的文化现象,好给读书人一点儿希望,一丝儿温暖。说真的,在一个社会上,如果一些读书人让另一些读书人感到寒心,那这个社会也就实在的没有多少希望可言了。

2003 年 11 月 21 日于京东燕郊·高远斋

(载于蔡玉洗、董宁文编《我的开卷》,译林出版社,2008 年)

《开卷》有益结书缘

[江苏]姜晓铭

2003 年 11 月 30 日，好友于晓明邀我到南京凤凰台饭店参加第一届民间读书报刊研讨会，中午我即赶到南京，董宁文、范笑我、自牧、于晓明、黄成勇、李传新、陈克希、谭宗远等书友已在“老蓉蓉饭店”等候，我与他们神交已久，一见如故。

在《开卷》丛书首发式上见到董健、杨苡、徐雁、刘二刚、速泰熙、宋词、俞律、化铁、赵本夫、速泰熙、蔡玉洗等人对《开卷》的品评。记得杨苡先生一句话：《开卷》是很痛快的，在《开卷》上我们能把自己真正的读书心得说出来。很快我就收到董宁文兄挂号寄来的《开卷》《开卷闲话》题签本、《人缘与书缘》题签毛边本。《开卷》这本刊物是作为凤凰台大酒店开有益斋与读书人联系的一座桥梁，它提供了人与书交流的平台，在这里得到许多书人和书的信息。

2005 年《开卷》杂志创刊五周年时，宁文兄让我写几句话寄语《开卷》创刊五

周年,刊发在《开卷》上,我写了:

《开卷》创刊五年满六十期了,为爱书人所挚爱,为文坛留下史料,为学界所器重,真是:《开卷》有益结书缘,《闲话》有情聚人缘。祝《开卷》越办越好,广开言路,多刊登文坛信息、新人作品,做到老中青结合,史料性、艺术性、新闻性并重。

2005年3月13日

《开卷》的人缘旺聚集了读书界的大家和书爱家,这与宁文兄对书的虔诚和痴迷,谦逊、诚恳和友善有关。读宁文兄《人缘与书缘》"书人书事""书林拾叶"所记文化名流:杨绛、于光远、王元化、周有光、张允和……这都归于他诚心、勤奋的结果。读到他用心待人的真诚和与书结缘的经历,其乐无穷。乙酉金秋,我在北京参加第三届全国读书报刊研讨会,主办者朝阳区文化馆《芳草地》杂志特别安排去潘家园、报国寺淘书。在报国寺我淘到杨苡先生《永远不会落的太阳》后,回来寄给宁文兄请杨苡先生题签,董宁文在2006年《开卷》第七卷第二期"开有益斋闲话"上写道:

日前,江苏兴化姜晓铭寄来《永远不会落的太阳》(苏联短篇小说集,马梅德罕里等著,杨苡译,新文艺出版社1953年5月第4版,1952年2月新1版,1951年5月海燕第1版)让本刊转请杨苡签名,12月14日,本刊派人将书送到杨苡家,杨苡在扉页上题道:

姜晓铭先生：

感谢您淘来这本旧书，使我回忆起五十年前(半个世纪)那些激情的年代！

杨苡

2005年12月14日南京

《开卷》是书香馥郁的园地，是书人集结的茶吧，在这里可以听文化老人负暄琐话，感悟书与人。宁文兄结交天下文人学士是靠他执著的诚心，他们乐意将自己的文章交《开卷》发表。我收到宁文兄寄来倾心编辑的《我的书房》编号题签毛边本时，爱不释手。全书收录绿原、谷林、何满子、周有光、苏叔阳、黄宗江、牧惠、邵燕祥、许渊冲、屠岸、舒芜、王辛笛、方成、黄裳、韩羽、陈四益、杨绛、流沙河等58位文化名流关于书房的感悟文字，董桥、流沙河慨然为该书作序。这本书图文并茂，在装帧设计、纸张的使用、开本上足见宁文兄匠心独具。该书被宁文兄编辑出档次，编辑出品位，编辑出境界，出版后受到爱书人的喜爱和珍藏。

《开卷》浸淫书香，是爱书人的书乡，创刊八年，出刊百期，影响日著。黄裳先生在为董宁文《人缘与书缘》序中写道："宁文在编着一册薄薄的《开卷》，这是一本浸透了书香的刊物，已经得到不少人的称赞了。看那编辑的路数，所收的都是有意思的短文，记录着种种关于书的故事，也不放弃书的周边的人物，凡所触及，都有或多或少的文献价值。以南京为中心，辐射开去，吸引了域内许多作者，构成了文艺沙龙那样的氛围。"《开卷》即将出刊百期，有更多的人走近《开卷》，走进"凤凰读书俱乐部"。

《开卷》出刊八年，已近百期。现在想收集全套《开卷》已不易，我历经几年的寻找多方补缺,《开卷》第二卷一直没有收集到,2004 年 10 月 24 日宁文兄给我寄来《开卷》第二卷合订本,他在信中写道:设法搞了一本也是唯一的一本了。在宁文兄的帮助下我终于收集全《开卷》创刊以来各期杂志;《开卷文丛》第一辑签名本、《开卷文丛》第二、三、四辑题签毛边本,《我的书房》《我的书缘》《我的笔名》《我的闲章》题签毛边本。拥有《开卷》就拥有了温馨和一份安宁的读书天地。

《开卷》一脉相承地传递着浓浓书香,我与《开卷》结下不解书缘。宁文兄是性情中人,我与他年龄相仿又有许多共同的话题和经历,数年交往,书缘让我们成为好友。他每有好书必相告知,必为我留存,必帮我请作者题签,几年来得宁文兄赠其编辑的《译林书评》《书乡》刊物及好书若干。宁文兄书斋原来取名"癖斯居",盖斯人有癖于书,现在书斋名"尚书楼",崇尚读书之情可见。宁文兄给我写过"宠辱不惊去留无意"的扇面,花开花落,云卷云舒,这与宁文兄的性格敦厚不无关系,宁静淡远也是他办好《开卷》的心态吧。

(载于蔡玉洗、董宁文编《我的开卷》,译林出版社,2008 年)

与《开卷》相关的零碎记忆

[山东]薛　原

是在2003年深秋，在南京的一个夜晚，徐雁兄款待，在座的有董宁文和万宇等人，那也是第一次与徐雁兄见面。之前，从1998年秋我开始在《青岛日报》担任副刊编辑，尤其是承担读书版的编辑，已经忘记是如何与徐雁兄联系上的；再之前，我买了他的《秋禾书话》。也就是说，我与徐雁兄的结缘是从做他的读者开始，继而成了他发给我们读书专栏的文章编辑。大约是在2002年，徐雁兄给我一封短信，大意是我的读书文章或相关的随笔是否可以编成一个集子，他愿意收入到他在操作中的一个丛书里。这在我当然是求之不得，因为根本没想到自己的这些文章居然还有出版的机会。这就是我的第一本读书随笔集《滨海读思》，收入在徐雁兄主持的《六朝松随笔文丛》里。正因为徐雁兄的提携，我才有了把自己的读书文章结集出版的可能。与徐雁兄的交往亦师亦友，尽管平时并没有太多的联系。那次在南京，徐雁兄介绍了董宁文、王振羽等书友，还有我的本家兄长薛冰老师，自然也认识了"凤凰台"的老板蔡总。那个夜晚的聚餐，至今印象深刻，徐雁、董宁文、万宇，加上我，我们四个人边谈边吃，徐雁兄说，稍后会推出一份小小的杂志，是凤凰台宾馆主办，蔡老板支持的，由他们几个爱书的朋友一起张罗。

那次去南京，是参加《六朝松随笔文丛》在南京大学旁边的先锋书店举行的座谈沙龙活动，也由此见到了薛冰和陈子善等先生，能与他们在一套丛书里出书，在我自然是很荣幸的事情，但也让我知道了自己见识的低下和文章的浅陋，也领教了如何找寻适合自己的读书和写作的方式。薛冰的微笑，陈子善的风趣，董宁文的内敛，雷雨的直爽，等等，都给我留下了深刻印象。那套丛书之后，蒙徐雁兄不弃，我和他又策划了一套《六朝松艺文笔丛》，那也是我真正涉足编书和出版的开始。这套书里，收入了董宁文的《书缘与人缘》，董宁文给我的印象是沉默寡言，但他的文章却读起来流畅亲切。也就是从南京回来后不久，我收到了第一期《开卷》，在蔡主编之外，列名编委的大多是南京徐雁他们这个爱书人圈子里的师友，例如薛冰、雷雨、万宇等人，当然还有徐雁和董宁文。自此，我习惯了收到《开卷》的享读日子。四季轮流，过不多久，这册小小的朴素的《开卷》就到了我的案头。后来，《开卷》的编委名单取消了，在主编之外，就是执行主编董宁文。也正是从那时开始，与董宁文有了淡淡的交往。再后来，每期的《开卷》就是由董兄直接邮寄来了。

转眼间十多年过去了，《开卷》如一道清澈的溪流，一直在汩汩流淌着。但说实话，《开卷》的作者和文章也在逐渐变化中，如果说前些年的《开卷》还是一些文化老人的"下午茶"，虽然不是经典华章，但往往在老人的一些记忆和感慨中，有一些文坛史料和过往风云的见证意义，有些散片断简，不乏可读可品之处。《开卷》之后，又出现了几种读书类的所谓“民刊”，但在可读和可观性上，都在《开卷》之下。《开卷》也因此又有了延伸的出品，例如那些老先生的作品结集。正因此，我觉得《开卷》的意义其实更在这些《开卷文丛》的出版上。这也是《开卷》坚持这些年来最大的收获。这几年尤其是现在，因为随着老辈凋零，在《开卷》上喜欢露脸的那些文化老人逐渐少了，主体文章的作者渐渐变成当下活跃的书话类师友。其实，这对《开卷》来说，其特殊的气息已经在逐渐单薄，因为这些作者已经无法与之前的那些老辈文化人相比，像长沙钟叔河和成都流沙河这样的老先生已经凤毛麟角。当然，这也是《开卷》的无奈，毕竟随着时间流逝，老辈凋零是自然规律；但是，如果《开卷》仅仅以当下的爱写书话和写读书评论的同道的文章为主，其原有的优势和特色会逐渐消退。这不仅是《开卷》的遗憾，也是作为读者的我们的损失。

谈《开卷》，不能不谈董宁文，从某种意义上说，《开卷》成就了董宁文，但反之，董宁文也让《开卷》的持续变成了可能。记得有次与徐雁、董宁文谈起编书约稿的话题，谈到一些老先生的不容易打交道，我感慨说，若换了我，我宁肯不做，也不会再登门看老先生的冷脸。徐雁兄打断我的话说，这点就说差了，你想想若不是有宁文兄这样委屈自己再三再四地一次次登门，这些老先生怎么可能留下这样的墨迹！徐雁兄谈到了一位当时已经成为海内外“显学”的大学者，正因为有董宁文的再三恳求，才写下一幅书法。这位学者的正规“墨宝”留下的很少。董宁文对此只是笑笑。董宁文对许多话题始终报以平淡的“笑笑”，这也成了他留给我的深刻印象标记。《开卷》现在的主办方已经从最初的南京“凤凰台”，之后的“卧龙湖”，再到现在的天津“问津”，这中间的波折和苦衷，董宁文兄当有无尽的可说与不可说，但不管怎样，他当是在泪与笑的执着中做着他的《开卷》梦……

（载于2015年4月10日《青岛书评》）

十五年来读书事

[浙江]子　张

《开卷》问世之初，我尚居岱下“海岳书屋”，其时已与十堰的《书友》有联系，再早还与四川的《读书人报》有过来往。查日记，自己最早给开卷投稿是2002年上半年，是与吕剑《关于〈芸斋书简〉的通信》，见载于当年第八期。这年9月，我自山东移家旧时钱塘，所写第一篇文稿《〈枥斋余墨〉伴我南行》，又刊于翌年的《开卷》第一期上。同年第三期、第十一期还刊载了《追念吴祖光先生》《〈吕剑自抄十九首〉志感》。2004年也有两篇小文见载于《开卷》，分别是《严家炎与金庸武侠小说》和《牛汉与蔡其骄》。2005年又有两篇：《唐湜：最后的浪漫主义者》和《我是否理解巴金？》。

这样，在我与《开卷》结缘的前四年里，共在《开卷》发表八篇短文，密度甚高。此后也至少每年发表一篇，加上被宁文载入“开卷闲话”的那些零零碎碎的感言和信件，以及先后被收入公开出版的“开卷”系列书籍的各类闲杂文字，直到为

《开卷闲话七编》撰写短序和去年分别加盟“开卷文丛第三辑”“开卷闲书坊”，我以此自视为不折不扣的“开卷”忠实作者应不算言过其实吧？

《开卷》出刊十五年，我为自己能与之相伴而增加生活的富足和喜乐。细细想来，其实总是有其内在缘故的。这些缘故，我在不同场合有过不少表述，在此勿需重复。简而言之一句话，可能就是《开卷》始终如一的风格恰好在某一层面上与我对读书、写书、藏书的期待相吻合。我没有生活在19世纪的欧洲，也错过了中国文化史上奇异的“民国”时代，而只能无可选择地在一个“斯文扫地”的枯寂、贫瘠时代长大，又赶上了一个“由衰转盛”的文化再生(或曰复兴)时期，一己的审美情趣与文字梦想只能在这个特定的背景上跌跌撞撞地寻求那一刹那的因缘际会。遇不上，也许就此一辈子客串“假面舞会”；遇上了，则也许就此发掘出真实的自己。假如当初不曾与《开卷》订交，我当然就不可能是今日之我，至少我的身份、色彩将另有一番合成，不似今日之子张了。天上掉下个林妹妹，半路杀出了程咬金，人生，有时就是这样充满了奇谲的际遇。

去年是我的另一个“开卷”之年。上半年忙于《一些书 一些人》和《清谷书荫》的校改，下半年则忙于两本小书的发行，先后与两套书的其他作者参加了上海、北京、无锡三地的首发和品读活动，也借机认识了不少新的书友。无论是《一些书 一些人》还是《清谷书荫》，也都得到了不少朋友、读者的认可甚至高评，看到的人无不赞叹这两套书装帧设计的别致、高雅。我三十年前的一位老师跟我说，此生能出版这样一本书，于愿足矣！另一位友人还在他编辑的报纸上用一个整版的篇幅介绍这两本书，让我感到友情的温暖。在此，我也向两本小书的编辑出版者、读者特别是策划者宁文兄再道一声：谢谢！

自然，我只是《开卷》众多读者、作者中的一位。积累到今天，《开卷》由一册小小的、朴素的民间读书杂志，已发展为蔚为大观的“开卷”现象甚至“开卷”集群，值得读书界、出版界、学术界深入观察和研究了。我也不止一次在不同场合说到，“开卷”已然成为当代读书文化一个无可回避的历史性成果，在切切实实地充实、丰富着我们自己所属的这个时代。正是从这个意义上说，《开卷》创造了它自己的幸运，虽然没赶上民国的“客船”因而做不了《学衡》，也做不了《新月》或者《语丝》，但却做了有特定内涵和外延的南京《开卷》，这还不够吗？

十五年来读书事，缘结几个素心人；

喧嚣过耳松石静，忙里偷闲看浮云。

以二十言，为《开卷》寿。

2015年1月22日，杭州午山

《开卷》三题

[江西]易卫东

我和《开卷》结缘始于2007年,一晃已经十年有余了。前后写过三题与《开卷》有关的文字,我也从《开卷》读者而为有幸客串过两回的作者,一如既往,我是《开卷》的忠实拥趸。当然,惭愧得很,对《开卷》历程或《开卷》现象,都无力研究,把这三篇文字列在一起,文末都保留了作文的时间,也许算得是《开卷》成长的一份见证。在关于《〈开卷〉二〇〇期》的那篇文字的起头一段,我说了自己的一点小小的不满意,后来知道,这一册特刊的装帧、用纸、彩印都有设计师特别的设计理念,也可见得我这个读者的外行。为了存真,文字就不修改了。

一、我的《开卷》

两年前,我在书店里见到《我的书缘》和《我的书房》,觉得这样的书编得实在好玩，就想这《开卷》是份什么样的杂志，怎么没见过呢？董宁文是什么人，怎么从没听说过呢？我对好玩的书不止好奇，还想弄个究竟，也想见识见识这位编辑先生是何方神圣，竟能调动如此之多的学界大佬，为他编的书撰稿。于是就上网搜索。网络真是好，没有找不到的人，没有找不到的地方，毫不费力就知道了《开卷》编辑部的地址。于是就给宁文兄写去一封短信，并附上一则短文《也说书缘》。

董先生尊鉴：购读尊编《我的书房》《我的书缘》，大有兴味。偶有所感，得一小文《也说书缘》，奉呈聊博一笑。我是一名中学数学教师，业余读点闲书，聊胜棋牌之乐。每读一书，在书后附识感受，短的一两句，长的也不过百十来字，《也说书缘》是这些书后附识中破天荒第一长文，文字虽无足观，倒是自己书缘之源。我偏居一隅，闭目塞听，无缘得识《开卷》，想以此小文，换《开卷》一册，未知可否有此缘分。敬颂编安！ 易卫东上 2007-1-10

半月之后，就得到了回信。

卫东兄：大札拜悉，《也说书缘》也读了，自然亲切，很受教益。遵嘱奉上拙编数册，供暇时闲览，并乞不吝赐教。小刊已编了近八年，书缘是贯穿其中的一根主线。今天又得兄之书缘，何其幸哉。今后我们可多多联系，互通讯息，共沐书香。顺颂 撰祺！ 宁文于金陵 2007 年 1 月 20 日

抱石先生新余奇人，常住金陵，我亦喜其画，又为一段缘矣。又及。

我赶忙回信致谢。

董先生尊鉴:大札敬悉。承惠赐《开卷》五册并何卫东先生《远方》,感甚感甚。《开卷》清雅可喜,所刊文字均合唐弢先生所谓书话应有的一点掌故,一点事实,一点抒情气息,捧读把玩再三,不亦快哉。我在当当网上订购的《人缘与书缘》等书各册,竟同于今日到手,此奇缘也。日前整理书架,得一小文《读书又一年》,敬呈指教。我在中学教的是学生深以为难的数学,加之高考指挥棒让老师和学生都疲于奔命,忙里偷闲读点自己喜爱的书籍,久不作文,文气尽失,幸勿见笑。另汇书款,请代购尊编《我的笔名》一册(毛边编号本尤佳,烦请签名,以为珍藏)。余款以购往期《开卷》可也,想来难拥全璧,得其大略,吾愿足矣。敬颂编安!卫东敬上 2007-2-2

我的比附也许不对:我猜想做杂志的编辑,大概跟做买卖是一个道理,就讲究个童叟无欺,近悦远来。单凭这及时回信,敬奉样刊,就够使读者温暖、作者信任,这样的刊物有这样的编辑,它不兴旺都难。一个刊出近八年的杂志,可恨我才得见识,实在是相见恨晚。于是立即行动,索要过刊。我一时糊涂,以为身为执行主编的宁文兄要把过刊找齐了寄给我,那还会是个难事?全没想到《开卷》如此教人喜爱,要收齐过刊诚非易事,再说人家一趟一趟地跑邮局,又费劲还费钱呢,才大骂自己笨死了,该找编辑部办事人员才对呀。这样就汇款到凤凰台书吧,求购《开卷》的合订本。可是只得到 2006 年一本,还偏巧有印装的错误,心想一事不烦二主,还得请宁文兄帮忙。

董先生尊鉴:由韩洁寄来《开卷》2006 年合订本收到,直令喜心翻倒,捧读至深夜,快何如之。此册合订本有一印装错误:2006 年 12 期与 10 期相间印制,即从第 12 期的封二起,两面为第 10 期文字,两面又为 12 期文字,如此轮流,直至卷尾,错得倒也别致有趣。《开卷》每期一个印张,第 10 期与第 12 期印刷时间相差有一月吧,如何竟在一个印张上呢?不免奇怪。您第一次惠赠《开卷》时,其中恰有2006 年第 12 期,故合订本不影响阅读也。可勿念。今检点得手之《开卷》,计有 2005 年第1、3 期,2006 年第 11、12 期及合订本,2007 年第 1、3、4 期。则今年新刊缺第 2 期,请赐一册,以为全璧。至盼。(弟喜爱《开卷》,不免得陇望蜀,贪而无厌,请勿怪也。)敬颂编安。易卫东上 2007-5-3

承宁文兄帮忙,经过书来信往几个来回,我终于购得《开卷》2003、2004、2005 年合订本,同时又得到所有宁文兄能找到的过刊,甚至还竟找到了创刊号,实在让人喜出望外。宁文兄所编的“开卷文丛”和“我的”系列,也都获藏,还颇弄到几种毛边题签本。可是宁文兄也说,早期的《开卷》已不易找齐了。

可是,爱书的人,对书的占有欲,永远也不得餍足。古人云,见已读书如逢故友,我读《开卷》合订本,每有故友重逢的快慰。觉得这样好玩的一份刊物,不能收齐一个整套,实在是一种缺憾。正是斯人有癖,见猎心喜,得陇望蜀,欲求圆满的心理一直作怪。我终于把到手的《开卷》排列开来,理出所缺的卷期,在博客上发一个“求全”的信息:请有复本的书友赐赠。

先是袁滨兄赐寄两册。还缺十来册呢，当时想来无望补全了。过了几个月，南京书友夏雷鸣兄留言说可找止水先生一试。承雷鸣兄费时费神，几番周折，正月初三日终于收到《开卷》过刊一包十余册，隔了两天，又收到宁文兄寄来2009年的《开卷》新刊。这是这个春节里收到的最让我开心的年礼，我细细赏读，把玩不已，又搬出书架上一摞《开卷》重新翻检，心里充满了书友情谊的温暖。

我的《开卷》，还缺第一卷第六、八期，第二卷第二、五、六、七、十期。不知何时能成全璧，还请存有复本的书友帮忙。先谢了！

2009年2月6日于有不读斋

二、我与《开卷》的书缘

宁文先生说，《开卷》十五周年了。我也想写一点文字，表达一个读者对《开卷》的敬意。

我是偶然在书店里买到《我的书缘》和《我的书房》，才第一次知道有一本叫《开卷》的小刊，有一位叫董宁文的编辑，得到了读书人众口一词的赞誉。那已经是七八年前的旧事了。那个时候我只知道自己读书玩儿，连博客也还没有玩儿过，周围也没有什么特别爱书的朋友，以为"环球同此凉热"，大家都忙着奔小康去也，读闲书的人大约成了稀有动物，也就没有想过要用什么办法联系同好。读了《我的书缘》和《我的书房》，觉得董宁文先生十分神奇，不免好奇，就在网上搜索，终于查到了《开卷》和宁文先生的联系办法。

还真是有缘千里来相会，不多久宁文先生到进贤参加读书年会，在返回南京之前有一天时间在南昌逗留，恰逢周日，于是相约一见。我清早赶到南昌，给他发短信，他说在孺子路的一家酒店，我又赶到那家酒店，在一楼的大厅等他。他下楼，径直向我走来，我们握手，说话，竟然没有自我介绍，好像是故友重逢。

那一天很愉快。我还见到蔡玉洗先生和金实秋先生，我们一起去文教街和青苑书店淘书，又见到刘经富先生。我把带去的书请他们签名，还留下两本书在南昌的书友家，请第二天会到南昌来的薛冰先生签名。那是我第一次与《开卷》的编者接触，心里清澄，为人朴实，待人诚恳，这是他们留给我的印象。这样的人编辑的杂志一定好看。

此后是每两个月一次的《开卷》如期而至。我每一次收到的《开卷》，信封都是宁文先生手写的，我后来还听说，宁文先生一次要寄出几百上千份《开卷》，每一个信封都是手写。我会常常为老实人的笨办法所感动。每一次收到《开卷》，看到信封上熟悉的笔迹，我会连信封一起收存，同时也收存起一份温暖的友情。读过了《开卷》，会偶尔发个网信或者手机短信，说一点读后的感受；有时候突然想起一点什么心得，也会与宁文兄交流。过不多久，每每发现自己说过的话被收在刊尾的“开卷闲话”里，这样，就觉得自己也汇入了一个无形的《开卷》群，那里面讯息丰繁，众声喧哗，有点评，有随感，有质疑，有交流，甚至还会有点牢骚，间或也会有人矫情，很有看戏过后溜进后台的快慰。

2010年4月，《开卷》十周年的座谈会在南京召开，我也获邀与会。第一次见到许多心仪的学者作家，兴奋莫名。座谈会上各抒高见的，当然都是《开卷》的发起人、参与者，或者资深作者，我这个普通读者只在一边听个热闹；冷不丁被蔡先生点名，让我也说两句，我毫无准备，只能略表谢意。这一些，都是《开卷》留给我的美好的记忆。

时间过去真快,这就又过了五年了,我认识的《开卷》已经十五岁了。

这七八年来,我两个月收到一次《开卷》,好像成了一件理所当然的事,全没想过操办的人要承担多少麻烦琐碎,备上何等细致周到。后来与宁文先生联系稍多,更是不生分地提出各种要求,又是要某本书的毛边本,又是要谋签名本,乐此不疲,宁文兄也不厌其烦。我的时间,只分成了读《开卷》和等待《开卷》。

这七八年来,我两个月读到一次的《开卷》还是那样素朴雅致,尽管一路艰难,两易其主,编者仍不改初衷,坚守在自己的小园地里默默耕耘。一个印张的《开卷》不分专栏,对文章的内容,似乎没有特别的要求和限制,似乎又明明是有一种特别的标准。我们偶尔写一点文章,不敢轻易给《开卷》,怕质量不高,有污它的清誉;可是如果有文章刊在《开卷》,我们又分明是以此为荣的。《开卷》不仅致力于推广阅读、传播书香,还有抢救史料、修补记忆。我们看到,十五年的《开卷》,皇皇八卷《开卷闲话》和近百册的"开卷文丛",涓涓细流汇成大海。

我还记得曾有人说过,《开卷》是有病的人办的杂志。此病无他,书癖是也。沉迷书香,执着成癖,独有书癖不可医;大家乐于被传染的,是《开卷》的包容、沉稳、蕴藉和坚持。让我们都以此为理由期待它的下一个十五年,再一个十五年。

2015 年 3 月 15 日 有不读斋

三、《〈开卷〉二〇〇期》

刚收到《〈开卷〉二〇〇期》的时候,不免有点愣神:这么厚的一本,只是小 32

开，翻读起来，可能会不方便吧。可是真读起来，倒也不觉得难受：背胶薄，锁线细密，书页几乎可以平展开来。无怪董宁文兄说“这个很惊艳”。我个人有一点小小的不满意，是“日志”部分的彩纸，似乎太薄了一点，还有“人物”部分的照片，不是很清晰，不能尽显人物的风采。当然，这些都不能说是此书的瑕疵，而只是我个人的好恶。

我们来说说它的好。

《〈开卷〉二〇〇期》，可算一份《开卷》特刊，要说最值一赞的“好”，当然是创意。《开卷》创刊至今，十七年，二百期，做一个特刊来纪念它，是能够想到的；特刊做成这个样子，不能不说，这个创意太赞了。

《开卷》自创刊以来，一直得到书友的交口称赞，有很多人是以收齐全套《开卷》为幸事的。我就是《开卷》拥趸之一，曾专门写过一篇文章贴在博客上，历数自己所缺的期号，以求补全。后来幸得南京雷鸣兄割爱，甚至还收得创刊号，然而至今仍有遗珠之憾耿耿于怀。我就听说，真正收全《开卷》的书爱家，似乎屈指可数。倒不是说《开卷》之不易求全所以宝贵，而确实是十七年来，《开卷》以其固有的淡定和自我坚持的风格，征服了挑剔的读者。

谓予不信，你读读这个《〈开卷〉二〇〇期》特刊里的“年谱”部分，“日志”里有《开卷》十七年清晰的脚印，“众说”中是读者热切的赞美和中肯的建议，而《开卷》的读者之众，真可谓地无论南北，人不分老幼。除了《开卷》，你很少能看到一份素面的小刊，能收获如此众多的赞誉。

“总目”和“人物”两个部分，是今后人们研究《开卷》的第一手资料，所以董宁文说，《〈开卷〉二〇〇期》是一部“《开卷》小刊的工具书”。我就想以这部工具书中的“总目”为依据，把自己所缺各期的篇目标注出来，然后再从网上搜寻，试图在自己的文件夹里建立一个“《开卷》遗珠集”且以疗饥，只是正赶上开学初的忙乱时段，只有想法，尚未落实也。人同此心，心同此理，我猜想那些和我一样热爱《开卷》的朋友，一定会从“总目”入手查找自己久矣欲读的华章，从“人物”里的“作者索引”入手，了解《开卷》的作者群和朋友圈，由点而面，也许真有一天，文学史的研究者或期刊史的研究家们，会提出“论《开卷》派之形成及对当代书话之影响”这样的课题。

十七年的《开卷》，作者已经换代，读者渐次更新，而这份刊物仍然能得到读者的持续关注，除了《开卷》本身的缘故，还有赖于不断推出的《开卷》衍生作品。从“开卷文丛”到“凤凰读书文丛”，从“我的系列”到“大家文库”，从“开卷书坊”到“开卷闲书坊”，一个一个专辑的推出，让《开卷》的气场得到积聚和提升，让《开卷》派的风格渐趋稳定，也让《开卷》的读者怀有更多期待。现在，这些文丛的“序跋”集结在《〈开卷〉二〇〇期》特刊里，如果你要熏染《开卷》的“气”，如果你要了解《开卷》的“派”，如果你要深入《开卷》的“圈”，那么，细读这本《〈开卷〉二〇〇期》之“序跋”，是你的最佳选项。

十七年，不短也不长，《开卷》还是那个《开卷》，仿佛一株小草，“草色遥看近却无”。可是，当你回首，当你注目，你会看到，她是那样的生意盎然，丰姿绰约。

2017年8月30日 有不读斋

开卷·闭卷

[江苏]张昌华

古人云：十年树木，百年树人。鄙人学舌：百期树刊。

《开卷》已届百期，日臻成熟，形成了自己古朴、淡雅、平和的风格，拥有一批长期读者和品位不俗的作者，在全国同类刊物中享有相当的知名度，颇有点“大哥大”的味道，值得称颂，更应道贺。

我是她的长期读者，缘于各种因素对她持有一种偏爱，几乎每期必读或必翻，套用一句时髦话，是她的“粉丝”。

《开卷》的创办、成长，得益于天时地利人和，具体地说，当初是玉洗先生为营造风凰台饭店的书香，一如既往，拿出出版家的气魄，拍板上马，兼得宁文先生的敬业和圈内友朋的援手，得以成功。她不仅提高了饭店的知名度，而大有书香胜于菜香的味道。记得好像在纪念《开卷》五周年的座谈会上，我不识抬举，放了一炮，对物欲横流的当今，鉴于《开卷》不走市场，受众囿于国内人士的弊端，她还能否固守这方净土表示怀疑,并抛出"红旗到底能打多久"的悲观论调。我说完后,玉洗接过我的话题说"不必过虑"。是的,玉洗一言九鼎,刻下九言谅也未必能"鼎"(顶)几何。故我仍怀疑,《开卷》能否继续"开"下去,"开"多久,是个未知数。且即令"开"下去,如何"开"得更好,如何"开"得更上一层楼,也是个问题。话得说回来,一家民营刊物出了一百期,且声誉不俗,当算是功德圆满了。

编者于公于私都问心无愧了。既时过境迁,我建言见好就收。应运开卷是智慧,适时闭卷是通达。我看《开卷》的人气已渐式微,若此时闭卷,是闭得是时,闭得其所。人或物之价值并不与寿命长短成正比,我们不曾记得身边有家刊物,只出二十来期就画句号了,然二十年过去了,老读者说起仍津津乐道,似乎成了绝响;倘若那刊物延续到今天,恐怕也是苟延残喘。再看那些享有百期、几百期者,又怎样? 十九徒有"历史悠久"之虚名。

《开卷》向来不搞一言堂,编者是有雅量的,恕我不恭,在这大喜的日子里说了这番令人扫兴的话,闭嘴……

2008年3月26日

(编者按:此文为作者在《开卷》创刊百期座谈会上的发言,一直未曾公开发表。时过十年之后刊出,以存一份资料矣。)

《开卷》的启示

[南京]董宁文

蔡玉洗先生作为江苏出版界新时期以来比较有魄力与影响的出版人，无论是在江苏文艺出版社，还是在译林出版社，都做出了不俗的业绩。20世纪90年代末，因工作需要，曾到出版集团所属的凤凰台饭店担任总经理。经过近两年的调研，最终他将文化情怀注入饭店，把出版文化资源嫁接到饭店，从而与其他经营性酒店拉开距离。在2000年初，蔡先生将饭店五楼近两千平方米的地方拿出来设立了书吧、美术馆、茶馆、英语沙龙等，并且在书吧内成立了凤凰都市俱乐部，作为俱乐部会刊的读书杂志《开卷》也在那年4月创刊。

这一系列的举措，旋即在业内以及文化、出版部门引起较大反响，从那以后，凡是入住饭店的客人，除了可以在五楼享受到文化服务之外，还可以随时取阅客房书架上的书籍。

在一系列文化品牌的不断深化之中，那本不起眼的、只有一个印张、素面朝天的读书刊物《开卷》,起到了不可小觑的作用。这本刊物创刊至今已持续出刊180多期,国内文学界、文化界、学术界、艺术界、教育界等数百位专家、学者为其撰稿,读者遍及中国各地,遥远的美国、新西兰、澳大利亚也有对此刊物感兴趣的读者。

这种文化现象,其实就是全民阅读的一个小小的侧面,从中我们不难看出,只要是有文化价值的优秀的东西,就会有读者爱读,并从中得到教益与启发。在当下全民阅读推广的进程中,回想一下蔡先生十余年前的一些做法,真是值得我们思考和借鉴。不妨设想一下,那时候他拿出两千平方米的经营面积出来搞阅读推广,实际上也是冒着很大的风险,因为饭店是有经营指标的。如果那些地方都改造成客房、餐厅,肯定会取得很好的经济收益。但是,反过来一想,就是因为文化情怀的注入,凤凰台饭店才会在社会上取得很大的影响,从而带动经济效益的不断提升。

这本被媒体称为"小小《开卷》,做出大家文章"的杂志,除了高端的作者阵容之外,还拥有优秀的编辑及编委团队。今年5月,一起参加由天津市新闻出版局与今晚报社主办的中国阅读推广高峰论坛的徐雁、薛冰,都是南京的实力派编委,王稼句和陈子善两位先生是刊物的外地编委,从这个编委阵容不难看出《开卷》十五年所取得成绩与影响的原因。

通过编《开卷》,十五年来,我总觉得阅读已经在很多人的生活中生根发芽。我们经常接到各种层面的读者索阅这本读书杂志的请求,于是我想,阅读的传统是不会轻易丢失的,传统的文脉也不会断。至于如今阅读受到互联网影响这个问题,理性地说,这是大势所趋,不可避免的,这也是世界发展的趋势;但是选择传统纸质阅读的人还是非常多，这个确实不需要太担心。而且，像《开卷》这样的民间读书杂志在国内非常多，所以说，爱阅读的民间力量是很绵长的，具有滴水穿石的作用。

蔡玉洗先生作为《开卷》的主编，在这本小小读书刊物的成长过程中起到了不可或缺的积极推动作用。现在虽然他已退休多年，但他在出版生涯中办的两本杂志，都产生了深远的影响，一个是《东方纪事》，一个就是《开卷》，一大一小，特别有意思。

（载于 2015 年 9 月 12 日《今晚报》）

文林当识董宁文

[湖北]李城外

和宁文相识十余年了，都是在全国民间读书会年会上见面。印象中的他是四方脸、小平头，加上一口轻言细语的南京话，煞是动听，颇好亲近。早知道宁文乃民间读书年会发起人之一，时常主持一下会议；还知道他草根出身，却多年坚持一个人的文化苦旅；更知道他主持的民刊《开卷》誉满书林，文朋书友遍四方。

今年五一，我出差到南京，计划有三：一是访在省市党校工作的中央党校同学，开展校际合作；二是参观中国特殊教育博物馆，交流向阳湖文化和五七干校研究心得；其三便是会会董宁文，因为他在我的心目中，亦是南京的一道文化风景。

别以为我在夸大其辞，且看以下一组内容：一、《开卷》已出刊 192 期，装帧有《中华活页文选》之风，让读者一见倾心；二、此刊高品位，高格调，高门槛，作者大多为知名作家学者，堪称“超豪华阵容”，影响在读书刊物中名列前茅。浙江嘉兴出过《秀州书局简讯》,曾洛阳纸贵,可惜后来阵地失守,留下一声叹息。三、宁文主持出版过几套读书文丛,遍邀作家文友加入,为传播书香文化立下汗马功劳。他的理念是“不求赚钱,保本就行。乐在其中,吾心足矣”;四、他以一个读书人和出版人的慧眼,推出自己的日志《开卷闲话》,已达十编,排起来成一个小分队,可读耐读,尽览文情、友情和书情;五、宁文表面风光背后,所用功夫可是了得!他集《开卷》之编、校、发于一身,每期邮寄全国各地书友多过五百余份,尤为难得的是,信封上地址和姓名均为他钢笔手写。据他说,只是为了收信人感觉比打印更亲近些。算算一笔账吧,十余年积累下来,他光在信封上“封面题字”就多达十万余次。不是名人,胜似名人吧。也许有人笑他傻,可我认为,这便是一种文化自觉和文化担当。在当今咱们中国浮躁的文化圈里,这种人不是越来越多,而是越来越少啦!

闲侃宁文,至少有两点启示。比如,一个人一生只要坚持不懈,努力做好一件事,定能出类拔萃。又如,一介布衣心中有梦,一辈子从事高尚的文化事业,自会赢得大家发自内心的钦敬。

此次南京之行,来去匆匆。与作为地主的宁文一晤,感觉与过去自是不同。我问他怎么不是“全国书香之家”,答曰没有参评。窃以为不是他不够条件,而是南京有关部门的工作一时疏忽,才放过了这条“漏网的大鱼”。

有点遗憾的是,没时间去他的书房参观,下次弥补吧。

(载于 2016 年 7 月 13 日《藏书报》)

《开卷》十五岁，翩翩少年矣？

[南京]董宁文

《开卷》十五岁了，俨然翩翩少年矣。

一册小小的读书刊物《开卷》自 2000 年 4 月在南京创刊以来，不知不觉中已走过了十五年的历程。回想创刊前后那段温馨而又充满书香意味的日子，着实令人回味绵长。那段时间，玉洗、止水、秋禾、子聪等五六位或七八位朋友常常在开有益斋碰头，筹划《开卷》创刊的设想、作者名单、刊物定位、稿件组织、活动开展等诸多话题。除此之外，也往往兴之所至，畅聊书人书事、读书感悟、淘书所获，亦或趣闻轶事，其乐也融融，其兴也勃勃。那个时候，众位年岁大都在中青年之盛年，精力也好，时常乘兴而来，尽兴而归。

十五年来，每月一期，不紧不慢，至今已出刊一百八十多期。2008 年 7 月，从《开卷》创刊一百期中所刊文章中精选而成的《凤凰台上——〈开卷〉百期珍藏版》和二三百位作者所写有关《开卷》种种的文章组成的《我的开卷》两书由译林出版社出版。不久之后，分别在南京和北京召开了《开卷》创刊百期座谈会，学术界、文学界、艺术界的数十位知名专家学者与会，对《开卷》百期所做出的努力给予了中肯的评价，百余家纸质媒体及相关网络媒体对这场文化盛会予以了充分的报道，获得了较好的社会影响。在当年底揭晓的 2008 年度“中国最美的书”评选中，两书以其独特的文化内涵及装帧设计而获奖。

在《开卷》创刊十五周年之际，我们又编辑出版一套《〈开卷〉十五年精选》，将《开卷》历年所刊发的精粹之作呈现给广大读者，并以此对十五年历程作个小结。我们还在南京举办了《纸香墨润——当代学人墨迹展》，并召开了创刊十五周年座谈会。这，就是这本小小刊物的庆生方式。

十五年来，《开卷》汇聚了国内数百位学术界、文学界、艺术界、出版界的知名专家、学者为刊物写稿，其中还因一百多位德高望重的文化老人的加盟，彰显了《开卷》所特有的品质与品位。这些老人中既有王元化、流沙河、朱正、钱伯城、何满子、吴小如、黄裳、鲲西等学者，也有范用、王世襄、钟叔河、黄宗江、黄永玉等出版家、剧作家、画家，还有杨宪益、杨绛、绿原、屠岸、李文俊等翻译家以及谷林、朱健等文坛隐士。中坚则有董桥、陈子善、扬之水、止庵、王稼句、薛冰、徐雁、谢泳、伍立杨、龚明德、张放、徐鲁、唐吟方、张瑞田、许宏泉等数十位作者，还有严晓星、眉睫、朱航满、陆蓓容等青年才俊。《开卷》的作者涵盖面广，品位纯正，这或许就是《开卷》之所以得到读书人喜爱的原因之一吧。

这些年来，《开卷》所走过的路虽然不是那么一帆风顺，但却还是在那么多热心作者、读者的关心、爱护、扶持下，没有一刻停歇地走过来了。记得在 2008 年《开卷》创刊百期的时候，90 岁的翻译家杨苡先生说：“我欣赏《开卷》，它像是能放在衣服口袋里的一个小小的文艺沙龙。”她的这句评价很贴切、很传神，我很喜欢。在《开卷》创刊十五周年的喜庆日子里，《开卷》的微信号应运而生，我觉得这句话就更贴切了。《开卷》真的可以“放在口袋里”了，我们大家之间的距离更近了。

我有时觉得，《开卷》是一片土壤，《开卷》作者的文章就是这土壤上的花花草草，而读者的支持就像是浇灌。有了这浇灌，土壤才更肥沃，花草才更美好。

明天的路将如何走下去真的不是很明确，但是我们相信，《开卷》有这么多读者的支持和呵护，总还是会一步一步地向前迈进的。或许走得仍然不会太轻松，但总是会有希望的。我始终觉得明天会更加美好！

2015年5月26日晚于开卷楼

（载于2015年7月17日《宝安日报》）

“开卷楼”题写记

[北京]魏　彪

《开卷》杂志创刊15周年之际，得到主编董宁文先生的邀约，请我为《开卷》15岁之贺题写“开卷楼”三字。

得到约请，心里惊喜而惶惑，因为在我心里，这个清雅宜人的小刊物非同凡响，它虽然只是一本并不公开出版的的内部传阅小刊，但影响面之大超乎想象。在这帧小刊里，蕴藏的却是大雅、大文、大道，带给人的是出奇的安宁、干净、有味。看看为其供稿的这些文者就可见其一斑：从创刊号起始，《开卷》就汇聚了国内的众多文化老人，杨绛、黄苗子、黄宗江、王世襄、叶至善、范用、丁聪、丁光远、吴小如、黄永玉等文坛和艺坛大家都为其供稿。可以说，《开卷》汇集了国内最为优秀的读书人，“这本小刊物所载大都是文史类的文章，史料性、知识性、可读性是其基本面貌，《开卷》的作者基本都是读书人，刊物也就天生具有了书卷气”。

在15年的坚守中，《开卷》已不仅仅是一个刊物名，还成为了一个在业界有重要影响力的文化品牌。

《开卷》，这份深得众多文化老人和圈内外读书人认可的民间读书刊物，因为一个人的坚守和付出，令这个浮华躁动的时代葆有一个特别的容许宁静阅读、心灵自守的角落。这个人就是董宁文先生。在这个瞬息万变的时代里，他就是以这份从容安静的韧劲，坚守着与《开卷》不变的约定。这一坚持，已然 15 年。

15 年，1 个人，1 本刊，子聪兄将《开卷》做成了一份事业！祝福你！

2015 年 6 月 10 日

子聪话题二十五则

[陕西]李韵豪

一

子聪(董宁文)的外貌一如他为人做事,没有任何人为的修饰和夸张,朴素至极。但他却有一个豪华的"朋友圈":杨绛、杨宪益、黄永玉、王世襄、范用、于光远、绿原、黄宗江、丁聪、方成、周有光、黄裳、韩羽、流沙河等等。(此篇转自刘春杰《我的朋友董宁文》)

二

常想,今天,在中国,谁又能将这样一本只有一个印张的小刊编得如此有滋有味? 没有。只有宁文。常想,今天,在中国,谁又能把这样一本只有黑白两色的

民刊办得如此多姿多彩，而且一办十多年？没有。只有宁文。（此篇转自周实《开卷闲话八编》序）

三

《开卷》是南京董宁文主编的一本刊物，每期不过数十页，但内容丰富，名家文章荟萃，在读书界颇有影响。《开卷》所拥有的作者、读者资源让人羡慕，这不是一般人能为，而其坚持十五年，更令人敬佩。（此篇转自方韶毅《〈开卷〉是榜样》）

四

刊登于读书民刊《开卷》最后几页的“闲话”早已经成为众多《开卷》读者最钟爱、最期待的栏目。（此篇转自毕亮《最是书香能致远——读子聪〈开卷闲话八编〉》）

五

《开卷》杂志创办十五周年了。一转眼，这本薄得不小心便怕撕坏的幼小杂志，竟长出壮小伙的模样。难怪流沙河先生题词：“但愿二十年后，仍是一条好汉。”（此篇转自姚言《〈开卷〉十五岁啦》）

六

十五年来读书事，缘结几个素心人；喧嚣过耳松石静，忙里偷闲看浮云。（此篇转自子张《十五年来读书事》）

七

正是因为有着浓浓的人文情怀，《开卷》吸引了很多文化大家。比如季羡林、施蛰存、黄苗子、杨宪益、范用、黄裳、何满子、周有光、杨绛、朱正、钟叔河、流沙河等人，都曾是《开卷》的热心作者。（此篇转自 TrustMe 创意国际所摘编的《小小〈开卷〉，做出大家文章》）

八

《开卷》的真正价值，大约要到数十年、上百年以后才会凸显出来，那就是“记录物化时代的优雅”。《开卷闲话》必然也将和《开卷》一起，等着日后被重新估价。（此篇转自毕亮《有韵味的闲话》）

九

《开卷》，这份深得众多文化老人和圈内外读书人认可的民间读书刊物，因为一个人的坚守和付出，令这个浮华躁动的时代葆有一个特别的容许宁静阅读、心灵自守的角落。这个人就是董宁文先生。（此篇转自魏彪《“开卷楼”题写记》）

十

每期杂志印制出来，董宁文都会亲自把杂志寄给作者和读者。他一笔一画地抄写下每个人的地址，一一寄出去，有的读者连寄了三次还是收不到，董宁文还会再寄，“如果算每期寄给五百人的话，我这些年寄的信也有10万封了。”董宁文从来都是自己亲自写地址、名字，他觉得那样更透着温暖和亲切。（此篇转自范笑我《开卷闲话十编》序，原题《我的朋友董宁文》）

十一

2010年4月为《开卷》创刊十周年写了两幅题词，一为“世界真奇妙，老人才知道”，一为“世界真奇妙，老人最知道”，后来在纪念特刊上我选用了前一个题词。在附信中，杨绛先生这样写道：“先谢您每期《开卷》赠我，先遵嘱题了两份，任择其一。我是抄于光远同志的话，改了两个字。如不合用，弃之可也。”（此篇转自子聪《〈开卷〉书缘忆杨绛》）

十二

《开卷》是一份民间读书月刊，自创刊之初，所有的采访、编辑、校对、印刷、邮寄等工作，都是由董宁文一人操持。刊物创办不久，即蜚声书苑，广受知识界、读书界喜爱，这十五年来，董宁文以他超乎常人的热情和毅力，支撑着《开卷》一直稳步前进，因此亦赢得了“一个人的编辑部”“一个人的出版社”的赞誉。（此篇转自祁白水、董宁文《却顾所来径，苍苍横翠微——董宁文访谈》）

十三

闲侃宁文，至少有两点启示。比如，一个人一生只要坚持不懈，努力做好一件事，定能出类拔萃。又如，一介布衣心中有梦，一辈子从事高尚的文化事业，自会赢得大家发自内心的钦敬！（此篇转自李城外《文林当识董宁文》）

十四

我有时觉得，《开卷》是一片土壤，《开卷》作者的文章就是这土壤上的花花草草，而读者的支持就像是浇灌。有了这浇灌，土壤才更肥沃，花草才更美好。（此篇转自董宁文《〈开卷〉十五岁，翩翩少年矣》）

十五

去年 9 月 14 日，范用先生去世五周年的纪念日，三联书店举办了“范用的编辑传统”座谈会。范用在三联书店的老同事、老朋友与编辑出版界的朋友以及先生的家属，一道分享了许多故事。那天我在微信上也发了一段与范用先生的书缘纪念他，也正是那条微信，促成了这本《相约在书店》的出版。（此篇转自子聪《与范用“相约在书店”》）

十六

“开卷闲话”我很爱看，收到《开卷》我总是翻到末尾，先看《开卷闲话》。主要还是由于里边包含了大量有趣有意思有哲理的人文资料，好读，耐读。（此篇转自子聪《开卷闲话十编·后记》）

十七

过去只知道子聪的书编得好，文章好，书法好，今天才知道他还能画得一手好画！在金陵凤凰台相识，十多年了，见过四五面，今年一块儿还去了陕北，呆了几天，聊的话题很多，唯独没有聊过画！这可真是深藏不露，真人不露相啊！这本画册，印数不多，又是他的第一本画集，极具收藏价值！

十八

是梦是幻，亦幻亦真。非今非古，亦古亦今。古今并蓄，寓古于新。似与不似，遗貌取神。游戏笔墨，着手成春。追大自在，得自由身。斯何人欤？董君宁文。开

卷主编，卧龙湖民。（此篇转自常国武先生墨迹）

十九

董宁文早在1985年就画了《江南鱼郡》，1990年又画了《山居图》《山郡秋意》《小山郡》，莫非早就有了田园之思！如今安居卧龙湖畔，种菜养花、舞文弄墨，他不是想当画家，他是在享受寄情于山水之间的淡泊雅趣、大畅忘形于自然之中的自由心境，令人艳羡！（此篇转自曾立平《画得有趣就对了，总想着做画家就错了》）

二十

《开卷》17年前创刊，到现在为止，每月一期，出刊印行两百期了。在南京凤凰台有幸跟子聪相识也十几年了。感谢子聪，给了我们这么好的精神食粮！感恩子聪多年来惠赠我《开卷》！

二十一

《开卷》坚持的意义不在于独乐乐，而在于众乐乐。我相信，纸质阅读不会消亡。中国的传统文化总有人继续，一代新人换旧人。而《开卷》就是为了给这些作者、读者提供一个论道的平台，为中华文脉传承尽点绵薄之力。（此篇转自付鑫鑫

《董宁文:开卷楼里的“卧龙先生”》)

二十二

《开卷》的人缘旺,聚集了读书界的大家和书爱家,这与宁文兄对书的虔诚和痴迷,谦逊、诚恳和友善有关。读宁文兄《人缘与书缘》“书人书事”“书林拾叶”所记文化名流:杨绛、于光远、王元化、周有光、张允和……这都归于他诚心、勤奋的结果。读到他用心待人的真诚和与书结缘的经过,其乐无穷。(此篇转自姜晓铭《《开卷》有益结书缘》)

二十三

《开卷》如一道清澈的溪流,一直在汩汩流淌着……(此篇转自薛原《与〈开卷〉相关的零碎记忆》)

二十四

一晃,宁文带着他特有的笑容和《开卷》一起走了15年。眼见得他的笑容里渐渐添了知识含量、自信、人脉和主持会议的沉稳,以及随着这些让自己短寸发型里撒进了银白。(此篇转自赵蘅《宁文印象》)

二十五

董宁文，18 年前为《开卷》执行主编，每月一期。守候着《开卷》这本薄薄册子，劳苦不一而足。作家彭国梁在文章《说说董宁文》里透露，每期《开卷》，董宁文至少要向全国的读书界名家和真正的爱书人寄赠四到五百份，每个信封都是由他一笔一划地写。（此篇转自鱼丽《中国文人后书房——“开卷书坊”第六辑出版纪实》）

微信中的《开卷》

[北京]朱航满

南京的董宁文先生执掌《开卷》杂志，享誉读书圈，而我也算是《开卷》的一位老读者和老作者了。想来自己读此刊已有十五年的时间，距最早刊发文章，也已近十年时间矣。前几日，宁文兄发来短信，言其拟编选一本《开卷》资料集，请我查查曾为《开卷》所作的相关文字，并告知微信上所写的片言只语，也可收集整理并发他参考。宁文真是有心人，难怪一本既薄又小的民间刊物，都能被他操持得风生水起。我查阅旧日的文档，找到与《开卷》相关的文章，竟有五六篇之多，其中多系他来信相约而作。再翻查微信，自 2015 年 10 月使用智能手机并开通微信功能以来，得与《开卷》相关的信息十余条。说来我从此刊受益良多，这从我整理的以下文字中，也是可以窥得一二的。

其一，2015 年 12 月 9 日 11 时 19 分 收到南京张昌华先生寄来的《百家湖》杂志 4 册，第 8 期转载了刊于《开卷》上的文章《苍苍横翠微》。《百家湖》系南京利源集团所办的一份企业内刊，但人文气息十足，第十二期还刊有董桥的《夏先生》、高莽的《钱锺书》、吴青的《怀念母亲冰心》等佳作，可谓群贤毕至，但此一期也是该刊的终刊号，甚为可惜。由此竟又想起了同在南京但屡经波折的《开卷》杂志，也甚为怀念已经停刊的《中堂闲话》和《SOHO 小报》等内刊。人文精神，绵延不息矣。

其二，2016 年 2 月 27 日 9 时 27 分 南京《开卷》杂志 2016 年第 2 期刊发余之文章《我收藏的知堂文集》，并配发知堂老人照片一幅，颇为增色。此文在这个素雅的小杂志上几乎占了整个页码的四分之一，也应是我在《开卷》杂志刊发的第 20 篇文章。我曾给董宁文先生写信，说自己是“开卷一派”，虽是戏谈，也是实情。

其三，2016 年 8 月 17 日 13 点 55 分 南京董宁文先生寄赠第 7 和第 8 期《开卷》杂志，其中第 8 期为“纪念杨绛先生特刊”，收录杨苡、绡红、桑农、子张、杨建民、姚法臣、赵蘅、宁文等人纪念文章 8 篇。在该期的《开卷闲话》中，意外看到与我有关的两则信息，其一为今年 2 月 25 日上海躲斋先生在致董宁文先生的信中谈到了我的文章：“读《开卷》近期，觉得更扎实了。对小刊物来说，文章宜短，固然好，但也不妨长，有分量，也好。近期中的长文章，如朱航满的谈知堂文集，我看甚佳，有内容就不嫌其长。”其二为今年 2 月 29 日吴海发从无锡给宁文来信，其中也谈到了我的文章：“中国我知的有三位‘巴人’，鲁迅、萧公权、王任叔。巴人王任叔有《遵命集》，出版于 20 世纪 60 年代初，他提出‘文中不能没有作者自己’，有则亲，无则疏。或许不为时贤认同，但是朱航满恰到了好处。”信中，吴先生还谈到其与知堂交往的经历，也是难得的文学史料：“周作人先生与我通过信，不止一通；

我夜访八道湾11号，踩踏了进门后的一个水凼，湿了我的双脚，秋冬时节，好冷。门内似存暖意，难忘。”

其四，2016年9月13日18点55分 南京董宁文先生寄来《开卷》杂志第9期和第10期，其中第9期刊有拙文《东瀛书肆闲抄》，系去岁所写的一篇关于日本旧书店的闲文。此文应该是我在这本杂志上刊发的第21篇文章了。虽然《开卷》只是一本很朴素的小刊物，我却很是喜爱。前不久拜访客居京城的韩石山先生，闲聊之中，韩先生还特别提起他在《开卷》上看到了我的文章，并多有褒奖。言语之间，也是略感意外。此期的刊物，有素闻的《记余新伟兄》和方怀银的《“天马会”与“天狗会”之争》两篇文章，都很有趣。前者介绍无锡的余新伟先生，我曾经董主编介绍，在北京的地铁站里有过一面之雅，后来又特别注意了其刊发的多篇文章，皆叹为妙篇。此文末尾，还提及了余先生的著作《书道闲谭》即将问世，我也是很感兴趣的。

其五，2016年11月25日15点16分 董宁文先生用快递寄来《开卷》第11、12期，近来普通邮件多有遗失，此系董先生重寄的两期刊物。《开卷》11期为“创刊二〇〇期特刊”，刊名加红，内容加厚，总计文章20篇，其中刊有拙作《茶饭文章》，系我今春谈鲁迅博物馆主编“苦雨斋文丛”之《周作人卷》的一点认识，也系对前作文章《我收藏的知堂文集》的补充；而文章名《茶饭文章》，则取自周作人在《两个鬼的文章》中对于个人文章的一番自我评价。周氏将他的“闲适文章”比作“吃茶喝酒似的”，又把“正经文章”比作“馒头或大米饭”，可谓形象矣。第12期《开卷》则刊发文章《木桃与琼瑶》，谈锺叔河先生寄赠的《儿童杂事诗笺释》，文章名则取先生赠我此书的一段题跋：“朱航满君寄赠大作，以此报之，即所赠木桃也，愧对琼瑶多矣。乙未夏锺叔河于长沙”。此文之写作，源于我与长沙念楼先生的一点特别的书缘，仅以此文答复先生之嘱托。今文章刊发，代以“说明”，广而告之，想必念楼先生也是能够看到的吧。

其六，2016 年 12 月 8 日 13 时 7 分 南京《开卷》主编董宁文寄来《开卷》2016 合订本。今年该刊共发表拙文 4 篇，其一为第 2 期刊发文章《我收藏的知堂文集》，其二为第 9 期刊发文章《东瀛书肆闲抄》，其三为第 11 期刊发文章《茶饭文章》，其四为第 12 期刊发文章《木桃与琼瑶》。这 4 篇文章若合在一起，几乎快够上一期刊物的文字容量了。关于《开卷》这本小杂志，我曾写过一篇名为《暗香》的小文章，形容其宛若楚楚动人的美人，虽然朴素、清雅、纯真，却似乎从未稚嫩过，岁月苍茫，但容颜与风貌从未改变。而这，却也正是我所倾心之处，乃是其中散发的那种浓浓的书卷气，那种淡淡的学术味，那种隐隐的人间情怀，那还是知堂书话的风格，是孙犁笔记的风格，是黄裳散文的风格，是董桥小品的风格，是谷林美文的风格，是陈子善勾勒史料的风格，也是李辉与文化老人聊天的风格。因此，我能以在这册素雅美质的小刊物上见著文字为乐。

其七，2017 年 1 月 16 日 17 点 49 分 南京的董宁文君寄赠画册《宁文写意》，下午偷闲览之，甚赞此书之雅之美又之丰富。董宁文君执编《开卷》多年，享誉读书界，因而结交广泛，从他的这个册子便可看出他的人缘与文缘。这本画册中收录了我的一篇文章《读画记》，本系应董先生当初邀约为他的画作所写的印象，可惜我是画坛的槛外人，实在难以下笔，但他来信鼓励，意思是可以写点画外事。由此也才有了这篇短文。待我翻读了他的这册画集，发现其中画作仅有 60 幅，而品评文字却多达 50 篇，这哪里是画册，分明是一册美文集嘛。又待我细读了这些文字，甚感宁文先生之趣与情，他这哪里是制作画集，分明是以自己的画作为“抛砖引玉”的功用，从而邀约诸多文人名士雅聚一室，喝茶，闲谈，观画，一起来“玩玩的”。由此想来，宁文君的魅力并非功利之心，他是以自己主编的《开卷》杂志为平台，使这些天南海北的朋友们得到了一次纸上雅聚的机缘。因而，我读这册《宁文写意》，竟有一种午后漫谈的惬意。

其八，2017 年 3 月 14 日 18 时 17 分　微信公众号《钱锺书研究》转载旧文《去看杨绛》，时先生一百零一岁，精神甚佳，思维清晰，谈笑如常。今偶见此文，往事如昨，而杨先生已去，余颇怅然矣。《去看杨绛》初刊《开卷》第十三卷(2012 年)第 4 期。

其九，2017 年 4 月 13 日 15 时 35 分　收《开卷》杂志第 3 期和第 4 期，其中 3 期载文章《立春书话》，系今年立春之日漫笔而作，谈知堂，说董桥，也记一份书生清趣。此期更有一份意外之处，乃是主编的“开卷闲话”，录子张教授一信，其中有表扬拙文之处，语虽短，情却近，读后提气也。

其十，2017 年 5 月 11 日 13 时 34 分　午饭后收南京董宁文先生寄来《开卷》第 5 期和第 6 期，其中第 6 期刊有文章《读〈闲花〉》。此期《开卷闲话》有涉及我的三个地方，抄之存念。《闲话》3 月 8 日所记：“朱航满从北京寄赠《读抄》(花城出版社 2017 年 1 月版)毛边签名本一册。此书收入作者二十余篇读书随笔，其中部分文章曾刊于《开卷》之中，几年前这本书名为《永日读抄》的书稿也曾列入《开卷书坊》第四辑的计划之中，后因故未能出版。一年前，作者曾将这部书稿修订过，易名《读抄》，并写来介绍此书的一封信。”《闲话》3 月 10 日午后所记，蒋力从上海发来一封网信，其中有两处与我有关，分别抄之如下：“朱航满《茶饭文章》中说《周作人集》扉页印有周作人在苦雨斋的一张‘穿棉布旗袍的黑白照片’，吾甚不解。向以为旗袍为女性专属，男性之衣，皮袍、长袍马褂皆有，稍暖些时是长衫，独未听说过旗袍者。但愿是笔误。”“看朱航满写锺叔河，想起我与锺先生的一面之会。那时在柏林寺办公，一日忽然接内线电话，是锺先生，说就住在对面，转眼就面对面了。起因是他寄来一篇稿子，别人写他的，给了我。作者马力，《中国旅游报》的副刊编辑，我们相识，且有稿件往还，不知那次为何转了个圈，倒给了我个接触锺先生的机会。”信中还有一句话，也应录之：“《开卷》印张少，容量小，积存稿件必定多多。不敢即刻贸然投稿，信中内容若有被兄选入‘闲话’之一二，即属荣幸。”

其十一，2017 年 5 月 13 日 11 时 22 分 上午收到订购的《开卷》合订本 17 册，精装，分蓝、绿、棕、紫四种颜色装订，美不胜收矣。《开卷》主编董宁文先生在 2000 年创刊合订本上题词如下：“航满兄与《开卷》结缘十余载，所刊文或许是最富者之一，故与刊物的感情殊属不浅也。宁文漫忆于开卷楼 丁酉四月”。说来我结缘《开卷》，乃是在南京读书时，在夫子庙一家 21 世纪连锁书店获赠一册，时间应在杂志创刊不久，后来到北京读研究生，又在大钟寺旧书摊又淘得一册《开卷》合订本，时间约在 2005 年左右，随后与《开卷》有了接触。今查《开卷》合订本，首次在《开卷》刊文为 2008 年第 9 期的《孙犁的魅力》，刊后即有反响，“开卷闲话”曾录之。粗查合订本一番，此后刊文大致如下：《小识林文月》（2008 第 2 期）、《前辈学人有遗风》（2008 第 9 期，头题）、《书缘与人缘》（2009 年第 10 期）、《不亦快哉》（2010 年第 4 期）、《最好的读者》（2011 年第 8 期）、《香港书事七则》（2011 年第 9 期）、《优雅的书事》（2012 年第 2 期，头题）、《去看杨绛》（2012.4.头题）、《去看徐怀中》（2012 年第 6 期）、《书事杂记》（2013 年第 3 期，头题）、《文人翰墨 管领风骚》

(2013 年第 8 期)、《〈书与画像〉 跋》(2013 年第 12 期)、《文章似酒如茶》(2014 年第 4 期,头题)、《倪墨炎鲁迅研究琐谈》(2014 年第 8 期,头题)、《李长声与知堂遗风》(2014 年第 12 期)、《苍苍横翠微》(2015 年第 4 期,头题)、《把吴钩看了》(2015 年第 10)、《我收藏的知堂文集》(2016 年第 2 期)、《东瀛书肆闲抄》(2016 年第 9 期)、《茶饭文章》(2016 年第 11 期)、《木桃与琼瑶》(2016 年第 12 期)、《立春书话》(2017 年第 3 期)、《读〈闲花〉》(2017 年第 6 期),共计 24 篇。感谢《开卷》,感谢董先生。

其十二,2017 年 8 月 11 日 8 时 56 分 收到南京董宁文先生寄来的《〈开卷〉二○○期》,此书甚是特别,内容收录了与这份杂志有关的序跋、年谱、索引和人物,极厚。其中人物卷收录在《开卷》刊发文章的重要作者若干,颇有群贤毕至之感,余亦忝列其中,不胜荣幸。自十年前结识《开卷》,已在其中发表文章二十五六篇之多。昨日接到这册纪念册,翻读之余,突然便想起了孙郁先生为我的文集《书与画像》所写序文中的一句话来,以为颇适合此番的心境,不妨抄之如下:“可在闲暇时作为消遣,但绝非读后掷去的什物,像深夜里突听到笛声飘来,在它沉寂的时候,你还会总惦记着它,希望在什么时候再响起来。那个幽玄而清新的旋律,倒是可以驱走我们独处时的寂寞的。”

2017 年 9 月 21 日

我看《开卷》

[湖南]周　实

《开卷》五年时，我写了一篇《〈开卷〉的好》

我很喜欢《开卷》的。

《开卷》是南京凤凰台饭店凤凰读书俱乐部所主办的一份会刊。每月一本，三十二开，一个印张，至今整整五年了。

五年来，还编辑了《开卷》文丛一辑、二辑，每辑十来本，每本一个人，都是些很好的读书人。

我也喜欢《开卷文丛》。

纪念《开卷》五周年时，我曾写过一句贺词："刊物虽小，声音也小，但这压低了的声音却能久久萦绕心灵。"

声音压低了，气并未减弱，而且还很足。

这些中气很足的文字,虽是轻声细语吐出,那内力却极强的。

喜欢它的人能够感觉到,不喜欢的呢,我想,也是一样的,也是能够感觉到的。只是这感觉,仅仅是感觉,要想捕捉它,却很难捕捉。

这就是《开卷》的味道了。

一个刊物有了味道,无论它是什么刊物,无论它是什么味道,就可算得有特色吧。

若有特色就是好,那《开卷》就是好了,当得一个好字了。

《开卷》的好,在我看来,就是它能真正地让一部分读书人在精神上先富起来。

若是能有更多的《开卷》,能让更多的读书人,在精神上先富起来,也应算得是好事情。

《开卷》一百期时,我写了一篇《老朋友》

《开卷》,我的老朋友了。

我说老朋友,不是说我写稿多,而是说我看得多,《开卷》创刊到现在,我一直在看着它。

转眼,就是百期了,好快呀。

如果,一期算一岁,那它就百岁了。

但——它——不是一个老人,它跳动着年轻的心。

在它出刊百期的时候,我能说点什么呢?

自然想到开卷有益。百期《开卷》给读者的，可以说是享受多多。《开卷》的作者是优秀的，《开卷》的文字是优良的。小小《开卷》朴素，雅致，在这浮躁不安的时代，真的可说一枝独秀。

一枝独秀，说说容易，真要做到，谈何容易？我想再隔好多年后，《开卷》的编辑若是动笔，写上一写《开卷》的故事，一定也是非常有趣。

我是真的喜欢《开卷》，喜欢它的澹定、从容，目光智慧，不露声色。

《开卷》15年时，我写了一篇《孤独的力量》

想给《开卷》写点文字，不知为何想到孤独。

在我看来，好作者必定都是孤独的，好的书也是，好刊物也是。《开卷》是本好刊物，自然就是孤独的了。

孤独是否等于孤单？在我看来，并不等于。

每种孤独即使孤独也都会有自己的领土，自己的森林，自己的高山，自己的河流，自己的幸福和疾苦，自己的热爱与痛恨。

写作者最希望的就是和另外一个人或者很多很多人分享自己感到的知道的能够用语言表达的孤独。每一种真正的好刊物都集中了好多好多的孤独。每一种真正的好刊物是集中了许多孤独的孤独。

每一种孤独到刊物来，最初也许是为了表现，为了倾诉，为了寻得自己的伙伴，为了能够抱团取暖；但最后，到头来，还是会觉得自己孤独。自己本就是孤独的又怎能使别人不孤独？一个人越是靠近自我，结果也就越是孤独。

我喜欢孤独也害怕孤独，有的时候甚至想：即使有个坏朋友也好过你没朋友！

孤独都是自我的，很多时候我都是只有处在孤独中才感觉到不孤独。

真正的孤独是种境界。谁能达到这种境界？谁能日日夜夜做到完完全全面对自我？内心总有过去的影子，总有一些委屈、伤痕以及错误无法释怀。

《开卷》这本小小的刊物，在如今这文化娱乐都要形成大制作、都要迅速产业化的商业化时段里，还能一枝独秀地存在，让我看到孤独的勇气。

《开卷》这个孤独者，不是什么什么的人质，而是孤独的力量所在！

《开卷》现在两百期了，我写了这篇《这颗心》

收到了《〈开卷〉二〇〇期》。一本小而厚的书。有多厚？量了量，近乎七厘米，就像一块砖。书虽厚，拿起来却不重，读起来也很舒服，甚至把它平摊开，它也不会合起来，设计者真用了心。

书分四部分：序跋、年谱、总目、人物，四部分连着一颗心，编者的爱心。爱人、爱书、爱刊物，所有爱从心中流出，流向全书的四个部分，字里行间，充满感情，读起来真温暖人心。

可贵的就是这颗心！

可赞的就是这感情！

这颗心，这感情，紧紧地，把编者，把作者，把读者，联系在一起，组合在一起，演绎出一个个有味的故事，奏响了一支多声部的友谊长存交响曲。

当然，我也很明白，无论什么书，无论多么厚的书，都会有个结束的时候，但故事却没有结局，故事会一直进行下去，就像从第一页开始一样，故事不会因为那最后一页而结束。

何况是这样动人的故事，如此般的文人相亲。

我真喜欢这本书。

我还想象许多年后，某个时刻，我又随手捧起这本书，翻开某一页，我的心也随之一动，停在我曾停过的某页，于是，那些尘封的往事又会重现在我眼前，那些时间又活过来，带着我的酸甜苦辣。

从《开卷》现象说到民刊出路

[天津]王振良

作为中国读书类民刊的翘楚,《开卷》已走过十五年历程。我不知道"《开卷》现象"这一概念,最早是由谁提出来的,但至迟 2005 年 4 月 11 日,《江南时报》记者倪方六在《民间文化刊物〈开卷〉受关注》一文中,就已经使用了这样的说法。当时,正是《开卷》纪念创刊五周年。如今又是十年过去了,社会对《开卷》的关注度虽不断提升,但似乎很少有人认真思考过《开卷》发展过程中的诸多问题,以及她对其他民刊到底有哪些启示意义。这里谨就做些个人的浅陋思考,以就教于大方之家。

有人称《开卷》是中国第一份读书类民刊,其实无论怎样来进行定义,《开卷》恐怕都不能说是最早。但有一点毋庸质疑,在当今的读书类民刊中,《开卷》是品位最高,同时影响力也最大的一个,而且《开卷》还成功地介入出版市场,并且走向一种良性循环。因此,总结《开卷》的经验,进而更深入地思索问题,对民刊尤其是读书类民刊的健康发展来说，应该是有意义的事。

一、开卷的奇迹

《开卷》问世于 2000 年 4 月，关于她的开创和发展历程，创办者和研究者都有很多回忆和探讨，这里就不再赘述了。但《开卷》能够走到今天，在新时期民刊发展历史上，绝对是创造了奇迹的。这奇迹的体现，我想主要有三个方面：

奇迹之一：高起步暨高品位的个性化办刊之路

《开卷》办刊伊始，就瞄准了高品位，实现了高起步。“取法乎下”肯定不会有今天的《开卷》。旨趣的高低，取决于办刊者的眼光，也决定了办刊的水准，会直接影响她被知识界接受的程度。初期的《开卷》编委会，可谓是人才济济，这为她后来的发展奠定了良好基础，并形成了朴素、优雅、轻松的个性风格。

《开卷》的十五年，从旁观者来看，应该说并无太大波折，基本上平稳顺畅，但她并非没有遭遇艰难。人事的更替和资金的短绌，这些困扰着诸多民刊的问题，对《开卷》来讲也一样存在，其主办者由凤凰读书俱乐部，一变而成卧龙湖书院，再变而成天津问津书院，就足以说明问题，而其中的甘苦，恐只有始终担任执行主编的董宁文先生，才能够深切地体味得到。2014 年 1 月，《开卷》与问津书院“三婚”（陈子善先生语），希望能给《开卷》发展提供相对稳定的高平台期。

奇迹之二：突破读书圈子和地域藩篱的影响力

真正在全国知识界有影响力的民刊，实事求是地说为数并不多，但《开卷》肯定是其中之一。她不但走向了全国，还创下过单期印行 1 万册的纪录（现在也稳定在3000册），而且大多是直递读者的有效发行。这样一个印数，以后民刊中也许还会有，但其影响力恐怕永远难以企及《开卷》。

《开卷》通过十五年的坚持，其实早已突破了"读书"圈子的樊笼和江苏地域的阻限，形成了遍及全国的文化影响力。这一成绩来之不易，只有长时间坚持、高品质运行才有可能做到。影响力的形成，是需要发酵过程的，时间短了不行，水平低下更不行。

奇迹之三：从办刊到出版形成"产业链"

董宁文先生常称自己是"一个人的出版社"，这话虽然不无戏谑的成分，但也一定程度上仍反映了实情——从2003年开始，他先后策划主编了"开卷文丛"三辑、"开卷书坊"三辑、"开卷读书文丛"和"凤凰读书文丛"各一辑（与徐雁先生合作）、"开卷闲书坊"一辑，还有《我的书缘》《我的书房》《我的闲章》《我的笔名》系列图书等，这些书加在一起已经将近百种。

《开卷》不是为办刊而办刊，而是将其打造成强有力的整合文化资源的平台，进而介入出版和流通市场，形成文化产业的链条。虽然真正算起经济账来，这种市场化的程度极其有限（个人酬劳恐怕更有限，很大程度上甚至无法抵消人力成本），但这种市场化的运作模式，将大批学人的阅读成果推向社会，其文化意义实在不容低估。

民刊作为一种社会文化现象，如果办成同人自娱自乐的阵地，本来也无可厚非，但其社会意义肯定要小很多。因此，走出小圈子的樊篱，应该是民刊发展的一种必然追求和发展趋势。当然，怎样走出小圈子的牢笼，还有许多问题需要解决；能否最终形成"产业链"，更有诸多条件的限制。但我想，至少要通过一段时间积累并形成一定品牌效应，才有可能逐渐介入到市场之中。非常可喜的是，民刊界的同人已认识到这一问题的迫切性，2014 年 10 月在株洲召开的第十三届全国民间读书年会上，就专门设置了“民间书报刊发展态势和介入出版主题研讨”环节，对相关问题进行了深入交流。

二、《开卷》的启示

作为读书类民刊的一面旗帜，《开卷》所创造的种种奇迹，对其他民刊来说或多或少都会有所启示。

一是个性化办刊。民刊的地域化、专题化、学术化，我想都是不错的个性化出路(此点后面会略作阐述)。当然，个性化越强就越小众，社会影响力会相对变弱，但对读者的粘性则会相对增强。因此，到底掌握到什么样的度，需要办刊者根据各自的宗旨与定位，仔细地加以权衡和考量。但有一点必须清楚，过于大众化肯定不行，一本刊物如果对人人都有意义，实际上也就等于对人人都没意义。《开卷》在定位问题上拿捏得非常到位，她把读者群限定为有一定知名度和影响力的中上层知识分子，同时对一般读书人又略有兼顾。

二是社会化传播。除办刊伊始就定位在同人刊物自娱自乐者外，民刊的主持者都希望能产生更大的社会影响力，这里就有一个传播推广的问题。推广的前提是要把刊物办得充实，单纯搭建空中楼阁肯定不牢靠。有了扎实的内容，再辅以适当的宣传，可以有效助推刊物的成长。但宣传不能过度——自我吹捧，自我欣赏，自我陶醉，最终只能是毁了自己。千万不要看低读者的鉴赏力。《开卷》的社会化传播是极其成功的，其细节运作我们暂不探讨，但其中肯定有很多值得借鉴之处。

三是品牌化运作。刊物办到一定阶段，社会影响力越来越大，就会形成一种品牌资源。如果运作得当，这种品牌资源（社会效益）就会转化为经济效益。从目前来看，通过刊物逐步介入出版市场，对民刊来说是比较切实的选择，虽然不一定会实现盈利，但继续扩大品牌影响力，最终实现自给自足还是可能的。如果做到这一点，对民刊来讲就可算是良性循环了。

民刊若想实现品牌化运作，最好筹创之初就作好策划，尤其是刊名一定要斟酌确定，与之相关的标识、商标、网站（包括域名）、博客、微博、微信，最好都与刊名保持一致；宣传语也要充分考虑，围绕刊名做文章，简洁明快，易懂易记，这样有利于形成品牌核心。切忌多头并进，分散宣传，那样的结果将是哪个都形成不了品牌，或者是无法形成强有力的垄断性品牌。

办刊的核心就是个性化。有了个性化，就有了传播的基础；传播面广了，有了口碑和知名度，就具有了品牌的意义；有了品牌价值，才有可能将其转化为产品，使经营成为可能，从而实现一定经济目的。目前，包括《开卷》在内，应该说尚未实现完整的良性循环。如果说最成功的个案，我以为应该是《读库》（《读库》其实是典型民刊，此问题将择机撰文探讨），《读库》本身不但充分市场化，而且能够实现真正的赢利，并形成一系列下游文化产品。

我们再回到《开卷》本身。前面说《开卷》创造了“三大奇迹”，那这些奇迹是怎样诞生的？对于这个问题，固然可以有各式各样的答案，但从宏观的角度来观察，《开卷》的发展之路占尽了天时、地利及人和。

先说天时。《开卷》创办时，在现代文学、艺术、出版领域叱咤风云的文化老人多有健在者，其时电脑尚未广泛走进家庭（虽有长途电话，但资费偏高；虽可通信，但不可能过于频繁），《开卷》的横空出世，给这些老人打开了特殊的联络窗口。正是在这些文化老人推波助澜的催化下，为《开卷》的发展赢来了至关重要的一段黄金期。

再说地利。南京是六朝古都，素来为文化渊薮，知识分子麇集，读书氛围活跃。《开卷》早期的编委，多是在各界有影响的学人。这样的一个班子，保证了其初期运行的高起步和平稳发展。还有，文化人的团结也至关重要，南京恰恰有这样一个交往紧密的文人群体。

最后说人和。作为《开卷》创刊以来雷打不动的执行主编，董宁文先生的个人风格也至关重要，其黾勉编务和待人处事，几乎都无懈可击。这样的一种风格使他积累了大量人脉，并逐渐将其转化为社会文化资源，这一点不是人人都容易做到的。董宁文先生不辞艰辛的奉献，最后使与《开卷》相关的人，或多或少都成为受益者。

正是站在天时、地利及人和的角度上，我在很多场合都表示过：《开卷》是不可以复制的——学习汲取经验可以，但想要拷贝其发展模式，只能让民刊走进死胡同。原因也很简单，如果说“人和”可以创造，“地利”就不是谁都拥有的，而《开卷》的“天时”则早已没有了，于今事过境迁，现代文化熏染过的文化老人已凋零殆尽……而且，即使创造了新的天时、地利、人和，还存在一个操作层面的问题呢！

三、民刊的出路

现代科技的发展，最大程度地降低了办刊成本。硬件需求非常简单，有一台可上网的电脑，就一切OK了。约稿、编辑、排版、设计，送交印刷厂之前的一切活计，都可在电脑上完成。

硬件问题既然简单，那关键就是软件了——资金和人才。在民间读书人中，人力资源似乎也不缺乏，想干事能干事的大有人在，那最后就是资金问题了。除了有固定经费的"半民刊"，缺钱似乎是所有民刊都面临的问题。既然是所有民刊都面临的问题，我觉得也就不是问题了。任何一个生存着的民刊，都会有各自解决资金问题的途径。《梧桐影》采取如今很时髦的众筹模式，更多民刊是靠企业或民间组织赞助，极少数则以项目形式申请到政府部门的补贴资助，如此种种我觉得均无不可。当然从一定意义上来讲，这些解决资金问题的办法，都不具有可持续性，但这也许就是民刊的特点之一。诚然，我们仍期待像《开卷》这样的优秀民刊，能够不受资金问题的困扰，从而把路走得更远些。

既然《开卷》不容易复制，同时多数民刊又具有"不可持续性"的特点，那作为民刊如何把路走得更远呢？办刊的指导思想和发展方向，这时就显得十分重要。我们以为，下面三个倾向或说趋势值得关注。

第一是地域化。最近几年，民刊的地域化发展越来越明显，《越览》《越社》《瓯风》《泺源》，还有我主持的《天津记忆》和《问津》，都是比较明显的例子。民刊介入地方文化挖掘整理研究，是比较容易出成绩的。一是地方文化千头万绪，总会留有大量空白点，给后来者以足够的发挥空间；二是地方文化研究对社会属锦上添花的事，与主流意识形态即使不合流但也不冲突，在未能合法备案时易于求得生存空间；三是多数民刊受空间限制，走向全国恐有难度，而地方文化最贴近受众，极易形成地域的影响力；四是在国家全力推进文化大发展大繁荣背景下，地方文化能为“留住乡愁”提供最好的诠释素材，相对容易被政府认同与支持，甚至获得某种政策性资金扶助。关注地域文化的民刊，挖掘整理既有文献之外，做好口述史料搜集和田野调查，常常能走出意想不到的宽阔大路来。

第二是专题化。民刊专题化的典型，当是众多文学或诗歌刊物，数量可能要以万来计算，不过因为实在太多，反而个性不够强，造成同质化严重，有内容有影响的并不多见。读书类民刊中，大家比较熟知的《日记杂志》和《书简》，我觉得都是挺成功的专题。自牧和于晓明主持的《日记杂志》，虽然路子走得艰难曲折，但毕竟是坚持下来了，应该说已有了品牌基础，于晓明主编的“本色文丛·日记”两辑十二册，应该就是其走向市场的最初成果。至于《书简》，因为量的积累还有较大差距，距品牌运作还有很长的路要走。专题化的民刊相对小众，但对特定读者的吸引非常强，一旦形成市场往往会变成刚性需求。此外，地方史志、乡邦文献、家谱族谱等，也都是不错的专题。南通的沈文冲先生，筹办了一本名为《参差》的杂志，专门研究推广毛边书文化，我觉得很有些意思。

第三是学术化。民刊学术化也是近年的一个倾向。这种学术化，不是说把民刊办成学术性刊物，而是要具有一定的学术特色。这种学术化必须走民间自己的路，与学院派高头讲章的纯学术区别开来。民间学术不能完全与学院派接轨，但应有科学性和规范性。学术化如果与地域化、专题化相结合，可能会更有前景。掌故的披露，史实的辨证，资料的勾沉，典籍的整理，文章的结集，都可以纳入到学术轨道来。民间之学术，最好能与学院派互补，关注学院派容易忽略或不屑参与的选题，而这些选题的价值，从本质上来讲，并不一定真的不重要；而且由于立足民间，从“学以致用”的角度来看，很多时候比学院派成果更接地气，更富有现实意义。

地域化、专题化、学术化的民刊，在历史上是相对容易留下来的，其价值随着时间的推移，还会散发出历久弥香的独特魅力。

坐而论道不如躬亲结网。董宁文先生就是个不知疲倦的结网者，他不但网住了作者和读者，还网住了一个广阔的市场，为民刊发展树立了难以逾越的标杆……只要有想法有创意，不妨先克服困难创造条件干起来，只要能坚持一下，那离成功也许就不远了。《开卷》的十五年，虽然发展到现在并非尽善尽美，但仍给我们留下很多启示。汲取《开卷》的经验并发挥创造，也许会给民刊闯出一条新路。

2015年3月4日定稿于沽上四平轩

（载于蔡玉洗、董宁文编《纸香墨润》，北方文艺出版社，2015年5月；又载于杜鱼编《问津书韵：第十三届全国读书年会文集》，天津古籍出版社，2016年6月）

评书

方寸心迹

[江苏]李海燕

话说这天,金陵清凉山“印”林大会揭幕。宁文先生振臂一呼,藏家书家画家作家各界人士均携带自刻或他刻的闲章、印蜕远道而来。此五六十家,多过不惑之年,古稀上下各占一半,还有十数位已过耄耋之际的老者。

数百方闲章中,有木头、石头、金属、水晶、象牙等不同材质,有圆形、椭圆形、长方形甚至不规则的各种形状,更有字号、籍贯、肖形、书名、书斋名、门第、记事、自勉语、吉祥语、调侃语各种不同内容的印章。可谓琳琅满目、精彩纷呈。不同的印章,自有不同的用处,这些印章,一以贯之的是当中显露的心迹。

究竟何谓闲章?据说,闲章的缘起是书法家为了给字幅增加美感,除了钤盖名章之外,也使用闲章,如起首章和押角章。流传至今,闲章早已不仅仅作此用了,我以为李福眠先生的解释最为练达精准:“印语寄怀、沉郁、自嘲、好玩诸不闲之章,称谓闲章。”

像锺叔河、施康强、陈诏、陈子善诸先生，就一两闲章袒露心声，娓娓忆起旧日岁月，一切恍若眼前。吴岳添、高信等先生则讲起了与刻章老友的交往，睹物思人，叹世事无常。韩石山先生“丙戌生人也”的印章，可说是凝聚了其人生轨迹。傅光明先生通过治印道途，讲述了人生中的“虚荣”与“自卑”这对孪生兄弟。躲斋先生忆起了“有病不求医，无聊才读书”的年代，这跟彭国梁先生的“无聊才读书”差了十万八千里，同样的话，放在不同的时代，就有了不同的境遇。

刘二刚先生说起荣宝斋萨本介送他一方寿山印，上刻一“刘”字，得此印章，二刚先生直叹缘分之可贵。这使得我忆起导师徐雁先生在清凉山淘得一枚“李”字章送我的清远师情。此印为朱文印，边款题“甲申年奎石”。印石暗黄色中透出红色碎纹，一副天然拙朴样。我的第一枚藏书章亦得自徐老师，他请福建刻家奏刀，门中弟子人手一枚。刻家铁笔技艺精良，所成印章深得师门同窗喜爱。

王孟奇画室名之“高卧斋”，与之相关的印章颇富，援引古时以“高卧”闻名者，鲜明性格毕现。张昌华先生刻下书名，一书一章，也有巧趣。金开诚先生的四枚藏书印“开卷有益”“书到用时方恨少”“纸上得来终觉浅”“以有涯随无涯”岂不是在孜孜教导我们如何读书么？

跟名章比较起来，闲章并非必不可少，名章重在信诺，闲章意在抒怀。名章只能个人使用，闲章就不一定了。时过境迁之后，还可以转给别人继续使用。薛冰先生说：“每每翻读印谱，总觉得闲章是最能见人性情的，这种浓缩于方寸之间的含蓄宣言，真有一针见血的力量。有时候看到一方闲章，说怦然心动还不准确，似乎被它触摸到了心灵深处某个隐秘的所在，恨不能自己立马借来一用。”薛先生想刻一方“一片冰心”的赠书章，巧得很，一方鸡血石“一片冰心”印正在袁公鹰的案头，寄托对故友蔡涉的怀念之情。

韩羽先生题为《诗意地栖居在泥淖》，并非张冠李戴也。荒唐岁月，有闲情刻章，可不是在泥淖中诗意地栖居？今日社会时光大好，却是忙人多多，有闲情治印刻章，实属难得，可不是另一种意境的“诗意地栖居在泥淖”？

韦力先生的藏书章“嗜书好货，均为一贪”“物无尽藏”等，大概让座中多位先生心有戚戚焉。“初藏书时，自以为自己所好是一极神圣之事业，后来慢慢感觉自己爱书也是一种贪多务得之欲，并无神圣可言”；“人生有崖，而藏书之业无涯，应当懂得适可而止”。本是说“闲章”，却揭示了多年悟出的人生道理，李福眠先生所谓“不闲之章”乃为“闲章”，妙哉。

绿原先生说的一番话，我以为是得了生活的精髓：

章与名相关。名者实之宾也，闲章所表示的悠闲情怀，大都与一定的生活韵味相搭配。实之不存，名将焉附？韵味既已随岁月流失，这些闲章也就一直摆在角落里，几乎被遗忘了。佛家有言，人生“如蜡印印泥，印坏文成”，是谓死生相续也。这里借用一下，那么这些闲章即使被遗忘了，甚至被损坏或失落了，它们印下来的记忆，看来却是不可磨灭的。

闲章是可以忘却的，闲章方寸之间显露的情谊和记忆却被永远铭记。也许，这才是闲章的真谛。除此以外，在印林大会上，还可以了解众多篆刻家和欣赏石材质地、篆刻艺术。若是碰巧，你也想赴这场盛会，那就请翻开董宁文编《我的闲章》。

与书中人物一道抒怀畅谈，纸上行旅，得精髓，乐无穷也。

怀念杨宪益先生

[江苏]李海燕

再过几天,就是杨宪益先生九十六岁生辰,如今却阴阳两隔,给他庆生的,换作从前的老面孔,连同他的英国夫人戴乃迭。

我与杨先生并未见过面,关于他的点点滴滴的故事和消息,都是从他的小妹妹杨苡先生那里来。三年前,天气乍暖还寒,我随董宁文老师在二条巷见到了杨苡先生。那天,她穿了一件色彩悦目的对襟毛衣,温暖,清爽。她身体硬朗,思维清晰。我在一旁听他们聊天,大约有个把钟头。从此,这不大的屋子便成了我的牵念,时常到老人家身侧为伴。宁文老师是热心和负责任的出版人,他将杨宪益老先生的旧文和一些相关的传记资料收集起来,编成《去日苦多》在青岛出版社出版,这是很好的事情,也是老先生在合眼长眠之前最后的欣慰。

去年过年时节,杨苡先生写了一篇回忆旧时年节的文章,说她代替留洋的哥哥祭祖,现在还记得那风光。她的小女儿赵蘅从网上发来照片,有杨宪益、黄苗子、唐瑜及夫人、丁聪及夫人、李辉及夫人等正月里在京聚会的场面，杨苡先生一看，惊呼着“哥哥怎么变成这样了，胡子白了，一下子就老了”。

1915 年 1 月 10 日，这个大家庭中唯一的男孩子出生。他的母亲在分娩之前梦见一只白虎扑进怀里，算命先生占卜的结果是吉凶参半，说这个孩子将来没有兄弟，还会妨碍父亲的健康，但也许能成就一番事业。这卦卜得神准。

因为是杨家长门长子长孙，家里人格外地宠这位小少爷。他把父亲的洋酒倒进金鱼缸，看着金鱼跳摇摆舞直至一命呜呼；看蚂蚁打架，追着捉苍蝇，练气手枪；趁着年少气盛，组织纪念“五卅惨案”罢课活动；参加军事训练，给游击队捐款；到了牛津之后，参加编起了《抗日时报》，真的是文也文得，武也武得。家里为他请了很有学问的私塾先生，魏先生给他讲四书五经，还教《楚辞》、老庄、旧体诗。十岁出头，他就读了大量的笔记小说和传说故事，这些“闲书”成为他知识的重要来源。同时，他还看了不少新式书籍，不过只爱读鲁迅和周作人。在教会学校，他领略到了不少西方文化和文学的知识。林琴南的《说部丛书》、英国文学名著选段等是他的启蒙作品。到了高中，他已经可以看英文本，一天读一两本书，对绝大多数欧美小说家、诗人都有所了解，对法国文学、英译的古希腊文学作品兴趣甚浓。学习古希腊文，是他去牛津学习古典文学的动机之一。

在英国学习六年，杨先生积累了丰厚的学养，成为举世闻名的翻译家，更认识了人生伴侣和事业伙伴戴乃迭。

这位少爷，被教习英文的池太太爱慕，但他似乎是喜欢上了英文剧中出演主角西施的张美如，而到了牛津则真正地坠入爱河。戴乃迭，这个美丽的英国姑娘，嫁给中国人杨宪益，度过了幸福和苦难相伴相随的一生，让人欷歔心疼，也让人无比崇敬。他们结缘于牛津大学的“中国学会”。戴乃迭的父母在中国工作，她在北京出生，从小就对中国文化感兴趣，她说过，她觉得她有“两个祖国”。正是这样的执着和坚韧，让他们在一起走过了风风雨雨，不离不弃。杨宪益的妹夫赵瑞蕻先生在文章中这样说：“据我所知，国际婚姻中像他们这一对几十年中如此互相了解、和睦、相亲相爱的，经历过如此严重考验的实在是罕见的。我从未见过他俩吵过架。我想单凭这点，就该写首颂歌了。”

翻译，是他们夫妇共同的事业。1953 年，毛泽东接见杨先生时曾经对他说，《离骚》也可以翻译的么？他回答，主席，我认为什么东西都是可以翻译的。觉得好玩，将自己喜欢的一些诗译成中国旧体诗，是杨先生对文学翻译兴趣的开始。在牛津的时候，他就把《离骚》翻译成 18 世纪的英文诗。戴乃迭修习中国文学之后，他们一同翻译了唐代传奇小说、鲁迅和周作人的散文、艾青和田间的新诗。1940 年，杨先生接到吴宓和沈从文的来信，邀请他去西南联大教希腊文学和拉丁文学。因为有戴乃迭的陪伴，杨宪益欣然决定回国，夫妇俩顶着战火，绕道加拿大、美国，经香港抵达战时首都重庆和母亲会合，后来辗转在重庆、贵阳、成都等地教书。1943 年，两人到了国立编译馆，同译《资治通鉴》，后来到外文出版社，合作翻译的中外名著不下数百种，包括《红楼梦》。

对于翻译，杨先生说成绩更该归功于他的夫人，倒认为自己像是“边缘人”。他的诗极精妙，《银翘集》是赢得广泛赞誉的，却自嘲“学成半瓶醋，诗打一缸油”。他对文史考据有极大的兴趣，在民俗学、古史辨伪、中西交通史、古代边疆民族史、中西文化上的丝丝缕缕等方面写了不少文章，提出很多有争议的见解，希望恢复历史的面目，却还有好些未完成的心愿。他认为中国古典诗歌体裁都源于民间音乐，想从《诗经》到汉魏乐府诗，唐代诗歌到词曲，写出几百条笔记来，再系统地写出一部中国诗歌史，还想写写古代边疆民族史。杨老还呼吁成立红楼梦研究资料中心，认为这是中国人自己的东西，要好好地保护与研究。

老先生的学问是我所钦佩的，他豁达的人生态度更让人折服，“本是卧龙岗上散淡的人”啊。杨苡先生在《绛社的故事》中说他是一辈子慷慨仗义、乐善好施的书生。他的自传《白虎星照命》写了大半生，在后记中，他表达了对于自传的态度：

> 要如实而又不失公正地说明一个人的一生总是很困难的。一生总是有许许多多令人感兴趣的事实和插曲，选择说出哪一些，越过或绝口不谈哪一些，这是一个难题，绝不能要求一个人真正客观；一个人总归是根据他自己的主观意愿，认为哪些是有意义的，有兴趣的，这样来决定取舍。要试图写一部实实在在的自传甚至更难。

对于这一程艰难的回顾，杨先生最后说：“我若能重新过此生，我还会像我以前的所作所为那样去做。”他有过四年的牢狱之灾，事后谈起来，他说，“我当时唯一的遗憾是酒，那天晚上还没有喝够，还剩了大半瓶白酒没喝完。还有穿那双拖鞋，我早知道要把我带走的话，我就穿上皮鞋了”，“穿了个大而无当的拖鞋，踢踢哒哒的”，就进了牢房。如果说牢狱之灾限制了自由，身体被桎梏；老来丧子在他们夫妇心上刻下的，则是无法弥合的痛。那时夫妇俩对着唱起了英文歌，唱着唱着，就哭了。但这些都没有化成无休止的埋怨和无原则的退让，他们仍然不卑不亢，谦和大度，从容优雅，善良，坦荡。

杨先生晚年穿上道袍，拍了张照片。老爷子仙风道骨，沧桑看尽，很有味道。他中学时候写过一首诗叫《珊瑚岛》，说的是：一个珊瑚岛是由千千万万个小虫的遗骸组成的，经过许多小虫的集体劳动，每一个小虫留下一点痕迹，逐渐也可以造成一座岛屿。我想，杨先生自己已经造就了一座岛屿，屹立在人们心里，在那些好的或者不好的日子里供他们守望怀想。

2010 年元旦

（载于《译林书评》总第 86 期）

开卷有益 读书增智

——《开卷读书文丛》推介

［江苏］浦清莲 ［湖北］林 英

由中国阅读学研究会副会长、南京大学信息管理系教授徐雁与南京《开卷》杂志执行主编董宁文共同主编的“开卷读书文丛”（南京师范大学出版社 2008 年 9 月版），正是高张“书文化”之帜，为今年“世界读书日”国民阅读活动而创意选题并策划出版的一套好书。

“开卷读书文丛”共六册，由金陵书衣坊设计，取淡雅的书装。从《书缘未了》到《美丽的旧书》，从《不可再现的图画》到《朋友家的屋顶》，从《雁斋书事录》到《开卷闲话四编》，它们共同构建了一个中外书文化的特色殿堂。

其中第一册是 1921 年生于江苏南通的著名作家章品镇的《书缘未了》，这是他继《花木丛中人常在》（三联书店 1997 年 3 月版）、《自己的嫁衣》（岳麓书社 2005 年 3 月版）之后问世的第三本随笔集。作者在本书引言中说：“《花木丛中人常在》出版后三个月，再版了七千本。总算时论尚可，常在一起闲谈的范伯群同志评论此书时，揭发我口袋里还有些文艺界重量级人物，读者一见就会想找到一看的。”于是日积月累，终有《书缘未了》的问世。

该书 24 篇文章，多为记人忆事之文。怀念追忆的人中，有我们熟悉的，如陆文夫、卞之琳等。作者与他们有密切的交往，甚至深厚的友情，因此可以看到这些名人生活中真实的有意思的一面。“我的朋友中互相关心、照顾，不虚不假的不少，但考虑周到的，两三位耳。可能热诚以外，与个性有关，老陆是其中之一。”

书中收入关于陆文夫的文章就有 3 篇。有写陆文夫的七窍玲珑心的。他学一行精一行，操起笔墨来文章精彩，“文革”期间被下放到苏州机床厂，干起技术活来同样是一把能手。陆文夫磨出来的剪刀，就是一堆乱麻絮，一剪下去也是根根切断一崭齐，因此陆磨剪刀在苏纶厂是出了名的。不单这样，朋友家的缝纫机坏了，经他捣鼓捣鼓，马上踩起来“嗒嗒”响，流畅得像打轻机枪。也有写陆文夫和他的“锁着的箱子”的。陆文夫沉默寡言，不善言辞，但他的“箱子”里却满装“宝物”。童年时看的《千字文》《千家诗》《三国》《水浒》；家住夹港，所见的水陆码头的社会生活；在苏州读高中时，鲁迅、巴金、巴尔扎克、福楼拜等名家著作源源不断地汇入他的宝箱，因此他那“箱子”一经打开，总能给人一种阿里巴巴的惊喜。当然还有记陆文夫与作者的友谊的。作者离休后，陆招待他们夫妇俩在扬州欢聚，极尽周到，也皆大欢喜，为老年生活留下浓墨重彩的一笔。

卞之琳是作者年轻的时候非常喜爱的一位作家。从十五六岁开始，章先生便开始读他的诗歌，尤其喜欢卞诗歌中展示出的神思、饱含着的深情以及天真的童心和平民意识。最初还只是读卞的书，后来竟得机缘亲承其音旨，牵线出版卞之琳的《沧桑集》，邀请其到江苏作学术活动，“得自这位前辈的教益不少”。

追念的人中，有些我们不够熟悉的，但他们与作者有着极深的交情，是"同志加兄弟，情逾骨肉"的关系，因此写时作者笔端蘸着厚厚的感情，同时他们也是有影响力的人物，写来自是有内容的。

曹从坡是作者通州师范学校的同学，敌伪时期他在南通城里担任党的宣传工作的负责人，一是掌握伪方刊物的文艺部分和报纸的副刊，一是插入伪方已组成的剧团，使之无形化为我党掌握的阵地。曹善于团结人，身边团结着一批政治倾向相同的人，虽然大家个性各异，有孤僻的，也有傲慢的，但有他从中撮合，大体总是能形成鱼水之亲。作者就是由他带入这个群体的。曹从坡抓他写文章，常常给他启发，对他写的文章，总是给以密切的关注和热烈的鼓励。同时努力拉近作者与组织的距离，使作者"对自己有了信心，更扫除了冻结着我心灵的孤独感"，使其"在荆棘丛生、蛇蝎窥伺的凶地，循着指明的方向跋涉"。章先生说："一个人的一生，总会有几个严重影响他人生旅途的行止或方向的人，对于我，曹 从坡同志就是这样一个人。"实际上，他关心、寄予期望并切实帮助的人远远不止作者一人，"因为从坡与人的友谊非仅私交，而是结合于公谊的。即并肩为同一目标奋斗的……这是既有骨骼，又有血肉的。"

悼念曹从坡的这篇文章长达二十页，这是因为这对"情逾手足"的同志一起走过的一生太长，更重要的是，他们那一代人也经历了太多太多，从最开始参加革命到革命胜利，再到后来的"文化大革命"……有太多的事情发生，有太多的故事可说。

这本书中回忆的那些人，大多是与作者一起走过了风云变幻的年代的，因此回忆起过往的事来，"文革"那段时间的境遇总是绕不开的。书中有怀念"文革"期间，与友人分在同一个连队，有时还能一起劳动，因此能“感到还有人关心自己，心里立即又有种和谐之感”，“更得到了相依为命的慰藉”。也有写到那段时间某些人的落井下石、见势欺踩的，对此作者辛辣地讽刺道：“《战国策》中有云：‘夜行者自知不为盗，而不能使狗无吠。’狗倒还是愚忠。至于狗的祖宗——狼，它的心，其实与忠丝毫不沾边。”

发生在那个时代的那些事，当事人如果不说，很多也就尘封了。作者写那些事，无意于揭发某些人当时的所作所为，只是客观地描述当时自己和友人们的生存境况和荒唐变故，让读者对那段时间人们所遭遇的事情多一些了解。同时，这些过往的回忆，更是时时刻刻提醒我们，“路线对头”太重要了，也唯有牢记那一悲惨遭遇，才能时时警醒我们，不再重演历史的悲剧。

其他一些文章，如有关自己不期而遇之旧作《“弃儿”找我来了》，还有《共鸣的愉悦——跋〈开卷闲话〉》《〈自己的嫁衣〉跋》等也一并收入集内。无论是这些关于书的文章，还是写人忆事的文章，实际上都是作者一生从事“为人做嫁衣裳”的编辑工作结下的因缘，因书而人，与之结缘，因此都归为“书缘未了”题下是恰切的。

“书缘未了”，又何尝不是与书与人的“情”未了呢？一直以为诗歌于我辈是需要仰望的境界。长短的句子，动听的韵律，在诗人的笔下经过排列组合便能绽放出最美丽的语言花朵。另一方面，对所有语言的敬畏感又使得笔者排斥翻译文字，总是认为每一种语言都有其美丽又不可言传的独特，一经翻译，美感顿失。是拿到翟光辉先生所著的《美面的旧书》后吧，笔者对诗歌、对译诗的想法似乎是有了变化了。在书末《漫谈我的译诗》一文中，作者提到“由 D.G.罗赛蒂英译的古希

腊女诗人萨福的一首诗”,这首诗作者译作《一个姑娘》:

一

如甜蜜的苹果红熟在最高的树梢,/不知道采果的人为什么把它忘掉/不是忘掉,是到今天还没有人能摘到。

二

像野生的风信子在山坡上开花,/来来往往的牧人把它又踩又踏,/直到把紫花儿都踩成泥沙。

曾被鲁迅称为“中国的济慈”的朱湘把其译作《一个少女》:

好比苹果蜜甜的,高高转红在树梢,/向了天转红——奇怪,摘果的拿它忘掉——/不,是没有摘,到今天才有人去拾到。/好比野生的风信子茂盛在山岭上,/在牧人们往来的脚下她受损受伤,/直到紫色的花儿在泥土里灭亡。

还有徐志摩的《一个女子》:

一

像是一只鲜甜的苹果,红艳艳的在最高的树顶上亮着,/顶着在最高的树顶上亮着,/顶着在最高枝的头顶尖上——那采果人忘了采,也不知怎的,——/忘了采,咳不,采不着是真的,因为到如今还是没有人攀得着。

二

像是那野绣球花在山道上长着的，/让牧童们过客的脚踵见天的踩，见天的残，/直到一天那紫拳拳的花球烂入了泥潭。

同一首诗歌，不同的人来译，倒是有不同的情趣。朱湘的精练有力又不失柔美；徐志摩的更为生动奔放；而作者的，即如他自己所说，“多一份妩媚，多一点青翠”。

由一种语言翻译成另一种语言，甚至借由第二种语言为中介，又被翻译成各种语言，也许原作语言的韵律不再可能一一重现，作者也说，“译诗的原诗形式或格律即使移植过来，而附丽其上的声韵之美却依然消失殆尽”；但是好的译作者，是可以也应该把握到原作的意境，并将之最大程度地展现在本国读者面前的，“译诗的时候要进入角色，要与原作者同呼吸共命运”，“译诗需要激情，需要灵感”，上面三首译诗，便是最好的例子。

这三首情趣各异的译诗让笔者豁然开朗：每个人掌握的语言都是有限的，如果都像笔者一样固执己见，排斥翻译，那又如何能接触到其他语言的魅力呢？也许翻译本身亦有缺陷，可是如果没有翻译，就连带有缺陷的文化也无法邂逅，反倒是更大的损失。即使声韵之美不可一一再现，语言之美的核心内质也会通过好的翻译者传递到各方，而翻译本身，又何尝不是在反复摸索中一步步发展的？

至于笔者曾经以为需要仰望才可以碰触的诗歌境界，在反复诵读这些美丽的词句后笔者才发现，它们离我们其实也没有那么远的距离。

“开卷读书文丛”中同样饱经风尘的书还有著名作家、诗人白桦先生的《不再重现的图画》。该书作者白桦先生，在 20 世纪 80 年代曾因《苦恋》而名噪海内外文坛。书分六辑,依次是“谁也不能剥夺的自由”“讲稿一束”“放眼域外 "“故人已远行”“不再重现的图画”和“困惑的年代”,作者特意为每一辑都写了“题记”,如“回忆与思考,是谁也不能剥夺的自由”,“你到国外来做什么?我到国外来了解自己的国家”等,都洋溢着哲思的火花和辩证的智慧。

作为译林出版社的资深编审和知名翻译家的韩沪麟先生,他的《朋友家的屋顶》却写得颇为感性。书分两辑:“生活点滴”和“工作随记”。书名出自卢梭《孤独漫步者的遐想》:“所有人,无论贫富,都拥有两样最宝贵的东西:家里的自由和朋友家的屋顶。”而作者在《书前小记》中亦说:“书名起《朋友家的屋顶》……只是我喜欢卢梭这个人,喜欢他说的这句话:一路走来,当我们远远看见朋友家的屋顶时,我想我们的心情都是一样的。”

作者写道:“神交的朋友不会很多也无须很多。在你寄居他家中时,饮食起居就像在自己的家里一样,感到充分的自由;在你与他比邻而居时,你遥遥望见他家的屋顶,一股股暖意就会涌上你的心头,这时你免不了会心一笑,无比欣慰。”观其篇目,诸如《姑妈》《儿子》《多多》《弟弟》《伊夫堡记行》《新加坡见闻》《摩纳哥之行》《停滞的巴黎》《官场上的文人》《红颜多薄命》《漫谈“开心”》《何谓真爱》《懒得离婚》等等,其可读性由此可知。

《雁斋书事录》的作者是徐雁教授,笔名“秋禾”,自 20 世纪 80 年代毕业于北京大学图书馆学系以来,长期活跃于读书界,曾与王余光联合主编《中国读书大辞典》,著有《秋禾书话》《苍茫书城》《中国旧书业百年》等书十余部。本书是其“读万卷书,行万里路”和“读有字书,识无字理”的“大阅读观”的具体实践记录文本,是其 1997 年夏开封淘书到 2006 年冬湖州之行的旅行日志集。

南京《开卷》小杂志自2000年4月创刊至今,早已蜚声文坛。自2003年10月"开有益斋闲话"首次结集出版《开卷闲话》(凤凰出版社出版)后,于2005年3月岳麓书社出版了《开卷闲话续编》,2007年4月湖南教育出版社出版了《开卷闲话三编》,如今又有了《开卷闲话四编》。《开卷闲话四编》卷首竟然多达六篇序文,依次为谷林序、高信序、苏叔序、朱金顺序、化铁序和施康强序。这么多年主编的文坛人脉由此可见。

《四编》延续前三书风格,收录子聪自2006年至2007年间的"开有益斋闲话"。以月份作标题,排日记录书人书事,插图有书影、人物影像、漫画。涉及文坛老中青年作家学人和编者之间的书信往来、信息互动,以及出版界的活动实录,展现了阅读众生的各种面相。书后附有涂涂、何卫东、虎闱、淮茗、王稼句、万宇、秋禾等八人对《开卷》的品评文章。编者董宁文笔名"子聪",20世纪60年代中期生于南京,现为《开卷》杂志执行主编。主要作品有《人缘与书缘》《开卷闲话》《开卷闲话续编》等。主编有《开卷文丛》3辑共30种;编有《我的书房》《我的书缘》《我的笔名》《我的闲章》等图文书十余种。

《开卷读书文丛》作为第14个"世界读书日"的一套读物,其可藏可读性由此可见。如《雁斋书事录》所附《大阅读?深思考?高提升》一文,是徐雁教授一个有关"阅读与人生"的主题报告。在报告中,他尽情阐释了其"大阅读观"——读万卷书,行万里路法;看影视名著,悟文艺之道法;读人物传记,获人生启迪法等等新理念,"从无字句处读书"乃是其阅读学理论与实践的思想精华之所在。

(载于《新世纪图书馆》2008年第2期)

缘自书中来，书人两相依

——评《我的书缘》

[北京]江少莉

“书缘”一词，大抵是近年来同“人缘”“情缘”等一道新兴起来的。《汉语大词典》《现代汉语词典》《新华字典》等均未收录该词，倒是《现代语新词词典》（于根元主编，北京语言学院出版社 1994 年 11 月版）收录了“书缘”一词，解释为：“跟书结下的缘分”，并列举了《人间》杂志 1986 年第 6 期第 7 页上的一句：“书缘要在安静、文明、友善的气氛中培养形成，绝对不能有官气、神秘味。”且不论例句对“书缘”的阐述是否贴切，但仅从杂志的年份，我们可得知，至少在 20 世纪 80 年代中期，中国大陆已经有人使用“书缘”一词了。

对于读书人来说，“书缘”无处不在，与他们如影随形。而出版界也早已以此为选题，策划、出版了一系列书籍，如董宁文主编《人缘与书缘》，丁立平、李莉主编《名人书缘》，王晓吟著《书缘一线牵》，唐德刚著《书缘与人缘》，欧阳文彬著《书缘》等。丙戌年中，江苏凤凰读书俱乐部《开卷》杂志执行主编董宁文先生继续开拓“书缘”题材领域，以文人学者自述“书缘”的新形式，编辑《我的书缘》，2006年6月由岳麓书社付梓发行。此书与已经出版的《我的书房》、即将出版的《我的笔名》《我的闲章》同列入董宁文先生主编的“我的”系列第一辑。

先观此书作者。《我的书缘》作者阵容蔚为大观。加上为本书作序的香港董桥先生和翻译家杨苡，本书的63位作者分别来自北京、天津、河北、上海、湖南、湖北、山东、四川、陕西、广东、山西、安徽、香港、苏州、福州、南京等地，他们当中既有某一学科领域的专家学者，如研究佛教、敦煌学、目录学的北京大学教授白化文，从事古典目录学及中国近代史研究的南开大学教授来新夏；亦有活跃在文坛的作家，如以书话称著的黄裳，以小说、散文、文学批评见长的韩石山；也有兼学者、作家、记者等诸多文脉于一身的，如编辑、学者、散文作家钟叔河，作家、剧影艺术家黄宗江等。作者的年龄以中老年居多，更有如于光远、周退密这样的九旬老人，闲闲道来半个多世纪的书缘书情。

围绕着“与书为伴，因书结缘”的主题，作者们娓娓道来各自独有的一份份书缘。周退密的书缘回忆散落在儿时的书楼里，他从小就对书“情有独钟”，童年放学回家后，总会向母亲讨要书楼钥匙，“独自一人上楼开启书橱，有时不是为了看书求知识，而是想闻闻从古籍中散发出来的一种姻缊香味”。不仅如此，他“为了喜欢中国的固有文化，自然而然地爱上了线装书。诸如在书橱里放置樟脑丸粉，把破损的书皮换上新的，把掉了标签的书籍配上新的以便于寻检。”

舒芜的书缘发生在人类知识的宝库——图书馆里。他说自己于抗战间的1942年，在临时迁到四川的中央政治学校的图书馆里自由取阅，没有任何限制，因为他当时所在的“国文教材编纂室”正设在该校图书馆的书库里。在那里，舒芜不仅把常用的中国基本古籍大致翻检熟悉一番，学会了四角号码、五笔字形等几种新检字法，还为日后教授“读书指导”课程打下基础。

范用则是“买书结缘”，当他还在一个私立小学读书的时候，经常到镇江书店看书，并与店员贾先生讨论“喜欢读什么书，哪些书好看”的话题。久而久之，他们成了忘年之交，时隔五十多年后仍互不相忘。

对已故文坛巨匠巴金的回忆，形成了纪申、黄裳、文洁若、戴逸如等人笔述书缘的主题。巴金胞弟纪申感念巴金“在一九四二年春末第二次返川建立文化生活出版社成都办事处时”，把他领进图书出版业工作、使他从此与书结缘；黄裳则回忆起一部明刻唐诗选集，上面既盖有一枚他的印章，又钤有巴金的几方闲章，原来那是黄裳见巴金喜读古诗，特地送给巴金的。黄裳由此还顺带透露“巴金喜欢买书，但从不买也不藏线装旧书(朋友送的不在此例)”；文洁若由书及人，讲述了她与巴金始于1942年的书缘。她说自己14岁半那年，得到了大姐赠送的巴金小说《家》，通过对《家》中人物的揣摩，身心受到鼓舞，并订了自学计划，八个月内把初一、初二的教科书读完；戴逸如则摘录巴金《随想录》精萃，配图百幅，编绘出沉甸甸的一本《随想录绘本》线装书，以纪念巴金诞辰一百周年。

在作者们口述的个人书缘史中，一些有时代印记的书名被多次提及。如抗日战争期间，罗飞和童年书友痴迷于果戈理的《死魂灵》。而当日本人打到武汉、化铁逃到重庆时，他从朋友路翎的书库中自由阅读到的第一部外国小说也是《死魂灵》；再比如，在整个中国普遍发生“书荒”的20世纪六七十年代，一些作者都不约而同地阅读了几本相同的书，如苏州的王稼句忆及“少年书事”、南京的徐雁回忆“童年的书缘”时，都提到曾迷恋秦牧的“散文随笔集”《艺海拾贝》。山东的徐鲁有一本夹壁里的旧书《林海雪原》、广东的赵芳芳也曾读过这本曲波的"红色经典小说"。书海茫茫，两个人或多个人与同一本书的书缘，实则反映了这些书籍在社会上曾经引发的共鸣，是时代社会阅读史的见证。

装帧方面，本书由书籍装帧家速泰熙设计，围绕"书缘"主题，散发出一股书卷气。封面以古朴的褐色为底色，其上隐约可见层层叠叠的书堆，以及一个个本书作者的姓名；封面、扉页、辑封则印有各种字体的"我的书缘"：不仅有文物鉴赏家王世襄的封面题签、诗人流沙河的扉页题签，更有漫画家华君武、三联书店老编辑范用、北京大学老教授吴小如、诗坛泰斗周退密、语言学家周有光、文化老人谷林的辑封题签；此外，书中插图既配有文章中提及的书籍"书影"，如清光绪二十七年木刻线装本《巴黎茶花女》；又有名人题字题画，如丁聪为蓝英年、董乐山、流沙河等作的漫画像；还有作者们的照片，如文洁若与巴金、萧乾的合影，可谓图文并茂。

正如董桥在该书《谈读书(代序)》里提到的，"谈藏书的书关心典籍的流播和文化的防腐；谈读书的书是书香的传承是学养的保温；谈书的书探索书的设计、书的诞生、书的意识导向和书的社会功能"，《我的书缘》一书三者兼而有之，闲暇读之，应是一次愉快的纸上行旅。

(载于 2006 年 8 月 10 日《天水日报》)

让书香永飘

——《我的书房》读后

[江苏]童翠萍

李白借“凤凰台上凤凰游,凤去台空江自流”(《登金陵凤凰台》)以抒自己怀才不遇之情。当年的凤凰台固然是凤去台空了,而今在六朝故地却有一座“文化凤凰台”,其中的“凤凰读书俱乐部”及其创办的《开卷》杂志,引来诸多文人学士登台作文,但不再如李白那样叹怀才不遇之郁闷,抒物是人非之幽怀,而是借金陵之雅台,啼文化之清声了。《我的书房》(董宁文编,岳麓书社2005年5月出版)作为蔡玉洗博士主编的“凤凰台丛书”之五,虽然书中的文字大多在2003年春夏以来的《开卷》上陆续读到过,但编辑成册以后,又增添了许多人文元素,使之有了新的风貌和雅的气质。

且不说本书目次上的一大串文坛名家、学界前辈,如绿原、何满子、谷林、来新夏、范用、黄宗江、周有光、王辛笛、舒芜、杨绛、黄裳等名字的灿烂诱目,光是冲着封面、扉页和辑封上王世襄、黄苗子、于光远、吕剑、王元化等诸位先生“我的书房”书名墨迹，以及董桥、流沙河两位先生的序言，爱书人恐怕就不肯轻易放过收藏本书的机会了。

能够以“我的书房”为主题，征集那么多名家的文章并出版，自然离不开《开卷》执行主编董宁文先生与众多文化老人的“缘”。古语云“但观架上，便知腹中”，书房可以抖落主人的几多心思和秘密呵。我以为，在当今的人际交往中，如果你去过某个人家的客厅，那么说明你和主人的关系无非是“相识”；但假如你坐过的是对方的书房，那么两人的关系大概就不同寻常了，可能就因此进入到“相知”级别了。

就这一层意义来说，董先生不仅登得客堂，而且入得书室，他广交天下文人学士，并让那些为当今这个与时俱进的浮躁时代所逐渐边缘化了的人物，重现于公共视野的文化至诚，实在令人钦敬和感佩。上海王辛笛先生曾经评价他“成绩斐然可观”，并在为其《人缘与书缘》一书所写的序言中说：

> 以书结缘，其乐无穷，我和董宁文先生相识有年，亦证实此种书缘之赐也……当今物欲横流，人心浮躁，苟能定下心来，熟读心爱的书，采访素所心仪的作者，在宁文视作一种福分，在读者则沾光无限了。人生至此，不亦快乎？

正是因为有如此广泛的人缘基础，文化老人们都愿意将自己的文稿寄给他，在几乎仅仅在同人圈里流传的《开卷》上发表，而这又进而促成了他主编的《我的书房》和“开卷文丛”一、二辑的创意。好人缘就此衍生出的一段又一段好文缘，乃至好书缘。《我的书房》上市以后，不仅好评如潮，而且一度畅销榜上也曾有名，真是读者亦与有其福了。

关于读书和书房,梁实秋先生曾在其《雅舍小品》中感叹道:

从前的人喜欢夸耀门第,纵不必家世贵显,至少也要是书香门人家才能算是相当的门望……开卷总是有益,所以世界上有那么多有书癖的人,读书种子是不会断绝的……读书乐,所以有人一卷在手,往往废寝忘食。但是也有人一看见书就哈欠连连,以看书为最好的治疗失眠的方法。

书房,多么典雅的一个名词!很容易令人联想到一个书香人家。书香是与铜臭相对峙的……寒窗之下苦读的学子多半是没有书房,囊萤凿壁的就更不用说。所以对于寒苦的读书人,书房是可望而不可即的豪华神仙世界……一个正常的良好的人家,每个孩子应该拥有一个书桌,主人应该拥有一间书房。书房的用途是庋藏图书并可读书写作于其间,不是用以公开展览藉以骄人的。

每一次读到这段文字,我总是止不住想象:从那书房里走出来的主人和孩子,都应该有着温文尔雅、知书达理的"斯文相"的吧?总觉得本无甚特别意味的东西,一旦和书发生联系就马上显得高雅起来:一间房辟为歌厅或书斋、一张桌子用作饭桌或书桌,会给人截然不同的感觉和想象的空间。甚至含有"书"的词组,如书卷、书眉、书香、书斋、书吧等等,都显得那么有韵味。因此,我是怀着对未来书房的神圣向往、对书香生活的美好憧憬来开卷这本《我的书房》的。

诚然,书房不仅是"保存和安歇古贤遗迹的神殿",更重要的是书房主人寄存灵魂的一个空间,是"他与中外的先哲今贤心神交会之处,是他的独立思想得以萌生的策源地，也是他的自由精神得以休息的理想场所”(陈子善《我的书房》)。因此,读书人对于写自己心爱的书房是最不吝笔墨、最显性情的。而本书的作者以老一辈的文人为主。老人们经历了那么多坎坷沉浮以后,沉淀下来的各种人性的闪光点和心态,都在篇篇叙述写自己最可亲近的书房的书中不自觉地流露出来。

本书的作者除了津津乐道于自己书房的格局之外，还乐于介绍自己书房名号的缘由。正因为如此,读者才得以知道何满子先生的“六一居”、丰一吟女士的“石珊楼”、朱正先生的“十全书室”、高莽先生的“老虎洞”、来新夏先生的“邃谷楼”、纪申先生的“知足斋”、戴煌先生的“蜗牛居”、屠岸先生的“萱荫阁”、王湜华先生的“小雅音谷”、舒芜先生的“碧空楼”、王春瑜先生的“老牛堂”、黄裳先生的“来燕榭”等等书斋名号背后的典故逸事。而书斋的名号并不是一成不变的,更迭变化往往对应了书房主人的一段段际遇变迁。因此,由书房名称反观书房主人不失为知人论世的一个好途径。

官场商界的人大多是不敢公开夸耀自己财富的，但读书人似乎不怕梁上君子的光顾,他们有的是一份开放自信、乐于人共的人文心态,甚至是欢迎读者观其“架上”,乃至不乏主动坦其“腹中”的,所以他们不惮于对自己的藏书来源和盘托出。至于由淘书而介绍买书的经验,对读者而言就更是受益匪浅了。如陈四益先生便将自己“上过几次当才学乖”的经验和盘托出：

比如古籍,如果有多家出版社出了同一本书,我大抵买中华(书局)版或上海古籍(出版社)版;校注本若有多种,则选见闻所及知道够资格的校注者,主编是谁倒是不大在意，因为知道那不过是挂名，以主编的年龄，对书的质量他多半是不能负责的。

萧乾先生在《我的书房史》中说："自从写了《搬家史》之后，我发现几乎任何事物只要用'一生'这根线一串，就能串出一部历史来。我的《在歌声中回忆》就是这么写的。书房也是这样。"他是从纵向上来看的。而《我的书房》可以从横向上来看。

六十余个书房的历史集中到一起，书房的建立和毁灭、新书旧书的更迭、藏书的积累和散失，无不深深地打上历史的烙印。本书的作者很多是20世纪二三十年代出生的人，正当年富力强、学有建树时，不幸遭遇了"史无前例"的灾难。

"文化大革命"的中国政治大悲剧，造就了一场全社会的大动乱，于是斯文扫地，太多的知识分子为之付出了沉重的代价。因此，他们的书房史尤其坎坷曲折。抄家、烧书、无书可读，竟至于无人敢读、无书可读！看着众多作家学人晚年的回忆和分析，我们不由反思如何才能让斯文不扫地、书香永飘逸的社会政治命题来。而今，书房已不再是众人担惊受怕的心理由头了，然而社会似乎又进入了另一个无人读书、无书可读的状态。两者殊途同归的社会效应便是：如《我的书房》主人们那样的真正读书人，依然是凤毛麟角。

也许这正是《我的书房》一书，在揭示主人书房名号典故、藏书格局、读书爱好和治学历程等文人雅趣之外，更深远一层的意义所在了吧。

2005年7月3日定稿于南大陶园

（载于《中国图书评论》2006年第1期）

做一点点有关文化传承的小事

——读董宁文先生与《开卷闲话五编》

[湖北]周燕妮

初知董宁文先生,为秋禾师所荐。暑假收到董先生邮寄过来的《开卷》,黑白小册,薄薄 28 页,简单朴质。一个下午,两册很快读完,却有意犹未尽之感。

《开卷》是南京凤凰台饭店主编的一本读书刊物,也是凤凰读书俱乐部的指导阅读刊物,在俱乐部内部免费交流阅读。作为民间读书类刊物,《开卷》于 2000 年 4 月创刊,至今已出到了 100 多期,从不间断。在市场经济的浪潮和浮躁社会风气的影响下,现代社会能坚持做这样一件"纯文化"之事的人是越来越少了。而《开卷》居然能迎来百期盛诞,这离不开凤凰台饭店的支持,离不开《开卷》的作者与读者的关注和参与,更离不开其主编的执着和心血。

空明旷达交文友

读罢《开卷》,想象主编该是一位学识渊博的老人家,花白头发,清瘦身材,一生埋首文字书堆，凭借毕生经历和心血才能凝成这似信手拈来却遍地藏宝的小刊。忍不住好奇到网上搜罗一番，才发现自己的判断完全错误。这样一份精刊的主编居然才四十来岁，且是一位长相淳朴，充满活力的敦厚之人。如画家刘二刚描述道："他圆头圆脑，装着智慧；眼睛不大，目光敏锐；嘴不伶俐，包含着修养；腰背不挺，背负着责任和学问。"

董先生笔名"子聪"，据说这是他给儿子取的名字，甚有趣。我与董先生尚未谋面，只有两三条短信交流。对于我这样的学生之辈，董先生言语也甚为礼貌，并不忘节日快乐之祝词，细心如此，令人感动。《开卷》这么多年里得到了众多文坛"国宝"级文人的支持和肯定，可见董先生的人格和修养。且看看文化人对董先生的评价吧。

王辛笛先生说董先生"结交天下文人学士，成绩斐然可观"，又言"广大读者得以通过宁文的知人论世，获得不少教益"；阿滢称董先生为"营造书香社会的义工"，"是一个宽容之人"；龚明德评价董先生"真是一位罕见的成功的传播书香的志愿者"；子张说董先生"纯厚朴实，文质彬彬，谈吐清雅而爽然"；张宗刚说"董宁文是个经历丰富的杂家，工农商学兵诸行当，他似乎样样干过，可贵的是久经红尘历练，宁文却始终心性清澈，与浑浊无缘"……

董先生行文酷爱"闲"字，古文中，"闲"字有两种字形，即"閒"与"閑"。"閒"是门中有月，月光满庭，闭门静坐；"閑"是门中有木，与世隔绝，静中观物。两者描述的都是一种空明旷达的境界。董先生徜徉于"闲"中，以文修身，广交文友，怡情明性，闲趣自得。

乐此不疲结硕果

董先生非业内专职编辑,但却硕果累累。除负责《开卷》编辑工作外,董先生还在译林出版社担任《译林书评》的编辑工作,且编辑两份刊物都是其业余工作。董先生出版有《人缘与书缘》一书,是关于文人学者的访谈录,受访对象有施蛰存、杨绛、王辛笛、金克木、刘震云、苏童、池莉等等。

因《开卷》的缘故,董先生结识了文坛众多文人先辈,并因其真挚和性情为大家所信任而乐于赐稿,于是有了"开卷文丛",至今已出到第三辑,他还编有《我的书房》《我的书缘》《我的笔名》《我的闲章》等十余种图文书。"我的"系列立题有趣,编写精细,收录了百余位作家、学者、艺术家的文墨,谈书房、谈读书、谈笔名、谈印章,所涵盖的内容极其丰富,引起同仁识者的强烈反响。

同时,董先生还与国内多家出版社合作,参与策划出版了近百种图书,有"读书台笔丛"10 种、"六朝松随笔文库"12 种、"中国版本文化丛书"14 种、"书林清话丛书"16 种等。这样的成绩,非执着于文化之人难以做到。其与秋禾师共同主编的"开卷读书文丛"也出到了第二辑。董先生自言:"我业余编了一百多本书,亲自编的有四五十本。我全是自己一个人搞,一个人就像一个出版社。我的娱乐活动少,天天乐此不疲。"正是这乐此不疲的精神,让董先生笔耕不辍,为爱书读书之人培育了颗颗精神食粮。

开斋有益说"闲话"

拿在手上的这本《开卷闲话五编》即是"开卷读书文丛"第二辑中的一本。"开有益斋闲话"是《开卷》的常设栏目，由董先生主编，已经先后结集出版《开卷闲话》《开卷闲话续编》《开卷闲话三编》和《开卷闲话四编》，如今又有了手头这本。

延续前四编的风格，此编收集2008年1月至2009年6月《开卷》中"开有益斋闲话"的全部内容，以月份作标题，以日期为序，记录书人书事。文笔清新散淡，书中穿插数十幅相关图片，使得这本小书显得丰富活泼。

初读几期《开卷》上"开有益斋闲话"，无外乎是文人间的日常交往与读书界的流水账，只是有趣，并不觉得有何意义。读了汇集"闲话"而成的《开卷闲话五编》，若干的人和事被串连起来，才渐渐读出它的味道，它的价值。

"闲话"的内容，大致可以分为两种，一是与阅读有关的活动信息介绍，一是各地读者与编者的书信往来摘录，这其中不乏业内的著名文人。

"闲话"中记人，我们在这里认识朱瀛椿、许宏泉、王钟琴、耿庸，伤感谢蔚明、谷林、彭燕郊、方平、金开诚等文人学者的逝去……同仁间心心相印，如水之淡却又浓厚难散。

"闲话"中记事，我们在这里知道《民间书声》，知道李福眠的丢书买书，知道黄永厚的凤凰之行，知道"江南三逸"画展……文化传承的事情正在一件一件做下去。

"闲话"中说书，我们在这里知道《大家国学》，知道易卫东的《读书消暑录》，知道何卫东《智慧的蜘蛛》，知道陈子善的《边缘识小》……好书的营养如接力般被人人汲取。

“闲话”中说理，我们在这里看到子张对郭沫若作品的证明，看到汪成法对凤子旧作的查找，看到止戈和止庵的“煆”“煅”之论……闪耀的不只是智慧之光，更有孜孜严谨。

“闲话”中抒情，我们在这里感受吴香洲、范笑我参观凤凰崇正书院的浓浓诗意，感受对逝去文人的深深怀念，感受读者们阅读的乐趣和对书的珍爱……文人交流如火如荼。

……

渐渐地，“闲话”成为文人间交流的一个平台，这里可谈人论事，说古道今，抒情表怀。没有纪律约束，没有条框限制，没有名利纷争，轻松自在，回味无穷。王稼句把“闲话”比作茶馆，“熟悉不熟悉的人都来坐坐聊聊，聊得久了，不熟悉的也熟悉起来。有的老茶客，堂口都有固定的座位，无论阴晴雪雨从不缺席，这次居然不来，那一定是有事，或出差了，或生病了，会让其他人惦念。这种氛围在其他定期刊物里，大概是没有的。”

书前有序是常有之事，但一书中有七篇序却很鲜见。该书正文前有朱健、张叹凤、躲斋、梅娘、李文俊、屠岸和顾农七位文人所作的序，或长或短，但却都讲述了自己对“闲话”的理解和与“闲话”的感情，颇有可读性。张叹凤先生细谈了“闲”字：“一个‘闲’字，摒除了功利，忘却了营营，达到诗意的高度。”这是“闲话”的真实写照。

正文后，该书还附了两篇附录，占全书近三分之一的篇幅。一是《凤凰台上》《我的开卷》暨《开卷》创刊百期南京座谈会发言纪要，一是《凤凰台上》《我的开卷》暨《开卷》创刊百期北京座谈会发言纪要。会上文人学者热烈交流，或肯定或建议或展望，妙语连珠，真诚满怀。其中多位学者给予董先生极大的肯定，文坛业界齐心促进文化传承发展的热忱可见一斑。

在此书后记中，董先生说到："我一直认为，《开卷》这十年来其实只做了一点点有关文化传承的小事，并在其中享受到无穷的乐趣，而且仍然愿意这样一年一年地做下去……"星星之火，正呈燎原之势，我们在"闲话"中与文人前辈相通，感受星火的照耀，将这星火一一传承下去。

（载于《博览群书》2010 年第 1 期）

《开卷》是榜样

[浙江]方韶毅

昨天收到南京董宁文兄寄来《纸香墨润》，乃《开卷》十五年纪念文章结集，内收有拙文《开卷是榜样》。《开卷》是南京蔡玉洗、董宁文等人合力编辑的一本民刊，每期薄薄的，不过数十页，但内容丰富，名家文章荟萃，在读书界颇有影响。《开卷》所拥有的作者、读者资源让人羡慕，这不是一般人能为，而其坚持十五年，更令人敬佩。

十来年前，我开始热衷收集温州地方文献，拿着一份乡贤名录，四处搜罗。大概就是这个时候初遇《开卷》。

我在孔夫子旧书网找到一本《多彩的旅程》，这是《开卷》编印的纪念赵瑞蕻专辑。赵瑞蕻先生是温州人，诗人、学者、翻译家，20 世纪 40 年代初毕业于西南联大，50 年代起在南京大学任教，一直生活在南京，1999 年去世。这本别致的册子出版于 2001 年 8 月，收录了 50 多篇纪念文章，是了解研究赵瑞蕻生平和成就的重要资料。本来像这样的纪念集，出版社是有义务出版的，但恐怕是担心经济效益不佳无人敢接手。民间自费出版，反而使这样的书显得珍贵了。叹息之余，我莫名生发出一种得了宝似的欢喜。

差不多在那一年，岳麓书社出版了《我的书房》，也和《开卷》有关。58位当代名家亲述书房故事，是《开卷》专栏文章的结集。我书架上有一爿“书之书”，自然不会漏过这一本。“我的”系列后来还有《我的闲章》《我的笔名》，出一本买一本读一本。

但我一期期读到《开卷》，是在近年。我记得卢礼阳先生向董宁文发邮件，代为求赠。卢先生因办《温州读书报》与全国各地读书类报刊联系频繁。虽然我也算个爱书人，有一段时间喜欢写写书话书评，但与薛冰、王稼句、徐雁、董宁文等一批江苏知名书话作者并无交往。我视他们为楷模，直到参加读书年会后，才有了和他们握手的机会。我和他们谈话感到愉悦和亲切，正如我读《开卷》一样轻松自然。因为我可以体会其中书之味。

《开卷》是国内读书类报刊的标杆之一，这毋庸置疑。我没有特别指出所谓官方和民间之别。因为包括官方所办读书类报刊在内，评判才公允。薄薄如《开卷》一册，内容却耐人寻味，可有几家？

《开卷》办了十五周年，它的成功在于其办刊视野和坚持下去的精神。有视野的报刊可遇可求，但百折不挠的作风难得。这理道简单，行之却很不易。四五年来我编《瓯风》，常感坚持之难。这不仅仅是气质的问题，还有实际操作的策略。这点，《开卷》值得同道学习。

2015年3月6日晚于沪温高铁

最是书香能致远

——读子聪《开卷闲话八编》

[新疆]毕　亮

子聪先生的读书日记《开卷闲话》已经出版到第八编了,这是作者写第一则日记时大概也是没有想到的吧。刊登于读书民刊《开卷》最后几页的"闲话"早已经成为众多《开卷》读者最钟爱、最期待的栏目。

关于这些,在每编的《开卷闲话》众人之序中,被再三说到了。我的书缘尚浅,前面七编都没能系统集中阅读,但也从2009年开始,每期都从《开卷》上零星拜读,近日收到《开卷闲话八编》。

《开卷闲话八编》和前面的七编一样,用陈四益先生在序言中的话说,就是"书来信往,人来人往,便每期有了记载这些文人文事的《开卷闲话》"。本书所收即是从2012年6月至2013年12月的书人书事的详略记录,"呈现了读书界十多年来的暖风清月"。

子聪的读书日记,并非每日记录,有时也是有话则长,数千字;有时无话则短,数十字而已。作者不求面面俱到，所记以书事和书人为主，实事实记。他摒弃以个人为中心的琐碎记事，“闲话”所记均以《开卷》为中心辐射全国书友，俞律先生对此有过精妙的比喻，他把《开卷》比作一张网，说它把天下有缘读到这本书的文化人网进来了。

从2012年开始，我也被这张网网进去了。虽然才三年，但入网三年，感触也是很多的。从第一期《开卷》开始，至今年已经整十五年了，其间均是子聪(即董宁文)这个文化志愿者在操持。杂志换过几个主办单位，但民刊之难，在日记里只言片语都未曾记录。而在十五年里，子聪一直坚持免费面向书友赠送杂志，我不知每期都要寄出多少份，但十五年来，这个总和应该是极惊人的。这些，在“闲话”中却很少提到。

《开卷闲话》单篇看不出来特色，放在一起读，味道就出来了。这种味道是书香带来的。最是书香能致远，书香飘万里，把众多书人聚在一起，听子聪闲谈，也就不奇怪了。同为书人，王稼句在谈到“闲话”时说，(闲话)就像是茶馆，熟悉不熟悉的人都来坐坐聊聊，聊得久了，不熟悉的也熟悉起来。我就是看着出现在茶馆里的人闲聊，才慢慢地对读书圈里的人与事有了了解。

“闲话”中关于文化老人逝去的记录，无论详简，读了都很难让人平静下来。

当然，在看“闲话”时，也常见有会心处，不免心喜。尤其记录中的一些人和事，是我熟悉的；那些书，我也曾阅读过，却不知围绕着那些书还有那么多故事。

《开卷》《开卷闲话》系列以及《开卷书坊》等书的价值，本书附录的《〈开卷书坊〉第二辑首发品评会纪要》上众多作家、学者、读者的发言中都有谈到。而我觉得，它们的意义，还将被继续发掘、认识。

(载于2015年6月7日《温州晚报》)

有韵味的闲话

——读《开卷闲话序跋集》

[新疆]毕　亮

好像是从2011年11月11日开始，每次都能如期收到董宁文先生从遥远的南京寄至西域边境农场的《开卷》。我不知在偌大的新疆，又有几人有此种书缘。

只有一个印张、设计素雅的月刊《开卷》，直消两个小时便能读完，但却让人每月都有所牵挂，如若晚收了几天，不免就在猜测是不是在漫长邮路上遗失了。而我开始读到《开卷》时，它已经出刊十年有余了。而像我这样每月对《开卷》都有期待的读者，又不知几何。那些从第一期开始就在等待的人，也不在少数。

《开卷》上的文章，令人难忘的有很多，但最让人期待的还是每期最后几页的"开卷闲话"。初读时不知子聪即是董宁文先生，也不知道董先生一直在以子聪之名写"闲话"，一写就是十多年；也一直在结集出版。我知道时，已经是出版到《开卷闲话七编》了，前几天刚拜读完《八编》。正准备搜齐前面六本。

在这之前，只有通过每本《闲话》的序跋来先睹为快。正好，手头有这样一本《开卷闲话序跋集》，收进了一至八编《闲话》的序及后记。从序跋集中知道，从《闲话》第一编开始，作者子聪便请《开卷》的作者为《闲话》写序，每编之序五到七篇不等，将八编所有序跋收印成册，也蔚为大观。

看着这些或长或短却真诚之至的序，深感遇见《开卷》太晚，不过总算还是遇见了。来新夏先生就曾说过，家里刊物多种，能耐心从头看到尾的只有《开卷》。如来先生这般的读者，实在不少。还有许多读者，一拿到《开卷》，总要先把“闲话”快读一遍，从中了解想知道的信息，大概都能知道。

读“闲话”，除了关注信息外，品鉴文字韵味也是必不可少的。陈子善教授用“朴素的、平实的、不张扬、不剑拔弩张，甚至有点‘述而不作’的味道”来形容“闲话”，实在是知人之论。

有一次和巴金故居的《点滴》杂志工作人员聊天时得知，编辑部每期寄到新疆的杂志只有一份，当时她还奇怪怎么会有新疆读者呢。想来，《开卷》寄到新疆的也不会太多。龚明德在《开卷闲话三编》的序中写到：一个地区或城市，如果没有人在等着南京的《开卷》，如果有见到南京的《开卷》却读不出味来或者随便看上几页就把它扔掉，就证明这个地区或城市的文化含量不达标，甚至还是文化的沙漠。龚先生的话，我是认同的。

而李世琦在序里则坦言，《开卷》的真正价值，大约要到数十年、上百年以后才会凸显出来，那就是“记录物化时代的优雅”。《开卷闲话》必然也将和《开卷》一起，等着日后被重新估价。

撇开《开卷》和《闲话》不谈——这些读起来也趣味盎然——无论大家名家还

是不知名的作者，写起序来各有风格，无论语言还是行文，都是很妙的。作者子聪自己也说，他们从不同角度对闲话进行了解读，相信亲爱的读者朋友能从中体味些许妙处来，若从中还能读出一些弦外之音来，那就更妙了。

这妙处，到现在我也才读出了其中很少的一部分，深感遗憾。

人渐老 书意长

[广东]肖永钐

金陵有高台,雏凤鸣五载。清音喜闻商隐笑,桐花灼开李白来。前贤齐赞江南好,后昆夸我董郎才。噫吁兮,何愁丹山路迢迢。君不见,一卷在手天地开。

——冯亦同(南京)

南京凤凰读书俱乐部创办的内部小刊《开卷》已度过了五个春秋。诗人冯亦同先生为此助兴的一首《凤凰引》颇使我心仪,遂借来作了开篇的词幕。

薄薄一册的小杂志,白皮黑纹,淡雅质朴,清新的文字,丰富的内涵,书人语书,闲话缩影,真是一卷在手,天地俱开,怎能不引人停留注目?而五年以来,《开卷》同人不仅办此一份文化刊物,更选编、出版了近百种图书,由长沙岳麓书社近日出版的《开卷文丛》第二辑,就是纪念创刊五周年的又一新作。

以诚为文、以文会友,《开卷》自然"书音"启蒙天下,应声弦歌者不绝。回想两年前的10月,《开卷文丛》第一辑问世,学者朱健将"随心所欲"的读红札记结集成《碎红偶拾》,以博同好会心一笑;流沙河老人则携夫人吴茂华将"蛀古书之心得"和"书里书外的一些思绪"汇成《书鱼知小》和《明窗亮话》,以唤"自己和他人的性灵";此外还有出版家范用的《泥土 脚印》,作家绿原的《再谈幽默》,文学理论家舒芜的《碧空楼书简》等等。这些虽不热闹但认认真真读书做学问的前辈文人,将他们的知识和智慧毫无保留地奉献给读者,让我辈得品馨香而成为精神的贵族。而犹为让人感慨叹息的则是,《梦馀随笔》的作者王辛笛老人驾鹤西去,未能亲见文丛第二辑的面世。

承袭了《开卷》一贯设计风格和《开卷文丛》第一辑的版式构思,速泰熙先生"创可贴"的精心设计为文丛增色不少。丛书封面上或浓或淡的几道墨痕,取材于江苏省美术馆书画家罗邦泰先生的一幅书法墨迹,虽"断章取义",但别有一番行云流水的潇洒意趣,恰与整套文丛清淡适意的风格气韵融会贯通;书中更附有作者手迹、多帧照片、画像、书影等等,图文相宜,真是未展书卷先睹画意,漫漫翻阅之余亦可把玩、欣赏——它们于文史之外还兼具了收藏价值。

说起《开卷文丛》第二辑的出版,自然要感谢"文丛"执行主编董宁文先生,也就是《开卷闲话续编》的作者子聪先生了。对此,刘二刚先生说得好,"读'闲话'年复一年,只觉闲人闲写闲看,却忙了子聪先生忙里忙外"。

熟悉《开卷》的人都知道,《开卷闲话》其实应为《开有益斋闲话》,主要是刊物中历年"闲话"的精选汇集而已,当然细心的读者也不难发现书中有许多是"开有益斋闲话"所不曾有的内容。但"闲话"不闲,并非只是一群书友文人鸿雁往来、清言雅行的碎语集粹,"起居注"也好,"群言堂"也罢,它真正想构筑的"其实是一个人文学术交流的平台，一个真正的读书人诗意地安居的场所”。而该书名为续编，只因正编已在《开卷文丛》第一辑中问世，记录了 2000 至 2002 年这 3 年《开卷》的活动内容，而续编的时间范围则从 2003 年延至 2004 年 8 月。

现已出版的 9 本书中，作者仍续前风，大都是已过耄耋之年的老人，真可谓“人书俱老”心不老。他们多出生于 20 世纪二三十年代，经历了抗日战争、解放战争、新旧政权的交替，数次运动的磨练和十年动乱的浩劫，虽有《女儿身世太凄凉》的叹息，但言辞中吐露更多的是曾经沧海后的平和致远、阅尽千帆后的淡泊宁静。书中收集的大都是他们历年的随笔杂感、读书札记。他们各自的经历、性情、学识、文风特色与生活情趣等，这些无不经由笔端的文字，浅浅淡淡地流泻在读者的眼前心间。在与诸位长者的娓娓笔谈中，聆听他们的清音婉曲，不经意处我们就可获得几分开卷为己的“有益”。

曾以一幅《绅士淑女图》描绘旧上海的十里洋场，在繁华中透出一股“荒凉况味”的李君维先生可算得上一位隐于世的高人了，就连他的笔名东方蝃蝀也是同样的别致。今日上海的陈子善先生言道，“在我看来，四十年代的上海文学史，如果缺少了君维先生的小说，就像缺少了张爱玲一样，那就太单调乏味，太不可想象了”，他的“《穿衣论》《沧桑话旗袍》诸篇娓娓道来，妙语如珠，堪与张爱玲的名作《更衣记》媲美”。而收入文丛中的《人书俱老》正是他自 20 世纪 40 年代以来所写随笔、小品的首次结集，无论怀人、说书还是看戏文，其“淡雅舒展、行云流水般的文字”读来都有一种汩汩不断的连绵之感，悦目且可心。

该套文丛的作者还有几位并非从事文学创作的专家。譬如长期搞会计工作，1975 年才调至中国历史博物馆参加历史文献整理的谷林先生，但这本《淡墨痕》

却已是他继《情趣·知识·襟怀》和《书边杂写》的第三本读书随笔集了。久为他人作嫁衣的老编辑章品镇先生，岁暮之年也谱出了一曲无伴奏的独唱，“让墙角黄花，也在夕照中稍留色相”。他收捡积压箱底的零针碎线，有少年的“雪上鸿爪”，有颇富时代特色的小说诗歌，还有“年纪渐长后”的仁者随感，言辞的庄谐成趣与感情的真挚朴实相应，绘成一卷《自己的嫁衣》，既可于闲暇随手翻翻，饭后一哂；又耐得住细细咀嚼，深究其味。

除此，以音乐随笔著称的辛丰年和年龄相距四十一载的严锋，带给我们的是一本特殊的《和而不同》的父子集。长辈多谈历史，“精于锤炼，凝练严谨”，子则侧重文学，“舒缓自然，幽默诙谐”，文有不同，但“他们的为人为文、立身处世，又隐隐约约地有着脉络相连”，性情、趣味的相通，或许正是他们“和”的基础。而很“有意思的”（彭国梁语）龚明德先生，则将他“记得起和找得到的一部分”“不太死板”、与“开卷”有关的文字，集成一卷《书生清趣》，以飨书友。

末了，黄裳老人虽“近年来写不出文章”，然亦凑了一册《梦雨斋读书记》，聊“滥竽于书话之林”；而来自福建莆田的著名诗人彭燕郊老人也执笔挥毫，《纸墨飘香》。

细思一、二两辑共19册书卷，虽各叙己意各论己见，但是合在一起，也可看作书的不同层面（这也恰与第二辑文丛书装设计的构思取材相吻合），因为它们都是读书人的书音书语，读书品书论书的一点痴迷心得。说不尽天下书，绘不尽书中人，道不尽书中事，人与书的联系怕是紧紧地纠缠，直至“人书俱老”；而与书相携的人生，怕也平添了几分“清趣”吧。

（载于《中国图书评论》2005年第8期）

开卷百期有其益

——《我的开卷》读后

[湖北]林　英

《我的开卷》(蔡玉洗、董宁文编,译林出版社 2008 年 7 月版)是为了纪念《开卷》创办一百期而创意出版的。说到《开卷》,对民办刊物有所了解或关注读书类杂志的人,对它应该都不陌生。它是一份由凤凰台饭店主办的民间小杂志,小 32 开,加上封面总共也才 32 个页面。刊物虽小,可因为它内容的纯粹、作者队伍的精粹,以及扑面而来的人文性和书卷气,深受读者的喜爱。

作为一份没有任何商业利润可言的民办刊物,能够坚持八年之久,八年来一期不落地出到一百期,个中艰辛是难以为人道的,但其中的喜悦与收获却是值得与人一起分享的。这份喜悦与收获,不单是属于《开卷》的,同样是属于它的作者和读者的。因此,在这寓意着圆满的一百期之际,在这“百尺竿头”之上,《开卷》编辑部不仅编就了一部《凤凰台上——〈开卷〉百期精藏版》将《开卷》这些年的足迹聚集在一起;同时也组编了这部《我的开卷》,因为它的作者和读者们,有话想说,有故事可讲。

《我的开卷》收有102位与《开卷》结缘者所作的文章，或对《开卷》进行评价，或谈及与《开卷》最初的结缘，或讲述因《开卷》而引发的一些有趣的书人书事……对于熟悉《开卷》的人来说，读着这些文章，就像走进了一个熟悉的茶馆，就《开卷》这份杂志，你刚听完一个朋友的见解又会迫不及待地想要听听另外一位朋友是怎么说的。不熟悉《开卷》的人，或许默契熟稔的感觉少了些，可是却会有另一份惊奇，惊奇这到底是怎样一份杂志，能吸引那么多人，从天南到海北甚至国外，从文人作家到高校教授，从耆老宿儒到青年才俊，都真诚地把这份杂志当成自己的，说起《开卷》就像话家常一样，这也就是"我的开卷"书名的由来之一：它体现着《开卷》与读者亲密无间的关系。

华东师范大学教授陈子善先生说，给熟悉的杂志庆贺有一种困难，就像给极熟的朋友写纪念册，因为感想太多，反倒只能写寥寥的几个字。其实，无论写哪种纪念庆祝文，都有一重困难，那就是如何做到不吹不捧，真诚可信。《我的开卷》里谈及《开卷》的种种好，说它有泉水般的清冽和甘醇，具有不施脂粉天然俏的平民风格；说它为读者打开了几扇风景各异的窗户，品书之窗、睿思之窗、会友之窗、开放之窗等等；说它就像茶馆，熟悉不熟悉的都可以坐坐聊聊，因为没有门户之见，和而不同，和而有争，因而大得和谐气象云云，说的都是《开卷》的真实面貌，都是真诚之笔，谓予不信，翻开《开卷》看看，也就豁然得知。

第100期《开卷》上，有锺叔河先生的一篇《从前不会做一根针吗？》，是他举一例来批判现在很多书籍少说真话、多说假话或过头话的情况。这个例子是杨振宁的《曙光集》中的《父亲和我》一节，记述杨父劝杨回国："新中国使中国人真正站起来了，从前不会做一根针，今天可以制造了……从前常常有水灾旱灾，动辄死去几百万人，今天完全没有了。”锺先生对此质疑说从前不会做一根针吗？锺先生说他遇见睁眼说瞎话，或者为了逢迎说过头话的书籍，只能弃而不顾，视之为垃圾。锺先生会把批判说假话、过头话的文章发表在《开卷》上，从某个层面上来说，他不也是认可《开卷》真诚朴实的风格么？

《我的开卷》的这种真诚，是一脉相承《开卷》的风格，同一个主编，同一个作者群，气质自然也就相差不远了。王稼句说《开卷》“文章大多很短，平实可读，没有什么高头讲章的学术性，也没有什么酸溜溜的抒情小品，往事记忆，人物印象，读书漫谈，都是用心写的文字，前辈如此，年轻后学也是如此，即使偶有应酬之作，也都写得有理有节，合乎规范，并不敷衍塞责。”实际上，这样的品格，用来评价《我的开卷》这本书的味道也是再贴切不过。

《我的开卷》中读来让人最感兴味的，是那些以《开卷》为媒而生发的书缘故事。他们初识《开卷》，有的因在凤凰台饭店的惊鸿一瞥而深深喜欢上它，从此每个月都风雨无阻地到饭店取这么一份杂志；有的是因为友人的介绍赠送才识得《开卷》，以至大有相见恨晚之感；有的是一开始就获得《开卷》的赠寄，从第 1 期收藏到现在的第 100 期，在书架上排上一大排。当然，并非所有人都是对《开卷》“一见钟情”的，甘肃的书友叶梓说：初见《开卷》，她的典雅、朴素让人不禁失笑”，也有人指出这份杂志“遗老气”较重，登载文化老人的文章较多。这一问题，却也见仁见智，叶至善的女儿叶小沫在《〈开卷〉·爸爸·我》一文中说，对她爸爸这样已经没有时间和精力出门的老人，因为《开卷》这本小册子，得以传递相互间的消息，相互间的问候和鼓励，“这本小册子给这些暮年老人带来的慰藉，恐怕是办这本读书小刊的同志们自己都不曾想到的”。

姑且不论有关杂志的小小争议，就像河南人民出版社的蔡瑛所说：“对一个杂志有一些议论甚至争论，于编者而言，是一种难得的幸福。这说明，杂志引起了关注，形成了风格。风格，对杂志的重要性怎么说都不为过。”单就它所散发出来的书香，也足以打动人。长沙的画家、作家彭国梁说，“饮水思源，情系《开卷》”。因为他开始成为一条十足的书虫，其源头是在凤凰台饭店的开有益斋，是在开有益斋内那本小小的刚创刊不久的《开卷》上。彭国梁2007年在湖南教育出版社出版的《书虫日记》就生动地记录了他的书虫生活，当时编校这部书稿时，我们几个助理编辑就争相传阅。

《开卷》的书香，还在于它营造出的一个氛围，在于它开出的会友之窗。透过这个窗子，窗内的人和窗外的人握手言书，窗外的人可以走进去，窗里的人可以走出来，一派随意与从容。在《我的〈开卷〉》中，很多作者都写到，通过《开卷》结识了一位又一位新的同好，或者借由《开卷》相识而成为知己好友。聊举一例。

南京大学中文系的卞孝萱教授说，《开卷》是他结交新朋友的桥梁。《开卷》上发表过王圣思女士的文章，她是王辛迪先生的爱女。当时他正想研究钱钟书、王辛迪两先生的交游唱和，通过《开卷》与她联系，得到了她的大力协助。

这样的书缘书事，书中可谓俯拾即是，让人感觉书香就是这样一圈一圈地荡漾开去。《开卷》不挂名却做着实事的编委之一薛冰先生说：“《开卷》同人谈不上有什么雄才大略，办刊初衷，只在于弘扬读书风气，营造书香社会，也算为新世纪的中华文化复兴尽自己的一份绵薄之力。就此而言，我想，我们是无愧本心的。”从《我的开卷》一书中，可以发现《开卷》的读者们对此是有着同样认同的。

另外值得一提的是《我的开卷》的装帧设计。《开卷》的设计就多被称许，香港的退休编辑古剑说他喜欢《开卷》，首先是这本小刊物的封面设计淡雅，很有自己的面目个性，切合脾性。《我的开卷》的装帧设计是《开卷》的老朋友——速泰熙先生设计的，广受好评的《开卷》的设计就是出自其手。洁白淡雅的封面，田字格里是手写体的"我的开卷"，同时配有黄苗子、王世襄、周退密、杨宪益的题签，氤氲着浓浓的书卷气和文化味。内文的设计也一如《开卷》的风格，文图辉映，配有很多名家关于《开卷》的手迹、信笺，十分养心悦目也十分珍贵。越来越多的人开始意识到《开卷》的收藏价值，窃以为要收藏《开卷》，那么这本装帧精美的百期纪念集《我的开卷》也就不容错过了。

（载于《山东图书馆季刊》2008 年第 3 期）

我读《相约在书店》

[山东]姚法臣

读范用，绕不开《读书》。理解范老板对后来《读书》的态度，得看范用当年写的《读书三百期》(董宁文编《相约在书店》第 244 页)，末尾一段话："有人问我现在还看不看《读书》，我说每期都看，有好文章，只是有的文章太专。总的印象，如今的《读书》拔高了。我希望《读书》办得适合像我这样的读者。不是为了做学问，只是业余喜欢看点杂志。当然看《读书》的也有学者。"

这段话很好玩，细推之能咂摸出话里有话的、不甚满意的味道，老先生是留有余地的。"有人问我"，必定是熟人，且为关心《读书》杂志的好事者，否则，这个问题不大可能在范老板面前提起，明摆着别有用心嘛！提出这话的背景，当然是范老板早已赋闲离开《读书》了，更重要的是《读书》的编辑思想、风格发生了若许变化，所以方有彼问，终有此答。范老板委婉地提出了批评：一是文章太专，二是拔高了。在范老板看来这无疑违背了办《读书》杂志的初衷。怎么办？范老板提出，希望《读书》办得适合“我”这样的读者。因为范老板是《读书》的创办者之一,所以有资格提出这样的要求,而且范老板的意见无疑是代表坊间的。问题是,像范先生这样的读者,会是些什么样的读者、口味是什么?范老板自己回答,干脆直接:不是为了做学问,只是业余喜欢看点杂志。前半句,直接回答了前面两个问题一曰专二曰拔高;后半句则直接点明《读书》杂志办刊的读者群与精髓所在:只是业余喜欢看点杂志。这里面大有看头,就目前来说,凡是能把业余时间宠幸给书籍的人,一定是爱读书的人,他需要从《读书》这样的杂志里获得一些有关书籍的讯息、轶事趣闻、书里书外的相关知识等等,总之是有关书的。照晦庵先生说的,就是:“包括一点事实,一点掌故,一点抒情的气息,它给人以知识,也给人以艺术的享受。”一句话,要好看。而绝不是那些引经据典所谓学术性的高头讲章,范老板更反对的是,《读书》的地盘被那些所谓的文化贵族所霸占,从而失去容得下“小人物”的雅量。这也就是当初《开卷》杂志摆上范先生案头时,他感到惊喜的原因吧。范用之所以青眼相加《开卷》,在我看来一个重要原因,就是《开卷》的办刊思路与他的当初经营《读书》时的一些理念是相契合的。后来,董宁文经范用介绍认识了北京很多文化名人,《开卷》的底色和基调,大约就是在那时逐渐形成的。

《读书》是我常年订阅的读物,现在订阅它更多的是习惯使然,没有《读书》好像阅读的视阈是不完整的,但阅读热情是大不如从前了。前些年,在书城明月岛书吧坐等《读书》编辑一行,抵近午夜,主编带领几位编辑匆匆而来与读者见面,印象中那一干人像达西一样(达西毕竟还是个贵族)傲慢得很,不喜。所以特别想念范老板,他说的话是很有道理的,因为他站在普通读者的立场上。

今年 8 月,南京《开卷》杂志主编董宁文先生,编辑出版了范用先生的散文随笔集《相约在书店》(江苏凤凰文艺出版社 2016 年 4 月版),很喜欢。我曾经说过,范用先生提出的“相约在书店”,与俄国编辑出版家绥青的“为书籍的一生”,是可以媲美的。而且,范用与绥青也是可以媲美的,或者可以这样说,范用就是中国的“绥青”。趁宁文先生九月访青之机,有幸得到他的签题:“与范用相约在书店是爱书人的一个值得骄傲的事情。”又曰:“乡友家明先生所编同题之书,××兄亦藏有,两书相对照或有逸趣也。”我因为喜欢范用先生其人,所以有关范用先生的书籍,包括他本人的著述、他人的编著等等皆有购藏。《相约在书店》甫一出版发行,第一时间我就在网店上下单了。我找出五年前广西师大版《相约在书店》(汪家明编辑,煮雨文丛 2011 年 8 月版),对照翻阅,颇能发现两个在读书出版界响当当的人物,所编辑的同题书籍在主题确定、文章筛选方面的异同,反映出各自的喜好与偏爱,读来也颇为有趣。

子聪先生编辑的《相约在书店》,收录范用不同时期散文随笔 71 篇(下称董编),篇中分三辑为目,曰“乡里故人”“衡宇相望”“书香处处”,主题晰分明确,是一个上好的能集中展现范用文字风貌和性情的综合性文编;在装帧设计上(这也是范用生前在书籍出版方面尤为看重的,文见《谈文学书籍装帧和插图》),董编是颇费了些心思的,封面护封右侧采用范用漫画头像,环衬页再见,范先生书痴的气质精神头得以淋漓体现,后一页居中题“相交无他事,唯有书与文”,封底见“天下书痴,无出其右”,一幅画像,两行文字,高度概括且生动形象地勾勒出范用为了书籍的一生。《相约在书店》是董宁文为范用编辑出版的第三本书籍(第二本书籍为《书里乾坤》,青岛出版社“大家文库”2013 年版)。《泥土·脚印》(凤凰出版社“开卷文丛”2003 年版)是董宁文为范用编的第一本书,也是范用出版的第二本书(第一本是1993年范先生退休后，香港天地图书公司编辑出版的《我爱穆源》),后来《泥土·脚印》(包括续集在内)由三联书店接手出版发行,所以说北京范先生自己在大陆出版的第一本书乃出自南京董宁文之手，从普通读者的角度看过去,这当是一份不小的荣耀。在范用与董宁文之间,冥冥之中仿佛有一种缘分，这种书缘是体制内外两代编辑间在文化精神层面上的传承，十分难得与不易。我曾预言再过数年,也许人们在谈论编辑杂志书籍方面,则言必称董氏宁文者了。

汪家明先生同题书籍《相约在书店》收入范用散文随笔62篇(下称汪编),分三辑编入,冠以卷一卷二卷三,除卷二可以概括为师友梦忆外,卷一卷三可以概括为书人书事,余者不录,比较起来汪编在文章的遴选方面更契合"相约在书店"字面上的意思。汪编封面十分简洁,印有淡化处理过的范用致汪的信函,尤可称道的是,书里收录范用各个时期的旧照、手稿、编辑出版的书影等四十余帧,读书的同时可以还原部分旧日场景,是文字上的拓展与延伸。譬如其中穆源小学沙名鹿老师送给范用的照片、张伯驹题赠范用的对联以及李一氓写赠范用的书法等等,皆不易见,是此编的特色和亮点。汪家明先生拥有体制内的优势,这些年出版过范用先生几本漂亮的书籍,尤其是范先生在世时将编辑好的《存牍辑览》交给汪家明，充分说明范先生对汪的信赖，果然汪家明没有辜负这份重托,《存牍辑览》印制得漂亮极了。我个人还比较喜欢汪家明编辑的《书痴范用》。汪家明本人著述的《难忘的书与插图》(复旦大学出版社2011年10月版),我想大概也是受到范先生的启发和影响吧。

董汪所编辑的《相约在书店》,收录相同的文章计有50篇,另有33篇各取所需了。

我个人喜欢的文章像《怀念范泉先生》、《根在祖国——我认识的李黎》、《读杂书》(董编录之，汪编失之)、《曾祺诗笺》、《书话集装帧——秀州书局》(汪编录之,董编失之)等,好在两编在手未之失也。我就是看了范用先生写的范泉和李黎的文章才开始购读这两位的书籍的,《范泉晚年书简》(大象出版社 2008 年 10 月版)收入致董宁文书信两封,《范泉纪念集》(上海书店出版社 2013 年 10 月版)分别收录了范用《怀念范泉先生》和董宁文的回忆纪念文章《书缘》;而我在汪家明编辑出版的《书痴范用》(三联书店版 2011 年 1 月版)里读到李黎撰写的长篇纪念文章《半生书缘——记范用》,当我把这些书籍和文章摊开在桌面上翻读时,我感受到一份由编辑作者串联起来的温暖与力量,阅读在此时变成朝圣,令人莫名感动。

借用范用先生喜爱的一枚藏书票上的短句,就此结束本篇:

愿此书亦如倦鸟归巢。

2016 年 9 月 26 日改定

守正出新二百期

[江苏]王　洪

我常告诫自己，一个人能有效工作30年的话，每10年认真做一件事，一辈子能做好三件事，就是一个非常了不起的人了。董宁文则更坚韧，他耗去人生中最具生命力的17年光阴，将他参与开创的一本充满人文精神的小刊《开卷》，连贯不断地编辑了200期，而且正绵延下去。这一行动，在读书日趋成为精神化的今天，是独领风骚的。他本人正像一个守着阵地的哨兵，又如一个不倦的更夫，面对着清冷与幽暗，有时甚至是孤寂无援，却为着警醒他人做着嫁衣。

近日，董宁文将他编著的《〈开卷〉二〇〇期》一书快递到我的单位。极似新闻报章的装帧和极小的开本，分为“序跋”“年谱”“总目”和“人物”四个部分，是让人爱恋的。起初是从开卷有益这个成语熟悉“开卷”是怎么回事的，那只是一个学生的功课使然。我从部队转业到地方电视台工作后，常去一些有人气的地方进行采访。得到《开卷》这本小册子，就是一次在南京的凤凰台饭店做采访的闲暇时，顺手从读报架上取回家的。结束一天的忙碌，就着暖黄色调的台灯光，从包里取出《开卷》，读着读着，满屋子地亮堂起来了，人也爽朗起来了。一篇又一篇写书、编书、读书的心得，像烛光一样照耀着挚爱读书的人们。我被这本只有28页的册子深深地吸引着，一期一期地追逐，才渐渐地感受到何谓“开卷有益”了。董宁文先生在编辑《开卷》中是下了一番功夫的，对文章的精选首先是着眼于著作者的，能入选的人一定是某一个人文领域的行家，这样就织成了一个闪耀着星光的苍穹。于是，作为读者的我，在拜读这个册子的时候，每每就像一次又一次地与学问家们的对话，仿佛仰望着星空，这种境遇使得我跳跃着思维而虚心地跟随着写作人的思绪，获得某一个方面知识的裨益。例如，在董宁文后来专门编纂的一本有关“序跋”的小书中，读着他从好多本《开卷闲话》中选出那些年刊登的各位方家的“序跋”，我不仅了解到这种文体的章法，而且从中窥见诸多的掌故作为茶余的谈资。《开卷》还有一个特色，就在于它的每一篇都是有故事可让读者嚼出滋味来的：或是文坛的一段趣事，或是学界的包袱段子，领着你一起经历文人大家们的苦难辉煌，并从中感悟出有益于自己的人生经验。花费十年汗水和心智编撰《林散之年谱》的邵川，曾有多篇关于书画方面的文章刊载在《开卷》中，其中撰写的有关林散之与邵子退之间的诗书情缘，亲切而不失矫情；虽是娓娓道来的语言和率直的细节以及用严谨的态度所做的考证，但对当今人情来往的流弊，尤其是沾着铜臭的书画交易，有着深刻的启示作用。这，也是《开卷》自创刊以来，虽几易其主，却一向秉持的情怀。

《〈开卷〉二〇〇期》既是从几个方面对以往的回望，也是为着未来作开拓性的定位。作为数据的200期，可以说是一种成就的表达；而作为一个见证，它代表的是坚忍不拔、守正出新的精神。《开卷》守道德之正，在完整的继承上，几乎穷尽自民国以来的著名学人的某一面见解；在准确的理解中，唯求其见解的精辟与笃实。《开卷》守学问之正，天下学问皆为一代一代学人锲而不舍所致。因着编者的态度，作者也是从不懈怠，无论是行文中的求实精神，还是选择题材的精巧技法，即便是一个简短的补正，都让读者觉得读出了“板凳需坐十年冷”的道理。《开卷》守行事之正，这得益于董宁文先生的个人作派，他与你谋面时总是十分的谦恭，当然还不失时机地与你淘得编撰往来所需，这肯定是巧妙而有谦谦风度的。出新旨在创新。《开卷》是纲，其余是目，但都要走一条创新之路，才能绵延不绝。素净而简单的封面装帧，有时候嵌上一把紫砂，往往会给读书带入到一个把玩的情景之中，至少透出俏皮来了。不少的篇章，在正文的严整结构中，贴上作者的书影，显现出了编者的匠心。最有奇思的当属董宁文以“子聪”的笔名，一丝不苟地在每期的后缀部分辟出的“开卷闲话”栏目，似乎是为一种历史留下有用的素材。

去者已逝矣，来者焉可追。捧读《〈开卷〉二〇〇期》，守正出新闯未来。

（载于 2018 年 2 月 23 日《中华读书报》）

访人

守住一片人文绿洲

[江苏]杨昊成

在一个浮躁和追求享乐的时代,要沉下心来做点事很难,更何况做的还是远离主流、类乎“拾遗”的边缘事。然而,任何时代和社会总还有那么一些痴心人,孤独而坚强地坚守着一方领地,冷静地旁观着尘世的热闹,默默地耕耘,却终于在日复一日岁岁年年的铢积寸累中收获着扎实的成果;而当时过境迁我们回望曾经走过的路时,倒恰恰还是这帮边缘人所做的边缘事真切、生动、翔实、细腻地从一个难得的视角记录和旁证了一段斑斓的历史。

我们很自然地会想起文史掌故专家,“补白大王”郑逸梅,但郑老先生笔下那些鸿儒硕彦、文坛雅士以及他们的故事大都出在民国时期,毕竟属于另一个时代,多少与我们有些隔膜,故虽然有趣,总难免散发出浓郁的遗老气息。幸运的是,我们这个时代也有自己沉静的记录者,他们在远离尘嚣的一角,用自己的笔追踪着当今的风流人物,并以完全奉献的精神及时地在这些人物与读者之间架起一座座桥梁，读者因此得以了解这些时代精英的功业、品格、趣尚、交游，分享他们的喜怒哀乐，同时反思自己的人生，获取精神及心灵的快乐和满足。

继在读书界引起广泛关注和好评的嘉兴秀州书局老板范笑我的《笑我贩书》之后，南京凤凰出版社和岳麓书社相继推出的《开卷闲话》《开卷闲话续编》同样获得了一片叫好声。作者董宁文先生是声名日隆的《开卷》的执行主编。我是《开卷》创刊不久后，一次偶然的机会得到这么一份小册子的。它内容上的文史倾向与风格上的淡雅质朴即刻引起了我的兴趣。通过一位熟识董先生的朋友的介绍，我从此蒙惠获赠每一期《开卷》。我为自己对刊物一无贡献却期期免费阅读而感到愧疚，然而《开卷》却总在“大概下期总不会寄了”的默念中，一如既往地来到我的手上。于是。愧疚之外更平添了几份感动。这种快乐而负疚的阅读持续了两年，而我与董先生始终未谋一面。直到2003年年底应邀出席凤凰出版社“开卷文丛”首发式，我才始识得庐山真面目。一个不到四十岁的年轻人，安静而快乐地在幕后做着有功有德无名无利的事业，这需要多大的勇气和毅力，怎样的情操和慧根呢！

关于《开卷》本身，我用不着再来置喙，五年的实迹已明证了它的价值。《开卷》的受欢迎自然和作者的阵容有关，但很大程度上说也是编辑们努力的结果。一本刊物有什么样的风格个性首先取决于编者的编辑思想。虽说《开卷》有不拘一格、自由开放的风度，但和任何刊物一样，大体上总拥有一支相对固定的作者队伍并在此基础上寻找和吸纳着自己的同情者、支持者、趣味相投者，从而日益彰显自己作为同人刊物这一民间角色的文化取向和作派。渐渐地，《开卷》编织起一张网，一张散发着馥郁书香气的文化的网，它将南北东西各路英豪网罗在一块属于自己的天地中，大家在此诗意地栖居，共同守望、呵护、建设着这片幽悄而自由的精神家园。而具体编织这张网的正是“开有益斋闲话”的主人子聪，也就是现在结集出版的《开卷闲话》及《开卷闲话续编》的作者董宁文。

作为一名读者，我和许多人一样，在律津有味地欣赏一篇篇美文、汲取其中的知识之外，总还存有些奢望，都说“文如其人”，但这“文”背后的“人”到底有怎样的音容笑貌呢？“人”果然也如“文”吗？我们常常对一篇从内容到文字都给人以享受的文章击节叹赏，也往往会由此激发了解文章作者的好奇心，然而”正史”不传，“野史”传讹，作者自己的正经文章又多半不肯传或不便传，足可证史的大量有趣和有价值的信息就这样湮没在无奈之中。从这个意义说，董宁文先生的“闲话”正好弥补了这样的缺憾。就我个人而言，虽然似乎还没有站到“史”的高度来看好这些“闲话”的文化价值，但“起居注”“形止状”式的絮语已经多少满足了我“偷窥”的欲望。

董宁文先生好交游、善交游、交游广，这从他的“闲话”中可以反映出来，他的手段其实不外乎两种:登门和写信。这看似寻常的事做起来并不容易。名人比一般人忙，且总有些脾气，不是轻易就能接近的，而名人时为俗客所扰也增加了名人的戒心和苦恼，时至今日我们总还能听到一些人为了接触名人，挖空心思，不择手段，原来只为倚重名人，狐假虎威，在获得一个签名、一纸题词、一张合影之后，满世界地炫耀、亮相。所以，有时我们不能完全责怪名人们的孤傲或拒人于千里之外。拜谒是否出于至诚，“打扰”是否有实实在在建设性的目的，是决定能否被名人接纳或理睬的关键。“闲话”透露给我们的消息是，董先生是一个受欢迎的人。

这首先于董先生自己是个福分,他所拜谒和联络的人未必个个都是英豪,而说是"名人",其名气恐终究不敌多的障人耳目的"大牌""大腕",但我们看到,这些人大都是各自领域诚实的劳动者。他们经年累月,只讲耕耘不求收获的精神值得敬佩;他们水到渠成,实至名归的荣誉是他们应得的奖赏。和这些人接触,了解他们的成就,倾听他们的故事,感受他们的人格,分享他们的悲欢,于董先生该是一笔怎样宝贵的财富,一次怎样难得的人生经历呢!

但作为《开卷》执行主编的董宁文之接触、联络文化名人并不是为一己之私。他更多的是为刊物、为读者,"闲话"所报告的几乎无一例外的是书人书事。它就是一座桥梁,一边连着作者,一边通着读者。它默默无语诚心诚意地维护、寻找、发掘着一个又一个货真价实的写作资源,让他们满心欢喜地聚集到《开卷》的周围,它又及时将所有关于这些资源的消息毫无保留地报告给《开卷》的读者。许多像我这样的读者便因此得以满足阅读文本之外的私愿,在一个"准虚拟"的空间里同时享受着亲切和神秘的快乐,不少久疏音问或神交已久的作者朋友也通过"闲话"重逢,聚首在共同的家园。

"闲话"是一块磁石,它将四面八方的读书人、爱书人紧紧地吸引在一起。正是这样一群痴心不改的有癖者,忠诚地守护着世俗狂潮包围下的一片人文绿洲。

董宁文：我一个人像一个出版社

［北京］燕　舞

蔡玉洗和董宁文笑了。

4月24日，新华书店成立70周年，凤凰出版传媒集团旗下的江苏凤凰台饭店成为新华书店系统内受表彰的实业之一，因为这家四星级酒店免费派送的读书刊物《开卷》大大提升了酒店的文化品位，而蔡玉洗和董宁文分别是这份虽未公开发行但蜚声读书界的内部刊物的主编和执行主编。

蔡玉洗主编的“凤凰台丛书”中有一个“我的……”系列：《我的书房》《我的书缘》《我的笔名》和即将出版的《我的闲章》，董宁文参与了这四本书的全部编辑。这四本书的首印量都是8000册，在读书界内的小众读物中已属难得。《我的书房》于2005年5月出版后迅速售罄，迅即加印6000册。“看书房能看出门道。现在装修热，有人装修书房也是个参考”，董宁文为《我的书房》找了一个热销理由。

“我们蔡总有文化情怀。四星级酒店在软件上没特色是不行的”，董宁文在蔡玉洗的大力支持下担任《开卷》的执行主编。蔡玉洗是江苏凤凰台饭店的总经理，南京大学文学博士出身的他曾经担任凤凰出版传媒集团旗下的译林出版社的社长。

《开卷》是2000年4月创刊的，它团结着国内最顶尖的一批文化老人和青年学者、作家。董宁文在2003年出版过一本《人缘与书缘》，书中收录的被访者既有施蛰存、杨绛、王辛笛、金克木这样的前辈大家，也有刘震云、苏童和池莉这样的"后起之秀"。《开卷》发展到今天，作者群更加宽阔，董宁文有意开发一些年轻作者。免费派送的《开卷》给凤凰台饭店增添了浓浓的书卷气，所以宗璞、张艺谋等文艺界知名人士来南京经常指定住凤凰台饭店。该饭店在全国的连锁店目前已经有近10家。

"对专家要平视，专家有专长，但也有不知道的地方"，董宁文将自己与文化老人和平辈文友们的良好交往归因为"以诚相待"。接受记者采访时，他正在接听外地作家拜托买书的电话，还有作家打电话向他倾诉最近的烦恼。谦逊和诚恳总有回报，看到深居简出的杨绛先生给自己的新书题写的书名，董宁文"感动极了"。

董宁文介绍说，"我的……"系列的出版和《开卷》2002年3周年的主题征文"我的书房"有关。连续四五期刊发完征文后，董宁文想到了结集出版，"我们增加了一些图片、手记，附上作者自己的简介，开本大了，可读性和收藏价值都很高。"

"我的……"系列中，董宁文更看好的是《我的笔名》和《我的闲章》，"比较轻松好玩儿，'闲章'还是套红印刷"。董宁文重视视觉，《开卷》和"我的……"系列延请的封面设计师是著名装帧设计家速泰熙。

直到今天，当过搬运工、当过兵、画过画的董宁文，仍然不属于凤凰出版传媒集团的编制内员工。但这种自由让他自得其乐，《开卷》每个月唯一常设栏目、由他亲自撰写的“开有益斋闲话”已经先后结集成《开卷闲话》和《开卷闲话续编》，“开卷文丛”今年已经出到第3辑了，“我业余编了100多本书，亲自编的有四五十本。我全是自己一个人搞，一个人就像一个出版社。我的娱乐活动少，天天乐此不疲。”

正是看重董宁文在学界和文坛良好的作者资源，一家图书批发公司聘请他编辑一本全新的读书杂志《书乡》。如今，让董宁文愉悦的是，他就置身于一个这样的“书乡”，南京大学的阅读学专家徐雁教授和江苏省作协专业作家薛冰等都是他的知己。凤凰出版传媒集团投资400多万元的“南京首家读书主题公园”“凤凰崇正书院”于4月23日在南京清凉山揭幕，这让董宁文更加喜欢自己生活的城市：“原来大家只知道秦淮文化代表的是市民文化，清凉山代表的是南京的精英文化。”

《开卷》作者中，于光远、舒芜这样耄耋之年的长者都使用电脑，乔迁新居的董宁文也打算开通自家的网线，1966年出生的他准备学会收邮件来处理越来越多的来稿：“我到去年才学会发短信，但现在发得很快了”，“纸质图书会越来越萎缩，但对读书人而言，心理上一时半会儿还很难接受。顺其自然就好”。

（载于2007年4月26日《中国青年报》）

人缘·文缘·书缘

——《开卷》执行主编董宁文先生侧记

［江苏］童翠萍

董宁文，笔名子聪，1966年生于南京。1996年初，开始从事编辑工作，在译林出版社负责编辑《译林书评》小报。自2000年起，为《开卷》执行主编。2003年，出版随笔集《人缘与书缘》。主持主编“开卷文丛”第一辑、第二辑。王辛笛先生在为其所写《人缘与书缘》序中说他“结交天下文人学士，成绩斐然可观”，又云“广大读者得以通过宁文的知人论世，获得不少教益。当今物欲横流，人心浮躁，苟能定下心来，熟读心爱的书，采访素所心仪的作者，在宁文视作一种福分，在读者则沾光无限了。人生至此，不亦快乎？”

“四十岁年龄，八十岁的心”

我与董宁文先生在半年前曾有过一面之缘。初次见到他时，实在很诧异：看他主编的《开卷》乃至他的名字和笔名，我都以为他是位老者，没想到他这么年轻。想象和现实一时有点无法衔接。听说不少人也有同感，来新夏先生第一次见到他时也是满脸惊异的。所以对于采访这样一位让很多人产生错觉的人，我是充满期待的。

江南早春，初暖乍寒。我和一位同门在华灯初上之时来到了董宁文先生的家中。董家住房并不宽敞，但书房却是最大的一间。袁晓园女士为其题的"癖斯居"悬于门框上方，书桌前是流沙河先生题的一副对联："图书消永日，灯火送流年。"中间是刘二刚先生的一幅国画：一位老者躺在松下看书，真是闲云野鹤般自在呵。七个大书柜排成一排，颇有阵势。书柜里是码得整整齐齐的书，书桌上可就凌乱了，书报随意堆放着，但最多的还是信件，连地上堆的都是。董先生打开抽屉找东西时，我发现抽屉里也是满满的信件。他说他每月要写几百封信。在现在这样一个追求即时通讯的时代，还能用这样一种传统的方式保持联系的人真是不多见了。

早就听说董先生收有很多文化老人的墨迹，其中最多的是"书缘"二字，此番来访自然想见识一番。因数量多达两百多幅，他只展示了一部分，并穿插讲些其中的掌故：钟叔河先生为他题"偶然难得是书缘"时，遍寻毛笔未得，转而将刷糨糊的一枝秃笔洗干净将就，可谓有创意哉！很多轶事他都没有写成文，"没时间，忙啊！"他说。翻到辞世的老人留下的墨迹的时候，他又会黯然神伤一阵。

与董先生有过交往的文化老人有季羡林、黄裳、施蛰存、金克木、柯灵、谷林、吴奔星、范泉、王元化、范用、流沙河、于光远、杨宪益、赵瑞蕻杨苡夫妇、黄宗江、丁聪、章品镇等。这样一份名单无疑让众人“艳羡”。我们忙问他是何以能与这些前贤交往起来的。

他说:“20世纪90年代初,本着对文化、对书特有的感情,我开始与文化名人结缘,随着时间的推移,接触的人越来越多,后来又有《开卷》作为平台,接触的人就更多了。我愿意和这些横跨现代和当代的文化老人交往,并且有种紧迫感。因为老人们的年龄越来越大,且不断有人辞世,时不待人啊。有人说我是文化名人的追星族。这样的说法不完全对。因为我不是用高山仰止的态度或本着功利的目的去接触这些人,而是用很平常的心态去与这些人聊天交流的。不过那话也不错,南京大学的徐雁先生常对人说,‘他追的是天上的文曲星,地上的文坛老人’。”

正是因为有这样的交流,未能见识老一辈学人风仪的吾辈,也能凭着董先生的第一手资料领略他们的个性和学养:

季羡林先生是个有求必应的人,只要是对别人有益的事,他都愿意做。董先生曾受命请学界权威人士为译林出版社建社十周年写贺词,斗胆请季老写后却一直未收到稿件,季老得知后竟重新写了一幅。宽厚待人至此,无怪乎会有季老为冒失的北大新生看行李这样的美谈了。

采访杨绛先生时,她说:“我现在要做的事很多,那么多的事只有我一个人来做,我现在是‘绝代家人’,不是‘绝代佳人’,我没有后代,我不去做就没人可做了。”这样的幽默真让人心酸得要掉泪珠儿。

拜访王辛笛、徐文绮夫妇,徐女士说:我现在身体很差,足不出户,人若长寿应与健康并行,否则也就不必这样痛苦地长寿了。这又是多么无奈的话啊!

拜访金克木先生,金老说,我是一个废物,现在还在写点东西,这叫"废物利用"! 说完便是一阵爽朗的大笑。真是乐观风趣呵。

采访于光远先生,于老说:我考试不要求高分,80 分我就很满足了。考 60 分比较容易,在 60 分的基础上努力一把,可以考到 70 分,再努力一把可以考 80 分,80 分再努一把力也许只能考到 81、82 分,越往上越难,所以我就不要考高分,太浪费时间了,所以到了 80 分,我就学新的东西了。这样的理念对读书治学不也有指导意义吗?

徐雁先生曾说,董宁文人是年轻的,心是老的。他也笑言自己是"四十岁年龄,八十岁的心"。或许和这些老人交往多了,潜移默化地影响了他的性情和文笔,难怪会让未曾谋面的人产生"老董"的错觉了。

正是这样广泛的人缘基础,为董先生主持《开卷》的工作创造了有利的条件,很多人都愿意将自己的文稿寄给他,交由仅在同人圈里流传的《开卷》发表。好人缘衍生出的一段又一段文缘,乃至书缘。

《开卷》有益,"闲话"不闲

董宁文先生任执行主编的《开卷》是江苏凤凰台饭店凤凰读书俱乐部的会刊,主要刊登书话、书人书事、随笔、文史札记和书界轶闻,其朴素淡雅的风格,很快就被读书、文化、出版界人士知晓,并逐渐形成一个文化磁场。在这个场中团结了金陵最爱书的一群人士，也吸引了全国范围内大量爱书的作者、读者。《开卷》已成为很多读书人雅致的精神乐园，好评如潮。来新夏先生说："《开卷》的确是份好刊物，没有烟火气，没有铜臭味，只是一群痴人在说梦。寒舍有多种刊物，能从头看到尾的只有《开卷》。"陈子善先生说，《开卷》"刊载的文章大都是短小的千字文，但说的都是真话、实话，不卖弄学问，不故作高调。老一辈的文人墨客可以在《开卷》上谈心叙旧，中青年作家学者也可以在《开卷》上各抒己见"。（均见《〈开卷闲话〉序》）

《开卷》每期都有一版《开有益斋闲话》，记载凤凰读书俱乐部的动态，报道与《开卷》有关的文人学士的活动信息，摘录各地文人和读者的来信。董先生说："《开卷》虽然是南京的刊物，但我们的视野不局限在南京一地，北京、上海乃至全国的文坛活动、作家行踪、出版状况在'闲话'中都有反映"，"我们有个开放的心态"，他笑道。同时他还透露一个秘密："'闲话'栏目虽然署的是我的笔名，初期却是《开卷》编委们的集体创作，仅近两三年来才基本名实相符。"

不少人将"闲话"视为读《开卷》的乐趣之一，每期必看。谈到当初开设这一栏目的出发点，董先生只说了句"这或许对别人有用"。事实上也确实如此。一期两期或许不觉得，一年两年、三年五年积累下来，"闲话"的价值便日益凸显出来了。有人说《开卷》具有史料性，这史料性固然存在于文章中，每期的"闲话"也是史料之所在啊。来新夏先生就说，从历史的角度，"闲话"是一种编年体著述，类似"起居注"。对"闲话"的作用，徐雁先生在《开卷寻乐处，时还读我书》一文中曾经这样写道：

它是一卷“宣言书”，宣示了“金陵书友部落”多年来的人文诉求；它是一卷“起居注”，记录了学界、文坛、书林、画苑在跨入新世纪以来的所作所息；它还是一卷“随笔集”，抒写了文人学士们秘藏心田的笔墨掌故、艺林花絮，还有往日的情愫和友情的追思；它更是一部文坛的大日记、学界的备忘录、书林的白皮书、画苑的写真集，它记录着一切客观的事相、主观的感悟，它传播着任何真实的资讯、真诚的心言，它既品评书林的青涩，又尝试画苑的芬芳……

说到“闲话”，提及《开卷》，董先生感触良多。他说：“《开卷》的经济支撑是凤凰台饭店提供的有限资助，编委们全是‘义务工’。尤其是在杂志初创那一两年，大家都无私地贡献着自己的资源。后来编委们的名字因故不能印出，大家也不计较，一如既往地为其忙碌操心。”他感触最深的是“金陵书友部落”成员之间的团队合作精神，一个人有了好的点子，大家都会帮着出谋划策，各自做起来又彼此十分默契。“真是相濡以沫啊！”他感叹。

到今年3月，《开卷》已创刊五周年了，共出了六十期。作为一个高品位的文化杂志，在市场经济的浪潮中能坚持五年，实在是个不小的奇迹。这要归功于董宁文和《开卷》同人们能耐得住寂寞，人文在怀，才能将这样一份民间杂志办得有声有色，影响日益扩大，使人对“金陵读书部落”刮目相看。董先生拟将今年的第三期办成“纪念特刊”，在他的书房里，我看到了他即将寄出的约稿函。估计收回的将是文坛书林人士的勖勉之语、期待之辞吧！

因文结缘，得缘编书

五年来，《开卷》同人在编好《开卷》的同时，将目光转向了系列图书的编辑出版活动。董先生说起个中缘由：《开卷》是个民间刊物，在时间和空间上的影响都有制约，要想拓展它的文化内涵和积累，图书是不二的选择。所以才有了"凤凰台丛书"五种：《南京情调》《笑我贩书》《一个家庭，两个世界》《柯明画选》和《我的书房》，还参与了"读书台笔丛""六朝松随笔文库""中国版本文化丛书""书人文丛""六朝艺文笔丛"以及"松叶文丛"等。

他说起了"凤凰台丛书"中《笑我贩书》一书的成书经过："这本书是我联系书稿的。范用先生曾在致秀州书局的信里，建议范笑我先生将《秀州书局简讯》编成书出版，书名可为《贩书记》。从那时起，前后有数家出版社接洽出版事宜。我争取来书稿后，先由薛冰先生做了取舍梳理工作，但其中有大量的错别字和漏字，尤其是大量的人名、书名、地名需要核定。我和钱军两人苦干一个夏天，逐一校对了几遍后才出版的。"显然这样的结局与他的人缘以及《开卷》编委蔡玉洗、薛冰和徐雁等先生的热心襄助是分不开的。说及这个过程，董先生谦虚地表示：自己只是起到穿针引线的作用，最后的成功是《开卷》同人共同努力的结果。

《笑我贩书》出版以后，在读书界产生了很大的影响，秀州书局这个"一间门面的'文化交流中心'"更加名声在外。正因为有了这样一次愉快的合作，范笑我君愿意继续将书稿交予这群人张罗。现在傅璇琮、徐雁先生主编"书林清话文库"第二辑中列入了《笑我贩书》续集，将由河北教育出版社在今年5月出版。

如果说这些书还是集体成果的话，“开卷文丛” 便是董宁文个人努力的结晶了。从他的言谈中可以看出，自学成材、从书店的练习生成为资深出版家的范用先生是他心仪之人。他说最初做“开卷文丛”就是效仿范老的“读书文丛”。他的设想是每本书十万字以内，文章精短，配些图片，小开本，可以让人以一种闲适的心情翻读，定价在十元左右。于是，他便开始从《开卷》的作者群中选择合适的作者人选。除他自己的《开卷闲话》外，从书后勒口上我们可以看到一位位尽管步履蹒跚，可是精神特别矍铄的当代文化老人。这当也是董先生关注文化老人这一情愫的体现吧。他尤其介绍了其中的《梦馀随笔》：这是王辛笛先生生前最后一本书。王老的女儿王圣思女士曾告诉他说，王老辞世前在病床上看到了最后的样书，是很欣慰地离开人世的。这让董先生觉得，自己的工作很有意义。

“开卷文丛”同时也有另一层意义：以刊物为平台，聚拢名家，确定读者群，转而为他们量身定做相关的书，这样就可以形成一个良性的循环，或许可以成为民间刊物的经营模式。现在“开卷文丛”第二辑已由岳麓书社出版，其形式和第一辑相似，作者也是以老人为主。我在董先生的书房里看到封面小样。他介绍说，这次的封面图案，用的是他熟识的一位画家罗邦泰掷在废纸篓里的草稿，别有一番趣味。第二辑中董宁文的《开卷闲话续编》依旧是领跑之作；其他几本，他逐一介绍：“《人书俱老》是李君维先生的第一本随笔集；《自己的嫁衣》则是章品镇先生出的第二本书；《梦雨斋读书记》是黄裳先生的题跋集，很多文章都是第一次结集出版；谷林先生的《淡墨集》距其上一次出书已有十多年了；《和而不同》是辛丰年、严锋父子的作品合集，书名很有意思。”此外还有吕剑先生的《双剑集》、龚明德先生的《书生清趣》、彭燕郊先生的《纸墨飘香》等。

第二辑刚刚面市，董先生已经在筹备第三辑了。他说这体现了他对文化的认识和追求。我们也如陈子善先生题词写的那样："愿'开卷文丛'和巴金老人主编的'文学丛刊'一样，日积月累，蔚为大观。"

10点钟了，董先生的儿子董子聪(儿子的名字是董先生起的，他很得意，竟用此作了笔名，有趣！)开始还好奇地跑出跑进，偷偷地打量我们这两位初次造访的客人，现在也耐不住瞌睡，睡去了。太晚了，我们不得不结束了此次采访，癖斯居主人所收藏的众多文人书画、学人墨迹只能下次再来饱眼福了。

2005年3月

(原载《图书馆杂志》2005年第5期)

我所认识的董宁文

[湖北]王成玉

老实说,我与董宁文先生从未谋面。但为什么这样写呢?董先生现在是读书界的大名人。也许有人会说,我想沾名人的光,非也。就我的个性和行事风格,我对名人向来是敬而远之的。当然,不会远到十万八千里,保持一段距离而已。我今天写董宁文,接下来如有兴趣和时间,还要写龚明德、姜德明、徐雁等人。我与他们都从未见过面,主要是书信往来。自从我认识了武汉老作家周翼南先生后,经常向他求教请益。当他看了我的书稿《书话史随札》时,很高兴,认为修改后可以出版。于是他到处推荐和联系,但偌大一个城市无人问津。可能是我没名气和这本书没效益吧,总之不能出版。后来因周先生的一次南京之行,将书稿推荐给徐雁、董宁文、王稼句等人。然而出书的过程并非一帆风顺,在长达近四年的等待中,我与他们就有了一些书信往来。

其中通信最多的,就是董宁文先生。这些信因现在不在手头(我现在外地打工),无法原文引用,但基本内容还是记得很清楚的。有一次,我寄了几本书给他表示谢意,很快他就回赠了我几本书,其中有一本是他访萧乾夫人文洁若时,文先生亲自钤章送给他萧乾编著的《英国版画集》。这是一本很珍贵的书。他在信中多次和我探讨读书写作,一直到2005年。随着时间的流逝,书还是没有出版的消息。有一次,他在信中说,对此书稿不能出版表示歉意,我也多次写信给他,望他不要把此事看得太重,也不是什么大事。这之后的不久,他又来了一封信,同我商量,他说时间拖得太久了,问我是否将书稿继续放在他那里,或者,先将书稿寄给我,再等机会。我真的不想再给他添麻烦了,也实在有些过意不去,就决定将书稿拿回来。但也不知是什么原因,一直没给他回信。就在这一年(2005)10月,又接到他一封信,开头就说恭喜我的书稿将收入河北教育出版社《书林清话文库》第三辑出版。看到这里,我真的很高兴,多年来出书的愿望终于能实现了。

《书话史随札》出版后,我一直在网上搜索相关的评论,也看到了不少,发现读者对它基本上还是肯定的。我很怕书出后给他们带来不好的影响,因为我毕竟只是一个下岗工人,水平有限。方韶毅先生在他的博客里认为,《书林清话文库》三辑十几本和《开卷丛书》的十几本中,《我与中国书店》《书话史随札》《毛边书情调》《淡墨痕》等最耐读。还有人认为这是第一本书话史之作,等等。姜德明先生在给我的信中也说"这是一本没有前例的书"。后来,《楚天都市报》的记者周洁采访我,用了一个版面介绍我读书的情况。其实,我哪有这样的水平,只不过写了自己想写的东西而已。

说到这里,还有一件事似乎也值得一说。周翼南先生曾告诉我,董宁文给他打过一个电话,说准备在武汉就《书话史随札》的出版召开一个新书品评会。周先生知道我的情况，说王成玉现在没这个能力，就婉谢了。此会需要承办单位，而我是下岗工人，是体制外的人，又没什么名气，所以当然如此了。这虽然是一件非常遗憾的事，但我还是要感谢他们。

说到董宁文，就不能不说他主编的《开卷》。我最早知道《开卷》，是在周先生那里。那天他送我好几本。一读之下，不忍释手，真是办得太好了。后来我也投过稿，发了一篇。我自知水平有限，不敢多投。此刊乃以现代文学为主，而我的兴趣基本不在这里。虽然如此，但我一直都在关注它。关于它的好处，别人说了很多，我就不说了。有人说，《开卷》没深度，这话当然不错。但《开卷》不是《读书》，只是一个民刊，如果真有什么"深度"的话，恐怕就活不长了。老实说，能有今天，已经是一个奇迹了。说它没"深度"，实在是缺少"同情的理解"和体贴。其实，细心的读者会发现它的深度的，千钧之力，在《开卷》化为涓涓细流，在舒缓和平淡的文字中，蕴藏了深厚的文化传统和精神力量，"怨而不怒，哀而不伤"，这才是中国文化的最高境界。虽然不是"看来字字皆是血"，然而"十年辛苦不寻常"也。这就是董宁文，这就是《开卷》。

2009 年 3 月 1 日

十五年，一个人，一本刊

——董宁文和《开卷》的故事

[上海]何　晶

如果说哪本刊物会让作者以刊发文章在其上为荣的，南京民间读书刊物《开卷》一定榜上有名；如果谈及文坛大家最喜交往的编书人，《开卷》执行主编董宁文也一定位列其中。《开卷》杂志，这份深得众多文化老人和圈内外读书人认可的民间读书刊物，因为一个人的坚守和付出，令这个浮华躁动的时代葆有一个特别的供人宁静阅读、心灵自守的角落。这一坚持，已然十五年。

1999年，时任凤凰台饭店总经理的蔡玉洗有一个构想，他想

在星级饭店中设置书吧，组织读书俱乐部，创办读书俱乐部的内部刊物。这个想法得到南京大学教授徐雁、作家薛冰和董宁文的赞和。2000 年 1 月 16 日，他们在凤凰台饭店的书吧举行了首次正式的筹备会，书吧定名为“开有益斋”，沿用清代金陵藏书家朱绪曾的斋号。内部刊物则以《开卷》为名，意谓“开卷有益”。4 月中旬，《开卷》创刊号问世，董宁文担任执行主编。

最初《开卷》的编委有十几位，早期实行的是编委轮值制，即除了主编蔡玉洗和执行主编董宁文外，每期由两三位编委参与组稿编辑工作。一两年后过渡到由董宁文承担主要的编辑工作，各位编委协助。让董宁文欣喜的是，装帧艺术家速泰熙十分喜爱《开卷》，从第二卷开始为它做装帧设计，此后，《开卷》清雅宜人的白皮小刊面貌延续至今。

从创刊号起始，《开卷》就汇聚了国内的众多文化老人，杨绛、黄苗子、黄宗江、范用、丁聪、丁光远、吴小如、黄永厚等文坛和艺坛大家都为其供稿。在编《开卷》前，董宁文是译林出版社内刊《译林书评》的编辑，与翻译家和学者颇多交往，《开卷》最初的作者很多也来源于此。在刊物创办之初，出版家范用为董宁文推荐了很多作者，带着他拜访了王世襄、叶至善等人，黄宗江则鼓励他直接到文化大家家中拜访。

董宁文至今记忆犹新的是第一次拜访画家丁聪。“有天我在黄宗江家里闲聊时,他问我有没有去看过丁聪?我说'至今无缘拜见'。他立刻就说:'你现在就去他家,一刻也不要停留。'我就打车去了丁家,叩开门后丁聪的太太沈峻说:'小丁不在家,出去了!'"董宁文没有放弃,回应说:"丁先生真的不在家的话,我可否看看丁先生的书房?"沈峻只得让他进门,刚进书房,就看到丁聪从里屋出来。董宁文对丁聪说明自己的身份和来意后,丁聪欣然与之交谈,此后每次去北京,只要时间允许,董宁文总要和丁聪夫妇相聚。丁聪还给他画了一幅漫画像,他出版自己的文集时用在了扉页上。

直接拜访之外,更多的还是书信,"杨绛先生的稿子就是写信约来的"。如今,董宁文已经记不起自己具体什么时候向杨绛先生约的稿,但他记得,杨先生很快有了回音,"前后给我写了两三篇文章"。伴随着这些约稿信件寄去的,是每一期的《开卷》,"我将刊物寄给先生们,他们看了杂志,就知道我们办得好不好,愿不愿意给我们供稿"。

事实上,《开卷》的稿费并不高,千字 60 元,十几年来一直未提高过稿酬。但许多作者不以为意,他们知道办一份民间刊物不容易,愿意给《开卷》写文章,不计较稿酬。"我手上有一些稿酬单子,多少期谁的文章多少钱,上面有作者的签名,但他们都没有要钱",这些签字名单里有黄永玉、王世襄、范用等等,董宁文将这些稿酬单子都收起来存着,"我对这些小纸条特别看重,有时候看着它们,心里都会很感动"。

稿费低,也因刊物不公开发售。《开卷》最初出版时,封底上有一则告示,"成为《开卷》读书俱乐部的会员,交纳 28 元,即可每期收到一份《开卷》"。但这告示名不副实,因为无论是不是俱乐部会员,只要写信给董宁文希望获得《开卷》,他就会无偿寄赠,每年 12 期,一期不落。

《开卷》刊发文章的高品质,使它积聚了大批忠实的读者,每一次《开卷》印出,不少人就会写信给董宁文,“为什么这期我还没收到？是不是丢了？能不能给我再寄一份？”读者们想的,自然是能在第一时间收到那本典雅的小册子,董宁文理解他们的心,不厌其烦地补寄,有一回甚至补寄了五六次。因为董宁文一人承担了刊物从组稿到印出整个流程的工作,校对难免出现错误,有读者写信来自告奋勇免费给《开卷》做校对。

最近,董宁文又收到一位读者的邮件,这位书友自发给《开卷》做了年谱,整整 15 万字的体量。15 万字,记录了《开卷》十五年来刊发的每一篇文章,记下了《开卷闲话》里作者圈文友群每一个有意思的活动,但唯独没有记下的是董宁文兢兢业业编书的日子。从 2000 年起,每一期《开卷》向谁约稿、怎样校对、如何排版,种种繁琐细碎的编辑过程、内里的曲折和不如意董宁文都不愿提及,他最愿意做的就是拿着一本薄薄的《开卷》,向人展示它清新的设计、雅致的文章。对于董宁文而言,十五年来每一个编书的日子并没有什么特别,因为他觉得这是最寻常不过也是最快乐的事情。记者慨叹“十五年真不容易”时,董宁文一脸平静,“没什么,做做也就做下来了”。在瞬息万变的时代里,他就是以这份从容安静的韧劲,坚守着与《开卷》不变的约定。

坚守不易,尽管《开卷》在书业界颇具口碑,但它并不会因此就顺理成章地容易生存。最初,《开卷》是凤凰台饭店的内部刊物,每一期的运转资金由饭店方提供。2010 年以后,因为某些原因,《开卷》杂志脱离了饭店,资金没有了来源。一期《开卷》,稿费与印刷费在 5000 元左右,比不上绝大多数刊物成本的一个零头,然而这却让董宁文犯了难，他不得不拉下面子四处寻求赞助。有作者提议，由大家轮流出资来维持刊物出版，董宁文没有同意，“这样会产生很多不可预知的问题，办杂志靠这样的资助并不能长久”。他仍在尽最大的努力，寻找愿意支持这份民间刊物生存下去的赞助者，一本刊物和一个人的坚守还在继续。

在十五年的坚守中，“开卷”已经不仅仅是一个刊物名，还成为了一个在业界有重要影响力的出版品牌。《开卷》创刊两年后，其平实雅致的文化风格在爱书人的圈子里获得了许多好评，董宁文便想，为什么不将《开卷》知名作者的文章结集出版呢？于是他定下了“开卷文丛”这个丛书名，第一辑出版了王辛笛、范用、流沙河、钟叔河、朱正、朱健、绿原、舒芜几位大家的文集。待到《开卷文丛》出到第三辑后，他又与徐雁联袂在2008年策划了《开卷读书文丛》，收入了白桦、章品镇、韩沪麟、瞿光辉等先生的六本书；2010年春天，董宁文又尝试将“开卷”系列文丛做一套小精装出版，当年的上海书展上，一套八本小精装《开卷书坊》悄然亮相。今年8月，第三辑的《开卷书坊》一套十册及一套六册的《开卷闲书坊》又将在上海书展面世。

传承珍贵的文化记忆

《开卷》从最初起就汇聚了一批文坛大家，许多七八十岁的老先生，董宁文都与他们有着或深或浅的长期交往。在《开卷》长成的岁月里，这些文坛大家们也渐渐老去，有些已离开人世。然而因为《开卷》的坚守，却让这些文化老人的珍贵记忆永久地保留了下来。

“其实先生们的离世，我并不会像他们的亲人那样有很深的伤痛，但是我却希望能用自己的方式，在先生们离世前给他们一点安慰。我做了我愿意做的，也做了我能做的。”董宁文所说的“安慰”，就是指他为先生们出的书。

董宁文与翻译家杨宪益先生的妹妹杨苡交往较多，因为杨苡与他同住在南京，所以常常有机会见面。因为这份关联，杨宪益晚年的书稿《去日苦多》就交由董宁文编辑，“从收集文稿到编辑，花了一两年的时间。稿子编好后，我曾与近九十高龄的杨苡先生去北京两三趟，和杨宪益先生推敲、确定该书所收文章的篇目，并做了相应的取舍”。书印出后，杨宪益在病床上看到了样书，那时，老先生已走到了生命的最后时刻，“他对这本书很满意，将书分送给医院的医生、护士和前来探望的友人”。对董宁文来说，“这就是给老人在弥留之际增添了些许安慰”。诗人王辛笛先生去世后，在悼念会上，家属将董宁文为其出版的一本书赠送给悼念者。对董宁文而言，这是对自己所做的书最好的肯定。

董宁文与老作家黄裳先生从最初的书信往来，到后来的每次去上海必拜访先生，交往了十个年头。2012 年 8 月 11 日，董宁文来上海参加书展，得知黄裳先生刚出院在家，与先生的女儿联系后前去拜访。“我进门就看见黄裳先生躺在床上，床头摆着书。他平常很早就醒的，保姆说因为先生头天晚上看书看到一两点，因此中午了还在床上。”黄裳醒来后，将自己的两本书——散文集《纸上翩跹》和译作《猎人日记》签名送给董宁文，还托他把新书带给老朋友杨苡。“那天他其实很虚弱了，但他看见我很高兴，有时候还会哈哈哈笑。”这是董宁文与黄裳的最后一次见面，不久先生就去世了。

在与《开卷》作者圈内的这些文化老人的交往中，董宁文抱着一颗赤诚之心，他说:“我的诚意产生了魔力吧,好像交往的每一个人对我都信赖,这也有可能是我的一厢情愿,但是我总有这样一个想法;我觉得他对我很好,那么,他的感觉也应该是这样,这种关系是相互的。但无论对方名气有多大,我都以一颗平常心与之交往”。

《开卷》杂志每期都有一篇“开卷闲话”,其中记录了不少文化人逝世的消息。董宁文说,虽然在网络媒体上这样的消息铺天盖地,《开卷》似乎并没有必要再传达这些消息,但他却坚持刊登,“这些文化人大多与《开卷》有些关联,或是我们的老作者,或是读者,总之,这些文化人都是读书人,在他们的身上传承着文化的脉络,这些信息通过我们的方式传达应该别有深意”。

记者手记:“不急”

见到董宁文,是在南京七月骄阳的午后,约定的地点,董宁文将自己的车停在路边。车已经很旧了,破裂的车门用宽胶带粘着,要使劲才能关上。一件普通的短袖白汗衫,憨厚的面容,戴着眼镜,与想象中的样子相去甚远。此前,记者一直以为《开卷》的编者应该是一位睿智的老者。

车行40分钟到达南京远郊的一所房子。三年前,董宁文卖掉了市中心的住房,在这里定居。一进门,挨墙堆放的便是几千册《开卷》杂志,旁边是一列书架。进入客厅,空旷房间里最显眼的也是一整面“书墙”。

董宁文将记者领到书架前,抽出学者季羡林《牛棚杂忆》的签名本,边上是开卷书坊的LOGO木刻原板。书架前还搁着香港作家董桥写给他的对联“书似青山常乱叠,灯如红豆最相思”。书橱里满满当当的书,有些是他这些年所编书的合集,但更多的是他所喜欢的学者、画家的作品。

董宁文今年48岁,生于南京。他称自己是“没学历的人”,因为他高中没毕业,高一只读了几个月,因家境困难就去蹬三轮车打工挣钱。但他爱读书,“我上学时看了大量的文学杂志,《收获》《十月》《百花洲》《鸭绿江》等等,基本上我爸爸单位图书室有的杂志我都在看”。我对书感情很深,每天看书都看到很晚,那时眼睛就不太好,看不清我就站在板凳上看,这样离日光灯更近一点,才能看得清楚一些。”

因为与书的缘分,1996年《译林书评》创刊时,时任译林出版社社长的蔡玉洗聘用董宁文做编辑,他算是开始了编辑生涯。最初对排版、创意设计、开本都不甚了了的他,在实践中摸索,逐渐熟稔了这些技巧,因而2000年4月《开卷》创刊时他担任了执行主编。

《开卷》每期要寄出五六百份刊物,每个信封都是董宁文自己写,每次他都要提前一个星期到半个月写信封。刊物出厂,他就将之封好,寄出。董宁文描述了一个他称之为“浪漫”的场景:一年冬天,下着鹅毛大雪,他用平板车拖着几百份《开卷》杂志,到了邮局门口,脸已经冻得通红,手上身上却全都是热气。“真是太浪漫了”,他一再强调。

每期寄出《开卷》后,并不是所有人都有回音,但董宁文锲而不舍。在信息爆炸、片段式阅读泛滥的时代,有多少人还愿意静下心来读书?又有多少人还热爱《开卷》?董宁文并不是消息闭塞的老夫子,“我猜有些人已经不读《开卷》了,但是只要还有人愿意读,我就要做下去”。“我太太常说我是一根筋,只知道埋头做,那我就是这样的嘛”。

董宁文常常说两个字:“不急。”开电脑给记者看一些资料、太太催促他做什么事情,他总是回一句南京话——“不要急诶”。于是,你也只得依循着他的步调,不急。想象他如何“不急”地录入手写稿、校对每一篇文章、设计排版,虽然缓慢但却细致地做好每一道工序,确保送到读者手中的是一份高品质的《开卷》。董宁文以“不急”回应着外界的喧嚣,这“不急”也换来了《开卷》的平心静气,疏朗雅静。

董宁文偶尔会安静地翻开某位逝去的文坛老人的文集,他并不是在向我介绍,只是顾自翻着。我想,这时他应该在回想某次去拜访老先生的情景,和为先生们编辑文集时与先生们的商讨、校订,这是董宁文与远去的他们隔空交流的方式。

在远郊的房子附近,董宁文租了一块地,地里种着黄瓜、茄子、豆角,还有西瓜,边上是一片开凿的人工湖,忙完《开卷》的工作之余,他常会来这里散步。他带着我在他的自留地里穿行,寻常地说:“这样的生活真是太舒服了。”

(载于 2014 年 8 月 3 日《文学报》)

小小《开卷》做出大家文章

[北京]路艳霞

在人声鼎沸的本届上海书展上，上海辞书出版社昨天举行的《开卷书坊》（第三辑）新书发布活动也许并不算显眼。只有熟悉“开卷”二字的老读者，才了解其中的分量——这是书展上唯一一场为民间读书刊物推新书的活动，现场推介的这套丛书共十本，所刊文章全部出自一本名叫《开卷》的民间自办小杂志。

这是一本从未公开发行的民间读书刊物，薄薄一本小册子，竟已有近十五年的历史。更令人感到惊讶的是，国内不少文化大家都以能够在这本小册子上刊发文章而感到荣幸。如今，不少知名杂志都在为纸媒体的生存之道而发愁，这样一本独立生长的民间小杂志，也就更令人感到可贵。

文化大家甘为小册撰文

《开卷》于2000年1月在南京创刊，一月一期。拿到手中的这本杂志，品相淳朴,纸张轻薄,翻开来看,每期杂志刊登的文章不会超过10篇,每篇文章也不过只有千把字。这么多年过去了,这本小杂志始终不曾改变,朴素的黑白印刷,清新恬静的文字,更有浓厚的书卷气质和人文底蕴。

翻看《开卷》,果然是一本属于读书人的杂志,比如每期必有的"开卷闲话",有不少文章写的都是读者和作者之间交往的逸事,虽然有的只是鸡毛蒜皮的小事,却也很有文史资料的味道。比如最新一期的杂志,主编董宁文就记下了今年5月11日看望老作者吴小如的情景,"躺在床上的吴先生正在别人的协助下与他的儿子通电话",与老先生见过数分钟,董宁文即告辞,但他没想到,三个小时后,老人远走天国。

对于那些逝去的老朋友,《开卷》总是会用专题文章来纪念。著名学者来新夏去世后,《开卷》为他推出了一期专题,作家、藏书家韦泱以《来新夏:从研究北洋史起步》为题,写下了自己与老先生往来的旧事。多年前,在上海的旧书摊上,韦泱淘得一本1956年出版的来新夏著作《北洋军阀史略》,他将此书寄给来新夏先生,请他签名盖章,没想到收到寄回来的书中,老人家竟然在扉页上题满了字。

正是因为有着浓浓的人文情怀,《开卷》吸引了很多文化大家。比如季羡林、施蛰存、黄苗子、杨宪益、范用、黄裳、何满子、周有光、杨绛、朱正、钟叔河、流沙河等人,都曾是《开卷》的热心作者。浙江工业大学人文学院教授张欣曾在《开卷》上发表过10篇文章,据他说,这本杂志的稿费多年来一直只有千字60元,但是因为其作者水准大多很高,想要在上面发表文章反而并不容易。

"很喜欢给这家杂志写稿,不那么正儿八经,自由度更大。"张欣说,他很喜欢把无法纳入学术论文中的文章,发表在这本杂志上。比如当年台湾诗人余光中在黄河边远观雀华山，认为此山正是当年徐志摩所乘飞机失事之地；张欣听闻此言，便写了一篇文章发表在《开卷》上，指明徐志摩飞机失事是在济南南郊外，而雀华山在济南北面，方向大错特错。这样的文章虽然学术性不强，读起来却很有趣味。

一个人支撑着一本杂志

让人没有想到的是，如此高水准的一本杂志，其运营者竟然只有主编董宁文一个人。

20 世纪 90 年代末，凤凰出版集团旗下各家出版社出资兴建凤凰台饭店，时任译林出版社社长的蔡玉洗兼任饭店总经理。蔡玉洗是书痴，一心想办一个文化类型的饭店，他认为给饭店办一本内部杂志是个不错的选择，于是就把译林旗下的《译林书评》编辑董宁文拉了进来，《开卷》由此创刊。这一干，董宁文就没再动窝，组稿、编稿、校对、排版、跑印刷厂、寄赠刊，将近十五年，所有的事情都是他一人操持。

尽管只是一本小杂志，但董宁文始终坚持着自己的办刊理念："我们约稿先看人品，再看作品，那些能作秀的人，名气再大，我们也不联系。"按人品来选作品，董宁文也从来没看走眼过。直到现在，编来稿、编书对董宁文来说都犹如神圣的仪式，"我对夫人说，一坐在书桌前看稿件，心一下子就静了，就好像到城门口读书，听不到车马喧。"董宁文说，看稿对他来说就像是打坐一样，是一种境界的提升，也是他离不开的一种生活方式。

每期杂志印制出来,董宁文都会亲自把杂志寄给作者和读者。他一笔一画地抄写下每个人的地址,一一寄出去,有的读者连寄了三次还是收不到,董宁文还会再寄,“如果算每期寄给 500 人的话,我这些年寄的信也有 10 万封了”。董宁文从来都是自己亲自写地址、名字,他觉得那样更透着温暖和亲切。

这十多年来,纸媒体市场经历了一番浮沉,其实《开卷》也曾遇到过困难。董宁文说,这些年《开卷》换了三任“东家”,有几次面临资金困境,热情的作者纷纷提议,由他们轮流资助出刊,但是董宁文谢绝了大家的好意。目前,这家杂志由天津问津书院出资赞助。董宁文说,越是在困难的情况下,自己越会感受到精神的支撑。在他看来,这种支撑反而比金钱更有意义,“如果你每年给我 100 万元,我就没有心思做这个事情了。”

民间刊物如同文化乡愁

其实,类似《开卷》这样的民间读书刊物还有不少。

山东藏书家阿滢长期关注民间读书刊物的生存,据他统计,目前国内比较知名的民间读书刊物至少有 40 多家,其生存状态各异。据阿滢观察,这些刊物中一类是由文化单位主办,如江苏江阴市图书馆的《读读书》、苏州市图书馆的《今日阅读》、北京朝阳区文化馆的《芳草地》等;另一类由民间读书团体或者个人出资创办,但这类刊物由于没有固定的经费来源,出版周期并不稳定,有些刊物创刊时间不长就销声匿迹了。

和《开卷》一样,这类刊物从组稿、编辑、出版、发行大都由一个人来完成,一个人就是一个编辑部，甚至还会有一个人主编几份杂志的。阿滢说，“像长沙的萧金鉴主编《书人》《文笔》两份杂志，天津的王振良主编《天津记忆》《问津》《藏书家》和《品报》四份杂志。”

“民间读书刊物，如同一种文化乡愁，在当今有独特的存在价值。”南京大学教授、《开卷》早期编委徐雁认为，即便在网络时代，任何媒体也不能覆盖所有读者，加之在文化多元的时代，民间又确实有声音要表达，这类刊物就有了生存的空间。在这类刊物中，《开卷》无疑又是独特的。“它从来没有走过机会主义的办刊路线，从来没有丢掉自己的读者定位，这对民间读书刊物也好，对那些高大上的杂志也好，都是一个有益启示。”徐雁总结说。

（载于 2014 年 8 月 19 日《北京日报》）

对话董宁文

[浙江]夏春锦

夏春锦(以下简称夏):董先生您好！ 感谢您接受我的访谈。我与桐乡的几位书友同道一起创办了读书刊物《梧桐影》,第一期已出刊。第二期开始打算开设一个“书人访谈”的栏目,其中包括对国内各知名读书民刊主编的访谈,您觉得此栏目设置的意义何在？您对此有何意见和建议？

董宁文(以下简称董):前不久已收到您寄赠的《梧桐影》,感到很亲切。每一个地方总有一些书友在默默地做一些有益于书香传播的事。按自已的兴趣读读闲书可能还比较轻松愉快，可是要真正做成一本读物，确实会比想象的困难许多。真心地希望在桐乡书友的不懈努力和各地书友的支持下,《梧桐影》能够一天天地茁壮成长起来,从而成为读书人心目中的一方绿地。

夏:您主持的《开卷》可以说是国内读书民刊的佼佼者,影响也越来越大,您能对《开卷》的整体情况做一个简要的介绍吗？比如创办《开卷》是谁最先提出来的？当时怎么想到要办这样一份刊物？《开卷》刊印的费用是如何解决的？您给《开卷》一个怎样的定位，这个定位有发生过变化吗？

董：《开卷》其实是依靠南京一群志同道合的书友共同耕耘而一步步地走到了今天，我在其中只是做了一些具体的编辑以及通联工作，并在其中乐此不疲地学习到了不少书本上学不到的知识。十二年来，真的使我受益匪浅。

早在2000年的1月，时任南京凤凰台饭店总经理的蔡玉洗先生提议在饭店五楼拿出一层开设书吧，经过南京薛冰、徐雁等十余位书友的集思广益，拟议成立凤凰读书俱乐部，将书吧定名为“开有益斋”。为增强凤凰读书俱乐部与外界的联系，充分展现凤凰台饭店的文化特色，决定在当年的5月份前创办俱乐部会刊《开卷》。4月22日，《开卷》创刊号正式面世，当时印了一万册，才过去十余年的时间，现在想找到当年的创刊号已不是一件太容易的事了。

在当年3月份召开的一次编委会上，确定了“《开卷》将以人文精神与商务运作为宗旨，立足凤凰读书俱乐部，面向全社会的读书人，品书、评书、鉴书、荐书，力求将《开卷》办成读书人爱读，买书人要读的刊物”的办刊思路。

也因为《开卷》的特殊性，经费问题自然由企业支出，应该说在短短的几年时间里，凤凰台饭店的文化特色得到了业界的认可，并取得了良好的社会影响，也达到了饭店提出的“花最少的钱，办更多的事”的初衷。

《开卷》围绕“传播书文化、营造读书氛围、倡导书香社会、提升书卷气”的定位始终没有改变。如果说有改变的话，就是读者、作者不断有新人的持续加入吧。

夏：很多人被《开卷》吸引主要是因为以《开卷》为中心，形成了一个书香四溢的和谐的文化生态圈，有书友称《开卷》是“纸上书友会，笔墨桃花源”，王稼句先生则说过,《开卷》就像是茶馆,熟悉不熟悉的人都可来坐坐聊聊。那么《开卷》的作者主要由哪些人构成?您能概括一下《开卷》由此形成的文风吗?

董:我们的作者范围还是比较广的,既有学者、作家、剧作家、画家、书法家、表演艺术家以及杂家等,还有中小学教师、公务员、自由撰稿人、下岗职工、农民等等。从年龄上看,老人似乎比较多,以至于多年前曾出现过中青年作者不轻易赐稿的误解。其实中青年的作者还是比较多的,二十来岁就给我们写稿的作者我想可能也有不少的名字可以一一报出的。《开卷》的文风已有很多人说过,我觉得最重要的一个就是朴实无华。

夏:您觉得《开卷》作为一份民间读书刊物其最大的特色是什么?您是怎么保证这个特色能够长久存在的?对于《开卷》今后的发展,您有什么预期的目标和长远的打算没有?

董:要说特色,可能就是一如既往地保持简单、朴实吧。十余年来,我觉得她的书卷气一直不曾改变过,就是装帧设计、开本都没有改变过,这在常人看来也许是一成不变,我倒觉得这种不变也许也是一种变吧,或者说就是能够更长久地坚持下去的一种理由吧。至于长远的打算却不是一件能够一句话两句话能够说得清的事情,还是那句老话:坚持就是胜利。

夏:除了《开卷》,您还策划出版了《开卷文丛》《凤凰读书文丛》《开卷书坊》等系列丛书百余种,那么《开卷》与这些丛书之间存在着怎样的关系?

董:这些年做的一些丛书,作者基本上都是《开卷》的作者,我觉得丛书的气息与格调与《开卷》是一致的,不知您以为是否是这样的。

夏:《开卷》已经走过十二年的历程,这个过程中您本人发挥了无可取代的作用，除此外您觉得支撑《开卷》走到今天的主要因素还有哪些？您觉得读书民刊在发展过程中应该注意哪些问题？有哪些社会资源可以大胆利用？

董：我前面说过，我在其中只是做了一些具体的编辑和通联工作，由于我本人的知识、修养、学历等诸多因素的限制，注定我只能做一些服务作者的小事，唯一欣慰的是我这个人做事还是有一点恒心的。

夏：您觉得影响读书民刊存在和发展的主要障碍有哪些？读书民刊与正式出版发行的读书刊物相比有哪些优点？

董：这个问题不太说得清楚，办刊资金与主办者的韧性可能是两个比较关键的问题吧。读书民刊与正式出版的读书刊物相比，最大的优点就是民刊个性化的特点比较容易彰显。

夏：阿滢先生称您是"营造书香社会的义工"，您觉得《开卷》产生了哪些良好的社会效益？要培养社会的读书风气，有哪些具体的工作可以做？

董：谢谢阿滢先生，我只是做了一些自己感兴趣、觉得好玩的事情，并且很享受这个过程中的乐趣而已。

培养社会的读书风气，这是一个大问题，我说不出什么意见，如果大家都去努力的话，这个问题也许就迎刃而解了。

夏：作为读书刊物的执行主编，您自己现在在读哪些书？您能罗列几种自己觉得特别值得一读的书目吗？除了"开有益斋闲话"，您平时是否还有写其他文字？有无打算今后将自己与那些文化名人的交往写成文字？

董：每天都会看一些我所感兴趣的书，最近在编范用、绿原和冯亦代的书，于是也就集中看了三位先生的一些书。由于每个人的阅读趣味有所不同，所以也不可能向别人推荐书目。如果大家有缘坐在一起聊天，说不定各人都会有些读书体会能说出来与大家共享的。

偶尔我会写一些文字，这些年花在编书上的时间比较多，写文字的时间就相对的少一些。我估计这些年零零散散写的文字也有不少了，过几年出一本小书也未可知。

夏：谢谢董先生接受访谈。祝《开卷》越办越好！也希望您能够对《梧桐影》继续提出意见和建议。再次感谢！

（载于《梧桐影》总第2期，2012年10月）

董宁文回忆《开卷》十年

——读书闲话中不被世风左右

[广东]李怀宇

1999年底,南京凤凰台饭店总经理蔡玉洗和薛冰、徐雁、董宁文等朋友常常聚会,筹划办一份读书俱乐部的内部刊物《开卷》。2000年1月16日,他们在凤凰台饭店的书吧举行了首次正式的筹备会。书吧定名为"开有益斋",沿用清代金陵藏书家朱绪曾的斋号。《开卷》的刊名,则从"开卷有益"而来。4月中旬,《开卷》创刊号问世,董宁文任执行主编。

《开卷》汇聚了许多国内著名的文化老人,范用、黄宗江、丁聪、于光远、黄永厚、季羡林、吕恩对董宁文帮助尤大。他每次去北京,总要拜望这几位老人。多年前,范用就带着董宁文拜访王世襄、叶至善等人。之后,董宁文与王世襄保持着长时间的交往,这几年所编的"我的"系列的几本书都由王世襄题写书名。前几年,在董宁文编《开卷文丛》第三辑时,叶至善还专编了一本随笔集《为了纪念》支持,为丛书增添了分量。叶至善去世后,董宁文与他的女儿叶小沫一直保持友谊。

黄宗江曾鼓励董宁文尽量多地拜访文化大家。有一次，在黄家闲聊时，黄宗江突然问董宁文："是否去看过丁聪？"董说："至今无缘拜见。"黄当即就说："你现在就去他家，一刻也不要停留。"董即遵命打车去了紫竹院的丁家。叩开丁家大门，董宁文说明是由黄宗江介绍来拜访丁聪的，丁聪的太太沈峻快人快语："小丁不在家，出去了！""据我所知，你是丁聪先生的家长，他的行动都会由你安排。他一般不会一个人出去的。"董宁文当时也不知哪来的勇气回应，"丁先生真的不在家的话，我可否看看丁先生的书房？"沈峻无奈地说："那就请进吧。"董宁文刚刚进到书房，但见丁聪正好从里屋出来，便随口说道："这不是丁先生吗？"沈峻随即说："实在抱歉，找小丁的人太多，我只能挡驾了。"在书房落座后，董宁文与丁聪相谈甚欢，但具体说了些什么，现在已记不得了。再后来，每次去北京，只要时间允许，董宁文总能与丁聪和沈峻夫妇相聚。荣幸的是，丁聪还为董宁文画过一张漫画像。现在，丁聪先生不在了，董宁文与沈峻还一直保持联系。沈峻曾给董宁文写过一封信，代表已在仙国的小丁向董宁文长期以来给他们寄赠《开卷》表示感谢。

董宁文第一次去拜访绿原先生时，老人年事已高，身体也不太好，董宁文差点吃了闭门羹。在此前，董宁文与绿原已有数年书信往还，绿原还曾多次赐稿支持《开卷》。因此，当绿原的女儿刘若琴委婉地拒绝拜访请求时，董宁文随即有意提高嗓门说："请你和绿原先生通报一声，我是从南京专程来拜访绿原先生的，如果报上了我的名字，绿原先生不知道我是谁，我就回去。"话音未落，就听到屋里的绿原先生大声说："请他进来，我知道他的。"

有一年，董宁文在北京组稿，曾给绿原打电话，准备当天下午去拜访，绿原显得很高兴，并请董宁文去他家吃晚饭。后来，由于董宁文办其他事耽误了时间，待天黑后赶到时，他们一家已吃过晚饭。当董宁文表示歉意时，绿原笑着说没事，并执意将董宁文领到他家附近的一家餐馆，点了好几个菜，绿原和老伴、女儿三人坐在桌边看着董宁文狼吞虎咽。董宁文说，直到今天，一想到那晚的情景，还是有很温暖的感觉涌上心头。

《开卷》创刊两周年前后，逐步形成了自己的特色，董宁文想：何不将《开卷》知名作者的文章结集推出？这样更有意义。于是便定下了《开卷文丛》这个丛书名。《开卷文丛》第一辑作者阵容强大，计有王辛笛、范用、流沙河、钟叔河、朱正、朱健、绿原、舒芜等。出到第三辑后，一个偶然的机会，董宁文与南京师范大学出版社的丁亚芳、王欲祥达成了默契，与徐雁联袂在2008年策划了《开卷读书文丛》，收入了白桦的《不再重现的图画》、章品镇的《书缘未了》、韩沪麟的《朋友家的屋顶》、瞿光辉的《美丽的旧书》等六本书；之后还继续编辑了由《野坡散记》（朱健）、《读书生活散札》（赵萝蕤）、《吕剑诗文别集》（吕剑）、《谷林书简》（谷林）、《秋禾行旅记》（徐雁）和董宁文的《开卷闲话五编》六本书组成的《凤凰读书文丛》。2010年春天，董宁文又想尝试将“开卷”系列文丛做出一套小精装，2011年8月的上海书展上，一套八本精美的小精装《开卷书坊》悄然亮相。

时代周报：《开卷》选稿的标准是什么？用稿中有什么印象深刻的故事？

董宁文：这本小刊物所载大都是文史类的文章，史料性、知识性、可读性是其基本面貌。《开卷》的作者基本都是读书人，刊物也就天生具有了书卷气。在选稿时，我不太愿意用锋芒毕露或者太有刺的文章，但是如果是对《开卷》进行批评或者提出不同意见的文章,我总是照登不误,这样不至于在刊物上总是一个声音。记得七八年前,有一位熟识的知名学者写了一篇比较有刺的文章指明要刊登在《开卷》上,因为他知道文章中他刻意批评的一位名家是能读到的。我们当时的编委会对这篇文章很重视,大家商量后决定不宜刊出。这位作者非常有意见,还托人多次催促,最终还是未刊。那位先生后来对我们非常不满,至今都未释怀。

时代周报:为什么会写起"开卷闲话"?这种笔法有没有受到什么人的影响?

董宁文:在《开卷》第二期时开始设了这个专栏,当时只是想到如实记录一些书人书事,至于这种笔记体或者日记体的渊源和特色并没有太多考虑。起先的十余期"开卷闲话"里面有不少是众编委的集体创作,也就是徐雁、薛冰、徐雁平等人想到就写的一段段文字,后来逐渐就由我一人操刀了。

时代周报:前人有"世说新语"或明清小品的风格,今人则写博客体,你的"开卷闲话"与这些有什么异同?

董宁文:"开卷闲话"中肯定有传统的气息和笔法在里面,但又是与这些有所区别的。至于目前流行的博客体文字,我觉得就更不像了。"闲话"融入了书信、谈话、见闻、考证、辨析以及电话、网信等形式的文体和文字风格,总之都是原生态的文字,绝少刻意和做作,所以读起来会比较轻松,但轻松之中往往也包含了深厚的底蕴,不经意间也许能使人得到不少的收益。

时代周报:"开卷闲话"事无巨细地记录了文坛趣事,你为什么如此有心地记录?

董宁文:"开卷闲话"看起来事无巨细,其实是有所选择的,我的重点是,这些信息有益于文化传承即采用,至于八卦、讥讽或暗藏玄机的东西一般不会写入。

但闲话中是有一些伏笔在里面的，能看明白的自然能会心一笑，看不明白也无伤大雅。此外，每一条“闲话”似乎都有一根线牵引着，如果几年的“闲话”看下来，肯定能看出关联或妙处来。

时代周报：你在写“开卷闲话”时，与笔下的文化人有什么互动？有没有人专门写信给你，以期收入“开卷闲话”之中？

董宁文：“开卷闲话”中的互动确实有不少，比如朱健先生在“闲话”中就与几十年前的朋友何锺辛再次相见，并且有了不少温暖的回忆；李君维曾在《结缘〈开卷〉三故事》中谈及他与翻译家李文俊先生的结识、学者余斌先生的神交到晤面，以及一位半个世纪前他的读者与他联系上等，都是通过《开卷》而促成的，这些故事在“闲话”中都有痕迹可寻。

确实有不少朋友专门给我写信，有的就明确说让我将他的信收入到“闲话”中。每次“闲话”新编出版后，都会有人给我写信，对他的事或信被收入进“闲话”而表示荣幸等。所以你从“闲话”中感觉到了这种情况，不过我一般是不会随意将无意思的东西放进“闲话”中去的。

时代周报：你编辑的《大家文库》收了流沙河、杨宪益、黄裳、王元化、吴祖光几位大家的文集，是什么样的机缘？

董宁文：这几本书是应青岛良友书坊的臧杰和薛原两位先生之邀所编，与杨宪益、王元化、吴祖光、黄裳、流沙河诸老都有或深或浅的长期交往，而且都有多次面聆受益之缘。我与杨宪益的妹妹杨苡交往较多，因杨苡与我同在南京，故时常有机会请益。杨宪益的《去日苦多》这本书从收集文稿，到编辑足足花了一两年的时间。稿子编好后，曾与近九十高龄的杨苡去北京后海的小金丝胡同与杨宪益先生推敲、确定该书所收文章的篇目,并作了相应的取舍。这本书印出后,杨宪益在病床上看到了样书,感觉非常满意。那时,杨宪益先生已走到了生命的最后时刻,他将这本书分送给医院的医生、护士和前来探望的友人,给老人在弥留之际增添了些许安慰。

流沙河先生在看到印制和装帧都很精美的《夜窗偷读》后也很满意,他在题赠给友人龚明德的这本书的扉页上写下"这是我所出过的书中最漂亮的一本",后来龚明德先生将这本书转赠给我,说这是流沙河先生对我编辑工作的一种鼓励。

时代周报:你编辑的"我的"系列丛书,以"书房""书缘""笔名""闲章"为切入点,为什么会有这样的创意?

董宁文:《开卷》创刊三周年前,我想做一期专刊纪念一下,因在两周年的时候,我就请了几十位作者给刊物写了一些寄语或者题词,那么到了第三年也就不要再重复了,于是就想到了书房这个话题。我当时就想,对于每一个读书人来说,书房无疑在其生活中有着不同寻常的意义,应该是一个好说也想说的事。书房的故事因人而异,这里面确实是有故事的。待约稿信发出后不久,五六十篇稿子就源源不断地回来了。第四期纪念《开卷》特刊上一下就刊登了十几篇,之后的几期也陆续刊出了三四十篇,读者看后好评如潮,后来有人提议将这些文章出一本书,一定会得到读者的喜欢。于是我就将这个选题告诉了岳麓书社的杨云辉兄,他也对此非常有兴趣,经过近一年多的编辑,《我的书房》在 2005 年 5 月由岳麓书社出版。这本书因为有 60 位名家撰稿、董桥先生赐序、王世襄、于光远、吕剑、王元化等先生赐题书名,并且大多数文章都配有作者的书房照片,可谓精彩纷呈。此书出版后，颇受爱书人青睐，首印6000册后不久又加印5000册，也是我编的书中印数最多的一本。也正是这本书的良好开端，鼓励我后来又陆续编辑出版了《我的书缘》《我的笔名》《我的闲章》《我的开卷》等“我的”系列丛书。

时代周报：《开卷》及你编辑的丛书如何保持独特的风格？

董宁文：我个人觉得只要有一种坚守的定力，就能保持《开卷》系列丛书的风格，还有就是这种风格与我本人的阅读趣味与感觉有着千丝万缕的联系。另外就是我这个人总是“慢一拍”，对任何新事物的接受都比较迟钝，这也许也是能不被世风或者说潮流所左右的一个天然屏障吧。还有我对新媒体总是跟不上趟的，这个也是自然免疫的意外之助吧。

（载于2012年3月1日《时代周报》）

却顾所来径，苍苍横翠微

——董宁文访谈

[山东]祁白水

采访：祁白水，《开卷》读者、《开卷闲书坊》第一辑《萍水生风》作者。

嘉宾：董宁文，编辑家，南京《开卷》执行主编。

访谈背景：《开卷》是一份民间读书月刊，自创刊之初，所有的采访、编辑、校对、印刷、邮寄等工作，都是由董宁文一人操持。刊物创办不久，即蜚声书苑，广受知识界、读书界喜爱。至2015年，这本小小的刊物，克服了常人难以想象的诸多困难，已然走过了十五个春秋，从最初的“呱呱坠地”到今天的“翩翩少年”，其影响不断扩大，其读者队伍日趋壮大，被誉为民刊生存发展的一个奇迹。十五年来，董宁文以他超乎常人的热情和毅力，支撑着《开卷》一直稳步前进，因此亦赢得了“一个人的编辑部”“一个人的出版社”的赞誉。

祁白水(白水)：宁文先生好！今年上半年，可说是您最忙的一段，先是筹办

《开卷》15 周年庆典，再是参加读书年会。先谈谈庆典活动吧。

董宁文(宁文):5 月 20 日下午，由南京市作家协会、圈外艺术馆、卧龙湖书院联合主办的《纸香墨润——当代学人墨迹展》在南京 1865 创意产业园内凡德艺术街区的圈外艺术馆隆重开幕。

陈四益、王学泰、郭启宏、郑雷、陈子善、王稼句、董健、俞律、常国武、宋玉成、蔡玉洗、速泰熙、薛冰、徐雁、萧平、乐泉、刘春杰、杨昊成、周立民、韦泱、陈学勇、子张、范笑我、李世琦、赵国忠、曾以约、侯萍、王心丽、宋苏晨、何平、徐为零、周音莹、曾立平、周晨、钱军、陈爱华、赵蘅、金小明、谢政、余新伟、吴海发、吴心海、沈文冲、严晓星、张叶、沈晓萍、杨靖华、陈卫新、周晨、邵川、乐晓菊、彭坚、葛继彬、张建智、李培广、彭林刚、王欲祥、尹引、汪恩奎、蓝薇薇、洪素珍、许进、喻婷、宋健、杨鑫、孙志洋、李景端、李海荣、鲁敏、余斌、刘俊、王洪、王斌、罗拉拉、蒋灿灿、周建新、徐向荣、李舜平、方群等来自北京、上海、石家庄、苏州、杭州、诸暨、无锡、淮安以及南京等地的专家、学者、画家、书法家、出版家、媒体人士以及部分《开卷》的读者八十余人参加了开幕式并参观了展览。

这次展览共展出杨绛、张充和、周退密、文洁若、屠岸、扬之水、陈四益、流沙河、钟叔河、魏明伦、俞律、常国武、乐泉、萧平、唐吟方、许宏泉、马治权、薛冰、陈子善、刘绪源、吴山明、伍立杨、蔡玉洗等人为《开卷》创刊十五周年所作墨迹近百幅。墨迹展开幕之后，《开卷》创刊十五周年座谈暨《〈开卷〉十五周年精选》首发式在心之旅客栈露天茶舍举行。

陈子善教授主持了座谈。《开卷》主编蔡玉洗首先对大家十五年来给予《开卷》的关心、支持与爱护表示衷心的感谢，随后与会嘉宾畅所欲言，对《开卷》十五年所走过的风雨历程从不同的角度进行了回顾,并对《开卷》的明天寄予了美好祝愿。

白水:《开卷》创刊十五周年,您最大的收获是哪些?

宁文:收获应该是多方面的,至于说到最大,我想是经过十五年不懈的劳作,看到了那么多作者、读者喜欢这本薄薄的《开卷》,反过来促使我不断增添前行的动力,并从中得到乐趣,所谓乐此不疲,乐在其中是也。

白水:最令您欣喜的是什么?

宁文:《开卷》早期是以刊载文化老人的文章而在读者中树立了独特的风格,这些年来,随着不少文化老人陆续走进历史的深处,文化老人的文章越来越少,但是令人欣喜的是除了一些中青年学者的鼎力支持外,这些年我们看到不少年轻的作者,甚至"80后""90后"加入到《开卷》的作者队伍中来。我总觉得文脉一定是绵延不断、春风化雨的。这点,应该是最值得欣喜的。

白水:最感困难的方面是什么?

宁文:十五年一路走下来,一直到今天,该遇到的困难都遇到过了,而且都被一一克服了。如果说最感困难的就是在前进的路途上所遇到的一些不便言说的阻力与困惑。当然,这个不会对刊物的发展产生多大的影响。

白水:《开卷》草创初期,当时是什么状况,为什么想到办这么一个刊物?

宁文:《开卷》的创办人蔡玉洗先生,于20世纪90年代末由译林出版社社长调任当时江苏出版集团所属的凤凰台饭店任总经理。蔡总是一个老出版人,早年任江苏文艺出版社社长多年,90年代初还去南京大学念书,获得文学博士学位。从蔡总的简历可以看出他对出版与文化的情结非同寻常。自他任饭店总经理后,就考虑充分发挥他所具备的文化及出版背景，想将该饭店做成一家文化型的星级饭店。草创初期，南京的薛冰、徐雁等几位学人经常在一起探讨如何实现蔡总的这个设想，终于在2000年4月创办了《开卷》这份只有一个印张的薄薄的小册子。与此同时，饭店还拿出五楼2000平方的面积，设立了凤凰文化中心，中心设有开有益斋书吧、六朝松茶艺园、小莱坞影视厅、英语沙龙等。

当时大家也只是这样做这么一本简朴的小册子，真的没有想到能一直做到现在。

白水：从您寄来的以前的过刊看，刊物创办后很快就聚集起一大批文化名流、学界耆宿来写稿，这种资源是怎么利用起来的？

宁文：我们在2000年前后筹办这份刊物的时候就定了一个走高端或名家路线的调子，因为只是办成一个普通读书人的园地，肯定不会产生比较良好的社会影响。当时的几位编委中，徐雁利用了他编《中国读书大辞典》时积累的部分作者资源，薛冰则将其时正在编的《东方文化周刊》的部分作者资源拉进来，我在1996年开始编的《译林书评》也结识了不算少的作者，其中既有老一辈的学者、翻译家，也有不少中青年学人。其他几位编委也提供了与他们平时有交往的部分学人名单，那时不断补充的寄赠名单总有数百人吧。基本涵盖了当时学术界、教育界、出版界、文化界、戏剧界、艺术届的诸多知名专家、学者和艺术家。

白水：由于这些名家的楷范带动，人气的积聚上升很快吧？刊物的格调就是这样自然而然形成的吧？

宁文：创刊一两年后，刊物的格调、气息确实是自然而然地确定了，如果你有兴趣找一些那几年的刊物看一下，书卷气、清新气就会扑面而来。也是刚创刊的那一两年中,我们设立了一个“众口说《开卷》”栏目,专门摘登读者的反馈意见。

白水:我记得好像有人在某一篇文章中说,《开卷》其实是应运而生,正好在这一批文化名宿离开阵地颇感寂寞时,为他们提供了一个释放的渠道,是这样吗?

宁文:这个意思似乎有人说过,但我觉得并没有那么消极。每一位文化名宿都有相对寂寞的晚年,但不少老人晚年的生活也是非常丰富多彩的。其实每个人都有寂寞的时候,关键是排遣方式。文人的排遣方式大多就是读书、写作,或者聊天。老人往往喜欢回忆,但积极地看,通过回忆可以留下不少史料性的东西,这个还是比较有意思的。

白水:刊物创办之初的简素风格,是出于经费方面的考虑,还是有一种共识?是否有意与主流的读书刊物拉开距离?

宁文:经费方面的考虑肯定是有的。创办此刊当时的设想也不是太清晰,或者说也不可能想到几年,亦或十几年后的影响与规模。创刊初期可以说是摸着石头过河,节省开支的话题对于一个新兴的企业老总来说肯定是会放在比较重要的位置的。至于与主流读书刊物拉开距离的问题,这确实不是有意为之,而是无形中就树立了自己的特有面目。

白水:读书年会今年已经是第十三届了吧?筹备这个年会是为了搞个座谈、笔会,交流,淘书?

宁文:今年5月下旬在天津所办的读书年会已到了第13届,真的不是一件容易办到的事情。2000年4月,经过三四个月的筹划,由凤凰读书俱乐部主办的读书月刊《开卷》正式在南京创刊,经过三年多的连续出刊,这本只有一个印张、单色印刷的朴素的读书小刊物在读者中产生了比较良好的影响，也受到了喜欢它的读者的偏爱。到了2003年年底前后，由于《开卷》作者阵容的不断强大，我们开始策划出版“开卷”系列丛书，到当年10月的时候，《开卷文丛》第一辑十本由凤凰出版社出版。这套由王辛笛、朱正、朱健、范用、钟叔河、流沙河、绿原、舒芜等作者支撑的丛书的出版，基本确定了“开卷”系列丛书的定位。

大约在2003年五六月间，在与《开卷》主编蔡玉洗聊天时谈到当时像《开卷》这样的内部读书小刊物在国内大约有哪些，当时我们就想到了济南的《日记报》、北京的《芳草地》、十堰的《书友》、嘉兴的《秀州书局简讯》、上海的《博古》、成都的《读书人》、合肥的《博一论丛》、南京的《可一》等。当时我们就想，如果有机会将这些同道召集在一起，交流各自办报编刊的经验与体会将是一件非常有意思的事情，至少这些同道都是喜欢读书的，交流起来一定会相互启发，各自都会从中获益的，当然最重要的是读书人在一起会有谈不完的话题。就在那天谈过之后，我们就开始着手联系筹备相关的会议工作了。

之后，南京的薛冰、徐雁等《开卷》的编委又几次碰头商量相关会议的事宜，记得当时拟定的会议名称是“全国民间读书报刊研讨会”，后来觉得不妥，经过综合考虑，先后又想过几个会议名称，最终到开会前的一天，又将会议名称改为非常低调的“首届自办读书报刊讨论会”。

2003年11月29日下午，“首届自办读书报刊讨论会”在南京凤凰台饭店五楼英语沙龙正式召开，来自各地的十余家自办报刊的代表参加了此次讨论会。根据当时《开卷》对此次会议的记载，于晓明、邓德懿、自牧、李传新、阿年、陈武、陈克希、范笑我、顾军、钱晓征、徐雁、黄成勇、彭卫国、董宁文、虞豪、蔡玉洗、谭宗远、薛冰、戴玮等人参加了讨论会，可能还有一些朋友参加了，只是没有记录下他们的名字。

记得蔡玉洗主编在讨论会开场白中说道："这次会议是民间自发的活动，没有官方色彩，主要讨论办读书类报刊的甘苦，探讨自办读书刊物在现今受到读者欢迎的情况下如何进一步发展。自办刊物的出现，说明国家的政治经济文化发展中，有一种开明温和的风气。我们强调这次会议是非官方的，非营利的，主要集中了'民间气'。我们的目的是要真心为喜爱图书的人提供好的指导，同时也希望每年我们这些朋友都有一次聚会，交流甘苦与经验。随着出版业的发展，我们有理由相信这种活动会越来越兴盛。大家可以介绍自己刊物的由来、宗旨、资金筹集以及办刊编报的经验。我代表《开卷》编辑部热烈欢迎诸位朋友。"蔡主编简短的开场白的基调为以后的读书年会一届一届地顺利召开拉开了一个比较低调的序幕。

第二天下午，参加讨论会的以上各位代表还与江苏出版界及学术界、文学界的姜小青、董健、杨苡、卞孝萱、赵本夫、徐宗文、俞律、刘二刚、宋词、余斌、江锡铨、化铁、杜辛、速泰熙等人一道参加了"凤凰出版社《开卷文丛》首发式"。首发式结束后，"首届自办读书报刊讨论会"也由此落下了帷幕。

以上就是十三年前我们在创办年会活动时的一些相关背景。记得在首届年会开始前一天，各地书友陆续到达南京后就去当年南京的朝天宫旧书市场淘书，部分人还去了朝天宫附近的止水轩参观了南京藏书家、学者、作家薛冰先生的书房，由此也自然拉开了以后年会座谈、淘书、访友及交流的模式。

白水：很惭愧，由于各种原因我一直没参加过年会，请介绍一下它的内容主要是哪些？

宁文：后来逐渐形成了这样一个基本流程：开幕式、与会者合影、主题研讨、专题讨论、各种展览、讲座（还有一届做过小型的图书拍卖）、闭幕式（确定下届年会承办地）、淘书、游览等。期间，书友间相互赠书、签名也是年会有别于其他民间活动的一个显著特点。

白水：读书类的民刊除了《开卷》，还有哪些？但好像都没有《开卷》的影响大。请您谈谈民刊的生存现状和发展前景，应该如何定位才能立于不败之地？

宁文：北京的《芳草地》、济南的《日记报》、东莞的《悦读时代》、海宁的《水仙阁》等办的时间都相对比较长，也有一定的影响力。当然还有几十种读书类报刊也在时断时续地出刊之中，其中南京的《阅微》、太原的《名堂》等也颇具特色。

民刊的生存现状应该一直是比较艰难的，这其中除了经费的不可持续性之外，办刊人的识见、投入到其中的热情、本人的学养以及私心杂念都是该刊能否稳步向前的制约因素。

关于定位，也就是特色的稳定发展确实是民刊相对处于不败之地的重要因素，我觉得每一份民刊都要立足于本地的实际，切实按自己的定位或者地方特色为中心，不可人云亦云。只要踏踏实实地做上几年，一定会有好的发展机遇与前景。

白水：您在改变现状上有什么新的打算？包括刊物作者队伍，办刊定位和风格？

宁文：在继续办好《开卷》这本月刊的同时，在现有作者资源的前提下，保持《开卷文丛》《开卷文库》《开卷书坊》几个已有品牌图书的出版，加上其他与《开卷》气息相适应的单本图书的策划与出版。以后还会在“闲”字上多动脑筋，去年在北京人民日报出版社推出的一套六本《开卷闲书坊》就是一个全新的思路。

白水：我发现一个不很明显的变化，就是近两年有逐渐向书画圈靠拢的迹象，是有意为之的吗？

宁文：有意无意间吧。刚才所说的“闲”字，就是其中的一些内在因素吧。我们的传统文化在某些方面就是文人的一种生活方式的延续。传统文人的诗书画文交融为一体，其实无所谓文字向书画靠拢，我们所提倡的书画也不是当下流行的那些书画，而是文人兴之所至的文人书画。我们周围的书画家，抑或书画爱好者本身都是文人，这些文人所作的书画符合我们的审美趣味。另外，我本人对书画也一直有比较浓厚的兴趣，很多年前主要精力曾经是消磨在研习书画之中的。近期正准备选一些墨戏之作印一本小书与大家交流呢。

白水：但不管怎么变，《开卷》是圆心，诗、文、书、画是圆环吧？

宁文：确实是这样，这些都是《开卷》这个汇聚了众多文人的一个生态圈，也正如十五年座谈会上有人提出的一个“开卷派”的概念。当然，这个只是提出概念，还有待时间的淘洗。另外，今后文人书画之类的东西确实会不断增加一些，因为文人的修养、情趣都会在书画和文章中得到充分的体现。

白水：“开卷书坊”与“开卷闲书坊”已经成为一个成熟的有影响力的品牌，下一步还有什么新的打算？

宁文：《开卷书坊》第四辑即将在8月份的上海书展上推出。此前每年新的一辑“书坊”出来，都会在上海书展举行首发暨签售活动，这几年下来已成常态，也成了喜欢这套“书坊”的读者的一个期待。

第四辑的作者中周退密先生今年已是一百零二岁的人瑞，这本《退密文存》的出版确实比较有意义，从这本书中，我们可以看到传统文人的精神风貌。

《开卷闲书坊》本来今年会推出第二辑的，但由于近一阶段手头筹办《开卷》创刊十五周年系列活动，编辑出版《〈开卷〉十五年精选》，所以就耽搁下来了，但我想年底前后这个闲书坊第二辑应该能够启动的。

白水：除了刊物、年会、丛书，您有没有设立一个比较权威的奖项，来进一步扩大影响的打算？

宁文：这是一个好的设想，我确实没想过。如果可能的话，找到相应的支持者，我想可以尝试着设立"开卷"出版基金，帮助那些好的作者出版可能市场不太认可的书，但一定是有价值的。同时，也可以"开卷"名义设立一个奖项，获奖者自然就获得这份资助，出版他们的学术成果。

白水：您在六朝古都的南京，那里自古以来就是文风郁郁之地，您又主持着《开卷》这样一个读书刊物，视野自有一定高度，请您谈谈当下的文人环境、读书界的现状，以及对未来的展望如何？

宁文：文人相亲，读书人、爱书人兴趣爱好相同，相互交流，相互砥砺，求同存异，在异中求同，自我陶冶，不断完善自身的道德修养与学术品格，在小我的修炼中不断向着大我的境界迈进，从而使自己的所学在愉悦自己的同时，也能为他人、社会做出我们应有的奉献，那将是非常美好的。

当下读书界，或者我们眼界内的民间读书界，总体来说还是比较和谐的，但这种和谐中也不可排除某些不和谐的声音。但正是有了些许的不和谐，才使得和谐反而更加和谐了。对于读书人所担忧的网络阅读、电子阅读的冲击话题，确实需要讨论,但我总觉得对于真正喜欢读书的人来说,纸质阅读、书本阅读在较长的一个历史阶段内应该继续存在,所谓纸质阅读会消亡的说法,不过是一个危言耸听的话题。

白水:《开卷》十五年的发展,对目前文化、文学民刊的发展有什么成功的启示?

宁文:启示是相对于从中获得的人而言。对于《开卷》十五年走过的路而言,我觉得一件事情只要认认真真地坚持去做,不随波逐流,按自身的想法,一步一个脚印,总会在不远的地方看到别样的风景。如果这个风景还能给大家带来愉悦,那就是功莫大焉的善事了。

白水:请您用一位本次十五周年庆典中名家的题词为《开卷》作以祝愿吧。

宁文:陈子善先生在这次为十五周年庆典题写了"思想开放,文章潇洒"八个字,并且在几年文章中"归根结底,之所以有今日的《开卷》,源于所有与《开卷》相关者的共同信念和不懈努力,那就是对历史真相的叩问和对自由表达的坚守。《开卷》提供了一个互相交流的平台,而编者、作者、读者和热心人也借这个平台表达了共同的追求。"对于编者而言,这些美好的祝愿,我们会把其看作对刊物的鼓励与鞭策,只有不断地努力将刊物编好,才能不辜负大家对编者的厚爱!

另外,百岁老人杨绛先生在今年4月8日所题"稳步前进"的贺词其实是对这本小刊物最殷切的期望。

(载于《向度》第9期,2016年1月)

闲话《开卷》

［广东］姚　言

按:《开卷》杂志创办十五周年了。一转眼,这本薄得不小心便怕撕坏的幼小杂志,竟长出壮小伙的模样。难怪流沙河先生题词:“但愿二十年后,仍是一条好汉。”去年,在《开卷》十四岁时,我写了文章《闲话开卷》,发表在《深圳特区报》专栏上。今年,董宁文兄将其收入《开卷》十五年精选集中的《纸香墨润》一书,以示纪念。看着星光熠熠的作者名单,只能再次感慨这本小册子的威力巨大,能忝列其中,实为荣幸。这里,对“一个人,一刊物,一种态度,一方坚持,还有一身热爱”说声谢谢!

前两天,南京董宁文兄寄来两期《开卷》,2014 年第 5 期和第 6 期。

翻开一惊,《开卷》已到 171 期了。时光如梭,快得让你有失忆的恍惚和恐惧。2008 年,《开卷》一百期,我曾以微薄之力,向这本体态貌似“寒酸”的民刊致了敬——用整版做了一个专题“《开卷》百期 人书尽乐”，也因此与杂志中的很多作者结了缘。

《开卷》曾是南京一个读书俱乐部的会刊，除了封面封底，内文只有 28 页，每期印数不多，会员可以免费得到，此外，作者及一些书友，也有缘获赠。它是一本纯粹的读书刊物，以书话和掌故为主。作者群一直阵容豪华，有谷林、黄裳，流沙河、锺叔河、朱正、邵燕祥、陈子善等，曾有书友将之与《读书》《万象》相比，但《开卷》始终朴素示人，低调行事，以文说话，洁身自好。

百期时，《开卷》搞了庆贺活动，自娱自乐。却因有黄苗子、王世襄、于光远、谷林、冯其庸、杨宪益、吕剑、何满子、黄宗江等多位名家题签，坊间动静很大，影响甚广。朱正引鲁迅先生诗句为赠：“扫除腻粉呈风骨”；谷林题“豁然开朗，簇生卷耳”；邵燕祥题“读书人在民间”，杨苡“我欣赏《开卷》，它像是能放在衣服口袋里的一个小小的文艺沙龙”……书友们写得最多的，是“开卷有益”，流沙河推陈出新题了“果然有益”……当时他们还推出两本纪念集子《凤凰台上》和《我的开卷》，前者是百期作品精选，后者是书友与《开卷》的结缘故事，由译林出版社出版。

就是这么一本薄得几乎拿捏不住的小册子，跻身于拼封面拼纸张拼包装的书时代大潮中，岿然不动。从样式到刊物定位、内容主旨，一如既往。主编蔡玉洗，执行主编董宁文，版式设计速泰熙，一如既往。难怪作家薛冰说，这些年刊物“改版”成风，好像没有几家不曾换过新装。《开卷》却依然故我，充满自信。

翻开《开卷》2014 年第 5 期，是“来新夏”专辑。今年 3 月 31 日，《开卷》作者、历史学家来新夏去世。《开卷》约来 12 篇悼念文章，有韦力的《追忆来新夏先生》，陈子善的《重剑无锋——忆来新夏先生》,薛冰的《春去不见来新夏》,罗文华的《来公题赠"读书是福"》,韦泱的《来新夏,从研究北洋史起步》,彭卫国的《书缘依稀忆来公》,子张的《"但求解古人故旧之沉郁……"》……扉页是来新夏先生的墨迹"书缘",笔力圆融苍劲。"开卷闲话"中子聪说,来新夏先生十多年来,赐稿颇多,每有约稿,有求必应。特做此纪念专刊,以表示我们对来新夏先生的感念之情。

子聪便是董宁文,《开卷》每出一期,附在末尾的"闲话"就讲一期,天南地北地交代书友动向、书信往来、新书信息……或长或短,一如当年扬之水编《读书》时的"补白"。摘录一则:"3 月 26 日,余佐赞从上海寄赠《舒芜致胡风书信全编》一册。关于书信的来历与编排,舒芜在 2006 年 4 月 14 日写过一个小记:这是我写给胡风先生的信札 142 封,兹据复印件编注发表,提供一种新文学史料。……"很多文坛信息便可从"闲话"中获知。

与董宁文微信,聊起《开卷》,清晰如昨。

《开卷》不声不响走到了今天,竟有十四岁了。

(原载 2015 年 8 月 20 日《深圳晚报》)

董宁文:开卷楼里的“卧龙先生”

[上海]付鑫鑫

《开卷》执行主编董宁文的家,坐落于南京城郊卧龙湖畔的一个小镇。

董宁文给自家房子取名“开卷楼”。甫一进门,就见车库一面墙下,堆满了捆绑整齐的《开卷》,牛皮纸包裹着新刊,散发出淡淡的墨香;车库对门的书房,除了中间一个大桌子作画,两面不开窗的墙都是高大的书柜;客厅里,更是三面墙都立着或高或矮的书柜。除了每周两次往返于金陵城,邮寄书信和看顾《开卷》排版印刷,大部分时间他都“隐居”于此。

《开卷》创刊号封面

2000 年 4 月,民间同人刊物《开卷》创刊,至今已走过了十七年,算得上成童舞象、少年翩翩。截至今年 8 月,《开卷》面世 18 卷,208 期,几百万字。其中,不少作者，如王辛笛、范用、绿原、谷林、黄裳、李君维、吕剑、彭燕郊、章品镇、叶至善、戈革、王元化、冯亦代、杨宪益、赵萝蕤、鲲西、来新夏、吴奔星、汤炳正等名人名家皆已作古。

董宁文讲述《开卷》背后的艰辛曲折（范泓摄）

作为编者的董宁文，仍在坚守。近日，《〈开卷〉二〇〇期》已出；接下来，他要一步一个脚印地向三百期迈进。从最初南京凤凰台饭店免费赠送的32开小刊，到如今由天津问津书院主办，享誉文学界、闻名于读书人中间的“著名品牌”，背后的艰辛曲折，唯有置身其中的董宁文方能体会。

“我做事情‘比较呆’”

不久前收到董宁文从南京邮寄过来今年1至8期的《开卷》，以及上半年3期《译林书评》（双月刊）。大号信封是2013农历癸巳年的贺年封，左下角“蛇年快乐”的红色图案特别喜庆，右下角赫然印着“怀化市邮政局”6个小字。毋庸置疑，这信封又是他“化缘”所得。

铅印的印刷体与董宁文墨书的地址、邮编形成鲜明的对比，难怪曾任《新创作》主编的作家彭国梁说：“每期《开卷》他至少要向全国的读书界名家和真正的爱书人寄赠四五百册，每个信封都是他一笔一划地写，若按一百八乘以五百算，就是九万个。还有合订本，还有一百多本书，都要寄赠。想想，那是多大的工作量。”

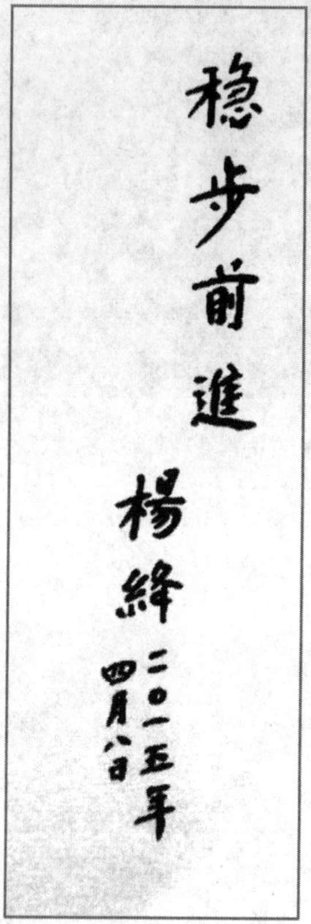

杨绛先生为《开卷》写下祝福

董宁文自己却不以为意。他说，他已经习惯了。早些年，寒冬腊月，大风凌厉，他踩着三轮车去邮局，一口气寄成百上千本《开卷》，发往全国各地。原本，距离他家最近的一个邮局最方便，但邮局上班的小姑娘不乐意了。董宁文每周要寄这么多印刷品，却不在邮局买邮票。因为他预先在网上买好了带邮票的信封，价格便宜、节约成本，并写上地址邮编、封好，再一摞摞运到邮局。

“有一次，那个小姑娘使坏，要抽查粘好的信封，拆开来看到底是不是印刷品，还大哭大闹了一场。”董宁文想起过往，情不自禁地笑了。自此，他就算一次有 600 个信封要寄，也会分开跑 3 个邮局，“免得给别人添麻烦，与人方便与己方便。”

有人劝他，直接用打印的地址、邮编，不是可以省事很多吗？他答，读者收到手写的信封，对手写字有感觉的人肯定倍感亲切。如果是打印的小纸条贴上去，《开卷》就像邮寄到家的传单广告。“手写地址，也是编者与读者之间情感交流的方式。”他说。

“我做事情，用南京话说，就是‘比较呆’。跟别人谈稿子，我不喜欢打电话，有事最好见面谈，更慎重些。”董宁文用一口地道的南京普通话说。

就是这样一个“比较呆”的人，掀起了“开卷”十数年的风云。

32开、薄薄一本《开卷》，素面朝天，自2000年4月创刊，董宁文一直担任执行主编。随着时间推移，《开卷》慢慢积累起一个超级豪华的“朋友圈”：杨绛、杨宪益、黄苗子、黄宗江、黄永玉、王世襄、范用、于光远、绿原、丁聪、方成、周有光、黄裳、韩羽、钟叔河、流沙河、来新夏、朱正、谷林、朱健、王辛笛、绿原等等文化名流、学界耆宿，都是热心的撰稿人或“忠实粉丝”。

翻译家杨宪益先生晚年弥留之际住在医院里，适逢所著随笔集《去日苦多》“新鲜出炉”。拿到新书后，卧病在床的杨老特别开心，将自己人生最后一本书热情地送给来访者和医生、护工。“我相信，在先生作古之前，我能把这本书编出来，让他老人家亲眼看见，大家都感觉很欣慰。”董宁文有点动情地说。

徐雁、止庵、王稼句、薛冰、卢为峰、董宁文(左起)在一起

黄宗江、杨苡、董宁文、董健(前左起)亲切交谈

《开卷书坊》第六辑2017年在上海书展首发

“九叶诗派”代表人物之一王辛笛先生晚年病重时，病痛折磨着王老，也给王家平添了几分沉重。然而，王老所著的《梦馀随笔》样书问世的那一刻，就像一束光冲破云层，一扫阴霾。这本书也是董宁文所编“开卷文丛”第一辑中的一本。

董宁文说，《开卷》背后的故事实在太多了。而这所有故事的起源，还得从二十多年前开始讲起。

《开卷》的创办人蔡玉洗，于20世纪90年代末，从译林出版社社长调任当时江苏出版集团所属的凤凰台饭店任总经理。蔡玉洗是一个老出版人，早先任江苏文艺出版社社长多年，中年还到南京大学攻读文学博士学位。担任凤凰台饭店总经理后，蔡玉洗想着，要充分发挥自身优势，将凤凰台饭店打造成一家文化型的星级饭店。

草创时期，时任《译林书评》执行主编的董宁文，与曾任南京市作家协会副主席的薛冰，南京大学教授、中国阅读学研究会会长徐雁等几位学人凑在一起想办法，琢磨如何实现蔡玉洗的“伟大梦想”。

“三个臭皮匠，顶个诸葛亮。”2000年4月，只有一个印张的小册子《开卷》诞生了，又小又薄，携带方便如口袋书，还可放在枕边作睡前读物。实际上，在创办之初，这份刊物就有了一个明确的定位——走高端或名家路线，如果只是办成一个普通读书人的园地，肯定没法产生比较良好的社会影响。

而当时的七八位编委，手上确有几把“金刚钻”：徐雁利用他编《中国读书大辞典》时积累的部分作者资源，薛冰则将其时正在编辑的《东方文化周刊》的部分作者拉进《开卷》，董宁文自1996年编《译林书评》也结识了不少的作者……从老一辈的学者、翻译家，到中青年学人、后起之秀，慢慢地，《开卷》的作者、读者越来越多，包揽了学术界、教育界、出版界、文化界、戏剧界、艺术界的许多知名专家、学者。

“你看，我们的作者并不是单纯的作家队伍，还有很多来自其他业界的朋友。”董宁文说。对于选稿标准，《开卷》十分重视“文气”，文人讲究意气相投。“我们作为同人刊物，‘三观’都差不多，情趣也差不多，虽然工作领域或者文化功底有所差异，但能够被选用的稿件，水平不会相差太远。有的作者，比如当代散文家黄裳先生、大出版家钟叔河先生，对《开卷》的味道已经了然于胸，哪些稿件适用、哪些不适用都知道，不适用的也就不给我们了。”

作为执行主编，董宁文的工作除了约稿，还有编稿。在一般人眼里，编辑被认为是“有则改之无则加勉”的匠工，但董宁文却不这么认为，他一直“虚心接受，坚决不改”。“要知道，给《开卷》投稿的作者，大多是文人，文人都主张文责自负。编辑改作者一个字，又不告诉作者，对方肯定会生气。”董宁文深谙此道。

一字不改，怎么体现编辑的价值？董宁文解释说，《开卷》办了这么多年，说到底是个读书人之间交流的平台。对于一些“硬伤”或者错别字，编辑自然要改，但前提是与作者商量、讨教；如果作者坚持，那就不改了。再有读者前来“投诉”切磋，恰好可就文中细节理论一番，并在《开卷》上勘误，如此也是以文会友的趣事一桩，自成一段佳话。

董宁文告诉记者，《咬文嚼字》《新华字典》的相关校对者都曾积极参与《开卷》的校对工作，但最后不了了之。“任何一个人的知识都是相对有限的，对于学问的探究，永无止境。”他强调说。

“自家辛苦养大的孩子，舍不得让人‘轮流坐庄’”

细心观察，客厅一整面墙的大书柜里，摆有“开卷书坊”标识的原版木刻和几个相框作为点缀。茶几左右各有一排矮矮的书柜，剩下一面墙则放了一个小书桌，桌上摆了个台式电脑。有邻居来参观董宁文的家，都以为他是卖书的商贩。他笑着反驳：“文人爱书，只赠不卖。”

如今，董宁文每天在家 6 点起床，晚上 22 点睡觉，除了吃饭、喝茶，所有时间都是围着书在打转悠，并乐此不疲。偶尔的出差，也是最晚一个到目的地，最早一个离开。

十几年如一日地坚持主编《开卷》，不厌吗？董宁文坦诚地说：“心里一直有放弃的念头，却一直坚持在做，这就是‘真爱’吧。很多事情，过程比结果更重要。”

时针再往前拨。半个多世纪以前，1966 年，董宁文出生在南京一个普通家庭。高中毕业的父亲是当时国企里有名的“秀才”，同事离婚写协议书、生活困难申请补助，都要找父亲帮忙写材料，这让儿时的董宁文亲见了文字的巨大魔力。那时候，他既喜欢读书，又喜欢画画。如果二者一定要分个高下，画画还更喜欢些。

董宁文清楚地记得，初中时，家里没有台灯，房间里只有一个瓦数不高的吊顶灯。为了更清楚地看见书上的字，个子不高的他就站在板凳上，贴近吊顶灯看书。他读各种各样的书，父亲单位图书馆里的文学杂志《鸭绿江》《清明》《收获》《十月》《百花洲》，他都爱看。

高一没读完，董宁文因家境困难辍学，去蹬三轮车打工挣钱。后来，部队征兵，他去应征，眼睛近视不达标。所幸，凭着绘画技能，他被作为特长生招进部队。在安徽池州当兵的三年里，董宁文不仅画画、读书，还开始写各种材料、宣传报道，被战友们戏称为“董作家”。他还出过一本小杂志《绿太阳》，那是他和战友们一起合办的，用花纹纸打印出来，偶尔被当作部队的慰问品送出去。此外，董宁文还主编过一本书《金色的早晨》，收集文友们的作品，并配上作者的照片和简介。点滴的积累、文友的肯定，让年轻时的董宁文对编书产生了越来越浓厚的兴趣。

不仅如此，他还收获了一枚“忠实粉丝”。战友中，有个叫王小平的同志，很崇拜“董作家”。为了考军校，王小平十分用功，但宿舍到点就熄灯，没法继续看书。而董宁文在部队宣传科的电影组工作，在办公室里看一夜的书都没有人管。于是，王小平就经常找董宁文帮忙，借办公室熬夜复习。“三四年前，王小平和我又联系上了。我跟他开玩笑说，小兄弟当年问我借钱，现在都没还呢……”

三年义务兵结束，依当时的境况，董宁文完全可以留在部队，继续“董作家”的生活。但他想着，既然最终还是要转业，不如趁早。复员后，他在企业当过工人，在党群机关做过文员，还干过记者、编辑。

自2000年担任《开卷》执行主编以来，董宁文越来越投入。他说，他甚至可以放弃一切，只为《开卷》而活。

“但您没有收入来源啊！难道《开卷》能养活您吗？”记者问。

他不紧不慢地呷了一口茶，回答说，现在，他和太太都从各自的单位办理了内部退休手续，每个月领着保底工资，醉心于编书、读书、藏书。“钱嘛，够用就好。平时，不是衣服破了，我都不买新衣服。日常除了生活必需品的开销，剩下的全拿来买书。想借《开卷》的赞助养活自己，不可能！不贴钱就算不错了。”

诚然,《开卷》在2010年曾因蔡玉洗总经理的退休,举步维艰。在凤凰台饭店勉强坚持了不到一年,身为“扛把子”的董宁文卖掉了在南京市中心的房子,“转战”到郊区小镇。本打算靠山吃山靠水吃水,借助开卷书院继续未竟的事业,却苦于没有长期稳定的资金支持,直至2014年天津问津书院伸出橄榄枝。

“其间,没想过众筹,或者轮流坐庄吗?”记者问。

“想过,而且很多人也出过这个主意。”只是,在董宁文看来,《开卷》就像是他的孩子,好不容易抚养到这么大,性格也养成了。一旦放任给别人“轮流坐庄”,难保秉性就变了,文气就没了。

“你一直问我,办《开卷》、写《开卷闲话》,为什么能坚持下去,还保有热情。实话实说,我真的是有种责任感。”董宁文说,人生不过百年,现在年过半百,他宁可留下更多的时间给自己看看书、发发呆,而不是去上班挣钱、争名逐利。

“我相信纸质阅读不会消亡”

每每说到与《开卷》读者、作者交往的点滴,人到中年的董宁文总是十分兴奋,雀跃得像个孩童。他动辄从书柜中抽出一本书,讲解其中的细节:谁和谁在哪,当时又发生了怎样妙趣横生的故事。

2003年春天,董宁文请著名画家高马得、田原、柯明、陈汝勤四位20世纪50年代曾在新华日报社美术组一道工作过的老同事,相聚在南京一家名叫荷风的小饭店。四位耄耋老人边吃边聊,仿佛又回到了他们的青葱岁月。餐叙之间,四人即兴做起了打油诗接龙:“脚爪炖黄豆,田原最欣赏。不信你试试,保险抢着尝。又上狮子头，田原又上前，称赞不绝口。一口一个好，吃光不犯难。”

华东师范大学中国现代文学资料与研究中心主任陈子善与《开卷》渊源颇深，董宁文与他交情不浅。“开卷文丛”第三辑中的《探幽途中》、“开卷书坊”第三辑中的《自画像》、“开卷文库”中的《双子星座：管窥鲁迅和周作人》，陈子善是著者，董宁文是编者。

有一年，《开卷》在南京举办小型座谈会，陈子善来参会。会后，董宁文陪陈子善到朝天宫旧书市场淘书。董宁文捧起一本书放在鼻子底下，一边模仿说：“陈子善先生高度近视，遇到好书，不肯罢手，要先睹为快。所以，每次陪他去淘书，总能看见他把书捧在鼻子底下认真品读的有趣模样。”开卷书坊在上海搞新书发布、读书沙龙等活动，陈子善得空准会出席。今年 8 月，上海书展期间，文汇出版社出版的“开卷书坊”第六辑新书首发暨签售会在福州路举行，陈子善尽管没有新作位列其中，也赶来呐喊助阵。

2007 年，董宁文第一次登门拜访著名翻译家、诗人绿原。敲门之后，绿原的女儿站在大铁门里，推辞道：“父亲身体不好，极少见客。现在，他不在家，您请回吧。”

一直与绿原有书信往来的董宁文有点疑惑，不确定老先生是否真的不在家，于是尝试着大声说：“我是南京董宁文。以前与绿原先生一直有通信，如果您真的不认识我，那我就走了……”话音刚落，老先生亲自出来开门迎客。那年，绿原 85 岁。

著名翻译家赵瑞蕻、杨苡的女儿——作家赵蘅在一篇文章中写到 1998 年第一次见到其母与董宁文交谈的情景：“一老一少正谈得投缘。客人完全陌生，壮实的毛头小伙，不像大学生，亦青春扑面……那都是属于极为文学圈里的人和事，关于书，关于传承文化历史的意义……可面前这个尚有点土气的青年怎会如此谙熟甚至痴迷呢？”之后的很多年，董宁文不仅与同在南京的杨苡私交甚笃，遇到杨老有访客、活动、书稿传递等事情都会第一时间前去帮忙，董宁文与远在北京的赵蘅也成了知交。

董宁文说，别看他做起事来有点迂腐，但他内心一直相信，只要认真做事，就一定会有回报。“很多文化老人已经仙逝，但我与他们的子女甚至保姆都保持有良好的沟通和交往，这也算我以诚待人的一个收获吧。”

在董宁文看来，没有谁需要巴结谁。“人同此心，心同此理。以诚心换真情，是我作为编辑的必要素质，（我的任务是）连通读者和作者。在我眼里，著名学者季羡林和下岗工人作家是一样的，一视同仁。”这次，“开卷书坊”第六辑出版了王成玉的《书话点将录》，董宁文在自己的微信朋友圈推荐了好几回，点评说“成玉新书可下酒”。他告诉记者，王成玉的文章写得特别独到。王成玉从小喜欢看书，热爱钻研，并且有传统文化情怀。早在成为作家之前，王成玉是酒店里的高级面点师，通过自身的努力与董宁文的鼓励，他才接二连三地出了好几本书。

近期，除了装帧新颖、同《现代汉语辞典》一样厚实的《〈开卷〉二○○期》算是一个节点，开卷书坊策划、编辑的系列书籍还在继续做，包括“开卷读书文丛”“开卷闲书坊”“开卷书坊”“开卷文库”“开卷随笔文丛”“开卷艺坊”“问津文库·随艺生活”丛书等等。下一步，董宁文有一个梦想——出版自己的日记，将他与各界名人名家的交往点滴刊载出来，以飨读者，“让专业或者不专业的人来点评，共同分享我做《开卷》这些年来的收获与乐趣”。更重要的是，在电子化浪潮冲击纸质阅读的今天,希望《开卷》这本民间刊物能影响更多的年轻人。

《开卷》有个小读者叫周杰,1995 年生人,来自浙江德清,不仅自己坚持读《开卷》,还特意到上海参加“开卷书坊”的新书发布活动,并坐在第一排。“那年,我在新书首发现场第一排看见,有个孩子走上前来跟我说,他就是周杰。我心里真是激动万分啊!”董宁文说,《开卷》坚持的意义不在于独乐乐,而在于众乐乐。“我相信,纸质阅读不会消亡。中国的传统文化总有人继续,一代新人换旧人。而《开卷》就是为了给这些作者、读者提供一个论道的平台,为中华文脉传承尽点绵薄之力。”

(载于 2017 年 9 月 24 日《文汇报》)

我的朋友董宁文

[浙江]范笑我

癸酉春,笑我所在的嘉兴图书馆开了一家图书批发部,参照南京金陵书局的名字,取名秀州书局。嘉兴旧称秀州。笑我从古籍部被抽去管理这家书局。第二年春,秀州书局在嘉兴繁华的中山路上租了一个门面,开了一个门市部,冰心欣然为秀州书局题匾。为了经营和曾有的文艺梦想,笑我自创了一个交流平台,编了一份《简讯》。

三年后的初夏,有个叫殷白的文化前辈(海宁人),当时在重庆,在《文艺报》上发表了一篇题为《神交秀州书局》的文章。一个星期后,笑我收到了南京董宁文的来信,称殷白的文章"读来颇感亲切"。时间是 1997 年 6 月 3 日。从此,笑我与宁文成了朋友。宁文不时有信,函购图书。

有一次,金性尧先生从上海来信说:"见报刊登载,南京一家出版社已出版《袁殊文集》,出版社的社名已忘,曾托南京友人觅购,说是未曾听到。为此,请在秀州简讯中将我的要求转录，书友中如知道的，请惠告。”不久，章克标先生从海宁来信说：“《袁殊文集》，据我所知该书是南京出版社出版，1992 年 8 月初第 1 次印刷，印数 1200 册，估计已经售缺。”随即，董宁文从南京寄来《袁殊文集》，并说：“《袁殊文集》是自费出版，我遍寻南京大大小小书店都不见，辗转，终于在南京近郊冯月华（此书作者夫人，作者已亡）家如愿以偿。”

2000 年春，宁文受蔡玉洗、薛冰、徐雁等人邀请加盟凤凰台开设的“开有益斋书店”，创办读书杂志《开卷》。这一年的 5 月初，宁文与蔡玉洗、薛冰、徐雁专程从南京来秀州书局，带来《开卷》创刊号 100 本。这一次见面，谈到拟将笑我所编的《秀州书局简讯》在南京结集出版。董宁文在《开卷》第二期的“开卷闲话”中记录了这次嘉兴之行，写到：“五月二日、三日《开卷》编委一行四人去浙江嘉兴访问了近几年在读书界名闻遐尔的秀州书局。”“开卷闲话”是《开卷》固定栏目，编者署名子聪，是董宁文的笔名，也是董宁文儿子的名字。

这期间，笑我还与宁文谈起吴藕汀先生从南浔迁回嘉兴居住之事，为了装修房子，画牛书舍有《宋人词意册页》（10 开）需要出售，每本 1500 元。宁文欣然买了一本。七年后，宁文将这本册页转给了嘉兴另一藏家。这是题外之话。

《秀州书局简讯》与《开卷》，相互影响。有一天，查玉强来秀州书局买书，查说：“到南京出差，下榻湖南路上的凤凰台饭店，每个房间都有几期《开卷》杂志，居然多次提到嘉兴的秀州书局。我是嘉兴人，所以一定要来秀州书局看看。”从此，查玉强成了秀州书局的常客。

壬午年，笑我所编的《秀州书局简讯》，由江苏文艺出版社出版，列“凤凰台丛书”，书名《笑我贩书》。春，《笑我贩书》在南京凤凰台举行首发式座谈会，由宁文主持。笑我在凤凰台见到了“开有益斋书店”。开有益斋,曾为清代学者朱绪曾书斋。朱绪曾,南京人,曾任嘉兴知县,重修竹垞瓯舫、曝书亭,校刊梅里正续诗辑,著有《开有益斋读书志》。缘分。

癸未夏,董宁文的《开卷闲话》结集出版,陈子善在此书的《序》中写道:“与已经广受读书人青睐的浙江嘉兴秀州书局《笑我贩书》相比,‘闲话’有自己的风格。《笑我贩书》以透过书店的小窗口广录社会百相、博采世态人情见长,‘闲话’记录的和所反映的似乎狭隘些、纯粹些。但从一个特定的角度看,‘闲话’又何尝不是当前这个唯商为大、唯利是图的社会里一批坚守人文的知识分子情感的倾吐、灵魂的写照?从这个意义上说,‘闲话’与《笑我贩书》其实是殊途同归的。”之后,锺叔河、刘绪源、李辉等多位师友为宁文的《开卷闲话》作序写文,多次将其与笑我所编的《秀州书局简讯》相提并论。

丙戌秋,秀州书局因案歇业。笑我“因不适合书店工作”调换岗位,负责地方文献收集和咨询。所编的《秀州书局简讯》,随之停办。宁文依旧陆续寄来所编《开卷》。笑我总会先读《开卷闲话》。

《开卷》创办十五周年之际,笑我写了“开卷有益,去年无忘”八字,以示祝贺和感恩。

上个月上旬,宁文发来网信说:“正在做《开卷闲话十编》,预计 8 月份在上海书展亮相。我记得对你说过,等到十编时请你也写一篇,不曾想,一转眼就到眼前了。有劳近日写就如何?”

笑我翻出《秀州书局简讯》,回顾交往过程,成此。未知可否交差。顺便寄上笑我抄录标点的乡前辈作品《古禾杂识》和《灯窗琐话》,是书近日由文物出版社出版。这是笑我告别秀州书局后的一部分工作。

丙申清明时节，嘉兴笑我

（载于《开卷闲话十编》，题目为《范笑我序》，上海辞书出版社，2016 年）

宁文印象

[北京]赵蘅

1998年9月,陪父亲从北京回南京。一天外出回家,推开通向小院的后门,发现有客人坐在门边的沙发上,父亲以惯有的坐姿坐在靠窗的书桌前,一老一少正谈得投缘。客人完全陌生,壮实的毛头小伙,不像大学生,亦青春扑面。父亲简单给我介绍他的姓名"他叫董宁文"后,继续他们的谈话,父亲的眼睛发亮,埋头著书的他难得有此空暇,显然他们的话题深深吸引了我老爸。

现在完全不记得在那个明媚的秋日里他们都说了些什么,但完全可以肯定我当时的感觉,因为那都是属于文学圈里的人和事,关于书,关于传承文化历史的意义。说实在的,那一刻我实在有点吃惊,要说我这个成长于书香家庭的孩子对这些熟悉不足为怪,可面前这个尚有点土气的青年怎会对它们如此谙熟甚至痴迷呢?况且他的谈话对象是一位40年代毕业于西南联大外文系、满腹学问的老教授啊,我不禁脱口而出一句赞叹:"你真不错,还挺有抢救文化意识啊!"

他稍带羞怯地笑笑，算是对我这个按理是陌生阿姨辈直言的回应。

老少美谈的5个月后，过于用功的老教授父亲去了。仿佛给这个青年留下了抢救文化遗产的厚望。

一晃，宁文带着他特有的笑容和《开卷》一起走了十五年。眼见得他的笑容里渐渐添了知识含量、自信、人脉和主持会议的沉稳，以及随着这些让自己短寸发型里撒进的银白。

还记得我当车夫送你去登门拜访那些文化“遗老”吗？还记得我们一起去看望94岁的杨绛先生吗？她因我是画画的，喜欢和我聊天，而不留情面地不许你拍照，你却忍不住偷拍了几张。这是我第一次，也将是最后一次见到这位可敬的老人，因为有你的执着和陪伴。假如没有那天温暖的会面，我连这点记忆都会没有。

可以说，十五年来《开卷》关爱了又送别了太多的文化老人和忠实作者、读者。惭愧的是这十五年来，我收到你手写信封的《开卷》无数本，却很少投稿支持。仅一篇小文还是你的绝妙创意《我的书房》的征文，我有感而发写了《我睡在书房里》。

值得我庆幸的是，如今我们的董宁文已成为我母亲的身边人之一。我和老太太一有什么事就会马上想到你：访客、活动、生病、稿件书籍传递等等，这些年没少麻烦你。这对远离南京的我来讲是莫大的慰藉！

最后我想说，文学理想之路上不分年龄。十五年来，我们其实一起在成长。在这个美好的纪念日里我祝我们大家的朋友《开卷》永葆生命力！

（载于2017年5月23日《藏书报》）

附录

《开卷》目录

(总第 166—219 期)

[江苏]董宁文 整理

按:《开卷》2000 年 4 月在南京创办,2014 年 1 月由天津问津书院襄助印行,以每月 1 期的速度赓续至今。本目仅收与书院相关部分。

2014 年 1 月第 1 期(总第 166 期)

朱金顺　回忆我收集朱自清先生的书
张振国　长沙拜访钟叔河先生记
丁景唐　瞿秋白研究六十载
汪成法　“尽善”而未“尽美”
古　剑　黄裳与柯灵的一场笔墨官司
朱守芬　有情才是真学者
子　聪　开卷闲话开卷

2014 年 2 月第 2 期(总第 167 期)

陈老萌　文学史不妨多种姿态呈现

叶嘉新　枕边闲读话小书(一)

吴海发　“我是新中国的幸运儿”

邵　川　半唐斋里人长乐:忆王伯敏先生

何　频　日记本·《美术日记》

年世墨　士人风骨家国梦

董国和　长沙二杰

孟　刚　怀念王永兴先生

周　实　想起易允武

王成玉　为书话一辩

子　聪　开卷闲话开卷

2014 年 3 月第 3 期(总第 168 期)

沈胜衣　二〇一三书店记

钟桂松　茅盾辞去《小说月报》主编的真相

董国和　流沙河《自述》试诂

马国平　吴奔星和《中国现代作家传略》

蒋鹏翔　传古楼印书小记

卢润祥　变节者的私想书写

钦　鸿　臧克家评诗的一段佚文

康　君　艾芜《别上海》及其他

子　聪　开卷闲话

2014年4月第4期(总第169期)

朱航满　文章似酒如茶

夏弘宁　一曲难忘《送别》情

祁白水　这个罐罐有文化

陈　辽　读评《文坛遗踪寻访录》

计　纬　行箧有书事勤读

文先国　旧家燕子又归来

何　频　街头画与大跃进

曾立平　音容宛在——怀裴显生

子　聪　开卷闲话

2014年5月第5期(总第170期)

韦　力　追忆来新夏先生

陈子善　重剑无锋——忆来新夏先生

薛　冰　春去不见来新夏

罗文华　来公题赠“读书是福”

韦　泱　来新夏,从研究北洋史起步

李福眠　结网达观
彭卫国　书缘依稀忆来公
李传新　学人长存在民间
子　张　“但求解古人故旧之沉郁……”
王成玉　书话点将录:来新夏
彭国梁　追怀来新夏先生
林伟光　思忆邃谷
子　聪　开卷闲话

2014 年 6 月第 6 期(总第 171 期)

韩　羽　张伯驹先生诞辰一百十五周年(外一篇)
计　纬　知堂与耕堂
李世琦　岁末年初访陈涌
汪成法　作文的冷静与热情
陈世雄　邵川书法的解读
黄书亭　过客留痕
吴心海　《世界文学大系》与《茅盾小说讲话》
余新伟　说不尽的洪丕谟
眉　睫　后记二篇
何　频　《看草》再版后记
子　聪　开卷闲话

2014年7月第7期(总第172期)

罗　岗　酒旗风暖少年狂:正惠先生与酒

冯传友　哭来老新夏先生

眉　睫　来老给我的一封信

朱守芬　忆往昔,金陵少年游

桑　农　爱书者说

宋　元　文人彭国梁

鱼　丽　也曾为莺花作赋

子　聪　开卷闲话

2014年8月第8期(总第173期)

朱航满　倪墨炎鲁迅研究琐谈

文洁若　戴厚英:一个爱国爱民的知识分子

书　同　望之俨然,接之也温:怀念小如先生

顾　农　吴小如先生的几本书

林　谷　鹤见祐辅的"闲谈"

肖跃华　《附庸风雅》自序

姚宏越　现代文坛一位不熟悉的作家:徐心芹

子　聪　开卷闲话

2014 年 9 月第 9 期(总第 174 期)

钟叔河　《左右左》小序

吴心海　《待漏轩文存》后记

毛乐耕　《书缘深深深几许》后记

徐　鲁　小书店之美(《温暖的书缘》代序)

周立民　《文人》序·后记

刘绪源　《我之所思》跋

李文俊　《西窗看花漫笔》序

子　张　《一些书一些人》小引·后记

陈子善　《自画像》题记

陈四益等　《开卷闲话八编》序·后记

子　聪　开卷闲话

2014 年 10 月第 10 期(总第 175 期)

陈学勇　《书装零墨》序

金小明　《书装零墨》后记

许宏泉　《壹壹集》自叙

卢礼阳　《清谷书荫》序

子　张　《清谷书荫》书后

唐吟方　《尺素趣》题记

白　水　《萍水生风》弁言

老　五　《萍水生风》代跋

子　聪　《开卷闲话序跋集》小引·跋

眉　睫　我与汤一介、乐黛云老师的三次交往

沈　寂　未尽孝终成憾

子　聪　开卷闲话

2014 年 11 月第 11 期(总第 176 期)

林建刚　谢泳:故纸堆里求学问

何　频　傅抱石的画价

徐明祥　私信中的汪曾祺

周　实　可笑吧

韦　泱　白桦:云之南的歌者

丁锡满　看风景

金　重　人性的亮度

子　聪　开卷闲话

2014 年 12 月第 12 期(总第 177 期)

躲　斋　悼鲲西老

朱航满　李长声与知堂遗风

蒋星煜　《红楼梦》评论的过山车现象

朱金顺　我收集何其芳先生的著作

若　琴　面对历史创伤的选择:读《流放七月》

郜　峰　荣智安绘画作品断想

唐吟方　祝福蔡树农

子　聪　开卷闲话

2015 年 1 月第 1 期(总第 178 期)

唐吟方　这一年

王　梨　记忆的回响:读唐吟方《尺素趣》

赵　絪　被遗漏了的一段“师承”

沈胜衣　觉有情

邵　川　林散之与夏冰流

柴剑虹　抒性寄情大西北

余新伟　我看彭国梁的画

子　张　尽在不言中——惜别剑翁

子　聪　开卷闲话

2015 年 2 月第 2 期(总第 179 期)

何立伟　总之有味——我读《萍水生风》

眉　睫　梅娘写给我的一封信(外一篇)

徐明祥　书话写作的新探索

苏　斌　我收藏的签名书《雀巢语屑》

王欲祥　一个顿号的故事

陈学勇　“中国化”学术写作一例

唐浩明　湖湘文化的衡阳面孔

周维强　学记三则

叶嘉宝　赠冯其庸先生七绝三首

子　聪　开卷闲话

2015年3月第3期(总第180期)

叶小沫　做一块铺路的石子

彭国梁　抱朴求真曹隽平

张期鹏　藏书者说

周淑琴　花木逢春新枝俏

柳和城　《叶景葵文集》编辑前言

万康平　“微书话”小考

萧向阳　流逝的只是岁月

余新伟　怀念高晓声

闻　章　本不想给人看:《徐光耀日记》前言

沙叶新　《张大千》序(外一篇)

子　聪　开卷闲话

2015 年 4 月第 4 期(总第 181 期)

朱航满　苍苍横翠微

鱼　丽　张元济孙女的云水谣

柳和城　书橱满了怎么办

吴昕孺　朱晓剑的《微阅读》

朱文熹　小事的忧虑

蒋星煜　微妙的中国戏曲史

李福眠　甲午书签

吴心海　诗人纪弦早年的一篇小说

余新伟　再画二十年:浦炯先生乙未新春敬乡画展前言

子　聪　开卷闲话

2015 年 5 月第 5 期(总第 182 期)

周　实　老了

叶小沫　我的父亲叶至善

王得后　《直面与反思》前言

董国和　杨苡的两篇小说

周退密　邵氏种瓜轩藏名人尺牍序

沈晓萍　冯其庸与“江南二仲”

胡忠伟　姚峥华笔下的书人小记

弘　征　胡世庆先生墓志铭

子　聪　开卷闲话

2015 年 6 月第 6 期(总第 183 期)

卢　佶　卢冀野与杨宪益

夏春锦　丰子恺缘缘堂的藏书

顾　农　间谍·大将·谋略

邵　川　种瓜轩藏名人尺牍:叶秀山与张联芳

张铁荣　《菊艺琐谭》读评

毕　亮　书记里的两种创刊号

章洁思　从空气里蒸发的信件

子　聪　开卷闲话

2015 年 7 月第 7 期(总第 184 期)

马国兴　《读库》的藏书票

夏春锦　《联合文学》创刊号中的木心专卷

子　张　长沙潇园小记

郭启宏　扫天无霾

余新伟　南画圣手董与浦

谢　泳　陈寅恪对小说的一个卓见

周振鹤　印桥南周家谱序

孔祥东　窥视一个画家的心魔

闻　章　借光

子　聪　开卷闲话

2015 年 8 月第 8 期(总第 185 期)

眉　睫　丰子恺的“儿童散文”

姚桐椿　管好自己的笔

李建新　《食豆饮水斋闲笔》编后记

韦　泱　前言后记不嫌多

王成玉　书人谭宗远

小　北　暮色中的胡村

书　同　章衣萍名字的由来

乔玉钰　岁月腌渍的人间烟火味

方怀银　松鹤楼的那场饭局

子　聪　开卷闲话

2015 年 9 月第 9 期(总第 186 期)

躲　斋　重到缘缘堂

赵芳芳　琴声如流水,去而不归

文彦群　罗雪村与孙梨

周　实　亲爱的老何

毕　亮　汪曾祺的一次讲座

何　频　微信里的董鼎山和黄宗英
彭林刚　一世人生半世“程”:追忆程永江先生
杨川庆　彭胡子的书生活
子　聪　开卷闲话

2015 年 10 月第 10 期(总第 187 期)

若　琴　一个笔名的前世今生
姚桐椿　二○一四年买书记琐
朱航满　把吴钩看了
李文熹　“床前明月光”的“床”是何物(外一篇)
毛本栋　故纸里的探求真相之旅
周　实　明白了
成　放　四海谁人不识君:诗人朔望一鳞半爪
吴海发　我读著作的序言
子　聪　开卷闲话

2015 年 11 月第 11 期(总第 188 期)

汪成法　吴宓日记中的新文学赞语
马识途　名誉主编
杨　栋　荫园品画录
毛乐耕　唐弢对书话文体的实践与贡献

肖跃华　三老戒烟记
夏春锦　木心恢复写作前后
黎　东　古雅清香
子　聪　开卷闲话

2015年12月第12期(总第189期)

理　洵　鲁迅三题
臧　杰　刘春杰:人生的第二种可能(外一篇)
李福眠　直接史料
郭启宏　“回炉”
沈晓萍　沈卫荣与《寻找香格里拉》
王成玉　此情可待成追忆
邵　川　种瓜轩藏名人尺牍:追念吕学端老人
子　聪　开卷闲话

2016年1月第1期(总第190期)

黄乔生　清水安三藏鲁迅手书佛偈
韦　泱　思想艺术两纠结:乙未淘书札记
眉　睫　《此生快意书天堂》序
吴心海　来自扬州的无名诗人沈绿蒂
唐吟方　海淀的书店和其他

周　实　张卫画虫

叶小沫　角直是爷爷魂牵梦绕的第二个故乡

子　聪　开卷闲话

2016 年 2 月第 2 期(总第 191 期)

成　放　布衣文人徐重庆

余新伟　世味秋茶,人生直道:陈中林的花鸟画

朱航满　我收藏的知堂文集

李景端　从接待外宾看开放的变化

余　斌　没话找话说缘起

王国华　寻根问祖天下事

子　聪　开卷闲话

2016 年 3 月第 3 期(总第 192 期)

郑　雷　愧对褚先生

钟桂松　丰子恺与《烽火》

文先国　丰子愷从来不写丰子恺

何　况　由鲁迅赠书想到谢泳的古风

卢润祥　魂归何方令人怀念

周　实　徐玉福

余新伟　画意诗心 花语传真

何怀硕　可贵的稗史

子　聪　开卷闲话

2016 年 4 月第 4 期(总第 193 期)

躲　斋　回望诵读唐诗

桑　农　读《存牍辑览》随札

董国和　李国涛在山东

王成玉　章氏高足汤炳正

张叹凤　龚明德:旧日文事的密探

王尔龄　《桥在水上》的“桥”

子　张　韩羽《读信札记》一则

子　聪　开卷闲话

2016 年 5 月第 5 期(总第 194 期)

周　实　陈乐民先生

秋　禾　念叨人间过路书斋主人徐重庆先生

刘中蔚　临风怀戈老

金小明　民国中央大学的鸟瞰照片

姚法臣　“此四字可删!”——读《赵景深日记》

祁白水　“遣”字考

李怀宇　《各在天一涯》序(外一篇)

子 聪 开卷闲话

2016 年 6 月第 6 期(总第 195 期)

周　实　他从来都不合时宜

陈　燕　跟钟叔河家共厨房

陈学勇　读集外文记述李君惟老人

杨　栋　王祥夫的《以字下酒》

孙香我　文章如女人

刘凤桥　《严林心画》序

邵　川　几番水墨淋漓处 正是天机入化时

孙文乔　无锡孙巷孙毓修旧居亟待修复

子　聪　开卷闲话

2016 年 7 月第 7 期(总第 196 期)

沈胜衣　一六六书

子　张　《老照片》与《老漫画》

刘　旺　《胡思乱想:彭国梁原生绘画》编辑手记

汪成法　画笔作赋——范曾

张叹凤　对艾芜先生的重读与回忆

钟桂松　想念徐重庆

钟叔河　《民国文人在长沙》读后

周　实　彭国梁的书

子　聪　开卷闲话

2016 年 8 月第 8 期(总第 197 期)

纪念杨绛先生特刊

杨　苡　又一笔心债

绡　红　老友情趣一纸传

桑　农　杨绛先生的一封信

子　张　杨绛先生走了

杨建民　杨绛先生“起身走了”

姚法臣　杨绛先生(外一篇)

赵　蘅　我为杨绛先生画像

宁　文　《开卷》书缘忆杨绛

子　聪　开卷闲话

2016 年 9 月第 9 期(总第 198 期)

苏　斌　杨栋和他的“梨花村”藏书楼

薛　冰　《求鼎斋丛稿》序

邵　川　忆林散之老人

朱航满　东瀛书肆闲抄

素　闻　记余新伟兄

李伶伶等　《一介书生家国梦：胡适人生地图》序
韦　泱　沈寂先生的郁闷
子　仪　别人的故事：读禾塘著《从黄金时代走来》
方怀银　“天马会”与“天狗会”之争
子　聪　开卷闲话

2016 年 10 月第 10 期(总第 199 期)

周立民　从贾植芳致巴金的一封信说起
宋　红　张爱玲的错会——“粘粘转”
眉　睫　邓文滨与他的《醒睡录》
钟桂松　读郭娟的《纸上民国》
子　聪　开卷闲话

2016 年 11 月第 11 期(总第 200 期)

古远清　尽得性情之真——张放《白与黄》序
张叹凤　《白与黄》跋
止　庵　《雨脚集》题记
孙　郁　一个安于小的人——《文人影》代序
谭宗远　《文人影》后记
谢其章　《北京往日抄》序·后记
王稼句　《怀土小集》题记·后记

谢泳等　《开卷闲话十编》序

子　聪　《开卷闲话十编》后记

吴钧陶　《云影》自序

韦　泱　宽厚仁慈的老人:《云影》编后记

高克勤　《拙斋书话》自序·后记

朱航满　茶饭文章

卢润祥　纪念邹梦禅先生

王欲祥　冯雪峰为什么叫“徒人”

夏春锦　木心笔名刍议

孔祥东　一个画家以他的专业精神从政

张建智　我读周实

邵　川　《林散之年谱》编纂手记

子　聪　开卷闲话

2016 年 12 月第 12 期(总第 201 期)

瞿　炜　金克木的新诗

胡磊春　汪曾祺与进贤

俞　律　邦泰法外新语

朱航满　木桃与琼瑶

叶小沫　中学时代为爷爷一生的一生开了好头

吴海发　关于晚香堂主尝读《刁斗铭》

叶嘉新　多翻几本旧书刊,让历史活起来

祁白水　著手成春

子　聪　开卷闲话

2017 年 1 月第 1 期(总第 202 期)

锺叔河　打油代作文

邵燕祥　为韦泱写"百年新诗"的书稿作

汪成法　《台静农往来书札》阅读札记

聂鑫森　长亭短驿伴书香——序《书长书短》

阳卫国　《书长书短》后记

雪　意　天阶小雨

董国和　谢泳与《开卷》

子　聪　开卷闲话

2017 年 2 月第 2 期(总第 203 期)

谢其章　《开卷》一百期之回忆

韩石山　我的一次不诚实

木　斧　缅怀司马文森

韦　泱　梁宗岱《晚祷》

吴国俊　夏丏尊与钱君匋

阿　垚　想不通

张昌华　书归何处

安增涛　也谈读书

王　犁　《民国画册集萃》编后记

子　聪　开卷闲话

2017 年第 3 期(总第 204 期)

唐吟方　雀巢翻书录

彭国梁　止间书店

张振国　读《太行山的笑话》所想到的

年世墨　秦德君还是孔德沚

朱航满　立春书话

周　实　星乐的态度

顾　农　略谈诗人鲁迅

董国和　“元老”伍立杨

王圣思　从《恋人书简》再版想到的

子　聪　开卷闲话

2017 年 4 月第 4 期(总第 205 期)

闻　章　你中有我,我中有你:《画人画语》读后

钟桂松　曾经遗忘的:读《飞将军蒋鼎文》

卫建民　褚钰泉:一个在工作中得到满足的人

李世琦　《新河朔集》序(外一篇)

张运昌　痴气

高　莽　难为序:张期鹏《高莽书影录》序

张期鹏　《高莽书影录》后记

姚桐椿　致《掌故》丛刊编者的信

董国和　周实更周实

陈老萌　有趣味的毛尖影评

子　聪　开卷闲话

2017 年 5 月第 5 期(总第 206 期)

薛元明　天若有情天亦老:读熊静安书法

柳和城　刘䜣万先生谈昆曲

李文憙　幽静处可有人行:江中潮水墨画的哲学境界

侯　萍　《追寻加勒比海的阳光》后记

董国和　老骥锺叔河

祝淳翔　唐大郎赏识知堂文章

任　文　读桑农《爱书者说》

子　聪　开卷闲话

2017 年 6 月第 6 期(总第 207 期)

钱之俊　杨绛:大限之前,她散尽身外物

子　张　吴伯萧《羽书》二题
朱航满　读《闲花》
周　实　读郭睿
眉　睫　喻血轮与鸳鸯蝴蝶派
董国和　书虫“胡子”彭
朱金顺　《书丛人影》序
子　聪　开卷闲话

2017 年 7 月第 7 期(总第 208 期)

赵龙江　尧公晚年手札
叶小沫　叶永和　值得纪念的日子
郭　睿　梅权楼的灯光(外一篇)
文先国　亦师亦友三君子
陈老萌　他是这么远行的
董国和　子张不姓子
唐小禾　《偶拾拈花:苏联老版画原拓收藏笔记》序
子　聪　开卷闲话

2017 年 8 月第 8 期(总第 209 期)

姚法臣　我读《相约在书店》
毛本栋　毕生结缘《浮生六记》

计　玮　百年《百喻经》

朱航满　购谷林著作记

熊泊宇　自古高才途多舛——戈革的书人书事

万康平　编者的责任

董国和　高信未尽才

子　聪　开卷闲话

2017年9月第9期(总第210期)

方怀银　端木恺:一位政治家、律师、教育家的风范

蒋　力　书边草

王稼句　《书话点将录》序

张瑞田　人与事,行与思——《百札馆闲记》代后记

子　张　《人在字里行间》序

董国和　姜是老的辣

夏春锦　记与徐重庆先生的两次见面

子　聪　开卷闲话

2017年10月第10期(总第211期)

鱼　丽　素心花对素心人

杨建民　读书观文说称谓

张人风　《书里书外——张元济与中国出版》序

柳和城　《书里书外——张元济与中国出版》自序

居　岸　舒芜，其人其事

方怀银　丰子恺画羊

姚振发　诗翁赠我《蕙的风》

董国和　蠹鱼王振良

子　聪　开卷闲话

2017年11月第11期(总第212期)

陈　燕　听锺叔河先生谈文字与文学

子　张　谭宗远与京城文人

彭国梁　帅兵：书友兼茶友

年世墨　叶灵凤与《香港方物志》

周　实　找灵魂

邵　川　林散之“失梅”通告

韦　泱　戴敦邦画三国

朱航满　读《闲花》

董国和　编外王稼句

子　聪　开卷闲话

2017年12月12期(总第213期)

薛元明　从庄蕴宽致赵凤昌的系列尺牍想到的

沈胜衣　花扉六爿
木　兰　编辑手记：对话彭国梁
汪成法　我买的第一本书
周　实　这颗心
桑　农　文章真处性情见
董国和　义工龚明德
子　聪　开卷闲话

2018 年 1 月第 1 期(总第 214 期)

资中筠　庆贺宗璞《野葫芦引》终于杀青
陈　燕　回长沙
李树德　文史研究是接力事业
卢润祥　田多野记
若　琴　历经磨难依旧诚——悼罗飞叔叔
书　同　《梅光迪年谱初稿》的学术价值
子午源　晚晴室书院疯人院
子　聪　开卷闲话

2018 年 2 月第 2 期(总第 215 期)

赵文石　天边那颗星辰
范　泓　我与先生那些年

唐吟方　待月山房后人晚年的艺术与生活
杨恒昌　待月乡思
姚敏苏　忆先生
方　政　先生本色是诗人——我所认识的忆明珠
邓海南　打给赵老的四小碟香油

2018 年 3 月第 3 期(总第 216 期)

钱之俊　晚年钱默存新语旧事
文先国　远去了,沪上刘绪源
赵龙江　悼念绪源先生
子　张　流沙河如是说
张先宁　那是句贬语
徐廷华　一本迟到的题签书
陈小真　一次特别的购书经历
王慧骐　有感于编辑寄报
子　聪　开卷闲话

2018 年 4 月第 4 期(总第 217 期)

眉　睫　"汉上三杰"之喻文鏊
朱航满　丰子恺著作收藏记
周　实　回忆并非重温往事

彭　伟　楮墨留芳书留香——忆陈朗先生

辛　笛　辛笛佚文四篇

子　聪　开卷闲话

2018 年 5 月第 5 期(总第 218 期)

萧跃华　锺叔河先生答萧和小友

沈胜衣　戊戌西湖遇狗书

祝兆平　让读书的种子生根发芽

赵　絪　吴冠中趣闻两则

计　纬　况、黄并未交恶

张恩岭　《张伯驹词传》自序

韦明铧　朱韫慧　维扬藏书楼踏访记(一)

子　张　成都沙河堡李劼人故居

子　聪　开卷闲话

2018 年 6 月第 6 期(总第 219 期)

鱼　丽　梅花小寿一千年

沈　迦　《立雪》编者小引

钱之俊　钱锺书:“我们的头发,一根也不要给魔鬼抓住”

木　斧　遥远的笛声

朱航满　关于《一岁货声》

编者私语

为纪念问津书院成立五周年，振良兄告诉我要编一套《问津四雅》，其中列有《开卷》《问津》《品报》《参差》四本刊物的专题评述单元。这册有关《开卷》的小书，就是其中的组成部分。

本书分为上、中、下三编。上编说刊，顾名思义就是大家所谈有关《开卷》这本刊物的文章，其中大多没有单独结集出版过。中编评书，是关于“开卷”系列图书的评论，这些书评也基本没有单独结集过。下编访人，是媒体对“开卷”的报道，其中两三篇收入过相关纪念文集，这次为了更加全面地反映刊物面貌，一并收录以备读者参阅。最后还有附录，收入《开卷》2014 年 1 月与问津书院合作后至 2018 年 6 月书院揭牌五周年，编印的总计 56 期《开卷》篇目。

在《开卷》创刊一百期的时候，出版过一本《我的开卷》，这本书收录了百余位学者、书人撰写的有关对刊物的观感与期许的文章。在创刊十五周年时，又出版过一本《纸香墨润》,同样收入了数十篇纪念文章。前后两本书中的文章,与“说刊”中的文章是一脉相承的,如果几本书能够放在一起参照阅读,可能会对《开卷》增加更多的感性认识。

因时间仓促,编辑疏漏之处在所难免,恳请读者诸君予以谅解为欣!另外,关于“开卷”系列的书评,在媒体发表过的总有几百篇吧,因篇幅所限,也只能在此收录少量以窥一斑而已。

感谢蔡玉洗先生赐序。他是《开卷》一路走来的最初发动者,更是自始至终不离不弃的推动者!

董宁文　2017 年 11 月 8 日晚于开卷楼灯下

辰芬篆刻

辰芬篆刻

问津四雅

问津·开卷·品报·参差

王振良　董宁文　张元卿　沈文冲／编

天津出版传媒集团
天津古籍出版社

图书在版编目(CIP)数据

问津四雅:问津·开卷·品报·参差/王振良等编
.--天津:天津古籍出版社, 2019.5
(汛海文丛/王振良主编)
ISBN 978-7-5528-0804-9

Ⅰ.①问… Ⅱ.①王… Ⅲ.①文化史-研究-天津-文集 Ⅳ.①K292.1-53

中国版本图书馆 CIP 数据核字(2019)第 061628 号

问津四雅:问津·开卷·品报·参差

WENJINSIYA WENJIN KAIJUAN PINBAO CENCI

王振良等 编

出版人/张玮

*

天津古籍出版社出版

(天津市西康路 35 号 邮政编码:300051)

http://www.tjabc.net

天津市天办行通数码印刷有限公司印刷

全国新华书店发行

开本 880×1230 毫米 1/16 印张 91.75 字数 1300 千字

2019 年 5 月第 1 版 2019 年 5 月第 1 次印刷

ISBN 978-7-5528-0804-9

定 价:268.00 元(全四册)

问津四雅弁首

《问津四雅》是问津书院纪念文集《汛海文丛》之第四种，本来拟在书院揭牌五周年庆祝会上推出，可受制于各种主客观因素，迁延了竟然整整一年。这是必须向作者诸君致歉的！

《问津四雅》全书别为四卷，每卷评议一种以问津书院名义编印的内部资料——《问津》《开卷》《品报》《参差》。以编刊形式来倡导读书或者推求学问，对书院来说自是一桩雅事，因此未避“王公卖瓜”之嫌疑，在此权自以为是一回，名此书曰“四雅”。至于是否说雅就“雅”了，读者当然能够明鉴。

第一卷“问津”，王振良先生编。《问津》创办于2013年，其问世是问津书院启动运作的标志。《问津》着眼于天津地方文化，可看作《问津文库》的拓展与补充，因其薄厚不拘机动灵活，深受沽上学人的喜爱。但在文库笼罩之下，受关注度明显不足。

第二卷“开卷”，董宁文先生编。《开卷》创办于2000年，与书院合作前已有十余年发展历程，在读书界影响相当深远。2014年与《开卷》结缘，对于问津书院来说是锦上添花之事，而且添的是朵芬芳的奇花，馨香绵远，助力书院快速地走向了全国。

第三卷“品报”，张元卿先生编。《品报》创办于2010年，是一份电子刊，关注以天津为重点的民国通俗文学，其自2014年起与书院相依相伴，走过了三年的如诗岁月，2016年10月宣告停编。因此本卷之印行，可以说是《品报》与读者的最后揖别。

第四卷“参差”，沈文冲先生编。《参差》创办于2005年，专门探讨毛边书文化，或高台论道，或故纸抉微，可谓小众而又小众。但是推出六期之后，也自赢得了读者的喜欢。可惜刊期不大稳定，有负书友殷殷雅意，令编者惶恐不已，今后定更加努力。

王振良、董宁文、张元卿、沈文冲四位编者，也是《问津》《开卷》《品报》《参差》的操盘者，由“问津四友”分工合作来完成《问津四雅》，不是故事也算是故事吧！

感恩谢泳先生、蔡玉洗先生、张铁荣先生、徐雁先生，他们为四卷纪念集惠赐了序言，但因全书体例的关系，虽仍冠诸各卷之守，却只能享序言之实而无序言之名了。

《问津四雅》编辑不易，铭记师友鼓励，深谢作者宽容！

2019年5月23日杜鱼写于沽上半湖斋

问津四雅·品报

张元卿/编

印迹·纪念·丰碑

张铁荣

《品报》是一份好杂志。雅洁的设计，大气的样式，扎实的文章，高雅的品位，让它一出现便引起了我的注意。当时就想，如果能够随时将它拿在手里翻读，应该是一件很惬意的事情。可惜它是电子版的杂志。在内容上，起初我还以为这是一份专门研究民国旧报纸的杂志，数次阅读后才知道它是专注通俗文学，意在介绍信息、发表史料，亦有随笔和研究文章的刊物，后来越看越觉得有味道，也慢慢理解出它的编辑初衷。

近日振良兄告诉我，他们要把关于《品报》的精彩文章集中起来，编辑成书，留作纪念。我听了以后，觉得甚合我意，自然是兴奋不已。

对于民国通俗文学的资料钩沉和研究，特别是侧重以京津为中心的北派通俗文学研究，《品报》的编印可谓功莫大焉。读它的每一期都感觉扎扎实实，言之有物，捧读有味，开卷有益。要告诉各位的是，我关于通俗文学的知识，除了从各种通俗文学史和相关资料论文获得以外，许多都是从这个杂志得来的。

说来话长，我对于通俗文学的认识是有一个过程的。记得上小学的时候，同学李允明家里藏书颇多，他是我幼年时期的朋友。他家住在河北区赵家大院，家里有好几间北房，李伯父是一个贵族读书人，长长的头发，老式的服装，每天守着线装书和民国书籍，让人捉摸不透。李伯父老年得子，对我的同学自然是宠爱有加，经常给我们讲三国、说水浒，滔滔不绝；当然讲得最多的还是各种更通俗的小说，黄天霸、窦尔敦、秦琼等人物最能吸引小男生；小五义、十二金钱镖等令人百听不厌。我肤浅的通俗文学知识，就是那个时候李伯父讲给我们的。每逢过年，我们会相约到天后宫去逛庙会，买一种古代人物图像加上晒图纸的东西，回到家里用两块小玻璃板夹着黄天霸或者窦尔敦的图像，后面垫上晒图纸，再用橡皮筋固定住，放在太阳光底下晒上十几分钟，然后将晒图纸泡到清水盆里，不久完全不一样的图像就显像出来了。晾干之后夹在书里或者存放到一起，颇有种成就感。当然游戏也颇有意思，刀枪剑戟加飞镖，都是男孩子的最爱，虽然不是真的，但家长知道以后也都不让玩儿。后来，记得有同学看一本没有书皮的卷边小说，不久这本书又被借给了我，那本书好像是宫白羽的武侠小说。结果我在上课时看书被老师发现，一是书被没收，二是还请了家长，所以印象很深。上了中学，学校这方面的书就少了，大部分都是苏联小说和一些回忆录，记忆最深的是李六如的《六十年的变迁》等。当然，那时粗浅朦胧地认识到新社会是不应该看武侠的，也不应该崇拜有一身武功、除暴安良的自由主义者，因为主流媒体宣传的都是集体英雄主义。

再后下乡务农，杂七杂八也看了不少小说，当然很不系统。上了大学才正式接触到新文学史,其后又专攻现当代文学,自以为找到了真正的主流,从此进入学院派的队伍,成了体制内的人。这些经历对于我的心灵,无疑进行了一次所谓革命性的冲刷。再反观那些通俗小说,竟然认为是一种俗之又俗的小道,是供提壶卖浆者流和小儿消遣的文化,不仅不足挂齿而且看了会有失身份。总之,感觉它没有五四新文学那样主流大气,威武雄壮,波澜壮阔,感人至深。那时,对于鸳鸯蝴蝶派研究的拓荒者曾华鹏、范伯群二先生也不看好。现在想来,自己当时真是浅薄僵化得可以。

等到思想解放后,大家普遍认为"读书无禁区",当然自己读的书也逐渐增多,才知道这些"俗文学"紧接地气,在民国时期的发行量并不少于主流出版物,甚至远远超出学院派的小资情调杂志和书籍。提倡新文学的鲁迅,就曾经给其母亲买这类书刊。而在民间,真正阅读鲁郭茅巴老曹的市民,其实并没有多少;可周瘦鹃、刘云若、王度庐、郑证因、宫白羽、张恨水等人的通俗小说,可谓是家喻户晓,读者众多。中国的阅读欣赏人群从来就是两个世界,学院派在那里自作高深地写论文做研究,老百姓在一边兴趣盎然地读通俗小说。可谓白天不懂夜的黑,彼此互不相通。

其实,悬念丛生、荡气回肠的通俗小说,学院派的人自然也会读得津津有味(当然他们不一定写得出来);然而,有些人就是固执地认为它们上不了台面,进不了课堂,报不了项目,写不成论文,主要还是放不下架子。在这些人心里,那层厚障壁就是一直打不开、突不破,长期以来纠结得很。

随着改革开放,金庸的小说在内地大为畅销,促使研究者对这一现象进行探讨,沿着小说历史的轨迹向上追溯,便立即找到了民国时期的通俗小说前辈名家，觉得对于这一脉，我们的重视程度实在是太不够了。20世纪80年代，曾出现"重写文学史"的讨论，那时对于鸳鸯蝴蝶派进不进文学史尚有争议。80年代确是一个思想解放的时期，列入国家"六五""七五"出版规划的《周作人研究资料》和《鸳鸯蝴蝶派研究资料》，就是那个时候定下来的。21世纪前夕，文学史家、北京大学严家炎教授写了一本《金庸小说论稿》，影响颇大。记得在这本书中他说，文学史不研究武侠和通俗小说是"文学生态不平衡"。他的这个论点，既丰富了现当代文学的潜在内容，又拓宽了现当代文学的研究视野，当时读来令人拍案，对于学院派影响很大。

中国通俗文学也实在是丰富多彩，一旦打开立即使你眼花缭乱。仿佛是窃贼进入了阿拉伯的宝库，东张西望，不知所措。在蔚为壮观的作品面前，让人感到一种丰富的压力、幸福的沉重；在刀光剑影、梨园酒肆之间，体会到各个层级文化的复杂多变、博大精深。

由于南方的专家学者得风气之先，起步较早，而上海又是通俗小说出版和消费的大本营，有关资料自然丰富，所以苏沪一带的研究遥遥领先。北方学者对通俗文学研究领域虽有开拓，但终归有限。进入新世纪以来，资料发掘和研究在南北地域上的不平衡，使得北方研究者开始在以平津为中心的领地上勤勤恳恳地耕耘。2010年《品报》的应运而生，也正是恰逢其时。这是一个智者群体的精神联合，是一群志同道合者的分工合作，是一项填补空白的民间行动，是一场致力于文化建设的庄严壮举，是一次普通而又伟大的工作实践。

统观《品报》，我以为有如下几个值得称道的特色，提要出来供各位同好雅正。

首先,《品报》丰富了通俗文学北派作家的生平史料和作品遗缺。我想这一部分正是体现了几位编者的草创初心,《品报》一问世就在这方面下功夫,在作家生平行止研究方面,发表了不少原始资料和交往经纬的独家文章。如郑证因与李叔同的交往、郑氏的铁汉性格、其妻之介绍、家中之被盗;平江不肖生在三十六军的情况,他的皈依佛门、生卒时间确切史料以及首次赴日的时间、抵平时间等身世补缀;王度庐夫人的去世情况,王度庐夫妇长眠何处。再如,发表了鲁迅与宫白羽的关系始末、《十二金钱镖》发表的署名问题;刘云若的生年,每天同时写几部连载小说,怎样写抗战小说,"独目记者"署名的由来,以及他对庄荫棠的暗批,对赛金花的看法,与任瑾存、魏喜奎等的交往,与夫人于颂熙以及与刘慧双、"胡芸娘"等之关系,还有他对白派传承的关心、对东北大鼓的偏爱,再有就是他与粉丝"云迷"的联系以及痛恨钓鱼执法、痛戒烟毒和"自我鉴定"材料等。此外,还涉及姚灵犀著述小考,张丹斧的逸闻,还珠楼主的青年师友志,玉田名人赵焕亭轶事种种,张恨水之公子,朱贞木的旧居,梁羽生的姓名学以及他与巴金之关系等等。所有这些,任何读者无不是心向往之,欲先睹为快的。至于北派通俗小说作品的挖掘,更是《品报》的亮点,既有孤本钩沉,又有细节介绍,许多章节都是全国稀缺难觅,为国内外研究者所苦寻不得者,自然是弥足珍贵。细细读来,琳琅满目,拾遗补缺,大饱眼福。

其次,《品报》提升了通俗文学与天津地域文化联系的关注度。说起来非常惭愧,我自己作为天津人,追溯起来也有四五代了。我在小学当过学校广播员,后来参加学校的故事组,练就了一口普通话;初中毕业前夕上山下乡,后来进南开大学,又去北京、走日本,在外面漂泊了有十几年,到如今竟然第一说不了纯正的天津话，第二对于家乡文化似乎也知之甚少。虽然我写过《左翼文学在天津》《鲁迅来天津住在哪》等文章，但对于地域文化的研究并没有坚持下去。这方面我最佩服振良兄，他自来到天津便念兹在兹，关心地域文化。记得张爱玲与其弟幼年在天津的一张照片，就是他在谈话中告诉我拍摄地点的，后来在他的文章中又具体读过。《品报》前期主要由振良兄在天津编辑，在天津文化方面自然是着意侧重。比如强调地域的内容就有：平江不肖生与天津，《蓝田女侠》中的天津故事，天津历史建筑与通俗文学研究，《秋海棠》与天津，还珠楼主与祥顺合鲜货庄，皇会日之天后宫，包天笑记录的天津租界生活，吴趼人笔下的武清风情等；还有刘云若笔下丰富多彩的天津，若万人迷、罗园、成都道、海光寺以及城南诗社等；又有天津"混混儿"、"鲜花庄"的总号与津号、旧天津的屋顶花园、四十年前的天津埠钱贴、"忆婉庐"斋号的由来、两位"名记"笔下的墙子河、从刘云若小说看天津"梨园"等等。这里涉及的很多老地名至今仍在，相关史料使我大开眼界，也必将引起人们的乡愁意识和寻根兴趣。《品报》涉及到的天津报刊则有《北洋画报》《大公报·小公园》《庸报》《中华画报》《快报》《天风报》《三津报》《天津华北新报》《大北报》《小日报》《中华新闻报》《民生日报》《天津商报》《天津商报画刊》《新天津报》《一炉》等。涉及天津的出版单位和社团有天津书局、大陆广告社、天津海风社、午报社等。比较集中描述天津的通俗小说有《津门艳迹》《武林侠踪》《残羽》《轮蹄》等等。所有这些，充分展示出天津作为现代化国际大都市的历史风貌，以及它在中国近现代以来的文化氛围和扎实底蕴。

再次，《品报》提供了不可多得的通俗文学史料和研究信息。这是一份足以流传久远的民间杂志，今后只要有人以通俗文学做研究，《品报》就是一个绕不过去的存在。总计36期的电子刊,给我们提供了北派通俗小说作品补遗,特别是《王度庐研究三十年》《王度庐年表》《刘云若小说年表初稿》《何海鸣作品年表》《平江不肖生向恺然年表》等,都是很扎实的资料贡献。另外就是在“箫剑传声”栏目下,各种通俗文学作家纪念会、学术讨论会的消息,包含着极大的信息量和研究现状介绍。特别是《苏州教育学院学报》每期关于“中国通俗文学与大众文化”栏目简介与《中国通俗文学与大众文化栏目文章摘要》,给了我们非常丰富的研究信息。当然其中的专家论文和研究生论文也颇可称道,它证明着一个时期研究界所关心的课题、研究方向及关注点之所在。由此可知,《品报》是有着开放视野的,与相关学术期刊也有着密切的横向联系。

我与《品报》的关系缘自振良兄的好意,他会把每一期都通过电子邮件发给我,因而我就成了《品报》的忠实读者。2012年老友倪斯霆兄出版新书《旧文旧史旧版本》,嘱我为其写一篇序言。如果在以前我真的不敢答应,但斯霆兄为人忠厚、侠肝义胆又从不轻易开口,而我则是一个不愿看到朋友扫兴之人,加上那时已经看了年余的《品报》杂志,于是乎就斗胆写了一篇。后来南开大学研究生会的学术负责人找到我,希望我给研究生推荐些书目登在《南开研究生》杂志上,以便开阔他们的视野,补充课堂教学之不足,再就是让他们跳出学院派的束缚,多角度地看文学,于是我就写了一篇《读一点通俗文学》。文章发表以后读者反映尚可,产生了一些积极影响。

所有这些,都是拜《品报》的精神资源之赐。现在《品报》纪念文集即将出版,看过目录之后发现许多作者都是我的朋友,为了感谢他们的贡献,完成振良兄的嘱托,我在匆忙中写了上面的这些话,算作是自己的读书体会。同时我也知道,由于才疏学浅加之时间匆忙，评说中一定会挂一漏万，盼望能够得到朋友们的批评指正。我向来不太在意什么“核心期刊”的提法，刊物办得怎么样，民间自有公论，读者也最有发言权。《品报》坚持七年现在停刊了，自己觉得十足可惜，民间失去了一份好杂志，我也感到失去了一位精神导师，对于通俗文学学科怕更是损失。好在这些作者还在孜孜矻矻地研究，《苏州教育学院学报》则是他们的另一处精神家园，新的研究成果也不断涌现和出版。大家都知道，资料是论述的基础，是进入研究的第一步，所以它可以永恒。现在天津古籍出版社要出版《问津四雅·品报》这本纪念集，则会给我们留下关于《品报》的资料，这是过去七年的耕耘印迹，是各位奉献者的工作纪念，更是留给未来的一座丰碑。

是为序。

2018 年 5 月 10 日于南开园范孙楼

目　录

鲜花庄

一言堂

快活林

小公园

杂货店

鲜花庄

《品报》的“北派”研究

[江苏]徐斯年

摘　要:《品报》是一家颇具特色的,注重史料之开掘、研究的电子同人内刊。《品报》同人在挖掘史料方面做了许多极为扎实的“通检”和“拾零补遗”工作;在作家研究方面,涉及六个群落的大量“北派”作家,其发现或填补空白,或对已有成果多所突破。这些成就,无论在广度上还是深度上都是空前的!当然,也还存在继续开拓的空间。

关键词:《品报》;通俗文学;北派;南派;天津;北京;上海;史料

拓展“北派”通俗文学研究,是《品报》立下的一大功劳。考察这一功劳时,必须看到这家电子同人内刊在研究通俗文学方面体现出的几个特点:第一,它和“问津书院”的关系近乎“一个机构,两块牌子”(后期《品报》已直署“天津问津书院编”)。“问津书院”是《品报》的实力基础和得力支撑,它所编发的《问津》《天津记忆》等内刊以及公开出版的"问津文库",都与《品报》有着或多或少的"血缘关系",其常态往往表现为:《品报》展示某课题、项目的研究踪迹或中间成果,《问津》或"文库"则印发其最终成果。第二,《品报》还和天津建筑遗产保护志愿者团队有着"血缘关系",因而该报刊载的文稿经常呈现物质文化遗产研究与非物质文化研究、城市田野调查与文献"准田野调查"重合并且互相支持的态势。第三,《品报》上展示研究踪迹的一些课题,其最终成果还常由其他正式出版机构印行成书,例如香港天地出版公司出版的《还珠楼主散文集》《王度庐散文集》等,它们同样反映着《品报》的成就。第四,《品报》具有很强的"集纳性",即除原创稿件外,它还十分重视转载其他报刊所发表的相关文章。本文的评述即以上述四点为前提,也就是说,我们谈及的《品报》"'北派'研究"最终成果,有些是并未载入该报而见诸别处的;而《品报》所载者,常又反映着别处发表的成果,就此而言,它与别的相关报刊也有"血缘关系",故而还可视为一份外延很广的"大同人"刊物。

1987年我去天津查阅资料,在张赣生兄的单位看到全套《三六九画报》,随便翻翻,就翻到郑证因的一篇《我写〈鹰爪王〉的动机》;又在天津图书馆看到《天风报》,认为这也是一座"富矿"。可惜时间有限,不可能坐下来细读,更谈不上通检了。

十年之后,我发现应届毕业硕士提交的答辩论文中,居然有一篇专论刘云若的,由之认识了当时即将毕业去天津工作的张元卿,于是建议他返津之后,务必沉下心来通检一番《三六九画报》《天风报》等有代表性的旧报刊:第一,"北派"研究是我们学科的弱项,希望他能加以开拓。第二,这是全景式地复现当年、当地文化景观的最好途径。第三,无论通俗不通俗,许多作家的作品都是先刊载、连载于报刊，而未必都出单行本的，所以这又是全面掌握有关作家作品的最好途径。第四，像刘云若、宫竹心这样的作家，不仅小说写得好，杂文也写得好，所以这还是搜集他们杂文的最好途径。第五，报刊上常有文士、作家、艺人等活动情况的报道，这和杂文一样，都是全面研究他们生平、思想的珍贵资料。结果是，元卿返津之后不仅做了这些工作（通检《天风报》的工作是顾臻和他合力完成的），而且还与王振良、顾臻、林鸥一起，创办出一份专门研究通俗文学史料的《品报》。

归纳和演绎（严复译为“内籀”“外籀”）是学术研究的基本方法。西学东渐之后，一谈起上述科学方法，人们往往只知培根、笛卡尔，殊不知中国学术本来就有注重归纳、演绎的传统，以致目录之学成为“显学”：从汉朝刘向父子的《别录》《七略》，到清代的《四库全书总目提要》、民国初期的《十三经索引》和若干古籍经典《引得》，都是应用“归纳—演绎”之法通检古籍而获得的学术成果。

对于初创学科来说，运用归纳法通检相关资料的工作尤其具有奠基性——通俗文学研究正是这样的学科。“板凳要坐十年冷”，通检民国报刊是一项范围极其广阔、任务十分繁重的事情，《品报》同人为此付出的劳动难以计量，成果则丰硕而引人注目。

堪称典型的是胡立生的《因羽斋郑证因作品过眼录》（以下简称《过眼录》）。作者对 106 种郑证因的、或题为郑氏所著小说（含未见 12 种、疑伪 6 种）逐一加以考述，除详列版别、版次、目录、内容提要、书影、连载情况等信息外，还致力于考辨郑氏作品报刊初载情况、作品之间的内容关联、同书异名与同名异书现象，并列述断定几种伪作之依据；更可贵的是，其间还附郑氏本人为相关作品所撰序跋，给研究相应作品及郑氏思想提供了第一手资料。《过眼录》又提及：1.郑证因直至1950年、1951年还在不断发表武侠小说；2.当时的出版单位给此类作品加的标目是“大众小说”；3.那时还有一个“大众文艺创作研究会”。这三件小事看似不起眼，却对撰写通俗文学史大有意义——至少说明20世纪50年代初，有关部门尚未产生“消灭”民国通俗文学的念头，而是希望把它“统战”过来的。

为了查明郑氏作品连载情况，胡立生查阅（少数为间接查阅）、关注过许多报刊，目录如下：《强报》《大报》（及后来更名之《新报》，郑氏本人未见）、《三六九画报》《一四七画报》《纪事报每周增刊》《纪事报画刊》《纪事报》《国风画报》《时代生活画报》《北戴河》《麦克风》（方形期刊）、《时代生活》《真善美》画刊、《游艺报》（方形期刊）、《星期六画报》《新闻周报》《戏世界》（方形期刊）、《美丽画报》（方形期刊）、《明报》《天津中南报》《天津民国晚报》《游艺报》《南北画报》《联美画报》。这里就隐藏着他所下的“通检”功夫。

《过眼录》固属通俗文学目录学研究的代表性成果，而张元卿的《刘云若小说年表初稿》①《刘云若诗文系年（初校）》[1]、《待起楼诗稿》[2]、《刘云若评传》[3]、《何海鸣作品年表》②，顾臻的《还珠楼主散文集》（与周清霖合编）[4]、《朱贞木小说版本流传考》③，倪斯霆的《旧文旧史旧版本》[5]、《旧人旧事旧小说》[6]，侯福志的《刘云若社会言情小说经眼录》[7]、《天津民国的那些书报刊》[8]，王振良、张元卿编《竹心集——宫白羽先生文录》[9]，等等，何尝不是同样具有代表性的通俗文学目录学、版本学、校雠学的重要成果？它们同样凝结着这些作者的大量心血，同样展示着

①张元卿：《刘云若小说年表初稿》，见《品报》第18期，2017年7月1日出版，第3—24页。
②张元卿：《何海鸣作品年表》，见《品报》第27期（2014年7月1日出版）至第30期（2015年4月1日出版）。
③顾臻：《朱贞木小说版本流传考》，见《天津记忆》第11期，2009年5月16日出版，第60—65页。

他们认真的治学态度和细密的钻研工夫。

与“通检”对应的是“拾零补遗”，这里包括两种情况：一是偶然“淘”到极难发现的报刊“残余”，二是在通检时意外发现独特的罕见材料。这都不太“学术”——科学研究遵循的是“大胆地假设，小心地求证”路线，而这两种情况都不存在事前“假设”阶段——“铁鞋”似未穿，“觅处”无预感，惊喜出望外，“得来”确偶然。“通检”的活儿很辛苦，这活儿却也很“好玩”。不过，说不存在“假设”，指的是“战术层面”，若讲“战略层面”，依然是有“大胆假设”的，那就是深信史料的价值，深信史料之发现也有随机性；表现为挖掘者的个性，便是北方人讲的“有这口‘蕾’”——对史料的敏感、痴迷，已经融入血液，化为“人格”了。从这个意义上讲，“铁鞋”是从未脱过的，“得来”也是“费工夫”的。《品报》同仁多有这口“蕾”，“好玩”之处即在此也。

由国庆淘得一份1931年2月8日的《快报》，发现其副刊《小快车》上居然连载着刘云若等四位作者的小说，对天津文化生活、商业生活的报道也丰富多彩；于是根据报眉和1936年的天津电话簿，查明该报社址所在。由国庆的发现引出张元卿《刘云若的〈快报〉“花语”》一文，确认这份报纸上连载的小说《蔓天花语》是新发现的一部刘氏佚作。[①]接着，张显明在《津沽忆旧：小议〈快报〉》一文中提供了有关《快报》的详细资料，并揭示当年天津那些“派报社”用“换报头”手法炮制“一报多名”、借以牟利的黑幕。[②]再接着，由国庆（点子）、张元卿在《再见〈快报〉记

①张元卿：《刘云若的〈快报〉“花语”》，见《品报》第6期，2010年9月1日出版，第36—37页。

②张显明：《津沽忆旧：小议〈快报〉》，见《品报》第8期，2011年1月1日出版，第26—28页。

"双侠"》[①]和《"胡说博士"〈深闺梦〉》[②]中报告：又发现三份 1935 年的《快报》，其时副刊似已改名《快活林》。张元卿还考出该报当时的副刊编辑为胡剑光，与前任编辑于今生一样，都是"非著名报人兼通俗小说家"[③]，他认为发掘、研究此类被湮没的人物，就文学史和新闻史角度而言，也是有价值的。此说很有见地，因为这些不著名者扶持过后来成为"著名作家"的作者。"一将功成万骨枯"，探求"万骨"起过的作用，有助于全面认识"一将"之"功"。

以上是一个"拾零补遗"引发多米诺骨牌式"连锁效应"，导致史料发掘和价值发现同时深入的典型例子。胡立生在《一四七画报》上发现刘云若的一篇佚文《旧诗和到已十年》，张元卿接着写《六十年后揭"谜底"》[④]，考证云若此文本事与其纳如夫人顾婷婷即刘慧双有关。这也是"拾零补遗"连锁反应的一个例子。

"拾零补遗"不一定都会引发连锁反应，但累积起来，肯定会形成"连'点'成'线'""由'线'成'面'"的效应，推动学术研究向广度、深度发展，其作用与"通检"相辅相成。

在《品报》上发表有关"北派"史料的同仁总共查阅过多少旧报刊？这个数字难以准确统计，但可剖析个案，以见一斑。

据侯福志《〈刘云若社会言情小说经眼录〉前言》，刘云若有"将近 40 余种小说未能广泛流传，占刘云若全部作品的 80%"[7]3。这 40 余种小说，一部分是曾在报

①由国庆、张元卿：《再见〈快报〉记"双侠"》，见《品报》第 8 期，2011 年 1 月 1 日出版，第 28 页。
②元卿、点子：《"胡说博士"〈深闺梦〉》，《品报》第 8 期，2011 年 1 月 1 日出版，第 33—34 页。
③元卿、点子：《"胡说博士"〈深闺梦〉》，《品报》第 8 期，2011 年 1 月 1 日出版，第 33—34 页。
④张元卿：《六十年后揭"谜底"》，见《品报》第 28 期，2014 年 10 月 1 日出版，第 33—34 页。

刊连载而未印过单行本的；一部分虽有单行本，但也是先在报刊上连载过的。

又据张元卿《刘云若小说年表》，刊载过刘氏小说的报纸计有天津《商报》《天风报》《大报》《快报》《庸报》《民国日报》《民国晚报》《工商日报》《中南报》《自由晚报》《正闻报》《星报》《真善美报》《新生晚报》，北京《新民报》，上海《小日报》，沈阳《大亚公报》等 17 种（有一报连载不止一部的，也有两份报纸先后连载同一部的；下文所列刊物也存在同样情况）。连载过刘氏小说的刊物则有天津《商报图画周刊》《商报画刊》《中华画报》《新都会画报》《北洋画报》《天风画报》《新天津画报》《银线画报》《立言画刊》《国风画报》《时代生活画报》《星期五画报》《美丽画报》《星期日画报》《星报》《新闻周报》《北戴河》《哈尔滨五日画报》《民鸣月刊》《戏剧周报》《妇女新都会》，长春《麒麟》（月刊），北平《新光》《新民声半月刊》《三六九画报》，唐山《银河画报》等 26 种。

以上 43 种报刊中，天津的最多，北京的次之，其他城市的又次之；而 26 种刊物中，则以画报为最多，至少达 17 种，占 65%强。

《品报》所载"北派"研究文章所引用的报刊数量，如果作全面统计，上述地域分布和各地所占分量，以及画报在刊物中所占的百分比，估计相差不会太大（外地还要加上青岛、西安、南京等）。各位同仁查阅的流程主要分为两种：一是由"人"（即作家、作品信息）查"报"（或刊），例如由王度庐查《小小日报》及西安报刊、南京《京报》。这种流程，定向比较明确，过程比较简捷。二是由"报"（或刊）查"人"，这是通检性的普查，最为费时费力，有时简直是大海捞针。还有一种情况就是"引述"，即介绍别人的查阅所得，可以视为"间接查阅"。无论属于哪种情况，除了查明著名作家大量"未单行"的作品以及"已单行"作品的初始状貌（校雠学、版本学价值很高)之外,当然还会获得大量其他作家、作品的信息以及当年文坛的信息。许多同仁还对相关报刊及其副刊的背景、沿革、横向关系作了比较详尽的介绍和分析,同时发现了许多佚报,如《正报》《震报》《新世界》等,这在很大程度上复现了当时北方(主要是天津)的文化景观,对通俗文学史和新闻史都是很有价值的贡献。

《品报》上论述过和提到过的通俗文学作家及文化人究竟有多少?同样难以作出准确统计(但有两个数字可作参考:一是张元卿论及之北派作家已达百余人,二是已知与刘云若有交往的人士达二百余人),不妨选择有代表性者,分为几个群落加以考察。

一、第一个群落:北派通俗文学名家

在《品报》出现之前,这些作家的研究已经获得许多成果,而《品报》同仁在此基础上又实现了许多突破。

关于赵焕亭,最显著的突破是其详尽家世的发现:陈万华在《赵焕亭的家世与创作》一文中,根据京东文史资料,查明赵氏宗族十世谱系,并较详细地介绍了赵焕亭曾祖、祖父、父亲和三位兄长的身份、功名、仕历,证明这个家族确系京旗"乡绅世家"。[①]这些发现为研究赵焕亭的文史修养及其生活积累,无疑提供了更为详细、扎实的依据。张忠勋《玉田名人——赵绂章》[②]一文功力稍次,但也提

①陈万华:《赵焕亭的家世与创作》,见《品报》第21期,2013年1月1日出版,第46—49页。
②张忠勋:《玉田名人——赵绂章》,见《品报》第21期,2013年1月1日出版,第49—51页。

供了1937年后赵焕亭行迹的大致轮廓及其三子三女的相关信息。作者还说早年赵“曾与鲁迅、郭沫若、柳亚子等文学大师有过书信往来”①,可惜没有提供信息来源或依据(估计出诸其子女口述)。此类问题当然可从另一方面入手调查,但因缺乏有效信息,很难获得确证。例如,查2005年版《鲁迅全集》卷十七之《日记》“人物注释”,1928年之前赵姓来函者身份“未详”仅一人,即“赵子厚”(见1923年5月12日),如果赵焕亭“早年”确曾致函鲁迅,不排除用的即是“子厚”之名,然而目前既无法证实,也无法证伪。从郭沫若、柳亚子方面查考,估计结果也会如此。

关于还珠楼主,《品报》显示的第一突破,也是其详尽家世以及家学渊源的发现和阐释:李永明《还珠楼主的故乡文脉》阐析扩及乡邦文脉、巴蜀灵气②,比陈万华对赵焕亭家世的阐析丰厚、深刻得多。第二项重大突破,则是周清霖、顾臻所编《还珠楼主散文集》之出版,它既是文类的,也是作家史料的全新发现,从中不仅可以看到还珠广泛、深厚的文化修养,而且可以发现其散文与小说的互文性。他以弱冠之年深入边疆,撰成《青藏番族志》,其经世报国之心令人联想起玉峰夫子顾炎武——这是对还珠人格之崇高性的新发现。第三项重大突破为倪斯霆《还珠楼主前传》[10]的出版,这是第一本还珠传记,涵括了许多最新的研究成果。第四,叶洪生在《论还珠楼主李寿民的是非功过——试揭开〈蜀山剑侠传〉及“蜀山系谱”群龙“烂尾”之谜》[11]中,主要从创作思维角度剖析还珠楼主的局限;又在《论国内

①张忠勋:《玉田名人——赵绂章》,见《品报》第21期,2013年1月1日出版,第50页。
②李永明:《还珠楼主的故乡文脉》,见《品报》第23期,2013年7月1日出版,第7—11页。

学界治“蜀山学”之危机与转机——以首届还珠楼主学术研讨会论文为例》[①]中，充分肯定“泛江湖派”研究者及“学院派”里某些研究者发扬汉学传统所作出的学术贡献，又对“学院派”华而不实的学风提出剀切批评。这两篇分量很重的论文，分别在创作论和方法论上对还珠研究作出了创新贡献。

关于白羽，倪斯霆《白羽武侠小说知多少》[②]追溯每部作品写作时间、连载详情，阐述诸书内容之承接关系，考辨一书多名及被改名、割裂、假托、盗版状况，既是对叶冷（郭云岫）《白羽及其书》和宫以仁所定书目的阐释，又对魏绍昌所编《鸳鸯蝴蝶派研究资料》中的讹误作了订正[③]，因而具有权威性。王振良、张元卿所编《竹心集——宫白羽先生文录》，收录白羽自传性文字以及四百余篇杂文、小品、评论、考据、训诂等文字，展示白羽作为报人、散文家、古史和甲骨金文研究者的面貌，为研究作家全人提供了扎实的基础。

关于王度庐，在王芹、张元卿、顾臻的努力下，找到王氏北京故居，从而确认了其宗族为内务府包衣的旗人身份；发现早期杂文 150 余篇、早期小说数十种，以及 1936 年、1937 年连载于北平《平报》的武侠小说 3 种，1940—1945 年连载于南京《京报》的侠情小说 7 种[④]。上述新见史料进一步证明王度庐早期不但秉承平

①叶洪生：《论国内学界治“蜀山学”之危机与转机——以首届还珠楼主学术研讨会论文为例》，见《品报》第 29 期，2015 年 1 月 1 日出版，第 19—43 页。

②倪斯霆：《白羽武侠小说知多少》，见《品报》第 20 期，2012 年 11 月 1 日出版，第 57—61 页。

③按：魏绍昌先生生前曾对笔者说过，他编《鸳鸯蝴蝶派研究资料》时，其中部分书目是据广告录入的，并未见到原书（当时认为对鸳鸯蝴蝶派的作品不必考辨得那么精审）。后来我们编纂的福建人民出版社版《鸳鸯蝴蝶派文学资料》的书目部分，基本照搬了魏书，因而存在同样的问题。

④徐斯年、顾迎新：《王度庐年表》（增订稿），见《品报》第 29 期（2015 年 1 月 1 日出版）至第 31 期（2015 年 7 月 1 日出版）。

民主义，而且很可能是最早提出通俗文学属于"平民文学"并作理论阐述的通俗文学作家；又证明在其社会小说、侠情小说乃至杂文之中，存在一个"失意男人"的人物谱系，而以"鹤—铁五部"为代表的侠情小说所以取得很高成就，与作者将撰写社会言情小说的成功经验融入武侠小说分不开①。

关于郑证因，本文第一节所述胡立生的成果具有代表性，不赘。《品报》所载有关郑氏的其他文稿颇多，内容虽较琐屑，但也有值得注意者，如箫箫的《郑证因家中失盗》②一文，介绍郑家失窃，损失不赀，郑知系其助理作案，却在"失窃启事"中隐其名而不加深究。这个掌故突出地体现着郑证因的为人颇具侠义心肠，极有助于"知人"。

关于朱贞木，顾臻于完成《朱贞木小说》之后，又在《品报》发表《朱贞木序跋琐谈》③《从一篇关于朱贞木的佚文说起》④《报刊上的朱贞木小说连载》⑤，继续考辨朱氏作品，对张赣生的相关论述有所补正。目前顾臻编校的《民国武侠小说典藏文库·朱贞木卷》已由中国文史出版社出版，它凝结着编校者研究朱氏的诸多成果。在为该卷所撰"代序"中，顾臻对朱贞木武侠小说的艺术特色作了十分精当的评述。"北派五大家"中，学界对朱氏生平知之最少，顾臻又根据所见资料，确认了朱的生年（1895）和大致卒年（约 1955），并指出 1940 年朱即已从天津电话局离

①具见《品报》所载笔者相关论文，其中部分文章如《王度庐的早期杂文》，详见《苏州教育学院学报》2010 年第 1 期，第 2—14 页。

②箫箫：《郑证因家中失盗》，见《品报》第 35 期，2016 年 7 月 1 日出版，第 76—77 页。

③顾臻：《朱贞木序跋琐谈》，见《品报》第 2 期，2010 年 2 月 1 日出版，第 9—10 页。

④顾臻：《从一篇关于朱贞木的佚文说起》，见《品报》第 13 期，2011 年 9 月 1 日出版，第 49—50 页。

⑤顾臻：《报刊上的朱贞木小说连载》，见《品报》第 22 期，2013 年 4 月 1 日出版，第 112—116 页。

职,纠正了过去被多数人引用的说法。关于朱的学历,顾臻转引所见资料的记载云:先在原籍绍兴“进入新式学堂接受新式教育,据说当地中学毕业后考入浙江大学文学系”[12]。凡此均属填补空白。不过,考入浙大之说存疑,因为“浙江大学”成立于 1928 年,其时朱已入天津电话局任文书;而浙大前身“浙江高等学堂”则于1914 年已因故停办,直至 1927 年方在原址成立“第三中山大学”。上述浙大校史,与朱贞木的早期行状在时间上有所格迕。朱若确实曾在杭州考入大学,在时间上无格迕的只有“之江大学”,但该校为教会大学,而未曾听说朱氏精通外语,故亦难以推定所入必为此校。顾臻还证实了朱氏唯一社会小说《郁金香》在出版单行本之前,确曾先在天津《星期日画报》连载,并认为此书反映着作者后期的艺术功力——我们非常期待读到对于该书内容和艺术特色的详细评介。此外,顾臻又发现《龙岗豹隐记》初载时题为《马鹞子传》;按赵焕亭先已著有《马鹞子全传》,据说江蝶庐之《边荒大侠》亦写马鹞子事,若将三者作一比较研究,应该也是很有意义的事。

关于刘云若,《品报》所载文章极多,如前所述,侯福志的《刘云若社会言情小说经眼录》及张元卿编、撰之《待起楼诗稿》《望云谈屑》《刘云若评传》(另有《刘云若散文集》在编纂中),当可代表刘氏研究达致的新阶段和新高度。

另有两位知名而不属 “北派”, 却又与京、津一度关系密切的通俗文学作家——平江不肖生向恺然和求幸福斋主何海鸣,也受到《品报》的密切关注。侯福志、顾臻、杨锐等考证出向恺然随桂军北上的时间、路线以及关于向氏“‘物故’乌龙”“版权——稿费风波”的丰富、确切史料,对向氏研究和通俗文学史都作出了有意义的贡献。何海鸣写有《我的报人史》,对自己早期报人经历叙述颇详,而对军、政经历则叙述甚略,《品报》所载蔡登山《弃武从文的小说家何海鸣》一文不仅弥补了这一缺陷，而且对何的整个生平（包括所撰“倡门小说”的成就）评述甚详，特别是对其在津附逆经过以及作为日伪时期《庸报》社论主笔兼文艺部长所起的作用作了详细介绍。①张元卿的《何海鸣作品年表》②也为研究这位既是“老革命”，又是“附逆文人”的作家提供了扎实的史料。

二、第二个群落：知名度略次于前者的一批“北派”作家

关于戴愚庵，倪斯霆在所著《旧人旧事旧小说》中评曰：“真正以天津语言讲述天津卫故事，当从戴愚庵始，戴愚庵才是‘津味小说’的‘始作俑者’，是他开创了‘津味小说’的先河，并直接影响了小他十余岁的‘小老弟’刘云若。”[5]86 这一评价论定戴愚庵在北派小说家中的地位，比过去仅称之为“掌故小说家”更有历史感。和倪斯霆一样广搜资料、走访过戴氏后人的还有王文玉，他在《不该忘却的天津文化名人》一文中也细述戴氏生平、著述，不仅评述戴氏所撰与《沽上英雄谱》同类的“混混小说”，而且介绍了戴氏所撰《秋雨销魂录》等社会言情小说。③此外，关于《沽上英雄谱》因被评书演员改编为《混混论》上演而扩大了影响，戴氏所撰《半班戏话》为评剧（蹦蹦戏）史上最早系统评介该剧种的文章及掌故④，也都颇有价值。

同时获得关注的，还有戴愚庵之侄李燃（然）犀。贯之（王文玉）《和李然犀的

①蔡登山：《弃武从文的小说家何海鸣》，见《品报》第6期，2010年9月1日出版，第31—36页。

②张元卿：《何海鸣作品年表》，见《品报》第27期（2014年7月1日出版）至第30期（2015年4月1日出版）。

③王文玉：《不该忘却的天津文化名人》，见《品报》第8期，2011年1月1日出版，第32—33页。

④侯福志：《箬翁是戴愚庵的笔名》，见《品报》第10期，2011年3月1日出版，第58页。

一面之缘》认为，除了也写混混儿之外，李的作品“所反映的主旨还是清末民初的津沽社会风貌和各色人等”[①]，其地域特色别有价值。文中又述及李燃犀善于撰写鼓词、相声，与曲艺演员交往颇多，展示了李氏文化品性的另一面。

姚灵犀在《品报》上获得关注更多，第12、13期“姚灵犀小辑”所收诸文，比较详细地考述姚氏生平、著作，肯定了姚灵犀在《采菲录》等著作中体现出的“史家眼光”，论述了这些作品在性学和变态心理学研究方面的价值和意义[②]。曹亚瑟的《两个金瓶奇人的遭际——从姚灵犀、曹涵美看在中国研究性学的危险性》一文，收录姚灵犀为曹涵美《金瓶梅全图》第三册所作序文，不仅反映了姚氏的性学观念，而且包含着十分内行的绘画理论。[③]姚氏当年曾因《采菲录》入狱，来新夏的《姚灵犀与〈采菲录〉》收录姚氏所作《出狱后感言》全诗[④]，也是十分珍贵的史料。

徐春羽，当年曾被列为北派武侠三大家之一，后来渐遭遗忘。王振良《徐春羽家世生平初探》[⑤]对徐氏父、祖以及春羽本人及其兄弟姐妹的身世考证翔实，订正了旧说的不实之词。作者同时历述如何围绕此一课题充分利用网络搜索引擎，并通过电讯联络、走访、广搜历史文献等途径展开“城市田野调查”的经过，在方法论上予人启示甚多。张元卿《〈徐春羽家世生平初探〉书后》补充多种史料，进一步印证徐氏武侠创作深受评书影响，因而曾被称为“技击评话”；同时揭示徐氏兼具

①贯之(王文玉)：《和李然犀的一面之缘》，见《品报》第29期，2015年1月1日出版，第80页。

②“姚灵犀小辑”，见《品报》第12期(2011年7月1日出版)至第13期(2011年9月1日出版)。

③曹亚瑟：《两个金瓶奇人的遭际——从姚灵犀、曹涵美看在中国研究性学的危险性》，见《品报》第7期，2010年11月1日出版，第45—51页。

④来新夏：《姚灵犀与〈采菲录〉》，见《品报》第9期，2011年2月1日出版，第26—28页。

⑤王振良：《徐春羽家世生平初探》，见《品报》第32期，2015年10月1日出版，第2—9页。

世医、票友、剧作家、美食家的多种身份。[①]这都是作家研究方面取得的重大突破。

潘伯鹰(凫公)也是一位通俗文学研究界有所忽略的作家。李力夫《潘伯鹰的〈残羽〉》[②]、倪斯霆《"小公园"推出〈人海微澜〉》[③]两文,对他介绍颇详,包括:潘氏身世、经历;所撰连载小说《人海微澜》曾被吴宓誉为"当世说部第一";其人颇有名士风度,时人称其"书法第一,诗第二,文第三,小说第四,鉴赏第五"[④]等。谷卿《潘伯鹰研究资料索引》[⑤]则为研究这位作家提供了系统、可靠的参考文献目录。

属于这个群落而在《品报》得到或详或略介绍的作家,还有李山野、李薰风、董荫狐、董濯缨、潘予且等(潘予且是位"跨界"作家,也可列入"南派")。

三、第三个群落:评书艺人和鼓书艺人

包括张杰鑫、常杰淼、蒋轸庭、白云鹏、方红宝、金万昌、刘宝全、韩小窗、李砚鸿、小彩舞(即骆玉笙)、乔清秀(河南坠子名家)等。[⑥]

---

①张元卿:《〈徐春羽家世生平初探〉书后》,见《品报》第32期,2015年10月1日出版,第9—11页。

②李力夫:《潘伯鹰的〈残羽〉》,见《品报》第19期,2012年9月1日出版,第49—51页。

③倪斯霆:《"小公园"推出〈人海微澜〉》,见《品报》第36期,2016年10月1日出版,第51—52页。

④倪斯霆:《"小公园"推出〈人海微澜〉》,见《品报》第36期,2016年10月1日出版,第52页。

⑤谷卿:《潘伯鹰研究资料索引》,见《品报》第6期,2010年9月1日出版,第28—31页。

⑥分别见于王文玉:《蒋轸庭与〈三津报〉》(见《品报》第11期,2011年5月1日出版),倪斯霆:《〈新天津报〉社长刘髯公骂敌而死》(见《品报》第33期,2016年11月1日出版),张元卿:《刘云若暗批庄荫棠——读"天风"札记之一》(见《品报》第10期,2011年3月1日出版)、《李砚鸿——读〈大报〉札记之三》(见《品报》第24期,2013年10月1日出版)、《可以当作妞儿听的金万昌》(见《品报》第19期,2012年9月1日出版),侯福志《刘云若关心白派传承》(见《品报》第21期,2013年1月1日出版)、《〈大北报〉保存天津曲艺史料》(见《品报》第14期,2011年11月1日出版)诸篇。

北派通俗小说的叙事话语与评话关系之密切,当超过南派。当年,《三侠剑》《雍正剑侠图》等不仅由艺人献演于茶肆歌场,更常被报章连载并印为单行本发行。张杰鑫、蒋轸庭这样的评话艺人同时也就成了评话小说的作者。从文学史的角度考察,中国传统白话小说即源于“说话”,而这些近现代的北方评话小说则可视为清末公案侠义小说与现代武侠小说之间的桥梁;从现实文化的角度考察,它们与现代通俗文学文本共存于同一文化市场,互相有着“影响—渗透”关系,并且共同成为当时北方文化景观的重要部分。

于鹏所撰《不同版本的〈红泥关〉》[①]和《从几个人物看隋唐评书及其祖本面貌》[②]均为原创投稿,两文重点不在介绍评书艺人,而在评书文本的比较。作者占有资料全面、系统,分析论证严谨、深刻,文章的学术质量和学术价值都很高。文中涉及的评书、鼓词名家则有田连元、单田芳、艳桂荣、马岐、姜凤岭、陈青远、连阔如、陈荫荣、王玥波等,可以作为这个群落的补充。

许多北派作家都很关注鼓书艺人的艺术生命和身世命运, 鼓姬经常成为他们作品中的重要角色,而且一般都被写得凄美动人。在现实生活中,她(他)们及其技艺同样构成浓艳、世俗的北派文化景观。

《品报》关注这个领域是很有眼光、很有意义的。从学术研究角度考察,还可由交叉研究的角度加以扩展,使之增加广度和深度。

①于鹏:《不同版本的〈红泥关〉》,见《品报》第 19 期,2012 年 9 月 1 日出版,第 39—46 页。
②于鹏:《从几个人物看隋唐评书及其祖本面貌》,见《品报》第 22 期,2013 年 4 月 1 日出版,第 57—62 页。

四、第四个群落：大批已被遗忘的通俗文学作家、作者

即使在《品报》上，他们也只是在介绍报刊或重点作家时被附带提及。这个名单也难统计完全，仅举部分如下：月明楼主、望素楼主、昼寝楼主、于芳、王曰叟、迷隐、花史、焕文、浮鸥、文实权、王冷佛、穆向葵、紫绶、曹久青、晦明、刘雁声、陈墨香、朋弟、李木、夏冰、杨枝、孟画如、刘渥水、施冰厚、吴微哂……

这些人物比前文提及的"非著名报人兼通俗小说家"更不著名，属于历史长河底下真正已"枯"的"万骨"。然而，若能深入查考，未尝不能有所发现——这种发现具有消除历史屏蔽的作用，让人看到曾经鲜活的生命个体以及他们所承载的历史信息。

例如关于月明楼主，张元卿在《月明楼主之谜》中报告了他获得的四大发现：1.1931年，月明楼主曾在北平发表过多种言情小说，但影响甚微。2.20世纪30年代末，其小说开始出现于天津报刊，并因侦探小说《荒山碧血》和社会小说《陆地神仙》而声名鹊起。3.日伪时期，曾任天津市警察局特高股长，其真名为"赵仙洲"。4.据耿小的《我与〈小小日报〉》所记，赵仙洲任北平《小小日报》编辑在耿之前。人们于是得知：这位月明楼主，竟也不是一个默默无闻者。又按，据辽宁实验中学所藏王度庐档案，王任《小小日报》编辑是在1931—1933年间，由此又可推知赵仙洲即为接王度庐之任者，在位时间应该不到一年（因为该报始终只有一位编辑，耿小的一上任，赵仙洲当即卸职了）。

这里又出现了多米诺骨牌式的连锁效应：林鸥在《春秋阁过眼烟云记（5）》的

"附记"中写了这样几个字:"王曰叟 原名王仲明"[1],遗憾的是没有注明所据资料。不过,上述耿小的《我与〈小小日报〉》一文中说到:《小小日报》最早的编辑就是"王仲明"。而笔者曾托顾臻通检国图残藏的全部《小小日报》,得知王仲明早在该报创刊不久(1925年4月24日),便在其副刊《哈哈镜》上发表杂文了;截至1928年4月,所发诗、文、小说至少超过70篇(因为其间缺报颇多)。由此推知王仲明任《小小日报》编辑是在王度庐之前(具体时段待考)。顾臻在《从一篇关于朱贞木的佚文说起》中则证明当年《三六九画报》的文章中列数知名武侠小说作家,其中即有"王曰叟",[2]这与林鸥的记载相呼应,证明王仲明不仅在1943年时也已成为有影响的武侠小说作家,而且若论资历,作为报人的他比王度庐的资格还要老。这又是一个惊人的发现。

以上二例证明,那些默默无闻的名字之中,一定还隐藏着许多有待发掘的历史真相。

前列名单中的文实权、王冷佛则为北平之"京味儿作家",详后。

五、第五个群落:北京(北平)作家

《品报》曾作介绍者又可分为两组。

第一组,著名或较著名的报人兼通俗文学作家,以陈慎言为代表。顾臻《陈慎

---

①林鸥:《春秋阁过眼烟云记(5)》,见《品报》第5期,2010年7月1日出版,第34页。

②顾臻:《从一篇关于朱贞木的佚文说起》,见《品报》第13期,2011年9月1日出版,第49—51页。

言著述交游略考》引述、比较已见的几种关于陈氏生平、著述的文献资料，参校自己记录的部分报刊所载陈氏作品，认为陈慎言一生作品多达一百三十种的说法是可信的，通检报刊当能得到更多收获。他同时指出，除了“通俗小说作家”这一身份之外，陈慎言长期服务于北平新闻界，颇孚人望，所以还应从新闻史和报人的角度研究这位作家，因而对其作品的关注亦应扩及诸多报刊文章。[①]张元卿在《〈陈慎言著述交游略考〉书后》中着重考述陈慎言之父陈缄斋的生平、仕略、著述、交游，揭示了慎言得益于晚清闽派文人圈的缘由。[②]这些发现都是突破。

属于这一组的人物还有陈挹翠、耿小的等，惜乎《品报》所及均过于简略。

第二组，“京味儿作家”，包括蔡友梅、徐剑胆（哑铃、涤尘）、文实权（市隐）、冷佛（王咏湘）、穆如丐等。据统计，他们的作品总量可达数千部。其中又有许多旗人，从而形成一个“京旗作家群”的分体。

刘云、王金花《京味儿小说大家蔡友梅生平著述考》[③]《徐剑胆生平及作品考述》[④]是两篇非常中规中矩的学术论文，搜证细致、考辨谨密。文中对蔡友梅、徐剑胆的姓名别号、家世渊源、生卒时间、生平大事以及交游、著述情况一一细加考述。两位作者在“外证”较为欠缺的情况下特别注意从蔡、徐的作品里搜寻“内证”，“内证”之间又互为外证，再参照所能获取的外证和旁证，就相关问题进行细心辨析，结论坚实而又谨慎，具有很强的学术性。

①顾臻：《陈慎言著述交游略考》，见《品报》第 15 期，2012 年 1 月 1 日出版，第 50—53 页。

②张元卿：《〈陈慎言著述交游略考〉书后》，见《品报》第 15 期，2012 年 1 月 1 日出版，第 53—54 页。

③刘云、王金花：《京味儿小说大家蔡友梅生平著述考》，见《品报》第 13 期，2011 年 9 月 1 日出版，第 36—44 页。

④刘云、王金花：《徐剑胆生平及作品考述》，见《品报》第 15 期，2012 年 1 月 1 日出版，第 72—85 页。

两位作者指出，以蔡、徐为代表的"京味儿作家"均倾向于改良。他们以自己的作品启蒙民众，客观上帮新文化运动加强了群众基础。这些作家"处在新旧时代的夹层，他们的创作实绩为研究新旧文学的转型和现代性问题提供了极好的样本"[①]。其作品多脱胎于评话，庄谐并出，题材活泼，京味儿浓郁，点染出一幅醉人的老北京市井风俗画卷，深受读者追捧。

徐剑胆属于来自外省而久居京都的报人作家，蔡友梅则是地道的旗人。刘云、王金花认为，蔡的"可敬之处在于他跳出了旗人出身的束缚，站在国家民族的立场"[②]，致力于开启民智。这使人联想起同为京旗作家的王度庐的"平民文学"主张和创作实践。这些作家一方面对京旗文化传统极其珍爱，对"八旗生计"问题甚为忧心，另一方面却对"胜国亳社"无所留恋，而将期望寄托于"五族共和"，确实表现了既立足于种族、又超越种族的可贵秉性。

考述蔡、徐的著述，刘云和王金花都以旧报为调查重点，涉及的报纸包括《顺天时报》《京话日报》《益世报》（北平）、《国强报》《进化报》《爱国白话报》《白话捷报》《北京白话报》《正宗爱国报》《蒙学报》《北京小公报》《实报》《实事白话报》《北平日报》《群强报》等；同时兼及馆藏旧单行本，搜寻过的图书馆包括北京师范大学图书馆、国家图书馆、吉林图书馆、首都图书馆等。凡此均见学风之扎实，态度之认真，其成果填补了《品报》"北派"研究的一大块空白。而对于这个群落的其他作家，还有待继续发掘、研究[③]。

---

①刘云、王金花：《徐剑胆生平及作品考述》，见《品报》第15期，2012年1月1日出版，第72页。

②刘云、王金花：《京味儿小说大家蔡友梅生平著述考》，见《品报》第13期，2011年9月1日出版，第39页。

③关纪新等满族文史专家，在京旗文学研究方面已有不少成果面世。

六、第六个群落：名士和报人

包括方地山、袁寒云、王伯龙、冯武越、王小隐、管孟仁、沙大风、吴秋尘、吴云心、刘孟扬、孟振侯、刘髯公、刘霁岚、徐凌影等。

方地山，字尔谦，原籍扬州，久居天津，与袁克文、袁寒云亦师亦友，为沽上名士魁首。《品报》并无关于他的专文，但有不少文稿都谈及他，例如周利成的《"鸳蝴派"作家何海鸣》[①]《得意弟子魏病侠》[②]《乐善好施的王伯龙》[③]等。这些文章除介绍方地山及其弟子、文友的交游之外，还叙及这些名士与通俗文学作家何海鸣、刘云若等的交往。从"北派文化平台"的视角考察，名士们在"古雅"与"通俗"之间起着桥梁作用；刘云若等通俗文学作家诗酒风流、刁俏倜傥的性格与名士熏陶是分不开的，而内因则在于他们体内本来就蕴含着名士气质。

王晏殊在《冯武越论》中详细介绍了这位《北洋画报》创办者的经历和文化素养：原来冯武越自幼随父游历海外，曾留学法国、比利时、瑞士，本是一位航空、电讯人才，然而他自幼酷爱绘画摄影，中、西文化素养均高。这就奠定了这份北方画报巨刊眼界开阔、立足坚实的基础。文中还解答了为何人们曾称《北洋画报》是张学良之"机关报"的问题。[④]

---

①周利成：《"鸳蝴派"作家何海鸣》，见《品报》第27期，2014年7月1日出版，第7—8页。

②周利成：《得意弟子魏病侠》，见《品报》第28期，2014年10月1日出版，第21—22页。

③周利成：《乐善好施的王伯龙》，见《品报》第28期，2014年10月1日出版，第22—23页。

④王晏殊：《冯武越论》，见《品报》第29期，2015年1月1日出版，第81—83页。

冯武越也常与方地山等一同宴饮，参与者还有王小隐和沙大风（游天）。王小隐原为北平平民大学新闻系教授，1926年来津，任《东方时报》中文版总编辑，兼任《北洋画报》记者、特约撰述；1928年后又兼职于《益世报》（为其副刊《益智粽》[①]编辑）和《天津商报》（为其副刊《古董摊》编辑）。其继夫人为昆曲名票陈文娣，由之使他们的文酒之会增添了赏曲的雅兴[②]。沙大风则是《天风报》的创办者及其副刊《黑旋风》的主编，为人既有“黑粗”的一面，又有名士式的怜香惜玉的一面。[③]

王小隐在平民大学任教时的得意门生吴秋尘是《东方时报》副刊《东方朔》（原名《东方俱乐部》）的主编，妻徐凌影为其同学，也是这份副刊的编辑[④]。1928年后，吴秋尘先后出任《天津商报》副刊《杂货店》编辑和《北洋画报》主编。他是一位新文学家，但主张文化不分新、旧，凡属精华，均应汇于一炉而治之[⑤]。他在《东方时报》结识时任英文版校对的吴云心，并荐之加入《商报》。二年后，吴云心入《益世报》，先后出任《益世晚报》主编和《益世报》副刊《语林》主编。他的文艺思想更加“左倾”，因而使《语林》成为左翼文化在天津的一块热土[⑥]。吴秋尘、吴云心与刘云若、宫竹心都是好友，所以从“北派文化平台”视角考察，他俩又成了天津通俗文学与新文学之间的桥梁。

侯福志和倪斯霆还介绍了四位天津老报人——管孟仁、刘梦扬、刘髯公、刘

①后改名《语林》。

②侯福志：《报人王小隐其人其事（一）》，见《品报》第30期，2015年4月1日出版，第10—14页。

③喻血轮：《谈〈天风报〉之“黑旋风”》，见《品报》第30期，2015年4月1日出版，第8页。

④侯福志：《“鹿鸣”是吴秋尘笔名》，见《品报》第27期，2014年7月1日出版，第6—7页。

⑤见箫箫（侯福志）：《吴秋尘与〈一炉〉》，见《品报》第28期，2014年10月1日出版，第23—24页。

⑥倪斯霆：《以曲笔讽现实的吴云心》，见《品报》第33期，2016年1月1日出版，第2页。

霁岚——的事迹和贡献。刘髯公办《新天津报》和《新天津晚报》，首创连载剑侠评书小说《三侠剑》《雍正剑侠图》《明英烈传》《大宋八义》之举。“这些小说的版式都是先排成 32 开书版，每天在晚报与日报重复刊出 1000 字后，其版不拆，再原封不动印成单行本”[①]广泛出售；刘霁岚则以药养报、以报卖药起家，进而重金打造副刊，终将《评报》办得风生水起。这两位刘先生的“生意眼”和“生意经”堪与“南派”之世界书局等并比，而又颇具“北派特色”。他们的民族气节更是令人敬佩[②]。

从“北派文化平台”视角考察，这些报人在很大程度上起着调配资源、建构平台、提供阵地、平衡关系的作用，对北派通俗文学的发展功不可没。由《品报》发表的这些史料可以看出，同为“多元共生”的民国文化市场，作为北派重镇的天津与作为南派重镇的上海至少存在三点异同：1.发挥支撑、平衡作用的主力，在上海首推各家大型、中型书局；在天津，书局力量则十分薄弱，而以报刊为主。2.在天津，刊物中画报的势力相当雄厚；在上海，画报所占比重不如文学期刊。3.在上海，左翼文学的势力相当强大，对以“鸳蝴派”为代表的通俗文学攻击甚烈；在天津，左翼文学虽也占有一席之地，却基本上与通俗文学相处甚安。

仅从以上方面即可看出《品报》的“北派”研究在广度上和深度上均已获得空前成就！不过也有两点不足：第一，北京（北平）为“北派”另一重镇，惜乎《品报》的关注度和研究的深广度都远远不够。第二，何谓“北派”？《品报》对此缺乏整体性

①倪斯霆：《〈新天津报〉社长刘髯公骂敌而死》，见《品报》第 33 期，2016 年 1 月 1 日出版，第 5 页。

②侯福志：《管孟仁与〈中华画报〉》，见《品报》第 5 期，2010 年 7 月 1 日出版，第 5—6 页；侯福志：《刘梦扬与午报社》，见《品报》第 16 期，2012 年 3 月 1 日出版，第 54—55 页；倪斯霆：《〈新天津报〉社长刘髯公骂敌而死》，见《品报》第 33 期，2016 年 1 月 1 日出版，第 4—7 页；倪斯霆：《刘霁岚宁可停报也不做日伪喉舌》，见《品报》第 33 期，2016 年 1 月 1 日出版，第 4—7 页。

的考察和论析。这两个问题倘若开拓、深入下去,在内涵上将会遇到相当多的层次(或可称为"分体"),剖析它们的关系、异同,是很有意思也很有必要的事;在理论上,将需厘清若干概念,这一过程有助于加强理性认识和理论建设,也是很有必要、很有意思的工作。《品报》虽已停刊,但各位同仁仍在,相信他们会在这些方面取得新的成就。

参考文献

[1]张元卿.刘云若诗文系年(初校)[M]//望云谈屑.天津:天津古籍出版社,2014.

[2]张元卿.待起楼诗稿[M].天津:天津古籍出版社,2016.

[3]张元卿.刘云若评传[M].天津:天津古籍出版社,2016.

[4]周清霖,顾臻.还珠楼主散文集[M].香港:天地图书有限公司,2014.

[5]倪斯霆.旧文旧史旧版本[M].上海:上海远东出版社,2012.

[6]倪斯霆.旧人旧事旧小说[M].上海:上海远东出版社,2010.

[7]侯福志.刘云若社会言情小说经眼录[M].上海:上海远东出版社,2016.

[8]侯福志.天津民国的那些书报刊[M].上海:上海远东出版社,2009.

[9]王振良,张元卿.竹心集——宫白羽先生文录[M].天津:天津人民出版社,2015.

[10]倪斯霆.还珠楼主前传[M].天津:天津古籍出版社,2014.

[11]叶洪生.论还珠楼主李寿民的是非功过——试揭开《蜀山剑侠传》及“蜀山系谱”群龙“烂尾”之谜[J].苏州教育学院学报,2012,29(4):2-16.

[12]顾臻.民国武侠小说典藏文库·朱贞木卷[M].北京:中国文史出版社,2017:1.

（责任编辑:石娟）

[载于《苏州教育学院学报》2017 年第 5 期(总第 144 期),2017 年 10 月 25 日出版]

《品报》的创办及对民国北派通俗文学研究之贡献

[天津]倪斯霆

摘　要：鉴于20世纪70年代末以来民国南派通俗文学史料挖掘与研究强于“北派”之现实，2010年，旨在积累北派通俗文学史料的民间电子刊物《品报》创办。在其存在的七年间，无论对“北派”通俗文学作家生平史料的深挖细作，还是对“北派”通俗文学名家身世及作品的研究，均有突破之功。文章作者以“圈内人”的身份和视角，在“爆料”《品报》创办始末及对这些深挖细作和突破之功进行客观评判的同时，也梳理出了“北派”通俗文学研究近年来的发展脉络和成就。

关键词：《品报》；民国；通俗文学；史料；北派；南派

2010年元旦，在没有任何出刊宣传和造势的情况下，一本形式奇特、旨在“于现代通俗小说之史料积累及其文献学之养成能有微功”的电子刊物，被飘然送至海内外民国通俗文学研究者的邮箱。轻点鼠标，随着《发刊词》及“欢迎登录并加入新浪网'民国通俗小说研究馆'博客圈,共同建设通俗小说研究者和爱好者的精神家园"之提示语映入眼帘,人们发现,这本名为《品报》的电子刊,竟由一个非专业的民间学术团队所打造①。没有纸版,无需订阅,只有"欢迎师友惠赐大作和襄助约稿。惠赐大作者,我们将及时赠阅《品报》电子版;襄助约稿者,文章刊出时我们将把大名列入《品报》编辑者名单"②的新颖组稿、编辑、发行及阅览方式,无不使习惯于阅读传统纸媒及熟谙传统纸媒运作模式的业内同仁感到惊奇;而主其事者既是作者,又是编者、发行者的多重身份及没有酬劳全在工余的"劳动制度",更是让同好啧啧称赞。七年前,是什么原因促使《品报》创办?七年间,又是什么原因让《品报》成为业内品牌?虽然《品报》随着多媒体业态的日趋"繁盛"已于2016年10月"审时度势"地宣告终刊,但其留下的上述谜团却并非外界尽知。有感于此,作为该媒体的阶段参与者和全程见证人,笔者愿借此文对《品报》略作"爆料"与"评判"。

一、南北研究团队差距促使《品报》创刊

按学界约定俗成的共识,以通俗小说为代表的现代通俗文学分为南北两派。"南派"起步较早,以上海、苏州为中心,在20世纪30年代以前曾着实"辉煌"过;"北派"起步晚于"南派",以天津、北京为重镇,直至20世纪30年代以后方才进

①关于《品报》编辑团队,笔者曾撰文《〈品报〉与它的编辑"四人帮"》予以介绍,文章载《品报》第29期,2015年1月1日出版,第9—12页。

②见《品报》创刊号,2010年1月1日出版,第2页、第26页。

入“鼎盛”。或许源于南北两地的观念与识见，与现代通俗文学创作浪潮“先南后北”不谋而合，20世纪70年代末以来，对现代通俗文学重审与研究的勃兴也呈现出“南先北后”的局面。对此，有两座城市不容忽视——苏州与天津。

因为“南先”走过的历程，便是以范伯群先生自20世纪70年代末于姑苏城内苏州大学开始掘垦现代通俗文学处女地为起点，中间经过有组织的批量科研成果的持续添柴续火，升温到《中国近现代通俗文学史》[1]与《中国现代通俗文学史(插图本)》[2]，至苏州大学研究团队及其派生团体于2008年召开“建构中国现代文学多元共生新体系学术研讨会”达到沸点①；而“北后”跟进的轨迹，则是以张赣生先生自20世纪80年代中期于天津发掘民国北派通俗文学作家(下文简称“‘北派’作家”)为肇始，以其1991年推出的《民国通俗小说论稿》[3]为标志，由此带动并影响了沽上一些同好先后试水，涓涓细流最终汇成2009年5月在津召开的聚合海内外通俗文学研究中坚的“津门论剑——民国北派通俗文学学术研讨会”②。

①三十余年来，范伯群先生在现代通俗文学研究领域不仅个人成果丰硕，而且还带出了一批硕士、博士研究生，当下大陆通俗文学研究团队中的绝大多数学人出自其门下。多年来，这些弟子与再传弟子们在范先生的指导和影响下，为通俗文学尤其是通俗小说进入“两史”一直不懈努力。2008年6月22日，复旦大学中文系举办的“建构中国现代文学多元共生新体系暨《中国现代通俗文学史(插图本)》学术研讨会”，便是以通俗文学如何进入现有中国现代文学史为中心议题。2009年8月8日，由范先生的历届博硕士研究生发起，在苏州姑苏饭店再次举办“多元共生的中国现代文学史研讨会暨欢庆范伯群教授80华诞”，继续研讨建构“多元共生文学史新体系”的有关问题，并期待借此契机再次推动中国现代通俗文学和“重写文学史”的研究进程。两次会议的成果结集为《建构中国现代文学多元共生体系的新思考》，由陈思和、王德威主编，复旦大学出版社2012年1月出版。

②此次研讨会交流文章被王振良、张元卿结集为《津门论剑——民国北派通俗文学学术研讨会论文集》，由上海远东出版社于2011年3月出版。

南北两地对现代通俗文学的先后发力固然可喜，但差距也明显存在——与苏州大学研究团队第一步挖掘资料(以“南派”为主)，第二步编作品选(以“南派”为主)，第三步撰写评传(以“南派”为主)，第四步出版类型史，第五步推出《中国近现代通俗文学史》与《中国现代通俗文学史(插图本)》并召开国际学术研讨会[①]相比，北地天津表现出的却是非常随意的各自为战。虽成果偶现，但因不成系统，难具规模。正是在此背景下，2009年“津门论剑”会后，沽上王振良、张元卿及京华顾臻等学人便有了聚合“北派”研究团队，打造一份以重点挖掘“北派”作家生平史料为主旨的电子刊物的想法。他们“以为史料缺失乃当下现代通俗文学研究之瓶颈，复念及《通评》[②]停刊后久无替代之刊物，遂决定‘研究通讯’应以史料展示为主，兼顾短小之评论。议及刊物名称，皆嫌‘通讯’不雅，讨论再三，乃名之曰‘品报’”[③]。该媒介自2010年元旦日创刊，至2016年国庆日终刊，共出版36期，发文近600篇。在其存在的近七年时间内，经海内外同仁网上持续打磨与互动，《品报》不仅成了品牌，而且还由内部阅读旨在交流的电子刊衍生出了公开发行惠泽学界的纸媒——《品报学丛》[④]，并承担起了与南方研究团队遥相呼吁现代通俗文学进入“官修正史”的重责。

笔者自20世纪80年代中期在张赣生先生的扶持引领下，开始涉足民国“北

①范伯群教授总结，括号内为本文作者所加。详见《品报学丛(第二辑)》，天津古籍出版社2016年1月出版，第8—9页。

②按：即《通俗文学评论》，由湖北省新闻出版局报刊社主办。

③张元卿：《发刊词》，见《品报》创刊号，2010年1月1日出版，第1页。

④《品报学丛》目前已公开出版三辑，均由张元卿、顾臻编辑，分别由天津古籍出版社于2014年12月、2016年1月、2017年10月出版。

派”通俗文学的史料收集与“人事”探微。三十余年来,不但经历了民国“北派”通俗文学研究从拓荒到收获的全过程,而且承蒙《品报》“掌门人”王振良先生缪奖,“有意无意之间助推了《品报》的创办,进而使得天津的通俗文学研究队伍齐整起来,成果也逐渐显露”[4]。其实,“助推”是假,全程见证并部分参与了《品报》近七年间的出刊过程,则是真。也正因此,笔者由衷感到,《品报》的创办,对民国“北派”通俗文学研究实乃“功德”之举。具体言之,那便是既有对“北派”通俗文学作家生平史料的深挖细作之功,又有对“北派”通俗文学名家身世及作品研究的突破性成果。

二、对“北派”通俗文学作家生平史料的深挖细作之功

1949年以降,三十余年中,对“北派”作家生平史料的挖掘、研究,除1962年上海文艺出版社出版魏绍昌所编《鸳鸯蝴蝶派研究资料》中少有涉及外,其余皆为空白。该项目再次启动于20世纪80年代。1982年至1989年间,天津民国老报人吴云心先生以“过来人”身份,在内部刊物《天津新闻史料》与《艺术研究》上,分别连载了一批回忆“北派”作家的文章①,是为今日“北派”作家集体生平史料挖掘之滥觞。比吴云心先生稍晚,著名学者张赣生先生于1987年在《河北大学学报》发表了《中国武侠小说的形成与流变》一文[5],对还珠楼主、白羽、郑证因、王度庐

①天津日报新闻研究室编:《天津报海钩沉》,载《天津新闻史料》总第1—15辑,1982—1987年内部刊行;《摇落集》,载《艺术研究》总第15—19期,天津市艺术研究所主办,1988—1989年内部刊行。

等民国“北派”武侠名家的生平及作品之轩轾均见地不凡，实乃当今方兴未艾之“北派”作家与作品研究的奠基之作。在此基础上，1991年张赣生先生又推出了学术专著《民国通俗小说论稿》，该书对“北派”作家生平与作品的评骘堪称空谷足音，其权威性至今难以超越。此外，苏州大学徐斯年教授对“北派”作家王度庐生平及其作品的挖掘与研究亦堪称典范。徐斯年教授自20世纪80年代中期开始关注王度庐，并在80年代末于《中国现代文学研究丛刊》发表专题论文《梦魂驱铁骑　孤剑下昆仑——王度庐及其“鹤—铁”系列侠情小说》[6]的基础上，最终推出了《王度庐评传》[7]，立论公允，史料翔实，开启了为“北派”作家写“评传”之先河。20世纪80年代“北派”作家生平与创作研究有影响的压卷之作，应是北京大学孔庆东教授的《超越雅俗——抗战时期的通俗小说》[8]，该书虽是对抗战期间通俗小说的整体观照，但其对“北派”作家与作品的关注、书写比例极大，且观点鲜明，不随时俗。

进入20世纪90年代，对“北派”作家生平史料的挖掘、研究，踵事增华。先是笔者在吴云心先生的影响与张赣生先生的指导下，开始涉足此领域，于90年代初先后写出了一批钩沉“北派”作家生平与作品的文章，在报刊发表后引起同行及作家后人的关注①。此后，随着张元卿、王振良、郭武群、侯福志、胡立生、顾臻等学者在90年代中后期的持续发力，“北派”作家生平史料的发掘与作品研究开始

①其中代表性文章为《赵焕亭一部未被著录的小说》《宫白羽的第一部武侠小说》《也说天津刘云若》《王度庐和他的“侠情小说”》，前三篇发表于《今晚报》1990年12月27日、1991年4月9日、1992年11月30日；后一篇发表于《星》文化月刊1991年5—6期合刊。

出现"盎然"格局，至21世纪前十年之末，已出现了多部成体系的著作①。此种局面的出现，一方面实证了"北派"作家与作品的挖掘、研究已取得阶段性成果；另一方面也预示了此前挖掘的史料已将殆尽，如无新"料"出现，此领域的研究必将进入徘徊阶段。《品报》的创办为其注入了新的活力。由于有了《品报》这个平台，不但"北派"作家生平史料可以进行持续的深挖细作，而且此前的研究又有了新的发现，结论得到了补充、修改，甚至被颠覆。

以刘云若为例。此前我们综合已见史料，得知华北沦陷后，刘为了生存，曾在京津（甚至"满洲国"）"粉饰太平"的报刊上"大展才华"，从而得出作为小说"天才"，他虽不写"大东亚共荣"，但却"气节欠佳"的结论。真相如何呢？请看《品报》上的"最新披露"："记得敌伪时代，满洲有什么作家协会，打着'访华'亲善的旗号，到天津来访问他。那时他正住在旧英租界一个小二层楼上，他的屋门上边有一个小洞，谁去见他，他总要开开小洞看看，当他从小洞中接到'满洲作家协会'的名帖时，他愤然的把名帖一扔，从洞门口说：什么叫作家我不懂得，对不起！说罢'呼'的把门一关，拒绝入内，这些位'兴亚文学'的斗士败兴而返，到北平以后，在一个座谈会中，大发牢骚说：我们这一些爱好文学的朋友，到天津去拜访华北的小说家刘云若先生，却遭享以闭门羹，不予延见，这在'满华文学交流'上，是不胜遗憾的！但是遗憾尽管遗憾，云若却一泄积愤了。……当时还有这么一个笑话，一个负有使命的日本人，跑到北平一个很有名气的老牌小说家那里去买稿。这位

①如郭武群：《天津现代文学史稿》，天津社会科学院出版社2000年版；张元卿：《民国北派通俗小说论丛》，山西古籍出版社2001年版；张元卿：《漫拂书尘》，上海远东出版社2009年版；侯福志：《天津民国那些书报刊》，上海远东出版社2009年版；倪斯霆：《旧人旧事旧小说》，上海远东出版社2010年版。

老先生说：我的稿子可得要八块钱一千字（当时稿费最高的不过五元钱），这个日本小鬼立刻答应，某小说家自以为很得意，但是事后这个日本人却说，我们满想出二十元钱，大大的干活，中国人才要了八块钱，所以，八块就八块罢！可是当时日本人虽出偌许稿费，却买不到刘云若的小说。”①

又如，许多史料上讲刘云若有“烟霞癖”，每每大烟抽足方才“文思泉涌”，而且此等嗜好伴随终生，其英年早逝便与此有直接关系。但《品报》的“最新爆料”却是这样的：“云若以小说家而现身说法，那要以天津戒烟大会的那一幕最生动。天津的潘骏千医学博士为了拯救黑籍同胞，自费创办戒烟医院，而在禁烟节那天，开了一个大会，这里边安排了一个最精彩的节目，是‘现身说法话戒烟’，主讲这个题目的就是刘云若！他以个人自身经历现身说法，把抽烟人的那点骨头，形容得淋漓尽致，活脱小说家章法。后来，他在《一四七》上写了一篇《现身说法记戒烟》，说：‘抽烟的人，当辗转反侧的时候，骨头像一条蠕动的虫，在一骨节一骨节的蠕动。’一位大律师看了这篇文字击掌不止，而这时以后的刘云若，好像获得了新生奋然而起。”②

再如，此前我们从史料上认定，刚“出道”的刘云若因不满《北洋画报》老板冯武越的“盘剥”，曾“拂袖而去”转投《商报》，并从此与冯心生芥蒂。对此说的颠覆也是来自《品报》所刊刘氏的“夫子自道”：“余与武越，交道至深。相处四年余，北

①马克吐冷：《记刘云若》，《一四七画报》第241、257、258、259号，1948年5—7月出版。转引自《品报》第24期，2013年10月1日出版，第6—11页。

②马克吐冷：《记刘云若》，《一四七画报》第241、257、258、259号，1948年5—7月出版。转引自《品报》第24期，2013年10月1日出版，第6—11页。

画虽颇得益于余，而余作事精神，立身矩度，以至关于美术之修养，皆受教于武越。至尽负虚名，能自立，反本追源，不得谓非武越造就之功。然当时余方少年，荒荡不循常轨。武越相爱甚厚，循循谆谆，且多曲谅。其后以小人媒孽其间，余乃辞出北画。然武越犹屡驰函，谓暂离终聚，吾弟莫付北画于度外也。民廿一，余在平与武越时见。武越挽复归北画，以图中兴。因余辑北画时，期销九千，自易人后，销路减三分二矣。余以种种关系，仍辞不就。又翌年，武越访余于家，谓北画将出兑于人，余甚愕，以北画为武越十年心血所毓，何忽弃之？武越咨嗟曰：'今销路不及二千，维持已难，而主之者恋栈不去，振作尤难。惟有出脱，以免亏累矣。倘吾弟在，何致于此！'余闻言甚愧，而无言以相慰也。今武越遽归道山，余歉仄之怀，久欲得当补过以报知己者，兹已不可复得。呜呼哀哉！今于武越开吊之日，谨发私臆为联，以抒悲怀，工拙良不计也。昔时久庇帡幪，座上三千，受恩推我最，春风夏雨，推食解衣，复道义相磋，愆尤相谅，灯火画楼青，常闻温语良箴，朋欢外别有情如家人骨肉，回首百年身，五夜追思，于公独深知己感；兹生积□罪戾，心头亿万，只悔负君多，一暴十寒，吐茵骂座，更艰屯不共，趋走不终，肺肝泼墨黑，而今立身处世，本源中翻得益于良友楷模，空怀没齿恸，九原难起，哀我永作负恩人。"①

从以上诸例可以发现，《品报》在史料上的深挖细作让我们看到了一个与之前完全不同的刘云若。这里有新料，有新说，更有颠覆。2016年《品报》编辑人之一张元卿博士的刘云若研究新成果《刘云若评传》[9]的杀青，就得益于这些深挖

①刘云若：《拜挽冯武越先生》，《天风报》1936年5月3日，转引自《品报》第7期，2010年11月1日出版，第67页。

细作之功。

此外，在《品报》存在的七年间，其对刘云若生年的考证①、对朱贞木序跋的评说②、对还珠楼主生平的补白③、对姚灵犀作品的厘清④、对陈慎言交游的考定⑤、对月明楼主史料的发掘⑥、对徐剑胆作品的钩沉⑦、对赵焕亭家世的探究⑧，等等，无不拔新领异，脱俗超凡。

三、推出了“北派”通俗文学名家身世及作品研究的突破性成果

1991年张赣生先生在其著作中称：“在民国武侠小说的鼎盛时期，可以与‘北派四大家’一较短长者，除了朱贞木，就只有徐春羽。1942年，《立言》画刊登过一则广告，曰‘三名武侠小说家近著三武侠小说’，列在第一位的就是徐春羽，以次是还珠楼主和白羽，并特别声明‘三君均为第一流武侠小说家’，可见徐春羽当年的名气的确不小。”[3]311 但就是这样一位几近与“北派四大家”齐名的作家，我们此前对其生平的了解，却微乎其微。1987年冬末，笔者曾随张赣生先生赴京拜访同为民国“北派”通俗小说名家的耿小的。据耿老讲，徐氏出身中医世家，当年在京

①侯福志：《刘云若生于辛丑年》，见《品报》第11期，2011年5月1日出版，第40—41页。

②顾臻：《朱贞木序跋琐谈》，见《品报》第2期，2010年2月1日出版，第9—10页。

③顾臻：《一个有抱负的青年》，见《品报》第7期，2010年11月1日出版，第60—62页。

④陈存仁等：“姚灵犀小辑”，见《品报》第12期，2011年7月1日出版，第5—31页。

⑤顾臻：《陈慎言著述交游略考》，见《品报》第15期，2012年1月1日出版，第50—54页。

⑥张元卿：《月明楼主之谜》，见《品报》第13期，2011年9月1日出版，第48—49页。

⑦刘云、王金花：《徐剑胆生平及作品考述》，见《品报》第15期，2012年1月1日出版，第72—85页。

⑧陈万华：《赵焕亭的家世与创作》，见《品报》第21期，2013年1月1日出版，第46—49页。

津小报界非常活跃，然而1949年前后突然不知其终。1950年的某日，耿老偶然在北京西直门一家百货店见其卖货，但上前打招呼时，他却突然跑了，此后便杳无音信。在综合耿老回忆及其他史料的基础上，资料积累“花费了约三十年的时间”[3]365 的张赣生先生，最终也只能得出徐氏生平如下：“徐春羽（约1905—？），北京人。据说是旗人。他通医术，曾开业以中医应诊；四十年代至天津，自办《天津新小报》；五十年代初，曾在北京西直门一家百货商店当售货员。其余不详。”[3]311 此后，其他研究者在涉及徐氏生平时，基本未出其右。

转机出现在2010年夏天。《品报》“掌门人”王振良①先生于考索史料时，无意中发现了徐氏的生平线索，于是他经过近两年辗转的“田野调查”，走访数位徐氏亲友，历经数次“山重水复疑无路”，终于迎来了“柳暗花明”。其考证成果证实徐春羽的真实生平如下：“一是籍贯，应是江苏省武进县（今常州市武进区）”，“徐春羽生于北京的可能性，现在看来也几乎没有”，“更与旗人云云无涉”。“二是生年，徐春羽诞于光绪三十一年乙巳十月二十一日（1905年11月17日）。”“三是卒年，笔者采访所获线索无法得出准确结论。徐传藻说，其大伯徐春羽1949年后在北京开诊所，‘镇反’时被逮捕入狱，后因病保外就医，然为其续弦吴氏（著名的北京‘灯笼吴’之女）所不容，走投无路之下重回监狱，未久即病死狱中。又说徐春羽住大乘寺19号，吴氏住武定侯胡同。徐春羽五妹徐惠英则说，徐春羽解放后被捕，死在北京某模范监狱。而据《许宝蘅日记》，解放后较长一段时间，许宝蘅与徐春羽交往频繁，许家的人遇有头疼脑热等，多请徐春羽到家诊治。然自1957年8月

①王振良现为天津《今晚报》副刊部主任，南开大学城市文化研究院特聘研究员，天津问津书院理事长及“问津文库”主编，同时兼任多家民间读书刊物的执行主编。

16 日‘春羽来为宴儿复诊’之后，许家虽然仍是病人不断，但徐春羽在日记中却突然失踪，因推测其被捕在此后不久。至于徐传藻所云‘镇反’恐不确切，很可能是‘反右’。徐春羽之病逝，或在 20 世纪 50 年代末期。”“四是生平，……徐春羽抗战前在天津市教育局工作，其间曾安排三妹淑英在天津的学校教书；徐春羽的住所在今天津市河北区的平安街上，紧邻平安街与进步道交口的王占元旧宅（今已拆除）；徐春羽兴趣广泛，多才多艺，通医术，精书法，会评书，善烹饪，尤其喜欢票戏，常找艺人（包括翁偶虹）到家中交流。又徐春羽嗜麻雀战，每有报馆催稿，辄嘱牌局暂停，提笔疾书以应，然后又继续打牌。”“五是后人，徐春羽有一子二女。长女徐小菊，1949 年随四野南下，现居赣州；次女徐小羽，退休前在北京市海甸小学（原八一小学）教书；长子徐 × ×，已去世。又据《许宝蘅日记》，徐春羽之子女有名小龄、小迪者，徐小龄或即其子，徐小迪或即徐小菊。”①

至此，徐春羽的生平我们得以获知全貌。此文于 2015 年在内部发行的电媒《品报》②及公开发行的纸媒《苏州教育学院学报》[10]刊出后，在业内引发极大反响，认为是填补了目前所知史料之空白，且是“北派”重要作家生平研究的突破性成果。

说罢徐春羽，再来看还珠楼主。嗜武侠小说及戏曲者，皆知还珠是神怪武侠小说大宗师和著名戏曲作家，其所构建的卷帙浩繁的“蜀山系列”与推陈出新的“尚派名剧”，至今仍散发着熠熠光华，无法逾越。殊不知，他在随笔、杂谈、小品

①此节引文均见王振良：《徐春羽家世生平初探》，载《品报》第 32 期，2015 年 10 月 1 日出版，第 2—9 页，引文中的注释均被删除。又见《苏州教育学院学报》2015 年第 4 期，第 24—27 页。

②王振良：《徐春羽家世生平初探》，见《品报》第 32 期，2015 年 10 月 1 日出版，第 2—9 页。

文(姑且总称之为“散文”)等方面的造诣也是了得。除《蜀山剑侠传》《青城十九侠》等武侠名篇及《汉明妃》《花蕊夫人》等戏曲佳构外,他的系列“散文”《还珠楼丛谈》更是为世人展现出了“神怪”“氍毹”之外的另一番“世俗”新天地。其内容涉及的“史事、技击、书法、篆刻、诗词、美食、茶道、命理、编辑等”,不但“可作为其武侠小说的篇外篇来读”[11],而且还让我们看到了一个与“神人”还珠楼主迥异的“食人间烟火”的李寿民。对这一问题的认识,起码在2012年以前我们还是很模糊的。此前研究者只知还珠在创作神怪武侠的同时,还写有大量京剧剧本和“散文”,甚至对其剧本创作成果和成就的了解要远远超过这些“散文”。将还珠“散文”大量挖掘推出且让众人观之一惊者,恰恰是《品报》的具体“操盘手”之一顾臻先生。

顾臻者,京华人氏,乃“学术研究”体制之外的通俗文学“非典型专家”、著名武侠小说收藏家。据其自述:2009年“津门论剑”会后,他受徐斯年教授之托,“详叙《江湖奇侠传》民国版本源流”,于是“凡周末无公干,即埋首国家图书馆中,查阅原始连载文本信息。当其时也,忽于馆中发现藏有一九三〇年代《天风报》胶片。念及还珠楼主曾主编《天风报》副刊《黑旋风》,何妨一阅其编辑内容,或可略解目枯之劳。遂于便中稍作浏览,岂知竟迭见署名还珠楼主之《还珠楼丛谈》,文辞或古茂或清丽,内容则奇谭怪事、稗史轶闻,读来饶有趣味,内容可与十几年后之上海《茶话》杂志所载者互补。后更发现其《征求青藏番族志》一文,述其孤身徒步考察甘肃、青海两省山河形势。凡此种种,不一而足。由是继续努力深入发掘。迨至二〇一二年岁杪,累计收获《还珠楼丛谈》七十六篇、武侠小说佚作《紫电青霜》连载一百三十一期及还珠楼主所撰代邮、京剧剧本等佚文多篇,还珠楼主早年生平之空白终得以约略充实”①。2012 年 2 月 1 日，顾臻将这些成果中的大部分内容，以《琴雨箫风斋随笔·读〈天风报〉札记》之栏目名，于《品报》第 2 期开始连载，至 2014 年 1 月 1 日《品报》第 25 期载完，共得文字 10 万有余。旋即他又与还珠研究专家周清霖先生联手，补入还珠散佚的《微笑集》《文剪集》，以及散杂文、小品、书简、代邮等文字，最终编成 20 余万字的《还珠楼主散文集》，由香港天地图书有限公司于 2014 年 10 月公开出版。“这些文白相间的生活人生之剪影速写，不仅为读者留下了可供欣赏的古朴清新、简洁灵动之作，也为人们进一步了解和研究还珠楼主及其武侠世界提供了可资参考的材料。”[12]同时也为还原还珠一生真实完整的“文学创作”提供了事实依据。而这些填补空白的史料的刊布，恰恰是因为有了《品报》这个平台。很难想象，如果没有《品报》连载的诱惑与推力，顾臻是否还能坚持历经三年的冷案枯坐、披沙沥金，并最终取得如此突破性之成果。

如果说作为“体制外学者”的王振良与顾臻能够取得上述成就，尚赖之于早年的“中文系”素养、历年训练有素的文史磨砺及二人均为《品报》编辑之优势，那么下文说到的“退休工人”胡立生先生对郑证因研究的“里程碑”式贡献，则完全是《品报》扶持和“倒逼”的结果。

民国武侠小说“北派四大家”中，还珠楼主、白羽、王度庐凭借后人与相关研究者之互动，近年不但分别推出了他们的武侠“全集”或“选集”，而且学界在此基础上对这三大家的研究，目前亦呈方兴未艾之势，成果迭出。与之相较，无论是作

①顾臻：《〈还珠楼主散文集〉序》，见《品报》第 29 期，2015 年 1 月 1 日出版，第 45—46 页。

品数量还是技击“功夫”均尚高一筹的郑证因，却没那么幸运。其原因一为郑氏作品卷帙浩繁且散见南北书肆与报刊，历经沧桑难以搜罗；二为郑氏身后无嗣，无人张罗奔走钩稽编纂之苦差；三为作品再版不多，研究者难窥全貌而无以下笔。或许应了“否极泰来”之说，也许冥冥之中有“贵人”相助，2017 年郑氏终于“走运”。其标志是，继年初 42 卷近 90 部的《民国武侠小说典藏文库·郑证因卷》[13]公开出版后，4 月，一部辑录、考证郑氏武侠的学术专著《郑证因小说经眼录》[14]也已杀青。而这两部成果的出现实乃端赖一人——此前身为退休工人而今已被称为“民间学者”的胡立生先生。前者是他的多年收藏；后者是他的研究专著。

与胡立生先生相识，是在十余年前的一次贺岁书签售会上。那天，他在几位签售者中找到笔者，自称工厂老工人，喜欢郑证因与白羽的作品，并将其藏书屋命名“因羽斋”。这本不为奇，中老年读者中嗜读此二人小说者，并非鲜见。但他后面的一句话却让笔者瞠目结舌——“我已将郑证因的武侠小说基本搜集全了。”就在笔者将信将疑间，他有如“报菜名”般将郑证因的 90 余部武侠书名说了一遍。1990 年笔者参与编撰《中国武侠小说辞典》[15]时，曾负责郑证因及其作品词条的撰写，当时跑了京津几家图书馆，也才看到其 20 余部作品，不及全部的三分之一。但即使如此，笔者已深深叹服于郑氏小说中的帮派争斗和技击场面，并曾撰文《技击小说首席代表郑证因与〈鹰爪王〉》[16]予以评介。胡先生说他正是看到此文，方才“慕名”寻找“弟兄”一起切磋“郑氏武学”的。从此，我们成了“武林同道”。

之后，胡先生来到寒舍，以录有百余种郑氏武侠小说封面的 U 盘相送，并在交谈中讲到，他搜集郑氏作品始于 20 世纪 50 年代，那时天津有几家“鬼市”，每当天蒙蒙亮时，便有人偷着卖各类旧武侠作品，从此，他便与“鬼市”结缘，而且足迹从天津走向全国,将郑氏作品几近收罗齐全。当时笔者提出最好能将郑氏书目列表并进行真伪及出版年代的考辨,他答应一试。不久,胡先生应邀出席“津门论剑”会议,其发言便是郑氏武侠谱系。会后,《品报》编辑王振良等“希望胡先生能对所藏详细提要,并附录有关序跋和章节目录,以便于研究者和爱好者参考,此亦《品报》所刊《因羽斋郑证因作品过眼录》诞生之缘起”[17]。再不久,在《品报》的直接“催生”下,他的这组郑氏作品系列考证文章便在《品报》第 3 期上开始连载了,直至第 8 期方结束。再后,他送来一本自制的《郑证因作品过眼录》,笔者看后建议将内容的结构顺序作一些调整。最终,一本 27 万字的《郑证因小说经眼录》在 2017 年 4 月公开出版。阅罢全书,笔者对其“突破性”感触深者盖有四端:一曰涵盖性强,据相关史料统计,郑氏一生共撰武侠小说 90 余部,而此书所收署名“郑证因”作品竟高达 110 部,可谓目前郑氏武侠之大全;二曰原创性强,书中所录所考均以“因羽斋”所藏郑氏作品为底本,独家版本加上独家所论,革除了目前此类文章中或多或少的人云亦云东拼西凑之弊;三曰辨伪性强,郑氏武侠当年广受欢迎,因此坊间伪书杂陈,对此胡先生凭借独特“眼功”加以考辨,言之有据,辨析清晰;四曰资料性强,书中所录郑氏武侠名录、简介、序跋、弁言、前言、小启、目录、考辨、评论、书影、版权页、书外话、修(校)一览表、连载一览表、出版社一览表等,详尽齐全,查考方便,实乃一部郑氏武侠大辞典。

作为北派武侠小说重要作家之一,郑证因是“幸运”的,在沉寂了一个多甲子后,在 2017 年终于重出“江湖”。从郑证因的“幸运”也可看出,《郑证因小说经眼录》的公开出版,虽端赖于胡立生先生的经年努力,但若没有《品报》这个平台和其编辑的“催生”,胡立生先生恐怕只能成为民间收藏家,很难保证他会有郑氏版本研究这一“突破性”成果，可以说，《品报》完成了胡先生从“民间的藏家”到“民间学者”的建构，见证了他的转型。正是因为有了《品报》的“倒逼”，胡先生“幸运”了，郑证因“幸运”了，民国“北派”武侠小说也“幸运”了。

除王振良、顾臻、胡立生三位先生外，近年来，借助《品报》这个平台，“北派”研究团队其他成员的研究成果也不断涌现。这其中有代表性并被付梓成书者，如张元卿的《望云谈屑》[18]、《云云编：刘云若研究论丛》[19]、《刘云若评传》[9]；倪斯霆的《旧文旧史旧版本》[20]、《还珠楼主前传》[21]、《旧报旧刊旧连载》[22]；侯福志的《刘云若社会言情小说经眼录》[23]、《沽水旧闻录》[24]等，均属民国“北派”通俗小说研究的突破性成果，因限于篇幅，笔者于此不再赘言。

参考文献

[1]范伯群.中国近现代通俗文学史[M].南京:江苏教育出版社,2000.

[2]范伯群.中国现代通俗文学史(插图本)[M].北京:北京大学出版社,2007.

[3]张赣生.民国通俗小说论稿[M].重庆:重庆出版社,1991.

[4]王振良.序[M]//倪斯霆.旧报旧刊旧连载.上海:上海远东出版社,2017:2.

[5]张赣生.中国武侠小说的形成与流变[J].河北大学学报(哲学社会科学版),1987,12(4):38-45.

[6]徐斯年.梦魂驱铁骑孤剑下昆仑——王度庐及其“鹤—铁”系列侠情小

说[J].中国现代文学研究丛刊,1989(2):95-111.

[7]徐斯年.王度庐评传[M].苏州:苏州大学出版社,2005.

[8]孔庆东.超越雅俗——抗战时期的通俗小说[M].北京:北京大学出版社,1998.

[9]张元卿.刘云若评传[M].天津:天津古籍出版社,2016.

[10]王振良.徐春羽家世生平初探[J].苏州教育学院学报,2015,32(4):24-27.

[11]周清霖,顾臻.还珠楼主散文集[M].香港:天地图书有限公司,2014:封底.

[12]李观鼎.序二[M]//还珠楼主散文集.香港:天地图书有限公司,2014:11.

[13]郑证因.民国武侠小说典藏文库·郑证因卷[M].北京:中国文史出版社,2017.

[14]胡立生.郑证因小说经眼录[M].天津:天津古籍出版社,2017.

[15]胡文彬.中国武侠小说辞典[M].石家庄:花山文艺出版社,1992.

[16]倪斯霆.民国时期天津通俗小说创作与出版史话(三)[J].通俗文学评论,1998(3):101-103.

[17]王振良.序二[M]//胡立生.郑证因小说经眼录.天津:天津古籍出版社,2017:6.

[18]张元卿.望云谈屑[M].天津:天津古籍出版社,2014.

[19]张元卿.云云编:刘云若研究论丛[M].天津:天津古籍出版社,2015.

[20]倪斯霆.旧文旧史旧版本[M].上海:上海远东出版社,2012.

[21]倪斯霆.还珠楼主前传[M].天津:天津古籍出版社,2014.

[22]倪斯霆.旧报旧刊旧连载[M].上海:上海远东出版社,2017.

[23]侯福志.刘云若社会言情小说经眼录[M].上海:上海远东出版社,2016.

[24]侯福志.沽水旧闻录[M].北京:华龄出版社,2017.

(责任编辑:石娟)

[载于《苏州教育学院学报》2017 年第 5 期(总第 144 期),2017 年 10 月 25 日出版]

《品报》学术风格论

[江苏]石　娟

摘　要:2010年,为给钩沉通俗文学史料,阐发通俗文学之方志学、社会学、民俗学等多维价值提供平台,中国通俗文学研究同人电子刊物《品报》创刊。它无刊号、无经费、无专职研究人员,坚持出版了七年共36期,以史料立言。其成员均非学院派,从行文到行为气质具有鲜明的民国旧派文人的"名士气"。其研究成果与津沽地域文化相观照, 在目下的学术机制与体制背景下, 其学术风格自成一体,以丰厚的研究成果,为21世纪以来中国近现代通俗文学研究走向深入,作出了贡献。

关键词:《品报》;通俗文学;北派;南派;学术风格;天津;北京;地域文化;上海

一个人的气质,决定于内里:家学、阅历、教养、修为……内在的一切,塑成一个人的灵魂,形之于外。报刊的风格也是如此:办刊的目的、编辑的态度、稿件的择选、作者群的构成、读者的趣味……都会以有形或无形的方式,在不经意间渗透出来。一份期刊的作者、编辑和读者,会围绕着这份期刊构成特定的"场域",这一"场域",既是编辑、作者和读者共同的志趣和追求,更是由期刊内容与美学特征建构而成的风格与特色。因此,对一份刊物的研究,既是对这份刊物内容和形式特征的总结,更是对刊物所属作者群、编辑和读者特有的风格气质以及文化追求的归纳与整理。对学术刊物而言,此类问题的思考和分析可以较为清晰地梳理出某个学派、某个同人团体共有的志趣与品味,甚至学术追求上的共性。

2010 年元旦,憾于《通俗文学评论》停刊多年,为给钩沉通俗文学史料,阐发通俗文学之方志学、社会学、民俗学等多维价值提供平台,一份在通俗文学研究圈中内部发行的电子刊物——《品报》创刊。创刊之初,托名"民国通俗小说研究馆"编,单月 1 日出版赠阅,2010 年和 2011 年 2 月 1 日各增出一期;2013 年改为季刊,改署"天津市文学编辑学会"编,每逢 1 月、4 月、7 月、10 月的 1 日推出;2014 年又改由天津问津书院编。《品报》定名其来有自,张元卿先生在开篇即言:"聊表京津沪三地友人联手办刊之创意,亦略抒对晚清民国小报报人独立办刊之敬意云尔。"[①]《品报》之"品"的选择,一方面是由于办刊发起人王振良、张元卿先生来自天津,顾臻先生来自北京,林鸥先生来自上海——从地理上看,三地构成"品"字形态;另一方面,则是《品报》同人向民国报人独立办刊之精神致敬——明眼人不难看出,字形上,《品报》与《晶报》何其相似!有趣的是,时隔《品报》出版五

①张元卿:《发刊词》,《品报》创刊号,2010 年 1 月 1 日出版,第 1 页。

年后，张元卿先生揭开谜底：果然与《品报》渊源颇深，只是不是上海小报“四小金刚”中的《晶报》，而是《天津晶报》，且竟然出自民国上海“一鹃一鹤”中的《新闻报》副刊“快活林”主编严独鹤之手①，颇可玩味(见图 1)。

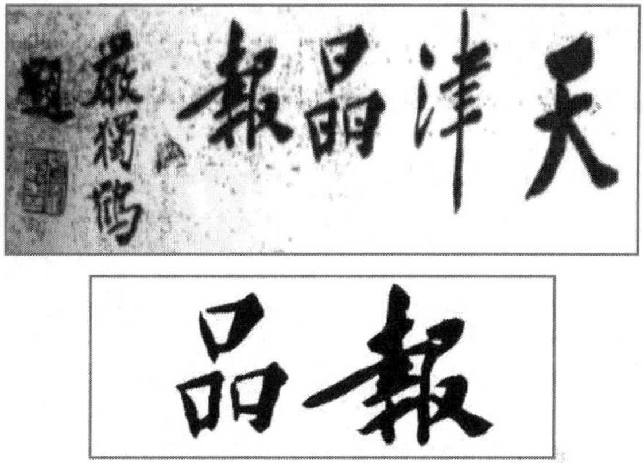

图 1《天津晶报》(严独鹤手书)与《品报》刊名

然而，由于多重原因：或者是由于微信公众号的开通，或者是由于同人工作繁忙，精力所限……七年之后，至 36 期，《品报》停刊，虽令人遗憾，但其七年来对中国近现代通俗文学特别是“北派”通俗文学研究的贡献，善莫大焉。

综观《品报》，刊物从栏目、内容到形式，都浸润了浓浓的民国风度和名士气质，每每翻阅，常不免献上焚香净手之虔敬。与时下千刊一面、内容刻板的学术论文相比，《品报》上的文字时时处处展示出自由洒脱的灵性之笔，注重趣味，又不失谨严，与当下所谓“体制内”的学术刊物及文学研究形成鲜明对照，赢得通俗文学研究圈内的一致称赞。《品报》一无刊号、书号，二无经费，三无专职工作人员(编辑均为兼职)，却能取得如此成绩，在当下学术研究大背景下，不失为一道特异的风景。到底是什么力量推动着《品报》得以坚持七年？是什么成就了《品报》的

①在《品报》五周年纪念刊上，张元卿在《严独鹤为〈品报〉“题”名》一文中揭出：“……我偶然看到严独鹤给《天津晶报》题写的报名，忽觉可以把其中的“晶报”二字减笔转为‘品报’，暗地里沾一下严老先生的光，也延续一下他和天津的缘分，于是，严独鹤‘题’写的报名就出现在了《品报》报头上。”见《品报》第 29 期，2015 年 1 月 1 日出版，第 18 页。

特色?《品报》所取得的成绩,又投射出当下的学术研究中存在的哪些问题?因此,有必要对《品报》的学术风格及同人的治学特色进行梳理和回溯。

以史料立学

相较于通俗文学“南派”研究(上海、苏州等),“北派”通俗文学研究因学科专业研究者人数、史料开掘的地域限制等条件的制约,进展缓慢,成规模的系统研究起步较晚。张赣生先生是较早全面进入民国通俗小说研究的学者之一,“北派”通俗文学研究尤见功力,他出版于1991年的《民国通俗小说论稿》中,“南派”和“北派”几乎各据“半壁江山”,北派略强。[①]但之后“北派”研究陷于停滞,至2000年范伯群先生主编《中国近现代通俗文学史》出版之际,十年内,“北派”通俗文学研究进展缓慢,故而,在整部通俗文学史中所占体量十分有限。粗略统计,以章节计,只有社会言情编(两节)[②]、武侠党会编(六章有余)[③]、滑稽幽默编

①《民国通俗小说论稿》主体部分包括“上篇”“中篇”和“下篇”,共选了民国26位通俗小说家进行论述。“上篇”为“民国通俗小说总论”;“中篇”为南派作家及其作品论,为海上漱石生、包天笑、李涵秋、蔡东藩、程瞻庐、平江不肖生、何海鸣、姚民哀、顾明道、文公直、秦瘦鸥、王小逸12人;“下篇”为北派作家及其作品论,为董濯缨、赵焕亭、陈慎言、张恨水、刘云若、陈墨香、还珠楼主、白羽、郑证因、王度庐、朱贞木、徐春羽、耿小的、戴愚庵14人。

②分别为本编《第十五节 “老照片”上被遗忘的津沽“英雄”》《第十六节 通俗小说中含金量极高的经典之作》。见范伯群主编:《中国近现代通俗文学史》(上卷),江苏教育出版社2000年版,第219—245页。

③分别为本编《第七章 北派巨子赵焕亭》《第八章 神驰八极出入仙魔的还珠楼主》《第九章 宫白羽的社会武侠小说》《第十章 悲剧侠情小说类型的完成者王度庐》《第十一章 刚性技击小说名家郑证因》《第十二章 奇情武侠小说家朱贞木》,此外,本编第一章总论中的《第二节 民国时期武侠小说概述》中对第三阶段成熟期武侠小说的讨论几乎完全以北派武侠小说为主。见范伯群主编:《中国近现代通俗文学史》(上卷),江苏教育出版社2000年版,第580—736页。

(一章)[①]、通俗期刊编(一章)[②],约为全部内容的六分之一强。[③]而即便是当时进入文学史的部分内容,比如"北派"武侠诸大家如还珠楼主、赵焕亭、白羽、王度庐、郑证因、朱贞木,社会言情小说家刘云若,滑稽幽默小说家耿小的,乃至"北派"通俗文学期刊,均由于各种因素导致的史料开掘不足而在史识、史观方面难与"南派"通俗文学研究成绩比肩,甚至很多重要作家、作品以及期刊的基本史实都面容模糊,很多重要报纸几未提及,遑论公允的文学史评价。而这一现象,进入21世纪第一个十年之后,由《品报》同仁改写。史料类型多样,较为常见的有述史料、文献史料、实物史料,等等。《品报》同仁的史料搜集与考证是全方位的,他们遍访内地及港台地区的图书馆、旧书店、旧书摊、档案馆,或访谈当事人及其后代、亲属,或邀他们撰写回忆文章,努力发掘一手资料,呈现历史现场,十年如一日,努力打通通俗文学研究特别是北派通俗文学研究中一个又一个关隘,如刘云若生卒年、生平经历中的细节以及创作版本,白羽字号特别是作品真伪,还珠楼主生平事迹及其创作脉络的考证,王度庐的早期创作等等问题,据笔者手头文献统计,当事人即有姚灵犀、刘云若、沈从文、西门丁,白羽的后人宫以仁、还珠楼主的后人李观洪、李观政,刘云若的女儿刘美文、刘美珠及外甥女辛绍兰,等等。为核实这些史实,《品报》同人翻阅的报刊文献更是不可计数,其中经常提及的报刊即有《小小日报》《北平老百姓日报》《天津平报》《天津午报》《新天津报》《新天津晚

①为本编《第七章 社会滑稽小说家耿小的》。见范伯群主编:《中国近现代通俗文学史》(下卷),江苏教育出版社2000年版,第352—367页。

②为本编《第五章 北派通俗文学期刊(1917—1949)》。见范伯群主编:《中国近现代通俗文学史》(下卷),江苏教育出版社2000年版,第701—716页。

③范伯群先生主编的《中国近现代通俗文学史》(上、下)(江苏教育出版社2000年版),共八编四十八章。

报》《中南报》《东方时报》《大公报》《庸报》《世界日报》《益世报》《天风报》《天声报》《中华新闻报》、《民生日报》《快报》《星报》《天津商报》《一四七画报》《三六九画报》《天风画报》《新天津画报》《上海画报》《北洋画报》《东方画报》《立言画刊》《星期六画报》《京报》(南京)、《明报》(香港)、《新晚报》(香港)、《武侠世界》(香港)等等。从大量当事人回忆及报刊文献和档案文献的地毯式查考中,经过仔细甄别、反复考证而厘清、确认了许多历史细节,极大地填补了前期研究中的盲点和空白。而与很多学者凭借一己之力"上穷碧落下黄泉"式的史料搜集方式不同,《品报》同人对这些问题的梳理,则是以集体考证、资源共享的方式,通过系列成果的出版,使之得到确立。

对于文学史上重要的作家作品,除一些综合栏目外,《品报》以专题"小辑"的形式予以呈现。据统计,有"平江不肖生小辑"(共9期)[①]、"姚灵犀小辑"(共2期)[②]、"陈慎言小辑"[③]、"赵焕亭研究小辑"[④]、"李涵秋研究小辑"[⑤]、"还珠楼主研究小辑"(共2期)[⑥]、"王度庐研究小辑"(共2期)[⑦]、"陆澹安研究小辑"[⑧]、"刘云若研究小辑"(共7期,包括一期"御河轩研云录",即侯福志先生刘云若研究

①见《品报》第3期(2010年3月1日出版)至第8期(2011年1月1日出版),第10期(2011年3月1日出版),第12期(2011年7月1日出版)至第13期(2011年9月1日出版)。
②见《品报》第12期(2011年7月1日出版)至第13期(2011年9月1日出版)。
③见《品报》第15期,2012年1月1日出版。
④见《品报》第21期,2013年1月1日出版。
⑤见《品报》第23期,2013年7月1日出版。
⑥见《品报》第23期(2013年7月1日出版),第29期(2015年1月1日出版)。
⑦见《品报》第23期(2013年7月1日出版),第25期(2014年1月1日出版)。
⑧见《品报》第24期,2013年10月1日出版。

专题)[①]、"何海鸣研究小辑"[②]、"西门丁研究小辑"[③]、"白羽研究小辑"(共2期)[④]、"徐春羽研究小辑"[⑤];作品研究专题有"《三体》研究小辑"[⑥]。此外,对于通俗文学作出重要贡献的学者、后人也给予专题呈现,如"追忆宫以仁先生"(共2期)[⑦]、"张赣生先生纪念小辑"(共9期)[⑧]、叶洪生先生论文研究专题(共3期)[⑨],等等。这些"小辑"以研究对象为中心,以新发现史料的呈现和钩稽、辨正为主,有话则长,无话则短,不受现有学术研究文章的格式所拘,与学院体制内要求的"摘要、关键词",行文中"一级标题二级标题"式"八股"论文充斥的现状,相映成趣。

特别值得一提的是,与很多学院派以课题方式开展系统研究不同,《品报》同人的考证重微观,关注历史细节,重校勘、辨伪,重考据,颇有乾嘉之风,不发宏论,言必有据,以史料立言。而经过十余年的潜心努力,《品报》同人基本厘清了"北派"通俗文学研究中的一系列关键问题,如作品版本、文学载体、出版时间、文

①见《品报》第26期(2014年4月1日出版),第28期(2014年10月1日出版),第31期(2015年7月1日出版),第33期(2016年1月1日出版)至第36期(2016年10月1日出版)。

②见《品报》第27期,2014年7月1日出版。

③见《品报》第27期,2014年7月1日出版。

④见《品报》第31期(2015年7月1日出版),第35期(2016年7月1日出版)。

⑤见《品报》第32期,2015年10月1日出版。

⑥见《品报》第36期,2016年10月1日出版。

⑦见《品报》第11期(2011年5月1日出版)至第12期(2011年7月1日出版)。

⑧见《品报》第28期(2014年10月1日出版)至第36期(2016年10月1日出版)。

⑨叶洪生先生论文研究专题前后期共设立了两个栏目,一个为"侠客笔记"(共2期),见《品报》第2期(2010年2月1日出版)至第3期(2010年3月1日出版);另一个为"南天老叶武侠小说研究论辑",见《品报》第36期,2016年10月1日出版。

学事件以及作家生平等种种，以一份份沉甸甸的学术成果[①]系统而清晰地勾勒出民国北派通俗文学的基本面貌。

非学院派研究

总览《品报》同人的职业，不难发现，他们有一个共同的特征——均非学院派：王振良先生是天津《今晚报》副刊部主任，顾臻先生曾是外企职员，倪斯霆先生是《书报文摘》总编辑，胡立生先生已退休，侯福志先生是公务员，林鸥先生是藏书家……所有撰稿人均处于目下的学术体制之外，他们没有科研任务的压力，也无年终绩效考评的物质利益刺激，也就意味着他们研究的驱动力是学术理想及兴趣使然，而非“逼迫”。[②]因此，他们的写作随性、自由、严谨、扎实而无功利，随

①这一系列成果包括张元卿著《刘云若评传》(天津古籍出版社 2016 年 10 月版)、《望云谈屑》(天津古籍出版社 2014 年 8 月版)；倪斯霆著《旧人旧事旧小说》(上海远东出版社 2010 年 3 月版)、《旧文旧史旧版本》(上海远东出版社 2012 年 7 月版)、《还珠楼主前传》(天津古籍出版社 2014 年 11 月版)、《旧报旧刊旧连载》(上海远东出版社 2017 年 4 月版)；侯福志著《刘云若社会言情小说经眼录》(上海远东出版社 2016 年 1 月版)；周清霖、顾臻编《还珠楼主散文集》((香港)天地图书有限公司 2014 年 10 月版)；张元卿、顾臻编《品报学丛(第一辑)》(天津古籍出版社 2014 年 12 月版)；徐斯年编《王度庐散文集》(香港天地图书有限公司 2014 年 12 月版)；张元卿编《云云编：刘云若研究论丛》(天津古籍出版社 2015 年 12 月版)；宫白羽著，王振良、张元卿编《竹心集——宫白羽先生文录》(天津人民出版社 2015 年 11 月版)；张元卿、顾臻编《品报学丛(第二辑)》(天津古籍出版社 2016 年 1 月版)，等等。

②徐斯年先生将《品报》同人的研究称为“体制外研究”，并分析了“体制外研究”的优势：“上面没有‘婆婆’压着、管着，大家不为名、不为利，全以兴趣为动力，想读啥就读啥，想写啥就写啥(同时意味着不想写的东西可以不必费心硬写)。这也就是‘天乐’吧——庄周说‘无天怨，无人非，无物累，无鬼责’，则可‘知天乐’矣。”同时也指出其研究的劣势：“第一个问题是经费，第二个问题是编刊物弄不到刊号，随之而来的第三个问题则关乎发行。这就是《品报》长期只能以电子同人刊物的形式，在‘内部’流通的原因。”见徐斯年：《品报学丛(第二辑)序》，张元卿、顾臻编：《品报学丛(第二辑)》，天津古籍出版社 2016 年 1 月版。徐先生“体制外研究”之说从当下的学术机制和体制角度予以辨析，二说从概念范畴上有差异，也有同一。

"心"而为——作者写得开心，编者编得随心，读者读得舒心。也因此，《品报》从栏目名称、内容形式乃至合作方式自由无拘，呈现出浓浓的名士气，具有了内在的同一。

（一）栏目名称：颇具古风

与期刊的栏目一样，《品报》自创刊伊始就确立了几个贯穿始终的固定栏目，多数栏目都由四位编者独立供稿，从内容或文体上保持一致的风格。与学术期刊以学科和内容分类不同，这些栏目在选字造词上颇具古风，具有创作"意"："琴雨箫风斋随笔"由北京的顾臻先生供稿，以港台通俗文学作家的作品或报刊随笔为主。"琴雨箫风斋"是顾臻先生的书斋名，《品报》上著名的"三鱼"[①]之一的"梦鱼"即为顾臻先生笔名。"青谷观书录"由彼时尚在天津的张元卿先生供稿，主要是关于民国小说图书版本、内容及相关资料的绍介。"青谷"是张元卿博士的号，为其韩国访学时由晏海林先生所赐，与韩语"朋友"音似。"春秋阁过眼烟云记"由上海的林鸥先生供稿，主要为民国小说版本的介绍。"春秋阁"自然是林鸥先生的书斋名，"过眼烟云记"则有因缘，据林鸥先生记："春秋阁所藏之书甚夥，然聚散终有时运之机，'出阁'之时能记上一笔，只鳞片爪亦足让后人知之一二。一切过眼烟云，思之感叹再三。此记所录均是所见之书……"[②]"杜鱼文钞"为王振良先生在天

①《品报》有"三鱼"，分别为"白鱼"张元卿，"杜鱼"王振良，"梦鱼"顾臻，偶尔还会见到"双鱼"——"白鱼"张元卿和"杜鱼"王振良的合称。"三鱼"取名十分有趣："白鱼""杜（蠹）鱼"均为"书虫"之意，"梦鱼"想来与顾臻彼时分身不开的境遇有关——"做梦都想做一个专心的书虫"。王振良网名叫"饱蠹鱼"，即吃饱了的书虫。"三鱼"一个为吃饱了的书虫，一个是正在吃的书虫，一个是梦想着做一个专心的书虫，不难看出三人对于文献爬梳钩沉的执着且以之为乐的同人情结。

②林鸥：《春秋阁过眼烟云记·小序》，见《品报》第1期，2010年1月1日出版，第7页。

津所抄录的"北派"通俗文学文献资料,"杜鱼"为"蠹鱼"之谐音,源自王振良网名"饱蠹鱼",也即吃饱了的书虫。通俗文学研究界消息一栏,栏目取名"箫剑传声","声"一字而意出,也因了"箫剑"具有了江湖气。"琴、箫、书、剑、阁",武侠世界的各种配置一应俱全,《品报》以此凝聚了一批以通俗文学研究为志业的同道,在一无刊号二无经费三无宣传四无发行的非常态出版行为中,建构了通俗文学研究者及爱好者的"文学场"。

(二)内容形式:自由无拘

从内容及其结构上看,《品报》不喜通常学术刊物上惯有的长篇大论,多精警小文。文字不喜晦涩严肃,多如友人闲话家常,短而有味。所载内容服务于学术而不囿于学术,内容丰富多元,不仅有小说、散文,还有各种杂文、漫谈,从当下学术刊物的视角看过去,未免太不"规范"了,可是,就在这貌似不"规范"中,《品报》同人又都恪守着真正的"规范"——刊载的所有文章均言必有据,编校堪称完美。文中那些貌似拉杂的"闲话",让高高在上的"学术"显得亲切易懂,而那些考据文字,又如此"民国风"。王振良先生在《无厘头的闲话》一文中这样解释《品报》的用稿原则:

> 首曰学术性、资料性、趣味性之结合,再曰学术界与收藏界结合、研究者与爱好者结合、专业性与普及性结合。学术若能走出象牙之塔,惠及一般阅者,亦是学人之大幸事矣。黄卷青灯之苦读固然需要,红袖添香之情境亦不可少。诸师友若能于百忙之中,惠赐我等有用、有益、有趣之佳什短章,于通俗文学而言之,亦可谓幸之又幸矣。

文固不能不学而无术，即或无法及于有用、有益之阶，至少要有趣而“好玩”。好玩则不枯燥，不乏味，不古板，实际也是一种颇为难得的学术境界。[1]

《品报》严格执行了治学“有趣”“好玩”之原则，作者为文，不为夺人眼球，不为彰显“学术”气质的高大上。如张元卿先生在谈及通俗诗文在地方史研究中的史料价值时写道：“题目写得像要做长篇论文，显得煞有介事，有股子学院风，这只怪自己没有写通俗文的本领，只能如此这般了。如果说民国通俗小说是整齐的庄稼地，那通俗诗文就是那田埂边的杂草。我们常年专注于庄稼地的正规作物，越收割越多，越加工越细，一门心思想着来年的收成，很少有人在意田埂边杂草的荣枯。”[2]16 这是直接而善意地指向问题。《品报》上的写作看似漫不经心、随意，但是，文学、艺术、历史、哲学的研究文章是否只能写成“国际化”的“八股”格式，值得商榷。林徽因的建筑学研究文章，常常既是建筑学界的研究经典，又是真正的“美文”，如她与梁思成合著的《平郊建筑杂录》中即如此界定“建筑意”：

无论那一个巍峨的古城楼，或一角倾颓的殿基的灵魂里，无形中都在诉说，乃至于歌唱，时间上漫不可信的变迁；由温雅的儿女佳话，到流血成渠的杀戮。他们所给的“意”的确是“诗”与“画”的。但是建筑师要郑重郑重的声明，那里面还有超出这“诗”“画”以外的意存在。眼睛在接触人的智力和生活所产生的一个结构，在光影恰恰可人中，和谐的轮廓，披着风露所赐予的层层生动的色彩；潜意识里更有“眼看他起高楼，眼看他楼塌了”凭吊兴衰的感慨；偶然更发现一片，只要一片，极精致的雕纹，一位不知名匠师的手笔，请问那时锐感，即不叫他作“建筑意”，我们也得要临时给他制造个同样狂妄的名词，是不？[3]

感性与理性并具，文字与哲思并美，此段追古思今之感慨，若以今天的学术论文要求看来，恐怕会被毫不留情地打入“非学术类”。文章有法，贵无定法，研究文章的笔法，本应以研究对象为本，研究对象的丰富、语言的生动、内容的自由，都对研究文章的写作提出了挑战。研究者的写作若能才华与理性并美，可以表达更具穿透力的识见，也才能更“懂”研究对象。《品报》上那些不受当下学术“规范”所拘的性情文章，在精神气质上与民国时期通俗文学作家追求自由、不受束缚、尊重趣味的“名士”风度暗合，同人“非学院派”的身份成就了《品报》内容的自由率性，也成就了《品报》同人“我手写我口，我口说我心”的研究风格以及《品报》无功利的“公器”之身份。

（三）结集形式：同人化

细心的读者不难发现，《品报》的作者群相对集中，同人气质鲜明。从最初创刊时的王振良、张元卿、顾臻、林鸥四人鼎力支撑全部内容，到不久叶洪生先生独掌“侠客笔记”、胡立生先生创立“因羽斋郑证因作品过眼录”，再到后来范伯群、徐斯年、倪斯霆、孔庆东、侯福志等先生的陆续加入以及同道文友的支持，《品报》的内容日见丰富，但王、张、林、顾四人仍是《品报》主力，被称为《品报》编辑“四人帮”①。值得一提的是，《品报》创刊时即为电子刊，也因此，“《品报》的五年之路，走

①《品报》五周年的纪念刊上，倪斯霆先生曾专门撰文细述四人的身份及轶事。见倪斯霆：《〈品报〉与它的编辑“四人帮”》，《品报》第29期，2015年1月1日出版，第9—12页。

得既容易也不容易。说容易，因为我们身处全媒体时代，办电子刊的物质成本可谓完全没有，门槛低得只要有人力有想法就成；说不容易，就是真正地操盘做起来，却是需要那么一点精神——除了公益之精神以外，还要有坚毅之精神，也就是所谓韧性。"[①]一语道尽其中种种艰难和含蕴于其中的精神内核——以《品报》"四人帮"为中心的北派学人对学术的执着和理想主义。这是当代学人的纸上"雅集"，每一期出版，都是《品报》学人阶段性学术努力的集体呈现。有趣的是，《品报》同人之间以通俗文学为媒，除共同的"史料癖"外，交往中也多有旧派文人之诗酒唱和：倪斯霆好酒，张元卿、王振良好文[②]，顾臻好美食，无论趣味、交往方式还是精神品格，都与民国鸳鸯蝴蝶派文人的"雅集"有着异曲同工之妙，穿越百年，互为映照，传统不灭，精神不散。

与津沽地域文化研究相观照

地域文化是作家的灵感之源，与其创作价值选择、美学追求等息息相关。一时代有一时代之文学，同样，一地域也有一地域之文学。没有吴文化的柔中带刚和温婉细腻，就难有清末民初南社文人、鸳鸯蝴蝶派和东吴系女作家的集体转

---

①杜鱼：《〈品报〉五年纪》，《品报》第29期，2015年1月1日出版，第2页。

②编者之一张元卿"归宁"之时，曾与王振良以《临江仙》词唱和，内容记录如下："鬓角青丝偷换，熏风吹老芳华。微茫云树噪啼鸦。苍空留白月，瑞霭染丹霞。世扰难求清净，心高堪屏喧哗。来来去去自行车。加餐健齿胃，跬步履蒹葭。"[杜鱼（王振良）《临江仙·晓行感赋兼呈元卿兄》]"霖雨窗前独坐，风中水木清华。云山烟笼几归鸦。鲤来思远客，人去梦流霞。故纸可消永夜，观书已忘喧哗。潜夫何羡孝廉车。羊山河水碧，孰与看蒹葭。"[青谷（张元卿）《临江仙·晨读杜鱼兄词依韵奉和》]

身;没有中原文化的慷慨包容和勇武仗义,就难有民国通俗小说面貌因"北派"崛起而在20世纪30年代为之一新。Joel Conarroe在分析W.C.威廉斯的史诗《帕特森》时曾说:"一个人本身就是一座城市,开始、寻求、成就、终结他的一生,这也是一座城市所展现出的林林总总的生活方式。"[4]中国近现代通俗文学属于市民文学,其发生及发展都与近现代城市的繁荣关系密切。范伯群教授曾如此界定"中国近现代通俗文学":

> 中国近现代通俗文学是指以清末民初大都市工商经济发展为基础得以繁荣滋长的,在内容上以传统心理机制为核心的,在形式上继承中国古代小说传统模式的文人创作或经文人加工再创造的作品;在功能上侧重趣味性、娱乐性、知识性与可读性,但也顾及"寓教于乐"的惩恶劝善效应;基于符合民族欣赏习惯的优势,形成了以广大市民层为主的读者群,是一种被他们视为精神消费品的,也必然会反映他们的社会价值观的商品性文学。[5]

开篇即交代了中国近现代通俗文学的发生环境——"清末民初大都市",关注其作为通俗文学"繁荣滋长"的物质载体之功能。由于报刊业的崛起和印刷资本的迅速膨胀,近现代通俗文学作家的创作几与城市变革同步,他们自然成为中国近现代城市文化的时代叙事者和代言人,城市既是他们日常生活的物质空间,也是他们情感表达的精神载体,从中不难看出地域文化与通俗文学关系之密切。通俗文学的多元价值若要得到进一步开掘,通俗文学研究若要走向深入,其发生地的地域文化研究必须与之同步甚至先行。《品报》的同人研究,恰在有意或无意间，悄然满足了这一条件。

《品报》自第2期起即辟有“通俗文学与天津”专栏①，直到最后一期，该专栏都是《品报》的特色栏目之一，这与《品报》同人的研究背景不无关系。《品报》的发起人，也是重要编者的王振良先生，南开大学硕士毕业后即任职于天津《今晚报》，对天津近现代城市史研究颇有建树，工余与张元卿自费创办内部交流刊物《天津记忆》，在《品报》创刊之前，已逾百期；对天津小洋楼的历史以田野调查的方式进行系统考察，出版过专著《荏苒芳华：洋楼背后的故事》[6]；此外，还主编出版了系列丛书“问津文库”，主编内部刊物《问津》，迄今已出版近50期。倪斯霆任职天津市出版研究室，是天津出版传媒集团《书报文摘》总编辑，文学史研究之外，对天津近现代出版史、新闻史的研究颇有建树；对天津地方史耳熟能详，出版相关专著多部。而硕士毕业于苏州大学文学院的张元卿先生，当时任职于天津市社科院文学所，长期以北派通俗文学研究为己任，在研究中对天津地方史亦多有关注，他对刘云若的研究即建立在民国天津地方史研究的基础上，从历史地理环境及其地域文化中思考刘云若小说创作的独特贡献，在其专著《刘云若评传》的《城与人》一文中，他明确提出：

刘云若和他那些热爱传统文化的天津文人是天津城市化进程中起过重要作用的民间力量，他们的人生已成为这个城市的“天津记忆”，是这个城的底蕴，其文化影响虽有衰微之时，却未因城的变迁而消失。而正是这股绵延不绝的来自民

①“通俗文学与天津”，见《品报》第2期，2010年2月1日出版，第4页。

间的文化力量，始终托着这个城市，默默地按照自己的方式塑造着这个城市，塑造着流行于城市的文化及城市的未来。[7]

此外，在各自的文章中，三人也对近现代通俗文学与地方史乃至地域文化的关系和价值进行了多重阐释，王振良认为："……与作家发生过密切关系的建筑乃至其周边景物，都可能对作家的思想观念和文学创作产生影响。……从城市文化遗产积累的角度看，相关建筑身份的确认，无疑也给城市之历史增添了一抹抹光华。"[8]张元卿则提醒研究者要关注作为史料的通俗诗文之于地方史研究的重要性[2]16–18。倪斯霆在天津城市史"厚古"研究现状的基础上，批评天津当代城市史研究"非但'薄今'，而且相对严重滞后"，提出研究者"应重视天津当代城市史研究"，并身体力行地对阿英在建国初期(1949—1951)主持天津文艺工作的始末进行梳理，撰文写成《阿英在天津》，期冀以一斑而窥全豹，对天津在建国初期对旧艺人、旧文人改造和安置方面创造的被北平、上海等地所借鉴的"天津模式"的贡献有所呈现。[9]……这一系列成果，无论是出于观照现实还是满足研究中方法论的需要，都较为鲜明地呈现出《品报》中的北派通俗文学研究与城市史、地域史之间你中有我、我中有你的复杂关系及其理论建构特色。

总论

行文至此，不难看出，《品报》及其同人的研究，始于兴趣，立于史料，成于坚持，"非学院派"的研究机制非但没有成为《品报》同人不断前行的阻碍，反而使他们化阻碍为动力,克服了各种困难,形成了鲜明的研究特色:以史料立学,非学院派同人研究,与津沽地域文化相观照。《品报》通俗文学研究并非无本之木,而是其来有自:前有肇始于天津报界耆宿吴云心先生20世纪80年代对北派通俗小说作家近十年的文坛回忆,继之以张赣生先生经三十年资料积累并于20世纪90年代厚积而薄发的《民国通俗小说论稿》。当然,这其中也包括与其同辈的徐斯年先生、叶洪生先生、周清霖先生等人同时期的北派通俗文学研究成果,至21世纪第一个十年,同人勠力同心的《品报》,已成长为北派通俗文学研究的中坚力量,可视为第三代学人。而其中一以贯之的精神内核,即三代学人貌似自由无拘的外表下秉承的对学术传统的坚守和以学术为志业的信念,无关得失,无关名利。《品报》同人的学术追求,构成了以电子刊《品报》为核心的北派通俗文学研究"场"——颇似民国鸳鸯蝴蝶派文人的"雅集"——洒脱率性,以志趣为业,严谨质朴,以异于当下学院派的研究特色,以"集体学术考证"的方式,取得了丰硕的研究成果,成为21世纪以来中国通俗文学研究新进展中的重要组成部分,对推动中国近现代通俗文学的研究走向深入,作出了很大贡献,称他们为中国通俗文学研究的"《品报》学派",也不为过。

参考文献

[1]王振良.无厘头的闲话[M]//张元卿,顾臻.品报学丛(第一辑).天津:天津古籍出版社,2014:8.

[2]张元卿.通俗诗文是地方史研究的重要史料[M]//张元卿,顾臻.品报

学丛(第一辑).天津:天津古籍出版社,2014.

[3]梁思成,林徽音(因).平郊建筑杂录[J].中国营造学社汇刊,1932,3(4):99.

[4]JOEL Conarroe.William Carlos Williams' Paterson: language and landscape [M].Philadelphia:The University of Pennsylvania Press,1970:52.

[5]范伯群.中国近现代通俗文学史·绪论[M]//范伯群.中国近现代通俗文学史(新版上卷).南京:江苏教育出版社,2010:14.

[6]王振良.荏苒芳华:洋楼背后的故事[M].天津:天津古籍出版社,2014.

[7]张元卿.刘云若评传[M].天津:天津古籍出版社,2016:232.

[8]王振良.天津历史建筑与通俗文学研究[M]//张元卿,顾臻.品报学丛(第一辑).天津:天津古籍出版社,2014:10.

[9]倪斯霆.应重视天津当代城市史研究[J].问津,2016(11):1-6.

(责任编辑:时新)

[载于《苏州教育学院学报》2017年第5期(总第144期),2017年10月25日出版]

附:《品报》纪念专号主持人语

[江苏]汤哲声

从地域来看,百年中国通俗文学的发展,主要以三大区域为中心:一是以上海、苏州地区为中心的通俗文学,被研究者称为中国现当代通俗文学的"南派";一是以天津为中心的华北地区的通俗文学,被研究者称为中国现当代通俗文学的"北派";一是以香港、台湾地区为中心的通俗文学,被研究者称为中国现当代通俗文学的"台港派"。这三大流派在中国通俗文学的百年发展中依次形成峰值并引领创作的潮流。

20世纪70年代末以来,中国现当代通俗文学进入了学术界的视野,"南派"和"台港派"研究成果相对丰富,"北派"研究相对薄弱。因此,这一软肋一直被视为百年中国通俗文学研究的遗憾。近年来,这样的遗憾得到弥补—— 一批非学院派的研究者长期沉潜于"北派"通俗文学的研究,并取得了一系列引人注目的成果。其中,有一份电子刊物颇为人们所关注,那就是《品报》。

《品报》创刊于2010年，创办者和撰稿人都是一批热爱中国传统文化，致力于保护中国传统文化的志愿者。《品报》无办刊经费、无专职人员、无刊号，办刊人的核心目的就是将中国现当代“北派”通俗文学视为中国传统文化的一部分加以发掘、保护并传承下去。这样的身份和研究目的赋予了《品报》民间性和非学院化的色彩，也使其研究成果有了沉甸甸的分量。《品报》钩沉、厘清了部分史实，更为重要的是，刊于其中的文章填补了“北派”研究乃至中国近现代通俗文学研究的空白。《品报》现象昭示我们：中国现当代通俗文学研究潜力无限，其中的非学院派研究有着独到的学术视角和宽阔的学术视野。他们的研究多出于对这些作家作品深深的热爱，既是研究，也是呈现，更是保护，其史料钩沉、爬梳之细致，论证之谨严，呈现了“北派”通俗文学的丰富多彩。“北派”研究的扎实厚重，弥足珍贵。由于多种原因，《品报》停刊，遗憾与怀念之余，本期特推出三篇文章，对这份刊物七年内为近现代通俗文学研究作出的贡献以及取得的成绩，作一阶段性总结。

徐斯年先生《〈品报〉的“北派”研究》一文，从中国近现代通俗文学史角度，重点对《品报》的“北派”研究进行了全面梳理和评价。徐先生认为：在挖掘史料方面，《品报》同人“做了许多极为扎实的‘通检’和‘拾零补遗’的工作”；在作家研究方面，《品报》“涉及六个群落的大量‘北派’作家”，“或填补空白，或对已有成果多所突破”，这些成就，从研究的广度和深度来看，都是空前的。同时徐先生也肯定，“北派”研究空间还有待继续拓展。与徐先生不同，倪斯霆先生的《〈品报〉的创办及对民国北派通俗文学研究之贡献》一文是从“圈内人”的身份和视角，对《品报》创办始末及“北派”通俗文学研究进行回忆，并对同人的深挖细作及研究所取得的成就进行客观评价。石娟的《〈品报〉学术风格论》则从整体上对《品报》的运行机制、学术风格及研究特色——以史料立言、非学院派研究身份、名士气质以及与津沽文化相观照—— 一一进行阐发，认为其与当下学院派的研究形成了鲜明对照，学术风格向传统回溯，为21世纪以来中国近现代通俗文学研究走向深入作出了贡献。

诚哉斯言！

我们谨以本期专栏，向《品报》同人的学术努力和学术情怀致敬，更向浮躁喧嚣的大时代之中那些坚持“板凳坐得十年冷”并不断前行的理想主义者致敬！

[载于《苏州教育学院学报》2017年第5期(总第144期)，2017年10月25日出版]

一言堂

关于中国现代通俗文学学科史的对话

[江苏]范伯群　张元卿

近几年通俗文学研究界开始回顾自20世纪80年代以来的现代通俗文学研究史，虽然至今还没有出现诸如学术史案之类的著述，但零星的反思却时常出现。对于这种现象我曾多次向范伯群教授求教，但每次都是口头交流，话题不够系统，也没法深入，因此便萌生了以书面问答的形式再次向范先生请教的想法。当我把问答传给范先生后，他对这种形式很首肯，及时传回了详尽的答复。现将问答内容整理于下，希望我们从学科史的角度所做的思考能引起相关研究者的讨论，并有所补正。

史实与叙述

一、倪斯霆先生在《天津现代文学的困惑与辉煌》（2004年6月15日天津《城市快报》)一文中写道:“在 20 世纪 50 年代的一次政协会上,民国通俗小说大家张恨水有幸到会,当茅盾向毛泽东介绍他就是《啼笑因缘》的作者时,他竟矢口否认。可见当年作者都在否认自己的小说为文学。此后过了几年,在一次现代文学史教材编写会上,武汉大学程千帆教授忽发‘奇想’,提出能否在现代文学史中增添两章内容:一章是言情大师张恨水与刘云若,另一章则为武侠巨子还珠楼主与宫白羽。这在当时环境下,无疑是‘离经叛道’,因此其他教授在愕然之后,很快便将话题岔了开去。”

张元卿问(以下简称张问):程千帆教授发言的背景及相关情况,我很不了解,请范老师谈谈那时的情形。

范伯群教授答(以下简称范答):1955 年到 1977 年,我的工作岗位不在高校。千帆先生在哪次教材编写会上发表过这个意见,我也无从了解。但我知道千帆先生一贯对通俗文学研究抱着热心支持的态度。我们的《中国近现代通俗文学史》能报上国家社科重点项目,千帆先生曾为此出过大力。1986 年,我在北京与刘再复等一起参加一个国际会议。会议中途刘再复要去出席“七五”国家社科项目的评审会。我就托他申报《中国近现代通俗文学史》这一课题。那时好像没有现在那样正规,一定要先填许多表格,而是通过了再填表格的(申报的人好像也并不多)。刘再复到了会上,找千帆先生商量。他说范伯群要报一个题目,但他是在江苏工作的,是否请你作为江苏来的评委提出来更顺些。千帆先生欣然同意。会议由王瑶先生主持,凡超过 15 票者为重点项目。在 1986 年这次评审会之前,我们已经在 1984 年出版了 70 多万字的《鸳鸯蝴蝶派文学资料》,我们的前期成果已经产生了一定影响,在会上再经千帆先生的大力推荐,得票数在 15 票以上。成为苏大首个社科国家重点项目。

二、《范伯群：找回文学史的另一只翅膀》(2009年5月15日《苏州日报》)一文记录了您和记者的一段对话：

记者问："苏州大学是通俗文学研究的大本营，您则是这个团队的领军人物。你们是怎么走上研究近现代通俗文学之路的？"

范伯群回答："1979年，由中国社会科学院文学研究所牵头，动员了国内50多个大学与科研机构，要编一套大型的中国现代文学的研究资料丛书。分工给苏州大学现代文学教研室的任务是编写《鸳鸯蝴蝶派文学资料》。他们的理由是：'鸳鸯蝴蝶派'中的许多作家都是苏州人，是苏州的'地方史料'，理应由你们来填补这个研究空白。就这样，我们承担起了这一任务。""我们在1984年，出版了《鸳鸯蝴蝶派文学资料(上、下)》，共有70多万字。经过反复慎重的研究，我们提出'他们是晚清民国时期的一个重要的通俗文学流派'的结论。多年来经学术界的品评与考量，这个结论已为极大多数同行学者所接受，学界从此都称他们为'通俗文学作家'，也即是说，这个结论已具有一定的'公信度'。1986年，我们申报的《中国近现代通俗文学史》的课题被批准为'七五'国家社科重点项目，到2000年出版这部140万字的《中国近现代通俗文学史》的近15年中，我们完成了一系列'中期科研成果'，最后终于完成了这一国家社会科学研究重点项目，也多次获得了高层次的奖励。"

张问：当年是在什么场合下提出让苏大编的？有无明确的文件？是否还有档案留存？

范答：当时大概是1981年，在社科院文学研究所的一次确定分课题的会上，会议由当时现代文学教研室主任芮和师先生参加的。分给我们的理由是，鸳鸯蝴蝶派作家主要在苏扬两地，而苏州的作者又远远多于扬州，(所以文学研究所)认为苏州大学就地编写这一课题更为合适。分工经后大家就进入编选工作。好像没有明确的文件与档案，或许文学研究所有记录在案。

张问：《中国近现代通俗文学史》这一课题的申报材料是否还有副本？

范答：系科搬了几次家，我退休已有11年，许多情况不了解了。当时，肯定有所填的表格。现在也许很难找到了。

三、王福湘在《论60年中国现代文学史写作价值标准的演进》(《学术研究》2009年12期)中写道："影响最大、最权威的唐弢主编的三卷本，是在60年代高教部组织的编写组的初稿基础上修订或重写的，1984年又出了压缩修改的《中国现代文学史简编》(以下简称《简编》)……《简编》增补了钱钟书的《围城》，肯定了40年代9位年轻人组成的新诗派，对林语堂作了稍近客观的介绍，却删去了三卷本首次写到的张恨水。"

张问：《简编》为何要删张恨水呢？您怎么看待增《围城》而去张恨水？

范答：我听说，唐先生是不大赞成鸳鸯蝴蝶派作家(现称通俗作家)入史的，而严先生却比较坚持。我是接到严先生的来信才试写《张恨水》节的。为什么在简编本是删去，我想篇幅大大精简，当然会删去一些作家的。

上文还写道："黄修己主编的《20世纪中国文学史》，虽然没有给通俗小说以同样数量的章节，却都是将其作为地位平等的独立体系，范伯群就是黄编本'20世纪通俗文学'一章的执笔者之一。"

张问：唐弢的三卷本和黄修己《20世纪中国文学史》中关于通俗文学的部分

都是请您执笔的，从学科制度上看这是否说明现代文学史研究因缺乏通俗文学学科的滋养而在修史时每每捉襟见肘?

范答:黄修己先生一直重视通俗文学,他甚至认为一个现代文学教研室,其中连一个重点关注通俗文学的老师也没有,这个教研室结构就不大“完整”。正因为他有如此的看法,我当然愿意为他的文学史执笔写一章。另外,唐、严主编的第三卷和黄先生编的文学史都嘱我执笔,是因为那时研究通俗文学刚起步不久,研究的人还不多的缘故。

四、接着上面的问题,请您谈谈苏大中文系通俗文学群体在通俗文学学科史上的作用。

范答:你认为通俗文学是一个学科,因此提出“学科史”这个概念。在我看来恐怕还有待于学界的承认。在大学里,现在还只将它视为一个“科目”,或者说是一个方向。一般研究生填表,都写成“现代文学学科·通俗文学研究方向”。

我们是将现代通俗文学作为一个学术问题来研究的,不是批判,而是认定它是中国现代文学的一个有机组成部分,这是从苏大学术群体开始的;从而使中国现代通俗文学正式登上大演讲坛,从选修课到列入教学计划,作为苏大文学院的特色研究方向之一,也率先招收研究通俗文学的硕士生和博士生,发展到与招现代文学研究生并列,成为在招生简章单列招生的一个方向。当然这是一个渐进的过程,先开始并没有如此较深刻的认识,学院中的老师们思想也不会一下子统一的,但从编《鸳鸯蝴蝶派文学资料》开始,将通俗作家的言论编在前面,而将新文学作家对他们的批判安排在后面,就有重新评价的意图;意思是先让通俗作家们将话说完,而不是批判“当头”。在挖掘资料,进而思考问题过程中逐渐体会到这是一个完善学科的科学体系问题,因此,提出很形象的“两个翅膀”论。认为没有涉及通俗文学的中国文学史是一部单翅的中国现代文学史。现在又用 “多元共生”的提法。觉得“多元共生”的提法更为学术化,其次还可以有其他的“元”进入文学史,意思就是要改变新文学“一元独生”的霸权态势。

经验与反思

以上所谈集中于史实的勾稽,既想澄清一些历史细节,也想为下面的反思提供一个历史语境。在回答我下面的问题(以下略去张问)前,范先生就经验与反思先做了一个扼要的回顾:

经验是在于抓住了一个容量很大的、而且具有拓荒性的课题,应该将它做大做强,使其成果系列化。例如,苏大这个现代文学研究群体第一步是挖掘资料,出版了《鸳鸯蝴蝶派文学资料》。第二步是搞作品选,过去大家迷信某些“权威结论”,因此,实际上没有看过多少通俗文学的作品,甚至完全没有读过作品,而写文学史时照抄“权威结论”,有时形成不断加码,无限上纲的做法,如解放后曾出现所谓“逆流论”等等。我们在海峡两岸先后出版了十位重要通俗作家的作品选丛书,一套共十本;又在人民文学出版社出版 70 多万字的《鸳鸯蝴蝶—礼拜六派作品选》(现在该选集不仅再版,而且已收入《中国文库》,改书名为《鸳鸯蝴蝶派作品选》)。第三步是撰写《中国近现代通俗作家评传》,一套共 12 本,收了 46 位作家的生平及其中短篇代表作。现在看来生平均很简略,很是肤浅,但那时还没有能全面掌资料的缘故,仅是初步的提倡而已。第四步是分工写类型史,如武侠史、历史演义史、侦探史和滑稽史等等。第五步是在此基础上合作撰写《中国近现代通俗文学史》,这本 140 万字的书出版之后召开了国际学术研讨会,使这个学术方向在国际上产生影响。此书后于 2003 年获教育部第三届全国高校人文社科科研优秀成果一等奖,2006 年获现代文学学会第二届王瑶学术奖优秀著作一等奖。这部书于 2010 年出版新版,于 2011 年,在国家新闻出版总署主持的"第三届'三个一百'原创图书奖"评选中再次获奖(总署每三年评出有原创性的一百本自然科学著作、一百部文艺作品与儿童文学作品和一百本社科人文著作)。当然其他还有许多成果,如出版论文集,出版通俗文学概论的理论专著,指导博士研究生写现代通俗文学与中国早期电影的关系,一直扩展到通俗作家翻译群体的研究。2007 年又出版了通俗文学史的第二期工程:《中国现代通俗文学史(插图本)》,入选中国新闻出版总署第二届"三个一百"原创工程。我们的通俗文学史能两届连获原创奖,也是说明学界对通俗文学已有了相当的关注度。总之,我们的初步经验是要将这门学科做到尽可能系列化,将我们的"触角"伸到有关通俗文学的各个重要领域中去。但苏大的能量毕竟有限,许多工作学院外的民间都在倾注极大的精力,取得相当瞩目的成果。

我们所做的上述工作还只是非常初步的尝试,要进一步深入还是有极大空间和深度的。就我个人而言,退休后,学科教研室还没有出现大家通力合作的大型工程。我也离开了集体,成了单干户。原想再集体编写一部雅俗合璧的大文学史,但一部初步完工的通俗文学史也花了 15 年时间,再要去自己从原始资料做起,重写有关新文学史的许多章节,对过去某些"一面之词"加以纠正,恐怕难度要大得多。有生之年或许能再爬一个小坡,但要登山就无能为力了,只能有待于后来人了。

五、梳理学科史的意义何在?

范答:梳理学科史,或称通俗文学科目史在于看看我们在新时期起步的研究工作至今到底有了多少家底,其实我们目前的家底是很小的,还只是非常初步的成果。梳理的意义是要大家一起来集思广益,研究前面的路怎么走,如何步步为营,步步深入。我想现在研究通俗文学有那么一支日益壮大的队伍,我们这个科目是很有前途的。特别是在民间,大众一贯对通俗文学有更大的亲和力,但过去则缺乏一支研究队伍,现在这样的一支研究和宣传队伍正在形成,这是一支在现实生活领域中发扬通俗文学优势的重要方面军。梳理学科史或科目史,使他们也了解这一方向的现状,发挥这支方面军在民间的渗透与宣传的力量。

六、通俗文学学科发展的历史经验是什么?

范答:我所能总结的经验有限得很,在第四题中已说了个人参与的经历的一点体会。再说我们这个研究方向的历史还很短,刚起步而已。不过我想谈谈我自己将研究课题重点放在通俗文学上的“转向”的过程。我在大学读书前,没有读过多少通俗文学的作品,对通俗文学的看法当然是很同意若干“权威”所作的结论的。后来分工给我们搞《鸳鸯蝴蝶派文学资料》,我实在兴趣不大,也有些畏难。因为我们不熟悉这个流派。但人家说,苏州是鸳蝴作者人才辈出的地方,这是你们的地方史料,你们不搞谁搞。于是我就只好“泡”图书馆。两三年后,我对这一流派被说成“逆流”,就有些不同的看法了,我认为是不可一概否定的。我的“调子”就有所改变,并被有些鸳蝴派的家属视为“新文学研究者中的‘开明派’”。在我的同行中,嘲笑的当然是有的,有人甚至认为这不过是去研究一堆垃圾而已。也有的朋友对我说:你研究新文学也算是有了一些成果,研究研究通俗文学也是可以的了。他们对我的研究课题“转向”当然是有看法的。因此,开始我也小心翼翼,总是以批判为主,适当肯定。我想这是我像被缠了小脚之后的一个放脚的必经过程。我称为那时的一些论文为“放脚体”。经历了那么一段过程,我才体会到思想挣脱“脚镣”的艰巨性。但一旦深入研究下去,将它当作一门学问去做,从资料出发进行分析,我是逐渐有了底气的。用我那时的话说:“我是以研究‘严肃文学’的严肃态度去研究通俗文学的。”当我的课题成为“七五”国家社科重点项目时,我当然更理直气壮了。你们说我是研究一堆垃圾,你看我怎样变废为宝。我开始认为这是一个宝库,值得去开掘。这是一个长线课题,可以将它“做大”,而且要将它做得“配套成龙”。一代人是做不完的,应该培养新生力量。于是(我)就有计划地以学科同人为基点,分工合作,再推而广之。作为民间的研究者,恐怕就没有我以上的这一过程,负担要比我轻得多,甚至没有什么负担,我行我素,谁也管不着的。

七、请谈谈通俗文学学科现状和您心目中的学科建构的距离。

范答:一是我们这个方向虽然为极大多数同行所承认(也有少数还并不看好这个方向),但要使大多数同行在短时期内在这个方向上去花大力气,这是不现实的。不少教师的备课笔记已定型,他们向研究文学的大学生传授的还是局限于新文学史的范围。因此,我们希望重视这一研究方向的同行应该有耐心,大概要经过二三代人,才能使精英文学与通俗文学在大家的心目中和实践上处于平等的地位,目前能在大学中文系中由个别老师开出这一方向的选修课就不错了。但我觉得在研究生中,学位论文选通俗文学课题的人正在逐渐增多,这是一个可喜的苗头。另外在有的大学中,如华东师范大学的陈大康教授指导下的博士研究生,做出了令人瞩目的成果,为这一方向的进一步建构发挥了极好的作用。我们就待于新的一代研究生的知识领域的逐步拓展,通俗文学教学如何融入整体的现代文学教育中去,才会成为他们的一个新的关注点。因此,在目前大学中文系中要求能开出有关选修课和专题课,是比较现实的愿景。以上是大学的情况。

八、再请您谈谈民间的通俗文学研究新生代与通俗文学学科发展的问题。

范答:我个人的缺点是在于自己埋头做学问,我自知我的学院派气息极重,除了对我的学生或再传弟子的关心外,也很少关心民间新生代的问题。我对外很少联系。也有人曾和我谈过组织学会的问题,我觉得就我的性格而言,非我之所能也。不过我认为学院派也有学院派的好处。民间研究者有民间研究者大量存在的必要,各有各的用处。作为学院派,至少我们能顶住学院中和文艺界中某些不同的看法,其实这股不同见解的力量是不可小看的。在过去,就是文艺界的某些人的意见成了"权威"结论,使通俗文学一直像被压在大石头之下,只能曲折地成长。那时,通俗文学的受众要比新文学的读者多得多,但它只能是"默默地强势,悄悄地流行",于是形成了新文学界与学院派的某些人的联合"围剿",认为不登大雅之堂,甚至扬言要将它扫出文艺界去。当时,就没有学院派的人站出来作理论上的对垒,于是(它)就被戴上了"逆流"的帽子。其实,通俗文学登上大学的讲坛,是有较为深远的影响的。通过登上大学的讲坛,就会有学生去从事研究,就会有更多的人去为之制造舆论,为它推广,使人们知道它之价值之所在。至于民间研究者当然也很重要,就新生代而言,像你们所编的《品报》电子刊物就很好,生气勃勃,也团结了一批能持之以恒的研究者,对研究的推进和发展有很大促进作用。你们从挖掘资料出发,作实证研究,特别是你们对北派的大力关注,更有价值,有时看了你们的电子刊物,觉得自己的视野也为之拓宽。我认为,学院派与民间研究家是可以角色转换的,你们编《品报》的人也有些是在大学里受到通俗文学的影响,走出校门后,又走向了民间,而且成为研究通俗文学的新生代。

九、现代通俗文学作为学科从学理上讲是否可以与现代文学并存于中文系学科体制内?现代通俗文学作为学科是否可以民国通俗小说的名称与现代文学学科并存?

范答:这不大可能,也无这个必要。现代通俗文学是多元共生的现代文学中的一个组成部分,我们不必将学科分得那么细之又细。在我看来,过若干年后,现代文学这个学科能否成为一门二级学科还成问题,它可能成为中国文学史中的一个时段文学史,与先秦两汉、魏晋南北朝文学、唐宋文学、元明清文学等并列,成为中国文学长河中的断代文学史之一也未可知。这个可能性是很大的。

十、最后想请您对即将进入通俗文学研究领域的新人提点建议。

范答:还是得在资料上下功夫。就陈大康教授指导下的博士学位论文中的作家论而言,我们过去所编的作家评传简直不能和他们相比,有些评传就觉得是挂一漏万的产物。但即使这些下了功夫的作家论其中也还有空白可以填补。最近我编选了《周瘦鹃文集》,他除了编过很多种通俗杂志之外,还编了18年的《申报》副刊《自由谈》和《春秋》,几乎每天都有他的短文,其中有一千多篇杂感与政论。关于这些杂感与政论,过去就没有关注过。最近我指导我的再传弟子写了一篇文章,题名《社会良知,市民喉舌》,除了作为鸳蝴小说家之外,他还有这更积极的一面。他还做过《新申报》和《新闻报·快活林》的特约撰稿人;他还有这么许多翻译作品,他有许多杜撰的“翻译”即自撰的小说却署“译作”出现在刊物上。凡是他说是翻译的,有时分不清是真是假,因此,翻译作品没有外国原作者姓氏的我就只好一律不选,另外将翻译的研究交给一个英语极好的博士研究生去作深入研究。一个通俗大作家就够我们下极大的功夫去对付的了。写“包天笑论”的博士生,对包天笑的教育小说就没有深入研究(这一课题台湾大学梅家玲教授有很全面深入的研究),好像对包天笑在1924年到1939年在《申报》上发表的4部长篇、11个中篇、7个短篇,也没有很好涉及。因此,资料工作是基础的基础。

我不赞成将一个三四流的通俗作家说得如何如何重要,但我们不看资料,怎么就能肯定他是三四流的呢?我们看了资料,确认这里没有多大油水,我们才能放心。因此,我赞成“经营空白”,这接触“空白”是我们地毯式普查的一个部分,但有时有收获有发现,有时就无功而返,这是研究的正常现象。不过如果在同一个时期,遇到同样的几个“对象”,我们就可以总结出当时的一种文学现象,那么我们还是有收获的。

研究通俗文学的人不能不研究新文学,也即是我们常用另外一个名词:“精英文学”,否则我们就没有对比度。我研究了通俗文学之后,就发现了过去我们无法发现的新文学中存在的问题;也不会知道新文学对我们通俗作家产生过哪些促进。反之,研究了新文学,也能知道通俗文学的“胎里毛病”。不研究新文学,专攻通俗文学，到一定阶段，通俗文学研究也会无法深入下去。只有两者都研究，才能知道现代文学史的全局。我们所研究的通俗文学有一天会全面融入整体现代文学史中去，成为“多元共生”中有机的“一元”。

（原载《品报》第16期，2012年3月1日；后收入《品报学丛.第二辑》，天津古籍出版社，2016年1月）

文学史观的蜕变

——研究近现代通俗文学史的心得

[江苏]徐斯年

摘　要：通过研究通俗文学史，笔者的文学史观由“斗争史观”蜕变为“史料学观”。史料学观要求以客观的态度全面掌握、审视、研究史料，特别是“异质”的史料及其内部的“潜隐信息”；要求特别关注对峙各方之间的“联结点”。史料学观拒绝“元叙事”。不同文学流派之间的关系，应该、也曾经是平等的。期待“整合”之后，将有一部全景式的、真实的现代文学生态史。

关键词：文学史　通俗文学　史料学

苏州大学中国现代文学学科研究近现代通俗文学，始于1981年的编纂《鸳鸯蝴蝶派文学研究资料》；1985年，《中国近现代通俗文学史》获准国家社科重点立项之后，上述研究工作更加扩大并向纵深发展。这一过程，同时也是反思、检讨过去中国现代文学史教研工作的过程，本人最大的心得，乃在实现文学史观的蜕变——由过去的“斗争史观”，蜕变为如今的“史料学”观——“史学即是史料学”（傅斯年语），或首先是史料学。

解放后的中国现代文学史教材，长期遵循的是“斗争史观”亦即“两极—零和”史观。这种史观的渊源，可以追溯到前苏联的“无产阶级文化派”。它于20世纪30年代由左翼理论家引入中国，影响深远，“文革”是其最恶性的发展。它的要害殆可归结为：全盘否定文化遗产和一切“非无产阶级”的现实文化，倾向于把一切“非无产阶级”的作家、艺术家及其文艺流派视为敌人和异端。在这种史观的主导之下，中国现代文学的历史被描述为新文学或革命文学不断同各种“逆流”斗争并不断取得胜利的历史。所以，过去中国现代文学史教材中呈现的历史现场是很不完整、不够真实的，它被简单、粗暴的“价值判断”割裂、歪曲、涂抹、遮断了。

二

一切历史固然都可视为“当代史”，但是一切历史论著的首要任务都应该是尽可能地还原“历史现场”，而含有最真实的历史信息的载体，无疑便是史料。

“史料学观”注重内证和外证。当研究一个历史时期的整体面貌时，相关的所有史料均互为外证。研究者不仅应该力求全面地掌握相关史料，对于不同史料给予同等尊重，而且特别应该关注异质的、对立的史料，及其内部的“潜隐信息”，从中发现“另一面”乃至“另几面”的历史真相。

在过去的教材里，1921年《小说月报》的改组被视为新文学“战胜”鸳蝴派的标志，似乎后者自此就一蹶不振了。至今还有文学史论著称：通俗文学中的武侠小说,“到本世纪的 40 年代,已进入穷途末路。”[①]然而,史料证明:《小说月报》改组之后的十几年,恰恰是通俗文学最兴盛的时期:期刊、作品、作家之多,文化市场的占有率之高,掀起热潮之接连不断,都是不容抹杀的历史事实。过去的教材编写者和教学、研究者(包括笔者)并非对通俗文学的上述史料一无所知,他们无视这些史料的原因在于犯了“价值判断先行”的程序错误,而这种不公正、违反历史真实的价值判断,则出于前面所述的“左”倾文化思潮。

经过比较全面、深入地收集、研究、比照通俗文学史料和相关史料之后,我们对民国时期的文学现场有了更加真切的认识。同时更加体会到,对于史料,要存一份敬畏心,因为它们不仅可以告诉你历史真相是什么,而且会对你原有的知性认识和价值观念进行“证伪”,纠正它们存在的偏颇。

二

按照“史料学观”研究不同性质、特别是对立乃至对抗性的史料时,不仅应该关注它们的差异,更应关注它们的联系,特别是“联结点”。从这样的角度考察史料,可以发现通俗文学和新文学之间存在诸多联结点,这里仅举五例:

(1)承接关系,本身就是联结点。新文学是从旧文学、特别是辛亥前后的“旧文学”里孕育出来的。后来被视为通俗文学的一些“旧作家”“旧刊物”,都对某些后来成为新文学家的作者有过提携、培育之功(例如恽铁樵、丁初我之于周氏兄

---

①王剑丛著:《香港文学史》,第 347、348 页,南昌,百花洲文艺出版社,1995 年。

弟，向恺然之于半侬）。

由此涉及新文学的“西化”问题。新文学界实际上颇多“西化论者”，例如，关于小说这一文体，他们就认为新小说是外来的。反映在翻译学和语义学界，乃有novel是否“误译”的讨论。“肯定派”（即西化论者）认为，汉字里的“小说”一词，其内涵不同于西语之novel；而新小说即为后者，所以传统小说与新小说是异质的。然而，史料证明，首先用“小说”这两个汉字与novel做对译的，恰恰是西方传教士，时间则在1815年。也就是说，这些外国人倒是早就认为：这两个词的内涵固然存在差别，但在总体上是可以互通的。在中国新文学界的西化论者出现百年之前，外国人已先将novel加以“汉化”了。这说明，包括新小说在内的新文学决不是无源之水，它和包括通俗文学在内的“旧文学”是存在无法切断的血缘关系的。

（2）作为文学观念的“通俗”，也是新文学与通俗文学的一个“联接点”。当年陈独秀打出“文学革命大旗”，上书“三大主义”，其一便是“建设明了的通俗的社会文学”。“左翼文学”之讨论“大众化”，延安时期及其后出现的“工农兵文艺”，也都证明着这个“联结点”的存在。至少在“文学革命”、“革命文学”的领军者与“鸳蝴派”之间，他们最初的“斗争”焦点并不在于要不要“通俗”，而在由谁来“通俗”、为什么而“通俗”以及怎样“通俗”上。前者认为：“通俗”应是精英意识或“革命观念”的“普及”，所以不能由那些舍不得抛弃传统、站在与市民大众“平视”立场的通俗文学家来主导；“通俗”应是革命的宣传，只为愉悦、只为供应市民大众精神消费而“通俗”，是必须反对的（然而在很长一个阶段，他们又并未解决“怎样‘通俗’”的问题）。这一反对，后来发展成了“攻击”乃至“消灭”。即便如此，批判与被批判也是一种联结：民国时期，通俗文学一方自觉或不自觉地在创作实践中吸纳或部分吸纳了新文学阵营的合理批评；新文学一方，也在实际行动上关注并吸纳了通俗文学的经验——鲁迅在《南腔北调集·论第三种人》中说：连环图画里是“可以产生出密开朗基罗、达文希那样伟大的画手”的，“从唱本说书里是可以产生托尔斯泰、弗罗培尔的”。这里集中体现着他对“俗”“雅”关系的辩证认识，非常值得重视和反思。

(3)包括文化产业在内的文化市场，又是一个“联结点”。尽管新文学、革命文学反对商业化和精神消费观，但是只要看看诸如商务印书馆和世界书局的产品(也是商品)结构，便可知道新文化、革命文学同样需要依托文化市场。而文化市场，则在建立、维持多元共存的“文化—文学”总体结构方面，起着具有决定性的建构、支撑、维持作用。20世纪30年代，新文学和通俗文学即共处于这样一个文化市场，形成一种竞争共存、相遇亦安的动态格局。新文化—革命文学固然占据着相当的地盘，但未获得“话语霸权”。所以如此，除政治原因之外，还由于在这种结构里，读者对于“话语权”之能否实现起着决定作用。也正是由于这个原因，二者之间尽管有批评和反批评，有攻讦，有谩骂，但在文化范围之内，却是谁也“批”不“死”谁，所以谁也不“怕”谁的，不像1949年后，一场批判会便可扼杀一个人的政治生命。

(4)翻译领域又是一个联结点或联结区。至今许多“主流”的翻译史论著，都说通俗文学作家翻译外国作品只着眼于通俗性，因此价值判断不准，选择品位不高。实际上并非完全如此，以周瘦鹃1917年前的翻译实践为例：

A.他选择的西方经典作家，包括俄罗斯的列夫·托尔斯泰、高尔基、普希金、契诃夫、安德烈耶夫，英国的史蒂文森，法国的大仲马、都德、莫泊桑、左拉、巴比塞，美国的斯陀夫人、欧亨利、爱伦·坡，意大利的邓南遮，西班牙的伊巴涅斯，印度的泰戈尔。以上不仅包括19世纪浪漫主义、批判现实主义的代表作家，而且包括"前现代主义"和现代主义的代表作家。

B.他有三个"第一"：第一个译介高尔基；第一个译介安德烈耶夫的《红笑》（时在1917年之前，而郑振铎的译本发表于1924年，曹鹤西的译本可能发表于1927年，梅川的译本则发表于1929年）；第一个译介"意、西、瑞典、荷兰、塞尔维亚"作品[1]（所译葡萄牙、奥地利、罗马尼亚作品，当年亦属罕见）。

C.1916年4月，周瘦鹃与严独鹤等所译《福尔摩斯侦探全集》由中华书局出版，这套书建立的小说翻译、编辑及出版标准，至今犹在沿用。

周氏并非特殊个案，应该说，民国初期（包括"五四"后的一段时间），包括林纾、曾朴（1905年即介绍过大仲马及其《基督山伯爵》——《水晶岛之伯爵》）、包天笑、张毅汉、陈景韩、李定夷等通俗文学作家或"旧作家"，一直是翻译界的主力，是后来新文学翻译家的前辈（周瘦鹃翻译上述作品时，茅盾刚开始试译，郑振铎还在读书）。

（5）20世纪30年代的中国电影艺术，得力于通俗文艺家、左翼文艺家以及早期电影企业家的通力合作，是一个由"联结"发展为"融合"的范例。通俗文艺家视电影为愉悦市民观众的好工具，左翼文艺家视电影为宣传进步思想的好工具，早期企业家视电影为赚钱的好工具；他们又都认为，使用这个工具必须讲求艺术性。"有艺术性的工具"观，形成三股力量的"联结点"，促成三股力量的"大联合"，

①见鲁迅、周作人：《〈欧美名家短篇小说丛刊〉评语》，《鲁迅全集》卷8，人民文学出版社，2005年。

催生了中国早期电影，而它正是左翼电影的前身。

通俗文学与新文学之间的“联结点”还有很多，它们证明：二者的历史关系既有对立（差异），更有同一，而同一性就包含着互补性。

三

目前人们已在讨论现代文学史的“重新整合”了。这就首先涉及如何认识新文学和通俗文学的关系。

前年我在澳门大学的“金庸与汉语新文学国际学术会议”上，曾经谈及严家炎先生一篇很好的文章——《一场静悄悄的文学革命——在查良镛获北京大学名誉教授仪式上的贺词》。文中说，金庸的崛起“是一场悄悄地进行着的文学革命”。这是一个很高、也很准确的评价。文中又说：“金庸小说的出现，标志着运用中国新文学和西方近代文学的经验来改造通俗文学的努力获得了巨大成功。”①对于此语，我则有所保留，因为它至少可被解释为改造通俗文学之成功即是“静悄悄的文学革命”，或被解释为新文学和通俗文学的关系是“改造者”和“被改造者”的关系，通俗文学乃是“被改造的文学”（而金庸自己却说，他写现代武侠小说，恰恰是因为不满于新文学之西化）。

新文学和通俗文学的关系应该是平等的。何谓平等？孙中山曾说：“在立脚点

①严家炎《一场静悄悄的文学革命——在查良镛获北京大学名誉教授仪式上的贺词》，《金庸散文集》，第357、359页，北京，作家出版社，2006年。

谋平等”，陶行知补充道：还需“于出头处求自由”，否则“平等”就会变成截长补短或揠短就长。[①]本体论的平等观就是承认差别，接受差别，让每个个体都能“自由”地、充分地争“出头”。所以，金庸小说的出现，正是通俗文学不肯处于“被改造”的地位，“于出头处求自由”的结果，正如莫言小说的出现正是新文学“于出头处求自由”的结果。其间都不排斥向对方、向传统文学和外国文学借鉴经验，但是这种关系不应阐释为改造与被改造的关系。

四

金庸为何出现于香港而非台湾或大陆？台湾学者是这样分析的：“毕竟台、港的生活环境迥异。”“比较起来，英领下的香港是个自由贸易区，思想开放，政治忌讳较少；兼以金庸、梁羽生在报界工作，见闻宽广，又通外情，故能将‘中学为体，西学为用’的创作方法灵活运用，推陈出新。”[②]台湾也曾动用公权力严禁武侠小说，但是禁而不绝，以至不仅承续了1949年在大陆业已断绝的流脉，而且开创、发展出自己的武侠小说史，直至古龙那样的“后金庸时代”（1970年台湾“国防部”颁布《戒严时期出版物管制办法》，而古龙的创作开始于20世纪50年代末）。所以如此，除了台湾“禁武侠”主要着眼于“附匪文人”外，盖因台湾没有取缔市场经济，即通俗文学生存、发育的土壤。

---

①参见《湘湖生活》第1期，浙江湘湖师范印行，1981年。

②叶洪生、林保淳著：《台湾武侠小说发展史》，第375、376页，台北，远流出版公司，2005年。

武侠小说何以在大陆“一禁便死”，断流至于三十年？除了公权力的严苛之外，根本原因即在市场经济之灭亡。而金庸的“返销”大陆，则不仅显示着政治环境的趋于宽松，同时也是市场经济回归的先声。

一部两岸三地的通俗文学史，潜藏着一部政治经济学。这说明，“史料学”确实应该与唯物史观实现结合。

对于现代文学史上除新文学、通俗文学以外的“第三势力”（包括以《现代》杂志为代表的“现代派”以及徐訏、张爱玲、无名氏等），亦需运用“史料学观”和真正的唯物史观及其方法，加以再认识和再评价——所以在“唯物史观”前面加上“真正的”这个定语，是因为旧现代文学史所标榜的唯物史观夸大了上层建筑的反作用——特别是上层建筑里的政治之作用，因而并非真正的唯物史观。

资中筠先生曾说，二十四史里除《史记》外都是改朝换代史，为了维护新朝的正统性，都抹杀、掩盖了许多历史真相——“灭国先灭史”。史料学观至少是不喜欢“元叙事”的。我期待的“整合”之后的中国现代文学史，是一部全景式的反映各种文学流派的真实生态史。

2013年11月10日改定于吴中香滨水岸

（原载《品报》第26期，2014年4月1日；刊于《苏州教育学院学报》2014年第4期；后收入《品报学丛．第二辑》，天津古籍出版社，2016年1月）

民国武侠小说的民间记忆

[江苏]青　谷

民间记忆与武侠小说研究

民间是相对于学院或官方而言的，在实际使用时它又常与不专业、零散、不系统、价值较低或价值待估等民间文化的一般特征联系在一起。这些特征自然存在于一般民间文化中，但它不是民间文化的全部意涵，在特定时期民间文化恰是某一历史时段最有活力的思想载体，特别是在学院(官方)文化背离传统文化之时。说到民间记忆，它虽具有一般民间文化的特征，但其价值却不能因其记述形式零散，陈述语言朴素而轻易予以否定，或者说其价值的生成实有待于研究者对记忆的文献价值的认知更新。近些年来研究者关注记忆，把它视为一种特殊的文献，其实是源于现代史学在探究历史之时发现学院或官方书写并不能满足研究者还原历史的企图，甚至学院或官方书写已成为遮蔽历史真实，至少是历史细节的一种权威文献,且因其拥有强大的话语资源,使得遮蔽真实历史的文献还不断处在复制、累积和传播之中。而民间记忆因散落民间,较少受到学院或官方书写的影响,不仅在历史细节的记述上经常挑战学院或官方书写,更重要的是它们的记述态度多是无功利的,因此即使在当下看来其所记内容价值较低,或尚未发现什么价值,其无功利记述本身也是值得称赞的,因为这是追求历史公正的前提。因此,民间记忆不能简单地认为是一般民间人士或非专业人士的一般性回忆,它也应包括专业人士在专业范围内的无功利回忆。

以往一流的民国武侠小说研究者所依赖的主要是小说文本和原始报刊资料,近来的研究者则多借鉴同行的研究成果,甚至有人抄袭同行的成果来进行自己的所谓研究。这种情形出现在学院中,也出现在网络(网络是大众媒体,众声喧哗,其民间性需具体甄别)上,而真正的民间记忆却较少受到污染(网络的民国武侠小说研究主要在清风阁这样的专门论坛,那里也是众声喧哗的场所,其民间性、学术性也需具体甄别)。民间记忆,特别是口传记忆,因缺乏物质载体,不能征引,早被现行学术规范排斥在了学术大门之外。即便是那些以“政协文史资料”名义留下的民间记忆,也常因其出自民间而不被重视。而网上关于民国武侠小说的民间记忆,虽有待甄别,但其中确实不乏内容新鲜、表述精彩的文本,只是它们还未引起研究者,特别是学院研究者的注意。于是民国武侠小说研究至今,研究者多能从所谓的理论上分出派别,总结特点,然后演绎为史,著述为文,却不易说明当日的武侠租书铺是什么样子,怎么运营;无心去解释为何研究者赋予许多意义的武侠小说对多数读者而言基本已是童年记忆;也并不关心学院外,特别是网上民国武侠小说研究的情形。民间和学院,其实早已分途而行。到底谁能经得住历史的检验,已不是问题的核心。就当下而言大家都不妨自问一下:为什么要研究民国武侠小说?民国武侠小说能为今人的精神空间构建提供多少精神资源?而这种资源有多少还未被发掘,有多少还散落在民间记忆之中?

即便是精神娱乐,或说“好玩”,民国武侠小说中的“好玩”元素在现在的少年读者看来是否好玩?现在的少年读者在接受这些“好玩”元素时是否因文化空间变化及自身传统文化修养不如民国少年读者,而在感知“好玩”因素时产生差异,进而导致阅读记忆的歧异。假如这种记忆因后代读者传统文化修养不足,未能充分感知那些“好玩”元素,以致于阅读记忆日渐淡薄,则民国武侠小说的阅读史就成了传统文化的衰败史。而民国武侠小说是中国传统文化开出的异蕾,由品赏这异蕾而逐渐亲近传统文化,使得民国少年经由“好玩”自然地接受了传统文化,这与当时的学校教育正可互补,这也许就是那时有些家长能默认子弟阅读武侠的一个原因。

传统是本,本固而精神可以自立,才不至于为开新而开新,迷失于开新之途。而关于民国武侠小说的那些民间记忆,正反映了传统经由武侠对于一代人精神的滋养。记忆未失,说明传统文化的因子还在起作用。传统不是严肃冰冷的泥胎,它有风乎舞雩的舒畅,长剑耿介的豪迈,身形诡秘的奇幻,野水斜桥的高蹈,自然也有深巷曲苑的迷情,凡此种种,俱可于武侠小说中品味,俱可成为阅读记忆,进入个体生命。即便有些少年读者成人后对世事渐有所谓的雅俗之分,而欲以“雅”记忆来压制此“俗”记忆,亦多半未必能成功,因记忆之难去,不仅由于在生理上少年时记忆力特强,更由于这种记忆会随成长而发酵,成为其精神世界不可割舍的内容。那它为什么会发酵呢?因为在那些“好玩”因素的背后是博大精深的传统文化,不断地品味"好玩",就是在不断地消化传统文化。因此,武侠读者的个体生命其实是关联着一代人的文化生命的。他们对武侠小说的记忆表述其实是对同代人文化生命之路的回溯。由此看来,对于民国武侠小说的民间记忆的研究,就不只是丰富武侠小说历史细节那么单纯了,它关涉于一代人精神成长史的部分可能更值得关注。因此,把记忆研究引入民国武侠小说研究,首先可能会引起研究方法的革新(诸如口述史、田野调查等历史社会学方法的引入),其次用新方法耕耘新研究空间产生的新成果,不仅会弥补我们对武侠小说历史镜像的认识,也会促发对其存在价值的新一轮反思,从而在思想层面上提升我们的研究水准。

作为创作素材的民国武侠记忆

为了叙述的简便,下面我把民国武侠小说的民间记忆简称为民国武侠记忆。作家王蒙少年时也曾迷恋武侠小说,在其自传中他这样记述自己的民国武侠记忆:"我也在那里读了《崆峒剑侠传》《峨嵋剑侠传》《大宋八义》《小武义》等章回小说。我喜欢郑证因的技击小说《鹰爪王》,宫白羽的《十二金钱镖》,后者的人情世故的描写与冤冤相报的悲剧性的表现,使它的文学价值超过了当时的一般武侠小说。"(参见《王蒙自传》)王蒙夫人方蕤在《我与先生王蒙的凡生琐记》中对王蒙这段读书经历也有记载:"王蒙自幼爱看书。9岁时,他独自去离家最近的民众教育馆内的小图书馆看书,入了迷。直到天黑,整个馆里就剩下他一个人,管理员不断催促他才回家。他在那里看了《少林十二式》《太极拳式图解》《十二金钱镖》《小五义》,看了《悲惨世界》和沈从文、丁玲的书。他对文学的兴趣,或许从那时候已经开始孕育。”(参见方蕤《我与先生王蒙的凡生琐记》)这说明王蒙的民国武侠记忆在其成年后一直处在重述之中,而最特别的重述,不是与家人讲述,而是把这种记忆当作写作素材写进了小说,在《活动变人形》中就有对这种记忆的书写。

《活动变人形》在写到倪藻恋恋不舍地离开“民众教育馆”后,有这样一段叙述:“他也读武侠小说和演义小说。《七侠五义》和《小武义》他印象不深。白羽的《十二金钱镖》里的围绕着主人公‘小白龙’的恩仇故事却使他十分感动。郑证因的“技击小说”《鹰爪王》也使他感兴趣。他特别对其中的关于轻功,关于‘旱地拔葱’的一招的描写入迷。”这段关于民国武侠记忆的书写早于后来的自传及其夫人的回忆,虽是小说文字,但与后来的回忆文字相参照,就能发现小说文字其实是具备原真性的原始回忆,可以作为研究民国武侠记忆的史料。

我们可以先对照一下小说文字和回忆文字中关于《十二金钱镖》的评价。在《活动变人形》中,王蒙说《十二金钱镖》使他感动的是“恩仇故事”。在《王蒙自传》中,他认为《十二金钱镖》中“人情世故的描写与冤冤相报的悲剧性的表现,使它的文学价值超过了当时的一般武侠小说”。前者是叙述少年倪藻对武侠的热爱,用的是少年视角,因而记述文字较能反映少年读者的阅读印象,“恩仇故事”简单四字最能概况说明少年记忆。后来自传中的叙述就完全是成年人对回忆的重述,明显带有分析类比的理性思考痕迹,这是后阅读评价的自然影响,可是少年王蒙和小说中的少年倪藻即使对“恩仇故事”格外喜欢,也不会用“描写”“表现”“价值”等语词来表达自己的读后感。但这两种回忆的基点是一致的,都是基于“恩仇故事”来发言,都是对“恩仇故事”的记忆修饰,只是小说中是情感陈述,自传中是理性评价,也就是说前者是情感记忆,后者是理解记忆。这就表明民国武侠记忆在王蒙的记忆世界中是经过了从情感记忆到理解记忆的变化的。如果这两种记忆表现出的价值判断是相悖的，从尊重原真性的角度来考虑，我们自然要遵从情感记忆；如果二者的价值判断是一致的，只是表述不同，则理解记忆可视为情感记忆的认同和强化，在征引时要视具体情况而做选择。具体到《十二金钱镖》，《活动变人形》中的记述因具备原真性，虽然是小说语言，出自名家之手，我们依然将其视作民间记忆。王蒙在自传中虽称赞《十二金钱镖》，但那是理解记忆，是原始记忆的强化，它代表的是作家王蒙或批评家王蒙的看法，或说当代作家对民国武侠小说的看法，与原始记忆已有距离，如要研究民国武侠小说在当时少年读者精神成长中的影响，则不宜把这种强化记忆当作研究史料。王蒙在自传中称赞《十二金钱镖》，也只是在"一般武侠小说"的范围中论其价值，即可概见民国武侠记忆在其整个精神记忆中的位置。

王蒙在自传中提及郑证因的《鹰爪王》，只说"喜欢"，但在《活动变人形》中则详细说明使他"入迷"的是其中的"轻功"和"旱地拔葱"之类的招数，简言之就是其中的功夫。在《活动变人形》中王蒙写倪藻迷恋武侠小说中的"恩仇故事"和"功夫"，其意在于写倪藻对传统文化的迷恋，但这迷恋却招来其父的批评："父亲听了他读书的事非常悲伤。倪藻，你为什么没有童年？他是这样对倪藻说的：'现在还不是你读书的时候。除了上课，你最主要的是游戏。游戏，懂吗?培根和狄德罗，詹姆斯和杜威，他们都强调说儿童最神圣的权利便是游戏！没有游戏的童年是多么寂寞！童年的寂寞感。你不懂吗?当然，你懂。儿童的书应该是彩色的，印刷精美，图文并茂的。……噢，怎么办?……一个文明的国家应该有一种一切为了儿童的观念。在完全没有这种观念的国家生存的儿童是非常寂寞的啊，我的童年在孟官屯——陶村,就是非常非常寂寞的啊!’”其父是站在西方少年教育的立场发言,对倪藻迷恋传统文化很担心,以为非如西方那样去过童年,那就是“非常寂寞”的,潜意识就是那样的童年是没有意义,也没有前途的。倪藻的父亲成长于传统中国,却反对传统文化,而倪藻母亲和他姨妈“静珍”却是传统文化的拥护者,对倪藻读武侠并不反对,“静珍”“则更是兴奋”。由此可见,倪藻是生活在中西文化对立的家庭中,王蒙将民国武侠记忆引入小说,置于倪藻身上,是把它当作与西方文化对立的传统文化代码来书写的,即武侠记忆只是作为文化代码来使用,而且是俗文化代码。

王蒙在他的另一部小说《星球奇遇记》中也写到了民国武侠,那是在描写小说人物“恩特”时,用“恩特”之口说:“中华看官,余自幼谙读宫白羽、郑证因、还珠楼主之武侠小说,便知上战场需刻意提防僧(道)、童、残、幼四种人。”此处的民国武侠更是代码,但代码中并未出现平江不肖生、顾明道等南派武侠作家的名字,也没有出现徐春羽、望素楼主等北派武侠作家的名字,至少能说明王蒙的民国武侠记忆主要是北派武侠记忆,而且也能说明宫白羽、郑证因、还珠楼主在其记忆中的位置是并列的,而把宫白羽放在第一位,则说明白羽在其北派记忆中的印象最为强烈。《活动变人形》写知识分子精神状态采用了被金克木质疑而为一些评论家赞美的意识流手法,使得一些研究者一提及这篇小说就联想到意识流。其实意识流的使用在小说中只是局部,它还不具备结构要素的作用,运用是否成功还在其次,而小说真正的结构要素是“恩仇故事”——倪藻父亲与家人的恩仇故事,从欣赏“恩仇故事”的角度看,宫白羽《十二金钱镖》对王蒙的潜在影响无疑是长存的。

倪藻在小说中是作为成功人物来塑造的，这样的人物在童年时也曾迷恋武侠小说，这是否也表达了王蒙的一种看法：童年对传统文化，特别是俗文化的迷恋，并不会使童年"非常寂寞"，反而是一种文化滋养，日后越是走向世界，越会感谢那童年的迷恋，相反倪藻之父虽走向了世界，但其童年缺乏传统文化的滋养，以至对传统文化缺乏理解和同情，终使得自己的西方文化学养无用武之地，最终精神无所依归，人生亦在精神分裂中完结。

因此，王蒙的民国武侠记忆不仅是其写作素材，也是其思考对象。王蒙将其民国武侠记忆引入《活动变人形》，虽说是作为素材处理，自然也有重温记忆的一面，但从他把这些记忆处理为传统文化代码，作为与倪藻父亲所代表的西方文化的对立面来看，与其说是重温记忆，不如说是想借此来检讨记忆，检讨武侠记忆对人成长的潜在影响。而以与武侠小说完全不同的文本来记述和检讨武侠记忆，虽有文体上青出于蓝的意味，却也说明了武侠小说作为民族的历史记忆一直以集体无意识形态存活在后人身上，即使阅读武侠已是童年记忆，但只要记忆还在，它就会以其他形式表现出来。因此武侠小说的现实功用虽多是满足当下消遣，但因其富含传统文化因子，曾伴随几代少年成长，其历史影响就会以记忆碎片的形式潜伏在读者的无意识中，不断发酵，继续产生影响。

民间记忆的表述语境与表述方式

民国武侠小说的民间记忆是否能作为合格史料被采用，首先要对史料加以甄别，而甄别的标准主要有两点：一、所述事实是否具有原真性；二、回忆行为是否具有无功利性。那么如何去判定民间记忆的原真性和无功利性呢?这就要对其回忆内容进行具体分析,一般来说可从表述语境和表述方式上来做判别。下面举例说明。

白先勇在《蓦然回首》中曾忆起少年时阅读还珠楼主武侠小说的情景:“小学中学的生涯,对我来说,是一片紧张。……然而除了学校,我还有另外一个世界,我的小说世界。一到了寒暑假,我便去街口的租书铺,抱回来一堆一堆牛皮纸包装的小说,发愤忘食,埋头苦读。还珠楼主五十多本《蜀山剑侠传》,从头至尾,我看过数遍。这真是一本了不起的巨著,其设想之奇,气魄之大,文字之美,功力之高,冠绝武林,没有一本小说曾经使我那样着迷过。”此处对还珠楼主的评价常被研究者引用,但很少有研究者把它作为记忆史料来看待,而基本上都是当作著名作家的评说来引用。这是忽视白氏这段回忆的表述语境和表述方式所导致的结果。白氏写《蓦然回首》时虽已是作家,但这段文字的本质是回忆,它具有一般回忆性文字的特点,即陈述性文字具有失真性,而评价性文字又常有超越回忆语境的后阅读评价;同时这段文字本身没有功利色彩,因此可以视为是一段民间回忆。但即便是无功利的民间回忆,在采用时也要对其陈述性文字和评价性文字进行原真性考察。

白氏在这段文字开篇就说:“小学中学的生涯,对我来说,是一片紧张。”这表明下面他即将对其小学中学生涯展开回忆,也就是说前引文字的表述语境是成年人对少年生活的回忆,即表明这些内容是由回忆产生,而非由研究生成。因此,在面对这段回忆时,就要具体考察回忆产生的文字是否留有研究生成,即后阅读评价的痕迹。

先看其陈述性文字:“一到了寒暑假,我便去街口的租书铺,抱回来一堆一堆牛皮纸包装的小说。还珠楼主五十多本《蜀山剑侠传》,从头至尾,我看过数遍。”当时租书铺的小说多是用牛皮纸包的,这个细节很多人都有回忆,我收藏的民国租书铺流出的《雍正剑侠图》就是旧牛皮纸包的,上面还有钢笔写下的一长串借书日期,可证“抱回来一堆一堆牛皮纸包装的小说”所言是真实的。至于“发愤忘食,埋头苦读”,是抽象描述,到底是什么原因使得白氏“发愤忘食,埋头苦读”,他没有说明。因此这两句并不能作为那些小说吸引人的史料来使用。很简单,不能因为是作家白先勇少年时曾“发愤忘食,埋头苦读”过这些小说,就认为它们是有价值的。

再看其评价性文字:“还珠楼主五十多本《蜀山剑侠传》,从头至尾,我看过数遍。这真是一本了不起的巨著,其设想之奇,气魄之大,文字之美,功力之高,冠绝武林,没有一本小说曾经使我那样着迷过。”这些文字显然是白氏超越回忆语境而写出的。少年读者对武侠小说的迷恋是否会及于“设想”“气魄”“文字”“功力”诸方面呢?是否会用“设想”“气魄”“文字”“功力”等术语来表达自己的阅读感受呢?到底白氏迷恋的是这其中的一项,还是全部迷恋呢?这些问题都值得怀疑,但有一点是无疑的:即这些评价是超越回忆语境的后阅读评价,是研究生成的痕迹,而非直接来自回忆。因此白氏此处对还珠楼主的评价只宜用来说明成年白先勇的观点,而不能当作《蜀山剑侠传》对少年读者很有吸引力的证据来使用。

2011年4月19日,新浪网民天津老明在饱蠹鱼博客上有一则留言:“我是还珠楼主的粉丝,可说是看他的书长大的。六十多年前,我上中学整个暑期迷恋于他的著作,门前有租书店,每天租一本,有时两天看三本,连看数十册,觉得比其他武侠小说境界高的多。"这是一普通网民的网上留言,为保留其原始性,我对其文字,包括标点都未做任何改动。天津老明的留言是在饱蠹鱼博文《"津门论剑"逸闻录》之后写的,是对博文中有关还珠楼主内容的回应。天津老明只是随机地表达对还珠的看法,没有什么功利性,这是其留言能作为民间记忆被关注的前提。他这段回忆文字基本是事实陈述,说到迷恋还珠小说,紧接着写道:"门前有租书店,每天租一本,有时两天看三本,连看数十册。"天津老明没说他究竟迷恋什么,但把当时的阅读行为写出来了,从中我们足可想见其迷恋的情形。相对于白先勇"我便去街口的租书铺,抱回来一堆一堆牛皮纸包装的小说,发愤忘食,埋头苦读"的陈述,天津老明的回忆更能说明问题,因而作为史料就更有价值。"每天租一本,有时两天看三本,连看数十册",这也许不仅是少年天津老明的个别情况,白先勇将《蜀山剑侠传》从头至尾,看过数遍,也许就是采用了天津老明的读法。

天津老明在留言末尾对还珠有一个评价:"觉得比其他武侠小说境界高的多。"如果当时是迷境界,会"有时两天看三本,连看数十册"吗?显然"境界"之说系后阅读评价,有夸饰成分,而非当时实感。网络留言的随机性表明它不一定是深思熟虑的理性表达,但却可能把后阅读评价混入回忆性文字。因此在这种表述语境产生的文字,其陈述性内容的史料价值一般大于其评价性文字,因为陈述性文字的原真性较强,而评价性文字是后阅读评价,其动机往往具有某种功利性。也正是因为民间记忆有这样丰富的意涵,因而值得民国武侠小说研究者去作认真的探究。

民国武侠记忆的小说史和思想史价值

先说小说史价值。还以租书铺(摊)为例。先以许寅、王学泰、李幼蒸三位学者的回忆为例。他们虽是学者,但他们的回忆基本是无功利的记录,因此无疑也是民国武侠的民间记忆。

许寅《当代武侠小说之王还珠楼主》有这样一段描写:

这是五十年前的一幕。

上海静安寺路跑马厅围栏外面人山人海,争看场内跑马情景。间歇,一位小学生回头一瞥,只见一黄包车夫,正坐在车上看书,觉得奇怪,仔细一看:封面白底红字——《蜀山剑侠传》赫然入目。

回家,便到一个借书摊上,租了一本《蜀山剑侠传》读了起来,一读,欲罢不能。手中一有铜板便去租书。短短一两年间,竟把当时能借到的所有还珠楼主的武侠小说,全部看完。成了标准的"蜀迷"、还珠楼主的崇拜者。

——这个小学生,就是区区在下。

许寅由看到黄包车夫读《蜀山》,引发好奇就去租书摊借了来看,以至欲罢不能。社会学者王学泰读武侠也是从租书铺借读,他在《偷闲杂说》中曾写道:"记得初中一二年级时最爱读武侠小说,那时还有租赁书铺,二分钱一本。我是一天两本,常常看到深夜。老师苦口婆心地劝说,报刊对武侠小说也大张挞伐,历数这些作品的'罪行'。然而,没有用,只能增加我们这些半大孩子的逆反心理。"符号学者李幼蒸也是从租书铺借武侠看,在其《忆往叙实》中有这样的记录:"我于1950—1951在育英住校读书期间,逢周末回珠市口惠中饭店招待所前,有时会先去前门租书店租借这类小说,并将不宜带回家中的言情小说,在西河沿河边找个僻静处一口气读完还掉后才回家。"

由此可见,武侠小说的少年读者多是从租书铺(摊)来借读武侠的。许寅的回忆记述的是20世纪40年代的情形。王学泰曾是中国社会科学院文学所研究员,1942年生于北京,他的回忆应是20世纪50年代中期的情况。而李幼蒸的回忆很明确是在1950—1951年。这就说明武侠小说的少年读者印象最深的是租书铺的阅读记忆。也就是说他们的记忆本身不只是对所读武侠小说的记忆,还有对"借书"行为本身的记忆。这种记忆资料对于研究武侠小说传播史和接受史都是非常难得的史料,它们首先会增加武侠小说史研究者对于历史细节的认知,进而从武侠小说传播学、阅读学的角度对武侠小说的历史进行新的解读。这种解读的结果无疑会深化武侠小说史的研究,同时对催生武侠小说传播学、武侠小说解释学等跨学科研究也会起到一定促进作用。

除了租书铺,书店也是那时少年读者阅读武侠小说的一种渠道,但很少看到这方面的回忆。前几年读天津退休老人魏仲林的回忆录,竟意外发现了关于书店出售武侠小说的回忆,非常难得,因摘录于下:

新民书报社主营小说和连环画,读者对象主要是黄浦路国防部系统的大量文职雇员。书店内两侧各一排书架,架上满是言情、武侠、剑仙、侦探、外国名著等小说，其中言情、剑仙类约占总量的80%，而冯玉奇、张恨水的作品要占全部言情小说的70%。冯的作品肉麻香艳，张的作品比较正统。冯的作品约占冯、张作品总量的80%。言情小说缠绵悱恻，卿卿我我，情长志短。剑侠类有王度庐、白羽（官竹心）、郑证因、还珠楼主（李寿民）四大家，风格各异。王善写草莽女侠，执着痴情，文笔细腻，多为爱情悲剧。白善写武林恩恩怨怨，世态人情，余味尤浓。郑文笔粗犷，重在写意，对打过程中一招一式都有实在交代，惊心动魄，惊险火炽。给我印象最深的还是还珠楼主的作品，他承袭《西游记》《封神榜》的传统，将飞剑法宝、奇山奇水、珍禽异兽、仙人怪客融入故事中，文笔华丽，情节突兀奇变，富有浪漫色彩，代表作有《蜀山剑侠传》《青城十九侠》《夜明珠》等。

魏先生这段回忆写的是1946年在南京读小学时的事情。这段回忆的价值首先是细致地描述了当时书店出售通俗小说的原生态状况，特别是关于各类书籍的百分比记录，能让后人看到当时的流行情况，而流行情况就是阅读接受情况的直接反映，因此它是研究武侠小说史、通俗小说史的重要史料。从其百分比记录看，当时南京地区冯玉奇、张恨水的言情小说最为流行，而“冯的作品约占冯、张作品总量的80%”，则表明读者喜好冯玉奇的程度是胜过张恨水的。这则史料对于研究张恨水可能并不很重要，但对研究冯玉奇则十分难得。通俗小说研究者对冯玉奇还缺乏研究，一个重要的原因恐怕就是研究者们还没有找到这类史料。

这段回忆的第二个价值体现在对武侠小说作家的评价上。魏先生不是专门研究者，他的评价虽然不免也会受到媒体评价的影响，同时带有个人后阅读评价的痕迹，但从上述记录看其原真性依然很高。在这段回忆中出现了“王度庐、白羽

(宫竹心)、郑证因、还珠楼主(李寿民)四大家”这样的表述,我们知道在武侠小说研究史上明确提出北派四大家之说的是张赣生先生，如魏先生未曾受到张先生此说的影响,则其“四大家”之说就是源自自家的阅读体验。魏先生此处没有提及朱贞木,说明朱氏在当时的影响尚不及四大家。这也说明魏先生并未受到叶洪生先生“五大家”之说的影响,可能也不知道有“五大家”之说。这反而证明他对四大家的评说是可贵的民间记忆。

魏先生评王度庐的关键词是“草莽女侠”和“爱情悲剧”,这和研究者把王度庐武侠小说特征概况为“悲剧侠情”是一致的。魏先生评白羽的关键词是“武林恩恩怨怨,世态人情”,这也抓住了白羽的特点,和王蒙表述的“恩仇故事”也很相近。研究者多把白羽武侠小说特征概况为“社会反讽”,虽然比较全面,但不如民间表述简易明白,这也说明白羽的读者,特别是少年读者注意的是世态恩仇,而非表现世态恩仇的重要手法——反讽。

魏先生评郑证因的关键词是“文笔粗犷”,“一招一式都有实在交代”,这也抓住了郑的特点,但郑氏武侠的另一重要特点“帮会”描写却没有提及,这说明少年读者在意的是“技击”,而非“帮会”。魏先生说给他印象最深的还是还珠楼主,说“他承袭《西游记》《封神榜》的传统,将飞剑法宝、奇山奇水、珍禽异兽、仙人怪客融入故事中,文笔华丽,情节突兀奇变,富有浪漫色彩”,这和研究者所说的“奇幻仙侠”也很接近。若把魏先生的评说再浓缩一下,我以为可归结为“奇”“丽”二字。简言之,还珠武侠小说情节之奇、文字之丽是超乎其他武侠作家之上的,特别是对于少年读者而言。

从魏先生以上评价可推知，民国武侠小说的流行与其说是武侠小说形态各异,各具特色,均能吸引少年读者,不如说是当时学校正规读物不能给少年读者带来像武侠小说那样的精神愉悦,使得武侠小说客观上填补了学校阅读的空白所致。这样武侠小说史研究又必须与教育史联系起来了。

武侠小说在少年读者心中虽留有深刻的记忆,但当他们成为成年人后却并不完全认同少年时代的看法。

王学泰谈及郑证因的武侠小说时这样写道:"……我最爱看的是郑证因的小说,其次是徐春羽、白羽的。想当初令我如痴如醉的《鹰爪王》正续集四十四本,以及旁集《字母金梭》《子母离魂圈》等加起来有六十多本,我是一本不落,全读完了。前两年我研究游民问题,写《游民文化与中国社会》要引这些作品为例证,再拿起来读时,很奇怪,记忆中的趣味一点儿没有了,简直是味如嚼蜡。"

魏仲林虽迷恋过武侠小说,对四大家的特色也如数家珍,但他在前引回忆文字之后,还添了一句,认为武侠小说不过是成年人的童话,"消闲解闷而已"。

古龙《写当年武坛风云人物于酒后》云:"我从七八岁的时候就开始看武侠小说,那个时候,我最不欣赏的武侠小说作家就是王度庐。因为那时候我总觉得王度庐的小说太淡。因为那时候我只有七八岁。人生每一个阶段都会过去的,从这个阶段到那个阶段,每一个阶段都有每一个阶段的思想成熟转变。所以到了我生命中某一个阶段中,我忽然发现我最喜爱的武侠小说作家竟然是王度庐。"

王学泰与魏仲林的态度一样,是先欣赏,后批评,或者说先迷恋,后抛弃。

李幼蒸与他们不同,在成年后对于王度庐没有任何批评的表述。在《忆往叙实》中他说"那时我极迷恋王度庐之'晚清情调'",又说"我读过几乎全部王度庐的书,是王的粉丝"。虽然他曾说"至于武侠小说,我对50年代后的港台武侠小说，一点看不进去，认为空洞无物，"但对于王度庐却一直保持着欣赏态度，到电影《卧虎藏龙》出现，他认为"可以说与王度庐没什么关系，只是一部好莱坞片子而已。"

为什么会出现上述这种现象？

简单的解释是阅读个体本有差异，其喜好亦自然会随年龄而变化，无甚奇怪。可是为何古龙有反省，王学泰等人没有古龙那样的反省，而李幼蒸却能坚持少年时代的选择呢？这说明武侠小说的丰富意涵是随着人的思想成长而逐步呈现的，原来欣赏的东西，可能成为后来批判的对象，而原来未曾读出的东西，却可能成为后来欣赏的对象。

李幼蒸之所以一直欣赏王度庐，则说明他少年时代所欣赏的王度庐的特点（晚清情调）经受住了时间的考验，少年的欣赏之处也是成年的欣赏之处，因而才会构成他完整的欣赏记忆。而古龙、王学泰、魏仲林、李幼蒸有着不同的成长经历，如果我们对武侠小说在他们的思想成长历程中扮演的角色进行一番考察，则会自然地涉及到知识分子思想形成的问题，这样民国武侠小说的民间记忆又会成为研究知识分子思想史的一种特殊史料。

最近在网上看到有一篇《闲时把书看》，作者待查，他的民国武侠记忆是这样的："当我进入城市念到中学的时候，……几乎把所有的空余时间都用在了看这类闲书上。恰巧在我住的那条街上有家租赁旧书的书铺，这给我在浏览闲书上提供了极大的方便。大约在两年之内，竟看了一百多本小说，武侠的有还珠楼主的《蜀山剑侠传》《青城十九侠》，宫白羽的《十二金钱镖》《偷拳》；社会言情的有刘云若的《燕子人家》《旧巷斜阳》，等等。因为有了这么"厚实"的底子，所以对现今的港台武侠小说就挂不上眼。”

这位作者为何会对港台武侠小说看不上眼，我以为他说的“厚实”，除了指民国武侠小说艺术上对读者的吸引，恐怕还有思想内涵较为深刻这一点。这样来看，这则民间记忆也是民国武侠记忆具有小说史、思想史价值的一个例证。

2011年4月28日于望云客舍

（原载《品报》第11期至第14期，2011年5月1日、7月1日、9月1日、11月1日）

漫谈现代通俗小说目录

[江苏]张元卿

余嘉锡先生云:治学之士,无不先窥目录以为津逮,然而在近现代通俗小说研究领域,可为津逮之目录并不多见,初涉者每有"孤舟泳海,弱羽凭天"之感。己丑岁末回苏探亲,昼与小女玩耍,夜则斗室独居,期间思绪偶及历年经眼之现代通俗小说目录,颇思撰文试谈其得失,以消长夜,乃有此作。

通俗小说专科目录之建立,一般以孙楷第先生编撰的《中国通俗小说书目》(1933年)为标志。受《孙目》之启发,海内外小说研究者,先后在中国、日本、韩国、前苏联及欧美等地区,持续不断地访求通俗小说,并新编了一些书目,古代通俗小说书目因之得以不断完善。20世纪30年代以降,古代通俗小说又进入国家总书目、史志艺文志及善本书目,如《续修四库全书提要》《清史稿艺文志补编》及公私善本书目对通俗小说的著录。1990年江苏社科院所编之《中国通俗小说总目提要》,是这一领域的集成之作,然此《总目》未能收录民国通俗小说,不免有遗珠之憾。

1996年周清霖先生主编之《中国武侠小说名著大观》,按作家分类,兼顾民国武侠小说南北名家和港台新武侠作家,且配有张赣生、叶洪生两先生撰写的述评,选目评述俱精,不愧《名著大观》之名。此外,该书附录了《武侠小说书目知见录》,为研究者提供了较为丰富的书目信息,虽然今天看来其内容还须增补。

1997年秦和鸣先生主编之《民国章回小说大观》第一卷,收录小说150余部;2003年秦先生又推出了《民国章回小说大观》第二卷,收集了民国时期成书的各种文言、白话章回小说作品。这两部《大观》在收录数量上可谓洋洋大观,优点是编例较好,对所收小说不仅注明版本信息、内容提要、回目(有校勘),而且还能考述题材来源、故事演变,对艺术成就及文学影响亦有说明;缺憾是编撰者对民国通俗小说缺乏整体观照,漏收不少名著,且有些提要不够简明。此外,北派作家作品收录得尤其少,刘云若的社会言情名著基本没有收录。这样,因编者视野学识所限,使得《大观》甚为庞杂,虽尺幅千里,奇景胜迹却有遗漏。

通俗小说目录学建设对于研究的促进作用,在目录编制阶段,体现为对小说文本的访查、比勘、甄别及著录。《民国章回小说大观》在这方面做得还不够,其编者对该领域前人之研究成果,未能细心学习,站在前人肩上前行。

谈到该领域前人之研究成果,《鸳鸯蝴蝶派研究资料》收录的《鸳鸯蝴蝶派小说分类书目》和《鸳鸯蝴蝶派文学资料》收录的《鸳鸯蝴蝶派小说目录》,是现代通俗小说专业目录的奠基之作,开山之功自不可掩。但两目是奠基之作,亦是草创之作,错讹自是难免。两目问世后,张守谦先生在《评〈鸳鸯蝴蝶派小说目录〉》(天津师范大学学报,1990 年第 6 期)中指出了其中的一些讹误,如把李燃犀《津门艳迹》归入了"言情"类。此后认真对比二目得失的是王振良先生,他据此二目对勘,整理成《饱蠹鱼斋鸳鸯蝴蝶派小说目录》,对两目分类相歧者及在作家作品文字上的差异和错误均予更正,不能断定正误者则用方括号予以说明。此外,振良还整理出《芮目有魏目无之鸳蝴小说目》(73 种)和《魏目有芮目无之鸳蝴小说目》(54 种)。因此,振良此目允为站在前人肩上的前行之作,有承前启后之功。

目录之作,实非易事,别真伪,明是非,须有学识;摭拾遗漏,提纲举要,更须学识,而学识之基础,乃在学术史之修养。故有益于人之目录,虽不必出于名家之手,但无不有学术史之底蕴与意趣。

书有亡佚,览其目录,可想见其本末。以前现代通俗小说除图书馆和私人藏书室外,已难觅踪影,而今网络勃兴,孔网等处时见旧版通俗小说,已亡佚者不时复现,旧日靠目录想见本末者,多能一饱眼福,然网上云烟稍纵即逝,下载一多,即无头绪,因此目录编撰,尤为要务。

玉露枫林的博客刊有《港台当代知名武侠小说作家名录(台湾部分)》《萧逸小说创作全纪录》等目录,后者引录了《萧逸手订书目》,形成了自己的特色:一是指出了真品的情况,如:《凤栖梧桐》(1962 年,前十五万字为真品);二是附有大陆书目及版本考证:"附录一:大陆出版发行的 35 部作品"和"附录二:国内太白版萧逸作品与友谊版不同之作"。

类似之目录在网上日见其多,这反映了九流聚于网络,学术回归民间的大趋势,而此趋势之形成,实因网络夜以继日地整合着民间学术资源和官方学术资源,已悄悄改变了民间学术资源罕为人知,而官方学术资源却被图书馆等官方收藏机构垄断的局面。以前凭一己之力无法完成的《中国大陆图书馆民国通俗小说联合目录》,在京津沪等图书馆所藏通俗小说目录的基础上是能慢慢做成的。而且像《晶报通俗小说史料目录》《天风报通俗小说史料目录》《民国武侠小说研究文献目录》《周瘦鹃小说及研究文献目录》等种种专题目录,都可能在我们不经意间,最先在民间研究者手上完成。

据我了解,天津胡立生先生现正编写《郑证因武侠小说书目提要》,他的做法是每部小说除收有封面、序跋、版权页、精彩插图等老版书影外,均有万字提要,且力求用郑氏笔调写出。现今胡先生已写好十部小说的提要,我们希望胡先生继续深耕细作,把其余的也一一写出。

对于身在学院的同好,我希望朋友们着手去编《近现代通俗小说目录汇编》,然后慢慢开一门"近现代通俗小说目录学"这样的课。我相信通俗小说研究的新生代是需要经过录序跋、写提要等目录学的训练的,否则源流不明,鉴赏既受制约,辩章学术亦无从谈起。清儒王鸣盛云:"凡读书最切要者,目录之学。目录明,方可读书;不明,终是乱读!"章学诚云:"即类明学,由流而溯源,庶几通于大道之要"。信夫!

2010年2月21日改定于苏州寓所

(原载《品报》第3期,2010年3月1日)

天津历史建筑与通俗文学研究

[天津]王振良

我在大学读书时,专业方向是中国小说史。从校园走向社会,我对小说史的兴趣,仍然延续了一个时期,经日积月累的搜集,相关藏书已不下万册。2003年以后,我的兴趣开始向天津地方文化方面转移,这些"小说书"随即也就束之高阁,许久不再翻阅了。直到2008年初,元卿兄客韩还津,没想到重新勾起我对通俗小说的一些兴趣。

多次剧谈之后,我才逐渐发现,在"小说"与"天津"之间,其实有着广阔的交叉地带:今天津行政地域内,不仅诞生有《醉茶志怪》等文言小说、"储仁逊抄话本十四种"等章回小说、《十粒金丹》等弹词小说,而且还生活过刘云若、宫白羽、还珠楼主等一大批卓有成就的通俗小说大家和名家……此外,清末民国天津的古典小说研究,其成绩也不容无视。当时,我正迷恋于天津小洋楼身份的考察,因此在西沽古村落采风时,我们首先发现郑证因家族的郑家大楼;河北路顺和里拆迁时,我们又访到刘云若旧居;根据元卿兄提示和日租界地图,我们又找出还珠楼主旧居遗址……从师友处归集来的线索越来越多，与民国北派通俗文学密切相关的天津商报社、北洋画报社、一炉半月刊社、百城书局、大报社和风月画报社等，都陆续“出土”。2009年“津门论剑”会议后，根据顾臻兄提供的资料，我们又很快确认了朱贞木旧居，可惜其已于2007年11月，与近旁的刘云若旧居同时被拆除，只能从照片上一睹真容了……

建筑不是文学，但与作家发生过密切关系的建筑乃至其周边景物，都可能对作家的思想观念和文学创作产生影响。因此，考察建筑有时会给我们认知作家作品提供新的视角。譬如，只有深入还珠楼主旧居及其所处城市环境后，我们才能对《轮蹄》这样的作品有更深入的理解。由此可说，天津这些历史建筑的陆续发现，对相关作家作品的研究，应该是有它独特价值的。从城市文化遗产积累的角度看，相关建筑身份的确认，无疑也给城市之历史增添了一抹抹光华。本雅明当年游荡在巴黎的大街小巷，将整座城市视为一个梦境，因为那里有雨果谜一般的地下世界，也有被波德莱尔称为“充满魅力的罪行”的夜晚……今天，我们把调查建筑和研究小说捏合起来，并倡议保护一些历史街区，就是希望保留这些街区作为故事集合体性质的文化功能，以便更多人分享刘云若、宫白羽、还珠楼主等作家曾汲取营养的文化天津，从中探求建筑所映照的梦幻般历史。也许只有这样，才能够接近这些建筑的灵魂，从而借建筑来找回这个城市的小说之魂，文化之魂。

2010年4月30日于沽上广雅之轩

（原载《品报》第4期，2010年5月1日；后收入《品报学丛.第一辑》，天津古籍出版社，2014年12月）

晚清民国通俗文学学术史研究应提上日程

[江苏 天津]双　鱼

进入 20 世纪以来,由于传播方式的改变,通俗文学也进入一个特殊的发达时期。晚清民国通俗文学的研究,至今已走过了百年的历程。总结这些年来研究的成败得失,为后来的研究者提供一点借鉴,实在是很有必要的事。我们认为,晚清民国通俗文学学术史的研究,也应该提上应有的日程。

晚清民国通俗文学研究的历史,大体可以分为四个阶段。

第一个阶段就是整个晚清民国,算是研究的萌芽时期。随着通俗文学作品的不断产生,研究形式以书籍序跋和报刊评介为主,属于实用主义的非自觉的阶段。到 1949 年,上海正气书局出版徐国桢的《还珠楼主论》,这是第一部以民国武侠小说为研究对象的学术著作,可以看成是晚清民国通俗文学研究走向自觉的一个滥觞。

第二个阶段是 20 世纪 50 年代至 70 年代,属于研究的低谷时期。1962 年魏绍昌出版了《鸳鸯蝴蝶派研究资料·史料部分》,是这一时期的重要成果。此外,由于众所周知的原因,晚清民国通俗文学统统被冠以“鸳鸯蝴蝶派”的名称,只有在讲述传统文学的最后,才被附带提及并批判一下。

第三阶段是20世纪80年代至90年代,可谓晚清民国通俗文学研究的复苏时期。1984年,魏绍昌编的《鸳鸯蝴蝶派研究资料》和芮和师、范伯群等编的《鸳鸯蝴蝶派文学资料》几乎同时出版,为此后的晚清民国通俗文学研究奠定了坚实基础,相关研究不时可见。同年,台湾联经出版公司推出了叶洪生主编并评点的《近代中国武侠小说名著大系》,这是海峡两岸首次系统地重评民国武侠小说,民国武侠小说经典化之路由此开启,民国武侠小说这个特殊的研究领域开始引起学界的关注。

第四阶段是进入21世纪的十年,这一阶段是晚清民国通俗文学研究的兴盛期,新的成果不断涌现,目前正方兴未艾。2000年,范伯群主编的《中国近现代通俗文学史》率先出版。2005年,叶洪生、林保淳合著的《台湾武侠小说发展史》在台湾出版。这两部史著是这一阶段的标志性成果,它们既集以往研究之大成,又提出众多前瞻性课题,具有重要的承启意义。

目前,晚清民国通俗文学多角度、全方位的研究格局已经开始形成。这主要体现在以下几个方面:

第一,以苏州大学文学院为中心的学院派研究影响日广。范伯群、徐斯年等开创的通俗文学研究群体,已经有了第三代、第四代博士生,分布在众多高校的研究岗位上,成果丰硕。

第二,以港台为中心的民国武侠小说研究成就卓著。其代表人物如台湾的叶洪生、林保淳和香港的黄汉立等。

第三，京、沪、渝等地，也涌现出一批优秀学者。虽然还没有形成研究群体，但相关学术成果均已引起研究者的关注，如上海的周清霖、北京的孔庆东、重庆的韩云波等。

第四，天津的民间研究群体已经初显雏形。天津的民国通俗文学研究起步甚早，吴云心、张赣生都是这一领域的开拓者，倪斯霆早年也写过不少文章。但随着吴、张的离世，天津的研究很快陷于沉寂。最近两年，天津的民间研究呈现回暖迹象，并有形成群体的趋势。2009 年，他们还成功发起举办了“津门论剑——民国北派通俗文学学术讨论会”，在通俗文学研究领域产生了较大影响。

1995 年，范伯群发表了《通俗文学研究的回顾与展望》，对此前的通俗文学研究史作了梳理，并对以后的研究提出了展望。此后便很少有人继续关注通俗文学研究史了。如今通俗文学研究在学院和民间两个方面都有新的进展，而且已显示出不同的研究向度：学院研究注重研究方法的更新，重视文本批评，远期愿景多集中于从史的角度整合通俗文学和新文学，以便完成大文学史的构建；民间研究的特色在于资料辑佚、细节挖掘，意在将通俗文学研究融入地域文化研究之中，既探讨通俗文学家作为乡贤的历史地位，又重视他们作为乡贤在当下城市文化建设中的现实作用。这种研究格局和向度必将影响到日后的通俗文学研究进程，现在已到了从学术史的角度总结研究得失的时候。

此外，新资料的不断涌现，也给民国通俗文学研究开辟了更广阔的空间。尤其是北京的全国文献缩微复制中心出版的大量晚清民国期刊画报，很多都与通俗文学关系密切。原来研究者慨叹资料不易寻觅，现在一下又陷入了资料太多消化困难的境地。而要应对目前这种情形,必须对以前的研究史做整体的回顾和反思,以便从中汲取经验,调整思路,与前辈研究者完成学术对接的同时,有效利用新出文献,多角度地将研究向前推进,以期淑世娱己两相得。

2010年6月30日

(原载《品报》第5期,2010年7月1日;后收入《品报学丛.第一辑》,天津古籍出版社,2014年12月)

通俗诗文是地方史研究的重要史料

[江苏]张元卿

题目写得像要做长篇论文，显得煞有介事，有股子学院风，这只怪自己没有写通俗文的本领，只能如此这般了。如果说民国通俗小说是整齐的庄稼地，那通俗诗文就是那田埂边的杂草。我们常年专注于庄稼地的正规作物，越收割越多，越加工越细，一门心思想着来年的收成，很少有人在意田埂边杂草的荣枯。

我的读书杂记中记着这样一个《山歌》："乡里老娘旧病发，走到城里望菩萨。绿鞋子，红鞋拔；走一步，拔一拔。"这个《山歌》收在胡寄尘编著的《怪话》中，列在"怪诗"栏目下。这诗有什么怪，不过有趣罢了。民国时的那些通俗作家，除写通俗小说外，基本都很喜欢写写有趣的小文章，他们称这类文章为"游戏文""游戏诗""游戏词""游戏新闻""滑稽小品"等，对这些小东西的热情其实要胜过写连载小说。且看一段民国三年《余兴》杂志上的《妓女酒令》："女儿悲，昨夜留了一个大乌龟;女儿愁,偏遇了东洋车夫流氓头;女儿喜,长衣客人到家里;女儿乐,三百铜钱也快活。”民国十年的《游戏世界》刊有郑逸梅的《女儿酒令》:“女儿颦,无端佳约忽因循;女儿歌,要求乌鹊为填河;女儿吟,尘世茫茫孰赏音;女儿瞋,已负韶光廿五春。”前一个酒令,还能在席间喊上几声,郑先生的就只能读读了。这是不是说明酒令在郑先生那时已不像七年前那么流行了。《妓女酒令》今天看来无疑是研究民初上海生活的好资料,即便是郑先生那只能称为“拟酒令”的《女儿酒令》,也是研究民国文人生活的好资料。

此类游戏文字在民国报刊中经常可见,能看到通俗小说的地方,就能读到这类文字,数量之大,无法统计。在我的读书杂记中还有一些被时人称为“滑稽文”“滑稽诗词”的文章,有几篇是写上海劝业场的:《游劝业场赋》《劝业场铭》《劝业场记》《上海劝业场竹枝词》《重阳游劝业场引》。上海豫园劝业场1917年开业,楼高七层,集商业、餐饮、娱乐、休闲于一体,自办《劝业场日报》。如要研究上海劝业场的历史,上面这几篇文章都是稀见的史料。《劝业场日报》刊有很多周瘦鹃、吴绮缘等鸳蝴作家的作品,是鸳蝴派文人和劝业场商家合作的产物。如要研究鸳蝴作家和商场文化的关系,这些小文章也会派上大用场。

这类通俗诗文自然可从多个角度去研究,但这类文章中能迅速被利用的却是上述一类具有地方文献价值的文章,因此从地方史研究的角度来挖掘整理这些文章,成果可能出人预料。这类资料不像正规庄稼地那么齐整,但走下去,逼仄田埂就会伸向历史深处,汇于通衢,而通达道;行于其间或有直呈生命、曲通古今的感受,则发为文章自有历史生命气息的流泻,地方史研究因此亦会成为生命与生命之对话,有生气,又有高致。

2010 年 10 曰 23 日望云客舍

(原载《品报》第 7 期,2010 年 11 月 1 日;后收入《品报学丛.第一辑》,天津古籍出版社,2014 年 12 月)

圣学虚悬寸管量

[江苏 天津]双 鱼

范伯群先生曾说过，现代通俗文学是个游不到边的海洋。用庄子的话说就是:知也无涯。庄子不主张以有涯随无涯,一般解释都以为庄子反对以有限的生命追求无穷的知识,而把自己搞得精疲力竭。这自然是对的,但庄子所说的无涯,不只是就知识的范围而言,其实他更关心求识的方向。以有涯随无涯,似应解释为有限的生命随着漫无目标的知识索取而消耗。范先生说通俗文学是海洋,就是告诫后辈学人,不可以有涯随无涯,而应如《礼记》所言“择善而固执之”。

我们的通俗文学研究的同道师友,其实不乏择善固执之人,但整体而言还缺乏有效的交流,彼此之所执还未充分起到互相启迪的作用。简言之,我们缺乏一个集中展示彼此成果的平台。这里所说的成果主要指基础成果,即作品序跋、叙录、目录及作家年表、年谱一类资料的整理。如果我们大家都能为自己关注的小说家做一个作品目录,汇聚起来就能成为一部《现代通俗小说目录汇编》,就可集中展示大家的成果，既便于互相了解，互通有无，对后来之学人，也不失为一个研究的指南。

以目前的研究程度而言，编辑较为完整的《现代通俗小说目录汇编》还只能是个设想。不过我们认为，要把这设想变成为现实，必须得一点一滴地去做，每个关注通俗文学研究的人，都可从各自的课题或兴趣出发承担些“任务”，具体操作上则不必贪多，只把自己研究比较深的作家作品搜集起来，最后就可以“集大成”了。就现在掌握的情况来看，李涵秋、包天笑、周瘦鹃、张恨水、陆士谔、陈蝶仙、朱瘦菊、李定夷、还珠楼主、宫白羽、郑证因、王度庐、刘云若等人的小说目录，都已经比较完备，把它们着手合编在一起，已经不再是痴人说梦。当然，我们也不期望此事能够一步到位，从尊重通俗文学研究现状的角度出发，可以先整合一流通俗作家的作品目录作为“初编”，然后随着时机的不断成熟，再逐步地推出“二编”“三编”等。为此，我们计划利用《品报》这个平台，连续推出现代通俗小说作家的作品目录，一俟容量达到出版之要求，就争取将设想实施起来，以期能将通俗文学研究的基础打得更加扎实牢靠一些。

《品报》的第 3 期至第 8 期，曾连载过天津胡立生先生的《因羽斋郑证因作品过眼录》，这可以算作我们实践设想的尝试。当然，胡先生的“过眼录”还有提要，并且附录序跋等文字，体例上可以说是更加完备。我们固然期待体例完备的《现代通俗小说总目提要》问世，但在可以预期的时间内，完成这样一部工具书的可能性还不大。因此我们还是立足现实，力争能先拿出《现代通俗小说目录汇编》，然后再进一步补充完善。本期《品报》刊出的《刘云若小说年表》，可算是我们实践设想的延续和正式揭幕。刘云若小说到底有多少部，历来众说纷纭，但大都以为不超过五十部，可据《刘云若小说年表》统计，没有争议的作品已达六十部。这种看似没有多大价值的统计数字恰可以说明，以往的刘云若研究连基本家底也没摸清。从这也可以看出，我们现在还需要一寸一寸量家底。大家分别去量自己研究的对象，合起来就能量出整个通俗文学的家底，至少能画出大致的边界，想来通俗文学海洋游泳的人就会心中有数，不会因害怕被淹没而困守在岸边，甚或逃向了他处。

《品报》因刊载北派文献较多，以致被误认为是北派的园地，其实它是面向整个现代通俗文学的，并不排斥南派（自然也包括粤派）。若它只盯着北派，难免会以有涯随无涯，而陷入茫然疲惫的境地。只有兼顾，才能通达；只有通达，才能择善固执；而只有择善固执，才会一寸一寸量家底……我们期待更多的同道加入到这一队伍中来。

徐复观晚年有诗云：圣学虚悬寸管量。通俗文学或不是徐先生心中的圣学，但我辈却可效法前贤，齐悬寸管，共襄此业。

2012年6月28日

（原载《品报》第18期，2012年7月1日）

通俗小说家的诸子学研究

[江苏]张元卿

20世纪40年代，有些通俗小说家开始转向学术研究，北方以白羽为代表，南方以陆澹安为代表。

40年代，白羽在《立言画刊》《新天津画报》上发表研究甲金的《甲金证史诠言》，并撰写研究古史和古代语法的《日新录》。1949年白羽在其自藏本《话柄》中写道："少年治文法修辞之学，不惟于《马氏文通》强以西语驾御华文语范，思探本别立一说，由此治金甲文，《说文》《尔雅》，涉猎群经诸子文，趣向转变，折而治历史语言学，门程遂确。一方考社会起源，通治古史，由太古迄秦汉，一方考语言之本，以究文源。徒恨为贫所累，无钱备参考书物，草创学说虽多，犹欠广阅新书以为印证！"白羽虽没有专门研究诸子学，但其考察对象多涉及《老子》《韩非子》《墨子》《孟子》《荀子》等诸子文献，对诸子文法有较深的研究，只是不够系统，没有成书而已。

陆澹安的诸子学研究也开始于40年代，陆续作有《列子补注》《庄子末议》《列子末议》《吕氏春秋末议》等书。陆澹安的诸子学研究有明确的计划，即先作个别研究，最后集成《诸子末议》。去年，《庄子末议》等书由上海锦绣文章出版社出版。与陆氏相比，白羽还没那么幸运，其《甲金证史诠言》虽早已整理刊出，但并不完整，其他研究成果尚不为世人所知。

陆澹安这些通俗小说家一贯被新文学研究者称作鸳鸯蝴蝶派，只在“鸳鸯蝴蝶派”视野中批评这些作家，现在面对鸳鸯蝴蝶派的国学研究成果，这些研究者却失声了。原因很简单，今日新文学研究者的国学修养恐怕远不及陆澹安那代通俗小说家，他们可以批评通俗小说家的小说，但面对通俗小说家的诸子学研究就不免力不从心了。

1962年陆澹安写下《题〈鸳鸯蝴蝶派研究资料〉》二首：

蛮触事雄已可怜，漫劳萁豆更相煎。即今高处不胜寒，愿作鸳鸯不羡仙。

劫后神仙不值钱，而今鸡犬尽升天。何如幻梦成蝴蝶，消受庄生一觉眠。

当年俱是蜗角蛮触，虽有争斗，却还平等，后鸡犬升天，却甘做“鸳鸯”，可见鸳蝴人物自有风骨。1979年，陆澹安86岁，作《自题诗》四首，其四云：“雅文原自俗文生，陋士无端别重轻。曲子稗官从我好，任他姗笑与讥评。”在陆澹安这一类学人眼中，文无雅俗，从我所好，可以是“蝴蝶”，亦可以作“庄生”，全看个人造化如何。

40年代后，陆澹安这些通俗小说家开始“蝶变”，由“蝴蝶”变为“庄生”。而今能消受其“蝴蝶”的，未必能消受其“庄生”；能消受其“庄生”者，未必能欣赏其“蝴蝶”。其实，“蝶变”本非易事，除了学术积累，风骨最是要紧。白羽“为贫所累”，犹钟情于研究;澹庵不羡神仙,更潜心于学。在他们心中接续传统文化的命脉,免其沦亡,才是其最后的人文关怀,故回首旧事,才会慨叹“蛮触事雄已可怜”。

且不管新文学研究者的态度,面对白羽、澹庵的“蝶变”,通俗小说研究者更应率先予以关注。就陆澹安等人的诸子学研究而言,未知文献想必还多,深望同道友人能在此处用力,以辑佚证“蝶变”,逐步接近那些熟悉面孔后的陌生世界。

2013年9月11日作于茶亭

(原载《品报》第24期,2013年10月1日;后收入《品报学丛.第一辑》,天津古籍出版社,2014年12月)

“鸳蝴”诗词亟待整理

[江苏]青　谷

题目中的“鸳蝴”诗词，指的是民国时期刊登在“鸳蝴”报刊上的旧体诗词。“鸳蝴”报刊是顺着“鸳蝴”小说这个称谓临时取的，确切地说它指的是民国时期的所有通俗报刊。我之所以关注“鸳蝴”诗词，有远因，也有近因。远因是十几年来在翻阅“鸳蝴”报刊时经常会看到“鸳蝴”诗词，这些诗词出现频率高，数量亦可观，有时看到好的，忍不住要留恋一番，因为专看通俗小说，有时是很腻味。以前翻看《北洋画报》时，我曾抄录了袁寒云的很多词和对联，后来兴趣又转移到其弟袁克权身上，还完整抄录过袁克权的《忏昔楼诗存》和《百衲诗选》。当时就纳闷，为什么没甚人研究这些“鸳蝴”诗词呢？这一纳闷就是十几年。近读刘聪著辑的《无灯无月两心知——周炼霞其人与其诗》，发现作者辑录的许多周炼霞诗词，是来自《万象》《海报》《铁报》《正报》《社会日报》等“鸳蝴”报刊。周炼霞与玉狸词人的如烟情事，就是通过勾稽这些“鸳蝴”报刊复原出来的。原来“鸳蝴”诗词背后还藏着很多故事。这便是促使我重新关注“鸳蝴”诗词的近因。

1945年，周炼霞在《题合作百花横幅》中写道：“礼拜六周报，停止八年，一旦复刊，颇增感奋，想象风前一卷，如对故人。属稿及余，匆促无以应命，勉录题画绝句一首，为之补白，亦所以祝其欣欣向荣也。”当时见“鸳蝴”报刊如对故人的诗人词客，自然不止周炼霞，但因“补白”结缘“鸳蝴”报刊的诗人词客一直是源源不断。旧体诗词在民初的“鸳蝴”报刊上多是有专栏的，只是后来才逐步变成补白的要角，这也折射出了旧体诗词在民国的处境——即便与通俗小说同处坚守传统的阵地，也改变不了逐渐落寞的命运，在同类的繁华中暗自萧条。但是这只是“鸳蝴”诗词在公共平台的萎缩，在“鸳蝴”文人的雅集场合这些诗词就又恢复了主人的尊荣，一直是“欣欣向荣”的。个中原因自然很多，但很重要的一个原因是大多数“鸳蝴”小说家本身就是诗人或词人，在写作面向大众的通俗小说之前他们已是诗人或词人，在写作通俗小说时，并不曾丢掉言志抒情的旧体诗词，在私人交往中常互传诗作，以诗人自命者亦不乏人。因此，关注“鸳蝴”小说家，就要关注“鸳蝴”诗词，否则我们很难真正走进这些作家的内心，他们由诗人向通俗小说家的转型及诗化通俗小说的形成等问题也就不大能说得清楚。因此，“鸳蝴”小说和“鸳蝴”诗词的研究必须要双翼齐飞。而要研究“鸳蝴”诗词，除了搜集已刊的各种集子外，便要下大气力在“鸳蝴”报刊之海中去打捞被时光深埋的“鸳蝴”诗词。

《无灯无月两心知》是目前收集周炼霞诗词最全的集子，但这只是周炼霞诗词的冰山一角，还需不断搜求下去。去年《问津》杂志刊出了《待起楼诗稿》，诗人刘云若的面影因之稍稍清晰了一些。前日听孙爱霞博士说他已将天津通俗报刊中的旧体诗词整理了一大半，当日通俗小说与旧体诗词在沽上共舞的历史洋相也将呈现在我们面前，这实在是令人鼓舞的。

周瘦鹃、毕倚虹的诗词，以前我也抄录过一些，关注北派后就没再继续搜集。估计研究南派的朋友已有人在做这方面的工作，那就请与我们联系，在《品报》上展示一下您的成果。

2014年6月23日于北秀居

（原载《品报》第27期，2014年7月1日；后收入《品报学丛.第二辑》，天津古籍出版社，2016年1月）

快活林

《品报》编辑说明

[江苏]张元卿

今年5月“津门论剑”会议上，林鸥、顾臻二兄建议编辑“民国通俗文学研究通讯”，并希望在会议间歇请几位老先生题写报头。当时事多，“通讯”的名字也未想好，就没来得及请老先生题字。上周和振良重议此事，觉得还是要把“通讯”办起来，遂一起商量名称和栏目。振良的日记记录了当时的情况：

至长实道博格达餐厅晚餐。饭间重提“津门论剑”会议期间，与林鸥、顾臻相约编辑“民国通俗文学研究通讯”事。因“研究通讯”死板，计划另改他名，元卿拟曰“品报”，以象京津沪三地鼎力促成也。至于栏目，则初定青谷观书记、侠圣搜书经眼录、杜鹃藏书序跋小集、杜鱼文钞、广告新读、研究动态、友朋飞鸿等；元卿又提可否以民国发表通俗文学之阵地为名，若黑旋风、鲜花庄、小扬州、快活林、东方朔、礼拜六、紫罗兰等。

振良日记已把《品报》的栏目和编辑风格介绍清楚了，现把我们之后商定的编印方面事宜做一说明：

一、《品报》以发掘保存文化史料、促进通俗文学研究为宗旨，为同仁间交流之内部资料。

二、《品报》暂定为双月刊，2010年起每逢单月元日推出，由振良和我在天津编辑。

三、《品报》每期编好后，电子版发顾臻、林鸥、林保淳三先生，然后京津沪台四地同时推出(打印或复印)纸质文本，以便就近发放。

四、各方师友可与我们直接联系取得电子版，也可以与顾臻、林鸥、林保淳三先生联系获得纸质文本。

五、《品报》以介绍新史料、通报新信息为基本之职责，短篇学术性随笔、札记等，亦在所欢迎，诚望师友随时赐稿，将根据情况辟栏登载。

六、《品报》是师友聚会之产物，随时接受各方师友指导。如有欲开辟并主持个人专栏者，亦可随时与我们联系。

2009年7月23日 苏州

(按：本文乃《品报》筹备征稿时所用，此前未正式对外公布过)

《品报》发刊词

[江苏]张元卿

晚清末叶报刊兴起，通俗小说家乃自办刊物连载小说，袭章回旧体用容“新酒”，假现代传媒以移风俗，寓思想于娱乐，聊售文以自给。斯时，维新人物渐识小说藉报刊之力可为新民之用，乃相继为文倡导。严复、夏曾佑于津门首倡报刊付印说部，即此种风气之滥觞。此后，海上通俗小说家与报人闻风响应，现代通俗小说遂借报刊之力风行宇内。然通俗小说家与维新人士之于小说，虽同途而进，愿景不尽同也。自晚清以迄民末，五十余年间，现代通俗小说名家辈出，佳作纷呈，虽战乱频仍，声息未歇。抗战胜利，新篇迭出，风力犹存。国共内战，烽火三年，旺发之势，为时所阻，然热力尚在，惜前途多厄，终因国初之查禁而绝灭。五十余年之史，可记之人、可谈之事与可议之作想必甚多，然史料湮灭，原委难悉，白头宫人尚有从何谈起之叹，况隔世之游子乎？

80年代以后，通俗小说随大陆思想解放之巨流而复生，发展迅猛，几有举国关注之势,文化界对此之讨论至为激烈,影响亦较深广。学院研究者由讨论当时之通俗小说,渐转向研究旧日之鸳蝴文学,世纪之末此类研究已扩展至整个现代通俗小说。苏州大学诸学者是此项研究之先锋,亦为此项研究之劲旅,于推进研究出力最大,成果亦最显著。今大陆现代文学界能正视此项研究,实赖苏大学人群体披荆斩棘之不懈努力。然即便今日此项研究之论著已粗成统系,相关言说已深入现代文学研究最前沿之问题,许多现代文学研究者依然轻视,甚至蔑视此项研究,亦有目共睹之事实也。轻视此项研究者,多怠于查访资料,悍然妄语之人。此类人士之言论,于学术研究了无助益,为害却大,故需让史料"说话",以正视听。而此项研究中人,真正持续从事史料掘发者亦甚少。此无它,热情不能数年如一日,况数十年如一日乎!有热情而无方法,所求之资料不易寻获,热情亦将逐日而减。有热情而独学无友,非但视野不易拓展,史料之钩稽与运用亦乏启沃。至于今日,此项研究中之"独断之学"借史著影响于圈内之人士,于深化此项研究之同时,已引发相关专业研究者之兴趣,此"独断之学"之功也。然因史料之发掘与编比远未大备,以至史著之论述每有缺憾,此今日"独断之学"未能尽善,而"比次之功"实急于"独断之学"之缘由也。

现代通俗文学与新文学乃 20 世纪中国文学发展之两大动力,互有影响,却互不涵摄。易言之,现代通俗文学是一独立之文学系统,而非新文学之子系统。现代通俗文学研究是有其自身义理支持的学问系统,而非新文学研究之子系统。明乎此,现代通俗文学研究才能夯实基础,摆正方向,充实自立。把此项研究纳入现代文学史的框架,与新文学做整合研究,为近来此项研究之主要方向,其成果后来者自无法回避，也可沿此途径续做探研，然其研究方向却非后来者必选之路。现代通俗文学研究者常强调通俗文学在方志学、社会学、民俗学诸方面之价值，即肯定了此项研究尚有方志学、社会学、民俗学诸种研究方向，但以上诸方向之研究至今犹甚薄弱。究其原因，除主流研究风尚影响及研究者学力不足等因素之外，史料缺乏，亦为重要原因。若史料得以不断补充，不惟既有方向之研究可得充实，新研究方向亦必会应运而生。果如此，则通俗文学研究之大进步即可预期。

久已停刊之《通俗文学评论》（同人简称《通评》），于现代通俗文学研究有大功焉。概而言之，其功在提供发表阵地，传播“独断之学”，培养研究人才。此刊停办后，现代通俗文学研究失去唯一之言论平台，发展受挫。该刊数年经营，已聚四方之精英，渐开研究之盛局，讵料中道而止，戛然陆沉。《通评》旧人忆及此事，唏嘘久之；海外同好，亦感寂寥。

己丑春日，神州贤俊论剑津门，林鸥、顾臻二兄提议编辑“研究通讯”，及时刊发新出史料与新研究成果，俾论剑余兴有所落实，新雨老友亦可藉此园地共商旧学，同育新知。余与王振良兄会前亦有此意，一拍即合，遂决定会后具体筹划。后余与振良在一餐馆商量此事，以为史料缺失乃当下现代通俗文学研究之瓶颈，复念及《通评》停刊后久无替代之刊物，遂决定“研究通讯”应以史料展示为主，兼顾短小之评论。议及刊物名称，皆嫌“通讯”不雅，讨论再三，乃名之曰“品报”，聊表京津沪三地友人联手办刊之创意，亦略抒对晚清民国小报报人独立办刊之敬意云尔。今《品报》问世，我等切望于现代通俗小说之史料积累及其文献学之养成能有微功，若竟能于兼具史德与史识之学人完善其“独断之学”有所禆益,则幸莫如是,乐莫如是。

2009年8月15日苏州初稿

12月30日天津改定

(原载《品报》创刊号,2010年1月1日;后收入《品报学丛.第一辑》,天津古籍出版社,2014年12月)

无厘头的闲话

[天津]王振良

《品报》之创刊号，今岁元旦编竟发出，与元卿兄旋即收到诸多师友回复，对内容揄扬有加。这些鼓励，益发增加了吾辈信心，要坚持把《品报》办好。

余攻读硕士学位时，专业方向为中国小说史，穷根溯本，为论曰“说话考源”，然于其流脉亦自关注，对近现代通俗说部微有涉猎。平心而言，余不甚喜学院式长篇大论，即或原创也多乏新意，殊无阅读之兴味和美感。

举凡文章当有三端，一曰有用，二曰有益，三曰有趣。有用者，大而言之可以治国，小而言之可以齐家，此皆经世之学也，然建此等功业者，古来即已无多，迨至今世，则更鲜矣；有益者，或裨世道，或救人心，或进学术，亦可谓难得；有趣者，曰悦目，曰娱心，曰益智，令人粲然之后而有所思，此亦文章之佳者。为文无用、无益且无趣，则不若不为。然方之今世，为无用、无益、无趣之文者夥矣。芊芊辄万言，乃至十万言，百万言，灾梨祸枣，视废纸犹有不如者。为文固不可以短长论，而以有用、有益、有趣为其宗。余身处学界之外,无须涂抹方正庄严之论,因偶一捉管,未敢图有用,但冀能得一二有趣之文,已经足矣,若间或有益,斯亦幸甚。

《品报》之所追求者,可以两个“三结合”概括之:首曰学术性、资料性、趣味性之结合,再曰学术界与收藏界结合、研究者与爱好者结合、专业性与普及性结合。学术若能走出象牙之塔,惠及一般阅者,亦是学人之大幸事矣。黄卷青灯之苦读固然需要,红袖添香之情境亦不可少。诸师友若能于百忙之中,惠赐我等有用、有益、有趣之佳什短章,于通俗文学而言之,亦可谓幸之又幸矣。

文固不能不学而无术,即或无法及于有用、有益之阶,至少要有趣而“好玩”。好玩则不枯燥,不乏味,不古板,实际也是一种颇为难得的学术境界。

门外汉拉杂谈之,敬请方家哂正。

2010年1月30日于沽上广雅之轩

(原载《品报》第2期,2010年2月1日;后收入《品报学丛.第一辑》,天津古籍出版社,2014年12月)

念往思来又一春

——《品报》创刊一周年随感

[江苏]青　谷

前些天我在书摊看到一本民国杂志《化学工程》，随手拿起，竟被封二中的一段话所吸引，将我看不懂的化学刊物收入了行囊。那一段话是：

现代科学之成就，决非少数人能力之所能及。其过程乃经千万人之努力，截长补短，各献所能，集精华于一事一物，始有今日科学万能之表现。是以本杂志之目的，在使化工界同人交换心得与意见，互通声气，互相切磋，以达中国学术独立，学以致用之境界。

某日与振良相会，谈及此刊，均感《品报》宗旨恰与前贤暗合，而我等表述却未能如此精辟到位，因此诵读斯言深有“千载有同心，感时怀高尚”之感。见贤思齐，当更努力。

《品报》一年，多赖四方师友扶持，始有今日之面貌，其内容虽尚未能尽聚粹华，而同好籍品往事，各倾心曲，宛如连宵对语，已语到春去春来四海同春时，亦值得回念一番。

旧时刊物每于新春时节推出专号。沙大风办《新天津画报》时，有一年的新春号上尽是各类“感言”，每版编辑都在本版挤出“小方块”来“鞠躬”贺年。那年登有刘云若的《新年颂》：“新年年年过，今年好事多，好事竟如何，请君听我歌……”篇幅有点长，我都嫌他喋喋不休，然而这也许就是年味吧，琐碎言语正是故人消息。

念旧雨，待新知，我们作不来刘云若式的《新年颂》，却可仿效《新天津画报》编辑给诸位鞠躬：

恭贺年釐！

2010年12月24日望云客舍

（原载《品报》第8期，2011年1月1日）

新春的通俗闲话

［天津］杜 鱼

明天除夕，后天春节，再后一天则是立春。

循去年旧例，今年春节《品报》仍增出一期，因为编者一直坚持“弱学术化”以及趣味和好玩，正可供诸位师友闲时消遣。小刊既没有统一刊号，又没有办公之所，也没有什么稿酬之类，可以说是典型的“三无”产品。然而凭借师友的鼓励和支持，却也顺利地走过了年余的光阴，积累有五六十万字的篇幅。固然原创文章的比例还不甚高，但也能省去阅者的很多翻检之劳，即使不便直接引以为据，至少还是提供了一些研究的线索。陋质本无当大雅，但在通俗文学研究热点偏少，且公开发表阵地日益萎缩的情况下，却也算是聊胜于无。自娱自乐，自有其意趣在焉！

几位编者，元卿兄，顾臻兄，林鸥兄，还有我，因适处京、津、沪，故此元卿兄信手拈来，名本刊曰“品报”，以象三地鼎力成事。当然，三亦为多，这也足以说明，要想做点事并不容易，离不开众人的支持。《品报》尚有少数几位作者，至今未曾谋得一面，在这里尤其向他们表示衷心感谢。

《品报》作者遍布各地，但每期在天津编成，因此天津暂时可谓《品报》的大本营。斯霆老兄作为“民国老报人”，是天津通俗文学研究的拓荒者之一。他在20世纪80年代，即已追随吴云心、张赣生诸前辈，在这一园地辛勤耕耘。“息影文坛”很长一段时间后，这两年逐渐焕发学术青春，偶而会有文字见诸报端，不过其案牍劳形，著述之“产量”还是太少，因此余等冀望他能真正成为“带头大哥”；元卿兄以学院派个中人身份，愿意同着天津的兄弟们一起玩儿，让我们这些业余而又业余的爱好者感到甚是荣光；福志、国庆二位仁兄，本皆功成名就业有专攻，不想最近一年多，也被天津通俗文学所吸引，时有佳篇问世；痴迷郑证因的胡立生先生，则厚积薄发出手不凡，其《因羽斋郑证因作品过眼录》令专业人士刮目相看……天津的通俗文学研究队伍，整体来看虽属杂牌军，成员所业千差万别，但学院与民间的碰撞和交流，却是迸发出了前所未有的活力。而且，这杂牌军也还有继续扩充的潜力，比如年齿略长的藏书家曲振明先生，岁数绝轻的出版人李力夫贤弟，都于通俗文学有着厚实的积累，一直引而未发。去年秋末，在湖南平江的不肖生国际学术研讨会上，范伯群先生曾用“天津帮”一词来称呼津门的研究队伍，虽然这只是闲谈时的戏谑，但其中也自然包含着对天津研究特色的肯定之意。

2009年5月“津门论剑”时，我们曾天真地提出过些许设想，包括创办一份民国通俗文学研究期刊。设想固然容易，但真正落实起来，刊号问题，经费问题，人员问题，乃至办公场所问题等，都需要加以解决。事情一具体化以后，就会发现难上加难，目标可谓遥遥无期。幸好现在有了互联网，我们可以用电子版内部交流资料的形式，将遥远的设想在某种程度上变为现实。虽然与真正的刊物比起来，电子刊显得极不正规，但总算是朝我们的目标迈进了一步。也正因为电子刊的不正规，才使得我们在略微兼顾学术性的同时能有更多的轻松和随意，并保持足够的兴趣和动力将它延续下去。

天津研究者爱好者群体以及作为特殊平台的《品报》，对民国通俗文学研究，至少是天津的民国通俗文学研究，还是有一些实实在在推动的。《津门论剑录》已交付印刷，春节过后即可与师友见面。福志兄的《平江不肖生与天津》短文，引发了不肖生研究的小高潮，将其生平考证一下子推进了不少。斯霆老兄的《还珠楼主传》写作进展顺利，今年可望杀青。元卿兄的北派通俗文学作家小考，轻松突破了百人大关；刘云若生平的诸多问题，也在一个个地澄清；刘云若交游考的"涉案"人员，业已超过二百人。胡立生先生继郑证因作品过眼录之后，又完成了郑氏代表作的缩写，可使无法阅读原书者尝鼎一脔。王振良通过《海天楼艺话》的线索，展转曲折联系上徐春羽的表妹和妹妹，其晚景迷团当可廓清。此外，月明楼主、孟画如等作家，也在师友的切磋交流中觅得了重要线索。以上种种，虽多属细枝末节，但天津通俗文学研究整体推进的态势还是十分明显的。民国时期天津通俗文学的作者数以百计，很多人的后代应该仍然生活在这个城市，我们也非常期望能够通过各种渠道，与他们取得联系，以寻求研究上的重大突破。

目前，能够直接从编者处获赠《品报》的师友，大约有五六十人，而通过二传、三传等阅读的人数应在百人以上。我们热切地盼望《品报》读者，在百忙之外惠赐一些稿件。虽然它只是一个"小众"的圈子，但大家在烦劳之余，能够以轻松愉快的心情，到这爿小园地留连上一会儿，也应是一段难得的清净。需要补充的是，我们从不拒绝已经正式或内部发表过的文章,但请注明具体发布情况,以省阅者考索之劳;至于稿费问题,现在没有,我想将来也不会有……

新春的钟声即将敲响,祝愿各位师友阖家欢乐,万事如意!

杜鱼在此给您拜年,也代表元卿兄、顾臻兄和林鸥兄等几位。

春——节——愉——快!过——年——啦!

2011年2月1日清晨于广雅之轩

(原载《品报》第9期,2011年2月1日)

新春絮语

[北京]梦　鱼

龙年脚步渐近。

前些天忽然心血来潮，想把十四期《品报》打印出来，装订成册，当个案头摆设，自我陶醉一番。我交代给打印室的小姐后，小半天过去了，一直没有回音，打电话一问，那位小姐气哼哼地答道："老顾，你倒还催了！知道么，你这个什么报用掉了两包打印纸还不够，打印机热得都快着了！"

"啊，有那么多吗？"我心中颇为奇怪，跑去一看，可不是，打印机边上堆了厚厚的一摞，脑海中一下子闪过了"积帙盈尺"四个字。古来好书之人常以"积帙盈橱"而自得，唐人皮日休更有"家资是何物，积帙列梁椙"之句，令无数藏书人羡煞。在我等汲汲于民国通俗文学史料挖掘、搜集和整理之人来说，虽然未曾存此高远之念，但不经意间两年过去，居然不知不觉地向这等境界凑了凑。

这两年中国经济不很正常，兔年表现尤其突出，一直耷拉着脑袋，笔者曾粗俗地称之为“春药后遗症”。而我们的《品报》不瘟不火,耕种着自己的一亩三分田,两年的收成虽谈不上有多么值得夸耀,但还够得上“有质有量”,除了得力于前辈学者及各位同道的大力支持外,其中似亦有天意。

细思清末至中华人民共和国建立,时间不过短短的四五十年,而中国文化的面貌却发生了天翻地覆的改变,东西方各类思想汹涌进入中国的传统文化体系之中——各类思潮并存,各类现象并存,各类人物并存。反映在文学方面,则是白话文运动和新文学的兴起,伴随着政治权力的变更,新文学乃至所谓纯文学最终成为中国文学的代名词,一直影响至于今日。而文学家庭中的其他成员,则大多只能叨陪末座;在很长一段时间内,被视为非新文学流派的各类小说,或被打入冷宫,或被逐出家门,有些甚至沦入沟死路埋的境地。

古人说得好:青山遮不住,毕竟东流去。势在必行的经济改革带来了思想观念的变化,也为文学研究逐渐松了绑。当真正认真地回首被新文学大幕遮蔽了六十年之久的中国文学舞台时,人们才突然震惊地发现,那里早就演出过不知多少出人间的悲喜剧,留下了不知多少的珍贵资料。通俗文学研究资料的发掘和整理,由此得到了应有的重视,范伯群先生等不辞辛劳,引领着苏州大学团队率先吃了这个螃蟹,成果斐然可观,令学术界和一众读书人等,对清末到新中国成立初五十年间的文学面貌与生存状况有了相对全面的了解。

通俗文学史料在民间的待遇与学界有所不同,方法也存在差异。在野的民间人士完全从个人兴趣出发,注重个体和局部资料的搜集整理,经年积累所得,成果也颇为醒目,比如胡立生先生对郑证因作品的痴迷,造就了《品报》上琳琅满目的郑氏小说版本展示以及“鹰爪王”谱系图。

然而，留存世间的通俗文学史料湮没日久，发掘不易，而数量又浩如烟海，如何整理与使用是一项庞大的工程。民间人士缺乏学术训练，因此基本能够做到的是资料的爬梳与整理，在研究上短时间内难以深入，进一步探得骊珠的本领还需修炼；学院人士拥有较高的学术素养和相应的训练，但对于资料的使用似乎更多地倾向根据某种已有的提法或者理论，去分拣自己属意的史料，或可称之为“以上就下”，若是固有的观念正确还则罢了，若本身存在缺陷就可能导致结果的偏差，甚至可能造成错误。比如某位研究上海小报成果斐然的学者，根据自己形成的上海小报理念面对面接触北平小报时，惊讶地发现“充斥于上海小报中的游戏气氛、浓得化不开的酒色财气，在这里消失得无影无踪”，以至于对“约定俗成的小报定义发生质疑”。当研究者一开始就要套用自己已经形成的海派观念来解读植根于北平（京）——这座曾经做过大清朝帝都和中华民国首都的富有政治文化色彩的城市——的小报时，产生上述怀疑是必然的结果。其实，若是用类似的理念去考察 1949 年以后的香港报纸（小报），或许就不至于产生那样的疑念了……无论如何，那些肯在图书馆中坐冷板凳，亲自深入挖掘史料的研究者们，从来都是值得任何人尊敬的。

新春“絮语”说到这儿，絮叨得有些太远了。眼瞅着耷拉耳朵的兔年马上溜走，头角峥嵘的龙年眨眼就到。据坊间各种批讲流年运程的书说，龙年的特点是两个字——闹腾。《品报》挺胸抬头走过兔年后，究竟是听信命书的指点，龙飞在天？亦或是龙潜于渊，依然故我地默默耕耘自己的这块小天地呢？

元卿在《品报》发刊词中曾经阐明本报宗旨：“以（通俗文学）史料展示为主，兼顾短小之评论。”小编们的这点耿耿初衷，自然不会因为闹腾的龙就发生改变。

放眼未来，期望《品报》在通俗文学研究领域，能够为促进学术的进步与发展尽到一些微薄之力，推动学院和民间的双向交流，为学院研究添活力，为民间研究上层次。这既是《品报》的责任，也应该是所有热心人士的最大愿望！

最后，小编几个在这里列好队：白鱼（张元卿）、杜鱼（王振良）、梦鱼（顾臻）恭祝各位前辈、各位同道与好友身体健康。龙年大吉！

2011 年 12 月 28 日

（原载《品报》第 15 期，2012 年 1 月 1 日）

新年新开端

[天津]杜　鱼

《品报》是2009年“津门论剑”会议的产物。整整三年前创刊的时候,元卿、顾臻、林鸥诸兄和我,并没有什么明确的计划,也只能是摸着石头过河,走到哪里算哪里。反正这只是个民间自发行为,不存在什么准时出刊之类的压力。没想到如此这般地走来,在通俗文学研究的领地内,也竟然多少产生了一点儿影响。偶尔有次发出晚了两天,还有师友专门来邮件催问。我等心里暗自得意的同时,或多或少地就有了些压力:如果不能如期完成编辑并传递给师友,总觉得是一种亏欠。最近一年多时间,元卿兄到南京深造,而我的工作也越来越忙,身体上经常感到力不从心;同时也少了与元卿兄剧谈的乐趣,精神上的缺憾更是难于弥补,尽管每周我们都要通上一两回电话。有次交流时,我微露了结束《品报》的意思,元卿兄表示这样很可惜,并鼓励我再坚持一下。正是因为这“再坚持一下”,才有了今天的《品报》三周年纪念。

《品报》内容多以转载为主，但尽量详尽标明出处，给师友提供一些检索上的方便。当然，《品报》之所以能够生存三年，并得到师友的些许关注和认可，我想主要原因还是每期都有原创文章，虽然总的数量不算太多，但其对民国通俗文学研究的促进还是有目共睹的：譬如关于平江不肖生、还珠楼主、宫白羽、郑证因、刘云若等大家研究的推动，皆已见诸前面各期《品报》；本期陈万华先生的文章，则解决了赵焕亭的家世问题；笔者关于徐春羽生平等的调查，也厘清了一些基本谜团，可惜一直无暇整理出来；此外关于月明楼主（赵仙洲）、孟画如（赵琴轩）等小家的身份，线索也日益地清晰起来……聚沙成塔，集腋成裘，随着研究者和爱好者队伍的扩充，这种量的积累必然昭示着质的突破，民国通俗文学研究再次掀起高潮，应该只是个时间的问题。

2012年12月，天津市文学学会召开会员代表大会换届，同时宣布组建天津市文学编辑学会等五个分会，经商之任事者的同意，《品报》从本期开始，正式改署天津市文学编辑学会编辑。由凭空虚拟的“民国通俗小说研究馆”到合法备案的“天津市文学编辑学会”，这一转变也算是《品报》坚持三年修得的正果吧！

新年新开端，祝愿《品报》的路走得更长！

2013年元旦

（原载《品报》第21期，2013年1月1日）

新年新气象

[天津]杜　鱼

新年新气象，这是民间俗话。虽说得平俗，可咂摸起来也有味道。元旦伊始，总结前一年，安排新一年，这种时间节点的划分，不仅有科学研究的意义，更重要的是民俗心理价值。去旧布新之际，总要有点新变化，至少做些新姿态，即使它只是暗示和安慰。

《品报》今年也有新气象，就是从本期开始，又改由问津书院编辑。问津书院是天津历史上规模最大、历时最久的民间教育机构，始建于乾隆十六年(1751)，至光绪二十六年(1900)遭兵燹被焚，前后历时一百五十年，为社会培养了大批人才。清代中晚期津门名士学者，鲜有不受其滋养者。与此同时，还有众多文人墨客，在书院执教或从事文化活动，彰显了津沽历史的深厚底蕴。

2013年之初，问津书院在河北四马路巷肆创意产业园重建，并正式注册为民办非企业单位(非赢利)。新的问津书院不同于传统教育机构，而是致力于打造天津地方文化研究、交流、协作的平台，以“追寻津沽记忆，守望文化家园”为主旨，积极推动天津历史文化资源的抢救、发掘、保护、研讨。

问津书院拥有一个书吧（双槐书屋），免费向公众开放；一个天津地方文献资料室（学海堂），免费向学人开放；另有与产业园共用的会议室、展览厅等活动场所。书院特聘南开大学教授，著名历史学、文献学、方志学专家来新夏先生为学术顾问，另延聘天津地方史专家十余人为研究员。现在书院每月举办问津讲坛，请学有专长的天津地方史家主持讲座，社会各界人士均可前来听讲；每月编印一期《问津》内部交流资料，向有关知名人士和专家学者赠阅；每年举办一次问津学术年会，为涉足天津地方历史文化研究的各界学人打造交流平台；书院还拟运作问津读书俱乐部等，另“问津文库”大型系列丛书多种也在编辑之中。

《品报》改由问津书院主持编辑之后，仍将坚守推动民国通俗文学研究和交流的整体方向，立足于以天津为重点的北派，同时兼顾南派及其他。我们期待通过三到五年的努力，“问津文库”里能出现关于民国北派通俗文学的“子系列”丛书——进一步发掘和认识北派的贡献，我想这对整个民国通俗文学研究也是十分必要的。

2013年12月31日于沽上四平轩

（原载《品报》第25期，2014年1月1日）

“通俗文学研究集刊”编辑旨趣

[天津]王振良　[江苏]张元卿

今年8月，天津问津书院策划的“通俗文学研究集刊”第一种《望云谈屑》，由天津古籍出版社正式发行，第二种《品报学丛·第一辑》和第三种《还珠楼主前传》，也将于11月推出，实现了我们设想的由“电子刊”到“纸质刊”的跨越。创办《品报》之初，我们就想将《品报》精华以“纸质”形式推向学界，但一直未能寻求到出版方面的支持。自《品报》与问津书院结缘后，《品报》与《问津》，还有南京的《开卷》，成了有力的“三足”，稳稳地支撑起问津书院的书香与学术天空。《品报》和书院的结缘，使我们出版“纸质刊”的愿望被逐渐放大，最后落实在编辑由多个系列组成的《问津文库》上，“通俗文学研究集刊”以及前几年我们致力打造的“天津记忆”品牌，反倒都成了文库的子项目。

虽说是子项目，但它和“天津记忆”系列同样是我们的学术根基和出版基础，也是《问津文库》的亮点之一，因此我们在编辑时会格外用力。说到编辑，这里也想把编辑旨趣大致作一说明。首先，收入“通俗文学研究集刊”的著述，每种都是独立出版物，只要是内容合适质量足够，我们都愿意及时推出。其次，集刊名称中的“通俗文学”，主要是指晚清民国以来的通俗文学。第三，问津书院设在天津，这里又是《品报》的诞生地，而弘扬地域文化是我们的共同心愿，因此集刊会优先推出研究民国北派通俗文学的论著。当然，其他优秀的通俗文学研究著作，我们也会虚位以待。第四，集刊中的“研究”二字，也想略作说明。早已视为规范的章节体论著，似乎已是当今研究论著写作的不二选择。我们尊重这种学术论著（只要言之有物），但也提倡目录、年谱、提要、札记、随笔等较为传统的学术表现形式。第五，为了展示青年学者的成果，集刊还会酌情收录一些优秀的博、硕士论文。

张赣生先生在自述中曾说，他计划将研究工作分为三步：第一步研究戏曲艺术本身，第二步研究审美者——观众，第三步研究戏曲与中国文化传统整体的关系，并希望逐步把研究领域扩大到整个中国文化。虽然这个自述是针对戏曲研究而言，其实也是他研究通俗文学的主张。我们希望随着“通俗文学研究集刊”的陆续出版，也能逐渐呈现出这样一种学术态势。

空谈误国，那是对驭国者而言的。可于我辈来讲，空谈却实在误事。少说多做，干起来再说吧！

2014年9月27日

（原载《品报》第28期，2014年10月1日；后收入《品报学丛.第二辑》，天津古籍出版社，2016年1月）

《品报》五年纪

[天津]杜　鱼

写下这个题目之前，我思维中最初闪现的，本来是《〈品报〉五年祭》。当然，《品报》目前发展可谓顺利，并没有要结束的迹象，言“祭”自然还为时太早。可我这人总是思虑太多，不时会产生很多问题，还往往具有哲学的高度，老想着万事万物皆有产生、发展、消亡的过程。如此这般地说来，《品报》必有结束的一天，只是时间的迟早问题。

哲学性的问题想得多了，可又总是不能想通，这就容易孳生悲观的情绪。因此，关于形而上之类的思考，最好交给哲学家们或思想家们去解决。至于我辈呢？只能干些具体而微的事情，譬如行使一回编辑的权力，邀请读过《品报》的师友，为其五周年作些散碎的记录，凑成“《品报》五年纪”。而我作为与事者之一，则有机会在“一言堂”中放言，权当奉送给这份内部资料五周年的纪念，是为“《品报》五年纪”也。

驹光如矢，就在经意与不经意之间，《品报》已走过五年历程，即使放到人生行旅之中，也是说长不长、说短不短了。五年时光里，虽然谈不上坎坷曲折艰难险阻，但结束《品报》的念头，却不是没有冒出来过：一次是 2011 年 5 月，元卿兄由津赴宁，我颇有嗒然若失之感，突然缺了同好间的互动，表演肯定打不起精神来；更严重的一次是 2013 年 6 月，其时问津书院创建事繁，我已完全没有余力旁顾《品报》。前一次，只是偶尔动了动念头，情绪很快就转圜过来；后一次，则已经是痛下决心，并与元卿兄正式沟通，多亏他慨然接手编务(从第 23 期起)，《品报》才幸运地延续至今。

说《品报》幸运地延续，是因为时间荏苒推移至今日，它对通俗文学研究裨阙补漏的意义日显，由它派生出来的《品报学丛》年刊业已问世，"通俗文学研究集刊"也公开出版了三种，再努力两年这套丛书或可初具规模。如果当时《品报》真的宣告终结，那么今天这样的局面，自然早成梦幻泡影，如露亦如电了。

《品报》的五年之路，走得既容易也不容易。说容易，因为我们身处全媒体时代，办电子刊的物质成本可谓完全没有，门槛低得只要有人力有想法就成；说不容易，就是真正地操盘做起来，却是需要那么一点精神——除了公益之精神以外，还要有坚毅之精神，也就是所谓韧性。我这个人的韧性不很强，但有了元卿、顾臻、林鸥诸兄的赞襄和力行，有了倪斯霆、侯福志、胡立生诸先生的鼓动和支持，还有更多师友的供稿和点赞，也就有了做事的些微动力。

元卿兄寓津有年，一起吃饭谈书扯闲篇儿，几乎成了我们的周课，期间碰撞出的思维火花(关于《品报》的只是很少部分)，早已经不知道凡几—— 一个人的偶然想法，很快就会得到另一个人的附和与补充。当然，这种附和并非是无原则的，而是真正的心往一处想。有了这样的基础，后面的事情再共同干起来，自然就会容易多了。顾臻兄高处畿辅京华，却也时常“下卫”处理业务，但他总是于役剧繁，一起闲坐的机会并不常有，偶尔相见均是来去匆匆。好在有过好几次深夜电话长谈，虽云清梦被扰然亦足称快慰。林鸥兄坐拥沪上繁华，默默支撑着“品”的一角，可我们至今仍是“津门论剑”时的一面之缘。他虽来过两回电话和邮件，说是抽空要到天津访书，这很是让我有些兴奋，可之后就悄然而无有声息了。

元卿兄离津赴宁全家团聚，转瞬已有两年半时间，《品报》的“品”字三足，已经是名难副实了，但似亦不宜改名而成为《雷报》（四“口”相聚读曰“雷”，两者的意思也相通。章太炎给女儿起名用过此字，弄得差点嫁不出去），因此只有继续“品”下去了。品，既是滋味的回甘，也是生命的体验。五年来，“《品报》四人帮”（借用倪斯霆先生赠语）以兴趣作为支点和动力，走过了许多兴奋、有趣、轻松、愉悦的日子，其间所有的人生五味，最终都已化作清冽和甘甜。“品”的结果固然是可喜，而“品”的过程呢，大约是更加地重要了，至少对我来说确是如此。

事物发展有时真的脆弱不堪。社会的革故，政策的出新，人生的迁变，乃至微小到兴趣的转移，都可以轻轻地使事物既有行进轨迹予以中断（不是偏离）。如此说来，《品报》能够坚持五年时间，有了将近三十期的规模，不能不算是个小小的奇迹。每天都会有奇迹发生，每天也都会有奇迹消亡。展望未来五年，我们无法预见《品报》将是个什么样子，甚至是否还会存在。在这里，谨愿《品报》这个小小的奇迹，能够延续得更为久远一些。这或许很有点儿敝帚自珍的情结存在吧！

最后，录下元卿兄“归宁”之初，彼此间唱和的《临江仙》词，以作为交游行迹的琐屑记录：

鬓角青丝偷换,熏风吹老芳华。微茫云树噪啼鸦。苍空留白月,瑞霭染丹霞。世扰难求清净,心高堪屏喧哗。来来去去自行车。加餐健齿胃,跬步履蒹葭。(杜鱼《临江仙·晓行感赋兼呈元卿兄》)

霖雨窗前独坐,风中水木清华。云山烟笼几归鸦。鲤来思远客,人去梦流霞。故纸可消永夜,观书已忘喧哗。潜夫何羡孝廉车。羊山河水碧,孰与看蒹葭。(青谷《临江仙·晨读杜鱼兄词依韵奉和》)

南京羊山附近有九乡河,原与山下小湖相通,去元卿兄之寓所不远。斯时已入隆冬季节,我的老家东北早已冰天雪地,京津则乍寒倏暖诡异多端,南方固然不会有这般景象,不过元卿兄笔下的河水,恐也无夏日的清澈碧绿了吧!

2014 年 12 月 31 日

(原载《品报》第 29 期,2015 年 1 月 1 日)

曲终奏俗

[天津]杜　鱼

四人，七年，三十六期。《品报》即此告别读者，虽然不无恋恋，内心却也决绝。

这是《品报》终刊号，元卿兄让我来写“一言堂”，其实就是结束语。可是思来想去，终究无正话可言，因此勉为其难，扯上几句闲话！

《品报》出刊七年，这时间对人生来说，虽然不是很长，可也不能算短，真正地塌下心来，是可以干很多事的。编辑所谓《品报》，就是我们四个人——张、王、顾、林，共同做就的一件事情。当然，大家本都各有正业，只能是以余力为之，故除了元卿兄之外，另外三人都属于“玩票”性质，套用现在流行语就是“打酱油”。既然是余力，自然无法全身心地投入，因此在通俗文学研究的所谓圈子里（我们一向反对各种圈子），《品报》虽然有过那么一点儿影响，但也只是“一点儿”而已。于今时移境迁，四个人或多或少都有些疲惫，以至“余力”也逐渐没有，《品报》停掉只在早晚了，这是件很正常的事，诸位师友亦毋须惋惜。

我们的一个理念，就是做事要“有趣”而且“有益”，“有趣”是于己，“有益”是于人。关于这样的意思，我在不同场合多次重复过。《品报》七年呢？大体也是经过了这样的历程——四个人给自己的生命之旅留下了可供忆念的点滴，如今回想起来与诸位师友的交游，真的已是足够美好；至于对他人、对社会到底有哪些“好处”，我们却是说不清的，但至少应该“无公害”。

事物之发展变化，必然要有始有终，这也是哲学的辩证法。由是《品报》的停掉，绝对契合客观规律，谁也打破不了。明年底后年初，问津书院将举办创建五周年系列活动，我们想藉此出一本纪念集，《品报》就算全部结束了！至于“品报”作为品牌的延续，我和元卿兄也有过一些畅想，但是最终能否真正地实现，或者说实现到何种程度，目前确实没有任何把握。畅想，也许真的永远只是畅想罢了！

俗话说曲终奏雅，我却没有啥好讲的，只能说些许大实话。曲终奏俗，固然是杀风景，可也迫不得已！

七年华美。七年不易。

鞠躬！再鞠躬！！感谢师友与《品报》同行！！！

杜鱼并代表白鱼、梦鱼、林鸥草于丙申中秋

（原载《品报》第36期终刊号，2016年10月1日）

“追忆宫以仁先生”编辑琐记

[天津]杜　鱼

今年4月13日，我与倪斯霆先生一起，还有今晚报社副刊部吴裕成先生等，受河北省青县新闻出版局王庆安先生之邀，赴青县考察马厂兵营和盘古寺等史迹。2009年4月，王先生曾来津参加宫白羽学术讨论会，其间我和倪先生引领与会者参观了一炉月刊社（基泰大楼）、天津商报馆和庸报馆等，之后我又专门陪同王庆安先生考察了民主道段芝贵、段祺瑞居所，陕西路宁星甫旧居，以及南开二纬路宁家大院等。这几个人物，或者与青县的历史密切相关（二段），或者本身就生于青县人（宁），都是王先生感兴趣的人物。由于这次深入的交往，我们与王先生算是老相识了。

在去马厂兵营的路上，王庆安先生突然用很低沉的声音告诉我们：“宫以仁先生——走了！”宫先生这几年身体一直不很好，但是对于这个现实，我们还是感到有些突然。我追问了一句先生去世的时间，王先生说：“大约有半个月了！”14

日，因为筹备纪念李琴湘先生诞辰 140 周年学术讨论会，我暂时把这事放在了一边。15 日上午，与宫以仁先生熟识的年轻朋友，大体同时接到宫萍女士的电话，告知宫以仁先生去世的消息。因为已经有了心理准备，我只是简单安慰了几句，没有再多谈什么。在悲惋的通话氛围中，我竟然忘记询问先生离世的具体日期。17 日上午，我刚把来津参加李琴湘会（16 日）的李甡先生（李琴湘之孙）送走，元卿兄就自南京打来电话，谈起宫以仁先生去世的情况，并建议在《品报》辟一纪念专栏。当天我刚好有夜班，于是提前一些时间来到单位，分别联系倪斯霆、侯福志、李力夫、牛立明诸先生，约他们撰写怀念宫以仁先生的稿件。我不太好意思再给宫萍女士打电话，就顺便请福志老兄帮忙询问，这时我们才获知宫先生去世的准确时间为 3 月 28 日晚 8 时 30 分。

4 月 23 日，师友的稿件已陆续来齐，我开始着手编辑《品报》第 11 期，忽又想起与宫先生交往密切的王庆安先生，于是又打电话向其约稿，王先生非常痛快地答应了。24 日晚我上班时，王先生的稿件已经躺在了电子邮箱里。有了这些师友的支持，使得我们这个纪念性专栏大大地充实起来。随后我又通过谷歌和百度，检索到几篇与宫先生有关的文字，一并放到这个专栏里面。

我与宫以仁先生的交往，集中在 2009 年的 4 月和 5 月，先生来津参加“宫白羽学术讨论会”和“津门论剑——民国北派通俗文学学术讨论会”期间。4 月 19 日，先生自长治回到天津的第二天，就携长女宫萍、次女宫捷，邀请倪斯霆、张元卿、侯福志、李立夫、牛立明和我，在迎水道山西宾馆吃饭。就是在这次聚会上，好几位对天津通俗文学研究有着浓厚兴趣的年轻学人，才第一次见面并且熟识。倪斯霆和张元卿两先生在文章中，已经比较准确地评价了宫先生对新时期以来民国通俗文学研究所起的推动作用。然而我觉得，在近两三年“天津帮”的形成过程中，宫先生也同样起到了穿针引线的“枢纽”作用。其中最重要的标志，就是他在天津“两会”召开前后所发挥的积极影响。这一点，随着时间的推移和“天津帮”的成熟，我想会越来越明显。

2009年初，因侯福志先生的提醒，我从收藏的《中华画报》影印件中，辑录出了一百多篇宫白羽的佚文，最初元卿兄和我打算整理出来，在“两会”上就教于师友，可是一着手就发现，由于影印件字小模糊，释读起来十分困难，虽然只有两万余言，但远非十天半月可毕其功。因此，我就先行编制了一篇《〈中华画报〉白羽佚文索引》，以方便后面的整理工作。听说发现大批宫白羽佚文，宫以仁先生自然抑制不住激动，隔三差五地就打电话给元卿，希望能够尽快将佚文整理出来。因为要专心筹备“两会”，我们实在抽不出更多时间，最后只好将佚文复印件通过宫萍，寄给了远在长治的宫先生，由他请人识读打字并亲自校阅一遍。对于一些难于索解之处，宫先生还添加了注释。

“两会”之后，元卿和我利用工余时间，对初校稿进行复校和三校。其间宫先生又多次给元卿和我打来电话，对我们的整理工作进行“督促”，使得校阅进程逐渐加快。最紧张的那阵子，元卿和我一周要见上四五次面。由于字小难辨，我们的工作一直靠放大镜进行。一般是我来读，元卿校改；遇到拿不准的字，再请元卿看一下。如果两人都拿不准了，只好用■来代替。这样一直进行到2009年9月下旬，宫白羽先生这批佚文的校对工作才告一段落。9月28日，我完成了《〈《中华画报》白羽佚文〉前言》，10月1日印行了《天津记忆·〈中华画报〉白羽佚文》。

2010年1月，元卿和我组织召开纪念刘云若逝世六十周年座谈会之后，百花文艺出版社的董令生老师找到我们，提出编辑“民国北派通俗文学名家散文小品丛书”的设想，元卿与我立即进行了前期准备，并列出编辑大纲和刘云若、宫白羽两人的备选篇目。这一丛书计划很快得到社方的积极反馈，可就在元卿与我将有关篇目复印一过，打算送交初审并讨论签定合同事宜之时，忽然听到董令生老师重病住院的消息（前不久从某君博客上，看到董老师参加社会活动的照片，知道她康复得相当不错），这一丛书计划也就被无限期地搁置下来。宫以仁先生生前，非常期待能够看到这本小品集的出版，而如今老人带着种种的遗憾，永远地离开了我们。

宫以仁先生性格随和，有着无与伦比的亲和力。在我们有限的交往中，他带给了我巨大的感召，使我心甘情愿花时间和精力，去为宫白羽先生做一些力所能及的事情。

现在宫以仁先生也走了，我也愿意拿出我的时间和精力，帮助以仁先生完成一些他未能完成的遗愿。

拉拉杂杂地写了这许多，权作对宫以仁先生的一种纪念！

2011年4月29日于广雅之轩

（原载《品报》第11期，2011年5月1日；后收入《竹心集——宫白羽先生文录》，天津人民出版社，2015年11月）

“重写文学史”背景下的通俗小说入史问题

——兼论现代通俗文学研究南北两团队的历史与现状

[天津]倪斯霆

中国现代通俗文学尤其是通俗小说进入文学史或小说史的争论由来已久。抛却“十七年”左翼文学“一边倒”和“文革”十年“鲁迅走在金光大道上”，仅从新时期以来考察，我们也会发现这种争论的尖锐与持续。

1980年，由教育部统一组织编写的高校文科教材《中国现代文学史》①（唐弢、严家炎主编，以下简称“唐弢版”）三卷本终于出齐，民国通俗小说大家张恨水也终于首次以“正面人物”进入“官修正史”。尽管其主编之一唐弢先生后来有如下解释：“从鸳鸯蝴蝶派蜕变过来的张恨水，用新的艺术构思写成的爱国主义小说，例如《八十一梦》，应当提及，别的可以不谈。”②尽管这部文学史首卷甫一推出，便

①《中国现代文学史》，唐弢、严家炎主编，人民文学出版社1979年6月—1980年12月初版。

②唐弢为严家炎《求实集》所写之序，北京大学出版社1983年11月初版，第4—5页。

引出姚雪垠先生异见:“民国初年和‘五四’以后的章回体小说家,也应该将其中较有成就的在新文学史中加以论述。”[①],并由此引发王瑶、严家炎、唐弢等诸位先生的争论:以严家炎、姚雪垠为代表的一方认为现代文学史本应包括对“鸳蝴派”等章回旧体小说的客观评判;而以王瑶、唐弢为代表的另一方则同意现代文学史在开拓研究范围的同时,坚决反对将“鸳蝴派”等章回旧体小说正面写入。但是,唐弢版文学史对张恨水的突破及由此引发的“四老之争”,为后来现代文学史的破冰和秩序重建贡献了语境基础,则是毋庸置疑的。此后,随着1985年5月北京万寿寺中国现代文学馆青年学者“创新座谈会”的召开,1988年毛时安、王晓明、陈思和三人所主持的“重写文学史”专栏在《上海文论》上的首次推出,以及《今天》杂志自1991年起在海外持续10年的有关“重写文学史”的再讨论等等,无不涉及“鸳蝴派”等章回旧体小说的入史问题。虽然争论依然始终存在,虽然冲突均是不了了之,虽然至今难有官方定论,然而其造成的现实却是“1980年代的‘重写文学史’使‘文革’后的中国现当代文学学科脱胎换骨,完全进入另一条历史轨道,现当代文学学科因此重新洗牌。”[②]这种“脱胎换骨”“重新洗牌”的标志之一,便是“鸳蝴派”等章回旧体小说终以“琵琶遮面”的姿态挤进了几部新出的中国现代文学史或中国现代小说史(以下简称“两史”)。当然,“两史”给予它们的位置尚是“附骥”末席,所持观点、史料也是陈陈相因。而且这些“两史”或为高校集体项目或为个人学术专著,官修者至今未见。

①《茅盾姚雪垠谈艺书简》,姚新勇编,人民文学出版社2006年6月初版,第130页。
②程光炜为杨庆祥《“重写”的限度》一书所写之序,北京大学出版社2011年5月初版,第2页。

与上述“两史”形成鲜明对比，近年所出的一些专门史则以史料丰赡、观点鲜明及论述有据而获得学界赞誉。这其中，苏州大学教授范伯群先生主编的《中国近现代通俗文学史》[①]和其个人专著《中国现代通俗文学史（插图本）》[②]便是其中佼佼者。

自20世纪70年代末以来，范先生由被动变主动地在现代通俗文学这块虽丰沃但尚未开垦的处女地上辛勤耕作，不仅个人成果丰硕，而且还带出了一批硕、博研究生，可以毫不夸张地说，当今大陆通俗文学研究团队中的绝大多数学人均出自其门下。多年来，这些弟子与弟子的弟子们，在范先生的指导和影响下，为通俗文学尤其是通俗小说进入“两史”一直在做着不懈努力。尤其是“2008年6月22日复旦大学中文系举办的‘建构中国现代文学多元共生新体系暨《中国现代通俗文学史（插图本）》学术研讨会’，此会以通俗文学如何进入现有中国现代文学史为中心议题，这与范伯群先生的当年研究成果息息相关”。“2009年8月8日，范先生的历届博硕士研究生发起，并由他们邀请范先生的同事与好友借座苏州姑苏饭店举办‘多元共生的中国现代文学史研讨会暨欢庆范伯群教授80华诞’，继续研讨建构‘多元共生文学史新体系’的有关问题。会上有学者倡议编纪念论文集，获得与会者一致响应”。但“这不是一本单纯的纪念文集，而是庄重的论文结集。收集的大部分文章集中于中国现代通俗文学的本体研究、中国现代文学史重新书写等学术方向，其旨在强调我们庆贺范伯群教授80华诞的意义，在

①《中国近现代通俗文学史》，范伯群主编，江苏教育出版社2000年4月初版。

②《中国现代通俗文学史（插图本）》，范伯群著，北京大学出版社2007年1月初版。

于关注与推崇范教授的学术贡献，期待借此契机再次推动中国现代通俗文学和‘重写文学史’的研究进程。”[①]于此可见，推动现代通俗文学客观地进入官修“两史”，如今仍是学界一些有识之士的呼吁与呐喊。

可喜的是，与这种呼吁与呐喊相呼应，近年来一批卓有见地的现代通俗文学研究成果已应运而生。按学界约定俗成的共识，以通俗小说为代表的现代通俗文学分为南北两派。南派起步较早，以上海、苏州为中心，在20世纪30年代以前曾有过确凿的“辉煌”；而北派起步则晚于南派，以天津、北京为重镇，直至20世纪30年代以后方才进入“鼎盛”。或许源于南北两地的观念与识见，与现代通俗文学创作浪潮“先南后北”不谋而合，新时期以来对现代通俗文学重审与研究的勃兴也呈现出“南先北后”的局面。对此，有两座城市不容忽视，这就是苏州与天津。因为“南先”走过的历程，便是以范伯群先生自20世纪70年代末于姑苏城内苏州大学开始掘垦现代通俗文学处女地为起点，中间经过有组织的批量科研成果的持续添柴续火，直至升温到《中国近现代通俗文学史》与《中国现代通俗文学史(插图本)》的杀青，并最终达到苏州大学及其派生团体于2008年召开“建构中国现代文学多元共生新体系学术研讨会”的沸点；而“北后”跟进的轨迹，则是以张赣生先生自20世纪80年代中期于天津发掘民国北派通俗小说作家为肇始，以其1991年推出的《民国通俗小说论稿》[②]为标志，由此带动并影响了沽上一些同好先后试水，涓涓细流最终汇成2009年5月由天津市建筑遗产保护志愿者团队

①《建构中国现代文学多元共生体系的新思考》，陈思和、王德威主编，复旦大学出版社2012年1月初版，卷首页。

②《民国通俗小说论稿》，张赣生著，重庆出版社1991年5月初版。

召开的聚合海内外通俗文学研究中坚的“津门论剑——民国北派通俗文学学术讨论会”[①]。

南北两地对现代通俗文学的先后发力固然可喜可贺，但差距也是明显存在。那就是与南方苏州大学研究团队第一步挖掘资料（以南派为主），第二步编作品选（以南派为主），第三步撰写评传（以南派为主），第四步出版类型史，第五步推出《中国近现代通俗文学史》与《中国现代通俗文学史（插图本）》并召开国际学术研讨会[②]相比，北地天津表现出的却是非常随意的各自为战。虽亦成果良多[③]，但因不系统则难成规模。或许正是看到此弊，2009年“津门论剑”会后，沽上有识之士王振良、张元卿两先生在此前编辑记述津沽旧事的民间刊物《天津记忆》的基础上，会同京华顾臻、沪上林鸥二同好，又一同打造出了以重点挖掘北派通俗文学资料为主旨的民国通俗小说研究电子刊物《品报》。经过近几年海内外同仁间的网上阅读，如今《品报》不仅成了品牌，而且还由内部阅读旨在交流的电媒衍生出了公开发行泽惠学界的纸媒——《品报学丛》（目前已公开出版三辑），并承担

①此次研讨会交流文章被张元卿、王振良结集为《津门论剑——民国北派武侠小说作家研究文集》，由上海远东出版社于2011年3月出版。

②范伯群教授总结，括号内为本文作者所添。详见《品报学丛》第二辑，天津古籍出版社2016年1月初版，第8–9页。

③除恩师张赣生先生大作《民国通俗小说论稿》外，近年张元卿所著《民国北派通俗小说论丛》（山西古籍出版社2001年2月初版）、《漫拂浮尘》（上海远东出版社2009年4月初版）、《望云谈屑》（天津古籍出版社2014年8月初版）、《云云编》（张元卿编，天津古籍出版社2015年12月初版），倪斯霆所著《旧人旧事旧小说》（上海远东出版社2010年3月初版）、《旧文旧史旧版本》（上海远东出版社2012年7月初版）、《还珠楼主前传》（天津古籍出版社2014年11月初版），侯福志所著《刘云若社会言情小说经眼录》（上海远东出版社2016年1月初版）等，均属近年民国北派通俗小说研究的新成果。

起了与南方研究团队遥相呼吁通俗文学进入“官修正史”的重责。尤为可喜的是，天津团队目前已明显感觉到了自身研究的无组织不系统缺规模的弊病，自2014年起，他们借鉴南方苏州大学研究团队的经验，依托社会上有识之士的襄助，已经开始了有计划有目的有阶段地打造《问津文库》中“通俗文学研究集刊”板块的工作，并已取得了阶段性成果，如已经公开出版的《望云谈屑》《还珠楼主前传》《云云编》及即将出版的《刘云若评传》《郑证因武侠小说经眼录》等。

毋庸置疑，方兴未艾的中国现代通俗文学研究目前已成学界的新亮点，并已引起国内有关部门的高度关注。据云主管国家高校教材的权威部门近年便已召开多次会议，研究落实民国通俗小说作家作品进入高校教材的工作。而在一些国家重点院校，现代通俗文学已成中国现当代文学专业博士生的研究方向。这一方面是学术界思想解放拨乱反正的具体体现；另一方面也是民国通俗小说名家名著魅力使然；但最重要的则是这些年来南北两地研究团队不懈努力的结果。相信随着一些高校学报上大众文化与通俗文学研究板块[①]的不断开辟，民间研究团队所办各种通俗文学研究集刊的不断涌现[②]，中国现代通俗文学走进国家级“中国现代文学史”的现实指日可待。

(原载倪斯霆著《旧报旧刊旧连载》，上海远东出版社，2017年4月)

①如《苏州教育学院学报》便辟有“中国通俗文学与大众文化”板块，《西南大学学报（社会科学版）》也辟有“中国侠文化”板块。

②如天津“问津书院”所编《问津文库》中的“通俗文学研究集刊”板块。

《品报》碎碎念

[江苏]紫 茗

一直想为《品报》写点什么，不为朋友之邀，只为一抒心怀，奈何一而再再而三食言，以至于见到诸位同仁不免惴惴，终因心软而承诺了交稿的时间，结果仍又拖延了半月之久，直待顾臻兄再次催促，才放下手头所有杂事，将其列为第一要务。本拟写书评，但严肃的学术文章写得久了，编得久了，那种“笔锋不带半点情感”的理性，总让人难以轻松。老朋友见面总是快乐事，就像每期见到《品报》的心情，亲切、享受而又满怀敬意。于是，还是决定写篇自在小文，虽不够学术不够严谨，却真。

与《品报》诸位同仁结识于2010年湖南平江的平江不肖生学术研讨会，彼时《品报》尚在襁褓，自己学业尚未完成，只记得当时见到元卿兄、顾臻兄、斯霆兄，都客气、谦逊而腼腆。七年过去，这份浸透了诸位体制外学术热血青年心血的《品报》，在一无经费、二无专职人员的背景下，在谦逊而腼腆的各位同仁的不懈努力下，已经连续发行了三十余期，由其汇集而成的《品报学丛》也已经出版到第二辑了，敬意之外，仍是感佩。天下事，成于渐，莫名想起《士兵突击》中的老兵评价许三多，一不留神，“他已长成参天大树了”。

《品报》之“品”，有其来自，范伯群先生在《品报学丛.第一辑》即清楚告知。但是，除去“品”字的独具匠心，更令人感佩的是居于天津的张元卿、王振良，北京的顾臻和上海的林鸥四人与同道分享资料之慷慨，有北地豪侠之气。还记得当时和元卿兄说起我所在的《苏州教育学院学报》组稿事，《品报》无刊号，却有好文，而我所在的刊物有刊号，有栏目，奈何在现有学术评价体制下，好文难求，于是大家一拍即合，我们在《品报》上选文，《品报》为我们在同仁圈内免费刊登各期文章摘要。一转眼，合作到现在，也有七年了。惭愧的是，常常是快要结稿了，却须得待到元卿兄询问，我才能将摘要如期奉上，惭愧之余，更添敬意。一期又一期，《品报》始终以高质量的考据文章，赢得通俗文学研究界同仁的青眼。而北派通俗文学研究，恰也在《品报》的坚持下，文献和史实终于拂去尘埃，得见天日，成果荦荦大观。不由感慨，真正的学术自由和学术精神，如今，的确在体制之外。不能说学术在民间，至于理由，徐斯年先生已经在《品报学丛.第二辑》序中提及；但是必须要承认的是，学术之成，唯一可以依赖的，是信仰的力量。而学术之信仰，恰是目下的学术体制和评价机制背景下，最稀缺的资源。

所有从史料出发的研究者，都深知查阅史料之苦，要从成千上万份报纸、期刊、档案文献中找到研究对象的只言片语，以佐证某一个小小的历史细节，再将其串联成线，还原真相，需要何等缘分，何等投入，何等心血？更不必说查阅史料过程中种种或人为或客观因素而造成的“近在咫尺”的不可得。但是，除去史料翻阅"上穷碧落下黄泉"之苦,更有"那人却在,灯火阑珊处"之乐。故而,搜寻史料的过程,如同品茗,甘苦自心知。可是,因了《品报》,因了这一群同仁的孜孜以求,《品报学丛》终以集体考据的方式,以近似于民国鸳鸯蝴蝶派文人雅集的形式,伴之以2009年自发组织的天津北派通俗文学研究会议的成功举办,丰赡地呈现在我们面前,厚重,典雅,庄严。以至于每次见到新一期《品报》,翻开《品报学丛》,都满怀古龙著文前焚香净手之虔敬。恰恰也因了《品报》,《苏州教育学院学报》"中国通俗文学与大众文化"栏目得以与更多读者共享徐斯年、叶洪生、顾臻、张元卿、倪斯霆、王振良、侯福志诸位先生的心血之作,义理、考据、辞章均掷地有声,作为栏目编辑,读到精彩处,常不由感慨,此生得幸编此文,不负如来不负卿。

克服了重重已知和未知的、客观的和主观的、物质的和精神的困难,《品报学丛》虽刚刚出至第二辑,与之相伴的却是诸位同仁扎实而厚重的个人成果的陆续问世,《旧人旧事旧小说》(倪斯霆著,上海远东出版社2010年版)、《旧文旧史旧版本》(倪斯霆著,上海远东出版社2012年版)、《王度庐散文集》(徐斯年编,天地图书有限公司2014年版)、《还珠楼主散文集》(周清霖、顾臻编,天地图书有限公司2014年版)、《云云编:刘云若研究论丛》(张元卿编,天津古籍出版社2015年版)、《还珠楼主前传》(倪斯霆著,天津古籍出版社2014年版)、《刘云若言情小说经眼录》(侯福志著,上海远东出版社2016年版),还有即将出版的《白羽散文集》(王振良、张元卿编)等等。还记得斯霆兄谈及他完成《旧人旧事旧小说》和《旧文旧史旧版本》两书的经过:每天早晨坚持四点起床,用三到四个小时著文,然后上班做忙碌的主编;记得他展示千辛万苦搜罗而来的"珍宝"时的小心、细心与珍爱;更难忘他讲述民国老天津每一条街道、每一栋建筑曾经的身份和故事的娓娓道来,酣畅淋漓而又意犹未尽……记得情急之下,顾臻兄百忙之中匆匆赶回家中帮忙查阅还珠楼主家世每一处引文的热心,更记得他细数《明报》查阅细节之细致与清晰;更难忘元卿兄微信展示新搜“珍宝”难抑之喜悦和兴奋……纪伯伦曾在《先知》中说:“生命的确是黑暗的;除非是有了激励;一切的激励都是盲目的;除非是有了知识;一切的知识都是徒然的,除非是有了工作;一切的工作都是虚空的,除非是有了爱……”生活的庸碌与琐碎,或许是我们这些升斗小民在人世间最无法摆脱的宿命,然而因了理想、因了信仰,因了坚持,因了刹那的光华,生命却可以永恒,我们的人生,也终会因此,得以圆满。《品报》以及《品报》同仁,得此真髓。

谨以小文,献上我最由衷的敬意和最衷心的祝福。

2016年6月26日夜于苏州

(原载《品报》第36期终刊号,2016年10月1日;后删略刊于2017年2月16日《中老年时报》第7版“岁月”)

《品报》与它的编辑“四人帮”

[天津]倪斯霆

2010年10月底，在湖南平江召开了“平江不肖生国际学术研讨会”。一时间，群贤毕至，海内外民国通俗小说研究专家齐聚汨罗江畔，共襄盛举。报到当日，各地朋友见面，不约而同地向我说，《品报》办得好，信息量既大又及时，在通俗文学研究报刊几近灭绝之时，《品报》的创办，功德无量，这是我们通俗文学研究者共同的家园。当时嘴里寒暄应酬的我心里却犯糊涂——哪个《品报》呀，我怎么没见过。听他们说的文章我都似曾相识，提到的作者我也都熟悉，可是这张报纸我却连摸都没摸过，更别说读了。旁边一同与我由津赴会时任《今晚报》出版部副主任的王振良兄，见我满嘴瞎应酬一脸疑惑相，便将我拉到一边说，《品报》每期都发给你，合着你一期也没读。我更糊涂了，忙问，你寄哪儿啦？振良兄说，什么寄哪儿啦，那是电子版，每期都发你邮箱了。哎呦我的妈呀！您老真是哪壶不开提哪壶。我那个邮箱纯粹是聋子的耳朵瞎摆设，一是一年半载我也不看一回，二是我“工作太忙”根本就没学过接发邮件。振良兄听罢一时无语，半晌给了我一句：你简直就没生活在这个时代！

至此我才明白，原来振良他们几个人鼓捣出了一个研究民国通俗小说的电子刊物，取名叫《品报》，每期发到相关人员的邮箱里，我邮箱里虽然每期都有，但我压根就没看过。因《品报》编辑部设在天津，又是从天津发往各地，故而此次会议，朋友们见面，就都以为我也参与了这张电子报的创办与编辑。

由平江返津后，在夫人的指导下，我打开邮箱，终于看到了从创刊以来的多期《品报》。套句老俗话，那真叫“不看则罢，一看便放不下”。每期十六开的版面，多者八九十页，少则三四十页。不但品相眉清目秀，图文并茂，而且内容更是丰富多彩，名篇迭出。其学术性与通俗性、信息性由下面的栏目名称便可见一斑。例如充满学术味道的某某通俗小说大家的“研究小辑”“一言堂”“港台武侠论苑”“通俗文学研究著作选刊”；颇具通俗性与地域性的“通俗文学与天津”“鲜花庄与杂货店”；最具时效与信息性的“箫剑传声”“零金碎玉”等，无不瞬间便将我带进民国通俗小说研究的殿堂，不但增长知识、学识与见识，而且还能知晓和结识众多新老朋友，知道老朋友们的新成果，看到新朋友们的好文章，对我这样“一瓶子不满半瓶子晃荡”的“圈里人”，真可谓受益匪浅，善莫大焉！

也正因此，自此之后，我便转变观念，克服畏难，立马更新电脑设备，不但迅速地学会了接发邮件、网上阅读、QQ聊天，而且还出乎意料地快速“换笔”，如今已能熟练快捷地进行键盘写作，最近出版的新著《还珠楼主前传》能够在半年多时间内写作完成，便是我电脑技术的最新成绩。当年视电脑与网络为畏途的我，如今借用当红明星黄渤的话说——那就不是个事！而这些学术之外电脑技能的掌握，更是《品报》带给我的意外收获。故此，我感谢《品报》的同时，更感谢创办编辑《品报》的那个“四人帮”。

如今翻开每期《品报》的最后一页，我们都会看到“本期编辑张元卿王振良顾臻林鸥”的署名。这个分居南京、天津、北京、上海的“四条汉子”，因“旧味相投”，彼此欣赏，遂于近年“结党营公”，“暗送电波”，不但成功策划制造了2009年“津门论剑”事件，而且在此事件基础上，惺惺相惜，决定再干把大的，结果结成打造民国通俗小说研究平台的“四人帮”，并最终推出了他们的行动物证《品报》。

对于这个“四人帮”，王振良、张元卿我最熟。当年这两个外地“菜籽”，先后负笈津门，寒窗苦读获得高学历后，前者径直走进《今晚报》，大展才华；后者辗转到了社科院，佳绩迭出。二人公余精力旺盛，迷恋津沽旧人旧事，遂自掏腰包办了一份《天津记忆》，定期出版，不出几年，便推出百余期，对天津的文化积累居功至伟，其敬业程度简直让我们这些“老天津”羞愧汗颜。也正因此，在《天津记忆》百期之际，我曾撰文《一个“老天津”的新“记忆”》，对他们二人大大地进行了“歌功颂德”。

如今时过境迁，他们二人在《天津记忆》百期之后，分别又有了新情况。

王振良虽已履新《今晚报》副刊部主任，过上了正常人的阳光下生活，但他在出版部养成的天不亮便溜出家门的老毛病却丝毫未改，每日仍是在黎明前便潜进报社，在处理副刊编务的同时，捎带干着私活。一段时间以来，他不但整理出版了个人专著《荏苒芳华：洋楼背后的故事》，而且还主编出版了“问津文库”多种，鄙人近日由天津古籍出版社出版的《还珠楼主前传》，便是在他威逼利诱下收获的成果。除此之外，作为今日天津文史山寨“寨主”，近年来，他还将天津文史界

"散兵游勇"般的老少爷们统统招至麾下,策划组织了一系列学术活动,干出了一票比一票精彩的"买卖",得到了朝野上下一致的喝彩。

说完王振良,咱再说说张元卿。此位爷在天津社科院文学所干得风生水起之时,不知脑子里搭错了哪根筋,悄不声地辞职考上了南京大学的文学博士生,在拓展新领域深研古诗词的同时,仍是旧习难改,除继续加入王振良的团伙同编《品报》外,还鼓捣出了一本研究心中偶像刘云若的专著《望云谈屑》,此书由天津古籍出版社付梓杀青后,虽然获得沽上友人赞声一片,但他却拒不来津接受友朋祝贺,而是躲在南京安乐窝里守着爱妻娇女捂嘴偷着乐。日前我在重庆"首届还珠楼主高端论坛"会上与之相见,得知他在南京的新工作已有着落,在此我祝他一切顺利,好事成真!

"四人帮"里的第三位是北京顾臻顾大侠。许多年前此君威名我便如雷贯耳,知道他是京城著名的武侠小说收藏与研究大家。2009年"津门论剑"会上我与之相识,但只见此人长得白白净净,身高马大,颇与我想象中的白面大侠形象相吻合。我们先是"盘道",随后"过招",几招下来,顿成莫逆,彼此大有相见恨晚之憾。此后几年,作为外企员工的顾大侠,虽然经商之途常于津门"打尖",我因工作也常去京城"住店",但我俩总是失之交臂缘悭一面,反而在外地的会上到时有遭遇,如湖南平江的平江不肖生研讨会、重庆长寿的还珠楼主研讨会等。每次见面,我们都是话题不断,他那缜密的考证与对史料的孜孜以求,总是让我钦佩让我自愧。近日,他将积数年之功收集的还珠楼主散见于民国各报刊的散文,与周清霖先生合作整理成集,交由香港天地出版社出版,实乃对还珠楼主的研究做了一件功德无量的大好事。

上海的林鸥我不熟，只在“津门论剑”会上见过一面。印象中此公缄言慎语，不苟言笑，但其民国通俗小说旧书收藏确实极丰，对此下面一事可资证明——2009年“津门论剑”会上，我问他对民国天津通俗小说是否有收藏，但只见他随手从包里便掏出两册，我一见，立马大惊，这是我等在京津一带遍寻多年而不得的20世纪20年代北派通俗小说名家董荫狐的《换形奇谈》与《雕击莺鸣录》，其品像之好简直出乎我的想象。他看到我惊奇兴奋的表情，只是淡淡地说：这类书我有很多，既不知道它的价值也不知道它的历史，此次拿来就是想让诸位鉴定一下。我在向他简单介绍了该书的价值后，立刻不失时机地拍下目录与回目，随后便用在了我当年年底交稿的《旧人旧事旧小说》一书中。行文至此，我应该向林鸥先生表达一下我迟到的谢意！

以上便是我印象中的《品报》与它的编辑“四人帮”，在《品报》创刊五周年之际，我将其草记下来，也算是一种另类别样的祝贺吧！

2014年12月24日凌晨于沽上双牛堂

（原载《品报》第29期，2015年1月1日）

《品报》:打开我的学术之门

——纪念《品报》出刊五周年

[天津]侯福志

记得振良兄2010年2月1日有一篇《无厘头的闲话》,提出了《品报》的三个追求,即两个"三结合"概括之:首曰学术性、资料性、趣味性之结合,再曰学术界与收藏界结合、研究者与爱好者结合、专业性与普及性结合。回过头来看,这五年来,《品报》确实践行了创办者的思路,若说《品报》取得了辉煌的成绩,这不能不说是振良、元卿、顾臻、林欧兄等创办者的视野与魄力使然,很值得大赞、特赞。

我本人是在机关工作,和文学、学术本无关联。但由于近三十年的收藏和研究,不知不觉也踏上了通俗文学研究之路。当然了,我尽管也试图往学术方面靠拢,但由于根底浅薄,加之未曾受过专业训练,所以对学术的研究过程还属于积小识为大识的过程,自然还属于"爱好者"之类的。《品报》编辑们的心胸是开阔的,《品报》并没有因为我在学术研究上的天然劣势而怠慢于我,而往往是平等地提供着一方平台，给我以展示、交流和发表意见的机会。据我自己的统计，我所见到的全部27期《品报》，刊发有关我撰写的文章一共有25篇，几乎每期都能见到我的稿子。涉及到刘云若、宫竹心、吴秋尘、姚灵犀、李山野等曾长期在天津生活的作家，这简直就是编辑们对我莫大的支持！记得我曾经撰写了一篇《平江不肖生与天津》的小文，该文在《中老年时报》发表后，被《品报》予以转载。振良兄对此文很感兴趣，他曾经告诉我，因为"福志兄的《平江不肖生与天津》短文，引发了不肖生研究的小高潮，将其生平考证一下子推进了不少。"

《品报》对我的影响当然不只这些。实际上，我正是借助于《品报》，逐渐真的开始了由业余向专业的蜕变。翻开《品报》，我都会爱不释手(每期我都自己打印阅读)。给我印象较深的是几位编辑和作者的专栏，如顾臻先生的《读《天风报》札记》，元卿先生的《青谷观书录》，振良先生的《杜鱼文钞》，此外，《春秋阁过眼烟云记》、《因羽斋郑证因作品过眼录》等，也给我留下了很深的印象。这些的学者们对资料的勾陈如此广博、丰富、细致，论证过程如此的严谨、缜密、深入，给我留下了深刻印象。尤其是他们求实的学术精神和专业的研究方法对我产生了直接的影响。今年10月份，我曾应邀参加了天津社科院组织的"都市文学与文化：现状与未来"学术研讨会，我当时就是按照学者们提供的研究方法，按照学术论文的格式撰写了一篇名为《关于刘云若小说版本及创作、影响的初步探讨》的论文，这篇论文大约9000字，是我涉足文学研究领域以来第一篇正式的学术成果，在会上宣读后也引起了很大的反响。会议之前，元卿兄正帮《苏州教育学院学报》"北派通俗小说研究"专题组稿，曾向我约稿，我当时就把这篇稿子传给了他，受到元卿兄的热情洋溢的肯定。我想，若非《品报》这五年来国内知名学者们的正面引导，我断不会有这么大的能力和勇气的。

《品报》虽然是借助于新兴媒体所策划的一个新式期刊，但编辑们并没有因为是电子媒体而忽视他的内在质量。由于和我的兴趣爱好相合，收到《品报》后，我都会急不可耐地认真研读、欣赏，也曾经试图以挑剔的眼光审视每一篇的文字。但令我非常吃惊的是，哪怕是一些学术性很强的内容，也很少发现编辑上的错误，遑论一般杂志上常见的文字上的错误和遗漏了，足见编辑们踏实的作风，着实让人钦佩。尤其让我敬佩的是，编辑们在每期杂志上，都会或多或少进行一些调整。特别是在版式、编排上（如彩页编排）总能给人以耳目一新之感。大气、高端，上档次，其鲜明的风格，丰富的内容，大气的编排，不亚于笔者所见到那些高品位的杂志。

众所周知，振良兄是天津报界名人，也是藏书家和文史专家，除负责《今晚报》副刊领导工作以外，还兼着许多社会性的工作，如依托问津书院编辑《问津》杂志，策划出版"问津文库"等，尽管他很勤奋，但人的精力总是有限的，而振良兄在繁忙的工作中，做每件事儿都一丝不苟，哪怕是一件小事情。尤其令我感动的是，在每一期《品报》出刊后，振良兄都会及时把杂志传给我，有时还嘱咐我让我及时下载（因文件太大，服务器保留时间有限）。

我常想，我是幸运的。因为遇到了振良、元卿二位学有专长的师友，不仅视野得以开阔，还获得了很多展示研究成果的机会。且因为《品报》的创办，我能够直接接触国内知名的专家学者及他们最新的学术研究成果，《品报》正如一扇打开的门,给我指出了一条通往研究通俗文学的学术道路,我从内心感谢《品报》和她的编辑们!

祝福《品报》,一路走好!

2014年12月15日于津沽御河轩

(原载《品报》第29期,2015年1月1日)

贺《品报》五周年

[天津]高成鸢

昔津门白羽,后迳研甲文,通俗小说家孰谓学浅;
今台岛上官,前尝掌政柄,权威大学者亟赞品高。

余于稗官素不敢以小道视之，天津图书馆书僮生涯中多所接触，唯无缘潜研。尝于馆中得识东瀛学者樽本照雄先生,承题赠彼邦研究专刊二册,后转归振良兄保藏,所谓宝剑赠英雄是矣。

20世纪80年代,同事好友刘荣华先生偶于津门某旧报发现连载文,题《甲金证史诠言》,署名宫白羽。刘先生急示余,相与惊喜,方知白羽先生夙有国学大家之志之能。其时经史甲金于余不啻天书,勉力辨识,抄录成章,经白羽哲嗣以仁先生联系,发表于香港《中华国学》新刊;署余"整理"诚非其实,若云启蒙鞭策,则其功非小。

振良兄与同道共创网刊《品报》，余逐期接览，志愿者之精诚，令人感佩。今于“饱蠹鱼”博客中获知六载征文信息，方以无可响应为愧，适于所订《南方周末》意外见载许倬云先生特撰书评雄文，盛赞武侠新书《王道剑》及其作者，方知“上官鼎”即刘兆玄先生笔名，先生自台湾清华大学校长转任行政机构首长，退而发愿以小说醒世化民。其作深契华夏文化精髓，而寓意攸关世界前程，堪称奇人奇书，或将为武侠文学开创高新境界焉。

余又会心于许文标题《上官鼎重出江湖王道剑藏锋圆融》，此盖受刘书感染，专仿章回对仗之体，而余与其竟不谋而合：年初《文史知识》约撰饮食史之文，小节题目尽取此体，如《“道”分阴、阳　“味”合鲜、香》；又《社会科学论坛》将载论文《“水火”范畴为中华文化轴心说》，特以小说之轻松力矫哲学之呆板，末节题曰《颜习斋倡设“水火”课目丁韪良改编〈格物入门〉》。

百载迄今，华人诸贤于“守本开新”已获共识，小说、论文要当皆不外之。诚若刘校长、许教授所作所言，则通俗小说一道，或如百年前梁任公所倡，再次担当使命，不亦宜乎！

2014年11月12日

（原载《品报》第29期，2015年1月1日）

贺《品报》五周岁

[河北]阎伯群

《品报》创刊五周年将至,作为编者白鱼、杜鱼的朋友,作为这个刊物的读者,我的内心除了祝福之情外,还有几分歉意。五年中,我如期收到这本电子刊物,也随性浏览了其中的部分文章,但在当下浮躁阅读风气的影响下,并未对这样一本别致的民间小刊加以特别的关注,居然忽略了这背后编辑和作者的辛苦和用心。而五个春秋忽忽过去,它成长中的每个时间节点,比如创刊周年呀、二年呀,我们从未想到过为它举办一点庆祝活动。一直到五岁的时候,我们才迎来这个机会。

记得几年前,元卿曾托我采访宫白羽在霸县生活的情况。这之前,宫白羽的作品我几乎是陌生的,全然不知民国武侠小说的魅力。通过了解,才知道霸州还有一位叫郭云岫的著名文人,他与宫是好友,日本侵华前曾把宫请到霸县师范学校任教。对于这段历史,我市的书法家郝盛一老人尚能回忆一二,我便将这仅有的收获提供给了元卿。恰巧这段时间,我萌生了一个新的兴趣点,就是对民国天津武术史的研究。宫白羽的武侠世界与真实的武林各自以不同的面貌丰富着我的这段研究。而我研究中的许多武术家就是宫白羽笔下的原型人物,这使我更加留意他的作品。在文学与史料、虚构与真实之间,我走进了民国武侠小说的刀光剑影中,感悟颇多。《品报》的下一个五年,我也有一个想法,就是不满足于仅仅是《品报》的读者,还要写点东西,与文友交流。

愿未来的《品报》在继续坚守自己同仁办刊思路的同时,变得更加开放和有趣。

2014年11月20日

(原载《品报》第29期,2015年1月1日)

《品报》

[四川]朱晓剑

在澳门有一份报纸叫《品报》,推广澳门的美食,亦宣传澳门旅游业和文化。在天津也有一份《品报》,署民国通俗小说研究馆编,内容以民国通俗文学研究为主。

民国文化林林总总,可谈的范围多,虽然有些看似影响日渐减少,却还是能在今天依稀找到影子,通俗文学更是如此。《品报》当然不只是挖掘通俗文学的表面现象,而是通过这个点遥望当时的民风民俗、文化精神与时代风貌。

天津《品报》是电子版的内部交流资料,由张元卿等主事创办于2010年,起初是双月出刊,今年又改为每季出刊。内容以介绍新史料、通报新信息为主,多短篇学术性随笔、札记等,形式也并不局限,大多以专题或专辑的形式出现,并以开放的姿态,将民国通俗文学放到整个现代文学里去观察,也有不少新意。

有时感慨现在的学者做学问可能更热衷于显学,这类研究容易引人关注,也更容易成功，看多了这类文字，真是觉得遗憾。像《品报》这样的研究，却还真是少了点，这可能既有兴趣的局限，也有学术的偏见。说白了，做这样的研究几乎只能是公益性的，能够坚持每期出版，真是大不容易。

《品报》品的是传统，是日常生活的一部分，由此想到这样的研究多一些，也是读书人的幸事。至少这能给历史打开一扇窗，让人窥见当时的种种，“民国是活的民国，存在历史中，存在器物中，存在风度中，也存在文学中”。

2013 年 11 月 4 日

（原载 2013 年 11 月 26 日《今晚报》第 17 版“今晚副刊”；转载于《品报》第 25期，2014 年 1 月 1 日）

“梦鱼”的来历

[北京]顾　臻

前些日子在重庆长寿参加还珠楼主研讨会,晚上与元卿兄闲聊时,他突然问我“梦鱼”是谁。我当时一愣,反问道:“梦鱼是谁你怎会不知道?”他笑了,回答说他当然知道,但有《品报》读者却曾经以此相问。听他这么说,让我有点惭然之外,也微微有点自得,一个灵机一动想出来的笔名,只用了一次,竟还有读者有印象,可见我们的《品报》几年间已经在读者间产生了一点影响。

记得 2011 年冬天,大概是 12 月中旬,我和一个香港同事飞赴武汉,会见武钢投资公司的一干中高层领导,洽商访问印尼煤矿的具体事宜。26 日傍晚,武钢投资公司请我们吃饭,席间觥筹交错、大聊特聊印尼市场与风土,回到酒店后我立刻就歪在床上,昏昏入睡了。谁知好梦正酣之际,突然手机铃声大作,迷迷糊糊地抓过手机一看,原来是元卿兄来电。我接起电话,他劈头就问新年贺词准备得怎样了,还说 2012 年的新年号《品报》基本准备妥当,就等这篇东西了。一听这话，我登时觉得有如兜头被浇了一瓢凉水，一直凉到心里，酒也吓醒了，我怎么把这么重要的事忘了呢？

此前一个月，元卿兄和我通电话，聊到正在组织和编辑中的第 15 期《品报》时，我们有下面一番对话：

“这一期将是 2012 年的新年号，老兄来一篇新年贺词如何？”

“别介，我可写不来这种文章，也从来没有写过，还是你俩来。”

“试试嘛，老顾。没问题的。”

“真的不行啊！”

“振良现在编务繁杂，忙得快喘不过气了……”

“我从来没写过，也不知道怎么写，现在快到年底了，说不准就冒出点什么事……”

“老兄也是发起人和编辑，怎么着也应该来一篇了。”

“这个……”

“我和振良都分别写了两年了，怎么也该轮到老兄嘛！”

“……”

“……”

“要不，我再仔细想想，看看行不行？”

“好啦，别谦虚了，就这么定了！我等着老兄的大作，记着尽快给我。”说完，元卿兄挂了电话。

这不是强按牛头喝水，硬赶鸭子上架嘛！没办法，哥们兄弟一场，既然派了活，就先接着呗。开始几天，我仔细揣摩该写点什么，才符合新年号的要求。谁知，让我不幸而言中,突然有两拨海外同事分别来北京,于是只好不停地陪着他们满中国拜访客户,开会研讨市场。为《品报》撰写新年贺词一事,渐渐就被忘到爪哇国去了。不久,香港同事从香港一家银行获悉武钢投资公司有兴趣在印尼买煤矿,而我所在公司代理的一家煤矿也有意引入战略投资人,于是又帮他联系武钢的业务部分,辗转联系上武钢投资公司,数次电邮和电话往还,基本的参观框架确定下来,于是我们飞来武汉面见武钢投资公司的出访人员。

古代的爪哇国就是现在印尼的爪哇岛,莫非冥冥中真有天意,偏偏我要陪客户去印尼,结果,被忘到那里的撰写《品报》新年贺词之事就被元卿一把抓了回来?天意难违,饭后回到酒店,就立刻打开电脑,磨枪上阵了。

白天开会,晚上敲键盘,费了两个晚上,居然凑了一些内容,貌似写成一篇短文章了。我发给元卿兄审阅,他代我改了几处小错之后,问我署什么名。我当时想,前两年的贺词,元卿和振良两兄分别署名是白鱼和杜鱼,虽然他俩的"鱼"并非一类,但好歹我也得署个什么鱼才显得配套。再说,我现在身处武汉,这两天长江水也喝了,武昌鱼也吃了,"鱼"之一字也应景。而两天前的晚上,元卿兄醍醐灌顶的电话,把我从昏昏醉梦之境唤起,堪比牡丹亭的"惊梦",一通电话惊起一条梦中醉鱼,就干脆叫"梦鱼"好了!

于是,隆冬时节,汉水之滨,一条"梦鱼"就这么诞生了。

2014 年 12 月

(原载《品报》第 29 期,2015 年 1 月 1 日)

严独鹤为《品报》“题”名

[江苏]张元卿

当初我们办《品报》时，并不知道 20 世纪 40 年代上海有张小报就叫《品报》。那张《品报》曾连载王小逸、周天籁等当红作家的通俗小说，总编冯若梅也是个通俗小说家。它的报头是这样的(见右下图)：

我们的《品报》虽不是刊载原创作品的通俗小报，但研究对象却包括这一块，这也真巧。当初曾琢磨请位老先生给我们《品报》题名，后来我偶然看到严独鹤给《天津晶报》题写的报名(见下页左图)，忽觉可以把其中的“晶报”二字减笔转为“品报”，暗地里沾一下严老先生的光，也延续一下他和天津的缘分，于是严独鹤“题”写

的报名就出现在了《品报》报头上(见上右图)。

严独鹤编《新闻报》副刊时,开创了副刊办言论的先河,其《谈话》多为针砭时弊之文。我们《品报》虽有“一言堂”,但多是建设性的言论,较为平和,还不曾针砭过什么,在这一点上是有愧前贤的。

20 世纪 40 年代《品报》所刊小说固然是市民趣味,但其言论却是百姓立场,多少有些严独鹤《谈话》的遗风,因此,这些小报的言论也就值得研究。可是我们的《品报》主要关注通俗小说和学术札记,办刊的风格“模板”是《天风报》副刊“黑旋风”和《古今》《雅言》,因此没能在言论研究上有所贡献,略觉遗憾。

如果当初偶遇的不是《天津晶报》,而是冯若梅编辑的《品报》,那我们的报名也许就沿用冯若梅那个《品报》的报名了,只是不知那个“品报”是谁题的。如果当初用了那个《品报》的报名,今天也就没严独鹤“题”名的段子了。

俞平伯说万有的缘法都是偶然凑泊的,可偶然凑泊的又不都有趣,即便有趣,也很难始终有趣,说早了更无趣,因此五年后我才提这个段子。

2014 年 12 月 18 日于北秀村

(原载《品报》第 29 期,2015 年 1 月 1 日)

关于《品报》的建议

[北京]刘大先

元卿兄：

您好！

定时能收到您发来的《品报》，得以分享同好师友的佳作，或为史料爬梳的钩玄索隐，或为个人体悟的吉光片羽，或为最新的同仁研究成果，或为团队活动的适时资讯。元卿兄诸人，业务之余，热心公益，让人钦佩。

我非常喜欢《品报》目前的内容及形式，唯有一个小小建议，即本报为 word 电子版，在最后定稿排版之后，可否在编辑“视图”中设定一下“文档结构图”，编辑操作起来也并没有增加很大工作量，只需在每个文章的标题设定一下格式即可。这样的话，非常利于检索，可以在左侧一目了然看到篇目。

2010 年 5 月 1 日

编者按:大先兄的建议非常简明实用,编辑时经过简单设定,《品报》即可生成自动目录,大补前四期眉目不清之弊。敬请诸位师友,自本期起阅读时,打开"视图"并点击"文档结构图",这样目录就生成了,您再点击想要阅读的内容,页面就会自动跳至该篇文首,大大省去不停拖动鼠标之劳。在此谨对大先兄表示诚挚的感谢。

(原载《品报》第5期,2010年7月1日)

《品报》五周年纪念号征稿启事

[江苏]白鱼　[天津]杜鱼　[北京]梦鱼

《品报》诸师友：

明年元旦,《品报》将迎来创刊五周年纪念。能够坚持并得到这样的结果,是我们最初所没有设想到的。

五年来,《品报》虽未有惊天动地的成绩，但毕竟在推动通俗文学研究过程中,留下了一些塌实的脚印。为此,我们计划推出一期纪念专号,希师友们能拨冗撰文,或鼓励,或建议,或指谬,皆所愿意接受。文体不限,篇幅随意,尤其欢迎联语、诗词等言简意赅之作。

五年来,《品报》在各位师友的关心之下一路走过,以后还将继续仰仗各位师友的帮助和支持。让我们共同把属于通俗文学的天空,装点成难忘的回忆!

鱼们先行感谢了!

2014 年 6 月 27 日

(原载《品报》第 27 期,2014 年 7 月 1 日)

《品报》停刊预告

[江苏]白鱼　[天津]杜鱼　[北京]梦鱼　[上海]林鸥

《品报》办了六个年头，承蒙师友关怀，才走到今天。现在我们几个编辑，各自的工作压力很大，已经没有精力继续编了。同时，微信时代的信息传输有了新载体，《品报》这种电子刊，也到了将被淘汰的时刻，因此我们几个编辑商议，决定在10月1日第36期后结束本刊。第36期将特设一纪念专辑，收录纪念文章，欢迎大家赐稿。我们四人在此鞠躬，感谢和我们一起走过这几年的师友和读者！

2016年6月26日

(原载《品报》第35期，2016年7月1日)

《品报》纪念集征稿

[天津]杜　鱼

《品报》就此揖别，纪念集尚待编就。七年瞬息，诸师友于《品报》，或赐稿，或鼓励，或批评，或宣传，都是对她的爱惜。如今收摊关门，倒不是走不下去，而是真的“玩”累了。当此之际，我们倒想留下些许回声。

师友如有余力，尽可颁赐稿件，抑或题字、诗词之类，以编入《鱼跃鸥翔——〈品报〉与通俗文学研究》。这样一个书名，或许有些古怪，却也不难理解。《品报》的四位编者，就是三条鱼（白鱼——张元卿，杜鱼——王振良，梦鱼——顾臻），外加一只鸥（林鸥）。鱼鸟相得，凑一块了！

若锡佳作，请发至下面电子邮箱：

zyuanq70@sina.com（张元卿）

jwbwzl@sina.com（王振良）

截稿时间为2017年2月底。《鱼跃鸥翔》拟于2017年底或2018年初出版。

届时每位作者赠样书两册。

2016年9月28日

(原载《品报》第36期终刊号,2016年10月1日)

小公园

祝贺《品报学丛》问世

——《品报学丛.第一辑》序

[江苏]范伯群

《品报》原是一份电子版的内部交流刊物，以“发掘保存文化史料，促进通俗文学研究为宗旨，为同仁间交流之内部资料”。从2010年元旦创刊至今已整整办了五载，共出版了28期，深得同行的好评与爱戴。

如果是一个美食刊物，名之曰《品报》是顺理成章的，美食是要细细地“品”的。可是，一个研究现代通俗文学的刊物为何以《品报》名之？原来它的四位发起人分居三地：张元卿、王振良在天津，顾臻在北京，而林鸥则在上海。他们由于共同的爱好，聚集在一起议论时，就深感现代通俗文学内蕴当年中国的国情、民情，反映了大量丰厚的民风、民俗，饱含着当时的文化精神与时代风貌。但在长期的“压抑”下，作品与资料几近湮没，如不再进行钩沉，或将永远沉沦，无法再见天日。京、津、沪三地，都是当年通俗文学集大成的要津，四人就以义不容辞的高度责任感和坚毅精神，决心抢救与挖掘现代通俗文学原始资料，以供同好们作进一步的研究。他们财力不足而毅力、精力充沛，在业余时间，办起这一内刊，再用网络电子版的形式无偿传发给各位同行，这当然也引起同行们的热烈响应，衷心爱护这块小小的园地，也纷纷向内刊投稿。就我个人而言，就从《品报》受惠匪浅，例如张元卿和王振良编辑的有关刘云若的专辑，进而由王振良主编、张元卿撰写的《望云谈屑》的出版，就是研究刘云若的很有价值的专著；现在王振良主编的《问津》资料集已出版了23期，几乎有将天津的文化资料囊括于此刊的宏愿；而最近由还珠楼主李寿民的哲嗣李观鼎教授赠送给我的《还珠楼主散文集》更是洋洋大观，此乃周清霖先生与顾臻合作编成的、难得一见的全国著名作家的散文集，而大部分成果就是顾臻在百忙中挤出休息日在北京图书馆搜集所得，又先在《品报》上公诸于众的；而林鸥也可称得上是上海很有名望的通俗文化的收藏家，他为《品报》贡献的资料也着实不少。

在出版了28期后，在它创刊五周年之际，发起人的默默努力所显示的成绩，终于得到了热爱文化事业者的赞助，于2015年要出版纸质的《品报学丛》了。出版纸质的《品报学丛》是很有必要的。我曾在网上看到这么一则《寻求研究民国小说的〈品报〉》的启事。此人感叹电子版《品报》是“外部人大多都看不到，如果有此种杂志的话，可以借给我看看”。可见这个内刊只以电子版的形式发行，是不能满足对此有兴趣的爱好者的。用纸媒出版，就能使更多同好者得益。而纸质版的目的就是要将每年四期的电子版中最精彩的、经钩沉挖掘所得的原始资料集中起来，再补充完善并用纸质传媒使它们得以保存和推广。

我以为这28期《品报》是办得丰富多彩的，它多短篇的学术性随笔、札记，也有少量的长篇论文，甚至有连载数期的对某种类型小说作整体研究的宏论，但是我认为最可贵的还是同行们从未见过的新史料，而且大多以专题与专辑的形式出现。他们不视自己辛劳所得的原始资料为“禁脔”，而是无私地与同行共享，这无疑是一种最慷慨的学术公益奉献。现在再以纸质的形式得以凝固，使更多的同好者享受这份厚重的“学术公益”。为此，我谨向《品报学丛》的出版表示衷心的祝贺！

2014年12月16日

（原载《品报学丛.第一辑》，天津古籍出版社，2014年12月；转载于《品报》第29期，2015年1月1日）

《品报学丛.第一辑》前言

[江苏]张元卿

2009年春，我们在天津成功举办了“津门论剑——民国北派通俗文学学术讨论会”。会议期间，林鸥、顾臻二兄建议编辑一份“研究通讯”，借会议所聚人气打造一个交流平台，集中展示新出史料与新研究成果，我和王振良兄会前亦有此意，遂决定着手筹划。2010年元旦，《品报》在天津创刊，发起人和编辑者为张元卿、王振良、顾臻、林鸥，内容以民国通俗文学研究为主，单月一日向海内外通俗文学研究者和爱好者赠阅，2013年起改为每季发送。作为一个电子版内部交流资料，我们的办刊主旨原本是侧重史料展示，同时兼顾短小轻松的读书札记，希望由此在民间学者和学院研究者之间架设一个沟通的桥梁，对于近现代通俗文学的史料积累及其文献学之养成能有微功。四年来，在学院和民间的众多师友支持下，《品报》内容不断充实，影响日渐扩大，已成为专门刊发近现代通俗文学研究文章的专刊，是国内唯一集中展示民国北派通俗文学研究成果的学术平台。

今年元旦，振良兄在第25期《品报》发表《新年新气象》，为《品报》的未来设计了新的蓝图。他首先宣布从本期开始《品报》改由天津问津书院编辑，接着指出："《品报》改由问津书院主持编辑之后，仍将坚守推动民国通俗文学研究和交流的整体方向，立足于以天津为重点的北派，同时兼顾南派及其他。我们期待通过三到五年的努力，'问津文库'里能出现关于民国北派通俗文学的'子系列'丛书——进一步发掘和认识北派的贡献，我想这对整个民国通俗文学研究也是十分必要的。"问津书院是天津历史上规模最大、历时最久的民间教育机构，始建于乾隆十六年(1751)，至光绪二十六年(1900)遭兵燹被焚，前后历时一百五十年，为社会培养了大批人才。2013年，问津书院在天津河北区四马路巷肆创意产业园重建。新的问津书院不是复建传统书院，而是致力于打造天津地方文化研究、交流、协作的平台，以"追寻津沽记忆，守望文化家园"为主旨，努力推动天津历史文化资源的抢救、发掘、保护、研讨。天津是民国北派通俗文学的大本营，问津书院的这种理念与我们创办《品报》的宗旨接近，正可互相协助，共同为弘扬民族文化和地域文化做些切实的事情。

2009年，我们在创办《品报》的同时，在网上创建了民国通俗小说研究馆，《品报》的编发很长时间以来，一直托名于这个网络研究馆。2011年津门论剑会论文集《津门论剑录》由上海远东出版社推出后，各方读者鼓励有加，这更坚定了我们办好《品报》的决心。此后，我们的关注对象逐渐从民国北派武侠小说扩展到整个民国通俗小说，近年又将研究范围延伸到港台武侠小说领域，因此《品报》的内容较前更为丰富和扎实，觉得可以拿出一部分精华内容来接受广大读者的检阅，因此当得知天津问津书院愿意为我们提供出版支持时，大家都觉得要珍惜这份善缘，奉献《品报》的精华。此后，与问津书院商议在每年的上半年编印一本纸质年刊，集中展示前一年首发的原创文章，同时兼收与天津文史有关的转载文章。在讨论年刊名称时，王振良兄建议叫《品报学丛》，大家都很赞成，遂以此作为年刊之名。现在《品报学丛》（第一辑）即将交付出版，感谢所有帮助过《品报》的人们，祝愿我们的事业不断开花结果。

2014年4月9日于北秀村

（原载《品报学丛.第一辑》，天津古籍出版社，2014年12月；转载于《品报》第29期，2015年1月1日）

《品报学丛.第一辑》编后记

[江苏]张元卿　[北京]顾　臻

2015 年 1 月 1 日,《品报》将迎来创刊五周年纪念。在这个日子来临前夕,我们的纸媒版《品报学丛》终于要付梓了。虽然几个草根人士编的一份电子版学术资料，严格说来恐无更多的社会意义，但能够把自己的兴趣所钟奉献给同好共享,心中的小小快乐总还是有的。权以此葑菲陋质,作为《品报》五周年的一点儿纪念。

这本《品报学丛》第一辑,以 2013 年《品报》上刊载的原创文章及与天津有关的文章为主。《品报》原为双月刊,2013 年初改为季刊后,整体容量较前期有所减少,因此我们在编选时发现,仅凭 2013 年一年的《品报》文章,多少还不足以反映《品报》的整体精神风貌,甚至可能令一些读者有兀然之感,遂从创刊第一年的《品报》中精选少量文章作为补充,以期令这本《学丛》眉目清晰,源流分明。未来的《品报学丛》会继续适当选收一些 2010 年至 2012 年间《品报》上刊发的若干精彩原创文章,向读者更完整地展示《品报》在通俗文学研究上的心得与贡献。

在栏目设计和顺序编排上,《品报学丛》基本按照《品报》常规栏目及顺序进行划分和编排,以便让未见过《品报》的读者由此略窥其"真容"。"一言堂"是《品报》的"社论",在此发表的文章大致可反映近几年我们在搜集、整理史料过程中的一些思考。我们重视史料,但不迷信史料,我们整理史料的目的是通过整理与分析,让"史料"发声,通过"史料"来表达我们的思考。我们提倡动手动脚去找"料",但也希望"料"不只是"料",而能成为"学",即便在自家手上不能成"学",也愿意通过《品报》及时展示出来,在别人手中成"学"。说到底,一个时代的学术进步,靠的是众多学人的集体努力。我们出版《品报学丛》就是希望集众人之力,为近现代通俗文学研究打造一个交流的平台,使不断出现的"料"能有机缘转化为"学",即便我们这一代尚不具备成"学"的能力,也尽量为后来的研究者提供一些信得过的"料"。同时,我们也深信若持之以恒,《品报学丛》自会孕育出一派新"学"来。

《品报学丛》的第一个附录是《〈品报〉总目》。收录它,首先是为了让读者了解《品报》的过去,其次便是想展示民间研究者在近现代通俗文学研究领域的作为,特别是他们的研究特色与趣味。《2013 年近现代通俗文学研究论文索引》是第二个附录。收录它,首先是为展示 2013 年度学院研究者的成果,其次也是希望读者能将其与《品报总目》对读,由此对近年来近现代通俗文学研究的整体情况有个宏观的把握。我们这样安排附录,是想表达这样的认知:民间与学院本是互补的,不是对立的,因现今学术评价体系中缺乏有效的互补机制,二者久已双水分流,沟通极为有限,这自然不利于学术的进步。要想改变,谈何容易!学院中人也定有愿意与民间沟通者，但学院本身却少有这样的平台。天津问津书院支持《品报》同人创办《品报学丛》，用民间资本打造文化平台，使得民间与学院在自由交流中共建行业学术标准成为可能，这必将拓展我们勘察“料”的范围，也必将提升我们锻造“料”的技艺，最终会使新“学”在新标准的规范下坚实地立起来。

这样的学术远景，我们期待很久了。

感谢范伯群先生赐序，感谢周清霖先生题签。

2014 年 12 月 17 日

（原载《品报学丛.第一辑》，天津古籍出版社，2014 年 12 月；转载于《品报》第 29 期，2015 年 1 月 1 日）

《品报学丛.第二辑》序

[江苏]徐斯年

我最喜欢"泡"图书馆。退休之前,因受种种条件制约,很少获得"泡"得舒舒畅畅的机会;退休之后,时间固然全由自己支配啦,但是体力、精力、视力已经不容再跑图书馆了。于是,《品报》成为我"家庭图书馆"的重要部分——其实,是诸位相识和不相识的朋友替我去"泡"图书馆,本人坐享其成而已。许多几十年放在心里得不到解决的问题,就这样轻而易举地解决了,例如本辑《学丛》所收关于向恺然"假死"及其稿费官司的掌故,还有赵绂章先世、刘云若婚姻的史料等(当年亡友张赣生曾陪我访问刘美文,得到的信息没有这样完整)。另有许多史料,则令我眼界大开,例如本辑所收的西门丁、秦红、司马紫烟的资料。对于热衷"宏大叙事"者来说,这些或许都是"小道";对于我辈而言,查明一个笔名、一处地址、一件"疑案",却比得个大奖去领笔奖金开心得多!

《品报》同仁从事的,多属"体制外研究"(建议不用"民间研究"这个说法,因为容易被理解为与“民间文学”同一层次的东西)。“体制外研究”有自己的优势:上面没有“婆婆”压着、管着,大家不为名、不为利,全以兴趣为动力,想读啥就读啥,想写啥就写啥(同时意味着不想写的东西可以不必费心硬写)。这也就是“天乐”吧——庄周说“无天怨,无人非,无物累,无鬼责”,则可“知天乐”矣。

当然,“体制外”的研究也有劣势,第一个问题是经费,第二个问题是编刊物弄不到刊号,随之而来的第三个问题则关乎发行。这就是《品报》长期只能以电子同人刊物的形式,在“内部”流通的原因。值得庆幸的是,在振良、元卿、顾臻及有关朋友的努力下,由电子刊物到纸质印本的梦想已经化为现实,他们的编辑构想也更扩大、更完善了。作为《品报》的忠实读者和能力有限的作者,我也想借此机会提一些“扩展阵地”的建议——还是想到啥就说啥,抛砖引玉,不成“体系”。

刘慈欣《三体》的轰动效应,使我们注意到通俗文学里一块长期受到忽略的领地——科幻文学。听说《品报》已在筹划编辑一期科幻特刊,这是很有意义的事。这个领域值得大家继续关注,除了“史”和“史料”的角度,势必还要求我们把目光转向当代,包括当代的网络文学以及互联网上的读者反馈(关于《三体》,我看到的几篇帖子及其跟帖就都颇有见地)。这可是一个其大无比的“富矿”,其外延远远超出科幻!

德国新闻媒体发表过一份关于“三十年后中国”的预言,前面附有中华人民共和国历史的“大事记”,中国人看起来好像很不完整,却反映着外国人关注的焦点。其中一条是:1980 年,中国摄制、播映了第一部科幻电影。这里指的是《珊瑚岛上的死光》(同名小说发表于 1978 年)。此事咱们早忘记了, 人家德国人可记着呢，而且视之为中国国力发展的一块“里程碑”。人民文学出版社刚开过《2014年中国最佳科幻作品》新书发布会，细读相关报道，与会的著名科幻作家和重量级评论家，依然没有一个从此角度考察科幻文学之价值和意义的。所以，单就“科幻”这一领域而言，也还有许多问题非常值得咱们挖掘和深入思考。

范伯群先生曾在一个会议上提出设想：把通俗文学研究扩展为通俗文艺、通俗文化的研究。

我很赞同这一设想。于是想到小时候排演过的《麻雀与小孩》，那是中国第一部儿童歌舞剧，作者黎锦晖是著名的流行歌曲作曲家，所作儿童歌舞剧还有《葡萄仙子》等等，歌曲则有《毛毛雨》等等，当年脍炙人口，唱遍大江南北。他创办的明月歌舞团也非常有名，周璇、聂耳均出身于此。当时的“左翼”，曾斥之为“靡靡之音”“软性文艺”。中华人民共和国成立后，黎先生先是受推崇，后是被批判，下场颇惨。这样的作家—作曲家及其作品，即使作为“通俗文学研究”，也是不应忽略的。当然，我们的目光还应扩及流行音乐、歌舞的整体以及相关活动的历史全貌。

又想到老家有个当经济警察的远亲，我小时经常看到他从小酒馆里晃将出来，胸前吊把木壳枪，一边趔趔趄趄，一边酒气醺醺地唱道：“木壳枪——开放——不响，哎呦——哎呦！”后来翻检通俗文学期刊时，居然发现这句唱词出自当年上海流行的某出“时剧”（可惜刊名、剧名都忘记了）。所谓时剧，指的是根据当下社会新闻改编的戏剧——往往先有小说，即鸳蝴派刊物上经常标示的“时事小说”“实事惨情小说”。新闻—小说—戏剧往往形成一个系列。我们老家远在浙东，上海的时剧竟然这么迅速地流传过来，通俗戏剧的影响力可见一斑。

这种通俗戏剧大多属于幕表戏(所以它继承的又是“文明戏”的余绪),没有正式剧本。这为挖掘史料增添了许多困难,只好通过第二手资料去探查真相。此类戏剧,“新文艺剧团”是不演的,原因之一在其“不正规”。它们拥有特定的剧团和特定的剧场——都比“正规”的新文艺剧团、剧场更加“市场化”,更加“低俗化”,观众也以市民阶层为主。所以,收集剧场、剧团史料也是研究通俗戏剧的途径之一。直至新中国成立后的20世纪50年代,大城市里的许多民营剧团仍属此等性质。它们也演新文艺剧作,但是排演方式依旧是“幕表化”的(也就是“解构”精英文本,使之“粗俗化”),因为这样来得快,节约成本。范伯群先生编《中国近现代通俗文学史》的戏剧部分是陈龙写的,挖掘出的史料相当丰富,学风也极其扎实, 但是这一领域依然有待继续研究——特别是把通俗戏剧作为“剧场艺术”和城市平民的精神消费活动,作为城市通俗文化的有机部分来做研究。

笔者还想到,自己小学毕业前后,解放区文艺已在国统区暗暗地流传开来,至少在国统区的大小知识分子中,它是非常受欢迎的。特别是对我们这样的小学生来说,它的政治意识不浓,吸引我们的倒是它的“艺术性”——那股“清新气”和“热烈气”。解放区文艺是通俗文艺“革命化”的产物,也是“革命文学”大众化的一次有领导、有组织的实践。改革开放之后,“工农兵文艺”在学术界是遭贬斥的,这种贬斥是否完全公正?是否经得起“历史现场”的检验?这种“革命化”的经验和教训又是什么? 我觉得这些问题也是有待认真研究和反思的。

中国文化至今依然处于转型期。以上各项都涉及“转型”的过程以及面临的问题,虽属“一翼”,却也关乎“全般”。

这些建议,说说容易,做起来却很不容易。希望《品报》一步一个脚印地往前走,把刊物办得越来越好,使影响越来越大!

2015 年 10 月 18 日于姑苏香滨水岸

(原载《品报学丛.第二辑》,天津古籍出版社,2016 年 1 月)

《品报学丛.第二辑》编后记

[江苏]张元卿 [北京]顾 臻

《品报学丛》第二辑就要与读者见面了,在此借“编后”之地谈谈我们的编后感。

现今近现代通俗文学研究已有三十多年的历史，这期间取得的历史经验值得总结和反思,但目前又很少有人去做这项工作。2012年3月《品报》第16期刊登的《关于中国现代通俗文学学科史的对话》,就是这方面的尝试之作。编辑《品报学丛》第一辑时我们就想收录这篇访谈,但当时储备的文章中尚无相关文章与之作伴,就暂时搁置起来了。去年,《品报》发表了徐斯年先生的《文学史观的蜕变——研究近现代通俗文学史的心得》。这篇文章恰好也谈及了通俗文学学科史和研究史,同时,从去年开始我们在“问津文库”推出的“通俗文学研究集刊”,是用“集刊”新著的方式来累积通俗文学研究史资料,以此来刺激通俗文学研究史工作,其《编辑旨趣》对此有较为详细的说明,因将这两篇文章和《对话》及《“鸳蝴”诗词亟待整理》编成一个小辑，希望有更多的研究者来关注这个话题。

范伯群先生在《关于中国现代通俗文学学科史的对话》中说：“研究通俗文学的人不能不研究新文学，也即是我们常用另外一个名词：‘精英文学’，否则我们就没有对比度。我研究了通俗文学之后，就发现了过去我们无法发现的新文学中存在的问题；也不会知道新文学对我们通俗作家产生过哪些促进。反之，研究了新文学，也能知道通俗文学的‘胎里毛病’。不研究新文学，专攻通俗文学，到一定阶段，通俗文学研究也会无法深入下去。只有两者都研究，才能知道现代文学史的全局，我们所研究的通俗文学有一天会全面融入整体现代文学史中去，成为‘多元共生’中有机的‘一元’。”这对于不能兼习新文学和通俗文学的研究者而言实是良药和忠言。

徐斯年先生在《文学史观的蜕变》中写道：“一切历史固然都可视为‘当代史’，但是一切历史论著的首要任务都应该是尽可能地还原‘历史现场’，而含有最真实的历史信息的载体，无疑便是史料。‘史料学观’注重内证和外证。当研究一个历史时期的整体面貌时，相关的所有史料均互为外证。研究者不仅应该力求全面地掌握相关史料，对于不同史料给予同等尊重，而且特别应该关注异质的、对立的史料，及其内部的‘潜隐信息’，从中发现‘另一面’乃至‘另几面’的历史真相。”有的研究者喜欢谈论宏观进程，反对纠缠细节，这大致不错，但又不能完全以此来作为研究的准则，因为在不同的研究阶段，细节的作用是不同的。如果一个研究领域尚处在不断开拓和深化之中，不纠缠细节，便无法还原“历史现场”，无法还原“历史现场”便搞不清“历史现场”的实况，宏观进程的把握就无从谈起。在既往研究已取得一定成果，宏观进程也较为清晰的情况下，若继续拿已掌握的细节来说事,对其进行过度解读,研究必不能取得进步,此时“应该力求全面地掌握相关史料”,“特别应该关注异质的、对立的史料”,这样“纠缠”细节,才有可能从细节史料的不断丰富中发现尚不为人知的历史真相,从而使研究获得新的进展。因此,徐先生尽可能地还原“历史现场”的观点尤其值得深思。

此外,本辑还推出了研究刘云若、平江不肖生和西门丁的小专辑,继续贯彻以专辑推进研究的思路。本辑有关港台武侠小说研究的内容有所增加,以后还将继续加强,为的就是将研究民国通俗小说的视野延伸至港台通俗小说。同时,我们还会像徐斯年先生在本书序言中所说的,逐步把目光投向当代,将研究内容从通俗文学“扩及流行音乐、歌舞的整体以及相关活动的历史全貌”,把通俗文学研究扩展为通俗文艺、通俗文化的研究,为研究者确立近现代通俗文化整体观提供服务。

感谢范伯群先生题签,感谢徐斯年先生赐序。

2015 年 10 月 18 日

(原载《品报学丛.第二辑》,天津古籍出版社,2016 年 1 月)

《品报学丛.第三辑》序

[天津]倪斯霆

中国现代通俗文学尤其是通俗小说进入文学史或小说史的争论由来已久。抛却“十七年”左翼文学“一边倒”和“文革”十年“鲁迅走在金光大道上”，仅考察新时期以来学界发展，我们也会发现这种争论的尖锐与持续。

1980 年，由教育部统一组织编写的高校文科教材——唐弢、严家炎主编的《中国现代文学史》(以下简称“唐弢版”)三卷本终于出齐，民国通俗小说大家张恨水首次以“正面人物”形象进入“官修正史”。尽管唐弢先生后来有如下解释：“从鸳鸯蝴蝶蜕变过来的张恨水，用新的艺术构思写成的爱国主义小说，例如《八十一梦》，应当提及，别的可以不谈。”(严家炎《求实集》序，北京大学出版社，1983 年)虽然这部文学史首卷甫一推出，便引出姚雪垠先生异见：“民国初年和‘五四’以后的章回体小说家，也应该将其中较有成就的在新文学史中加以论述。”(《茅盾姚雪垠谈艺书简》，人民文学出版社，2006 年)并由此引发王瑶、严家炎、唐弢等诸先生的争论：以严家炎、姚雪垠为代表的一方认为，现代文学史本应包括对“鸳蝴派”等章回旧体小说的客观评判；而以王瑶、唐弢为代表的另一方，在支持现代文学史开拓研究范围的同时，则坚决反对将“鸳蝴派”等章回旧体小说正面写入。但是，唐弢版文学史对张恨水的突破及由此引发的“四老之争”，为后来现代文学史的破冰和秩序重建贡献了语境基础，这是毋庸置疑的。此后，随着 1985 年 5 月北京万寿寺中国现代文学馆青年学者“创新座谈会”的召开，1988 年毛时安、王晓明、陈思和三人主持的“重写文学史”专栏在《上海文论》首次推出，1991 年起《今天》杂志又在海外持续 10 年关注“重写文学史”的再讨论，这些都涉及“鸳蝴派”等章回旧体小说的入史问题。虽然争论始终存在，虽然冲突均不了了之，虽然至今难有定论，然而其造成的现实却是：“1980 年代的‘重写文学史’使‘文革’后的中国现当代文学学科脱胎换骨，完全进入另一条历史轨道，现当代文学学科因此重新洗牌。”（程光炜《“重写”的限度》代序，北京大学出版社，2011 年）这种“脱胎换骨”“重新洗牌”的标志之一，便是“鸳蝴派”等章回旧体小说终以“琵琶遮面”的姿态，挤进了几部新出的中国现代文学史或中国现代小说史（以下简称“两史”）。当然，“两史”给予它们的位置尚是“附骥”末席，所持观点、史料也是陈陈相因。而且这些“两史”或为高校集体项目，或为个人学术专著，官修者至今未见。

与“两史”形成鲜明对比，新世纪以来所出的一些专史则以史料丰赡、观点鲜明及论述有据而获得学界赞誉。其中，苏州大学范伯群教授主编的《中国近现代通俗文学史》（江苏教育出版社，2000 年）与专著《中国现代通俗文学史（插图本）》（北京大学出版社，2007 年）便是其中之卓荦者。自 20 世纪 70 年代末以来，范先生由被动变主动地在现代通俗文学这块虽丰沃但尚未开垦的处女地上辛勤耕作，不仅个人成果丰硕，而且还带出了一批博士和硕士研究生，可以毫不夸张地说，当今大陆通俗文学研究团队中的骨干绝大多数出自其门下。多年来，这些弟子与再传弟子们，在范先生的指导和影响下，为通俗文学尤其是通俗小说进入"两史"一直做着不懈努力。尤其是2008年6月22日复旦大学中文系举办的"建构中国现代文学多元共生新体系暨《中国现代通俗文学史（插图本）》学术研讨会"，"此会关于通俗文学如何进入现有中国现代文学史为中心议题，这与范伯群先生的当年研究成果息息相关"。2009年8月8日，范先生的历届博硕士研究生发起，并由他们邀请范先生的同事与好友借座苏州姑苏饭店举办"多元共生的中国现代文学史研讨会暨欢庆范伯群教授80华诞"活动，"继续研讨建构'多元共生文学史新体系'的有关问题。会上有学者倡议编纪念论文集，获得与会者一致响应"，但"这不是一本单纯的纪念文集，而是庄重的论文结集。收集的大部分文章集中于中国现代通俗文学的本体研究、中国现代文学史重新书写等学术方向，其旨在强调我们庆贺范伯群教授80华诞的意义，在于关注与推崇范教授的学术贡献，期待借此契机再次推动中国现代通俗文学和'重写文学史'的研究进程"（《建构中国现代文学多元共生体系的新思考》，复旦大学出版社，2012年）。于此可见，推动现代通俗文学客观地进入官修"两史"，至今仍是学界有识之士的呼吁与呐喊。

可喜的是，与这种呼吁与呐喊相呼应，近年一批卓有见地的现代通俗文学研究成果已应运而生。按学界约定俗成的共识，以通俗小说为代表的现代通俗文学分为南北两派。南派起步较早，以上海、苏州为中心，在20世纪30年代以前有着"辉煌"实绩；而北派起步则晚于南派，以天津、北京为重镇，直至20世纪30年代以后方才进入“鼎盛”。或许源于南北两地的观念与识见，与现代通俗文学创作浪潮“南先北后”不谋而合，新时期以来对现代通俗文学重审与研究的勃兴也呈现出“南先北后”的局面。对此，有两座城市不容忽视，这就是苏州与天津。“南先”走过的历程，以范伯群先生20世纪70年代末于苏州大学开始掘垦现代通俗文学处女地为起点，中间经过有组织的批量科研成果的持续添材续火，直至升温到《中国近现代通俗文学史》与《中国现代通俗文学史（插图本）》的杀青，并最终达到2008年召开“建构中国现代文学多元共生新体系暨《中国现代通俗文学史（插图本）》学术研讨会”的沸点；而“北后”跟进的轨迹，则以张赣生先生20世纪80年代中期于天津发掘民国北派通俗小说作家为肇始，以其1991年推出的《民国通俗小说论稿》为标志，由此带动并影响了沽上一些同好先后试水，涓涓细流最终汇成2009年5月由天津市建筑遗产保护志愿者团队主办的聚合海内外通俗文学研究中坚的“津门论剑——民国北派通俗文学学术讨论会”。

南北两地对现代通俗文学研究的先后发力固然可喜可贺，但差距也是明显存在的。那就是与南方苏州大学研究团队第一步挖掘资料、第二步编作品选、第三步撰写评传、第四步出版类型史、第五步推出《中国近现代通俗文学史》与《中国现代通俗文学史（插图本）》并召开国际学术研讨会（范伯群教授总结，详见《品报学丛.第二辑》，天津古籍出版社，2016年）相比，北地天津表现出的却是非常随意的各自为战，虽亦成果不菲，但因缺乏系统而难以形成规模和影响。或许正是看到此弊，2009年“津门论剑”会议之后，沽上有识之士王振良、张元卿两先生会同京华顾臻、沪上林鸥等同好，一同打造出了以重点挖掘北派通俗文学资料为主旨的民国通俗小说研究电子刊物《品报》。经过近几年海内外同仁的网上阅读，如今《品报》不仅成了品牌，而且还由内部阅读旨在交流的电媒衍生出了公开发行泽惠学界的纸媒——《品报学丛》，并承担起了与南方研究团队遥相呼应推动通俗文学进入“官修正史”的责任。

本着对上一年度电媒《品报》择优选萃编辑出版纸媒《品报学丛》的原则，继成功推出第一、二辑之后，“学丛”第三辑的大样又摆在了我的案头，只是粗看一眼目录，这其中的《谈〈天风报〉之“黑旋风”》《报人王小隐其人其事》《冯武越论》《还珠楼主的床下物》《徐春羽家世生平初探》《平江不肖生向恺然年表》《王度庐年表》及“刘云若研究小辑”内诸篇什，便大大引起我的阅读欲望，因为作为民国通俗文学研究者之一员，我对这些难得之史料，真可谓踏破铁鞋求之若渴。我想，对于其他同道同仁，其裨益亦应如我之感！

行文至此，或许有人会问，如此多的美妙佳构，编者是如何搞到的，四位编者又是何许人也呢？对此，笔者在《品报》五周年时撰有《〈品报〉与它的编辑“四人帮”》一文，已经为读者解疑答惑，斯霆我于此就不再饶舌了。

感谢振良、元卿、顾臻诸兄美意，让我在出书之前先睹为快，并说了以上书外之话。

是为序。

2016年清明前一日于沽上双牛堂

(原载《品报学丛.第三辑》，天津古籍出版社，2017年10月)

《品报学丛.第三辑》编后记

[江苏]张元卿　[北京]顾　臻

一个电子学术刊物能做到五年,其中的甘苦局外人是不大能体会的。在此,我们要感谢这五年来给予我们切实帮助的那些师友,因为愿与我们"共舞"者其实并不多。

人是历史的"中间物",刊物亦然。研究者对自己的研究能力与水准要有一清醒的自评,刊物亦然。《品报》及《品报学丛》无疑是历史的"中间物",我们从不奢望这个刊物能对通俗文学研究起到多大作用,只想以微末之史料助研究者成其"独断之学"。近年来始悟到"独断之学"实"中间"之学,史料固可助其丰满羽翼,厚道之心、谦慎之怀则必赖研究者自己修为。若无厚道之心、谦慎之怀,"独断之学"就极易变成"独霸之学"。研究者若不能从学术的"中间"状态立言,必不能直面自己的缺陷,则其所言必不能从"中间"状态,从对缺陷的感知中确立自己的判断,这也就不会有"独断之学"了。而感知自己的缺陷,才能有谦慎之怀;推己及人,才会有厚道之心。这样,其学术判断才会超越具体的研究领域,具体的史料情景,成为独立之通识。此古今伟大学人其具体学术观点可为后人所超越,而其“独断之学”所呈现之通识却自能独照千秋之原因。陈寅恪先生提出学人必要有“独立之意志”与“自由之精神”,甚为人所称道,我想他这一观点其实是有前提的,即他所说的“学人”是具有厚道之心与谦慎之怀的研究者。若学人不具有厚道之心与谦慎之怀,只强调“独立之意志”与“自由之精神”,难免会流为恣意妄为,很难产生正能量。而厚道谦慎之学人即便能坚守“独立之意志”与“自由之精神”,其所成实皆为“中间”之学术,“中间”之学术要能透出厚道与谦慎,才谈得上究天人之际,其所言才有可能成为有生命的一家之言,其所学才有可能成为有情怀的“独断之学”。从这个角度看,史料占有之多寡,所能起到的作用实在太有限了。

能清醒感知其学术与人生“中间”状态的人,自能客观地看待《品报》的“中间”状态,亦必能享受在“中间”状态下与《品报》“共舞”的那些晨昏。

接近告别的“中间”状态或许是最有诗意的,可惜我们不是玉溪生,我们只有杂感。

2016 年 3 月 13 日

(原载《品报学丛.第三辑》,天津古籍出版社,2017 年 10 月)

《品报学丛.第四辑》序

[天津]侯福志

十几年前，我经常到天津的"鬼市"逛地摊。那个时候，鬼市位于复兴路到青年路之间的西营门大街上，并辐射到周边几条与之垂直的小街。当时这条马路北侧属于拆迁工地，一些老旧平房还在，大部分地方是断瓦残墙。马路西边尽头有几棵古槐，遮天蔽日。南侧则是在建楼房的工地。很窄的马路上，到处是垃圾。鬼市就在这个地方长年累月地生存，其中有很多旧书摊位，但分布相对分散。每至周六、周日这两天，前来"淘宝"的人络绎不绝。说来也巧，有一次我在某地摊上发现两本书，一本是张元卿兄的《民国北派通俗文学论丛》，另一本是湮没已近八十年的《一炉》半月刊(第5期)。这两本书与《品报》均有关联，上述文字权当引子吧。

那个时候，我一直在关注研究刘云若，元卿兄当时在天津社科院文学研究所工作，他的《刘云若论》《刘云若年谱》等著述，经常会在搜索资料时从网上

“跳”出来，我自然如获至宝。刘云若是土生土长的天津人，民国时期已是驰名南北的小说家。20 世纪 50 年代，由于他的很多小说被列为“反动淫秽”作品，或被清理调换或被直接送入造纸厂变成纸浆，故在阅读传播上受到严重影响，加上作者英年早逝，除学术圈之外，“刘云若”这三个字已绝少被人提起。20 世纪 80 年代初，包括张赣生、倪斯霆在内的一批学者，开始关注北派通俗文学研究，这其中就有刘云若。1987 年前后，在天津百花文艺出版社的努力之下，刘云若的《小扬州志》《红杏出墙记》《粉墨筝琶》《恨不相逢未嫁时》等几部代表作陆续与读者见面，使刘云若这位小说大家在久别之后，以作品形式得以复生，并逐步走进人们心中。应当说，刘云若作品得到普及，进而引起学术圈的关注，百花文艺出版社的助推功不可没。我是在阅读了包括斯霆兄相关文章以及刘云若再版的这几部小说之后，才开始对刘云若有所认知的。一次机缘巧合，经振良兄引荐，我与元卿兄相见相识。记得当时见面的地点是在五大道的“黔城”，在座的还有著名孙中山研究专家葛培林兄。我们四个人相见甚欢，聊了很多有关刘云若和北派通俗文学方面的话题。元卿兄还将其大著《民国北派通俗文学论丛》签名本送我。这次见面之后，我与元卿兄之间的交流越来越多。2009 年 4 月，天津市文史研究馆和天津市建筑遗产保护志愿者团队联合主办了宫白羽学术讨论会；同年 5 月，天津市建筑遗产保护志愿者团队、天津市历史学学会艺术史专业委员会联合主办了津门论剑——民国北派通俗文学学术讨论会；2010 年 1 月，扶轮中学主办了纪念刘云若逝世六十周年座谈会暨扶轮中学刘云若展室揭牌仪式，当时振良、元卿等师友作为牵头人，一直为会议筹办积极奔走。有了他们二位的努力，我有幸在这几次会议上结识更多的师友，也知道了元卿兄在学术界有很多朋友，眼界为之更为开阔。后来，我在阅读元卿兄《民国北派通俗文学论丛》时，在范伯群先生的序文中，了解到元卿兄是范先生的学生，范先生对他的人品和学问都很称赞。正是基于元卿兄与范伯群先生的这层关系，才引出王振良、张元卿、顾臻、林鸥等创办的《品报》与《苏州教育学院学报》之间长达七年的联袂互动，包括范伯群、徐斯年、张元卿、石娟在内生活在南方城市的众多学者，与京津两地的学者诸如倪斯霆、王振良、顾臻、胡立生、侯福志等，在《品报》这个平台上，陆续推出自己的研究成果，而且，由于几位编辑的独具匠心，设置了不同的主题、专题，大家往往围绕同一位作者，如白羽、刘云若、郑证因、王度庐、徐春羽、还珠楼主、平江不肖生等，从不同角度进行整理、挖掘、钩沉、考据，并陆续有新的发现，不仅厘清还原了很多历史细节，更主要的是刺激了大家的研究欲望，促使大家深入思考，从而将专题研究逐步深入，逐步拓展。南北学者在同一舞台"竞技"，堪称城市文学史研究领域的佳话，即将印行的这本《品报学丛.第四辑》就为此提供了佐证。

《一炉》半月刊是 20 世纪 30 年代天津的一本综合性文学杂志，主编是享誉全国的报人吴秋尘，作者则大部分为天津《东方时报》文艺副刊《东方朔》(主编亦为吴秋尘，1928 年休刊)的原班人马。《一炉》虽然出版不到一年，但在天津文学期刊史上，则起着承上启下的重要作用，有着较高历史地位。据吴云心先生《抗战前天津文艺界杂忆》(见《吴云心文集》)一文，天津虽为大城市，但抗战前文艺事业并不发达，除了王余杞主编的《当代文艺》这样罕见的大型文艺刊物外，主要就是《一炉》和 1934 年出版的《天下篇》了。可见，作为团结文艺青年的一个沙龙，《一炉》是抗战前天津少有的文学期刊之一。

《品报》与《一炉》本无关联，但在笔者看来，二者之间有着惊人的相似之处。

首先，《品报》与《一炉》的主办者都是享有盛名的报人、学者。主办者往往都有很大的能量，能够尽其所长，团结来自南北的作者队伍，形成庞大的朋友圈。《一炉》的作者群，有吴云心、吴微哂、宫竹心、徐凌影、萨空了、徐凌霄、毛状侯等，他们或是知名学者，或是著名报人，或是闻名南北的作家。就《品报》而言，编辑王振良是《今晚报》副刊主编，创办天津问津书院，其用心打造的“问津文库”就已出版专著60余种，《问津》丛刊60余种，仅此就足以奠定其在当代天津文化史上的地位，“问津现象”或“杜鱼现象”已成为天津专家学者时常讨论的话题。张元卿原是学院派学者，后来为家庭团聚辗转到南京师范大学出版社就职。多年来，他不忘初心，仍致力于通俗文学研究。《望云谈屑》《刘云若评传》等专著以及由他编或注的《云云编》《待起楼诗稿》等相继问世，使他在刘云若研究上又一次攀上了学术高峰。《品报》编辑之一的著名学者顾臻先生，我本人没有打过交道，仅在博客上有所互动，从他对《天风报》的深入研究，以及他有关朱贞木、陈慎言等众多通俗文学作家的研究随笔（《品报》辟有其《琴雨箫风斋武侠随笔》《琴雨箫风斋读闲札记》等专栏）中，可知其造诣之深，涉猎之广，足以引为师长和同道。林鸥先生是一位大藏书家，其收藏的通俗文学作品无论数量还是质量，目前国内均少人企及。2017年，他编辑出版了一本有关冯玉奇小说版本的研究专著，内容丰富，资料翔实，考据细致，是迄今为止国内最为权威系统的关于冯玉奇著述的研究。我虽然也收藏了不少冯玉奇的小说版本，但数量只有三四十种，不及林鸥先生的十分之一。

其次，《品报》与《一炉》同样都具有很强的开放性、包容性。无论是内容还是作者群都是如此。《一炉》编辑吴秋尘主张:“我向来主张文学没有什么新旧的分别,只有好坏的问题,好的旧文学,不能一笔抹杀;坏的新文学,也应当扔在字纸篓里!外国的好作品,我们应当尽量介绍,但也应当尽量的慎重。”《一炉》这本杂志“就是把新旧中外之精华,‘一炉而冶之’”。《品报》从创办之初,便是开放的,正如元卿兄在创办之初开篇所言:“聊表京津沪三地友人联手办刊之创意,亦略抒对晚清民国小报报人独立办刊之敬意云尔。”从实际情况看,《品报》涉及的作品和题材范围非常宽泛,不仅有北派,同样有“南派”和“港派”;不仅有对“旧文学”的研究探讨,同样有对“新体裁”的评价与争鸣。“《三体》研究小辑”有关科幻作品的话题,便给人耳目一新的感觉。这与“一炉而冶之”的《一炉》大有异曲同工之妙。

第三,《品报》与《一炉》的命运也有相似之处。《一炉》开办时间不长,有关其停办的原因,迄今未有人述及。《一炉》不缺号召力,也不缺作者。“钱”是旧时代报刊杂志面临的主要问题,但就当时的《一炉》而言,有王永清的资助,有名家担任主编,缺钱也不太可能成为《一炉》关门的主要原因。据笔者推断,导致《一炉》停刊的唯一因素就是吴秋尘缺少“时间”。众所周知,吴秋尘是王小隐的弟子,1926年随老师一同到天津《东方时报》就职。这家报纸有奉系背景,1928年6月因张作霖身亡而被迫停刊。失去了这家报馆,吴秋尘与王小隐一同转到《天津商报》任职。王小隐创办了《古董摊》,吴秋尘则主编《杂货铺》。1929年的年底,由于《天津商报》主编嫉贤妒能,内讧不断,包括王小隐、吴秋尘在内的众多编辑、记者陆续辞职他就。吴秋尘转入《北洋画报》,接替刘云若担任《北洋画报》主编,同时在《天津日日新闻》兼职担任主编,而王小隐则为众多报纸聘为特约撰述。想当初,吴秋尘的许多同学，“有的在安闲暇逸的环境中，高吟着古诗，细填着新词，在花前月夕时，尽情地抒写他们的散文；把人烟闹市中，形形色色作他们小说的蓝本”。这很让吴秋尘羡慕，“很可惜他们的著作的抛散，我更可怕我失去了一般可敬爱的朋友，也许曾和我可爱的文学一样，渐渐地离我远了”，于是他才有了“希望发行一种刊物的心情”。因为这个原因，才有《一炉》的诞生。但吴秋尘很快发现，自己的精力实在有限，在长时间透支体力的情况下，其身体很快垮了下来，不得不与妻子徐凌影暂时离开报馆赴北平西山疗养。关于这一点，《北洋画报》是有记载的，吴秋尘到西山疗养，写了一本《入山集》，这本随笔记载了作者早期经历和养病过程，从中可以窥见到作者的忙碌。

而《品报》的停刊，似乎同样是因为主办者的时间问题。这一点，振良兄并不讳言。《品报》是由几位学者利用业余时间编辑的电子期刊。他们都有自己份内的工作，每天都安排了很紧张的事情，有课题的拖累，有业绩的考核，何况他们还都有很多社会活动，业余时间还要进行文献整理和研究等相关工作，在无专人职守的情况下，能够走完了七年的艰辛历程，编辑 36 期总量数百万字的文献资料，已是厥功至伟的工程，这在讲求功利的社会里实属难得。

《品报》虽然不在了，但《品报》所形成的创新成果，均以《品报学丛》名目由天津古籍出版社以正式出版物形式保留了下来。在本书出版之前已陆续编印了三辑，此为第四辑，依振良兄所言，也应该为最后一辑，属于《品报学丛》系列的收官之作。

在新年之初写下这篇序文，有很多的感慨，不过我特别想说的，是想向《品报》的几位编辑们道一声辛苦。正是有了他们的精心策划和无私奉献，才为人们留下如珍珠一般的文字。希望几位编辑继续关注通俗文学研究，能够在其他平台上为读者、作者奉献更好的精神食粮。我们大家与你们同在，正如元卿、顾臻先生在本书《后记》所言：“《品报》虽停，但情谊还在，期待还在。”

2018 年 1 月 8 日

(原载《品报学丛.第四辑》，天津古籍出版社，2018 年 3 月)

《品报学丛.第四辑》编后记

[江苏]张元卿　[北京]顾　臻

第四辑整体结构与前几辑相同，内容较为丰富的还是北派通俗作家研究和港台武侠小说研究,这也算是《品报》最大的特色。这次“港台武侠小说论苑”推出的“古龙研究小辑”,汇集了近些年古龙小说版本研究的力作,其中《“港古”溯源》是本年度在《品报》刊发的,《戏说“港古”》《古龙海外别样红》则分别刊于 2011 年《品报》第 13 期和第 11 期,还不曾收入《品报学丛》,这次与《“港古”溯源》结伴推出,正是个圆满归宿。

“民国武侠论苑”和“中国通俗文学与大众文化”文章提要,是这一辑的两个新栏目。《品报》虽然关注整个民国通俗小说,但关于南派的稿子,特别是大的文章,一直网罗不到。这次石娟博士慨然将其《民国通俗文学副文本建构及其阅读市场生成研究》投送本报,正好弥补了这一缺憾,因此特设“民国武侠论苑”,隆重推出。从 2010 年 5 月 1 日第 4 期开始,《品报》刊登《苏州教育学院学报》“中国通俗文学与大众文化”的文章提要,至今已六年了。由于编选疏忽,前三辑未能将提要整理刊出,而全部提要内容较多,因此这次仅刊出2016年的提要,聊以补过。

《品报》一直关注科幻小说的研究,也曾刊发过这方面的文章,但数量实在太少,一直引以为憾。今年徐斯年先生将他研究《三体》的系列文章交给了我们,一下激活了被遗忘的科幻话题,将我们对于民国科幻小说的关注延伸到了当下,既受教益,又倍感鼓舞。“《三体》研究小辑”就是以徐先生的文章为主体而设计的。

朱正心先生一直关心《品报》的成长,每次收到电子版《品报》,必在第一时间回复,语言不多,心意绵长。朱瘦菊的德文版《歇浦潮》资料,朱先生很早就给我了,但因“藏”得太好,一直没能找到,几个月前偶然找出,如逢故人,这实在是零金碎玉,因此放在“零金碎玉”压轴,同时也为36期《品报》压轴。

《品报》虽停,但情谊还在,期待还在。

2016年10月29日

(原载《品报学丛.第四辑》,天津古籍出版社,2018年3月)

由俗入雅说“品报”

[四川]朱晓剑

近现代中国，电影电视娱乐诸业尚未发达，民众业余生活选择有限，读通俗小说成了重要消遣，于是良莠不齐的作品大行其道。但对通俗小说的研究，却长期是落伍的，皆因他们通俗，有时甚至低俗，虽满足大众阅读口味，但格调不高，也几成学界定评。曾经风起云涌的通俗小说，我们该以怎样的眼光看待，在今天仍是一个值得探讨的话题。

说到通俗文学，给人的感觉都是“鸳鸯蝴蝶派”，然通俗小说家中也不乏高手，如包天笑、周瘦鹃、张恨水、还珠楼主、宫白羽，以及后来的金庸、梁羽生、古龙乃至琼瑶等。这类小说贴近百姓生活，因之读者群体就多。但通俗小说作为时代产物，常常受到学界批评，以至忽略掉其价值。

张元卿、王振良、顾臻、林鸥等人基于对通俗小说的喜好，办了份电子杂志《品报》，以此探讨通俗文学中的种种问题。我手头的这册《品报学丛.第一辑》就是从中遴选的精华。

全书分为九个专题，从不同角度来探讨近现代通俗文学。“一言堂”探讨的是近现代通俗文学中的前沿问题。“鲜花庄”收录的是史料发掘方面的新成果。还珠楼主、刘云若、姚灵犀的研究小辑，收录的是国内最新研究文章。“港台武侠论苑”收录的是研究倪匡、古龙、梁羽生的专题文章。“通俗文学与天津”则是专门探讨天津通俗文学贡献的文字。尤值得一说的是，书后附录了《〈品报〉总目》和 2013 年近现代通俗文学研究论文索引，从中可看出当下的近现代通俗文学研究成果。

通俗文学作为时代产物，自然有其价值所在，比如对社会风俗风物的书写，多是在主流历史里看不到的景象，至于小说中所描绘的红尘旧事，虽五花八门，却同样可以从社会学角度加以观察。通俗小说所提供的故事虽通俗，却并不妨作为文化现象来给以恰当的观察。《品报学丛》的内容十分庞杂丰富，既有考证辨析，又有史料挖掘，从不同侧面还原通俗小说的面目，如由国庆考证还珠楼主与祥顺合鲜货庄的关系，还有来新夏《姚灵犀与〈采菲录〉》、渠诚《梁羽生的姓名学》等，都富有启迪意义。

民国天津通俗文学缔造了前所未有的高峰，这些作品并没有随着受众群体的减少而消失，相反倒有一群人以新的眼光给以研究，从而发现通俗小说的种种价值。通俗文学常被冠以“俗”的标签，然而数十年过去，它们已越来越“雅”了。犹如当年《水浒传》等通俗小说，早已堂皇地进入“雅文学”行列。近现代所谓俗文学，恰是文学史家有意无意忽略的部分，因此这种研究堪称有益。正如编者在后记中所说：这必将拓展我们锻造“料”的技艺，最终会使新“学”在新标准的规范下坚实地立起来。这并不是学术的愿景,而是对近现代通俗文学研究的期许了。

(原载2016年1月5日《中老年时报》第7版"岁月";转载于《品报》第34期,2016年4月1日)

“打破学术僵局”的《品报学丛》

[北京]渠　诚

第二次鸦片战争之后，天津出现大片租界区，西方思想文化的冲击，促使报业出现繁荣景象。待到民国时期，天津报馆林立，不但吸引了大批通俗小说名家来此谋生，更留下数不清的文献资料。无疑，天津是民国时期通俗小说的重镇，可惜中国学界素有高低之见，所谓“不登大雅之堂”的通俗作品，很长时间都受到轻视，以至天津的重要性也长期被学界忽视。

直到2009年春，天津的地位才第一次得到凸显，具体事件是“民国北派通俗文学学术讨论会”的召开。因所论之“通俗文学”主要是武侠小说，故简称“津门论剑”。与会者包括苏州大学的范伯群、汤哲生和北京大学的龚鹏程、孔庆东等教授，台湾著名武侠小说评论家叶洪生、林保淳，《蜀山剑侠传》作者还珠楼主之子李观鼎、《十二金钱镖》作者宫白羽之子宫以仁、《卧虎藏龙》作者王度庐之女王芹，民国书刊收藏家顾臻、林鸥、胡立生，还有天津地方史研究者王振良、张元卿、倪斯霆、侯福志等。会议闲暇，顾臻和王振良等谈到如何展示最新史料和研究成果时，决定自办一电子小报，这便是后来的《品报》。

随着《品报》的陆续推出，一段又一段历史结束尘封状态。当年充其量只能算茶余谈资的各种琐事，百十年后非但具备了重要研究价值，甚至形成了足以令人拍案惊奇的阅读趣味。譬如还珠楼主的老恩师张瑞玑，就是民国初期响当当的学者名流，曾痛责袁世凯调兵征剿山陕革命军，迫使袁氏撤兵。又如还珠楼主小说里的"打穴神功"竟然真有所本，他曾传授幼子李观洪认识两个穴位，只轻轻一点便可治疗昏厥，而这两个穴位至今未被任何一本气功书提到。更有甚者，还珠楼主曾运功于齿，将筷子咬断后吐向桌面，如钉子般直插进去。还有姚灵犀所著《采菲录》，是公认的研究妇女缠足之重要文献，学界却搞不清其出版时间和出版者，直到《品报》上相关文章出现，这问题才得以解决。又言情小说家刘云若，竟然是京韵大鼓"白派"创始人白云鹏的忘年知音，两人是搭电车时相识的；至于刘云若原名究竟叫什么、中学时有没有写过小说……凡此种种不一而足，都是极有"趣"且极有"料"的文史小品。此外，还有顺便廓清的大批作家作品的连载时间，则是《品报》的另一项重大贡献。

虽然《品报》只是用于内部交流，其视野却是极宏阔的。除了固有之民国通俗小说方向，还有继承民国小说而来的港台武侠小说方向，最近则开始登载有关科幻、侦探等题材的专业文章，内容可谓日益丰富，而且很多是学界未曾见到的宝贵资料。《品报》的编者从未有过任何科研经费支持，也素无称王称霸的学术野心，其工作完全是基于兴趣，因此就敢于打破壁垒，舍得和别人分享辛苦搜集来的庞大资料和数据，这无疑是一种最慷慨的学术公益奉献。

无论从哪个角度来看,《品报》的价值都是不言而喻的。因此从2014年开始,问津书院正式推出《品报》的“官方”纸本——《品报学丛》。问津书院是天津历史上规模最大、历时最久的民间教育机构,重建后致力于推动天津地方历史文化资源的抢救和研讨。书院的运作理念和《品报》相近,因此双方一拍即合,决定每年编印一本“学丛”,把《品报》最精华的内容整理出版,集中展示前一年首发的原创文章,兼顾与天津有关的转载文章。

正如《品报学丛.第一辑》编后记所言:“民间与学院本是互补的,不是对立的。因现今学术评价体系中缺乏有效的互补机制,二者久已双水分流,沟通极为有限,这自然不利于学术的进步。要想改变,谈何容易!学院中人也定有愿意与民间沟通者,但学院本身却少有这样的平台。”随着《品报学丛》的出版,民间学人和专业学者渐渐获得自由交流的契机,相信迟早会促生全新的学术时代。如此滴水穿石,则不但文学、历史研究领域将有长足突破,甚或教育观念乃至“雅俗”意识都将有极大改观。

晚清民国之际,思想巨变席卷全国,而天津有份其中,可谓与有荣焉。时至今日,天津又将以《品报学丛》等事业为发轫,再一次打破学术研究的僵局。

(原载2016年2月1日《天津日报》;转载于《品报》第34期,2016年4月1日)

从通俗文学中看世相

[四川]朱晓剑

通俗文学这几年很受重视,各种研究也相继出来,这是好事。但我注意到,这一块研究多是大而化之,一旦涉及具体问题,就显得材料不足。这也是当下学术浮躁氛围中常遇到的事。不过,也还有《品报》这样的民间刊物,不为名不为利,仅仅出于编者对通俗文学的浓厚兴趣,这真是通俗文学研究之幸。

对比《品报学丛.第一辑》,我拿到的第二辑就显得更为厚重,不光是在通俗文学研究上的视野打开,更与相继发现新的史料不断填补空白有关。比如说通俗文学学科史的建设、通俗小说作者的研究、小说与社会民情的互动、通俗文学的传播史等,都有许多耐人寻味的话题。

在以往的文学研究中,因是通俗文学,常受到主流文学研究者的排斥,以至于在文学史专著中成为常被忽略的部分。因之,许多通俗文学作家作品受到的关注度不够,尤其是经过革命的洗礼之后,这样的研究就面临更多的困难。我们客观地看待通俗文学，那不只是通俗文艺的一部分，也是与民情风俗相关。有意思的是，现在一些学者在做社会学研究时，也时常以通俗文学为参照，发现社会变迁的肌理。

而这些正是《品报学丛》存在与发展的价值所在。在这一辑中，从栏目上看变化不大，但仍提出了一些新问题。尤其在民国语境下，到底该以怎样的视角对待通俗文学，就有可能决定学者在研究中的广度和深度。值得注意的是，刘云若、平江不肖生、西门丁的研究小辑，拓宽了我们对通俗文学作家的认识。在我看来，这固然很好，却还值得将视野放得更为宽泛一些，比如说在通俗文学与天津中，还可以挖掘出更为生动的史料和故事。

至于通俗文学与新文学的比较，在某种程度上是需要以全新视角去看待的，而不是在陈词滥调中荒腔走板。简言之，二者的关系是紧密的，新文学从通俗文学中借鉴，并开拓出新市场，而通俗文学同样也向新文学学习优点。这才是文学的正常生态，若仅仅是从新旧来判断，恐怕也只是研究中的一面，难以窥见全貌。

在编后记中编者说：现今近现代通俗文学研究已有三十多年的历史，这期间取得的历史经验值得总结和反思，但目前又很少有人去做这项工作。这也跟通俗文学的地域性有关，比如在媒体众多的都市可能就较为容易获得相应的研究史料收集，而一般城市可能就不具备这样的条件。这也在某种程度上局限了研究的视野。

《品报》及由其衍生出来的《品报学丛》，把通俗文学研究扩展为通俗文艺、通俗文化的研究，正是源于通俗文学并非是单独存在的个案，比如居民生活、社会舆情的介入等，就决定了通俗文学的市场是宽阔的。刘云若、还珠楼主等人的小说之所以畅销，除了小说本身所具有的魅力之外，还涉及大众的阅读心理学。在我看来，这与今天读者阅读《知音》也较易获得认同感类似。从这个角度看，《品报学丛》不只是对通俗文学的个案研究，也还包含了更深层次的涵义在里面。那到底是什么，是值得思考的。

（原载2016年8月18日《中老年时报》第7版"岁月"；转载于《品报》第36期终刊号，2016年10月1日）

师生“对话”存史料

[天津]倪斯霆

毋庸置疑,中国现代通俗文学(以下简称“通俗文学”)作为学科走进学术研究殿堂,首功应归范伯群教授。20 世纪 70 年代末以来,范先生由被动变主动地在通俗文学这块虽丰沃但刚被开垦的处女地上勤耕,不仅个人成果丰硕,而且还在苏州大学带出一批博硕士研究生。可以毫不夸张地说,当今大陆通俗文学研究群体中的学人,大多出自范先生门下。多年来,“范门弟子”为通俗文学尤其是现代通俗小说进入文学史一直在做着不懈努力。

去岁金秋,笔者在苏州参加一次通俗文学研讨会,与 86 岁的范先生聊天时谈到:通俗文学走进中文学科,过程值得总结,先生作为学科奠基人与领军者,经验更是值得晚辈学习,我在天津的北派通俗文学研究团队中,便呼吁要借鉴先生的研究步骤与理念。范先生听罢认真地说:我们做的仅仅是个开始,后面还要深耕细作,北派通俗文学也是个宝库,研究还相对较弱,希望你能再出成果,学科建设要用成果说话。

然而就在我返津之后，开始梳理北派研究的脉络时，范先生却于去年底猝然离世。痛心与思念的同时，我也为范先生因谦逊而未能留下更多个人对通俗文学学科创立与建设的史料感到遗憾。也正因为如此，先生与其弟子张元卿刊于《品报学丛.第二辑》(天津古籍出版社 2016 年版)的那篇《关于中国现代文学学科史的对话》，便显得弥足珍贵了。

在这篇“以书面问答的形式”进行的“对话”中，范先生对通俗文学研究的史实有着翔实叙述。对 1986 年程千帆、刘再复、王瑶等学人是如何支持范先生开展通俗文学研究的，范先生的通俗文学研究是如何成为“七五”国家社科重点项目的，范先生主编的《中国近现代通俗文学史》课题的申报经过，唐弢等的三卷本《中国现代文学史》为何出“简编”时要删去张恨水，唐弢、严家炎、黄修己等对通俗文学进入文学史的分歧，苏州大学通俗文学研究群体的形成与对学科史创立的贡献，通俗文学学科发展的历史经验，民间通俗文学研究与学院派在学科发展中的互补关系等问题，范先生均“及时传回了详尽的答复”。在此仅举一例，在谈到苏州大学研究群体是如何将通俗文学“经营”成学科时，范先生总结为：第一步挖掘资料，第二步编作品选，第三步撰写作家评传，第四步出版类型史，第五步推出《中国近现代通俗文学史》与《中国现代通俗文学史(插图本)》并召开国际学术研讨会。对这“五步”过程，范先生有经验也有反思，堪称是留给北派研究者的“样本”。

《品报学丛》是目前研究北派通俗文学的唯一系列丛刊，目前已公开出版四辑，而第二辑中的这篇“对话”，无疑是范伯群先生学术生涯的一段翔实自述，同时也是今后通俗文学学科史研究的重要史料。

2018年5月2日

(原载2018年5月3日《中老年时报》第7版“岁月”)

旧小说里的滋味

[天津]尹树鹏

活生生的人常不安分，吃饱喝足后还要听书看戏来休闲。而有一种随手可得的休闲，就是看小说。民国以来的天津，新闻出版业的发达衍生出巨大市场，也造就了通俗小说的高度繁荣，涌现出还珠楼主、宫白羽、郑证因、朱贞木、刘云若等通俗小说大家。他们深谙大千世界，看透市井百态，用鲜活的语言写尽现实社会。他们没有传统文人的酸腐，也没有孤芳自赏无病呻吟，因此很受读者青睐。刘云若的小说里，就有着大酒缸、南大道、西南角、蓄水池、大水沟、粑粑胡同等地名。大巧姑娘就在这样的地方摆烟摊，靠着一个狠字挣扎着生存。她敢打巡警，敢偷敢抢，又敢恨敢爱，直接透视出了西广开一带的文化地理。

天津是民国时期北派通俗小说的大本营，与以上海为代表的南派小说遥相呼应。这些通俗作品无论从写作技巧、艺术高度，还是思想意识、社会影响来看，其成就都不容抹杀。只是因为它们很少直接承载教化作用，加上部分内容荒诞怪异，很长时期遂被打入冷宫，在文学史上没有了位置。

这些作品都取材于旧中国的都市生活，题材以社会小说和言情小说为主，次之则为掌故、怪诞、滑稽、讽刺、幽默等。作者多以细腻的笔触揭露豪华堕落的上层社会的种种丑闻轶事和旧社会统治者的腐败，同时也刻画了下层社会众多被侮辱被损害的妇女形象。许多作品的艺术水平至今仍要称赞。

这些思考引起了当代文化学者对这一领域的重新审视，并为给他们争取在文学史中的地位而开展了学术呐喊。苏州大学范伯群教授编著了《中国近现代通俗文学史》，并带出了一批骨干团队。北方研究北派小说的一些学者紧跟其后，张赣生先生在天津以挖掘民国北派通俗小说作家为起点，写出了《民国通俗小说论稿》，随后王振良、张元卿会同顾臻、林鸥共同打造出以挖掘北派通俗文学资料和研究民国通俗小说的电子刊物《品报》，因其质量上乘，再加网上阅读便利，很快成为品牌，并衍生出正规出版物《品报学丛》。与南方团队承担起将通俗文学带入官修文学史的重任。继一、二辑之后，第三辑于 2017 年 10 月正式出版发行。本辑向人们揭秘了许多有滋有味的内容，如沙大风 1929 年在天津创办的《天风报》副刊"黑旋风"的内容，姚灵犀研究女子缠足专书《采菲录》，以写《津门艳迹》让人们了解混混儿生活的作家李燃犀的多种才艺和他帮助张寿臣创作单口相声《化蜡扦》，及自己创作的相声《王宝钏》引起的舞台效应；对广东番禺人冯武越海外游学的经历和其理工科的知识结构及创办《北洋画报》的动机、背景和影响，进行了精确的分析和点评；对著名报人王小隐在《北洋画报》的文章和《北洋画报》对社会的影响及其个人家事与嗜好等也进行了生动的介绍。此外，还对武侠小说大家还珠楼主、宫竹心（笔名白羽）的作品及社会影响做了论述，并通过《海天楼艺话》对作家徐春羽的生平有了新发现。对刘云若作品的研究，也增加了许多新内容。通过对本辑的阅读，我们重新品出了天津味的文学滋味。

(原载 2018 年 4 月 19 日《中老年时报》第 7 版“岁月”)

雅俗共赏的《品报学丛》

[天津]侯福志

《品报》是京津沪三地学者联袂打造的一份具有全国影响的通俗文学研究电子内刊。它以发掘保存文化史料、促进通俗文学研究为宗旨，2010年元月创刊，前后历时7年，累计出刊36期，形成数百万字的学术成果。2017年，因限于人力，这份电子刊被迫告别读者。庆幸的是，《品报》所形成的学术成果，已由张元卿、顾臻二位先生陆续编为《品报学丛》四辑，由天津古籍出版社正式出版。这里笔者重点谈谈《品报学丛.第三辑》，它的根本与《品报》可谓一脉相承。

其一，学术的创新性。第三辑除《序》和《编后记》外，共收录文章36篇，以地域或作家为单元进行分类，如《通俗文学与天津》《还珠楼主研究小辑》《白羽研究小辑》《徐春羽研究小辑》《刘云若研究小辑》等，其中的多数篇什是作者的最新研究成果。比如，王振良对民国通俗小说家徐春羽的研究，通过深入细致的田野调查，结合文献线索进行剥茧抽丝般的梳理，还原了这位大家的本来面目，他撰写的《徐春羽家世生平初探》一文，使学界对徐春羽的认识一下子清晰起来。

其二,学术的系统性。这个特点缘于《品报》的一贯做法。记得《品报》曾设置多种个人专栏,突出每个人的学术专长。第三辑在编选时,基本上保留了《品报》的特点,使各个专题很好地体现每位作者的研究深度和系统性。此外,第三辑还收录了平江不肖生、王度庐、何海鸣等三位作家的年表。这些年表的整理者都是通俗文学领域的专家,他们参阅了大量的历史文献,使三位小说大家的生平第一次系统地呈现出来,为读者提供了完整史料,可谓厥功至伟。

其三,学术的包容性。海纳百川,有容乃大,学术研究亦然。第三辑收录的文章,既有学院派专家的研究著述,也有民间学者撰写的学术心得。在体裁上,既有长篇专业论文,也有普及性极强的报刊短章。把学院派专家与民间学者团结在一起,并且把学术论文与报刊短章融为一炉,恰恰体现出了编辑者的学术心胸和独特视角,不仅不会降低学术品位,相反还会起到一定的加分作用。近年来,《品报》作者群的知名度越来越高,也可佐证笔者的上述判断。

其四,学术的普及性。通俗文学研究对象本身就是大众化的,无论是作者,还是他们的作品,在一定历史阶段里,都为普通读者所熟知。即便是年轻读者,随着大量通俗小说的再版,他们对通俗小说作家的认知度仍然是比较高的。《品报》的创办者以"专业性与普及性结合"为号召,从一开始就注重成果的普及性,在强调为学术研究提供专业史料的同时,更希望能够为普通读者的阅读提供帮助。从这一点上看,《品报学丛》确实是雅俗共赏的,更是接地气的,这也是笔者愿意向广大读者推介这本书的重要原因。

(原载 2018 年 4 月 23 日《中老年时报》第 7 版"岁月")

通俗文学的世俗关怀

[江苏]陈云昊

读张元卿、顾臻编《品报学丛.第四辑》,加上此前接触天津问津书院所编“问津”丛刊和“问津文库”多本,不由让人感慨地方文史研究当中非学院派学术力量的活跃。就笔者有限的接触而言,民间参与的文史研究群体,北有“问津”,南有“瓯风”,各自形成了沟通文史、对话学界的地域小生态。在此,温州文史研究者和天津文史研究者形成了一种有意思的参照:相对而言,前者侧重晚清民初,后者侧重民国时期;前者侧重旧体诗文,后者侧重通俗文学;前者侧重学校教会,后者侧重市民报刊。这种差异与其背后所关联的地方文化资源紧密相关。就相似之处而言,他们依托地方文献展开研究形成一种文史互动的自由生态,进而为学术建设起到了培风积水的助力。

此辑《品报学丛》延续了前三辑对通俗文学尤其是近现代武侠小说的关注。书中“还珠楼主研究小辑”“刘云若研究小辑”“白羽研究小辑”“通俗文学与天津”

等专栏延续了之前的设计。其实,小说家撰写通俗小说,在一定程度上都是文学对所处时代的一种想象的回应。只不过,这种想象力往往因为拘束于"通俗文学"而被人们排斥在雅正文学趣味之外。有时候,作家本人(比如宫白羽)也会因为所写无异于稗官伶人而作叹息:"一个人已经做的或正在做的事,未必就是他愿意做的事,这就是环境。环境与饭碗联合起来,逼迫我写了这些无聊文字。而这些无聊文字竟能出版,竟有了畅销,这是今日华北文坛的耻辱。"这种作家的现实感,渗透到小说之中,便是作为时代镜像的通俗文学。

通俗文学往往曲折记录着时代的真实。且不说戴愚庵所写的武侠小说中,多有中国人杀日军的故事,表达的是一种朴素的民间愤慨。还有一些小说家笔下,直接记录了时代的车辙:倪斯霆《刘云若小说首揭日军在津强征慰安妇》一文,引述了刘云若小说《粉墨筝琶》中对抗战时期天津慰安妇的冷静记录;侯福志《刘云若笔下的日本劳工集中营》一文,引述了作家披露日本侵略者及汉奸势力捉拿劳工的历史细节:"华工不论是夏天穿单衣时被捉,或是冬天穿皮袍被捉,都是原身衣服,囚在露天空场中,即在隆冬也是如此。四面用电网围绕,有日本宪兵看守。到夜间则用许多麻袋缝连而成的大被子,把华工分堆蒙盖,好像一张网捕住许多鱼似的。但这些人鱼必须终夜假死,若稍一动弹,日本兵对准动的地方就是一枪。"

此辑不仅关注了民国时期的通俗小说,还涉及当代香港地区、台湾地区的武侠小说,甚至有当代科幻小说的讨论,其实是通过"通俗文学"概念将目光下移到当代文学之中来了。无论是武侠还是科幻,都涉及到人们生活感觉的折射。书中顾臻《最是痴情牛肉面》一文颇为有趣,文章指出旧派武侠小说没有牛肉面,而台湾武侠尤其是香港武侠中,就不时能出现牛肉面。究其原因,可能主要是牛肉面作为地域性食物,首先得扩张到小说家的桌上,才能进入小说家的笔下。

于我而言,《品报学丛·第四辑》的滋味在于文史背后的世俗关怀。对小说家而言,卸下国族使命的武侠人物逐步回归了世俗的人间。今天的研究者通过对期刊、配图、广告、交际、编年的关注,触碰到在文学世界所关联着的对它们加以世俗化理解的世界。通俗文学的背后,是一个文本世界和世俗生活相交织的张力空间,它折射的恰恰是一个个为人们忽略的普通人的生活感觉。文学背靠的是具体的世界,其朝向的是遥远的共鸣尚未抵达的所在。

(原载 2018 年 4 月 16 日《天津日报》第 12 版“满庭芳”)

《品报》坚守的学术精神

[江苏]杨晓林

《品报》由京津沪三地学者张元卿、王振良、顾臻、林鸥创办，自 2010 年至 2016 年共出 36 期。《品报》七年间开掘出众多有趣味、有分量的珍稀史料，为北派通俗研究作出贡献。为了推广《品报》成果，天津古籍出版社 2014 年起每年萃聚上一年度精华，先后推出《品报学丛》四辑。

新近问世的《品报学丛.第四辑》延续前三辑风格，将各类内容以专栏形式分置。值得注意的是，该辑收录的徐斯年、查紫阳、冯仰操等对科幻小说《三体》的评论，从艺术特征、作品价值、批评现状等方面进行了多维度探讨。其中，徐斯年文章围绕《三体》阅读效应的“大众性”和“小众性”辨证关系进行论述，对《三体》的“解读——阐释空间之广阔，深读——复读价值之高，雅俗——工商效应之显著”给予高度评价，对其“小众性”分析则涉及“猜想性”“排列性”“突变性”“非线性”的陌生化叙事，最后又从文本分析引申到对科幻文学发展文化背景的探析乃至科幻文学产业链前景的展望，这些对于科幻文学以及科幻产业的研究都具有启发意义。通俗文学与大众的亲密关系决定了它的时尚性，更新快，变化多，研究通俗文学既要放眼对其草创期的深挖细作，也要兼顾当下的创作潮流，如此才能形成对通俗文学完整性的把握。

本辑的惯常栏目也不乏令人欣喜的内容。譬如，倪斯霆《还珠楼主拒与日方合作入狱受刑》解答了 1942 年众人翘首期盼的《蜀山剑侠传》连载中断之谜，详述了周大文和周作人先后劝说还珠楼主被拒的过程，以及还珠楼主入狱后遭受酷刑导致视力受损等重要经历，对于了解还珠楼主其人其文大有裨益；侯福志《刘云若笔下的日本劳工集中营》考察了刘云若《水佩风裳》中日本宪兵在天津抓捕劳工建立集中营等内容，还有小说《粉墨筝琶》中对慰安妇的描写，让我们看到通俗小说作家对家国社会的深情注目和一腔热血；倪斯霆《漂泊在混沌江湖上的清白之羽》讲述了宫白羽初涉文坛时受到周氏兄弟诸多指导和帮助，后因生活所迫不得不创作武侠小说，虽然武侠小说令他名利双收，却一直自叹有愧于鲁迅当年的教诲，感慨"青年未改造社会，社会反倒改造青年"，为通俗文学作家和新文学作家的交游研究提供了史料。

此外，《品报》与《苏州教育学院学报》的互动也为民间刊物和学术刊物的合作提供了范本——《品报》定期刊载学报"通俗文学研究专栏"的文章提要，学报则从《品报》中选录优秀研究文章发表，而其刊出的《品报》精华最后又收入《品报学丛》。

《品报》虽然停刊，《品报学丛》也将暂别读者，而《品报》编者依然以其他方式关注着通俗文学研究。他们的学术坚守和无私精神，也会鼓舞通俗文学研究的同仁,让他们在《品报》基础上继续开掘。四个人,三座城,七年办刊路——如此收官,不谓完美,然亦无憾矣!

(原载 2018 年 5 月 17 日《中老年时报》第 7 版“岁月”)

《品报学丛》目录

[天津]杜鱼 整理

《品报学丛》由天津古籍出版社正式发行,是数字版《品报》的延伸展和固化,主要收录电子刊发表的原创作品,同时也从我们一以贯之的天津本位出发,尽可能地选载关于天津通俗文学研究的文字,为民国北派通俗文学研究之拓展累积资料。《品报学丛》是天津市问津书院策划的《问津文库》之组成部分,2014 年 12 月出版第一辑,2016 年 1 月出版第二辑,2017 年 10 月出版第三辑,2018 年 3 月出版第四辑,分别列入"通俗文学研究集刊"的第三种、第五种、第八种和第十种。随着 2016 年 10 月《品报》之终刊,《品报学丛》也完成了学术使命,今特整理详细目录以便检索利用,其间对出版时的不规范之处酌情作了技术处理。

2018 年 3 月29 日杜鱼整理并识于沽上恐高轩

第一辑

（2014 年 12 月）

第二辑

（2016年1月）

通俗文学与天津

零金碎玉

附录

第三辑

（2017年10月）

第四辑

(2018 年 3 月)

还珠楼主研究小辑

刘云若研究小辑

白羽研究小辑

通俗文学与天津

民国武侠论苑

附录

附:《品报学丛》编印情况一览表(杜鱼整理)

辑号顺序	第一辑	第二辑	第三辑	第四辑
本书编者	张元卿、顾臻	张元卿、顾臻	张元卿、顾臻	张元卿、顾臻
序言作者	范伯群	徐斯年	倪斯霆	侯福志
责任编辑	唐　舰	唐舰、郑伟	唐　舰	唐舰、韩鹏
书名题签	周清霖	范伯群	张德君	倪斯霆
书名篆刻	无	辰芬(曲世林)	辰芬(曲世林)	辰芬(曲世林)
封面设计	唐文权	唐文权	唐文权	唐文权
版式制作	温　泉	温　泉	温　泉	温　泉
全书页数	363+12	245+8	295+10	266+12
文库序号	问津文库第 008 号	问津文库第 033 号	问津文库第 061 号	问津文库第 069 号
丛书序号	通俗文学研究集刊 第三种	通俗文学研究集刊 第五种	通俗文学研究集刊 第八种	通俗文学研究集刊 第十种
丛书主编	王振良	王振良	王振良	王振良
出版单位	天津古籍出版社	天津古籍出版社	天津古籍出版社	天津古籍出版社
出版人	张　玮	张　玮	张　玮	张　玮
印刷单位	今晚报社印刷厂	今晚报社印刷厂	今晚报社印刷厂	天津市天办行通 数码印刷有限公司
版次印次	2014 年 12 月第 1 版 2014 年 12 月第 1 次印刷	2016 年 1 月第 1 版 2016 年 1 月第 1 次印刷	2017 年 9 月第 1 版 2016 年 10 月第 1 次印刷	2018 年 1 月第 1 版 2018 年 3 月第 1 次印刷
书稿发排	2014.08.13	2015.09.01	2016.03.15	2016.12.20
清样排定	2014.09.03	2015.10.12	2016.12.16	2017.01.22
三校完成	2014.11.23	2016.01.05	2017.09.29	2018.02.07
样书打印	2014.12.17	2016.01.19	2017.10.10	2018.02.22
交付印刷	2014.12.19	2016.01.20	2017.10.13	2018.02.23
入库发行	2015.01.07	2016.02.15	2017.11.21	2018.03.12

2018 年 4 月 6 日编定于沽上恐高轩

杂货店

《品报》总目

（第 1 期至第 36 期）

[天津]杜鱼 整理

《品报》是电子版的内部交流资料，内容主要为民国通俗文学研究，尤其侧重以天津为主体的北派通俗文学。发起人和编辑者张元卿、王振良、顾臻、林鸥，2010 年 1 月 1 日推出创刊号，2016 年 10 月 1 日发布终刊号，总计出刊 36 期。其中，第 1 期至第 22 期由王振良在天津编辑，第 23 期至第 36 期由张元卿在南京编辑。2010 年至 2012 年为双月刊（2010 年 2 月和 2011 年 2 月恭祝春节各增 1 期），每逢单月的 1 日推出；2013 年至 2016 年为季刊，每逢 1 月、4 月、7 月、10 月的 1 日推出。《品报》先后署民国通俗小说研究馆编（第 1 期至第 20 期）、天津市文学编辑学会编（第 21 期至第 24 期）、天津问津书院编（第 25 期至第 36 期）。本目中的黑体字为栏目名，“/张元卿”为篇章作者（用仿宋字标示），题目前的数字则为页码（不足三位时首加 0 补位）。

丙申寒露前三日识

创刊号

（2010年1月1日，总26页）

春秋阁过眼烟云记 / 林鸥

009 古今百侠英雄传

009 侠骨柔情

009 南海英雄会

009 江湖大侠传

009 荒唐女侠

009 天台奇侠传(一集、二集)

009 南北剑侠传

009 华山女侠

009 三剑奇侠传

009 剑珠缘

009 南北异人传

010 现代武学大观

010 历代剑侠全传

010 家庭三杰

010 武侠菁华

010 蛮荒剑侠

010 铁血健儿

010 荒山女侠

010 江湖英雄演义

010 情侠

010 江湖历险记

第2期
(2010年2月1日,总30页)

013 冷红日记

013 孝女蔡蕙弹词

013 中国黑幕之黑幕

013 寄尘短篇小说(一集、二集)

013 脂粉地狱

春秋阁过眼烟云记 / 林鸥

013 红颜铁血记

013 海上英雄

014 海外争霸记

014 四剑震江湖正续集

014 神弹乾坤手正续集

014 江湖义贼传

014 风尘三剑

014 飞剑游侠传

014 峨嵋剑侠传

014 海滨艳梦

014 生死冤家

014 龙凤缘

014 关外屠龙记

015 九嫁夫人

015 奇闻怪见录

015 桃花恨

015 断头亭

015 渔村隐侠

015 神州七侠传

015 交际花

015 北国英雄

015 神眼莺儿

016 康克姑娘

016 奇人奇事录

016 侠艳猎奇记

016 夺艳记

016 神秘夫人

016 恋爱网

016 间谍网

016 壮志凌云

016 爱与恨

016 红巾党

016 紫金镯

016 夜行飞侠传

016 十美图

016 十美图(又一种)

第3期

(2010年3月1日,总46页)

028 边荒大侠

028 郭子仪地穴得宝

028 三探聚宝楼

028 侠义五飞剑

028 文武香球

028 金如意

028 换空箱

028 虎穴英雄

028 连城璧

028 南派新剑侠

028 南派小剑侠续集

029 北派剑侠:红侠

029 宝马神枪

029 草泽群龙

029 风虎云龙

029 昆仑剑侠

029 峨嵋飞侠传

029 魔窟英雄

029 侠盗飞龙传

029 江湖铁血记

029 夫妻侠

029 九仙剑正集

029 奇侠精忠传

030 奇侠精忠传续编

030 侠义江湖

030 飞剑奇侠传

030 红羊豪侠传

030 大战百雀寺

030 三探莲花观

030 江湖剑侠

030 江南酒侠传

030 千里侠

031 女侠红玫瑰

031 玄门飞侠

031 江湖渔侠

031 江湖渔侠

031 黄侠

031 海洋大盗球龙

031 双剑奇侠传

031 芙蓉剑

031 崆峒奇侠传

031 四海群龙记

杜鱼文钞

箫剑传声

小说连载

第4期

(2010年5月1日,总56页)

因羽斋郑证因作品过眼录 / 胡立生

春秋阁过眼烟云记 / 林鸥

31 九仙剑续集(上册)

031 呆侠

031 雍正江湖侠

031 北派侠剑三剑客

031 飞行剑侠第一集

031 飞行剑侠第二集

032 血滴子

032 满清十三朝武侠丛刊

032 奇侠平妖录

032 武侠大观

032 飞仙剑侠大观

032 武当剑侠

032 古今义侠奇观

032 江湖铁血记

032 奇侠丛书正续集

032 小剑侠

032 南北奇侠传

033 双雏记

033 满清奇侠大观

033 英雄走国记二集

033 惊人奇侠传

033 玉玦金环录

033 青剑碧血录

033 八剑十六侠

033 少林奇侠传

033 少林义侠传(第三卷、第四卷)

033 五岳奇侠传

034 江湖大八侠(第 2、3、4 集)

034 碧海丹心大侠传

034 碧海丹心大侠传次集

034 江湖廿四侠(初集、二集)

034 拳师言行录

034 金陵双女侠

034 女侠红玫瑰

034 奇侠神踪记

034 红胡子

035 侠义鸳鸯

035 武当奇侠传

035 七剑三奇

035 七剑八侠正续编

035 小侠诛仇记(下集)

第5期

(2010年7月1日,总80页)

琴雨箫风斋随笔

029 清代三杰曾左彭

029 小老虎

029 铁血莺花(2 集)

029 女侠红裤子

029 唐祝文周小四杰传

030 碧血鸳鸯(4 集)

030 情海归帆

030 血海潮

030 血雨琼葩

030 红粉金戈

030 草莽奇人传(3 集)

030 虎窟鸳盟

030 黑海潮

030 新社会之怪现状

030 武当剑侠传

030 湖海大侠

030 广陵潮(初至四集)

030 广陵潮二集

030 广陵潮二集

030 广陵潮三集

030 广陵潮三集

030 广陵潮六集下

030 广陵潮六集下(又一种)

030 广陵潮八集上下

030 广陵潮十集上

031 歇浦潮(3、5—8 集)

031 歇浦潮(下册)

031 血昆仑

031 北方奇侠传正集、续集、三集(1—3、5—6 集)

031 侠义英雄谱

031 箬帽山王

031 镜中人影(4 集)

031 镜中人影(5 集)

031 荒江女侠续集上册

031 孽海情波续集

031 一夜春晓

031 新上海繁华梦三集

031 十二金钱镖第一卷

031 龙舌剑

032 联镖记(卷四、卷五)

032 大泽龙蛇传(卷一、二、三)

032 偷拳(上卷)

032 毒砂掌

032 惊蝉盗技

032 飞侠红胡蝶

032 飞行奇侠传上集

032 盘蛇谷

032 钱塘双剑

032 花花豹

032 三侠剑(16、34、36、40、43、48、53 集)

032 青城剑侠传(4 集)

032 近十年目睹之怪现状(1、2 集)

033 滑稽小说滑头国

033 黄慧如自述

033 色界天第三集

033 蝶魂花影

033 哀鹣记(四集)

033 哀鹣记(四集)

033 钗头凤(1、2 集)

033 剑侠吕四娘

033 春色恼人

033 侠情侦探小说怪病奇案

034 云雨潮(1—4 集)

第6期

（2010年9月1日，总59页）

箫剑传声

剧本选载

第7期

(2010年11月1日,总85页)

第 8 期

(2011 年 1 月 1 日,总 77 页)

港台武侠论苑

第9期

(2011年2月1日,总80页)

第10期

(2011年3月1日,总81页)

第11期

(2011年5月1日,总77页)

第12期

(2011年7月1日,总100页)

平江不肖生小辑(八)

追忆宫以仁先生

通俗文学与天津

青谷观"天"

港台武侠论苑

第 13 期

(2011 年 9 月 1 日,总 72 页)

通俗文学与天津

青谷观“天”

港台武侠论苑

箫剑传声

小说选载

第14期

(2011年11月1日,总119页)

第 15 期

(2012 年 1 月 1 日,总 103 页)

第16期

(2012年3月1日,总96页)

一言堂

通俗文学研究著作选刊

鲜花庄与杂货店

通俗文学与天津

青谷观"天"

港台武侠论苑

琴雨箫风斋随笔

零金碎玉

第 17 期
(2012 年 5 月 1 日,总 106 页)

第18期
(2012年7月1日,总114页)

第19期

(2012年9月1日,总100页)

第 20 期

(2012 年 11 月 1 日,总 86 页)

第21期

(2013年1月1日,总109页)

第22期

(2013年4月1日,总118页)

第23期

（2013年7月1日，总57页）

第24期

(2013年10月1日,总33页)

第25期

(2014年1月1日,总56页)

第26期
（2014年4月1日，总49页）

第 27 期

（2014 年 7 月 1 日，总 65 页）

何海鸣研究小辑

西门丁研究小辑

港台武侠论苑

通俗文学研究著作选刊

箫剑传声

零金碎玉

第 28 期

(2014 年 10 月 1 日,总 85 页)

一言堂

鲜花庄与杂货店

通俗文学与天津

刘云若研究小辑

张赣生先生纪念小辑

第 29 期

(2015 年 1 月 1 日,总 104 页)

还珠楼主研究小辑

通俗作家年表

第30期

(2015年4月1日,总52页)

通俗作家年表

通俗文学与天津

琴雨箫风斋读闲札记

张赣生先生纪念小辑(三)

港台武侠论苑

武影流光

鲜花庄与杂货店

第31期

(2015年7月1日,总84页)

第32期

(2015年10月1日,总35页)

第33期

（2016年1月1日，总59页）

第34期

(2016年4月1日,总53页)

第35期

（2016年7月1日，总99页）

第36期

(终刊号，2016年10月1日，总91页)

(第 1 期至第 10 期 2011 年 5 月 3 日整理完成于广雅之轩,第 11 期至第 20期 2012 年 11 月 15 日整理完成于广雅之轩,第 21 期至第 24 期 2014 年 7 月 11 日整理完成于四平轩,第 25 期至第 28 期 2015 年 8 月 31 日整理完成于四平轩,第 29 期至第 32 期 2016 年 3 月 15 日整理完成于四平轩,第 33 期至第 36 期2016 年 10 月 5 日整理完成于四平轩)

[《〈品报〉总目》(第 1 期至第 24 期)载于《品报学丛.第一辑》,天津古籍出版社,2014 年 12 月;《2014 年〈品报〉目录》(第 25 期至第 28 期)载于《品报学丛.第二辑》,天津古籍出版社,2016 年 1 月;《2015 年〈品报〉目录》(第 29 期至第 32期)载于《品报学丛.第三辑》,天津古籍出版社,2017 年 10 月;《2016 年〈品报〉目录》(第 33 期至第 36 期)载于《品报学丛.第四辑》,天津古籍出版社,2018 年 3 月]

附一：《品报》编辑情况一览表(杜鱼整理)

期号	页数	发布时间	编辑单位	编辑排版	编辑日期
第 01 期	26	2010.01.01	民国通俗小说研究馆	王振良	2009.12.30 2009.12.31 2010.01.01
第 02 期	30	2010.02.01	民国通俗小说研究馆	王振良	2010.01.28 2010.01.29 2010.02.01
第 03 期	46	2010.03.01	民国通俗小说研究馆	王振良	2010.02.23 2010.02.24 2010.02.25 2010.02.27 2010.03.02
第 04 期	56	2010.05.01	民国通俗小说研究馆	王振良	2010.04.27 2010.04.28 2010.04.29 2010.04.30 2010.05.01
第 05 期	80	2010.07.01	民国通俗小说研究馆	王振良	2010.06.18 2010.06.22 2010.06.23 2010.06.30 2010.07.01
第 06 期	59	2010.09.01	民国通俗小说研究馆	王振良	2010.08.11 2010.08.24 2010.09.01 2010.09.02
第 07 期	85	2010.11.01	民国通俗小说研究馆	王振良	2010.10.22 2010.10.23 2010.11.01 2010.11.07
					2010.12.21

续表

期号	页数	发布时间	编辑单位	编辑排版	编辑日期
第 08 期	77	2011.01.01	民国通俗小说研究馆	王振良	2010.12.22 2010.12.23 2010.12.24 2010.12.26 2010.12.31 2011.01.02
第 09 期	80	2011.02.01	民国通俗小说研究馆	王振良	2011.01.26 2011.01.27 2011.01.28 2011.02.01
第 10 期	81	2011.03.01	民国通俗小说研究馆	王振良	2011.02.27 2011.02.28 2011.03.01
第 11 期	77	2011.05.01	民国通俗小说研究馆	王振良	2011.04.23 2011.04.27 2011.04.28 2011.04.29 2011.04.30 2011.05.01
第 12 期	100	2011.07.01	民国通俗小说研究馆	王振良	2011.06.17 2011.06.20 2011.06.21 2011.06.23 2011.06.24 2011.06.25 2011.06.26 2011.06.27
第 13 期	72	2011.09.01	民国通俗小说研究馆	王振良	2011.08.24 2011.08.25 2011.08.31 2011.09.01

续表

期号	页数	发布时间	编辑单位	编辑排版	编辑日期
第14期	119	2011.11.01	民国通俗小说研究馆	王振良	2011.10.26 2011.10.27 2011.10.28 2011.10.30 2011.11.01
第15期	103	2012.01.01	民国通俗小说研究馆	王振良	2011.12.08 2011.12.27 2011.12.28 2011.12.29 2011.12.30
第16期	96	2012.03.01	民国通俗小说研究馆	王振良	2012.02.21 2012.02.27 2012.02.28 2012.03.01
第17期	106	2012.05.01	民国通俗小说研究馆	王振良	2012.04.25 2012.04.26 2012.04.28
第18期	114	2012.07.01	民国通俗小说研究馆	王振良	2012.06.22 2012.06.27 2012.06.29 2012.06.30 2012.07.01
第19期	100	2012.09.01	民国通俗小说研究馆	王振良	2012.08.30 2012.09.01 2012.09.03 2012.09.04
第20期	86	2012.11.01	民国通俗小说研究馆	王振良	2012.10.29 2012.10.30 2012.10.31
第21期	109	2013.01.01	天津市文学编辑学会	王振良	2012.12.27 2012.12.28

续表

期号	页数	发布时间	编辑单位	编辑排版	编辑日期
第22期	118	2013.04.01	天津市文学编辑学会	王振良	2012.12.29 2013.01.01 2013.01.03
第23期	57	2013.07.01	天津市文学编辑学会	张元卿	2013.03.29 2013.04.01 2013.04.02 2013.04.03
第24期	33	2013.10.01	天津市文学编辑学会	张元卿	…… 2013.07.01 2013.07.02 …… 2013.09.27
第25期	56	2014.01.01	天津问津书院	张元卿	…… 2013.12.31 2014.01.03
第26期	49	2014.04.01	天津问津书院	张元卿	…… 2014.03.31 2014.04.01
第27期	65	2014.07.01	天津问津书院	张元卿	…… 2014.06.24 2014.06.30 2014.07.01
第28期	85	2014.10.01	天津问津书院	张元卿	…… 2014.09.27 2014.09.28 2014.09.29
第29期	104	2015.01.01	天津问津书院	张元卿	…… 2014.12.31 2015.01.01
第30期	52	2015.04.01	天津问津书院	张元卿	…… 2015.04.03

续表

期号	页数	发布时间	编辑单位	编辑排版	编辑日期
第31期	84	2015.07.01	天津问津书院	张元卿	…… 2015.06.28
第32期	35	2015.10.01	天津问津书院	张元卿	…… 2015.09.24 2015.10.01
第33期	59	2016.01.01	天津问津书院	张元卿	…… 2016.01.03
第34期	53	2016.04.01	天津问津书院	张元卿	…… 2016.03.30
第35期	99	2016.07.01	天津问津书院	张元卿	…… 2016.06.27
第36期	91	2016.10.01	天津问津书院	张元卿	…… 2016.09.28

2018年4月6日编定于沽上恐高轩

注:表中所列“编辑日期”为王振良编辑和排版的时间;标注省略号之处,表示由张元卿编辑和排版(具体时间失记),其后面的日期为王振良校阅文字、整饬版式的时间。“发布时间”是按刊期规定应予发布内容的时间,但实际操作中存在未按时发布情形,故此表中编辑时间偶有晚于发布时间的情况。

附二:《品报》栏目情况一览表(杜鱼整理)

序号	栏目名称	刊出期号	备注
综合栏目			
01	[卷首语]	1-10	未标栏目名称,但具备卷首语性质
02	一言堂	11-29、34、36	由原[卷首语]正式命名而来,取成一家之言的意思
03	问津书评	33	当仿第34期之例纳入一言堂栏目
04	通俗文学与天津	2、4-17、19-25、28-30、32、34-36	主要选刊与天津有关且难以形成专辑的民国通俗文学研究文章
05	抗战时期天津通俗作家研究	33	仅此一期,当以专题形式并入通俗文学与天津栏目
06	鲜花庄与杂货店	6、13-22、26-30	主要选刊与天津无关且难以形成专辑的民国通俗文学研究文章
07	"通俗"杂陈	11	当并入鲜花庄与杂货店栏目
08	武影流光	30	当并入鲜花庄与杂货店栏目
09	民国武侠论苑	36	当并入鲜花庄与杂货店栏目
10	港台武侠论苑	8-36	
11	通俗文学研究著作选刊	8-10、13-18、20-28	
12	通俗小说知见录	18-20	此二专栏形式内容类同,当并为一个
13	通俗作家年表	29-31	
14	箫剑传声	1-21、23-31、33、35、36	
15	零金碎玉	15-34、36	
16	小说连载→小说选载	1-5、7-20	初名小说连载,第4期改称小说选载
17	剧本选载	6	刊叶洪生《送囚计》(《管仲与鲍叔》)
个人专栏			
18	琴雨箫风斋随笔	1-9、16-26、34	顾臻主笔,琴雨箫风斋乃其书斋名。琴雨箫风斋读闲札记、琴雨箫风斋武侠随笔均当并入琴雨箫风斋随笔栏目
19	琴雨箫风斋读闲札记	30-33、35	
20	琴雨箫风斋武侠随笔	31-33	
21	青谷观书录	1-7	张元卿主笔,青谷乃其笔名
22	青谷观"天"	10-21	张元卿主笔,为读《天风报》随笔
23	青谷札记→青谷读报	22-25	初名青谷札记,第23期易名青谷读报
24	春秋阁过眼烟云记	1-5、8	林鸥主笔,春秋阁乃其书斋名

续表

序号	栏目名称	刊出期号	备注
25	因羽斋郑证因作品过眼录	3-8	胡立生主笔,因羽斋乃其书斋名
26	侠客笔记	2、3	南天老叶主笔,为叶洪生笔名
27	南天老叶武侠小说研究论辑	36	仅此一辑,当并入侠客笔记栏目
28	杜鱼文钞	1-7、10	王振良主钞,杜鱼乃其笔名
研究专辑(含纪念专辑)			
29	赵焕亭研究小辑	21	仅此一辑
30	还珠楼主研究小辑	23、29	凡二辑
31	白羽研究小辑	31、35	凡二辑
32	王度庐研究小辑	23、25	凡二辑
33	徐春羽研究小辑	32	仅此一辑
34	刘云若研究小辑	26、28、33-36	凡六辑
35	御河轩研云录	31	侯福志(书斋名御河轩)研究刘云若文章特辑,当以专题形式并入刘云若研究小辑
36	姚灵犀小辑	12、13	凡二辑
37	何海鸣研究小辑	27	仅此一辑
38	陈慎言小辑	15	仅此一辑
39	平江不肖生小辑	3-8、10、12、14	首个作家研究专辑,凡九辑
40	李涵秋研究小辑	23	仅此一辑
41	陆澹安研究小辑	24	仅此一辑
42	西门丁研究小辑	27	仅此一辑
43	《三体》研究小辑	35、36	凡二辑
44	张赣生先生纪念小辑	28-36	凡九辑
45	追忆宫以仁先生	11、12	凡二辑
46	创刊五周年纪念小辑	29	仅此一辑
47	《品报》纪念小辑	36	仅此一辑

《品报》小事记

[天津]杜鱼 整理　[江苏]白鱼 补订

整理凡例

一、与《品报》《品报学丛》相关的人和事,有意义的节点或有意味的琐屑均为作记录。

二、由《品报》衍生的《通俗文学研究集刊》(《品报学丛》除外),只记出版不及其他。

三、每条记事尽量简洁详明,尤其注意前后之照应,以便于检索和观察事件的前因后果。

四、每条记事时间尽量精确到日,惟图书出版情况特殊,只能精确到月,置于该月末尾。

五、人名初次出现之时前冠所居城市,后注当时身份。身份能体现所居地时则不再重复。

六、文章的作者标注均以刊出为准，如果使用的是笔名，初次出现之时后注以真实姓名。

七、所有人均直接称呼姓名或笔名，不加先生之类尊称，人物身份亦不以“著名”来标示。

八、关系《品报》编辑思想、发展历程和重大活动的文章，尽量标注作者撰述时的地点。

九、梦鱼在武汉完成《新春絮语》的时间，出于事后考察推断，如有误差不会超过一天。

2008年

2008年08月03日，天津王振良（今晚报社出版部编辑）、张元卿（天津社会科学院文学研究所副研究员）等文化遗产保护志愿者，以天津市建筑遗产保护志愿者团队名义创编的2007年度《天津记忆》年刊印行（俗称“大蓝本”）。这是中国第一份以《××记忆》形式命名的印刷品。

2008年10月15日，王振良、张元卿等以天津市建筑遗产保护志愿者团队名义创编的《天津记忆》不定期刊印行（俗称“小白本”）。截至2014年2月28日，总计印行130期（正刊128期，增刊2期）。

2008年12月30日，张元卿、王振良在天津市迎水道晋乡居餐叙，闲谈白羽著《话柄》及宫以仁编《话柄》事，商定编印《天津记忆·白羽研究专号》并召开白羽学术讨论会，同时动议举办津门论剑——民国北派通俗文学学术讨论会。同日征得天津市建筑遗产保护志愿者团队支持。

2009年

2009年01月02日，张元卿、王振良沟通津门论剑——民国北派通俗文学学术讨论会筹备情况并作出分工：张主要负责邀请专家学者，王主要负责解决资金场地。

2009年02月17日，张元卿、王振良沟通白羽学术讨论会和津门论剑——民国北派通俗文学学术讨论会筹备进展，确定会议具体会期及初步日程。

2009年02月23日，王振良草成《白羽学术讨论会计划》和《津门论剑——民国北派通俗文学学术讨论会计划》。

2009年04月25日，白羽学术讨论会在天津市大同道天津市文史研究馆举行。主办单位为天津市文史研究馆和天津市建筑遗产保护志愿者团队。

2009年05月16日，津门论剑——民国北派通俗文学学术讨论会在天津市卫津南路红楼酒店开幕。主办单位为天津市建筑遗产保护志愿者团队和天津市历史学学会艺术史专业委员会。

2009年05月17日，津门论剑——民国北派通俗文学学术讨论会继续举行，在“研究及展望”专题讨论环节，上海林鸥（民国通俗小说收藏家）、北京顾臻（民国通俗小说收藏家）建议，编辑“民国通俗文学研究通讯”以加强同好交流。会议组织者张元卿、王振良当即表示赞同。

2009年07月16日，张元卿、王振良沟通编辑“民国通俗文学研究通讯”事宜。根据张元卿提议定名《品报》，以“品”字之三“口”象征京（顾臻）、津（张元卿、王振良）、沪（林鸥）三地合办。初步探讨栏目设计等问题。

2009年07月23日，张元卿在苏州完成《〈品报〉编辑说明》，交代宗旨、内容、刊期、编辑、传送、稿约等技术性问题。

2009年08月15日，张元卿在苏州草拟《〈品报〉发刊词》，勾勒晚清以来通俗文学发展和研究轨迹，切望于“现代通俗小说之史料积累及其文献学之养成能有微功”，于“兼具史德与史识之学人完善其‘独断之学’有所裨益”。

2009年08月24日，张元卿、王振良发送《〈品报〉编辑说明》给师友并约稿，《品报》编辑正式启动。

2009年09月29日，王振良、张元卿讨论确定《品报》栏目设置方案并初拟2010年元旦出刊。

2009年10月20日，顾臻发电子邮件给张元卿，希《品报》增加连载内容，云友人可提供电子版民国小说。张元卿致电王振良转述顾臻建议。张元卿选定《品报》题签并传王振良，取严独鹤“天津晶报”后二字，“晶”已修改为“品”。

2009年12月06日，王振良、张元卿讨论细化《品报》整体编辑思路，明确2010年元旦推出创刊号。张元卿发电子邮件给范伯群（苏州大学教授）、徐斯年（苏州大学教授）等，报告《品报》出刊计划并求得支持。

2009年12月14日，王振良、张元卿讨论细化《品报》栏目设计方案。

2009年12月29日，张元卿致电王振良，提议配合《品报》编辑筹建民国通俗小说研究网站。王建议改造张的新浪网民国通俗小说博客圈，更名为民国通俗小说研究馆。

2009年12月30日，张元卿在天津改定《〈品报〉发刊词》。王振良在天津汇集整理张元卿、顾臻、林鸥邀约之稿件，启动《品报》创刊号编辑，设计确定了刊头、版式、字体、字号、行距等技术规范。基本流程是王振良编辑排版，张元卿校阅修订。

2010年

2010年01月01日，《品报》创刊号编竟并发布，署新浪网虚拟之民国通俗小说研究馆编。本期开设栏目六个：

琴雨箫风斋随笔，顾臻主笔，琴雨箫风斋乃其书斋名。第2期至第9期、第16期至第26期、第34期续刊。第30期至第33期、第35期新辟之琴雨箫风斋读闲札记，第31期至第33期新辟之琴雨箫风斋武侠随笔当并入此栏目。

青谷观书录，张元卿主笔，青谷乃其笔名。第2期至第7期续刊。

春秋阁过眼烟云记，林鸥主笔，春秋阁乃其书斋名。第2期至第5期、第8期续刊。

杜鱼文钞，王振良主钞，杜鱼乃其笔名。钞录整理零散的民国通俗文学研究资料，以名家作品为主。第2期至第7期、第10期续刊。

箫剑传声，汇集民国通俗文学书讯及相关研究信息。第2期至第21期、第23期至第31期、第33期、第35期、第36期续刊。

小说连载，选发民国通俗小说作家作品。第2期、第3期续刊。第4期改称小说选载，第 5 期、第 7 期至第 20 期续刊。

2010 年 01 月 02 日，北京王芹(王度庐之女)发电子邮件给张元卿云："品报收到，谢谢。如今多浮躁，难得有你们这些踏实做事的人。欣赏你们的治学态度，佩服你们旺盛的精力。我会尽力支持。祝成功。"徐斯年发电子邮件给张元卿，对《品报》创办给予鼓励。

2010 年 01 月 04 日，台北叶洪生(武侠小说研究专家)发电子邮件给张元卿、王振良，评述《品报》云："论评内容虽尚有待充实，但蒐集民国旧派小说史料之丰富，当真是美不胜收！不是有心人绝对做不到。愚兄因是过来人，故知个中甘苦也。对于'独断之学'一语，尤深有戚戚焉！"王振良至天津市望云道张元卿寓处，汇集师友反馈意见，商量《品报》改进事宜。

2010 年 01 月 07 日，苗怀明(南京大学教授)发电子邮件给王振良云："《品报》收到并拜读一过，感觉非常好，不仅所收资料珍贵，而且很有些当年京津报纸的味道，希望老兄及同仁们坚持下去。"

2010 年 01 月 28 日，《品报》第 2 期开始编辑。本期新辟栏目两个：

侠客笔记，南天老叶主笔，南天老叶为叶洪生笔名。第 3 期续刊。第 36 期新辟之南天老叶武侠小说研究论辑当并入此栏目。

通俗文学与天津，主要选刊与天津有关且难以形成专辑的民国通俗文学研究文章。第 4 期至第 17 期、第 19 期至第 25 期、第 28 期至第 30 期、第 32 期、第34 期至第 36 期续刊。第 33 期抗战时期天津通俗作家研究专辑，当以专题形式并入此栏目。

2010 年 01 月 30 日，王振良在天津完成《品报》第 2 期卷首语《无厘头的闲话》,提出通俗文学研究的两个"三结合":首曰学术性、资料性、趣味性之结合,再曰学术界与收藏界结合、研究者与爱好者结合、专业性与普及性结合。

2010年02月01日,《品报》第2期编竟并发布,本期属于"春节增刊"。

2010年02月21日,张元卿在苏州完成《品报》第3期卷首语《漫谈现代通俗小说目录》。

2010年02月23日,《品报》第3期开始编辑。

2010年03月02日,《品报》第3期编竟并发布。本期新辟栏目两个:

平江不肖生小辑,为首个作家研究专辑,第4期至第8期、第10期、第12期、第14期续刊,凡九辑。

因羽斋郑证因作品过眼录,天津胡立生(民国通俗小说收藏家)主笔,因羽斋乃其书斋名。第4期至第8期续刊。

2010年03月27日,张元卿、王振良、顾臻在天津市气象台路"津门一串"和复康路泰达会馆餐聚并茶叙,畅想《品报》未来编辑规划。

2010年04月25日,顾臻致电张元卿,探讨《品报》转化为正式出版物之可能。

2010年04月27日,《品报》第4期开始编辑。

2010年04月30日,王振良在天津完成《品报》第4期卷首语《天津历史建筑与通俗文学研究》。

2010年05月01日,《品报》第4期编竟并发布。北京刘大先(中国社会科学院民族文学研究所)收到本期《品报》并发电子邮件给张元卿,就阅读和检索不便问题提出建议。本期起小说连载栏目改称小说选载,第5期、第7期至第20

期续刊。

2010年06月18日,《品报》第5期开始编辑。

2010年06月30日,王振良、张元卿合作完成《品报》第5期卷首语《晚清民国通俗文学学术史研究应提上日程》,署名“双鱼”(王笔名杜鱼,张笔名白鱼)。

2010年07月01日,《品报》第5期编竟并发布。根据刘大先建议,《品报》本期起可通过word的“文档结构图”实现快速检索阅读。

2010年08月11日,《品报》第6期开始编辑。

2010年09月02日,《品报》第6期编竟并发布。本期卷首语转发解玺璋《通俗文学三十年:移花接木与老树新枝》,原载2008年11月10日《北京日报》。本期新辟栏目两个:

鲜花庄与杂货店,主要选刊与天津无关且难以形成专辑的民国通俗文学研究文章。第13期至第22期、第26期至第30期续刊。第11期新辟之“通俗”杂陈,第30期新辟之武影流光,第36期新辟之民国武侠论苑均当并入此栏目。

剧本选载,刊出叶洪生《送囚计》(《管仲与鲍叔》)。小说选载栏目以此暂停一次。

2010年09月25日,《苏州教育学院学报》2010年第3期出版,“中国通俗文学与大众文化”栏目推出与《品报》合作的《平江不肖生专题》,刊发徐斯年《向恺然经历中的若干问题》、叶洪生《答顾臻弟问有关〈江湖奇侠传〉回目内文真伪及版本等事》、顾臻《关于向恺然所在第三十六军基本情况》三篇学术论文,同时冠有栏目特邀主持人汤哲声(苏州大学教授)的《主持人语》,对三篇论文作了学术评价。

2010年10月22日,《品报》第7期开始编辑。

2010年10月23日,张元卿在天津完成《品报》第7期卷首语《通俗诗文是地方史研究的重要史料》。

2010年11月07日,《品报》第7期编竟并发布。

2010年12月21日,《品报》第8期开始编辑。

2010年12月24日,青谷在天津完成《品报》第8期卷首语《念往思来又一春——〈品报〉创刊一周年随感》。

2011年

2011年01月02日,《品报》第8期编竟并发布。本期新辟栏目两个:

港台武侠论苑,第9期至第36期续刊。

通俗文学研究著作选刊,第9期、第10期、第13期至第18期、第20期至第28期续刊。

2011年01月15日,顾臻在天津与张元卿见面,探讨《品报》转化为正式出版物之途径。

2011年01月26日,《品报》第9期开始编辑。

2011年02月01日,杜鱼在天津完成《品报》第9期卷首语《新春的通俗闲话》。《品报》第9期编竟并发布,本期属于"春节增刊"。

2011年02月27日,《品报》第10期开始编辑。

2011年03月01日,《品报》第10期编竟并发布。本期卷首语转发范伯群《论新文学与通俗文学的互补关系》，原载《中国现代文学研究丛刊》2003 年第 1 期。本期新辟栏目一个：

青谷观“天”，张元卿主笔，为读沙大风主办的《天风报》之随笔。第 11 期至第 21 期续刊。

2011 年 04 月 17 日，张元卿致电王振良，建议《品报》辟专栏纪念宫以仁（宫白羽之子），决定两人分头紧急约稿。宫以仁 3 月 28 日在山西长治逝世。

2011 年 04 月 18 日，张元卿完成《敬悼宫以仁先生》。

2011 年 04 月 23 日，《品报》第 11 期开始编辑。

2011 年 04 月 24 日，王庆安（河北省青县新闻出版局局长）完成《痛悼宫以仁先生》。

2011 年 04 月 26 日，侯福志（天津市国土资源和房屋管理局地热管理处处长）完成《我与宫以仁先生二三事》。

2011 年 04 月 27 日，倪斯霆（天津《书报文摘》总编辑）完成《为宫以仁先生“送行”》。天津牛立明（独立编剧）完成《悼念宫以仁先生》。

2011 年 04 月 28 日，青谷在天津完成“一言堂”文稿《民国武侠小说的民间记忆》，分四次刊于《品报》第 11 期至第 14 期。天津李力夫（南开大学出版社编辑）完成《怀宫以仁先生》。

2011 年 04 月 29 日，王振良完成《“追忆宫以仁先生”编辑琐记》。

2011 年 05 月 01 日，《品报》第 11 期编竟并发布。本期起《品报》改为 PDF 版发送，版面更加稳定美观。王振良开始整理《品报》目录。本期新辟栏目三个：

一言堂，由原卷首语正式命名而来，取成一家之言的意思。第 12 期至第 29

期、第34期、第36期续刊。本期刊出青谷《民间记忆与武侠小说研究——民国武侠小说的民间记忆(一)》。

追忆宫以仁先生,第12期续刊,凡二辑。

“通俗”杂陈,仅此一期,当并入鲜花庄与杂货店栏目。

2011年05月03日,王振良整理完成《品报》第1期至第10期目录。

2011年06月17日,《品报》第12期开始编辑。

2011年06月27日,《品报》第12期编竟并发布。本期“一言堂”刊出青谷《作为创作素材的民国武侠记忆——民国武侠小说的民间记忆(二)》。本期新辟栏目一个:

姚灵犀小辑,第13期续刊,凡二辑。

2011年08月24日,《品报》第13期开始编辑。

2011年09月01日,《品报》第13期编竟并发布。本期“一言堂”刊出青谷《民间记忆的表述语境与表述方式——民国武侠小说的民间记忆(三)》。

2011年09月19日,顾臻致电张元卿,建议《品报》设立专家委员会,以推动正规化和学术化。

2011年10月26日,《品报》第14期开始编辑。

2011年11月01日,《品报》第14期编竟并发布。本期“一言堂”刊出青谷《民国武侠记忆的小说史和思想史价值——民国武侠小说的民间记忆(四)》。

2011年12月08日,《品报》第15期开始编辑。

2011年12月28日,梦鱼(顾臻)在武汉完成《品报》第15期“一言堂”文稿《新春絮语》。

2011年12月30日,《品报》第15期编竟并发布。本期新辟栏目两个:

陈慎言小辑，仅此一辑。

零金碎玉，刊载短小零碎之通俗文学研究资料。第 16 期至第 34 期、第 36 期续刊。

2012 年

2012 年 01 月 09 日，范伯群、张元卿合作完成《品报》第 16 期“一言堂”文稿《关于通俗文学学科史的对话》。

2012 年 02 月 20 日，《品报》第 16 期开始编辑。

2012 年 03 月 01 日，《品报》第 16 期编竟并发布。

2012 年 04 月 25 日，《品报》第 17 期开始编辑。

2012 年 04 月 28 日，《品报》第 17 期编竟并发布。本期“一言堂”转发韩云波、宋文婕《生命力的突进：王度庐研究三十年》，原载《西南农业大学学报(社会科学版)》，2011 年第 6 期。

2012 年 06 月 22 日，《品报》第 18 期开始编辑。

2012 年 06 月 28 日，双鱼(白鱼张元卿、杜鱼王振良)合作完成《品报》第 18 期“一言堂”文稿《圣学虚悬寸管量》。

2012 年 07 月 01 日，《品报》第 18 期编竟并发布。本期新辟栏目一个：

通俗小说知见录，第 19 期、第 20 期续刊。与第 29 期至第 31 期新辟之通俗作家年表类同，当并为一个专栏。

2012 年 08 月 30 日，《品报》第 19 期开始编辑。本期“一言堂”转发韩云波、滕巍《开千古未有之奇观:还珠楼主研究65年》,原载《重庆三峡学院学报》2012年第2期。

2012年09月04日,《品报》第19期编竟并发布。

2012年10月29日,《品报》第20期开始编辑。

2012年10月31日,《品报》第20期编竟并发布。本期"一言堂"转发张铁荣《〈旧文旧史旧版本〉序言》(2012年2月16日完成于南开园范孙楼412研究室),原载倪斯霆著《旧文旧史旧版本》(远东出版社201年7月版)。

2012年11月15日,王振良整理完成《品报》第11期至第20期目录。

2012年12月27日,《品报》第21期开始编辑。

2013年

2013年01月01日,王振良在天津完成《品报》第21期"一言堂"文稿《新年新开端》。

2013年01月03日,《品报》第21期编竟并发布。本期起《品报》改署"天津市文学编辑学会"编,并由双月刊改为季刊。王振良为天津市文学编辑学会负责人。本期新辟栏目一个:

赵焕亭研究小辑,仅此一辑。

2013年03月29日,《品报》第22期开始编辑。

2013年04月03日,《品报》第22期编竟并发布。本期"一言堂"转发张华《论通俗小说及其主要特征》,原载《文史哲》2000年第5期。本期新辟栏目一个:

青谷札记，张元卿主笔，为读刘云若主办的《大报》之随笔。第23期易名青谷读报，第24期、第25期续刊。

2013年04月04日，天津张铁荣（南开大学教授）发电子邮件给王振良，谈到《品报》时云："我以为这个刊物办得很好，主要是品位不俗，编辑水准高雅。"

2013年05月04日，张元卿致电王振良，闲谈新近发现的王度庐民间歌谣论文。王以问津书院事务渐繁，提出结束《品报》动议，张意可转南京执编。

2013年05月10日，成都朱晓剑（作家兼书评人）在凤凰网"一剑钟情"博客发表第66期《微阅读》，其中提到《品报》："王振良兄勤奋，做的民刊有《天津记忆》《品报》和这个"问津"系列，城市的记录，真该有更多的记录者。"

2013年06月02日，张元卿在南京整理文稿和资料，准备接编《品报》。

2013年06月22日，王振良将《品报》之文稿和资料打包发张元卿，自第23期起由张操持编务并排定版面，王振良校阅修订。

2013年07月02日，《品报》第23期编竟并发布。本期"一言堂"转发范伯群《填平雅俗鸿沟——范伯群学术论著自选集序》，原载范伯群著《填平雅俗鸿沟——范伯群学术论著自选集》（江苏教育出版社2013年4月版）。本期起青谷札记栏目易名青谷读报，第24期、第25期续刊。本期新辟栏目三个：

李涵秋研究小辑，仅此一辑。

还珠楼主研究小辑，第29期续刊，凡二辑。

王度庐研究小辑，第25期续刊，凡二辑。

2013年07月04日，王振良致电张元卿，提议2014年起《品报》改署天津问津书院编，以求得更好的发展平台，尽快实现由"电子刊"向"纸质书"的转化。

2013 年 09 月 11 日,张元卿在南京完成《品报》第 24 期“一言堂”文稿《通俗小说家的诸子学研究》。

2013 年 09 月 15 日,王振良致电张元卿,沟通《品报》改署天津问津书院编具体事宜。

2013 年 09 月 18 日,王振良致电张元卿,提出在《品报》基础上编辑《品报文丛》设想。

2013 年 09 月 27 日,《品报》第 24 期编竟并发布。本期新辟栏目一个:

陆澹安研究小辑,仅此一辑。

2013 年 10 月 18 日,天津市问津书院同意《品报》自 2014 年起改署天津问津书院编。

2013 年 11 月 26 日,天津《今晚报》第 17 版“今晚副刊”刊发朱晓剑《〈品报〉》文章,对《品报》作了通俗易懂的介绍。

2013 年 11 月 30 日, 王振良在参加上海第十一届全国民间读书年会暨《点滴》作者座谈会时发言,介绍《问津》《品报》并略谈民刊生存境况,认为作为民刊“生存就是胜利,生存过也是胜利”!

2013 年 12 月 31 日,王振良在天津完成《品报》第 25 期“一言堂”文稿《新年新气象》。

2014 年

2014 年 01 月 03 日,《品报》第 25 期编竟并发布。

2014年01月17日,《天津日报》第24版“天津日报创刊65周年特刊”刊发《文化产业新亮点 巷肆创意产业园》文章,谈到问津书院与《品报》:“2014年1月起,书院还接编在通俗文学研究领域颇有影响的《品报》,为电子版内部交流资料,每季推出一期。”

2014年02月11日,王振良致电张元卿,请其与顾臻启动《品报学丛》编辑,2014年起每年一册,收录上年度《品报》成果。《品报学丛》最初动议时谓之“品报文丛”,正式名称化自当时问津书院拟编之《问津学丛》。

2014年02月13日,张元卿开始编辑《品报学丛》年刊。

2014年02月15日,张元卿在南京草拟《〈品报学丛.第一辑〉前言》。张元卿《品报学丛.第一辑》初稿发给王振良。

2014年03月18日,王振良签署《品报学丛》和《通俗文学研究集刊》两套子丛书合同并交天津古籍出版社,均拟纳入问津书院策划的大型天津历史文化丛书《问津文库》。

2014年03月21日,天津古籍出版社签署《通俗文学研究集刊》出版合同,原拟析出单行的《品报学丛》并入集刊。集刊之编辑以《品报》平台为基础,亦是其衍生品之一。

2014年04月01日,《品报》第26期编竟并发布。本期“一言堂”刊发徐斯年《文学史观的蜕变——研究近现代通俗文学史的心得》(2013年11月10日改定于吴中香滨水岸),后载于《苏州教育学院学报》2014年第4期。本期新辟栏目一个:

刘云若研究小辑,第28期、第33期至第36期续刊,凡六辑。第31期新辟之御河轩研云录当以专题形式并入此栏目。

2014年04月08日，张元卿致电王振良，沟通《品报学丛》编辑思路并根据顾臻意见略作调整。

2014年04月09日，张元卿在南京改定《〈品报学丛.第一辑〉前言》。

2014年06月23日，青谷在南京完成《品报》第27期"一言堂"文稿《"鸳蝴"诗词亟待整理》。

2014年06月25日，天津市问津书院遴选的"问津十景"确定，其中第八景楮墨传馨，特指《问津文库》《天津文献集成》及《问津》《开卷》《品报》等书刊的编印。

2014年06月27日，张元卿在南京完成《〈品报〉五周年纪念号征稿启事》。

2014年07月01日，《品报》第27期编竟并发布。《〈品报〉五周年纪念号征稿启事》以白鱼（张元卿）、杜鱼（王振良）、梦鱼（顾臻）名义刊出。《问津文库》封面设计方案确定，棕色底衬配饰传统图案，以红、橙、黄、绿、青、蓝、紫色条区别各子系列丛书，其中《通俗文学研究集刊》为绿色。本期新辟栏目两个：

何海鸣研究小辑，仅此一辑。

西门丁研究小辑，仅此一辑。

2014年07月11日，王振良整理完成2013年《品报》目录（第21期至第24期）。

2014年07月21日，王振良致电张元卿，沟通《品报》创刊五周年征稿事宜。

2014年08月13日，张元卿、顾臻编《品报学丛.第一辑》书稿交付排版。

2014年08月，张元卿著《望云谈屑》由天津古籍出版社出版发行，是为《通俗文学研究集刊》第一种，《问津文库》流水编号第002号。2014年8月19日正式入库发行。

2014年09月27日，王振良、张元卿合作完成《品报》第28期“一言堂”文稿《“通俗文学研究集刊”编辑旨趣》。

2014年09月29日，《品报》第28期编竟并发布。本期新辟栏目一个：张赣生先生纪念小辑，第29期至第36期续刊，凡九辑。

2014年11月12日，高成鸢（天津市文史研究馆馆员）完成《品报》五周年纪念文稿《贺〈品报〉五周年》。

2014年11月20日，阎伯群（霸州市作家协会副主席）完成《品报》五周年纪念文稿《贺〈品报〉五周岁》。

2014年11月，倪斯霆著《还珠楼主前传》由天津古籍出版社出版发行，是为《通俗文学研究集刊》第二种，《问津文库》流水编号第005号。2014年11月10日正式入库发行。

2014年12月15日，侯福志在天津完成《品报》五周年纪念文稿《〈品报〉：打开我的学术之门——纪念〈品报〉出刊五周年》。

2014年12月16日，范伯群在苏州完成《品报学丛.第一辑》序言《祝贺〈品报学丛〉问世》。

2014年12月17日，张元卿、顾臻完成《〈品报学丛.第一辑〉编后记》。

2014年12月18日，张元卿在南京完成《品报》五周年纪念文稿《严独鹤为〈品报〉“题”名》。

2014年12月19日，《品报学丛.第一辑》交付印刷。

2014年12月24日，倪斯霆在天津完成《品报》五周年纪念文稿《〈品报〉与它的编辑“四人帮”》。

2014年12月26日，王振良致电张元卿，沟通《品报学丛.第二辑》编辑事宜。

2014年12月31日，杜鱼在天津完成《品报》第29期“一言堂”文稿《〈品报〉五年纪》。

2014年12月，张元卿、顾臻编《品报学丛.第一辑》由天津古籍出版社出版发行，是为《通俗文学研究集刊》第三种，《问津文库》流水编号第008号。2015年1月7日正式入库发行。顾臻在北京完成《品报》五周年纪念文稿《“梦鱼”的来历》。

2015年

2015年01月04日，《品报》第29期编竟并发布。本期新辟栏目两个：

创刊五周年纪念小辑，仅此一辑。

通俗作家年表，第30期、第31期续刊。与第18期至第20期刊出之通俗小说知见录类同，当并为一个专栏。

2015年01月26日，孙玉蓉（天津社会科学院文学研究所研究员）发电子邮件给王振良云：“承蒙寄赠您主编的最新出版的《品报学丛》第一辑、《雷雨八十年》和《故纸温暖》三册新著，衷心感谢！《品报学丛》的出版时间是2014年12月，可以写入《2014年天津文学研究综述》……这些书的出版，太有意义了，也很及时，体现了天津学者的研究工作也在突飞猛进。”苗怀明（南京大学教授）发电子邮件给王振良云：“《品报学丛》第一辑收到，网刊终于出版纸质版，可喜可贺。”

2015年02月11日，王振良收到张元卿寄赠的《品报学丛.第一辑》，扉页题云:“品报的今天,连着我们的昨天,又走向我们的明天。白鱼送杜鱼。二〇一五年二月八日于南京。”

2015 年 02 月 12 日,张元卿转陆康(陆澹安之孙)手机短信给王振良:“惠著编辑《品报学丛》敬领拜读,嘉文奥博,旁通汇贯,叹为罕觏,专致谢意!”

2015 年 03 月 08 日,张元卿致电顾臻,沟通《品报学丛》后续编辑事宜。

2015 年 04 月 03 日,《品报》第 30 期编竟并发布。本期“一言堂”阙刊。本期新辟栏目两个:

琴雨箫风斋读闲札记,顾臻主笔。第 31 期至第 33 期、第 35 期续刊。当并入琴雨箫风斋随笔栏目。

武影流光,仅此一期,当并入鲜花庄与杂货店栏目。

2015 年 06 月 28 日,《品报》第 31 期编竟并发布。本期“一言堂”阙刊。本期新辟栏目三个:

白羽研究小辑,第 35 期续刊,凡二辑。

御河轩研云录,侯福志主笔,御河轩为其书斋名。所录均为刘云若研究文章,当以专题形式并入刘云若研究小辑。

琴雨箫风斋武侠随笔,顾臻主笔。第 32 期、第 33 期续刊。当并入琴雨箫风斋随笔栏目。

2015 年 08 月 31 日,王振良整理完成 2014 年《品报》目录(第 25 期至第 28 期)。

2015 年 09 月 01 日,张元卿、顾臻编《品报学丛.第二辑》书稿交付排版。

2015 年 10 月 01 日,《品报》第 32 期编竟并发布。本期“一言堂”阙刊。本期新辟栏目一个：

徐春羽研究小辑，仅此一辑。

2015年10月17日，范伯群为《品报学丛》题签并交张元卿。此签后用在《品报学丛.第二辑》封面。

2015年10月18日，徐斯年在苏州完成《〈品报学丛.第二辑〉序》。张元卿、顾臻完成《〈品报学丛.第二辑〉编后记》。

2015年12月，张元卿编《云云编：刘云若研究论丛》由天津古籍出版社出版发行，是为《通俗文学研究集刊》第四种，《问津文库》流水编号第028号。2015年12月8日正式入库发行。

2016年

2016年01月03日，《品报》第33期编竟并发布。本期"一言堂"阙刊。本期新辟栏目两个：

抗战时期天津通俗作家研究，仅此一期，当以专题形式并入通俗文学与天津栏目。

问津书评，仅此一期，当仿第34期之例纳入一言堂栏目。

2016年01月05日，天津《中老年时报》第7版"岁月"刊发朱晓剑《由俗入雅说"品报"》，评述《品报学丛.第一辑》。

2016年01月20日，《品报学丛.第二辑》交付印刷。

2016年01月，张元卿、顾臻编《品报学丛.第二辑》由天津古籍出版社出版发行，是为《通俗文学研究集刊》第五种，《问津文库》流水编号第 033 号。2016 年 2 月 15 日正式入库发行。

2016 年 02 月 01 日，天津《中老年时报》第 7 版“岁月”刊发北京渠诚（武侠小说爱好者）《“打破学术僵局的〈品报学丛〉》，评述《品报学丛.第一辑》。

2016 年 03 月 08 日，王振良致电张元卿，沟通围绕《品报》发生的风波，最后商定年底停编。

2016 年 03 月 13 日，张元卿、顾臻完成《〈品报学丛.第三辑〉编后记》。张元卿发电子邮件给王振良和顾臻，沟通《品报》停刊事宜。

2016 年 03 月 14 日，顾臻复电子邮件给张元卿，建议 2017 年起《品报》改为不定期刊，“这样时间上没有限制，选编材料也有充足时间”。

2016 年 03 月 15 日，王振良整理完成 2015 年《品报》目录（第 29 期至第 32 期）。张元卿、顾臻编《品报学丛.第三辑》书稿交付排版。王振良致电张元卿，针对顾臻意见探讨《品报》前途，仍旧决定彻底终结；商定 2018 年问津书院五周年时，正式出版《品报》纪念集。

2016 年 03 月 23 日，王振良致电张元卿，沟通《品报》停刊及善后事宜，商定由王振良通报林鸥。

2016 年 03 月 24 日，王振良致电林鸥，通报《品报》停刊计划。

2016 年 03 月 30 日，《品报》第 34 期编竟并发布。本期“一言堂”转载《品报学丛.第一辑》述评两篇：朱晓剑《由俗入雅说“品报”》（原载 2016 年 1 月 5 日天津《中老年时报》）和渠诚《“打破学术僵局的〈品报学丛〉》（原载 2016 年 2 月 1 日《天津日报》）。

2016年04月03日，倪斯霆在天津完成《〈品报学丛.第三辑〉序》。

2016年05月04日，顾臻先后致电王振良和张元卿，同意彻底结束《品报》，续编《品报学丛》。

2016年06月26日，张元卿在南京完成《〈品报〉停刊预告》。紫茗（石娟，《苏州教育学院学报》编辑）在苏州完成《品报》终刊纪念文稿《〈品报〉碎碎念》。

2016年06月27日，《品报》第35期编竟并发布。本期"一言堂"阙刊。《〈品报〉停刊预告》以白鱼（张元卿）、杜鱼（王振良）、梦鱼（顾臻）、林鸥名义同时刊出。本期新辟栏目一个：

《三体》研究小辑，第36期续刊，凡二辑。

2016年07月03日，孔庆东（北京大学教授）发布微博："天津学界的朋友，做学问有情趣，有滋味，不求新锐，不赶时髦，既不学京派，也不学海派。他们办的《品报》《问津》《开卷》《参差》等小刊物，都清隽可喜，殊堪把玩。"

2016年08月08日，天津《中老年时报》第7版"岁月"刊发朱晓剑《从通俗文学中看世相》，评述《品报学丛.第二辑》。

2016年08月28日，张元卿致电王振良，沟通《品报》终刊号及纪念集编辑事宜。

2016年09月02日，张元卿致电王振良，探讨《品报学丛》前途，商定择机启动《问津学丛》编辑，设专栏以延"品报"之名。

2016年09月15日，杜鱼在天津完成《品报》第36期（终刊号）"一言堂"文稿《曲终奏俗》。

2016年09月26日，张元卿编定《品报》第36期（终刊号）并传王振良。

2016年09月27日，王振良致电张元卿，沟通《品报》纪念集编辑事宜。

2016年09月28日，王振良完成《〈品报〉纪念集征稿》启事。《品报》第36期（终刊号）编竟并发布，《〈品报〉纪念集征稿》同时刊出。本期新辟栏目三个：

《品报》纪念小辑，仅此一辑。

南天老叶武侠小说研究论辑，南天老叶主笔。仅此一辑，当并入侠客笔记栏目。

民国武侠论苑，仅此一期，当并入鲜花庄与杂货店栏目。

2016年10月05日，王振良整理完成2016年《品报》目录（第33期至第36期），与前32期目录合璧，题曰《〈品报〉总目》。

2016年10月07日，孔庆东发电子邮件给"诸位《品报》编辑"云："六载耕耘，功德无量！卅六曲终，圆满转场！谨奉《品报留惠》四句，以表谢忱：品当年风雅，报今日知音。留一席佳话，惠百世学人！"

2016年10月29日，张元卿、顾臻完成《〈品报学丛.第四辑〉编后记》。

2016年10月，张元卿著《刘云若评传》由天津古籍出版社出版发行，是为《通俗文学研究集刊》第六种，《问津文库》流水编号第039号。2016年10月27日正式入库发行。刘云若原著、张元卿辑注《待起楼诗稿》由天津古籍出版社出版发行，是为《津沽名家诗文丛刊》第五种，《问津文库》流水编号第042号。2016年12月5日正式入库发行。《待起楼诗稿》初拟纳入《通俗文学研究集刊》，旋为推高刘云若诗人身份转入《津沽名家诗文丛刊》。

2016年11月04日，张元卿致电王振良，沟通《品报》纪念集编辑事宜。

2016年11月29日，北京郭娟（《新文学史料》主编）发电子邮件给王振良：

“天津是一个神奇的地方，洋中带着土，土得有内涵，有渊源，土得很瓷实，于是俗的雅。俗的雅，就是俗文化了。自从多年前去天津参加武侠小说、通俗文学的一次会议，就结识了几个有趣的人，张元卿、王振良等，于是隔段时间就收到电子版的《品报》和一本本大大小小、厚厚薄薄的纸质《问津文库》《问津》和《开卷》等。时间长了，就觉得这几位以‘玩’的心态踏实做事的真乃津门奇人！由衷敬佩他们，敬佩他们的团队！我主持《新文学史料》工作，近几年也涉及保存通俗文学史料，所以时常翻看他们发来、寄来的书报，以补充自己对于新文学以外那个旧或俗的文学世界的认知与想象，于是获得了一个共生的文学生态理念，拓展了自己对于中国现代文学疆域的认知版图。而且，他们涉猎的津门历史远不限于文学，更兼政治、经济、军事、文化、市井等等。通过他们的努力，复活了天津热闹繁复的过往，人与事，这是文明保护、遗产保护的题中之义。我不知道中国还有哪个城市幸运地拥有这样几个有趣又能干的人？能认识他们，我感到很荣幸。谢谢几年来赠报赠刊！”

2016年12月20日，张元卿、顾臻编《品报学丛.第四辑》书稿交付排版。

2017年

2017年02月16日，天津《中老年时报》第7版“岁月”删略刊发紫茗《品报》终刊纪念文稿《〈品报〉碎碎念》。

2017年02月20日，王振良致电张元卿，沟通《品报》纪念集编辑事宜，拟与《问津》《开卷》《参差》纪念集合出，四种各自成册；另择机印制《品报》

合订本。

2017年03月20日，胡立生为《品报》纪念集作《谢〈品报〉》诗："七载相随受益多，钩沉文史推新说。若非四子多才艺，安可展读享快活。"诗前小序云："在《品报》陪伴下，已然走过七年快乐的时光，鄙人衷心感谢张、王、顾、林四位编委和众位师友。乍悉《品报》停刊，心中五味杂陈，怅然若失。今拟歪诗四句，不惭俗陋，聊表情怀。"

2017年04月，胡立生著《郑证因小说经眼录》由天津古籍出版社出版发行，是为《通俗文学研究集刊》第七种，《问津文库》流水编号第051号。2017年4月7日正式入库发行。倪斯霆著《旧报旧刊旧连载》由上海远东出版社出版发行，载有《"重写文学史" 背景下的通俗小说入史问题——兼论现代通俗文学研究南北两团队的历史与现状》一文，对《品报》《品报学丛》和《问津文库》之《通俗文学研究集刊》进行了评述。

2017年05月03日，王振良致电张元卿，商定启动《品报》纪念集编辑，同时纂录《〈品报〉小事记》。

2017年05月06日，王振良开始整理《〈品报〉小事记》。

2017年09月，天津管淑珍(作家)著《刘云若传论》由天津古籍出版社出版发行，是为《通俗文学研究集刊》第九种，《问津文库》流水编号第062号。2014年10月31日正式入库发行。

2017年10月13日，《品报学丛.第三辑》交付印刷。

2017年10月25日，《苏州教育学院学报》2017年第5期出版，"中国通俗文学"栏目推出《〈品报〉纪念专号》，刊发徐斯年《〈品报〉的"北派"研究》、倪斯霆

《〈品报〉的创办及对民国北派通俗文学研究之贡献》、石娟《〈品报〉学术风格论》三篇学术论文，同时冠有栏目特邀主持人汤哲声的《主持人语》，对《品报》及三篇论文作了学术评价。

2017 年 10 月，张元卿、顾臻编《品报学丛.第三辑》由天津古籍出版社出版发行，是为《通俗文学研究集刊》第八种，《问津文库》流水编号第 061 号。2017 年 11 月 21 日正式入库发行。

2017 年 11 月 01 日，问津书院五周年纪念集定名《汛海文丛》，取书院创始人卢见曾所述“汛海问津”之意。《问津》《开卷》《品报》《参差》四种纪念集题曰《问津四雅》，作为《汛海文丛》之一种。

2018 年

2018 年 01 月 08 日，侯福志在天津完成《〈品报学丛.第四辑〉序》。

2018 年 01 月，张元卿、顾臻编《品报学丛.第四辑》由天津古籍出版社出版发行，是为《通俗文学研究集刊》第十种，《问津文库》流水编号第 069 号。2018 年 3 月 12 日正式入库发行。

2018 年 02 月 22 日，王振良致电张元卿，沟通《品报》纪念集编辑事宜。

2018 年 02 月 23 日，《品报学丛.第四辑》交付印刷。

2018 年 03 月 23 日，张元卿在南京完成《品报》纪念集“尾声”文稿《结束的就结束了》。

2018 年 03 月 28 日，王振良开始整理编辑《品报》纪念集文稿。

2018年03月29日，王振良整理完成《〈品报学丛〉目录》并草识语。

2018年04月06日，王振良在天津完成《品报》纪念集“尾声”文稿《结束乃是新的开始》。杜鱼编定《〈品报〉编辑情况一览表》和《〈品报学丛〉编印情况一览表》。

2018年04月08日，顾臻在北京完成《品报》纪念集“尾声”文稿《我和〈品报〉那点事儿》。

2018年04月13日，林鸥在上海完成《品报》纪念集“尾声”文稿《我和民国旧派小说》。

2018年04月16日，《天津日报》第12版“满庭芳”刊发南京陈云昊《通俗文学的世俗情怀》，评述《品报学丛.第四辑》。

2018年04月19日，天津《中老年时报》第7版“岁月”刊发天津尹树鹏《旧小说里的滋味》，评述《品报学丛.第三辑》。

2018年04月23日，天津《中老年时报》第7版“岁月”刊发侯福志《雅俗共赏的〈品报学丛〉》，评述《品报学丛.第三辑》。

2018年05月03日，天津《中老年时报》第7版“岁月”刊发倪斯霆《师生“对话”存史料》，评述《品报学丛.第二辑》。张元卿在南京补充修订《〈品报〉小事记》。

2018年05月06日，《问津四雅·品报》书稿交付排版。

2018年05月11日，张铁荣在天津完成《品报》纪念集《问津四雅·品报》序言《印迹·纪念·丰碑》。

2018年05月17日，天津《中老年时报》第7版“岁月”刊发苏州杨晓林《〈品报〉坚守的学术精神》，评述《品报学丛.第四辑》。

2018年10月03日，张元卿在南京完成《品报》纪念集《问津四雅·品报》编后记。

2018年10月05日，王振良在天津完成《问津四雅·问津》编后记，末缀以小诗《〈问津四雅〉即将付梓漫吟小诗自以为贺》，其中谈到《品报》："盛世昏昏块垒浇，参差何处觅箫韶。问津无路唯开卷，品报观书慰寂寥。"

2018年12月，《探幽发微 开拓时空 重构史观——中国现代通俗文学研究论集》由江苏凤凰教育出版社出版发行，副主编石娟执笔的《编后记》特别提到与《品报》的合作。

2019年01月，张元卿、王振良编《走近姚灵犀》由天津古籍出版社出版发行，是为《通俗文学研究集刊》第十一种，《问津文库》流水编号第086号。2019年3月21日正式入库发行。

2019年03月，朱晓剑著《读书民刊漫记》由北岳文艺出版社出版，收录有《品报》一文。

2019年05月29日，《品报》纪念集《问津四雅·品报》交付印刷。

2019年05月，《品报》纪念集《问津四雅·品报》由天津古籍出版社出版发行，是为《汛海文丛》第四种。

2019年5月29日

不是尾声的尾声

柏拉图有云:“无论你从什么时候开始,重要的是开始后就不要停止;无论你从什么时候结束,重要的是结束后就不要悔恨。”哲人的话总是过于形而上,还是丰子恺来得更实在:“不乱于心,不困于情。不畏将来,不念过往。如此,安好。”是谓不是尾声的尾声。三鱼一鸥谨识。

一、结束的就结束了/白鱼

《品报》已结束,振良准备做个纪念集,我们几个编辑约好分头写篇文章,把还想说的写一下。在《品报》结束时,我说过《品报》已结束,但同人还在,研究还会继续,没必要再说什么。但前一阵子《苏州教育学院学报》精心策划了《品报》纪念专辑,徐斯年、倪斯霆和石娟三位老师都有长文评价《品报》,肯定了《品报》在北派通俗小说研究中的作用，也指出了我们的不足，不免又要回想一番。

《品报》的主要作用是挖掘、整理和传播史料，在这方面我们做了些切实的事情，现在想来也颇感自豪。但深入的研究并未因这些史料的出现而出现，其中原因自然很多，现在也不必深究，但有一点是肯定的，史料的积累和挖掘还不能停，不能因《品报》的结束而结束。这样，我们积累的“料”总会在后起的研究者那里成“学”，学术研究的这场接力赛就有进境。

近日朱贞木后人已经找到，这是振良多年来不懈努力的结果，朱贞木生平研究因此或将有重大突破。本周一我的师弟曾祥金又传来史料信息，也弥足珍贵。

祥金在 1949 年 4 月的《南京日报》上，发现了还珠楼主新著《黑骷髅》的连载预告，广告连着发了几天，后来估计是南京解放，这个栏目就停掉，《黑骷髅》也就没有下文了。1951 年，还珠楼主创作了武侠小说《白骷髅》，不知《黑骷髅》和《白骷髅》有没有联系？

《南京日报》，南图藏有 20 卷缩微胶片，祥金看的是 1946 年之后的，也许这之前还有通俗小说连载，以后得空去查查看。前些年我在南京《京报》曾发现几部王度庐的武侠小说，徐春羽也曾在该报连载武侠小说。这样看来，北派武侠小说在 20 世纪 40 年代的南京还是有一定市场的。

《品报》已结束，结束的就结束了，但研究还在延续，故以此还珠史料与同好分享。

2018 年 3 月 23 日于南京

二、结束乃是新的开始/杜鱼

《品报》已结束。这本纪念集,算是它的最后余音。

《品报》的终刊,精力不足无力兼顾固属主因,但人事之纠结才使元卿和我痛下决心。本来《品报》草创,就是几个爱好者玩票的产物,不想这种“玩”也能惹来烦心之事,那就只能不“玩”。

2004年初,在天津结识元卿兄之时,正是我接触天津历史文化的开端。十几年来,我们共同推动了很多事情——在挖掘保护天津文化遗产大前提下,拍摄历史建筑,开展田野调查,编印《天津记忆》,策划《问津文库》,而编辑《品报》则是其间的余事。回望来时的脚印,成绩真不能算少,但我们确是以“玩”之心态来做的,没有追求所谓的意义,结果很多事真的有了意义。对于生命的个体来说,这所谓的种种意义,于我们堪称欣慰。

不过,人是有审美疲劳的,一种玩法久了,也就不再新鲜,也就想换一种玩法。《品报》之结束,其实于我们并非结束,只是换一种玩法而已。当然,对于《品报》同人来说,或许惋惜它未能熬过“七年之痒”,实际这种惋惜大可不必。学术要发展,社会要进步,没有哪个人或者团队,能把想做的事情做尽。后来者也要吃饭,通俗文学研究也自会后继有人。没有《品报》这个平台,但还会有其他的平台,譬如我们的《通俗文学研究集刊》就仍在延展,醉心相关研究的师友,也仍在努力前行。

《品报》筹办之初,元卿兄尚居天津,于是他名之曰“品”,以象征京津沪三地鼎力促成。后元卿兄移居南京,“品”字也就无讲了,改称《田报》似很无趣。这于

《品报》的曲终，不知是不是一种宿命。回顾这些年“玩”的历程，每五到七年就会有次大的转换，《品报》也未能逃脱这个周期律。

人生不过百年，要把某种玩法坚持几十载，想想就很可怕——那将是多么单调，多么乏味，多么无聊！既然是“玩”，总得不断翻点新花样。

《品报》已结束。结束乃是新的开始！

2018年4月6日于天津

三、我和《品报》那点事儿/梦鱼

七年，虽然不算长，但若坚持做一件事，在个体的生命里也足够留下清晰印记。对我而言，七年之间，就是和张元卿、王振良、林鸥三位，搞了一份通俗文学研究电子刊物——《品报》。

关于《品报》名称的来历，看过《品报》创刊号或《品报学丛.第一辑》的读者都已经知道，因发起人分别居于津、沪、京三地而得名。我腼颜作为发起的一分子，就借这篇纪念文字补充点些须内情。

2009年5月“津门论剑”之会，海内外通俗文学研究的前辈学者、知名专家和重要作家后人几乎全部莅临。会议气氛热烈非常，几场活动下来，无论新知还是旧雨，都觉得颇有收获。虽然会议是由民间组织主办的，但绝对称得上是通俗文学研究领域的少有盛会，若就此大家挥挥手，各奔东西，不再往来，未免有些可惜。因此，林鸥和我才生出搞一份“通俗文学研究通讯”的动议。谁知张元卿与王振良两位也早有此念，真是不谋而合了。

上下嘴唇碰碰，事情说起来总是容易，真做起来就没那么简单了。就算是份内部通讯，名字还是得有一个，终归不能就叫某某通讯，那未免与“津门论剑”的盛大不搭。于是大家商量来商量去，足足聊了两三个月，还没有明确结果。在局外人看来，为了个名字费这么长时间，未免有点小题大做——此话倒也不算错！

最后名字终于有了，张元卿兄是发明人，他在2009年10月10日给我的电邮中说：“至于《品报》二字的命名，我是想延续民国通俗刊物的做法和味道，以前的《三六九画报》《星期六画报》虽名为‘报’，实际就是杂志。”

原初的计划是做信息通讯，搞来搞去却变成一份电子杂志。若是做个不太恰当的比附，这就有点像粟裕打仗，本来只想消灭徐州一带的国民党军队，但打着打着，发展成百十万人参与的淮海大战。操持区区一份电子刊物，自不能与决定中国命运的战役相提并论，但过程毕竟不无相似之处。

做杂志并非脑中的灵光一动，与之相匹配的各项工作，其实在针对起名的讨论中，就已有意无意地做了大量准备和铺垫。张元卿、王振良二位电邮和电话之外，还多次见面商议细节。而2009年10月至12月，我与元卿兄的往来电邮也有近二十封，电话更是几十通。10月9日，我给元卿兄的电邮中问及，是否可参考香港《大公报》副刊等老派报纸的风格，显示出点“学术消遣”味。元卿兄在回复中说，他和振良正是这样想的。至于他们二位的具体想法，回信中没有解释。但在《品报》第2期卷首语《无厘头的闲话》中，我看到了振良兄以寥寥数语作的准确表述——“首曰学术性、资料性、趣味性之结合，再曰学术界与收藏界结合、研究者与爱好者结合、专业性与普及性结合！”

其他有关内容体例、稿件筹集等诸般事项，张、王二兄都做过深入细致的探讨，五年间《品报》的编务，也都出自他们二位之手。至于我，只是个在进出口行业混迹的从业人员，所学专业也是英文与经济，惟因从小喜欢看武侠小说之类闲书，后来才夤缘得与张、王、林诸人相识，进而结为好友。因此，在编杂志这层上，我是彻底两眼一抹黑，外行到家，只有藏拙了。但作为名义上的发起人之一，编务可以偷懒，给《品报》添砖加瓦的事儿，不管怎么也得干点，既是江湖义气，更是为人处世的原则，可谓责无旁贷。

《品报》刊载的内容，都与通俗文学研究相关，其中通俗小说自然是大宗。笔者别的不行，查资料做分析还是有基础的，这也是一种业务本能。于是，得空就泡图书馆，翻查旧报，既是查资料，也权当消遣。每有所得，就记录摘抄，回家后分类整理。七年下来，寓目京津沪民国报纸不少于70种，大部分做了简单札记，以为日后需要时，可以按文索骥。天津的《天风报》则是例外，因为发现有还珠楼主随笔专栏“还珠楼丛谈”，所以写了详尽的阅读笔记，正好以此来兑现给《品报》添砖的承诺。另外，我还顺手开发了副产品——与前辈还珠楼主研究专家周清霖先生合作，编了一部《还珠楼主散文集》，发现并出版了还珠楼主武侠小说佚作《紫电青霜》。

记得佛家好像有个说法，念动既为因，就会有因果。我本是一江湖闲人，动念撺掇友人搞这份通俗文学研究刊物，结果倒是逼着自己抽空泡图书馆，坐冷板凳，还居然坚持了七年之久。若无《品报》，图书馆是会去的，但冷板凳能否坚持坐下去，就难说得很了。而这七年的寂寞，最后居然有了真实收获，且于人于己都不无益处。有时静夜默思，不禁问自己——这就是佛说的因果吗？

南无阿弥陀佛！

2018年4月8日于北京

四、我和民国旧派小说/林鸥

我读书是随缘分和随兴趣的，因为没有苦读的经历，所以也没有大喜大悲。

二十年前的春节前夕，我在旧书店偶遇几麻袋旧书散置在书台上，而且是论册计价。虽然都是无法拼凑完整再卖的散本，我还是挑了一些捧回家中。

此前我看过一些文学史，但这些文学史几乎都指责鸳鸯蝴蝶派小说，而有关鸳鸯蝴蝶派的书只有魏绍昌先生编的那本资料。

面对买来的这些鸳鸯蝴蝶派小说，我不免有“稀见”之感，于是收集之瘾大发，在那个春节前后，只要口袋中有点钱，就去旧书店捧回一些，买了将近两个月。后来店员告诉我说：“一共几十麻袋，你买得最多了！”

买回的书拼成了好多套，尽管有不少书品很差，但稀见书即使是残本也很珍贵。这时，我是有点乐在其中了。不久后我才知道，这些书在地下室已放了四十多年，是20世纪50年代查禁反动、淫秽、荒诞书时留存的几套“样品”之一，于是赶紧翻找出版史料，读到了当时查禁者的文章，对这些书的兴趣越来越浓。

因为接触了不同时代的禁书史料，我于是想做一本20世纪的禁书史，并为此收集了一些稀见禁书文献，对查禁书和查禁者也有了更详尽了解。我找到一本20世纪50年代上海编的查禁书目，知道了查禁反动、淫秽、荒诞书的详细内容，知道了所谓的反动书并不多，只有几个头目人物的著述；荒诞书也不多，大都是一些武侠书;淫秽书也不多,基本是把有性描写的谈情说爱的书列入。这些书,当时都被以查禁、收换等办法分类处理。

当然,也有以人和事划线的,只要涉及有关国民党特务的,即使是抗日内容也应查禁。如冯玉奇的小说,因为题材广泛,所触及的查禁点也多,有一百多种被禁。冯出的书太多,所以也不可避免地成了书目中被查禁图书最多的人。

我买的那些鸳鸯蝴蝶派小说大多属于查禁书，那是以当时的价值观来判断的。其实这些鸳鸯蝴蝶派小说也是一个时代的产物,蕴含了丰富的社会风俗史料和人文艺术史料,是我们研究清末民国社会状况的珍贵文献。

在魏绍昌先生编的那本资料中，范烟桥先生把那个时代的文学作品分成新派和旧派,即新文学和旧文学。我也沿用范烟桥先生的概念,把鸳鸯蝴蝶派小说称为旧派小说。现在把这些小说被称为通俗小说,我认为还是有些不妥,理由是新文学作品中也有通俗小说。

拥有了相当数量的民国旧派小说,总要做些有兴趣的事。我看到魏绍昌先生编的那本资料中有鸳鸯蝴蝶派小说书目，可惜缺少版本记录，于是我动手编了《民国旧派小说家作品知见书目》,一一补进版本记录,同时也顺便校对了魏绍昌先生的书目和各地几本查禁书目。以这本《民国旧派小说家作品知见书目》为基础,我对民国时不入新文学作家法眼的作品有了总量的把握,对还遗缺在书目之外的同类作品也有了总量的把握,知道凭借一人之力很难做"全目",拾遗补缺工作尚待完成。由不断修订的《民国旧派小说家作品知见书目》,又衍生出一本《民国武侠小说家作品知见书目》，这使我对当时各种武侠小说的版本有了初步了解。

通过整理两种书目，我对民国时的出版状况也有了进一步的理解。过去，我们只知道出版界中所谓新旧两派的斗争，对当时出版与社会、出版与市场等方面的情况了解不多。通过两种书目的版本记录，可以看出哪些年哪些书的社会需求量大，哪些年哪些书的市场供应量大，这无疑成了民国时期市民文化需求涨落的曲线图，藉以窥测当时社会、经济、文化发展情况之一斑。

尽管我一时购藏了数量可观的民国旧派小说作品，但限于个人能力无法保存长久，因此我只好尽己所能，做些版本记录和书影扫描工作，虽然仍是过眼烟云，但有些留痕也不枉我曾经拥有。好在当时有了扫描仪和电脑，所以在这些书出手之前，我可以把想保存的制成电子本，或许将来还用得着。同时，我还在整理《民国武侠小说书影录》，把我曾拥有的民国武侠小说作品的封面、序跋、版权页等汇编其中，或许可供研究者参考。

几千册民国旧派小说家的作品，以个人之力要细读一遍谈何容易——无书时愁无书可读，有书时又愁读不完。所以近二十年来，我只把精力集中到有兴趣的冯玉奇身上，收集了冯玉奇或伪署冯玉奇的作品版本近四百册。挖掘各种史料只是逐渐在靠近他，实际上即使自己手头保存的一百多种冯玉奇小说也没有读完。把我历年所写关于冯玉奇的文章编成一本《冯玉奇研究》，这是我研究路上单纯追逐史料的一个记录，而真正的冯玉奇研究还未开始。

过去提起鸳鸯蝴蝶派小说，大多只是指责。而当我看完一些作品，了解一些作者的经历之后，对此逐渐有了新的认识。其实，大多数旧派小说家并非是只谈风月、不知国情的无聊文人，相反他们很多都是辛亥革命的造势者，民族改造的参与者，而在引进西方先进文明时他们则是最早的介绍者。与更新的新文学家相比，他们被归入旧文学家；在对国情认识不同时，他们成了“反对革命”者。实际上，这些旧派小说作家并非概念中人，他们都有着各自的丰富人生。如写过不少旧派小说的庄病骸（本名庄禹梅），就是个1929年入党的资深共产党人，1958年时还担任着民革宁波市委会领导职务。即使是被查禁图书最多的冯玉奇，目前也只能说是个灰色人物，其真实身份目前依旧是谜。在研究旧派小说家时，我相信还会不断发现更多史料，来重新评价这些不同色彩的人，同时也用更务实的眼光来评估他们作品的价值，写出更真实、科学、客观的旧派小说历史。

如今，网络信息资源丰富，可比较的史料也更多。不少网站已把旧派小说作品贡献在网上，使研究者能够更方便地阅读。因此，我相信后来者所见更多，也必有更深入的研究，获得更好的成就，如此才对得起旧派小说作家们，才对得起旧派小说研究的开拓者们。

我翻过几千册民国旧派小说家的作品，对南北两地的旧派小说家有了些模糊的认识。《品报》创刊之时，我曾打算利用手头藏书写一篇谈北派小说概况的文章，也整理出几十本相关的书，但终因没有时间把这些书读完，拖了很长时日也没有完工。我的那个“读书录”，也只在《品报》刊出了一部分，也没有续写新篇。

以上所谈，似乎都与命运有关。我有幸撞大运，读到那些被禁已久的书，但却无命好好做些事。再看看那些旧派小说家的命运，人生大致如此。

拉杂写来，犹如对书自言。人老话多，仅当录此存照吧！

2018年4月13日于上海

编者私语

写下这段文字,《品报》就彻底落幕了。天津市问津书院,陪伴她走完最后的时光,并留下这本带着《品报》四位编者浓重私趣的纪念集。

本册主体分为五辑,辑名均取自与通俗文学关系密切的报刊专栏:

第一辑鲜花庄,为刘云若主持的《天津商报》专栏,所收为《苏州教育学院学报》的"中国通俗文学·《品报》纪念专号"专稿并附栏目特邀主持人汤哲声"主持人语"。徐斯年、倪斯霆、石娟三位从事通俗文学研究的老中青学者,从不同角度论述了《品报》的学术价值,这对一份"玩"出来的民间电子刊物来说,也应算是"充分肯定"了!

第二辑一言堂,为《品报》每期的冠首专栏,收录有关通俗文学研究和思考的内容。范伯群、张元卿《关于中国现代通俗文学学科史的对话》和徐斯年《文学史观的蜕变——研究近现代通俗文学史的心得》两篇均为首发,对研究通俗文学学术史来说尤显重要。

第三辑快活林,为严独鹤主持的上海《新闻报》专栏,文字涉及《品报》编辑旨趣、闲思碎语和相关纪念,属于七年间行走的足印。

第四辑小公园,为何心冷主持的天津《大公报》专栏,汇集与《品报学丛》有关的内容,具体包括前言、序言、编后记,对于四辑《品报学丛》的评介,《品报学丛》目录及编印情况一览表等。

第五辑杂货店,为吴秋尘主持的《天津商报》专栏,包括《品报》总目、《品报》小事记以及白鱼、杜鱼、梦鱼、林鸥四位编者分别撰写集束而成的《不是尾声的尾声》,以此正式作别师友和读者。

本册最初拟名《鱼跃鸥翔》,也是追求一种"好玩"。现为与《问津》《开卷》《参差》成龙配套,因此颜曰《问津四雅·品报》,原名只能弃之不用了。

前不久,在旧书摊买到一张江苏《品报》的请柬,回来一查才知道,这个《品报》是宜兴储松庵等所办,1928年创刊,1937年停刊,1946年复刊。逛地摊这么多年,还是第一次淘到与"品报"有关的东西。现在这本纪念集即将付印,且借此一角"箫剑传声"。

最后,感谢张铁荣先生为本册赐序。

张元卿 2018年10月3日于南京琴剑山房

辰芬篆刻

辰芬篆刻

问津四雅

问津·开卷·品报·参差

王振良　董宁文　张元卿　沈文冲／编

天津出版传媒集团
天津古籍出版社

图书在版编目(CIP)数据

问津四雅：问津·开卷·品报·参差 / 王振良等编
. -- 天津：天津古籍出版社，2019.5
(汛海文丛 / 王振良主编)
ISBN 978-7-5528-0804-9

Ⅰ. ①问… Ⅱ. ①王… Ⅲ. ①文化史－研究－天津－文集 Ⅳ. ①K292.1-53

中国版本图书馆 CIP 数据核字(2019)第 061628 号

问津四雅：问津·开卷·品报·参差
WENJINSIYA WENJIN KAIJUAN PINBAO CENCI
王振良等 编
出版人 / 张玮
*
天津古籍出版社出版
（天津市西康路 35 号 邮政编码:300051）
http:// www.tjabc.net
天津市天办行通数码印刷有限公司印刷
全国新华书店发行
开本 880×1230 毫米 1/16 印张 91.75 字数 1300 千字
2019 年 5 月第 1 版 2019 年 5 月第 1 次印刷
ISBN 978-7-5528-0804-9
定 价:268.00 元(全四册)

问津四雅弁首

《问津四雅》是问津书院纪念文集《汛海文丛》之第四种，本来拟在书院揭牌五周年庆祝会上推出，可受制于各种主客观因素，迁延了竟然整整一年。这是必须向作者诸君致歉的！

《问津四雅》全书别为四卷，每卷评议一种以问津书院名义编印的内部资料——《问津》《开卷》《品报》《参差》。以编刊形式来倡导读书或者推求学问，对书院来说自是一桩雅事，因此未避“王公卖瓜”之嫌疑，在此权自以为是一回，名此书曰“四雅”。至于是否说雅就“雅”了，读者当然能够明鉴。

第一卷“问津”，王振良先生编。《问津》创办于2013年，其问世是问津书院启动运作的标志。《问津》着眼于天津地方文化，可看作《问津文库》的拓展与补充，因其薄厚不拘机动灵活，深受沽上学人的喜爱。但在文库笼罩之下，受关注度明显不足。

第二卷“开卷”,董宁文先生编。《开卷》创办于2000年,与书院合作前已有十余年发展历程,在读书界影响相当深远。2014年与《开卷》结缘,对于问津书院来说是锦上添花之事,而且添的是朵芬芳的奇花,馨香绵远,助力书院快速地走向了全国。

第三卷“品报”,张元卿先生编。《品报》创办于2010年,是一份电子刊,关注以天津为重点的民国通俗文学,其自2014年起与书院相依相伴,走过了三年的如诗岁月,2016年10月宣告停编。因此本卷之印行,可以说是《品报》与读者的最后揖别。

第四卷“参差”,沈文冲先生编。《参差》创办于2005年,专门探讨毛边书文化,或高台论道,或故纸抉微,可谓小众而又小众。但是推出六期之后,也自赢得了读者的喜欢。可惜刊期不大稳定,有负书友殷殷雅意,令编者惶恐不已,今后定更加努力。

王振良、董宁文、张元卿、沈文冲四位编者,也是《问津》《开卷》《品报》《参差》的操盘者,由“问津四友”分工合作来完成《问津四雅》,不是故事也算是故事吧!

感恩谢泳先生、蔡玉洗先生、张铁荣先生、徐雁先生,他们为四卷纪念集惠赐了序言,但因全书体例的关系,虽仍冠诸各卷之守,却只能享序言之实而无序言之名了。

《问津四雅》编辑不易,铭记师友鼓励,深谢作者宽容!

2019年5月23日杜鱼写于沽上半湖斋

问津四雅·参差

沈文冲/编

“不可休矣”的毛边书文化

徐　雁

暑日闲散在家，偶由孔夫子旧书网得知，当年由美国汉学家金介甫(Jeffrey C. Kinkley)原著、符家钦汉译的《沈从文传》，今年7月由金氏直接授权的新星出版社，以《他从凤凰来：沈从文传》为名重新出版，“孔网”为此预订了毛边本200册，以分售给爱好“毛边书”收藏的书友们。这应该是我国内地毛边书族群中的最新一种了吧？

不免想到三年前的暑假，我创意策划的《辅助美育：听姜德明说书籍装帧》(海天出版社2015年版)一书，作为继姜先生《书衣百影》正续编及《插图拾翠》(三联书店1999至2001年版)之后问世的一部新的书装随笔选集，该如何为其上市壮行呢？我选用的媒体宣传方略，就是以作者所喜欢的毛边书来为之张目。

我想到，姜先生当年在人民日报社副刊部的编辑岗位上，曾取“业余时间写作之意”而以“余时”为笔名，并有《余时书话》(四川文艺出版社1992年版)问世。

于是，在深圳图书馆南书房举办《辅助美育：听姜德明说书籍装帧》首发式之前，我特请知名篆刻家杨靖华先生，专门镌了一枚“余时书话，毛边五百”的阳文印（实际制作量为400册，且内含40册作者自购赠友之书），钤到毛边本《辅助美育》的扉页上。因此之故，这部毛边书钤印本，随后受到书友的欢迎乃至追捧——如果谁能拥有姜先生亲笔签题和私章钤印本的话，那真是当代不可多得的珍贵藏书啦。

此外，我还知道，在成都市府南新区小区内，有一家已开业二十余年的傅氏旧书店，径以“毛边书局”为店招，以吸引读书人和藏书家的注意力。这自然是实体的。还有在虚拟空间的，如两年前湘西龚岭民先生创建的“毛边风月”微信群及公众号(mbfy123)……

至于由毛边书文化研究专家沈文冲先生主编的《参差》小杂志，自2015年5月22日创刊以来，至今也印行了六期，不断助推着当代书林人士对毛边书文化的关注度。由此种种新旧之闻，可知海内喜藏毛边本书籍者，流风正未歇也。

按，文冲兄出生于1955年，乃江苏海门人氏。因生肖属羊，故以“梦羊”及谐音“孟阳”为笔名。1974年夏高中毕业时，因尚在“文革”中，深造无门，先后务过农，做过乡政府文书及县广播站新闻干事等。直到1977年2月才偶获机缘，通过考试进学于南京大学中文系汉语言文学专业。三年后毕业，辗转入职于江苏电视台南通记者站，从此以地方新闻报道为业。相比而言，余生稍迟，其于1980年南京大学毕业之时，正是我考入北京大学图书馆学系求学之际。

人海之中，从事报道宣传之业，以为稻粱之谋者甚夥，且养家糊口外，据以发家致富者也所在多有。文冲兄独以胸中点墨，认为此生未可辜负，而钟情于文事，热恋乎书香，业余惟以读书作文为乐。1994年，其处女集《梦羊小品》问世前，吴镕先生序文开篇即惊呼道："看不出：文冲每每默默地扛着摄像机，捕捉新闻和形形色色的典型，却在工作之余，写出了色彩斑斓，多方位、多视角的散文集。原来他在文字上，还那么健写，那么意趣隽永！"

其实，文冲兄对于读写的执著，最能体现在其毛边书文化领域的扛鼎三书——《毛边书情调》《百年毛边书刊鉴藏录》《中国毛边书史话》，及独立编刊的《参差》小杂志上。有诗为证："百年风流毛边著，参差之美留天地。边裁边读边陶醉，是书非书还是书。"（王成玉《书话点将录》，文汇出版社2017年版）

我对于文冲兄的毛边书情结及其浪漫情怀，感受最为深刻的，是参加其在南通独力组织的"《毛边书情调》首发品评会暨毛边书与新文学主题研讨会"（2007年4月6日至8日）。记得当年参与活动的外地及本地人士，约莫有四十人左右。文冲兄全力以赴地调集了南通市新华书店、图书馆、博物苑、文联及南通大学文学院等众多单位的友情支持，活动办得既有声有色，又有情有趣。作为会后的余兴节目，还到如皋县城游览了海内外有名的冒氏水绘园。

到会后，文冲兄迫不及待地分赠给每人一册签好名的《毛边书情调》（河北教育出版社2006年版），以及为之特配的红木小书刀。我获赠的那把书刀，背上篆刻的是这么一行字："钟情毛边书，沈文冲制，第98之19号。"其分别题赠的《毛边书情调》也大有讲究，我的那册扉页上，粘贴有南通朱小军先生应邀制作的藏书票，画面上一处平房坐落在春意盎然的原野上，揆度其寓意，当为藏书家雨读晴耕、诵诗观书之所在矣。画幅右侧竖题"毛边党藏书"五字，其中"边""党""书"三字未用繁体，为一遗憾也。又，扉页钤有图章，印文一枚曰"特以毛边本九十八册纪念其式传入中华之年”,另一枚曰“毛边党人”。余所获赠之书与藏书票一致,俱为第63号,盖1963年为余出生之年。凡此,均可知文冲兄之用心细微也。

想当年青涩无知,也曾好事喜弄。不仅在所编所著诸书中,为《雍庐书话》《乡下月》《全民阅读参考读本》,还有“读书台文丛”(包括笔者《书房文影》等在内,江苏教育出版社2001年版,一套10册)、“六朝松随笔文库”(包括笔者《开卷余怀》等在内,东南大学出版社2002年版,一套12册)等,做过一点其实并不合乎真正规范的毛边书。

但出乎意料地,各地书友或求或索,或换或赠,暗合了“以书会友”的古义。岁积年累,雁斋书橱之中,竟衍成一小宗特藏。虽不曾以此骄人,却也颇顾盼自雄,以之为有人脉、得书缘之征象。譬如我与文冲兄相遇相识,就是缘于其某年到江苏电视台业务述职时,为搜集入藏毛边本“读书台文丛”之事。岁月如梭,好日子更如白驹过隙也,转眼之间,彼此结交已十余年矣。

藉此种种因缘,多年来,我先后写了《说说“毛边本”》《做上几本“毛边书”》两篇随笔,还拗不过文冲兄的美意,为《毛边书情调》作了后序,大抵不出为毛边书文化“鼓与呼”之意。这其中也不乏刻意雕琢之句:

> 按照我的体会,以为“毛边本”还有一种阅读上的特别好处,那就是“初读之美”。一部优秀的“毛边书”,当然应该是形神俱佳的。当你伏案展读起那册属于你自己的“毛边”之书时,你正犹如面对一座尚未启钥的书城:那里面琳琅满目的书影,那里面文采飞扬的篇章,那里面错落纷呈的版式,以及连同包孕在上述“硬件”中的软件——著者的思想睿智和编辑者的书版匠心

……似乎都静穆地等待着你来逐一开卷品鉴。(《说说“毛边本”》)

我发现,大凡喜欢书话的人,在图书美学观上,由启蒙而自觉,或先或后地都认同了书籍的“毛边”之美,最后几乎都自动皈依了以鲁迅为首的“毛边党”。至此,则在爱新文学作品版本乃至爱一切书的趣味上,大抵也就上了层次。也就是说,可由“读书人”这个程度不过中级的泛泛之称,晋升到“爱书家”乃至“藏书家”这种高级职称了……因此,知“毛边书”之趣味与否,乃是一个读书人在书籍文化的殿堂里能否登堂而入室的一个标志。(《做上几本“毛边书”》)

所谓“毛边书”,其实是连劲风也翻阅不动的那种书。它是与世人叫嚷的“信息时代的阅读”背道而驰的东西,贵在把玩,讲究沉潜,融入的是人的情意,鉴赏的是书的韵味。那是一种真正书与人、物与我、情与意交融,甚至可以“两忘”的阅读境界。(《毛边书情调》后序)

偶见“豆瓣网”上化名为“三番”者的一则札记:“自‘孔网’偶然拍得沈文冲先生《参差》毛边创刊号,近日对毛边书又起了了解和赏玩的兴致,不惟拣出书橱中原先购得的《毛边书情调》(意外发现竟然买的是签名钤印本,可惜并非‘毛边本’)来读,又特意到‘孔网’上寻得沈先生的《中国毛边书史话》毛边本,可惜缺少了作者亲制与钟叔河、黄裳等往来书笺彩插及首发藏书票,更未得签名钤印。不知此书是全部做成‘毛边’,抑或只是部分‘毛边’?”由此可见毛边书文化之迷人魅力，尤其是文冲兄发掘、弘扬及推广之功。

那么，毛边书何以令文冲兄们如此痴迷乃至痴绝呢？对此，我非常欣赏津门饱蠹斋主人王振良(常署笔名“杜鱼”)兄的见识。2016年冬，他在《相对的“参差”》短文中云：

> 何谓“参差的美”？“整齐的美”，就不美了吗？其实，所谓“参差”和“整齐”，不过是相对的两个概念。以前书口太整齐，怎么看都四平八稳，所以“参差”就显得美了；要是今后出书全都不裁，尽皆长短错综，那时恐怕“整齐”也变美了……“形而上”的“毛边书”之美，仅仅是作为一种外在的形式美而存在的，故此爱不爱毛边，也只事关个人的审美趣味，没有高下、优劣或对错之分。而且即使这趣味，还跟个体的教育背景、知识结构乃至生存状态有关。连书都懒得买者，你想让他们建立起对“毛边书”的概念，并且动员他们追捧，可能永远都是徒劳。“毛边书”终归是书，个人喜好就行了。(《参差》第3期“编后记”，2016年10月23日印行)

今年六月底，我到天津市河北区四马路158号出席问津书院揭牌五周年纪念活动，其间与文冲兄再次重逢。手刚握上，他就以一贯的真诚发问道：“《参差》已经编印了六期，还需要继续组稿编辑下去么？”我猝不及防，当即支吾其辞道：“这个吗，完全可以看着办……不过，也可以在适当时候休刊了的。”

在内心里我总觉得，有关毛边书文化的功夫，已经被文冲兄做足做到了家。所谓“前朝曲”与“杨柳枝”，都难以有更旧的发现和更新的发明了！既然如此，自然以见好就收为上上之策。

另一方面,我倒是一直期待着,一座绝无仅有的“毛边书博物室”在某个合适场所的应运而生。愿景中的“毛边书博物室”,似应合搜集、典藏、鉴赏、展示、研发等文化学术功能于一体,其核心文献基础,自然该以文冲兄苦心搜集的数百种珍藏为首选,吾辈书友则可踊跃拾遗以补其阙,努力增益其所无,竭诚恢弘其所微。不知文冲兄其有意否?

多年以前,我在剑桥镇的一个旧书摊上,曾经觅得三册毛边书作为旅英纪念品,其中一册是英国音乐爱好者发行的《音乐时刻》(芝加哥 A.C 公司 1994 年版),选中它的原因是扉页上有这样的题赠语:

> **致我亲爱的孙女:苦读也许正给你的生活带来很多乐趣,它也给我的世界带来了很多乐趣。**Margaret 10.1.1995

如此说来,曾经给予我“很多乐趣”的毛边书及其传播载体《参差》,今后也一定会给我带来新的“很多乐趣”乃至惊喜。那么,毛边书文化呢?自然是“不可休矣”!

是为序,时在戊戌年大暑中,于金陵雁斋山居。

目　录

唯美参差

素颜参差

毛边参差

风月参差

碧柳参差

更添碧柳郁参差

——毛边文化小刊《参差》诞生记

[天津]王振良　[江苏]沈文冲

做事需要努力，也需要机遇。而做成事既得牛心左性，更得因缘凑泊。毛边文化小刊《参差》，目前已推出两期，深得“毛边党人”之喜爱。后面的这些流水帐，是根据王振良、沈文冲日记缀合整理的，从中约略可以窥知，一份读书民刊的问世过程。

王和沈相识于2009年，是在鄂尔多斯第七届全国民间读书年会上。其后多次在读书年会及其他会议场合见面，双方了解日多。2013年，王在天津主持重建问津书院，同时编印《问津》月刊，向知识界师友赠阅。2014年3月，沈收到当年第1期和第2期《问津》和《开卷》后，发电子邮件（26日23:53）给王：“《问津》两期及《开卷》两期，已一并拜收。贵院今年吸纳《开卷》加盟，大有强强联手，组建文化盟军之势。可喜可贺，值得关注！”对问津书院的高度认可，成为沈后来与书院合作创办《参差》的基础。

创办缘起

2014年10月23日至26日，第十二届全国民间读书年会在株洲举行，作为旧友的沈、王在会上见面。23日报到当天，沈向王引见南通大学教授陈学勇。陈先生后来成为《参差》编委之一。

2014年11月11日，王整理株洲之行照片，并分发包括沈在内的师友。11月12日，王收到沈网信（11日22:40）：

振良兄好！

收到发来的在曾国藩故居的合影四帧，敬谢敬谢！

明年的天津读书年会，当下即成一些朋友的期盼，未能参加今年株洲读书年会的温州卢礼阳先生、今年年会主办者舒凡女士等，在通联中都在相约明年"天津见"了。

预祝您筹办的明年五月的读书年会顺利圆满成功！

弟亦意欲把早就宣示在外的小刊《毛边党》办起来，却因时间、经验、资金等诸种因素所限，怕是一时难于上手。只是心有不甘，总想催生她的出世！

勿此，即请

编安

沈文冲上

王对沈所言《毛边党》事很感兴趣,当即复之云:

文冲先生道席:

下届年会正在筹划,大体框架已经敲定,具体细节尚须补充调整,争取不负书友雅望。惟年会规模扩张很快,有鱼龙混杂之弊,我想略微收缩规模。

《毛边党》一事,尚初次听您谈起,我觉得不妨先做起来。可仿《开卷》印刷模式,若印行300册,平均每页不超过15元,一个印张32页,总计成本不超过500元。一年两期或者四期,经济上当能承受(我个人也愿襄助)。若稿源不成问题,我可以帮您排版,一般半日就可完成。惟邮寄一事,成本反倒较高,需要考虑解决。

刊物先搞出几期,再寻求有关支持,那就容易得多了。还有,先生或可考虑挂靠问津书院,费用和邮寄等就都一揽子解决了。但对于我们个人,目前只能尽义务,没有任何酬劳。

明年5月如能得见《毛边党》,当是书友的一大幸事!敬颂

冬祺

振良拜上 2014年11月12日

11月13日,王收到沈网信(13日02:43):

振良兄惠鉴:

拜读来书,至为振奋。您对读书年会的与会人员所持的看法和拟对会议规模

稍作压缩的考虑,我完全同意并赞成!筹办会议十分辛苦,尤其人多的会议。好在您有多次办会经验,如果又有一班得力的朋友襄助,天津年会一定会顺利圆满成功。

拟办小刊《毛边党》,是 2007 年拙编《毛边书情调》出版后就有的一个小小愿望,甚至有师友当年就曾在《文汇读书周报》上所发的报道中,就披露过这一个信息。但后来我的事杂,又陆续忙于出其他几本书,办刊的事也就只得搁下了。您的提议跟我的想法不谋而合,现在重提办此小刊,也确有想为明年的天津读书年会,添一点小小的趣味之意。

一个印张,像《开卷》一样,头一两年先每年出二期试试即可。如能寻求到资助,则再增至年出四期。稿源似还不成问题,各地都有一些专注于毛边书的新老毛边党,我可直接向他们组稿约稿。问题在于,这是一个很小众的东西,如何使之有看点、有趣味,就必须得多动一些脑筋了。倘有可能,我非常乐于让小刊加盟到问津书院的旗下。

每期若是如您估算的 300 本仅需 500 元,那么每期即使印到 500 本,也就 800 元,这是我个人完全能够承担的。惟在南方或江苏一带,人工费可能会高一些,这个价是否能印得成,就不得而知了。

非常感谢您相助的盛意, 帮助排版, 但您个人在资金方面就完全不必考虑了。办此小刊,本意只在“玩玩而已”,所以“酬劳”或经济方面的回报之类,则是完全不想的。能赚个“吆喝”就满足啦!

希望在您的指导下,如果不出意外的话,力争能在明年四月编成付印。

先就写这些吧。

勿此。即请

文安

沈文冲 鞠躬 2014.11.12

王复沈云：

文冲先生雅鉴：

《毛边党》一事，我觉得可先按自办模式启动，由您来具体主持，约稿，审稿，定稿，最后我来排定版面。关于印刷费用，我刚才让印厂核算，国标32开32页，70克双胶纸，500册骑马钉，可控制在700元以内(不开发票)。如果南通价格偏高，可考虑在天津印刷，然后邮寄给您。加上快递成本，也不会超过800元。还有稿费问题，目前只能是请作者尽义务，但约稿时最好把话说到。

加盟问津书院之事，我会找适当时机说项，问题应该不大，此开印前解决即可。这样则一切均简化了。书院有《问津》，有《开卷》，有《品报》，如果再有《毛边党》，还有正筹办的《郁文》《问津双周》，可以办期刊社了……

一年两期亦称理想，不至牵扯更多精力。如果做上五年，也会小有可观。虽属小众，其实更易形成影响。关于封面设计，建议找个高手，尽量简约明快，但一定要有艺术感，或者干脆把迅翁拉出来，也是未尝不可，但一定得用木刻或漫画类的图。至于内页版式，也可确定一种风格，否则我来操刀，简单搞搞也行，这个不重要。关键是内容和外观——内容有趣味，才能形成长久影响力；外观有个性，才能吸引更多关注者。以此作为平台，将来结集“毛边党文丛”，应当不是奢望。

"玩"的心态最好,我搞问津书院亦如此——精神无压力,做事求认真!希望能有愉快的合作。谨此恭祝

撰安!

振良上 2014 年 11 月 13 日

11 月 14 日,王收到沈网信(14 日 03:26):

振良先生赐鉴:

您对小刊周到细致的考虑,让我感动和钦佩!

我于办刊是全无经验的门外汉,但经您这么怂恿指点,倒也鼓起了十二分勇气,更加坚定了信心,真跃跃欲试,想认真花点工夫,一定把她办成功了!

如您所说,小刊的稿件应由我来组织和审定。就请您帮忙排版了。

外在形式与内容,的确是一本刊物的两翼。您的设想与我的考虑是真的想到一处了,即封面上刊名,集迅翁手书,每期以不同的版画名家早年的鲁迅木刻头像作装饰,力求简约而有个性特色;内文版式似亦以简约为上,我真希望就由您来定夺,版式与字体及字号的大小,我比较倾向于北京谭宗远先生的《芳草地》,字体笔画较粗,看了眼睛不会感觉太累。

刊物的开本虽也仅仅是一种外在形式,却是能给人以第一印象!不知《问津》现在为多少开?我觉得这样的异形开本既别致又好看,如果可能,《毛边党》小刊是否也采取此开本。因是专门刊载介绍毛边书的,所以,小刊百分之九十也拟做成毛边本。惟未详如果采取《问津》一样的开本,做成毛边本是否会有毛边过分参

差之类的问题？

当然，现在许多印刷厂做不好毛边书的主要原因，往往是印刷过程中纸边留的“咬口”过多所致。

倘是印制这种异形开本的毛边本太麻烦，那就只得作罢，就只得做常规的32开毛边本了。

小刊在天津印成后发南通是个可行的办法。只是又给您多添了一件费心的事情。

今天先就谈这些吧，如有了更成熟的进一步的考虑再行通告。

草草匆复，即请

编安

沈文冲 鞠躬

王复沈云：

文冲先生谅鉴：

创办《毛边党》事，我觉得已无基本分歧，可以进入操作程序。开本似仍以32开国标为好，方型本骑马钉，且只有薄薄32页，给人印象并不见佳，外文字总量亦过小。如果再弄成毛边，恐有搞怪嫌疑了。32开骑马钉的毛边本，先例是到不少，成功的却不多，我们争取做好些。

我会参考《芳草地》字体字号，尽快把版心制作出来，这样可估算整体容量，供您约稿时参考。栏目您还须设计几个，但不要太烦琐，每期必出的确保两三个，其他可轮换或随机设置,这样操作比较便宜。栏目若定得太死,约稿时须对号入座,甚至还有找不到座的,那会束手束脚的。还有一种运作办法,就是放开约稿,不作任何限定,与毛边书关联即可,稿件集齐后再分类定名。以上权供参考。

至于成品邮寄倒简单,第一次商定好邮资,由印刷厂代劳就行了。余不一一。

谨此预祝

一切顺利

振良上 2014 年 11 月 14 日

协商筹备

2014 年 11 月 15 日,王收到沈网信(15 日 02:15):

振良先生赐阅:

对小刊开本的考虑,您说得很有道理,我赞成您的意见,就采用国标 32 开 70 克双胶纸骑马钉。做毛边本,如果印刷厂能够予以配合,拼版时就能顾及到印刷实际所用纸张尺寸的大小,仔细配置到位,就能做到装订后不加裁切,书边就能够参差不大,大体整齐,这样的毛边本,就是很理想的了。

小刊的容量,如参照《开卷》的格式,实际可用页面仅二十七页,倘若仿效北京《读书》早期的做法,所刊文章的题目(即目录)置于封面上,封二后的第一页则也可利用(不设专门的目录页)了,但似乎节省出这一页的意义不是很大。封面仍宜简洁,目录置于封面,不知是否有一览无余之虞?如果不担心这点,似乎倒也不妨。您再帮着一同斟酌定夺吧！

有关对《毛边党》栏目的设定，您的意见全有道理，如果综合您的两种考虑，我想是否这样：约稿时只要与毛边书有关联的就行，栏目的名称，多考虑几个准备在那儿，发稿时临时往里套即可。这正是您的后一种意见，这样宽泛些，相对来说，约稿、编稿都会相对容易一些，或不致有的文章找不到座了。

如对小刊再有什么考虑，想到了再通报讨教吧！

感谢您对编办小刊给予的宝贵指导与切实支持！

余不饶舌，即颂

时绥

沈文冲 鞠躬

11月21日，王收到沈网信(21日04:07)：

振良先生赐阅：

尊编《问津·忆弢盦》上下册及《开卷》拜收，非常感谢！

昨夜一夜未眠，拜读了《问津·忆弢盦》中的大半文章，特别感动：一是感动于作为生者，您为此书付出的艰苦劳动，以及对来先生所报以的至诚的纪念；一是感动于在长长的人生路上，来先生孜孜以求、非同寻常的卓越一生！

前几次关于办小刊的商议，得到您的诸多指导与启示，现在把我的大致考虑，附在后面，请您得空一阅。不当处定多，乞指正为荷！

匆此，即问

近好

沈文冲谨上

其后附有《〈毛边党〉刊行缘起》(代发刊词):

记得七八年前了,拙编《毛边书情调》毛边本在南通举办首发式暨研讨会之后,上海《文汇读书周报》刊载过陈学勇先生的相关报道,内中还传递了“小刊物《毛边党人》正在筹办中”的信息。自然这决非空穴来风。当年,我倒的确说过想办一个专门介绍毛边书的小刊物,甚或有“毛边党”怂恿成立毛边书研究会、设立毛边书展示馆之类的建议。然而,人事倥偬,办刊之事后来也就淡忘了。

甲午仲秋,我自湘江之滨的湖南株洲参加了第十二届全国民间读书年会返回江苏南通,心里总想着这七八年前想要办的小刊来。当然,想起她来的理由也很简单,蔡玉洗博士发起的民间读书年会已开满“一打”了,尽管我未能从头开始与会,却也连续参加了后来的八次年会,总得也该为年会贡献一点绵薄之力。那么,用心办好一个倡导阅读的小刊物,是不是也可算作实际支持的体现呢?

会后不久,我在发给天津《今晚报》资深编辑王振良先生的电子邮件中,无意间提到了早就有心想要创办一个《毛边党》小刊物的考虑。令人意想不到的是,振良先生很快就给了我一个积极的回应,表示将全力帮助我尽快把这小刊办起来,这给了我极大的鼓励。商量之后很快作了决定,争取明年五月由振良兄主持筹备的在天津举办的全国民间读书年会上,就将小刊送到与会者的手头。

如今,喜欢和爱好毛边书已然成为一部分爱书人的文化自觉。无论著作者还是出版人，每当有文史、艺术、书话、随笔之类的新书出版，设法印制少量毛边书与师友分享已然成为常态。诚然，毛边书传入华土百十年来，因有绍兴周氏兄弟身体力行的倡导，20世纪二三十年代曾经出现过几乎是日出一本毛边书的空前绝后的繁盛局面。后虽历经劫难(诸如“入寇”劫、“极左”劫、“文革”劫)，而今依然能薪尽火传，正是源自毛边书独特的艺术魅力。

在当今喜欢和爱好毛边书的新老“毛边党”中，不仅有被读书界崇敬仰慕的前辈学人，诸如中国现代文学版本书话家姜德明、北京大学佛教文化史专家白化文、中外近现代文化交流史专家钟叔河、近现代美术史论专家与传记作家王观泉以及鲁迅研究专家与资深编辑王世家，更有一批著述丰瞻的当今学术文化中坚，诸如上海陈子善、西安李高信、香港董桥、南京薛冰、北京扬之水、苏州王稼句、南京徐雁、成都龚明德等等，至于各地年富力强的读书人，喜爱毛边书与收藏毛边书的可谓比比皆是，不胜枚举了。

《毛边党》小刊正是在这样的生态环境下应运而生。希冀在与爱重扶持她的读者诸君的共同呵护中，陪伴她走得长远一些！但愿这个想法不单是作为本刊编者的一点私衷，而且也能成为五湖四海新老“毛边党”们共同的心愿。

王复沈云：

文冲先生尊鉴：

所草《毛边党》发刊词无意见。各个栏目名称，足见心机和雅意，惟仍嫌琐细，恐运作起来会束手脚。又“书边杂识”，似可不限于“批评指谬”，其他关于毛边书之探讨,亦可一并纳入。

迩来参照《芳草地》字体和《开卷》版式,初步测算了《毛边党》容量,综计当不超两万字,先生可依此掌握约稿节奏。明年要分精力筹备年会,故创刊号截稿可提前些。余随时联络。即此恭问

冬祺

王振良上 2014 年 11 月 21 日

11 月 22 日,王收到沈网信(22 日 05:54):

振良先生鉴:

承认可缘起及栏目设置(初稿),您的担忧所言极是,我会仔细再做一些考虑,以避免自缚手脚。我甚至想,将来所约的稿子就怕“理想很丰满,现实太骨感”的情况出现!这也无可如何,只能正视现实!

关于截稿时间,我也有提前两个月左右时间的考虑,咱们真想到一块了。我现在拟就开始逐步约稿,第一期侧重想约一些名家的稿子,惟把握性不太大,毕竟是没稿酬的小刊。

试试看吧,试了才知道是什么情况。

匆复,即请

文安

沈文冲上

王复沈云：

文冲先生道席：

《毛边党》约稿，我觉得可草一简短启事，写清办刊目的、有无稿酬、栏目设置、截稿时间（主要是创刊号这一期）、投稿邮箱等，然后请宗远、宁文、玉福诸先生帮忙，以各种形式发一下。还可请书友们在博客、微群转发（我来做也可）。《开卷》《芳草地》《悦读时代》等联系的书友多，或可动员些我们视野之外的民间作者参与，这样有利于办刊的持续性和多样性（不要弄成同仁刊物）。我想一定会有意外惊喜！当然，创刊号应以定向约的名家稿为主，这样才可能一炮打响。

又见您常彻夜不眠，当多注意身体。我的工作压力颇大，但每天必睡八小时以上。余不一一。即此叩请

著安

振良匆匆 2014 年 11 月 22 日

11 月 23 日，王收到沈网信（23 日 02:28）：

振良道兄鉴：

关于拟一稿约，请谭、董、徐三位先生帮忙的考虑极是，我尽快拟就之后发您过目。创刊号截稿期，我考虑大致定到明年二月底，不知是否差不多？

今天我已写信，约了钟叔河、王世家二位的稿，但不知能否有百分之五十的成功率？

昨晚一夜无眠，是赶写了一篇关于来老的文字，拟给《温州读书报》的卢礼阳先生，一并发您一阅。我与来先生的接触毕竟太少，远远不及您对来先生了解认识之万一。

我的作息时间近来有些日夜颠倒，是个坏习惯，承您关注，令我感动，定当逐步调正过来。今晚半小时内即去休息，算是知错就改吧！

余不饶舌，匆此。即颂

时绥

沈文冲谨上

2014年11月22日夜草

王复沈云：

文冲先生几前：

做事全凭兴趣，但做成事却需机缘凑泊。凡事我们努力过，总会有些痕迹。其实，只要《毛边党》印出，就已是成果了。结缘名家固然重要，但也不必汲汲于名家。扶植些年轻朋友，将来跳出几个名家高手，也是有可能的。截稿时间就定明年二月底，我已翘首盼望了！

关于来先生的尊文，刊出后烦将定稿给我，标示年月日和期数，明年拟出正式纪念集。如无意外，将在年会时赠给大家。

有“民间读书”这个平台，我想一切都应该顺利。即颂

文祺

王振良 2014 年 11 月 23 日

11 月 27 日，王给李云飞先生（问津书院赞助者）打电话，沟通 2015 年全国读书年会事，顺便提出创办《毛边党》设想，李同意运作。王乃给沈打电话，决定启动筹办《毛边党》。沈说编委会暂定三人：陈学勇、沈文冲、王振良；又谈了编辑、印刷、寄赠等细节问题。

刊名敲定

2015 年 1 月 16 日，王收到沈手机短信（16 日 14:57）：

振良先生惠鉴：

承赐尊编"问津文库"二种《九河寻真》《三津谭往》顷拜收，至为感荷！前承赐文库的四种毛边本，内容可读之外，毛边也做得挺地道，感激无已，今一并谨此致谢！《毛边书画刊》的相关材料，晚上发上，让您费心操持，非常感谢！所约到的稿件比较确定的，目前仅四五篇，看来须学学章士钊当年办《甲寅》的法子，自己动手多做一些了！匆此，文冲叩上。

王复沈之云（16 日15:03）："正在琢磨刊名，感觉还是有歧义（'毛边书 / 画刊''毛边 / 书画刊'），很不利于推广。另画刊做成黑白，总给人怪怪的夸张的感觉，以为还须推敲。刊名事大，关系到一系列问题，缓些时间定也可以。"又接到沈回复(15:23):“所言几点极是!《毛边书画刊》中之‘书’字,也可改作‘本’,但在鲁迅那里,既未用过‘书’字,也未用过‘本’字,都为后来从版本角度或与光边书对应而加上去的。现刊名有易致误读成书画报之虞,当然对知道毛边书者则无此问题;二是画刊黑白印刷,尤其在当世,确有点儿怪诞之病,好在将来俟有条件了,可以补几页彩色的插在中间,或者封面、封底与封二、封三彩印。不过推广毛边书,本来就有返古之意,多一点黑白印的版面,或者也未尝不可,只要图片相对清晰即可。”

1月17日,王收到沈网信(17日03:14):

振良先生赐阅:

下午匆匆发给您的信息,几处有打错字的地方,很抱歉!现先将刊名集字和缘起及稿约发您,刊名一起再想想吧。

关于毛边小刊的编委会成员,拟由您、我、陈学勇三人组成,但陈教授以非党人而婉谢了。而若邀陈子善教授,怕他太忙,虽然子善先生接受的可能性很大。

稿子如缺少好稿,届时就只得学学当年章士钊先生当年办《甲寅》的办法,主要自己写稿,几乎一人独揽。

近日,犬子一家四口回来办理护照续签,并落实回国发展事宜,所以我一时既是采购员,又是炊事员,还是故事员!好在二月中旬他们既定的计划假期期满,还须返回哈佛工作约半年,届时我也或可得空。

先说这些吧,再联系!

匆此,谨祝

新年吉祥如意!

沈文冲 草上

王复沈云(17日13:47):

文冲先生伟鉴:

昨通电话,闻《毛边党》易名《毛边书画刊》,然因手头有事,仓促未及深入沟通。复接手机短信,见先生仍有坚持之意。适才又接电子邮件,知事尚可商,因略申己意以期明鉴焉。忌用《毛边党》,先辈风雨久经,心有余悸,完全可以理解,余今亦觉避开为上。然《毛边书画刊》之题,愚以为可商榷处有四:一即是名称有歧义,可作"毛边书/画刊"和"毛边/书画刊"两解,此是题名大忌,无须细说;二是既言"画刊",然只以三十二开小本行世,且是胶版纸黑白印刷,很是名不副实,将来会贻笑大方;三是从宣传推广角度讲,字数偏多且乏深刻意境,不容易记住(不能仅仅针对同人);四是结合未来发展看,因有两个核心实词,不利于品牌的形成和延伸。

名不正则言不顺,名称起不好,后边很多事都会受限,因此不妨暂放一放,出刊前再定未迟。多征求师友意见,或许会有意外惊喜。如果实在没有更妥帖的,我觉得就直白些,径叫《毛边书》或《毛边本》都未尝不可,外《毛边儿》或《毛边情调》也可考虑。

编委之事,如果想找能帮您约稿的,最好是笃实可靠有时间的中青年人,若是以名人号召一下,则自然非老辈莫属。人选事亦不急,出刊后再定都可以。稿件如果不足,可转发些未入《毛边书情调》之文,详细地标明出处,此可为出版续编开路也。先生自撰原创稿件固然更好,但恐时间稍久即成大负担。

以上或有未当,祈先生原谅。即此恭祝

冬安

振良拜上 2015年1月17日

1月18日,王收到沈网信《关于毛边杂志复振良先生》(18日01:46):

振良先生道席:

首先特别感谢您开门见山、推心置腹的回复!您的意见都有道理,我都同意。

如您所言,刊名至为关键,所以宜再想想后作决定。我一直以为最好的刊名是"毛边党人",却偏又叫不得!而叫"毛边书人"又不像个刊名,就像徐雁先生也曾有建议叫作"毛边三昧",似也不甚宜于作刊名一样。《毛边书画刊》大致是徐雁先生的意见。而我认同的主因,正可补民刊中尚无画刊之缺而已,也并无格外钟情画刊之名的意向。当然,这个名称也有其好处,可使刊物的文字可以少些,难点则在于叫画刊,而仅卅二开本且黑白印刷!或授人以话柄。

当然,话又得说回来,即如通常的连环画,这么小的开本,也一样让许多人痴迷!开本及单色印刷,似还不是问题的根本,关键似乎还在于它是否有可看性!

您说,小刊目前如果文章不足,可先刊一些现成的相关文章的意见极是。《毛边书情调》续集的文稿,实际上已大致不缺也,的确可成一帙耳。

匆此,今天就先说这些吧,得空再进一步议定,正如您说,目前好在刊名还不

是特别急迫的事。再次感谢您中肯而实在的意见。即请

文安

沈文冲 顿首

王忙于杂务搁置未复。当天19时，王给友人南京张元卿先生打电话，谈《毛边党》更名事。张建议叫《毛边语》，可与民国时之《论语》《眉语》相配。入睡之前，王又思得《毛边谭》《毛边话》《参差》诸名目。

1月23日20时，王又给张元卿打电话，仍谈毛边文化杂志命名事，王又想到《毛边秀》之名，然偏于时尚一路，张以为有轻浮感，似仍以《参差》为佳。王亦以为《参差》之名延展性强，利于形成品牌，标志似也易出彩，决定以此与沈妥商。

1月24日20时，王给沈打电话，示以《毛边谭》《毛边秀》诸名，并着力推荐《参差》。沈亦以为《参差》最善，并提出配上英文"爱毛边"作为宣传，同时亦可避免误读。王旋给张元卿发短信，告知《参差》之名已定，皆大欢喜也。王又给友人唐文权先生打电话，请其设计《参差》封面及标志。

1月25日，王至天津市宝鸡东道三耕园，与唐文权沟通《参差》封面及标志设计事。

1月下旬，沈在一个星期之内，每天花两三个小时，逐本本翻阅四巨册鲁迅手稿集以及三册《周作人日记》影印本，逐册逐页逐行地翻了个遍，终于寻找到放在一起比较和谐的鲁迅书"参差"与周作人书"参差"。集名人之字做刊名、书名之难，在于把集得的字放在一起观照时，字与字之间是否和谐协调经得起看。写字与写文章一样，要一气呵成才好。同一个人在不同场合、不同心境下写的字，是会

有很大差异的。如把作者不同场合所写不同风格的字，勉强凑在一起，就失去“集字”的初衷了。所谓“集字”，并非把所需某个名人的字检得后拼凑到一起那么简单。必须要看集得的几个字排列在一起，书风是否大体一致，是否“灌气”，否则让人看了就难免别扭。沈所集鲁迅“参差”二字（参见创刊号扉页），是从他 1934 年前后写文章中挑出来的，一看就让人觉得神闲气定，气韵十足。而周作人的“参差”二字（参见第 2 期扉页），尽管是他早年所书（恰巧是连写在一起的），并且很难说得上是如何秀雅，却不失知堂老人自成风格的魏碑体斧劈刀削、雄健刚劲的神韵。

启动运作

2015 年 2 月 4 日，王给沈发网信（4 日 17:55）：

文冲先生道席：

日前电话洽商，刊名问题达成一致，心中甚是快慰。《参差》集字，未知进展如何？因拟将其刻入“问津十景”藏书票中，故发此信催问。另封面设计，也需要一些时间，希望能出点彩儿。读书年会定在五月下旬，届时我想一定要推出来。

振良于甲午岁阑立春之日

2 月 5 日，王收到沈网信（5 日 00:30）并《参差》刊名集字：

振良先生著席：

忙得几天没开电脑了，今夜开机恰拜读今日午间大札，甚慰！

《参差》这刊名，我也曾朝此方向想过，就是抛开毛边二字，却未及再去深想，不料想您的刊名从电话中就来了，所以就能一拍即合矣！

周作人中后期的字，实际比鲁迅的更耐看，可惜找不出；前期的找得了，并且还是写在一起的，只是不够好看，不知您看了，以为如何？

鲁迅的"参差"二字是集得的，二字放一块，几乎看不出是集的，惟第二字上端的两点，与纸上的影格线条稍有重叠，须修一下，您就费心了！

我本月中旬起会有些时间，可以重新着手这一块的事情了。有什么考虑随时联系吧！谢谢您的积极促成与鼎力支持。

匆此。即请

编安

沈文冲 叩上

甲午冬月立春日之夜

王复沈云(5日10:09)：

文冲先生尊览：

《参差》刊名集字收到，仍以鲁迅所书为上选。周字尚不成熟，且有汉奸之名，恐给人以攻击口实。修版的活儿简单，交设计者处理就行。

昨有一事忘记，就是请将"爱毛边"英文示下，以便统一考虑封面设计效果。

我未学过英语，身边精通的人虽多，但都不喜毛边书，我怕在语汇选择上出偏差。余不赘言。匆此恭祝

撰祺

振良拜上

二〇一五年二月五日

2月6日，王收到沈网信(5日21:07)：

振良先生如晤：

刊名即用迅翁字吧，以后如果有机会集得知堂好看的参差二字，或偶尔用一下似也未尝不可。毕竟其十几卷的文集以及译文集，相关部门也都让其出了。

英文刊名已成，是：Uncut-book Lover，意译就是“爱毛边”，但若直译，则为“爱好毛边书的人”，或“毛边书爱好者”。中文刊名拼音，是Cen Ci。

匆此。即请

编安

沈文冲 顿首

2.5夜/2015

王以忙乱不堪未复。2月7日，王又收到沈网信(6日23:43)，内容与5日全同，王乃复沈云(7日13:49)：

沈先生大鉴：

英文刊名译法昨已收悉。我即找人着手设计，估计春节后可见初稿，届时再发您批评。

振良

二〇一五年二月六日

2月10日，王收沈网信（7日16:11）及《参差》封面草图。信云：

振良先生如晤：

封面找有经验的专业人士帮忙设计，是最好的事情。

我的想法是尽量简洁，避免冗繁，所谓“美就是去掉一切多余”！当然，这个观念也未免偏颇。

我设想了一下，每期封面用一帧早期的鲁迅木刻头像，每期换一幅不同的（我这儿有），刊名及拼音名、卷期、时间排在封面右侧，再下边左右两栏为目次。当然，还可以在最下面加一行稍大一点的字，诸如“倡导阅读，崇尚书香”的主旨词。草图附后，供设计参阅。

尊编《沽上文谭》等三包邮件八种九册昨已妥收，感谢之至！看来这还仅仅是先生宏大计划的一个开端而已！

祝越做越好，越做越大，越做越成功！

匆复。即请

编安

沈文冲 鞠躬

2.7 午后/2015

此信王大约未复。

3月11日，沈日记云："午后与严晓星兄通电话，拟王振良兄和我为编委外，邀他为《参差》编委，又议定邀董宁文兄为编委。另，拟请姜德明、钟叔河、王世家、陈子善、谭宗远、龚明德、王稼句、卢礼阳、徐雁等为《参差》顾问。下午致长沙钟叔河先生信并寄出，诚请先生能为小刊《参差》撰一短篇诗文。夜给香港《大公报》驻江苏办事处首席记者陈旻女士发信息，拙编小刊《参差》拟转载她发表在2008年12月31日《大公报·大公园》的散文《'耳鬓厮磨'毛边书》。"

3月14日，沈收到上海陈子善先生网信和其为《参差》所撰文章《我收藏的毛边本·〈溪流集〉》。陈信云："沈兄：小文发给你，请查收并审正。以后可以不定期为《参差》写，一篇写一本或二三本不等。子善上。"

3月22日，沈收到苏州王稼句先生为《参差》所撰文章《佳人参差》。

3月25日，王在长江道百饺园请唐文权吃饭，促其完成《参差》标志及封面设计。为了《参差》如期面世，一方面王在天津为刊名设计及印制费用等事务奔走忙碌，另一方面沈在南通为刊物约稿与邀约编委、顾问做着筹划。最初所拟的顾问名单大致有：姜德明、钟叔河、王世家、李高信、陈学勇、陈子善、谭宗远、龚明德、王稼句、卢礼阳、徐雁、朱国强等。名单中的前三位先生，后陆续回复沈，明确表示不要将其名字列入顾问名单中。

3月13日，沈给北京谭宗远先生发信息："谭先生：新春好！近承诸多师友怂愿，我拟编一传扬毛边书文化的内部读书小刊，定名为《参差》，本月底拟缴天津问津书院王振良兄付排刊印，诚请您和姜德明、王世家、陈学勇、陈子善、王稼句、徐雁等八九位为小刊顾问，请能允应从命多多指教为荷！沈文冲叩上。”14日，沈得谭回复：“文冲兄：《参差》的名字太绝了！我虽自知不够格，但能附骥尾，忝列顾问，自然乐意。谢谢老兄抬爱！宗远。”与此同时，沈给丁景唐（请韦泱先生代达）、陈子善、陈学勇、王稼句、龚明德、卢礼阳、徐雁、朱国强等师友先后发出了邀约列名小刊顾问的信息，都很快得到了肯定的回复。

3月13日，沈给苏州王稼句发信息：“稼句先生：新春好！拙编小刊《参差》拟于本月底缴天津问津书院振良兄付排刊印，诚邀您和姜德明、王世家陈子善、龚明德、徐雁等八九人为顾问，请能允命为荷！此外，您的大作，不必长篇巨制，短文点到为止可矣!三五百字、千儿八百均无不可，期待期待！先此叩谢！沈文冲上。”稼句兄回复“拙稿当按时限奉上”，并允列入小刊顾问名单。

3月13日（18:31），沈收到成都龚明德教授发来的网信并所约给《参差》撰写的文章《硬面精装书的毛边尝试两例》，信云：“文冲：赶写了一则小文，你有我文中说到的两种毛边书吗？没有，我立即快件给你递过来。祝贺大编早日问世！龚明德。”

3月25日，沈给西安李高信先生发手机信息：“李先生惠鉴：小刊《参差》拟于本月底交付天津《今晚报》王振良先生排版，并由他主持的问津书院印制，拟诚邀您能屈尊列名小刊顾问名单，余为姜德明、王世家、陈学勇、陈子善、谭宗远、龚明德、王稼句、卢礼阳、徐雁等师友，如蒙允应，则幸甚矣！沈文冲鞠躬。”得到李先生的回复是：“谢谢盛情雅意。”

3月31日，沈收到北京姜德明先生本月复信（是信所署日期只有年月，有意思的是还见不到寄发或到达的邮戳）云："约我列名顾问，实不敢当。特别是我已公开发表过一篇《退出毛边党》，如果再当顾问则太不严肃，望能体谅我的困难。我当然并不反对毛边书，如果有合适的题目，写了文章，会来投稿的。再一次向你致歉，万勿把我的名字列入顾问名单。"

年会首发

2015年4月1日，王收到沈网信（1日00:42）：

振良先生如晤：

《参差》进展顺利，目前得到或已确定的稿子有丁景唐、陈子善、王稼句、龚明德、韦泱、自牧等十篇，惟还有两篇稿子答应需明后天传我，所以整个稿子也只得推迟两三天一并发您了，乞谅！

刊物的编委与顾问组成，大致如下：

编委：王振良 严晓星 沈文冲 董宁文

执行编辑：沈文冲

顾问：丁景唐 高信 陈学勇 陈子善 谭宗远 龚明德 王稼句 卢礼阳 徐雁 朱国强

上述名单中除了您之外，都已征得相关者本人认可了！希望您也能屈尊允应为荷！

关于文字量，如果按照《芳草地》那样的字体字号，估计总量在2.5万字以内（需配一些必须的书影及图片）。文稿数量，我这里根据您的关于可以用一些老稿子的原则，已有贮备。

今天就先说这些吧。匆此，敬请

编安

沈文冲 鞠躬

王以事多未复。4月2日，王给沈打电话，沟通《参差》进展等项。

4月9日，沈收到北京王世家先生复信(3月30日)，中云："我，真的不是'毛边党'。所存几册毛边书大部分是友人赠送的，自己极少去有关书店汇集毛边书。因鲁迅先生倡导毛边装帧，一是欣赏其古朴稚拙之美，二是'纸之四周，皆极广博'(所谓大气罢)，故当年在编印小书时，兴之所致，也留下一些毛边本(绝非'做'出来的)，即少施一道工序的'半成品'，如此而已。有限的毛边书知识，还是从先生的大著中偷来的。受您启发，有时也想想毛边书到底怎么一回事，但也未想清楚。现今就干脆不去想了。朋友赠寄毛边书，当然要感谢；在书店见到现今出版的毛边书，因内容不合我意，也不购进，如是适用的书籍，勿论是毛边还是光头本，总要购进的，以供翻阅。拟编之刊，要请几位'顾问'(以壮声势)，当然可以，这也是'潮流'。我意是请几位真正的'毛边党'为宜，如先生所列出的姜德明、陈子善、谭宗远、王稼句、龚明德等几位，均为不二人选，我属'客串'(更非藏书家)，还是不列入罢。乞先生谅解为幸。"

4月10日，沈日记有云："今早8:00长沙钟叔河先生有电话打来，惜因我在回南京途中的车上声音较吵，未能接到。午间回到台里后，于3:30给钟先生回了电话，先生说：人，不能阉割自己。所以，对小刊的名字从《毛边党》改为《参差》，先生开玩笑地写了一首五言八句的打油诗，并读给我听。诗已用快件给我寄出了，不日即可收到。但先生又已作了修改，所以在电话中读给我听，但先生方言口音较重，我未能听得全，听懂的不足一半。我征询先生意见，他同意在《参差》上刊发这首诗，放在卷首，即用手迹图片。钟先生还说到，毛边书我是怕麻烦，怕裁。但别人提倡毛边书，是倡导阅读风气，这是好事。"

4月15日，王收到沈《参差》创刊号文稿并网信（14日17:48）：

振良先生赐鉴：

小刊稿子现发您，一再迁延，甚歉！乞见谅！

钟叔河先生的八句四行打油诗已寄出，却还未到！收到后即补上。

现在所有文字近三万，看来只能像《开卷》一样用小一号的字来排版了！如果仍然排不下，可删去《毛边书与慢生活》（孟阳）一篇。

相关书影、图片另发您，以供版面实际状况补入。

辛苦您啦！

匆此，即请

编安

沈文冲 鞠躬

2015-4-14

4月18日，王收到唐文权《参差》标志和封面最终设计稿。

5月4日，王收到沈网信(4日10:07)，回复《第十三届全国读书年会报到通知》云：

振良先生：

收到读书年会暨藏书票论坛通知！有两件事问一下：一是可否发一份受邀代表名单给我；二是《参差》印制费用大致多少，是现在先汇给您，还是莅会时直接交给您？

另外，《参差》请做50本左右切边本，其余务请落实全部做成毛边的(谈毛边本而不做成毛边，或毛得不规范，就难免给人留遗憾了)！未知开会时《参差》是否来得及赶制出来？敬乞拨冗一并示知为荷！

如果版面已经排定，实在无法赶印出来的话，或可将排定的稿子发给我，我来试试找此地的印刷厂赶一赶，如何？

匆此，即祝会议筹备顺利、圆满成功！

沈文冲　鞠躬

王传读书年会代表名单并复沈云(4日13:35)：

《参差》我尽量赶出来，费用由书院出即可，已经打好招呼。具体怎样毛边，印前我与您沟通。

振良

旋王又收到沈网信(4日14:41):

振良先生:

收到与会人员名单,谢谢!

印费能书院解决,减轻了我一块经济负担,筹得的小钱就可以完全用作稿酬了。

毛边制作的要求,要点在于:最好地脚是冲齐的、书边齐整参差越小越好(最好三边都是不切)、封面的大小尺寸必须与书芯的大小尽量一致(避免封面过大,或者封面窄小包不全书芯)。

小刊让您辛苦了,先此致谢!

祝您一切顺利!

沈文冲　顿首

王又复沈云(4日15:30):

沈先生,技术指标已大体明白,能否寄一本比较标准的杂志(最好是骑马钉),我拿样子跟印刷厂去说,这样或许会更理想。

振良

5月5日,王收到沈网信(4日16:37):

好的，请即告诉我一个由邮局寄出印刷挂号件，您能容易和方便收取的地址给我！《天津记忆》创刊号就是一个不错的毛边本，容不寄。我今即寄一本《书人》过来作样本。骑马钉的毛边本相对较少。

5月6日至8日，王整理编辑《参差》第1期文稿，8日竣事并传沈，其间完成编后记《“参差”闲弹》，末系以打油诗云：“云舒风卷各由之，操管弄文有所思。丽日东风花万树，更添碧柳郁参差。”

5月9日，王给沈打电话谈《参差》修改事，印行日期定为5月22日。旋传给印艺通公司印刷。

5月11日，王至印艺通公司看《参差》样本并请开印。

5月19日，印艺通公司送《参差》毛边本100册给王，又900册（其中毛边本600册）至问津书院。

5月23日，在问津书院举行的第十三届全国读书年会上，举行《参差》创刊首发式，沈发言介绍印行缘起。当晚在酒店，沈给王送来《参差》稿费200元。本日“上海陈子善”微博发布《得书记（417）》（15:38）：“《参差》创刊号，沈文冲主编，天津问津书院编，2015.5.22印，毛边本。这本仅40页的小册，是中国第一份专门讨论毛边本的刊物，因毛边本参差不齐，故名《参差》。创刊号上有文坛前辈丁景唐的新作，还有王稼句、龚明德、韦泱等和主编大人的佳作，拙文《我收藏的毛边本》也从本期开始连载。”

5月28日，朱晓剑在新浪网“全国读书年会”微话题发表《参差杂志创刊》（18:19）：“毛边党的最爱，今年读书年会前夕，由中国毛边书研究第一人沈文冲先生担任主编的《参差》杂志创刊。创刊号作者包括：王稼句、上海陈子善、韦泱、陈炅、丁景唐、龚明德、自牧等人。饱蠹鱼在编后记里说，对于‘毛边党’来说，稍许还可以娱情兼益智。”

6 月 2 日，新浪网“朱晓剑的博客”发布《第十三届全国读书年会在天津举行》(07:27)，提到“由毛边本研究专家沈文冲先生主编的《参差》杂志创刊首发式”。

6 月 10 日，《中华读书报》第 2 版“资讯”刊发陈菁霞采写的《第 13 届全国读书年会暨藏书票艺术论坛在津举行》消息，提到会议期间举办了“研究毛边书的杂志《参差》首发式”等。

7 月 12 日，沈收到北京王世家先生复信，中云：“《参差》当然要坚持下去，主观上你有积极性，想把刊物办好；天津方面提供了经费，无后顾之忧，每年出它一二册，是可行的。封面不必再改动了，以保持刊物封面的统一。”

再接再厉

2015 年 7 月起，沈开始着手向师友约《参差》第 2 期的稿子。其中包括已在出创刊号时就约定的稿子，如陈子善先生的《我收藏的毛边本》连载稿等，更多的则是看了《参差》第 1 期上的“稿约”之后的自然来稿。但有分量的稿子还是约来的居多。

8 月 2 日，沈收到杭州子张先生网信并所约文章《原来是毛边本》，信云：“天津一别，瞬已两月有余，还记得游船上谈到的话题和您的邀约，今天在家，放下手头的事，找到那本《周作人书信》，写成小文一篇。谨呈上请阅正为盼！我读书不多，于毛边书更是外行，尊编《参差》除了为读书界平添风景，对我个人而言却是'扫盲'，还请多多指教。按照《参差》上的邮箱发出，应无大碍吧？顺颂暑安！"4日，子张先生收到沈回复后，又回信云："顷接尊示，实在高兴，先生处理邮件如此神速，至为感喟！小文写就，自己觉得进步了不少，似乎多多少少迈进了'毛边党人'的园圃。我想这是您和《参差》给我创造的机会，非常感谢！也希望多向您请教！匆匆不敬。顺祈暑安！子张拜。"

8月6日，王收到沈网信（6日15:56）：

振良先生大鉴：

五月下旬津沽年会一别，忽忽近三月已然过去矣。

昨天又接到您寄下的《问津》廿九、三十两期及《开卷》五、六期，和新出的"开卷文库"四种，十分感谢！尤其将贱名列入编委会之中，令我既感且惭！

《参差》毛边本初出之时，自觉从毛边的角度衡量，尚有欠缺，但读者特别是毛边党们，居然迄今未有对之有微词者也。说明毛边党们还是都甚宽容也，至以为慰。

小刊《参差》面世后，总体反映良好，多方来求索，证明咱们的付出没有白费。此外，根据谭宗远先生在年会期间的建议，最近在布衣书局售出了百余册，也算是佳绩了。

弟近来公私两方面都有些小忙。余不一一，即请

暑安

沈文冲 鞠躬

王复沈云(6日18:40):

文冲先生鉴:

《参差》毛边问题,我力争逐步解决,应该会越来越好。不过页数有限,恐总有些不如意处。能售出百册,确实很不容易。我最近亦忙,幸亏近日抽出点时间,把《问津》编到了年底。《参差》今年我想无论如何也要再出一册。恭祝

夏安

振良即日拜

8月8日,王收到沈网信(8日00:40):

振良先生赐鉴:

外出去了县里一天多,应付采访的差事,今晚刚回,迟复乞见谅为幸。

《参差》仍按原计划办,我完全同意年内一准再出一期。第二期的稿子已得龚明德、子张等数篇,此外,二期拟出"我是怎样喜欢上毛边书的"专辑,也已约了些稿,但愿也能收获几篇,这样的话,或可篇幅比第一期略增也未可知。

毛边如何齐整的问题,全在拼版的人,须在拼版时,精确地根据纸张实际尺寸的大小来精心安排,否则是无论如何齐整不了的。也就是说,拼版要完完全全地按照实际所用来印制这一期杂志的纸张的具体尺寸的大小,精准地计算好了再拼版,保证让天头、地脚、翻口三个边子装订后,都不要出现明显的参差,也就

是要在拼版时保证做到三边的参差要越小越好，连印刷的时候，所需的咬口（也称“叨口”）也都不要特意留出，这样印出来装订之后，三边的哪一边都不用切，而三边又都能大致齐整，《参差》这样的小刊，就是要以三边都不切的毛边本为最高境界！

您的工作效率极高，足见您投入的时间与精力之巨！但不断有成果出来，总是令人欣慰的。惟不可过于劳累，张弛有度为要也，至望！

余不饶舌，得空再叙。

匆复，即请

编安

沈文冲 鞠躬

王复沈云：

沈先生：

邮件所言甚明。关于毛边书印刷时的技术要求，我尽量与印刷厂交代细致，争取一期比一期好。

振良

8月13日，沈收到河北廊坊李树德教授网信并所约征文《我是怎样喜欢上毛边书的》，信云：“文冲先生：您好！承您盛情约稿，直到近日才完成一篇小文，不知能用否，请审阅。祝秋祺！李树德。”

8月14日，沈收到安徽芜湖桑农教授网信云："文冲先生：因迁居新址，大著及《参差》第一期昨天方才收到。非常感谢！大著内容丰赡、资料翔实，不愧为'毛边书研究第一人'也。甚佩甚佩！下午给您寄去一册毛边本《塞万提斯的未婚妻》，挂刷，收到后请告知。我现在的联系方式如下(略)。常联系！桑农拜上。又，方便的话，请告知手机号码，以便今后及时联系。"

8月25日，沈收到浙江义乌书爱家(借用龚明德教授创造之语)吴晓磊先生网信并应征文章《"手作"毛边与"被毛边"》，信云："沈老师：您好！今天刚刚看见您编辑的《参差》一书，真的感到兴奋，毛边党终于有了自己的杂志了。所以看见书末的稿约，马上要截稿了，匆匆写成一篇小文，试着投给您看看，还望多多指教。并不求一定发表，而是能与毛边书作者交流，也是爱书人的一大快事。顺祝编祺。书友吴晓磊。"

8月28日，沈收到安徽芜湖桑农教授网信并所约文章《毛边本自述》，信云："文冲先生好！小书收到就好。拙文可用即行，以何种形式刊出，悉听尊便。记得先后寄去两稿，均有不妥处。这回附件寄的是定稿，请以此为准！事不过三，这是最后定稿！给您添麻烦了。另，年内有小书问世，《花开花落》我还有毛边本，届时一并奉上。常联系！桑农拜上。"

9月1日，沈收到浙江临海叶建松先生网信并应征文章《恋上毛边书》，信云："沈老师您好！首先为《参差》创刊表示迟到的祝贺，也再次向您不遗余力致力毛边书研究表示敬佩！在《参差》创刊号上看到'如何爱上毛边'征文消息，我刚爱上毛边，题目切合，可以一写，无奈文笔浅陋，算是凑数吧，见笑。也过了截稿日期了，弃之，不可惜。祝一切顺利，期待您的毛边研究不断深入和新的成果。另：《参差》创刊号是在布衣书局买到的，以后还能在布衣买到的吧？祝一切安好！您忠实的读者：叶建松。”

9月23日，沈收到浙江桐乡《梧桐影》杂志主编夏春锦先生发来信息，为《参差》举荐并转来山东济南书话家张期鹏兄的文章《从〈溪流集〉毛边本说起》。

9月30日，王收到北京《芳草地》2015年第3期（总第61期），收有沈《毛边小刊〈参差〉刊行缘起》（P59–61）。

10月7日，沈收到上海陈子善先生网信并文章《我收藏的毛边本·〈短长书〉》与书影。信云：“文冲兄：《参差》第二期拙文发给你，请审正。因有插图两幅，如可用，当然最为理想。子善上”。

12月20日，王收到沈网信并《参差》第2期文稿（18日00:08）。信云：

振良先生如晤：

《参差》第二期的主要稿件遵嘱先发您，因为新写《刊首语》及若干按语，又稍稍花费了一些时间，延迟了乞谅！

封面似可不变动，日期就作“二〇一五年十二月二十日”吧。在刊名“参差”之下可补排一行小字“第二期”即可，如觉得不和谐，似也可以排在底下的出刊日期之上。创刊号封面未有创刊或第一期的字样。

稿约仍刊一下吧，但要删去最末一段关于征文的文字。此外，作为补白，刊一下“创刊号”的目次，民国期刊常有这样的自我宣传的做法，如何？

您的编后记仍望您写一篇吧，很喜欢看您篇末的“定场诗”呢！

“炉边茶歇”再过两三天才能发您，仍在充实中。

书影似尚不够，我也会整理了先发您一部分。书在南通、杭州两地，两台电脑又不互通，颇多不便也。

又，参差正文的字号大小，是保持不变，还是稍可大些，由您整体酌定吧。

余不一一，匆此。即请

文安

沈文冲 顿首

王略复沈云(20日 11:14)：

沈先生鉴：

最近单位事繁，今天才有时间处理《参差》稿件，见谅！

刊物风格，以不变或少变为宜。诸事能坚持就好，大多时候并无对错，改来改去反而有失法度。后记我会尽量写一篇，但恐没什么新意了。年底前当可编完，但印出肯定得明年初。顺叩

冬祺

振良即日

急补专辑

12月24日、26日、28日，王整理编辑《参差》第2期文稿。12月26日王收到沈网信(25日 17:23)：

振良先生：

您好！

《恋上毛边书》一篇补上，当初收到后忘了及时从邮箱下载，差点儿错漏了这篇！因此，刊首语也相应作了补充，所以随文一并发了。

书影及手迹等插图的处理，大致这样：薛君舟的韵句墨迹、姜德明的信拟作为封二、封三之用；曹靖华、聂绀弩的手迹可备用。

《文学与革命》书影、扉页作王观泉文章配图，老先生要求把扉页也用一下之意。

其他的根据版面情况选用，又：陈子善的文章也有书影，在我邮箱里，补发给您。

余不一一，炉边茶歇马上补全了再发。匆此，即颂
冬祺。

沈文冲 顿首

12月28日，王收到沈网信(28日03:35)：

振良先生赐鉴：

《参差》二期的稿子，终于编竣！字数基本与第一期相当，多出不到二千字。但缴到您手上，已比原来设想的迟了近一个月，乞谅乞谅！

同意您的刊物风格保持一致的想法，二期封面适当作些必要的微调，使之稍

为完善可也。

书影及插图等二十五日夜已发送给您了，还新补充了一篇差点儿遗漏的来稿，但您邮箱的自动回复显示，似乎只收到一通，倘果真这样，请告诉我，我再补发书影插图等。

稿子到了您手上，就得您辛苦了！

布衣书局订出的二百册参差创刊号毛边本，迄今无任何回音；我也一直没有空主动联系，当初答应胡同售书款拟用来买他的书为主，也许他因此而不联系耳？待后得空联系了再说吧！

余不一一，匆祝

编安

沈文冲　谨上

王编竟《参差》第2期正文并传沈。

12月30日，王收到沈网信(29日18:22)：

振良先生惠鉴：

版面看了，很不错！稍有订补，已用红色字标出。

曹靖华、聂绀弩手迹可移至"炉边茶歇"的十二月位置。

《藏与跋》《笺注》等书影，如版面许可，也用一下，如何？

"炉边茶歇"未有配图，如还有合适的书影或图片(如沈尹默题"苦雨斋")是否在版面允许的情况下，略补一些？

匆此，即请

编安

沈文冲　叩上

同日，王根据沈之意见，整理修改《参差》第2期，完成编后记《小众的"参差"》，其末缀书七绝云："读书大雅易俗之，苍狗白云幻异思。豆腐青蔬人各爱，神闲气定校参差。"

12月31日，王收到沈网信(30日22:59)：

振良先生鉴：

您的效率真高哎！接下来就是印刷用纸的选用(如可能，尽量不用白得刺眼的那种太白的纸张，最好是略带黄的灰度大一点的较好)、毛边的齐整度、以至装订诸项都须您继续关注、辛苦一下了。这样春节前《参差》二期或可寓目？匆复。

沈文冲

2016年1月2日，王惊闻西安高信先生去世，以其为《参差》之顾问，因急致电沈，希能约三两篇纪念文章，以补入《参差》第2期。复收到沈网信(2日16:16)：

振良先生鉴：

您的主意很好！在《参差》二期出一纪念高信先生的小特辑很值得！现已约到了龚明德、徐雁、赵国忠(已发约稿信息，尚未有回音)诸文，加上您已见到的阿滢

的文,以及我写一篇,就可有四五篇了。匆告,即问

好!

沈文冲

王略复沈。

1月4日,沈日记云:“今夜几乎通宵,写成纪念李高信先生文2300字。”1月7日,沈日记云:“昨夜收到徐雁教授电子邮件,为所约之纪念高信先生文章3000字;今夜又收到龚明德教授纪念高信文。夜将纪念高信专辑三篇文章,另附已在《温州读书报》发过的拙文《我的签名本·书话高手数高信》一并编定发振良先生;并写专辑‘小引’得600字,对李先生的生平事迹略作介绍。”

1月16日,王收到沈网信(13日23:48):

振良先生赐鉴:

偶从网上见到您刚办结问津书院“学术年会”,甚佩!一定又大忙了多日,辛苦辛苦。

《参差》发您后又有一二处细微的修订,谅已收到我的邮件。后续进展顺利否?节前是否可能印出?不过不急,视实际情况而定吧。又,高信的书影,我这里或有一二,如需即检出发去。

顷收到南通大学文学院陈学勇教授邮件,其中称“闻王振良为人刊印过熊佛西前夫人朱君允的《倚楼词》,劳向王代购一册。”如有存书,请示下;或迳与陈先生联系……麻烦您了,谢谢!

今得上海远东黄政一先生寄来侯福志新著《刘云若社会言情小说经眼录》，后记致谢中，称多得您和一班朋友支持云。天津已形成以您的一班朋友为主体的一种十分有活力与实力、能够担当起当地地方文化发掘、传承、发展的知识分子群体力量，至为可敬可喜！

匆匆，即请

编安

沈文冲　叩上

王复沈云：

沈先生鉴：

我连续几天请假在外，《参差》耽误了些。今天在单位处理邮件，明天应可编完《参差》，年前印出当无问题。高信先生书影速传我。又朱君允《倚楼词》数量不多，刊于2015年第1期《芳草地》。我会传电子版给陈先生，若需要纸本可向谭宗远先生索阅。

振良

2016年1月16日

1月17日，王整理编辑《参差》第2期之"高信先生纪念特辑"。

1月18日，王收到沈网信（18日17:27）：

振良先生：

此次回通，收到姜德明先生的一通复信，解答本期龚明德文章中说到的"人民日报出版社"事。但如版面已经排定，或版面不凑巧，也就不考虑补入了，悉听尊裁。又，今天凌晨所发高信书影等，谅已收到。

匆匆，即请

编安。

文冲上

王复沈云（18日19:26）："沈先生好，《参差》第2期已编竟，明天即可送交印刷。姜先生复信内容已补入，为此撤掉一张书影。其他无大影响。高信先生书影，只用了两幅，剩下的下期应该还能用。"

1月19日，王收到沈网信（18日22:25）：

振良先生惠鉴：

欣闻参差二期编竟即可送印，并已补入姜先生复信内容，太好了，让您又忙了好一阵，辛苦辛苦！高信的书影有二幅也就可以了。除了特殊情况外，配插图总体而言还是视版面的实际状况来定。此外，送印时还请务必多关照一下厂里，一定要留毛边本，并且尽最大可能做到：三边都不要裁切，而又能三边做得比较整齐；封面纸是否可能用稍厚于正文用纸，可免透印，但如厂方嫌麻烦也就作罢。让您费心了！

文冲

1月20日，王将《参差》第2期交付印艺通公司，打印校阅样本后交付印刷。

1月28日，印艺通公司给王送来《参差》第2期100册(毛边本)，余900册(其中毛边本500册)送问津书院。问津书院在丙申年春节之前，将《参差》第二期毛边本寄达南通沈，沈于节后自杭州返回南通，收到《参差》第2期，沈2月25日收到当天的日记写道：

午前往办公室，在市行政中心收发室取到《参差》第二期毛边本500册。本期因为临时决定推迟付印，增刊了"高信先生纪念特辑"，篇幅比之创刊号增加了一半多，内文恰好两个印张(32开64页，第一期内文40页)；封面已改用超过100克的厚纸(避免了如第一期封面出现的透印情况)，并且封面的设计者唐文权先生又将刊名艺术字作了适当的放大，还在拼音刊名(cen ci)的最后一个字母上补加了一个红点，这对刊名起到了画龙点睛的作用，使刊名显得更灵动了，也使三色分明的整个刊名的色彩饱和度得以有了提升。装订仍沿用胶脊平装，特别难能可贵的是，本刊在完全使用机器折页的情况下，印刷厂用心地把《参差》的第一、二两期，都做成了"书根冲齐"的毛边本，而在一般情况下因为机器折页的缘故，绝大多数几乎都只能做成"天头冲齐"的毛边本。这要特别感谢振良先生及印刷厂工人的顶真精神与良苦用心！本期的毛边本，除了书口的参差尚嫌略大之外，还是一册难得的"三面任其本然，不施切削"的三边全部做成毛边的"原毛本"。倘若将来《参差》第三期付印时，如能把书口的参差度，也设法控制得像本期的天头一样齐整，那么就将是一本几乎完美到无懈可击的理想境界的毛边本了！

2016年3月28日

（载于杜鱼编《问津书韵：第十三届全国读书年会文集》，天津古籍出版社，2016年6月）

佳人参差

《参差》刊行缘起

[江苏]沈文冲

记得是七八年前了,列入傅璇琮、徐雁主编的“书林清话文库”中的拙编《毛边书情调》毛边本,在南通举办首发式暨“毛边书与现代新文学”研讨会之后,上海《文汇读书周报》刊载过陈学勇先生的相关报道,内中还传递了“小刊物《毛边党人》正在筹办中”的信息。自然这决非空穴来风。当年,我是确实说过想办一个专门介绍毛边书的读书小刊,甚或有“毛边党”怂恿成立毛边书研究会、毛边书展示馆之类的建议。然而,人事倥偬,办刊之事后来也就慢慢淡忘了。

甲午(2014)仲秋,我自湘江之滨的湖南株洲参加了第十二届全国民间读书年会返回江苏南通,心里总想着这七八年前想要办的小刊来。当然,想起她来的理由也很简单,蔡玉洗博士发起的民间读书年会已开满“一打”了,尽管我未能从头开始与会,却也连续参加了后来的八次年会,思忖总该为年会贡献一点绵薄之力。那么,用心办好一个倡导阅读的小刊物,是否也可算作是一种实际支持的体现呢?

会后不久,我在致天津《今晚报》资深编辑王振良先生的电子邮件中,无意间提到了早就有心想要创办一个读书小刊物《毛边党人》的考虑。令人意想不到的是,振良先生很快就给了我一个积极的回应,表示将全力帮助我尽快把这份小刊办起来,这给了我极大的鼓励。商量之后很快做了决定,争取翌年五月由振良主持筹备、天津问津书院承办的全国民间读书年期间,就将小刊送到与会者手上。

如今,随着全民阅读、书香社会的积极倡导,爱好读书学习的人越来越多,人们的读书品味也在不断提升,喜爱乃至钟情毛边书,已然成为一部分高雅时尚的读书人与爱书人的文化自觉。无论是著作者,还是出版人甚或贩书者,每当有文史随笔、艺林书话、诗文小品之类的新书刊出版,设法印制少量毛边书,与师友们及毛边书爱好者分享,已经成为一种常态。

诚然,毛边书传入中土百十年来,因有绍兴周氏兄弟身体力行的倡导,据我的实际检索查证,在20世纪20年代末,在我国曾有过几乎是日出一本毛边书的空前绝后的繁盛局面。后来,虽历经劫难(诸如"入寇"劫、"极左"劫、"文革"劫),而毛边书这种别致的图书版本形式,则至今依然能薪尽火传,嗜者与日俱增,正是源自毛边书别具一格的独特艺术魅力。

当下喜好毛边书的新老"毛边党"中,不乏被读书界崇敬仰慕的前辈学人,诸如中国现代文学版本书话家兼藏书家姜德明、北京大学佛教文化史专家白化文、近现代美术史论专家与传记作家王观泉以及鲁迅研究专家与资深编辑王世家,更有一批著述丰赡的当代学术文化中坚,诸如上海陈子善,西安李高信,香港董桥,南京薛冰,北京扬之水、止庵、李世文,苏州王稼句,南京徐雁、董宁文,成都龚明德、朱晓剑，天津罗文华、刘运峰、王振良，山东自牧、阿滢、王海峰、于晓明，长沙杨小洲，深圳胡洪侠等，至于各地年富力强的读书、藏书、著书、爱书人，酷爱毛边书与收藏毛边书的，可谓比比皆是，不胜枚举了。

作为一份倡导阅读与赏析分享毛边书之美的民间读书小刊，名之为《毛边党人》本也未尝不可，不过，“毛边党”这名目毕竟仅仅是鲁迅先生写给老朋友信中的谐谑之言，在正人君子的眼里未免不够严肃，经数位宿儒时贤等有识之士的提醒并商议，也曾拟改称为《毛边书画刊》，但最终由王振良先生几经斟酌后拟取名《参差》，我也觉得至为妥贴，这样也就确定了下来。其实，“参差”何尝又不是现实的人世间最习见的一种常态呢！

小刊确定以毛边书的收藏、鉴赏、阅读为主导，力求做到：书影、书人、书事等图片与鉴赏、庋藏、品读的文章兼美，关注毛边新书的发布品鉴与点评中外毛边书文化的优秀传统并重，努力反映当代新老“毛边党”们鉴藏、品评、印制毛边书的情趣嗜好。

殷切地希冀《参差》在爱重与扶持她的读者诸君的共同呵护中，我们能陪伴她走得稍微长远一些！但愿这个想法不单是作为本刊编者的一点私衷，并且也能成为五湖四海毛边书爱好者们共同的志趣。倘若“党外”的爱书者因了本刊，而对毛边书发生兴趣，生出了“万般爱怜”，进而使喜好毛边书的“毛边党”队伍逐渐壮大，那更是编者的由衷期待，却又未敢奢望的望外之喜了！

（载于《参差》第1期，2015年5月22日印行）

《参差》第 2 期卷首语

[江苏]沈文冲

眼见得第二期的《参差》,就要呱呱出世,编者的内心充满了感激与欣喜!

这样一份倡扬毛边书文化的小刊,从起意编印到她今年 5 月的正式问世,又到这第二期的即将顺利刊出,编者一直被前辈师长们对她的关爱与文友书友们友情的温暖包围着。

本刊邀请的 10 位顾问,与因各种原因而未能允应担任顾问的姜德明、钟叔河及王世家等共 13 位先生,他们或义无反顾地为办好本刊出谋划策,或给予道义上资金上的声援帮助,他们要么来信奖掖,鼓励有加,要么题词撰文,捧场支持,更有以转载拙刊文章、报道拙刊出版资讯等方式宣传本刊,以此扩大小刊在读书爱书藏书人中间的影响,如沪上卢润祥,常州汪一方,临汾薛君舟、范永生及南京夏雷鸣等先生,来信来电对小刊的创刊,或赋诗题词表示祝贺,或褒扬赞赏提出建议。又如布衣书局,给予了本刊行销上的便利,借助网络取得两三天内预订出小刊创刊号200册毛边本的不俗成绩，这些都令编者深感欣慰！

本期刊出的文章与第一期相比，又增添了一些新的亮点，因而有新的看点。

当代知名传记作家兼美术史家、文坛多面手王观泉先生，出生于沪上的书香门第，是当之无愧的“毛边世家”！王先生因编者之请为本刊赶写的《毛乎乎的书与我的缘分》一文，读了不禁令人动容，这样感人有趣的故事，如果您身边也有相类似的，不妨写了出来，赐予本刊，与毛边党们一起共同分享吧！

陈子善教授的专栏连载文章《我收藏的毛边本》，真个是娓娓道来，篇篇精彩！创刊号上刊出的第一篇，叙述了他所藏的新诗集《溪流集》毛边本，是著者吕剑送给艾青的题赠本；本期所刊则是介绍更为稀见难得的唐弢签名钤印的散文集《短长集》毛边题赠本，他还特地发来书影，算是让新老毛边党们饱了眼福了。

丁景唐先生追慕和研究鲁迅先生，在20世纪80年代初，他不仅仿制出版了《鲁迅杂感选集》毛边本，并且出版自己的研究著作时也制作了毛边本。作为资深编审，卢润祥先生应约撰写的《丁景唐先生谈毛边书》，二易其稿，足见卢先生对写作的一丝不苟与精益求精，并且还不辞辛劳奔波登门请丁老修改审定。初稿中曾说及，丁老为纪念左联成立五十周年而主持印制了《鲁迅杂感选集》毛边书，但他本人并不怎么喜欢毛边书，觉得阅读起来比较麻烦，而在定稿时，丁老还是将这部分内容删去了。看来，丁老的内心对毛边党们是十分尊重和怀着深深的敬意的。

子张教授因为有“出于对书的发自本能的喜爱”，在20世纪90年代之初，居然于原“单位图书馆注销处理”的图书中，发掘到了“宝藏”：三本珍贵的 20 世纪 30 年代前期刊行的毛边书！今年 5 月天津读书会期间夜游海河，我们俩只顾了畅游“书林”风景，而忽略了游船窗外光怪陆离的绮丽风光，却在不到三个月后得到了张先生一诺千金的意外惊喜：将海河夜游所谈发而为文，让小刊的读者有幸与张先生一起分享这难得的苦雨斋主人书信集毛边本恬适而神秘的“深紫色”的美丽风景。

李树德教授的《我是怎样喜欢上毛边书的》一文，追根溯源地回顾和叙述了对毛边书魂牵梦绕地追求的有趣经历，读来意趣盎然！尤其是文中对于英语里面对不同类型的毛边书的不同表述，很值得毛边书爱好者们的参考和玩味。文章叙述到当年李先生拜访同校中文系一位知名的周作人研究专家，第一次见到毛边书时的情景：“当我拜访这位教授时，他很热情地从书柜里取出三本毛边书，有周作人的《谈龙集》和《自己的园地》，还有一本鲁迅的《呐喊》。这些书都是上世纪二三十年代印行的，但保存得非常好，像新书一样……看着那三本书，我心情无比激动，就像是看到自己心仪多年的美人。”的确是写的真切而感人！

桑农教授为文谨严，他的《毛边本自述》三易其稿，然而乍一看这题目，或者有人会误以为是专门介绍毛边书相关知识的文章。实际上，这是桑农先生专门介绍四种他自己的著作毛边本刊行情况的。编者特别赞赏文中提出的这个观点：毛边书出版时“一些具体的细节，自己不说，旁人恐怕无从知晓。”这种由当事人提供的第一手资料，非常宝贵，它对于毛边书的鉴赏、研究、收藏等，无疑都具有无可替代的极大价值。编者真诚地期待着桑农先生拨冗撰写专门记述“师友赠送的毛边书”的佳构惠赐本刊。

吴晓磊先生无疑是位铁杆的毛边党。2013 年底孔网有过一次手撕毛边书大赛，吴先生的《“手作”毛边与“被毛边”》一文，对此作了简明透彻的记录。当年编者见到这个信息时，真有“丈二和尚，摸不着头脑”的感觉，不知这是怎样的一种比赛。现在拜读了吴先生的文章，不但领悟了个中趣味，而且知道了吴先生因为手撕南京薛冰先生的《拈花》毛边本，而成为那次比赛中“特别奖”的获得者！近来吴先生“专注于收藏毛边、欣赏毛边。有时候想，毛边书就像是世间的女子，有高矮胖瘦，有温婉冷媚，一旦喜欢上，再也戒不掉。”诚哉斯言！

这期刊出的张期鹏先生的《从〈溪流集〉毛边本说起》一文，是承浙江桐乡《梧桐影》杂志主编夏春锦先生转发而来。编者一并对作者与推荐者深表感谢！这是一篇介绍而兼有考订意味的文章，这与长于现当代文学考据的龚明德教授的文章《见识〈人民日报活页文选〉》有异曲同工之妙，本刊竭诚欢迎这类有分量的文稿。而叶建松先生的文章《恋上毛边书》，则是典型的一个痴迷上毛边书的毛边党的自供状。

本期为“我是怎样喜欢上毛边书的”征文特辑。但因截稿时间太紧和喜欢毛边书的读者毕竟仍属“小众”的关系，导致应征的文章数量有限。现在我们从中遴选出相关的四篇《毛乎乎的书与我的缘分》(一等奖，作者王观泉)、《我是怎样喜欢上毛边书的》(二等奖，作者李树德)、《“手作”毛边与“被毛边”》(三等奖，作者吴晓磊)、《恋上毛边书》(三等奖，作者叶建松)，分别给予前述奖项，以此也聊表编者对这些文章作者的感谢与敬意。

就在本册编竟即将付梓之际，惊悉《参差》顾问李高信先生在西安不幸病逝。为表达编者与读者的纪念与哀悼，振良先生遂与我商议，决定推迟印刷，迅即约稿,刊出“高信先生纪念特辑”。

2015 年 12 月 17 日编竣,谨记于杭州市浙江大学紫金港校区港湾家园。2016 年 1 月 8 日补记。

(载于《参差》第 2 期,2016 年 1 月 23 日印行)

《参差》第3期卷首语

[江苏]沈文冲

一种期刊，无论是综合性刊物还是主题杂志，在其刊出的存续期内，都应该具有一种尽可能多地集中反映和保存其所关注与研究对象的详细发展状态以及所获得的各类实际成果的义务与记录的功能。

本着这样的办刊精神，这一期分别刊出了陈子善先生推介《参差》、朱晓剑先生评述《参差》的两篇短章。两篇文章笔力精悍而意蕴丰富，行云流水般的文字，读来意味深长，令人神清气爽！从晓剑兄文章的字里行间，不难看出他头脑的睿智、思维的缜密、态度的中庸、文字的隽永、处事的周全。文中对本刊肯定的地方，正是编者在日后的编辑工作中需要继续坚持与努力的。至于晓剑兄在文章结末时中肯的提议，要不是行家里手，却是绝不会想到的！

子善先生的"我收藏的毛边本"之三《音乐的解放者悲多汶》与姚一鸣先生的《毶毶"新书"惟毛边》两文，都是讲述他们自己收藏民国旧版毛边书的故事，自然不免让年轻的新毛边党们读后“眼馋”。尤其子善先生的文章，还解决了现代文学史上的一桩“文坛公案”哦！

散文《不裁的美丽》与诗《书比人寿高》两篇，是从南洋狮城投寄给《参差》的诗文，皆出自病愈不久的新加坡诗人、作家兼出版人方然先生的手笔。方然先生创办并主编的综合性文艺期刊《赤道风》，已在今年的“人间四月天”欣然度过“而立之年”！

写文章“如履薄冰”，须得处处留神，一不小心就易被人下“套”。桑农先生的美文《毛边书编年录补遗》，就是被编者“套”到的！谁叫他在上期刊出的《毛边本自述》一文中，记述自己撰述的几种毛边书之前写道：“师友赠送的毛边书，以后或有机会专文记述。”本期所刊的这篇“补遗”，正是这句话“带来”的可喜“后果”！为赶写本文，难为他“时值酷暑难耐，心绪不宁”之际，还得“找出几册毛边书，把玩一番，权当消遣”也！不过有趣的是，桑农先生此次文中似乎又留出了“余地”，看来是“咎由自取”，他恐怕还得继续写下去！

李树德先生刊于上期的那篇文章末尾，还在自问“我可不可以加入毛边党了”？从本期揭载的文章看，李先生的“入党预备期”早已期满，是早该“转正”啦！你看他文中的表述，阅读毛边书是欧洲中世纪“那些穿着长袍，留着大胡子，手握鹅毛笔的西方贵族们的偏爱”，“当初，西方人设计毛边书时，就是为了在他们阅读时，点着蜡烛，一边喝着咖啡，一边手持小刀，裁一页读一页，享受那种惬意、悠闲和静谧”，“剖开纸页的沙沙声，在宁静的夜里听来，就如同细雨打在芭蕉上，又像春蚕咀嚼桑叶，细密而温柔”。如此丰富而有神秘感的文学想象力，真是让人不得不佩服李先生对毛边书如痴如醉的缠绵情愫！

龚明德先生的《毛边书刊的价格》一文，写在八年前编者的“毛边书系列”三种之二《百年毛边书刊鉴藏录》（上海远东出版社 2008 年 8 月版）刊行后不久。文中探讨的书刊的售价尤其是毛边书刊的售价问题，是买书的人如果不是大款都不会不在意的（其实即使是大款似乎也不会完全不在意吧），却少有人愿意专门来谈这个题目。龚先生是坦诚的，他说一本他当年责编的《流沙河短文》著者签名毛边本，卖出 3000 元人民币让他感叹，说是世道“变得更文化了……”我读出了他的几分弦外之音！但明德先生文中所说的“毛边书刊，尤其是规范的毛边书刊，价值是不可以说定的。用做生意做油了的生意人的眼光来说：毛边书刊的增值空间很大很大”，信然。我想补充的是：最具增值潜力的只有名家名著以及实力派作者的新著、装帧考究、精致精制的毛边书，这是毫无疑问的。

夏春锦先生是位铁杆“毛边党”，他说自己“对毛边书确有一种难言的偏爱”。的确，夏先生文中对毛边书的评判与对毛边书印制的种种要求，没有半句是外行话。他不仅主编的杂志《梧桐影》每期都做了毛边本，而且自己的书话著作《悦读散记》和所编的《桐溪书声：〈梧桐影〉文选》，以及“不久前出版的《桐荫话书》和《爱木心：〈梧桐影〉特辑》也留了毛边本”。他还特别申明：“我的毛边书是为同好留的，我一直认为，不喜欢毛边书的不一定不是爱书人，但真正喜欢毛边书的肯定是地道的爱书人……对于真正的爱书人来说，毛边书所带来的欢喜主要还是来自翻阅裁读时的独特感受。”“当我们面对一本尚未裁开的毛边书，先不急（也没办法急）着阅读，而是反复摩挲，细细把玩。这种摩挲与把玩，其实是人与书之间产生好感，形成情意的过程。一本好书，从来就不但以内容征服读者，还以它上好的材质和装帧让人心生爱意，从而爱不释手。”诚哉斯言，真乃“夫子自道”！

我的新同事王洪先生是位文化人，著有人物传记行世。行伍出身的他已不算年轻，但他是电视行当里不多的真正读书人。他对毛边书的喜爱，竟至于毫无“免疫力”，以至于“一见钟情”地皈依了鲁迅的“毛边党”！这种对于毛边书的挚爱之情，对王洪先生来说几乎是与生俱来的一种禀赋，这在他的《在“参差”之间》一文中已然和盘托出。

本期《参差》的撰稿人，可谓是旧雨新知，济济一堂，并且毫无例外地都堪称是毛边党的“党内”人士。

阿滢先生的《再说毛边本》和姜晓铭先生的《活页文选》两文，都认同了非常时期出现过的“活页文选”应当归入毛边本的范畴。阿滢兄还在文中明确地提出：《活页文选》虽非“特意制作……却是客观存在的事实上的毛边本。只要是未经过裁切的书刊都应该属于毛边本，而不管有意为之还是无意装订，也不管制作人或持有人是否有欣赏毛边之美的情调，更与政治无关”。阿滢兄主编并自藏的一册《农村科技导刊》杂志创刊号、晓铭兄保存的 1982 年全年《活页文选》自订毛边本，或许皆为毛边本里的海内孤本也未可知。

袁滨先生对周氏兄弟的毛边书理念有其独特的理解与感悟，譬如他在文中就说：“毛边书是以书的原始形态存在的，要像摆放线装书一样，应该横着放，书脊朝向架外，一册册摞起来叠放。毛边书不是顺应插架的，动用了机器切上一刀就黯然失色了，只有书根、书顶、书口都不切的三毛书，才具有纯天然的原味，也更接近毛边党党魁鲁迅翁的本意。因此，观察一本合格的正宗的毛边书，应该以是否做到三毛为准则。”这与夏春锦先生在文中提出的毛边书必须坚持以“地脚对准冲齐、天头与翻口皆为毛边的所谓‘怒发冲冠’式为最理想的样式”，是“毛边书家族里的正统血脉”的观点，有异曲同工之妙！

马红亚先生应是毛边党中的新秀。他喜爱毛边书，但不去刻意追求，对毛边书保持了一种冷静克制的平常心，他在《毛边书里的暗香浮动》写到他的一位朋友因为不识毛边书为何物而错怪别人送他毛边本的有趣故事，文章结尾时写道：“作为一名对书籍装帧形式‘多看了一眼’的爱书人，收藏几本心仪的毛边书似乎也是一件很愉悦的事情。得之我幸，不得我命。我对毛边本的态度是，顺其自然，随缘，随心，随喜。有幸得之，理当宝之。”

本期揭载的篇幅较大的是许新宇先生《毛边絮语》一文，他在文中同样也谈到了自己在毛边书收藏热中淡然处之的心态：“书爱者无不钟爱毛边本，特别是作者的题签本就更显珍贵了。据说毛边本已成收藏的热门货，价格已炒到不可理喻的地步。可我看重的，是毛边本那种原生态的亲切，喜欢它那举头不齐的杂芜、留边不整的随意，还有那可以边裁边看的劳作趣味。”作为园地开放的《参差》，编者既欢迎《〈参差〉》《〈参差〉闲话》一类短小精悍、富于创意的短章，也期待《毛边絮语》这样扎实厚重的长文。

龚令民先生的《错怪毛边书》一文，是临截稿时收到的。文章写了对毛边书“一直不喜欢”，“对流行的东西始终保持一份距离”，“不趟时尚浑水”的人，一旦遭遇了自己的心仪之书毛边本以后，“不知怎么这割着割着就割出了感情，大有春上天，在湘西乡下老家陪父母弟妹剥竹笋的光影”。一个对毛边书从最初的“排斥”到后来“喜欢”者的心路历程跃然纸上。龚先生如今不仅自己喜欢上了毛边书，并且还创办了“毛边风月”微信群与同名公众号(mbfy123)!

《参差》第二期刊出了“高信先生纪念特辑”，本期再发三篇文稿作为续编。作者中有与高信相识相知时间颇为漫长者，自然对于逝者的认识会更深透，视角也更独特，值得关注高信“这个人”的人关注。

临末，编者要十二分欣喜地告诉读者，经由陈子善先生不惮其烦的拨冗沟通，从本期起吴兴文先生正式列名本刊顾问。吴先生既是海内外知名的文化人兼资深的编辑人，又是著名的中外藏书票搜集、收藏与研究大家，他对中国早期藏书票的挖掘暨诸多有关藏书票研究与欣赏的著述，真正的爱书人与喜爱藏书票艺术者都会感觉格外亲切，读者对吴先生一定不会感觉陌生的！

2016年9月

（载于《参差》第3期，2016年10月23日印行）

《参差》第 4 期卷首语

[江苏]沈文冲

丹桂芬芳四溢的江南十月，拙编第三期即已在此丰登的金秋降生。而在两个月之后，第四期《参差》又要与读者见面了。这既为兑现本刊创办之初议定的至少每年出两期的承诺，也藉此能够赶上“年出两期”的应有节奏。

真是巧得很，本期前三篇文章均出自陈姓（陈学勇、陈子善、陈克希）专家教授的手笔。而更巧的是，三人都与上海直接有着关联与渊源，倒也不妨称他们为“海派”的，倘使“毛边党”也有派别之分的话。

单从喜爱与鉴藏毛边本而论，“三陈”中的子善先生堪称是“毛边党”核心层里的首脑级人物无疑。子善先生爱毛边本，爱得可真是“有底气”！子善师每回撰述介绍的毛边书藏本，几乎都令“毛边党”们开眼震惊，拍案叫绝！使得本刊每期都有看头。从他本期讲述的所藏市值可逾万元的一册珍本毛边书，便可略知“一斑”。不然，安能从《参差》创刊开始，就开设“我收藏的毛边本”专栏来连载。这正如子善先生的爱猫不同凡响一样，一次闲聊之中，我说讨厌深更半夜被窗外叫春的猫儿吵得不能安睡，不料子善师语出惊人：难道人叫床就好听?！更难听！诚然，这话只有对猫性和人性的本质有彻悟者才能言。由此，我也更能理解子善师为什么爱猫、爱毛边本，为什么更愿与海内外的爱书人打交道了。

陈老萌（陈学勇）先生的《我与毛边本琐记》和虎闱（陈克希）先生的《抱残守拙的毛边本》两篇文章，是两位师长应邀特地为本刊拨冗赶写的，其情可感，其文可赏，格外令人感激。两位先生接触毛边书或者经手毛边书既久，各自文中的独到之见，自然比比皆是。如果说，陈克希仁兄在古旧书刊的收购定价过程中不经意间提升了毛边本的地位与身价，进而正面推动和鼓励编者把毛边书研究继续向前推进的话，那么，学勇师尽管一再申明他是“毛边党”的党外人士，却以激将之法有意识促动和怂恿懒散如我尽自己所能，全力朝着把毛边书研究做深做细的方向勉力前行。

本期刊出的文章除“三陈”的三篇，还有龚明德先生应约撰写的谈他怎样精做毛边本《新文学散札》一文外，其余各篇都由吉首龚令民先生约自其创办的“毛边风月”微信群。这些文章的作者都是真正的毛边书爱好者，都是这个创立不过三四个月的读书群体里边二三百号参与者中的活跃分子。他们的文章各具风采，或雄辩，或婉约，或隽永，或风趣，娓娓道来，趣味多多，无一例外地表述了作者对毛边书的钟情，相信读者自会欣赏，并且编者也相信，他们才是“毛边本今后走向更辉煌”（见本期陈克希一文语）的主力军。在此编者也就不再喋喋不休，逐一饶舌点评了。

临末，编者谨对两年来关心支持本刊的作者、读者和熟悉与不熟悉的师友们，表示最深挚的谢忱！

在即将到来的辞旧迎新之际，就让我们共同期待本刊明年的第五第六两期如期面世罢！

2016 年 12 月 8 日灯下于杭州西湖区浙大紫金港港湾家园寓庐

（载于《参差》第 4 期，2016 年 12 月 23 日印行）

《参差》第5期卷首语

[江苏]沈文冲

本刊第五期与读者朋友见面的时候,已是秋高气爽硕果累累的金秋十月了。

"我收藏的毛边本"栏目是陈子善先生从创刊号开始,就开辟至今的一个专栏。这一期叙述的是他收藏的林语堂旧藏、刘半农辑译的北新版《国外民歌译》(第一册)未裁毛边本。子善先生尽管已是著述等身,但他撰文时仍是惜墨如金,比如这"林语堂旧藏"一句,对我实在是太有诱惑力了,可陈先生就只肯在文中一笔带过,不再具体细说,着实吊足了我的胃口。于是,发去微信追问。令人欣喜的是,得到的不是一句简单的回答,而是现当代文坛一则难得的掌故:"1936年林语堂赴美前,把一批藏书托亲属或友人保管,1957年经上海市公证处公证,这批藏书归其亲属或友人所有,1990年代这批藏书散出,此书即为其中之一,封底还钤有当时的公证章,编号00202。"多年前,我在拙著《百年毛边书刊鉴藏录》中,也曾介绍过这部毛边的《国外民歌译》(第一册),但拜读子善先生的文章,让我获得了远远超过这本书本身的诸多相关知识，这就是所谓“通”才能做到的。所以，子善先生这类知识点密集而又准确可读的文章，读者因能从中获益良多而会永远受到欢迎。

“我怎样做毛边本”是让“毛边党”的党内外人士都能有话可说的一个题目。编者陆续为本期约了几篇“我怎样做毛边本”的文章，最早约到的是去年秋天即已收到的著名儿童文学作家孙卫卫先生的《关于毛边书》一文，要言不烦，尤其对为什么要出毛边书，作者有他独到的见解：“我一直觉得毛边书适合收藏，不适合阅读。”“毛边本是书的一种呈现方式，书珍贵，毛边书自然珍贵。书一般，毛边书收藏的意义也不大。”文中还写道：“拿到一本好书，火急火燎想往下读，却要一页页去割开，岂能不急？想随手翻翻也不成。”“很多人是边看边割，我喜欢割完后再看。”甚至说：“我经常对寄我毛边书的朋友说，以后再寄毛边书，顺道寄一本普通本，一本读，一本藏，或者就直接寄普通本。”说的全是实在话！有意思的是，卫卫先生接触毛边书几乎与编者的我竟是在同一年，不同的是卫卫先生最早接触的是“京版书”毛边本——王世家先生选编的六巨册《鲁迅回忆录》；我最初得到的是海南版的钟叔河先生增订重编本《知堂书话》纸面精装毛边本两巨册，和川版的陈子善先生编辑的《董桥文录》、龚明德先生著《新文学散札》，以及龚明德先生凭借自己的收藏责编的民国“老版本”三种（即《红楼梦宝藏》《前辈先生》《文坛登龙术》）等平装毛边书。孙卫卫先生的文章，也是编者刻意留到本期的，以便与其他的相关文章一并集中刊出。

本期围绕“我怎样做毛边本”这个题目的文章，还有著名散文作家谭宗远先生的《〈芳草地〉的毛边本》与《“敝帚”的毛边本》、编辑家兼出版人董宁文先生的

《“开卷”系列的毛边本》和山西作家杨栋的《留得毛边送知音——略说我自己图书的毛边本》。

谭宗远先生主持主编《芳草地》杂志长达十三四年，尽管谭先生申明自己“不是毛边党”，而他一贯低调务实、洋溢着士人凛然正气与文人雅趣的精神，也体现在他始终如一地坚持做《芳草地》的毛边本上。谭先生写道：我“在编《芳草地》杂志时，并没有忘情于毛边本，从创刊号到总第六十四期，再加上三期的‘中日民间文化交流增刊’，期期都要做一些毛边，以公诸同好。”谈到做毛边本得意时，他说：“你还别说，前五六年《芳草地》做的毛边本，还真像那么回事，毛的是书顶和书口，书根是齐的，唐弢先生所谓‘顶发蓬松’‘蓬头的艺术家’‘参差的美，错综的美’，该就是这个样子吧。拿这样的毛边本示人，我自己都觉得提气。也真该感谢那家印刷厂的老师傅，……○六年○七年两年，做得最为标准。”然而，好景不长，“从○八年起，给《芳草地》排版的公司考虑成本，换了一家印厂，做出的毛边本就不行了，……就这么做了十三年，直到去年年中《芳草地》杂志停办为止。”谭先生自己的多本散文集、书话集，也或多或少地或者是自己要求，或者是别人有心做了一些毛边本，甚至我在孔网上还搜到有“粉丝”为谭先生的著作做了数量极少的特装毛边本，也的确是别有佳趣。

至于因有蔡玉洗博士的慧眼识千里马而似乎从画坛走进文坛与编辑出版业，及至近十年来风生水起的董宁文兄，他在编辑民间读书名刊《开卷》的同时，看似仅仅是他副产品的“开卷文丛”“开卷文库”“开卷书坊”(已出五辑)、“兰阁文丛·开卷书坊”等系列的百余种文集，在读书界更是好评如潮，影响卓著。由他策划主编和参与设计印制的前述“丛书”的毛边书，就毛边制作的完美性与独创性而言，可谓越做越好，后来居上，尤其是“兰阁文丛·开卷书坊”毛边本，堪称无与伦比！

成都的四川师范大学文学院教授龚明德先生，是当代毛边书编辑印制的元老级人物，用一句潮语来形容，明德先生是毛边书印造的老司机了！他不仅有较早由他一手编辑印行的《余时书话》《董桥文录》《新文学散札》、“老版本系列”三种等毛边书实物，而且在毛边书的规范印制方面有独到的见解，令人敬佩!他还独辟蹊径，利用他熟悉图书印制程序的优势，采用邮寄尚未装订的图书扉页的办法，对获取分散的不同著作者的毛边签名本，提供了一条全新的途径。

山西沁源的杨栋先生对于书籍的喜爱，可以说是几近嗜书成癖。杨先生 20 世纪 80 年代即与毛边书有了交集，之后就直接付之实践，他的诸多著作中大部分是做了毛边本的，编者在本期的“炉边茶歇”中已多有涉及，容不赘述。

无锡安健先生是编者认识和结交的毛边党圈子里的新朋友，但他是资深的铁杆毛边党。本期刊出的两篇安先生叙述毛边书的文章，新老毛边党们从字里行间就能感受到安先生酷嗜毛边书的浓浓情怀。安先生不单喜好毛边书，而且更为可贵的，是乐于把自己的珍藏与感悟形之笔端，与毛边党们共同分享。这是特别值得编者与读者感激的。

李传新先生的文章《毛边书局的来龙去脉》，是专门为傅天斌兄的“毛边书局”创办二十周年而写。当年在黄成勇先生执掌湖北十堰市新华书店时，李先生主编《书友》报，编发过一组有关毛边书的文章，是毛边书发展过程中积极的推动者，他的书话力作《初版本》《坐拥书城》都是做了毛边本的！

除此之外，今年上半年以来有关毛边书的若干资讯，凡与编者有交集的，大致也都或详或略地罗列在本期的《炉边茶歇》里了，有兴趣的读者也请垂注。

（载于《参差》第5期，2017年10月23日印行）

《参差》第6期卷首语

[江苏]沈文冲

《参差》自2015年5月22日创刊，至今已经历三年多的荏苒时光。依照本刊的既定进程，每年出版两期，今年之内刊行第六期。

本期编辑之时，适逢“毛边风月”公众号和微信群创建一周年，编委会遂议定编印一期纪念特刊，同时推出“毛边风月一周年纪念”专辑。

阅读、鉴赏、收藏与编辑、印制毛边书，已经成为当今读书圈部分博雅君子乃至出版人的热门话题。当下的“毛边书”热，与十八年前本刊编者关注“毛边书”这个课题之初，“毛边书” 还不太为许多读书人所知的情形相比，已然不可同日而语！在最近五年时间里，国内每年印造的毛边书从当初的年均十来本，已经一跃飙升到现在的每年三四百种之多！可以肯定地说，现阶段是“继一九二九年毛边书的全盛时期”之后，“毛边书的第二个鼎盛时期”！不仅突破了当年“几近日出一本毛边书”的历史最高记录，而且每本毛边书的印制数量，也从此前通常的十数本或几十本，扩大到如今的每种毛边书印造动辄上百本甚至达二三百本之夥！

在喜爱毛边书乃至酷嗜毛边书的“毛边党”队伍，恰如滚雪球一般越滚越大之际，编者可否姑且这样斗胆地说：当今关注与研究“毛边书”的专家学者，几乎很少有不知道“中国毛边书研究第一人沈文冲”这个名字的，还有他的毛边书研究相关系列著述，以及他所创办的专事毛边书文化研究的小型期刊《参差》半年刊；而当今的毛边书爱好者与收藏者，大概也很少有不知道“毛边风月”公众号及其创建者龚令民先生的。当然，喜欢毛边书，与知不知道哪一个人，其实也并不是那么要紧的，重要的是我们乐见有更多的爱书人，逐渐地养成了喜爱毛边书的雅好！

《参差》与“毛边风月”联手，共同关注并且逐步推进独树一帜的“毛边书文化研究”能够积极健康地向前发展，给予业已形成的“毛边书热”应有的引领与温馨的服务，成为探讨毛边书文化、感悟毛边书趣味、传播毛边书讯息的交互平台，这是毛边书研究者、爱好者、收藏者之幸。本期刊出的新老“毛边党”们与非毛边党人士撰写的近五十篇长短不一的文章，不正是前面这一段话的最好注脚吗！当然，《参差》与“毛边风月”的联手，我们更不应忘记《今晚报》高级编辑、著名文史学者王振良先生热心穿针引线的搭桥之功。

本期所刊的文章，源自于不同的文化层面、不同的作者之手，一部分文章是本刊积存下来的约稿，还有六七成稿件则由“毛边风月”公众号征集而来，所以文章水准“参差”以至悬殊，自然也是在所难免。尽管编者也花费了一些功夫，但限于识力及时间上的关系，有些文稿未能编辑加工到如愿以偿，难免差强人意！这是特别需要高明的读者予以谅解的。而作者对于毛边书的喜爱无不溢于言表，流泻在字里行间。当然，第五、第六两期的出刊时间，也因为诸多因素的影响，无可避免地“参差”了半年有余，这一点也希望得到爱重这本小刊的“毛边党”们谅宥！

还有要特别告诉诸位的是，本刊从第五期起，已荣幸地邀请到上海博古斋首席古旧书刊标价师兼著名书话作家陈克希先生，加盟到本刊的顾问团队行列。对陈先生的慨然应允，我们在此谨表示衷心的谢忱！

本期“我收藏的毛边本”“炉边茶歇”等连续刊载的栏目暂停一期。

在编辑过程中，编者惊悉本刊首席顾问、杰出的文史学者、著名出版家、作家兼诗人丁景唐先生不幸于2017年12月11日在上海因病去世，享年97岁。丁老1920年4月出生，1938年加入中国共产党，1944年毕业于上海光华大学中文系。他长期在上海从事进步刊物的领导、编辑工作以及进步的社会活动。新中国建立后，曾任职于上海市委宣传部、上海出版局，1979年出任上海文艺出版社社长兼总编辑。他先后主持了具有重大历史价值而存世稀少的中国现代文学期刊的影印、《中国新文学大系(1917至1927)》影印、《中国新文学大系(1927至1949)》续编等重大出版工程。1980年2月，作为对“左联五十周年纪念”，他还推出了根据1933年上海“青光书局”刊行的瞿秋白编选并作序的《鲁迅杂感选集》繁体字版的仿制毛边本，成为新时期毛边书出版的标志性事件。该书毛边印制精美绝伦，至今仍为“毛边党”们所津津乐道。丁老一生著述甚丰，主要著作有《犹恋风流纸墨香——六十年文集》《星底梦》《妇女与文学》《学习鲁迅作品的札记》《瞿秋白著译系年目录》《左联五烈士研究资料编目》《诗人殷夫的生平及其作品》《瞿秋白的研究文选》《鲁迅和瞿秋白合作的杂文及其他》《中国现代著名编辑家编辑生涯》等。由丁老哲嗣丁言模先生主编的《丁景唐先生纪念文集》(暂名)，计划将于2018年夏编印出版。同时，编者得到著名的书话作家与诗人韦泱先生的鼎力支持，本期封二特别刊出丁景唐先生的遗墨，以此表达“毛边党”们对这位德高望重的可爱的前辈学者、出版家的悼念之意与崇敬景仰之情。

此外，本刊因原赞助方连续年余资金未能到位，从本期起不再付给作者本就微薄的稿酬，敬希谅察！特此申明。如蒙有意资助者，竭诚欢迎洽商！

2017年10月19日初稿于杭州

2018年丁酉除夕补定于西子湖畔

（载于《参差》第6期，2017年12月23日印行）

“参差”闲弹

——《参差》第1期编后记

［天津］杜　鱼

这本薄薄的小册子，在沈文冲先生的勤苦推动下，终于编辑完成。虽然比我们最初计划略晚了些，但是她的问世，幸运地赶上第十三届全国读书年会，可以藉此就教于毕至的群贤，足以让编者感到欣慰。

我不是“毛边党”，毛边书固然也有一些，可从来未曾为毛边而毛边，就是说我插架的所有书籍，是不是毛边和要不要购藏，两者之间毫无干系。

我或许可以算是“毛边党”的外围，因我从不排斥或反感毛边书。既然有人喜欢，就应该允许她的存在。至于沈文冲先生，致力于把毛边书当作学问来研究和推广，这就更值得钦佩。也正是因为如此，才有了我们在《参差》上的合作。

书的整齐和参差，美不美或者美在哪暂且可以不论，但这正如人的个性亦各有参差，社会应当给其适当的生存空间。我们固然可以不喜欢，但绝对不能责备别人爱好她。只有人与人之间足够包容了，社会的和谐美好才不会落空。

"毛边党"喜欢毛边书,就如同人的穿衣吃饭,心中各有所好各取所需而已,既谈不上下里巴,也没必要提升成高大上。这本拙朴的《参差》,仅是打造一个小小平台,以供同好之间来交流,不能说对社会建设有多大的裨益,但也绝对是没有什么损害的。对于"毛边党"来说呢,稍许还可以娱情兼益智,若是这样看起来,总归还是一件好事。

至于《参差》的名字,缘自我与元卿等师友交流时的灵光一闪,并没有什么太多的深意。其好处是比起直白浅露的命名,稍微有些曲折的意思在里面,个中之人闲时琢磨起来,是颇可以会心微笑的。

闲话不好多谈,就此草草收官。曲终难以奏雅,凑成打油一首云:

云舒风卷各由之,操管弄文有所思。

丽日东风花万树,更添碧柳郁参差。

乙未立夏后两日杜鱼草于沽上四平轩

(载于《参差》第1期,2015年5月22日印行)

小众的“参差”

——《参差》第2期编后记

[天津]杜　鱼

在《“参差”闲弹》中，我说到寒斋有些毛边本，然鄙人难算“毛边党”。但是，于我是绝不反对“毛边党”的，萝卜白菜各有其爱，一个人喜欢什么，只要无伤公序良俗，都应该得到尊重。

即使在“读书党”中，“毛边党”也是个小众事业，抑或将来“党员”踵事增华，恐怕也还只能是小众。如果大众追捧的时代来临，对毛边书来说当非幸事。正是因为小众甚至有些小资，赏玩毛边书堪称雅趣，要是一窝蜂了，那肯定就俗。

真正的“悦读”，必得气定神闲，而读毛边书呢，尤其需有平和之心境。静若止水，才有兴致一页页裁边，赏玩，深读，体味……而如我这种俗人，公私之事俱冗，真难有那种情致。翻过的毛边书也不少，惜均非边裁边读，而是手中执定锋刃，先一股脑儿地裁好，再一股脑儿地看完，真的是荼毒风雅了。

读毛边书，“心境”之外，尚须“语境”配合。文字冲淡，娓娓而谈，万物化我，天人合一，书里书外都无欲无求，这方能与裁读相契合。因此呢，读毛边书要具备两大条件：一是不惑之心，二是雅净之文。再通俗一点儿，就是作为读者，必得有情有闲，作为被读者，必得有文有质……咀嚼到会意之处，可击节浮白，可朗吟高歌，可手之舞之足之蹈之。由此不才以为，非是随便拿本书都适合制成毛边本的，更不是制成毛边本的书都适合边裁边读……而现实情况是，大量的所谓毛边本，徒具“毛边”的表征，却缺乏“书”的内涵。这话说出来不怎么入耳，但行文至此不得不发。前些年编《天津记忆》时，我留了些三边未裁的本子，沈文冲先生肯定其为“毛边本”，其实那只是预备装合订本的，所以百余期搞下来，印得真正是七长八短，难中“毛边党”的意。

读书终归是好事，毛边书文化也该发扬，但欲入“毛边党”的，定要斟酌妥贴。不少文化名家支持“毛边党”，但又常否认自己是“毛边党徒”，个中原因颇值得玩味！《参差》第二期校竟，胡言乱语，不成体统，缀诗以纪之曰：

读书大雅易俗之，苍狗白云幻异思。

豆腐青蔬人各爱，神闲气定校参差。

2015年12月30日于沽上四平轩

（载于《参差》第2期，2016年1月23日印行）

相对的“参差”

——《参差》第 3 期编后记

［天津］杜　鱼

上期编后话题是小众之“参差”，可是就在前不久，湘西龚令民先生登坛举旗，挥手之间，创建了“毛边风月”微信群，未足一个月时间，已聚集党徒二百余人，而且活跃度相当高，并吸引了若干关于毛边书的原创文章。虽然这二百多人，尚远说不上大众，但比我预想的声势却是要宏壮不少。看来国民人口基数庞大，总归也有庞大的好处，这样一些本来真的“小众”之事，也显得不是那么“小”了。闹闹热热，譬如这玩毛边书。

“毛边风月”微信群里，“毛粉”们除了展示珍藏，絮叨较多的就是书口的“参差”问题。毫无疑问，毛边书的根本特征是必须“参差”，且不管它一边毛、两边毛还是三边毛，总之必须得“毛”。可这“毛”究竟有什么好，值得读书人去为它埋单——毛边书省了一道工序，本来成本应该更低，可实际被炒得价格不菲——毛边党的老前辈已经告诉我们了，毛边书有一种“参差的美”。可何谓“参差的美”？

“整齐的美”就不美了吗？其实，所谓“参差”和“整齐”，不过是相对的两个概念。以前书口太整齐，怎么看都四平八稳，所以“参差”就显得美了；要是今后出书全都不裁，尽皆长短错综，那时恐怕“整齐”也变美了。这不是歪理，我想说的是，人之审美是会疲劳的，都整齐就要追求参差，都参差则会钟情整齐，翻来覆去，如此而已。正如对惯吃燕窝鱼翅者，萝卜白菜则成好东西了。反之亦必如是也。当然，从使用的方便性来看，出书都保留毛边的可能性几乎是零。这样一来，爱毛边就不能被认为没有道理，毕竟在这世界上，整齐之书占绝对优势。

毛与非毛，从书的本质来看并非关键要素，“形而上”的毛边书之美，仅仅是作为一种外在的形式美而存在的，故此爱不爱毛边，也只事关个人的审美趣味，没有高下、优劣或对错之分。而且即使这趣味，还跟个体的教育背景、知识结构乃至生存状态有关。连书都懒得买者，你想让他们建立起对毛边书的概念，并且动员他们追捧，可能永远都是徒劳。毛边书终归是书，个人喜欢就行了。

最后，仍沿前面两期之积习，原韵杂凑出七言四句，以为本期之收束。辞曰：

花开叶落信听之，故纸神游骋妙思。

沽上秋深风景异，捉刀把卷阅参差。

丙申寒露写于沽上四平轩

（载于《参差》第 3 期，2016 年 10 月 23 日印行）

渐入“圈套”

——《参差》第4期编后记

[天津]杜　鱼

我这个人有个优点，当然有时也会成为缺点，就是干事容易认真。文冲先生呢，他久有创编毛边书杂志的意愿，我知道后就力图有所推动，于是把《参差》搭建到问津书院这个平台上。

在上期“卷首语”中，文冲先生曾说，写文章“如履薄冰”，不小心易被下“套”。桑农先生自留“余地”，固属“咎由自取”，而我则在不知不觉之间，亦渐入文冲先生“圈套”。他数次来函不吝辞费，称《参差》之编后记“极佳”“隽永”，“鼓励”或说“鼓动”我继续写，似乎是在与我商量，而究其实是督促完成。而且，只要《参差》不停刊，恐怕就得支撑下去。

我固然文思有限，却也不无入套的意思。毕竟这是件很好玩的事情，与我平素所倡颇为相侔。当然，让人担心的是，文冲先生还有更大“阴谋”，此前我强调过，虽不反对毛边书，但也非是“毛边党”。而察其言观其行，文冲先生的所作所为,大有把我弄进党内的意思。好在鼓吹文化不是缺点,索性来个顺水行船,半推半就了。而且,我也发现自身危险迹象,就是编辑《参差》第三期过程中,受陈子善先生文字蛊惑,随手通过微信购得《音乐的解放者悲多汶》毛边本。这可是我冲着“毛边儿”买下的第一本毛边书。

闲话就不再絮叨了,一切顺都其自然,这或许是最好的选择。嘀嘀咕咕,要浪费脑细胞的。回头再说毛边党人,虽不缺乏收藏和研究的里手,但对其他爱好者而言,或仅仅为有点小时间,学点小知识,写点小文章,赚点小零钱,如斯而已。毛边书有学院派的爱好者,但在正规的知识体系里面,好像还难以找到恰切的位置,这恐怕也是许多名家总是不无遮掩,与毛边党若即若离的原因之一。爱毛边不能说低俗,但是也谈不上一定就有多高雅,只能说自个儿玩得高兴就行。

俗语云“事不过三”,过三就成惯例了。有文冲先生遥控督阵,结尾这七言四句,想来真是不能免的了。辞曰:

三长五短但因之,裁读随心蕴雅思。

一盏清茗常入定,由他且自笑参差。

2016年12月18日于沽上四平轩

(载于《参差》第4期,2016年12月23日印行)

无意义的“参差”

——《参差》第5期编后记

[天津]杜　鱼

《参差》第五期编竣，照例仍要写上几句，这样可以争取主动，否则沈文冲先生是“不会放过我的”。

毛边书的“毛边”，作为客观之存在，似可归入图书“装帧设计”一途。在这点上达成共识，我们接下来才好探讨“参差”的意义。

普通装帧设计的图书，大都具有一定审美价值，其高者还可具有艺术价值，乃至能够深化图书主题而具有思想价值，形式与内容可谓相得益彰。而“毛边”装帧呢？除了具有普通装帧的特点外，对于“设计者”而言，还有书口以及天头、地脚“裁”与“不裁”的选择，不过这显然不存在“设计”元素，因此“毛边”本身并不具备艺术性和思想性，剩下的就只有勉强的审美性了。可三边“毛”与“不毛”，无论怎样排列组合，最多也只有七种形式(三边都裁就非毛边书了)，这对审美来说无疑是容易疲劳的，再加上审美具有强烈的个人好恶，即所谓见仁见智，固然可以“情人眼里出西施”，不乏欣赏“参差”美的毛边党，但觉得“参差”不美的也大有人在，他们认为“参差”是无意义的，甚至觉得有些丑陋。

因有毛边党在，“参差”变得有意义；因有非毛边党在，“毛边”变得无意义。毛边党认为边裁边读，是一种放松，是一种审美，是一种消受；可非毛边党认为，裁读滞碍了阅读的节奏与速度，破坏了阅读的流畅与快感，其极端还把毛边书视作残次品。翻过来掉过去说这些，也只能是告诉大家，索性“萝卜白菜”吧！

最早的图书，功能比较单纯，主要是保存与传承知识。后来随着图书载体的变化，尤其是造纸术发明后，才渐增各项审美功能——纸张、版刻、墨色、装帧等，至于“毛边”与否，最多算是附着在装帧之下的个人选择——这种选择，对一些人来说有意义，对一些人来说无意义。归根结底，实际上确实没啥意义！

新换办公室，自八楼升至廿楼，虽面积更为逼仄，视野则开阔多矣，惜余有恐高之症，弥望易致眩晕。心中偶有所感，仍缀以打油之什以收官：

秋云秋月两凭之，节近团圆动客思。

辽水风霜新入梦，高轩独坐改参差。

2017年9月28日草于沽上恐高轩

（载于《参差》第5期，2017年10月23日印行）

有意义的“参差”

——《参差》第6期编后记

[天津]杜　鱼

上期刚谈完《无意义的“参差”》，本期就读到龚令民《毛边杂纂十题》，我的“毛边书无用论”被打入“不忍闻”之列。于是只得顺从龚兄一次，谈毛边书之“有意义”。

一般来说，真正的意义应该是客观之存在，其有无并不以主观意志为转移。譬如说图书，是保存知识也就是人类智慧成果的载体，通过阅读它还会附着上传播等意义，使人类不用再重复已有的思考与实践。而恰恰在知识传播这一点上，毛边书之功能因“毛边”的存在被弱化了：毛边本不裁，只能作为单纯的收藏品，没法读，最基本功能被灭失；边裁边读，确实影响速度，阅读效率下来了；裁完再读，书之本质已恢复到传统的“光边”，“毛边”的意义没有了，而且即使一气裁完也仍需要花一点儿时间。综观以上，在单纯的保存知识方面，毛边书与光边书无区别；在阅读传播这点，毛边书有“负意义”；而艺术、审美这些附加值，毛边书也无任何真正的本质超越。如此这般，认为毛边书“有意义”，只能归结为个人主观感受，而拿不出什么标准，至少拿不出客观标准。

既然没有客观标准，那毛边党也好，非毛边党也好，就各活各的吧！可毛边党为何还好这口呢？审美之异数也。读书除了汲取知识，当然还可以消遣，说好听些是陶情，而毛边书之嗜好，也只能归入陶冶性情之列了。这与热衷琴棋书画、鸟兽虫鱼本无区别，甚至与吃喝嫖赌、声色犬马也无区别，只不过后者浪费社会资源，就被认为低俗；前者无害于他者，则被推为高雅。

在非毛边党看来，毛边书的一切功用，都与光边书无区别，因此花过多银钱追求“毛边”，自然是舍本逐末了。读书养性，说出来简单，并不容易做到——这不是非得有钱，但却一定要有闲。碌碌于日常之鸡毛蒜皮，哪还能够平心静气，哪有闲情品茗读书，而且还是边裁边读。因此首先得过日子，然后才能过有意味的日子。毛边党的追求，无害于社会，有益于身心，即使不提倡，但也不应反对。

寄寓沽河日久，遥念桑梓旧游。本期编排甫定，例行公事打油：

居津若素久安之，偶望关山泊远思。

知命乐天真快事，舒心静气悟参差。

2018 年 3 月 5 日草于沽上恐高轩

（载于《参差》第 6 期，2017 年 12 月 23 日印行。按这本专辑脱期严重，2018年 3 月 17 日始问世）

《参差》目录

［天津］杜鱼 整理

《参差》小刊，以探讨毛边书文化为宗旨。2015 年 5 月 22 日创刊，至 2017 年 12 月 23 日共印行 6 期，大体维持每年两期的速度。《参差》署天津市问津书院编，主编沈文冲。编委王振良、严晓星、沈文冲、董宁文，第 4 期起增龚令民。顾问丁景唐（2017 年 12 月 11 日去世）、高信（2015 年 12 月 27 日去世）、陈学勇、陈子善、谭宗远、龚明德、王稼句、卢礼阳、徐雁、朱国强，第 3 期起增吴兴文，第 4 期起增陈克希。封面设计唐文权。

第 1 期（创刊号）

2015 年 5 月 22 日印行，内文 40 页。本期内封集鲁迅先生字。

第 2 期

2016 年 1 月 23 日印行,内文 64 页。本期内封集知堂老人字。

高信先生纪念特辑

第 3 期

2016 年 10 月 23 日印行,内文 64 页。本期内封集蔡元培先生字。

高信先生纪念续辑

第 4 期

2016 年 12 月 23 日印行,内文 48 页。本期内封集巴金先生字。

第5期

2017 年 10 月 23 日印行,内文 52 页。本期内封集程千帆先生字。

第6期

2017年12月23日印行,内文144页。本期内封集丁芒先生字。

毛边风月群一周年纪念

2018 年 4 月 30 日整理完成于沽上恐高轩

唯美参差

《参差》

[上海]陈子善

“参差”这个词，最早见之于《诗经·周南·关雎》：“参差荇菜，左右流之。”《辞海》的解释是：“长短、高低不齐；不一致。”而笔者今天介绍的《参差》，是一份去年创刊仅仅40页的小刊物，沈文冲编，天津市问津书院编印，刊名即叫《参差》。

之所以起这么一个较为冷僻的刊名，据编者之一的杜鱼兄在编后记《“参差”闲弹》中说：“《参差》的名字，源自我与元卿等师友交流时的灵光一闪，并没有太多的深意。”但我却以为虽然出自“灵光一闪”，毕竟还是其来有自，大有深意。

近人以“参差”暗喻西式印刷品中的毛边本，“始作俑者”应该是新文学书话大家唐弢。唐弢早在1946年12月11日上海《文汇报·文化教育体育》发表的书话《毛边党与“社会贤达”》中，引用鲁迅“毛边党”之称谓表达对毛边本的喜爱时就说过：

“在书本的取舍上，我是有党有派的……我也是毛边党党员之一，购新文艺书籍，常要讲究不切边的，买来后亲自用刀一张一张的裁开，觉得别有佳趣……我之爱毛边书，只因为它美，———种参差的美，错综的美。”

唐弢在1982年4月12日所作《“拙的美”——漫谈毛边书之类》中，又重申了对毛边本的一往情深：“我对毛边书早有好感。与鲁迅先生从反面嘲笑‘和尚’‘尼姑’相印证(鲁迅曾经说过‘光边书象没有头发的人——和尚或尼姑’。——笔者注)，我觉得毛边书朴素自然，象天真未凿的少年，憨厚中带些稚气，有一点本色的美。至于参差不齐的毛边，望去如一堆乌云，青丝复顶，黑发满头，正巧代表着一个人的美好的青春。”

相隔三十多年，唐弢两次赞美毛边本，均提到“参差不齐”“参差的美”，以至后人归纳他评论毛边本的观点，以“参差美”“朴素美”“单纯美”“本色美”四美来概括。毛边本之“毛”，一书之中，书页不切边，不正是长短不一致的“参差”吗？也因此，一份以专门研究毛边本为宗旨的书话刊物，以《参差》命名，真是再恰当不过。为此，吾友王稼句兄还借用元人邓牧《寄友》诗中“明月可望，佳人参差。笑言何时，写我相思”句，把毛边本比作“佳人参差”来加以肯定。

自上世纪20年代末新文学毛边本盛行至今，九十来年过去，我们终于有了这本小小的《参差》，或可由此从容地讨论毛边本。不必讳言，对毛边本，迷恋者有之，反对者也有之，不迷恋也不反对者更有之，他们均可在《参差》上交流切磋，畅所欲言了。

临了，应该补充一句，《参差》当然也是毛边本。

（载于2016年3月15日《今晚报》第16版“副刊·读吧”，转载于《参差》第3期，2016年10月23日）

我观《参差》

[江苏]陈老萌

近来一些读书人颇为热衷收藏毛边书，亦即那种天头、地脚、书口三边不切，省却了书籍装订工序中最后一道切边工艺的现代毛装本。

鲁迅在世的20世纪二三十年代，毛边书曾因周氏兄弟的倡导而盛行一时。中华人民共和国建立，百废待兴，一切崇尚“多快好省”，作为“悠闲生活”产物的毛边书，自然被归于“革除”之列。只是这一“禁绝”，使得与现代新文学息息相关的毛边书，也从研究现代文学的博士生们的视野中消失，以至竟不知“毛边书”为何物！在既往的几十年间，新华书店也久不经营毛边书，甚至将毛边书当作半成品或残次品，不予出售。

大凡某一事物有爱好者，就难于彻底禁绝，何况还是可以归入“高雅”“时尚”的爱好呢。如今收藏、裁读、鉴赏毛边书悄然成为一种时尚，又在一些读书人中流行了起来，这恰好成为毛边书无法被禁绝的明证。

沈文冲十几年来专注于对毛边书前世今生的探究，他于毛边书热心付出，已经硕果累累，三年前编印《参差》又添新收获。这与他的专著各有不同补益，专著引起关注，《参差》更能凝聚“毛边党人”——有互动，能持久，还可吸引更多的读书人参与对毛边书种种问题的切磋探讨。

《参差》的名字取得好，令人耳目一新，没有落入诸如“毛边书爱好者”“毛边党人”之类的俗套。

有了《参差》，关涉毛边书的系列工程完备矣。从三年来已出刊的六期看，它为一群可爱的读书人留下了展现各自风采的侧影。

与文冲交往既久，却一味拒绝加盟《参差》，难免有不近人情之虞。最终我忝列顾问，仿佛与议会需要个“反对党”，属于同一道理罢。

因了沈文冲先生，我算与毛边书、“毛边党人”结了不解之缘！如今送拙著或刊有拙文的刊物，送出的倘是毛边本，自己也觉得情谊重了一点呢！

作为“始作俑者”之一，鲁迅将毛边书带入吾邦已逾百年。展开对毛边书独特版本形式所蕴含文化意义与审美价值的探究，无疑《参差》是填补了空白的。相信若干年后回顾，《参差》必将是一套独具价值的难得资料。

读《参差》多受教益。陈子善拓展视野，文字不乏情趣，且兼具史料价值。沈文冲的“卷首语”温厚亲和，娓娓道来，切实中肯，成为导读。杜鱼的“编后记”，多从社会阅读的层面上，对阅读毛边书进行理性辨析。

当然，也毋庸忌言，毛边书是小众的，专门探究毛边书的《参差》，终究也还是小众的读物。尽管如此，它仍然不失为观察了解读书人的一个窗口。关于读书人的情态，仅看这些标题——《恋上毛边书》《佳人参差》《“耳鬓厮磨”毛边书》，或者也可以约略窥见一斑。近期多了一些议论(还说不上探讨),如“边毛得无规无矩,随心所欲,恣意妄为,破坏了毛边书的美感”(《艺术家与毛脚女婿》),又有引证尼采的话说,我们走得太快,是该停下来等等自己的灵魂了……议论归议论,爱好者们却终究以精神贵族自诩:“无休止的求变求新,虽然能够制造出巨大的动能,但也可以制造出同样巨大的空洞。你比以前的你有钱了,但是你比以前的你幸福吗？”(《为什么要读毛边书？》)显然,“毛边党人”以为他们是幸福的。

玩物并不丧志。为《参差》撰稿的作者中多相识的,或曾经面叙,或神交已久,过从不疏的也很有几位。他们于读书之外,大大小小差不多都各有建树。还有把毛边书做成学问的,深入作专题研究,出现了沈文冲辈知名学者。

杜鱼的看法我是拥护的(《小众的“参差”》),有些书不宜做成毛边。譬如李树德所说,他得到的第一本毛边书《刘氏女》就很不相宜。那是章诒和的长篇小说,在情节进展或人物刻画时,突然中断下来裁它一页,这恐怕就如电视剧插入广告一般恼人。然而,若有人操阿妈口吻反诘一句,《呐喊》《彷徨》做得,我就做不得?!只好哑然相觑矣。

我欣羡毛边党爱毛边书的情态可爱以至动人,李树德在《我是怎样喜欢上毛边书的》文中说:“有一段时间,毛边书在我心目中成了一位仙女,令我心醉。虽多年追求,也未能一睹芳容。越是见不到,越是苦苦追求。”文章内容与其说是在扣题目,毋宁说是在写追踪毛边书的历程。

有做的,有藏的,有读的,毛边党们自有其纯属于他们自己的一片自由天地。譬如,以《开卷》为依托的“开卷文丛”等,先后已出版百余种新书,印象中大部分是做了毛边本的;近些年,中华书局、三联书店、海豚出版社、大象出版社、广西师大出版社、河南文艺出版社等出版机构，也都陆续印造过数量不等、内容值得一读的毛边书，不少已为毛边党们所追捧。《参差》本身，已出的六期，也无一例外地都有毛边本。近十几年间，各地印造的毛边书数量，的确是蔚为壮观，或可看作毛边书阅读史的碑石。

鲁迅戏称自己是"毛边党"，其时实未见有"党"，虽喜好毛边书者不乏其人。周氏兄弟关于毛边书的片言只语，今天在"毛边党人"眼里无异圭臬；而在当年，毛边书也只是各自喜好罢了，至多馈赠时留一份友情，自然而然，不似今日毛边党这般自觉或刻意，作为一种执着的追求。过去为毛边书者，彼此联系无多，也就是散兵游勇。如今喜好毛边书的人数之多，则超乎想象。"毛边风月"微信群一建成，很快就聚集了二百余"毛粉"，远非鲁迅时代所能及，借助现代科技手段，往来更加密切。《参差》尽管只是一份小小的纸质资料，也算得上"党刊"了，"毛边党"终于有了相互交流观摩的平台。这也是一种功德圆满吧！质之文冲，未知以为然否？

2018 年 5 月 13 日

《参差》闲话

[四川]朱晓剑

去年参加天津读书年会，看到《参差》杂志创刊号，很意外。主题杂志这几年很流行，但要做好颇不容易，既要有广泛的视野，又需要专业的精神。达不到这两点，窃以为很难做好。当然这就更需要主编具有相应的高度，这才有杂志的持续出版的可能。

《参差》就具有这样的特色。虽然毛边书在大陆流行几近百年，但尚无反映毛边党情怀的刊物(此前成都有刊物《毛边书讯》，却并不是以研究毛边书为己任)。因之，《参差》就担任着团结"毛边党"的重任了。

不过，说起毛边书，据专业人士研究，许多毛边书算不上是"正宗"的。于是乎给出标准。我偶尔也收到毛边书，是不是"正宗"的呢？我不太清楚。其实作为一种雅趣，毛边书只要好玩有趣就好，不一定非要有统一的"毛边状态"，我读这两期《参差》，最大的感受是，在毛边这个主题下，大家可以就自己对毛边书的认知竞相发言，至于对与错，并没有那么要紧。

这才是杂志应有的风度。办杂志最为忌讳的是一种腔调，统一成一种思想，这样的杂志读来也很无趣。《参差》虽然没有进行栏目划分，给人的总体印象是，内容涉及毛边书的种种，有记事有掌故，也不乏毛边书的介绍（也可能是出版史上的最小众部分了）。这样一来，我们就可看到毛边书的种种，原来是这样回事。这让我想起前几年也有藏书票的刊物，但多是图片的陈列，至于藏书票的故事啦记录啦却很少。对于不懂藏书票的人来说，读来大不容易吧。《参差》有文有实物（毛边书的形态展现），这无疑是普及毛边书文化最好的方式。

《参差》的内容犹如佳人，形态不一，风情万种，让人看着忍不住喜爱。且刊名采用集字的方式出现，也是别致。鲁迅、知堂都是毛边党人，从他们的文字中，是可以看到读书的风姿。我倒觉得除了今天的作者写与毛边书的种种，倒也可选一些谈论毛边书的民国旧文，一是这样的文字一般读者难以读到，二是可看出毛边党人对毛边书的情怀。至于国外关于毛边书的文字，若易收集，也不妨介绍一二。

无疑，毛边党人在爱书人当中，是小众的。但同样是可以体现出毛边党人的趣味和格调的。

（载于2016年8月19日菲律宾《世界日报》第11版“广场”，转载于《参差》第3期，2016年10月23日）

人文风雅说《参差》

[天津]陈德弟

由问津书院印行、沈文冲先生主编的《参差》民刊，自2015年5月第1期问世，迄今已出刊6期，它是介绍、推广、普及、探讨毛边书文化的主题资料，与《问津》《开卷》《品报》以及大型天津历史文化丛书“问津文库”（至今已出版72种），还有影印的大型历史资料丛书《天津文献集成》50册，构成问津书院“追忆津沽记忆，守望文化家园”宏大的文献渊薮。问津书院挂牌五年来，能取得享誉全国的声望和荣光，与书院理事长王振良先生“埋头苦干”（鲁迅语）密不可分，与书院同仁共同努力密不可分。

《参差》探研毛边书的历史与现状，因此刊名和装帧与毛边书紧密相关。杜鱼先生在《参差》创刊号的“后记”中说：“《参差》的名字，缘自我与（张）元卿等师友交流时的灵光一闪，并没有太多的深意。其好处是比起直白浅露的命名，稍微有些曲折的意思在里面。”

但著名学者陈子善先生则说:"'参差'这个词,最早见于《诗经·周南?关雎》:'参差荇菜,左右流之。'《辞海》的解释是:'长短、高低不齐;不一致'……我却以为虽然出自'灵光一闪',毕竟还是其来有自,大有深意。"他认为"近人以'参差'暗喻西式印刷品中的毛边本,'始作俑者'应该是新文学书话大家唐弢",接着陈先生就用两大证据,论证了唐弢是以"参差"暗喻毛边书的"始作俑者"。

陈先生的文中,不仅诠释了"参差"之意,而且言简意赅地讲明了《参差》刊名的由来,并热情祝贺《参差》诞生,欢迎社会诸位贤达来此平台,"聚讼"毛边书之"是是非非"。

《参差》主编沈文冲先生,是研究毛边书的著名专家,著有《中国毛边书史话》《毛边书情调》《百年毛边书刊鉴藏录》,为国内许多毛边书爱好者、研究者、收藏者提供了指引和方便。

根据沈文冲先生研究,毛边书是中国新文学运动的产物,也一直是新文学书刊收藏家的至爱。毛边书是西方书籍装帧艺术中一种特殊装订形式,最初只裁地脚下切口,不裁天头上切口和翻口外切口,保留了纸张的毛边效果。这种毛边书最早流行于英国、法国、德国,后传入日本。一百多年前,是绍兴的"毛边党"人鲁迅、周作人兄弟把毛边书带入中国,使毛边书在20世纪二三十年代兴盛一时,这可说是鲁迅先生积极倡导的结果。鲁迅一生著译,一直"坚持毛边到底"。于是许多作家竞相效仿,出书都要印一部分毛边书,并且逐步从效仿进入自觉,毛边书的刊印也就变得十分普遍和繁荣了。

中华人民共和国成立后,一穷二白,百废待兴,出版界无暇顾及毛边书的出版,那时虽还有一点余音,如《诗刊》创刊号等,但已是寥寥可数。进入20世纪80

年代改革开放以后，随着经济发展，出版界也异彩纷呈，毛边书多了起来，而且与日俱增，现如今愈加活跃，大有“中兴”之势，可说是进入了第二个兴盛时期，毛边书成了藏书爱好者和研究者的“抢手货”，在此背景下《参差》便诞生了。

《参差》既为探讨毛边书的专门资料，为了与所刊内容相适应，故从创刊号开始，都坚持制作成地脚冲齐、天头与书口参差的三边不切纯正毛边本，刊脊胶粘，普通印纸，32 开，小 5 号铅字印制。封面由唐文权先生设计，刊名“参差”二字在右上部，竖着以美术线条和图形表现，夹带红、黄、蓝颜色，饶有参差之感。刊名下为汉语拼音和期数。下部居中横写本期出版日期。封二、封三皆为文化名家墨迹，或是为《参差》题词，或是与《参差》有关之短札、诗歌等。封底居中为问津书院徽标，下书“天津市问津书院编”。每篇文章后面空白较大处，会配发毛边书的书影，并详细介绍规制情况。所有这些，均可见编者广泛宣传毛边书之良苦用心。

《参差》创刊号《刊行缘起》中说：“小刊确定以毛边书的收藏、鉴赏、阅读为主导，力求做到：书影、书人、书事等图片与鉴赏、庋藏、品读的文章兼美，关注毛边新书的发布品鉴与点评中外毛边书文化的优秀传统并重，努力反映当代新老‘毛边党’们鉴藏、品评、印制毛边书的情趣嗜好。”由此可知该刊所刊发文章之宗旨。

粗略统计，《参差》从第 1 期至第 6 期，共刊发文章 110 余篇，长短不一，长者万余字，短者数百字，多为叙述文，也有日记体、采访录、尺牍、诗歌等。撰文者多为当今研究书文化的知名学者，或介绍某种毛边书之主要内容并发表感想，或讲述如何喜欢上毛边书之心路历程及搜购与庋藏故事，或抒发偶得朝思暮想之毛边书的快乐心情，或畅言对毛边书之看法和观点，或记述与毛边书有关之人物，或叙述毛边书之故实，或对《参差》所载内容提出建议，等等。文章风格各异，或叙述细腻，娓娓道来；或豪放调侃，文采飞扬；或正襟危坐，质朴而讲。种种不一而足。

主编《参差》的沈文冲先生，不愧为探究毛边书的第一人，在总计6期《参差》上，共发表17篇文章，另加1篇《藏书报》记者的采访，数量为最多，所论述之内容，带有指导性作用——不仅讲述了自己如何关注、喜爱毛边书，撰写毛边书系列著作和论文，而且亲身垂范毫无保留地教人如何鉴赏毛边书并撰写有关文章。如果你是一位不懂毛边书的善学者，读后定会获益匪浅；如果你是一位略懂者，阅后定会进一步提高和升华自己的相关知识。

还有是陈子善先生，总计刊文7篇。《参差》为陈先生开辟了专栏，名为"我收藏的毛边书"，其中介绍了他保藏的6部毛边书，或年代久远，或有作古的名人签名钤章，皆很珍贵。陈先生文笔清新淡雅，行云流水，读其文章能够感觉到他博览群书，知识广博，学到包括介绍毛边书方法在内的许多知识。

又有龚明德先生的文章，共6篇。龚明德先生集藏书家、研究专家、作家于一身，是当代坚守高雅出版文化的优美出版家，其文章涉及了毛边书的制作、价格等方面。因为龚先生曾多年供职于出版行业，并对现代书籍版本、文本颇有研究，而且还亲制作过毛边书，所以其论述毛边书很专业、很细致。

另有龚令民先生，刊有4篇毛文加1篇形似杂诗的《毛边杂纂十题》，篇篇精彩，雄辩，深邃，诙谐，有味道，读罢令人忍俊不禁，使人静心思考。令民先生青年博学，是位很有思想见地的学人。他最初对毛边书排斥，经过了解和研究转变成喜爱，进而成为铁杆“毛边党”并创办了“毛边风月”微信群与公众号，一跃成为新一代“毛边党”中的领军人物。他从多方面解答了“为什么要读毛边书”，并提出从三个方面改进毛边书装帧，使之成为既可欣赏把玩又有收藏价值的珍品。

其他学者文章，所述也都精彩。诚如主编所说：“这些文章的作者都是真正的毛边书爱好者，都是这个创立不过三四个月的读书群体里边二三百号参与者中的活跃分子。他们的文章各具风采，或雄辩，或婉约，或隽永，或风趣，娓娓道来，趣味多多，无一例外地表述了作者对毛边书的钟情，相信读者自会欣赏，并且编者也相信，他们才是‘毛边本今后走向更辉煌’的主力军。”

笔者以为，具有深厚传统观念的中国文人，做事容易循规蹈矩，政治文化接受得快，变通得也快，但对于“奇技淫巧”则迟钝滞后，审美观念与海外大不一样，几千年的儒释道文化特别是儒家文化熏陶，使中国文人从灵魂到血液皆充满保守、中庸、守成，欲要其接受新事物非常难——比如汉字，自创立以来一直沿着象形思路向下发展；再如绘画，国画水墨平面，域外则油绘立体；又如建筑，中国设计平顶、脊顶，国外则尖顶、圆顶……笔者并不崇洋，只是要表达国人受传统思维影响，接受新事物较为缓慢的一种习性。对待毛边书，传统中国文人的思想是保守的，大多不喜欢它，所以才有鲁迅先生的发怒。今日改革开放不断前进，让我们了解了很多东西，知道了世界的丰富多彩，但对于毛边书这一装帧形式，想让更多学者接受并喜欢，恐怕亦有难度，它传入中国近一个世纪了，如今依然是小众群体在欣赏。

而仅获小众欣赏的毛边书，能有专门研究它的主题杂志，从筹稿到审稿、改稿、刊发，确实很不容易。仅从这一点上讲，《参差》的诞生就意义非常，值得庆贺，冀其长青。

《参差》的"卷首语"和"编后记"，每期写得都很精彩。

"卷首语"乃主编沈先生所写，他细致入微地介绍了每期的重点文章，讲稿件之来源、内容，述作者之事功与行文，也谈与毛边书有关的人物和历史，论时下对毛边书的热衷，间或通告与该刊相关事宜及个别偶发事件，画龙点睛，起到导读的作用。

"编后记"皆由杜鱼先生所写，读来颇感风趣。请观每期题目——《"参差"闲弹》《小众的"参差"》《相对的"参差"》《渐入"圈套"》《无意义的"参差"》《有意义的"参差"》，够有意思吧！而出版毛边书，到底有无意义，且看"杜先生"之高论：

书的整齐和参差，美不美或者美在哪暂且可以不论，但这正如人的个性亦各有参差，社会应当给其适当的生存空间。我们固然可以不喜欢，但绝对不能责备别人爱好她。只有人与人之间足够包容了，社会的和谐美好才不会落空。(见第 1 期"编后记")

我是绝不反对"毛边党"的，萝卜白菜各有其爱，一个人喜欢什么，只要无伤公序良俗，都应该得到尊重。即使在"读书党"中，"毛边党"也是个小众事业，抑或将来"党员"踵事增华，恐怕也还只能是小众。如果大众追捧的时代来临，对毛边书来说当非幸事。正是因为小众甚至有些小资，赏玩毛边书堪称雅趣，要是一窝蜂了，那肯定就俗。(见第 2 期"编后记")

因有毛边党在，"参差"变得有意义；因有非毛边党在，"毛边"变得无意义。毛边党认为边裁边读，是一种放松，是一种审美，是一种消受；可非毛边党认为，裁读滞碍了阅读的节奏与速度，破坏了阅读的流畅与快感，其极端还把毛边书视作残次品。翻过来掉过去说这些，也只能是告诉大家，索性“萝卜白菜”吧！（见第5期“编后记”）

既然没有客观标准，那毛边党也好，非毛边党也好，就各活各的吧！可毛边党为何还好这口呢？审美之异数也。读书除了汲取知识，当然还可以消遣，说好听些是陶情，而毛边书之嗜好，也只能归入陶冶性情之列了。这与热衷琴棋书画、鸟兽虫鱼本无区别，甚至与吃喝嫖赌、声色犬马也无区别，只不过后者浪费社会资源，就被认为低俗；前者无害于他者，则被推为高雅。（见第6期“编后记”）

笔者以为，“杜先生”以上所说，公允幽默，而更具雅趣的是，“杜先生”每次皆以绝句同韵结束所述：

云舒云卷各由之，操管弄文有所思。丽日东风花万树，更添碧柳郁参差。
读书大雅易俗之，苍狗白云幻异思。豆腐青蔬人各爱，神闲气定校参差。
花开叶落信听之，故纸神游骋妙思。沽上秋深风景异，捉刀把卷阅参差。
三长五短但因之，裁读随心蕴雅思。一盏清茗常入定，由他且自笑参差。
秋云秋月两凭之，节近团圆动客思。辽水风霜新入梦，高轩独坐改参差。
居津若素久安之，偶望关山泊远思。知命乐天真快事，舒心静气悟参差。

“郁参差”“校参差”“阅参差”“笑参差”“改参差”“悟参差”，由这些遣词即可见“杜先生”对“参差”之用功与投入。何为高雅？何为文化底蕴？这就是高雅，这就是文化底蕴。

沈文冲先生在《参差》第6期“卷首语”中说：“本期所刊的文章，源自于不同的文化层面、不同的作者之手……所以文章水准‘参差’以致悬殊，自然也是在所难免。”这确实在所难免，但只要读者能从《参差》中学到真知灼见，提高对毛边书的认知，《参差》就是极品，就是美玉。

如果说《参差》有什么内容需要增加的话，笔者觉得朱晓剑先生的建议可以考虑。他说：“我倒觉得除了今天的作者写与毛边书的种种，倒也可选一些谈论毛边书的民国旧文，一是这样的文字一般读者难以读到，二是可看出毛边党人对毛边书的情怀。至于国外关于毛边书的文字，若易收集，也不妨介绍一二。”（《〈参差〉闲话》，见《参差》第3期第6页）

至于其他微瑕，《参差》也有一些：希望每期开本大小一致，外皮用纸再好一些，以便存念；多与图书馆或文化学者交流，以普及毛边书知识，扩大《参差》影响；每期编辑之后，冀再审视一过，尽量少出错，不出错更好，如第6期重复收录了李志向先生《我的毛边书情缘》（见第68页和第90页），同期第51页第二自然段第1行“先生”二字重复，第62页第四自然段第2行“作为图书出版公司”之后应是逗号；此外，文中所附书影是否可彩印，正文是否可用5号字，以便老眼昏花者阅读。诸如此类，冀编印者予以考虑。

《参差》记录人文风雅，堪称书林独到的风景。陈子善先生说：“九十来年过去，我们终于有了这本小小的《参差》，或可由此从容地讨论毛边本。不必讳言，对毛边本，迷恋者有之，反对者也有之，不迷恋也不反对者更有之，他们均可在《参差》上交流切磋，畅所欲言了。”(《参差》，见《参差》第3期第7页)是的，我们都要珍惜、爱护、支持这个平台。目前，它是国内唯一探讨关于毛边书文化的主题杂志，编委们披荆斩棘、筚路蓝缕办起这个小刊，无论今后如何发展和结束，他们在内刊编印上的开创之功都将载入期刊史册。

2018年5月6日

(载于《博览群书》2018年第7期，题目为《终于有了探讨毛边书的〈参差〉》，文字略有删节)

斯人也而有斯疾

[山东]祁白水

张岱曾说："人无癖不可与交，以其无深情也；人无疵不可与交，以其无真气也。"看来，人要没缺点，还真是不可爱。当我一气儿读完自创刊至今的所有《参差》后，就是这感觉，非常强烈。

当知道《参差》是份研究毛边书的主题杂志后，你一定会为创办者的命名而击节叹赏：实在太美，太妥贴了，形神双胜。圈外的读者恐怕莫名其妙，什么是毛边书？就是装订后，一边、两边或三边不裁切，一任自然的书。这种在外人看来尚属"半成品"的书，有什么可研究的？世上的事，就是这么奇怪，爱之者，欲其升天；憎之者，欲其入地；不识者，茫茫然懵懵然，木然无所觉。当你读完这份纯粹而又单一的杂志，你才恍然大悟：书中何所有，边上多参差。只堪手自裁，不可窥觑之。如此说来，这些喜欢毛边书的人，都有着强烈的窥私癖么？当然不是。

毛边书是舶来品，国外的一种装订方法，制而成书，用以馈遗至爱亲朋。国内的始作俑者鲁迅先生，起初让书局制作毛边本，初衷大概亦是如此。新生事物的发展，总是不会那么一帆风顺的，毛边书也是一样，但由于鲁迅的顽强坚持，竟成为一种审美趣味，像白话文一般最后变成了时髦物。近年来毛边书再次复兴，恐怕还是冲着鲁迅面子的。大牌就是大牌，不服不行。扯远了，还说《参差》。

《参差》虽号称研究毛边的主题杂志，但毛边终究只是个形式：一边毛，两边毛，三边全毛；弄来弄去也就这几个排列组合。而毛边首先是书，然后才是毛边光边的区别。喜欢毛边的人，首先是喜欢书的人，然后才可称毛边党徒。所以，这份杂志中的文章，还是谈书的多，谈爱书人的多。一篇，两篇，数十百篇；自叙，他述，顺叙，倒叙；我画，你画，他画，呈现在我眼前的是一幅幅癖书人的生动画面。爰记之。

龚明德。现代文学研究专家，精于版本学，以擅长汇校汇评著名。为了自己的研究成果免遭剽窃，自费出版《新文学散札》。出版社的审校费、书号费是自己付的，印刷费全靠向朋友募捐，花了两万多，即便如此，他还是坚持制作了两百本毛边本。借助他自己熟悉印刷业务的优势，当然更是自费主顾的强大面子，印刷厂非常配合地做出了道地的毛边书。明德先生自称，这是一次非常酸辛而又幸福的出版经历，令人废卷而叹，怅然久之。之后，老版本章克标《文坛登龙术》出版时，明德先生又成功发明一种特殊的毛边本，即把印有书名及著者的扉页，寄给百岁老人章克标，题上带有受赠者名字的上款，并签上名字后寄回来，再让印刷工人手工粘贴好，再粘上毛边的封面做成毛边本。唔，如此郑重其事，如此惟恭惟谨，怕只有研究过新文学“良友文学丛书”的人，才会发此奇想并付诸行动的罢。而当有人炫耀章克标曾寄签名本给他时，明德先生不由掩嘴胡卢而笑：我有证据呢！

黄成勇与傅天斌。我收到过自印的《毛边书讯》,流沙河先生题署。这大约是傅天斌到成都以后的事了,我大概向他买过沙河先生的书,《毛边书讯》是附书寄来的。可惜我那时未能注意及之,辜负了一段书缘。最早自制毛边书的是龚明德,最早专售毛边书的是傅天斌,而支持傅天斌卖毛边书的是黄成勇,他当时是十堰新华书店的老总,懂书而又爱书。懂书的书店老总不多,懂书又爱书的就更少,好像好不容易出来一个,又让傅天斌碰上了,不是缘分是什么呢?不仅支持他卖毛边书,还设专柜向全国发行,又办起了《书友报》推波助澜,毛边书哪有理由不火呀。随着黄成勇离岗退休,一切都变了:书友小报停刊,毛边专柜歇业。唉,好像他们二人的遇合,天生就是来催热毛边书的一样。世事人生,缘生缘结,真是自有定数啊。

陈子善。沪上著名学人,现代文学研究专家。从《参差》创刊号,开办专栏"我收藏的毛边本",一直到现在期期不落,可谓最热情的"毛边站台志愿者"。名为说毛边,实则是在普及现代文学掌故、版本、考据知识,侃侃而谈,娓娓动听,可谓之为《参差》的"百家讲坛"。据他考证,鲁迅之提倡毛边,是防书籍阅后脏污,以便把污边切去,而使书籍保持洁净。如此看来,鲁迅先生倒是有些洁癖和强迫症呢。

王振良。问津书院主持人,《参差》杂志创办人,不仅是一位恂徇儒雅的饱学之士,更是一位热心文化公益事业的出版家。在繁忙的工作之余,坚持为《参差》撰写编后记,见识超迈,文字隽永,幽默风趣,洵为一刊的压轴戏,令人击节喝采。虽然支持创办《参差》,但在编后记中他一再泼冷水,坚持强调毛边本的无意义,还自命书斋"四平轩",简直是公开唱对台戏。振良先生曾自嘲:我有一个特点,有时会变成缺点,就是容易认真。他一再地公开醒示"毛边无意义",其实是敏锐地认识到，毛边党有过分追求形式而忽视内容的危险，背后则是担忧毛边党陷入买椟还珠境地而不能自拔的一片苦心，在这点上他显然既清醒又认真。明知无意义，却还要支持，这就是一种文化眼光和文化情怀。毛边书对毛边人来说，它是有意义的，而对非毛边人来说，它是无意义的，而明乎此，至少也是一个文化品种，一种审美趣味吧。

沈文冲。《参差》杂志主编，毛边书收藏者和研究者，出版过多种毛边书专著。出书还觉得不过瘾，又要办杂志，为他人作嫁衣裳，没想到遇到王振良，竟然一拍即合，催生出了《参差》。看完几年来所有的《参差》，感觉他既要组稿，又要编稿，还要写提要性质的卷首语，还要记录“炉边茶歇”这摊子流水帐薄，虽然杂志为半年刊，也还是够忙一气的。这不是自己挖坑自己往里跳么？飞蛾扑火，蜡炬自燃，宿命如此，价值也就在这里边了。想必沈先生早存了单独汇集成书的愿想，引用作者文章有些重复，单独看不觉得咋样，与作者原文编在一起，就令人起厌。另外，杂志装帧，白皮本而毛边，甚雅致，但觉稍单薄，可否改进一下纸型，再精致些。又刊名设计虽新颖，然不够沉实厚重，建议固定为名家手写体，将现在的设计作为刊标缩而用之于扉页。杂志虽谈毛边，更多的是谈书，谈书人，内容与“参差”相副还是有些距离，建议再杂些，琴棋书画，纸墨笔砚，文人雅玩，皆可涉猎。

董宁文。《开卷》主编，著名出版家。此人从善如流，奋起直追，后来居上，他主持出版的“开卷书坊”系列，亦成毛边重镇。有时因出版社疏忽，请来的名家题签没用上，他竟然会把已装讫的书封撕掉，重新印过，重新装订，其追求完美一至于此。

还有龚令民，创办“毛边风月”微信群和微信公号的年轻人，写得一手佻达的好文章，甘为毛边书业鼓之吹之，摇旗呐喊，乐此不疲。还有杨栋，惯于买双，一本裁读，一本秘藏，等等。这些达人名流，在外人眼里种种的乖张怪戾，是该目之为优点呢？还是缺点呢？斯人也而有斯疾，这些毛病出现在这群爱书人身上，竟然非常本色当行，正是他们真情和真气的一种自然流露，惟其真，才善，才美，才可爱。这里群英萃集，高手如云，区区在下，人钝笔拙，未能一一，幸恕小子！

为什么有人会喜欢毛边书？忽然记起，有一回去公园闲逛，发现里边有不少人在排队取水，瓶瓶罐罐的一大堆。这水真就比水厂的自来水还好么？未必。“既要迥然有别，又得小众趣味，此之谓格调。”我想，许多毛边人之爱毛边书，大概就是这种微妙的心理在作怪吧？又忽然想起梁衡的《红毛线，绿毛线》，文中说在西柏坡时，刘少奇主持领导边区土改运动，每次开会与会者都是坐在河滩内的大石头上，他每次站在河滩内讲话，一样完成了轰轰烈烈的土地革命。现在开会呢，与会者坐在柔软舒服的沙发椅上，前边还有长条桌案用以记录，主持会议者同样坐在高高的主席台上，每人面前是一个麦克风、茶水、香巾，而会议的实质有所提升了么？还是会议研究与贯彻落实的效率更高了呢？未必。有的只是：社会发展了，经济富裕了，条件改善了，如此而已。现在的读书一族爱上毛边书，也应作如是观吧——这是经济发展、社会进步的一种必然，主流之外允有小众趣味存在——有钱了，也有闲了，讲究也就多了起来。

2018 年 4 月 25 日

书界因《参差》而美丽

[河北]李树德

自从一百多年前的1909年鲁迅和他的弟弟周作人，合作编译出版《域外小说集》这册"毛边第一书"以来，毛边书就在我国开始流行。到20世纪的二三十年代，我国的毛边书出现第一次高潮，那时不但鲁迅自己的作品《呐喊》《彷徨》的初版都制作了毛边本，而且他编辑的刊物，像《莽原》《奔流》也都有毛边本。一些出版社，如北新书局、光华书局、开明书店等出版的书籍和杂志，亦留有部分毛边本。一时间，中国文坛"毛边之花"盛开。

鲁迅在1935年4月10日写给曹聚仁的信中，自称"我是十年前的毛边党"，从此"毛边党"这一称号流行开来，它是特指那些喜欢毛边书的人。自从鲁迅树起这面大旗，一批重量级的作家出版了大量新文学作品毛边本，如郁达夫的《迷羊》《沉沦》《日记九种》，张资平的《长途》《衬衣》《欧洲文学史纲》，郭沫若的《橄榄》《沫若诗集》以及翻译《浮士德》《银匣》。林语堂的英语著作《吾国吾民》(My

Country and My People)、《朱门》(The Vermilion Gate)等也都印有毛边本。此外，在这面大旗下还聚集着施蛰存、叶灵凤、章衣萍、邵洵美等一批青年作家，也纷纷出版自己作品的毛边本，喜欢毛边本的读者更是难以统计。

1936 年 10 月 19 日鲁迅先生逝世，从此毛边党失去了领袖人物。1937 年全民抗战爆发，战火纷飞，国破家亡，民众流离失所，作家、文化人也颠沛四方，转战在各地的抗日前线，再没有闲情逸致静下心来裁读毛边书。在很长一段时间里，毛边书进入萧条时期。

但是，毛边书并没有完全消失，在中国抗日战争的心脏延安，由于一种特殊的环境使毛边书在那里出现。在艰苦的岁月里，延安的印刷业是在马背上开创的，有时一个印刷厂的全部家当用一匹马就能驮着，灵活地在各地转移。印刷条件之艰苦可想而知。在这一特殊的环境下，印出的东西常常来不及切得整齐，大部分书籍不切边就发到前线和各敌后根据地，这些毛边本中不但有文学作品，而且还有历史文献。这是毛边书研究者尚未深入挖掘的一个领域。

到新中国成立后的 1957 年，在著名诗人徐迟、臧克家等人的推动下，新时期的第一种诗歌刊物《诗刊》推出了毛边本。从创刊号到第 6 期，《诗刊》以道林纸的毛边本和报纸本的光边本两种装帧出版。虽然它存在的时间并不长，但对于中国毛边书具有重大的意义，现在提起仍然使毛边书爱好者激动不已。

此后很长的一时间——由于众所周知的原因——是毛边书的沉寂期，这个沉寂期长达几十年。从 20 世纪的 80 年代起，国家实行改革开放政策，国泰民安，“毛边热”又悄然兴起，到上世纪末慢慢地形成了毛边书的第二次高潮。在这第二次高潮中，藏书家唐弢是领军人物，他发表了许多赞美毛边本的文章，他说“我之爱毛边书,只为它美,—— 一种参差的美,错综的美”(《唐弢书话》,北京出版社,1997 年 10 月,第 276—277 页),这几乎成了毛边爱好者的口头禅。比唐弢先生年轻的两位藏书大家姜德明和倪墨炎,则是第二次毛边书高潮中的先锋人物,起了积极的推波助澜作用。他们每有书籍出版,总要做一些毛边本,赠给同好。由于他们在藏书界的声望和地位,一些毛边爱好者也纷纷效仿,出版作品也要做毛边本,赠给朋友收藏或留念。接着,像毛边书第一次高潮时那样,一些出版社也纷纷出版毛边本的书籍,像上海译文出版社就出版了一系列毛边本的文学经典,如《培根随笔》《美国散文精选》《哲学的艺术》等;华东师范大学出版社也出版了翻译作品《小王子》《基督山伯爵》的毛边本;上海人民出版社出版了梁漱溟的《人心和人生》、韦力的《蠹鱼春秋》的毛边本;广西师范大学出版社出版了钱基博的《经学通论》、章诒和的《杨氏女》、李霖灿的《天雨流芳》、木心的《巴陇》的毛边本;作家出版社出版了莫言的《蛙》的毛边本。此外,华夏出版社、九州出版社、海豚出版社等也出版了一批毛边本。一时,出版毛边本成了出版社的时尚,民间毛边书活动也蔚然成风。

值得一提的是,20 世纪 90 年代,当时还在湖北十堰市工作的傅天斌获得了第一批毛边书后,就创办了毛边书局。后来“局长”傅天斌把书店搬到四川成都,把实体店与网上书店结合起来,成为一家经营毛边书、签名本和旧书刊为特色的综合书店,名声越来越大,一度还出版过名为《毛边书讯》的刊物。他的书店被爱好毛边本的读者称为“毛边党的最爱”。到今天,毛边书局已经坚持了 20 年,流通旧书 200 万册,当然包括大量的毛边书。

随着时间的推移,先是 1992 年唐弢先生仙逝,接着是姜德明宣布告别“毛边党”,2013年倪墨炎先生也离开我们,似乎“毛边事业”有些式微。但情况绝非如此,新一代的“毛边党人”已经成长起来,“毛边党”已经输入大量的新鲜血液。

《参差》的创刊就是一个标志性的事件。2015年5月22日至25日,问津书院主办的第十三届全国读书年会在天津举行,其中一项重要的议程是董宁文先生于23日下午主持的“《参差》创刊首发式”。《参差》是一本32开的民间刊物,由被誉为我国毛边书研究第一人的著名作家、学者沈文冲先生任主编,问津书院提供资金赞助。这是一本以收藏、鉴赏、阅读毛边书为主旨的读书民刊。从20世纪20年代新文学的毛边书滥觞到现今,九十多年过去了,“毛边党人”第一次有了自己的阵地,广大的毛边书爱好者也终于有了这样一本自己的刊物,从此可以在《参差》上自由地研究、讨论、交流、切磋有关毛边书的问题。

刊物之所以取名《参差》,根据编委王振良的说法,《参差》这个名字,源自他与张元卿等师友交流时的灵光一闪,并没有太多的深意。“参差”指代毛边书,喜欢毛边书的人,谁不熟悉唐弢先生所说的话:“我之爱毛边书,只因为他美—— 一种参差的美,错综的美。”“其实我对毛边书早有好感。至于参差不齐的的毛边,望去如一堆乌云,青丝覆顶,黑发满头,正好代表着一个人的美好的青春。”这些内容早在“毛边党人”的潜意识中扎根,所以当提到毛边书的时候,“参差”二字就像一颗灿烂的火花,在脑海中闪现并迸发出来。

在《参差》的旗下,聚集着一大批“毛边党”的领军人物。

先看它的顾问团队。丁景唐先生(2017年12月11日以97岁高龄辞世),他卓越的文学成就人所共知,单是他的毛边本著作就有《学习鲁迅作品的札记》《鲁迅著作版本丛谈》,他还主持影印了《鲁迅杂感选集》的毛边本。陈子善先生,是新文学研究成绩斐然的专家、学者、教授，他的《素描》《雅聚》《不日记三集》《签名本丛考》《张爱玲丛考》《钩沉新月》等著作都出了毛边本。特别是近些年，他出版的每本书几乎都有毛边本。江南才子王稼句出版的毛边书也不少，就我所知有《纵横姑苏》《采桑小集》《看书琐记》《坊间艺影》等。其他顾问还有陈克希、陈学勇、谭宗远、龚明德、徐雁、卢礼阳、吴兴文、朱国强等人，阵容强大，贡献卓著，就不一一列举了。

《参差》编委中的沈文冲、王振良两位，对毛边书的感情自不必提。董宁文先生也是一位重量级的"毛边党人"，我就是从其毛边本《我的笔名》一书，认识董宁文先生的。他主编的书籍毛边本非常之丰富。另外值得一提的是龚令民先生，他建立了一个"毛边风月"公众号，为爱好毛边书的人，提供了交流的网络平台，可谓功德无量。

在《参差》的旗下，还聚集着一大批"毛边党"的中坚力量。如周立民、罗文华、崔文川、朱晓剑、冯传友、阿滢、子仪、子张、戴建华、易卫东、夏春锦等人。他们几乎都出版过毛边本书籍，夏春锦编的《梧桐影》每期都做毛边本。

《参差》到现在已经印行了6期，汇聚了全国各地的上百位作者，文章也越来越精彩。王稼句曾借用宋末元初道家学者邓牧《寄友》诗中"明月可望，佳人参差。笑言何时，写我相思"之句，来赞美刚刚印行的《参差》。《参差》就是他心目中的佳人，且并非"在水一方"，而就在眼前。

我更喜欢罗素的那句话："参差多态乃幸福本源。"参差就是不一样。世界上找不到完全相同的两种事物，河里的水看似和昨天的一样，却已经不是昨天的水了。每个人的时光看似相同，却有着不一样的事物充盈着。毋庸讳言，毛边书有热爱者，也有反对者，这是再自然不过的事情了。整个世界其实都是参差的，不一样的，世界因参差而多彩，世界因参差而美丽。

祝愿书界也因《参差》越来越多彩，越来越美丽！

2018年4月27日星期五

于廊坊师范学院书枕斋

书香唯美有《参差》

[上海]卢润祥

很早，喜欢泡书店的我买到沈文冲先生《民国书刊鉴藏录》，心中甚是喜欢！书中收录的旧平装书影尽显旧时月色！怀旧的老书是风雨中民国使者，仿佛带领我回到风华岁月，去一探那时的文坛风景，深感先人遗产民国文化的冷暖是会令人追怀遐想的！我后来又买到他的《百年毛边书鉴赏录》《中国毛边书史话》等。每每读来，均增长许多知识，我有时还把它作为"准工具书"使用，解决一些读书中遇到的问题！另外，我心中也问：这位"书痴"沈先生到底何许人？如果有一天能够认得就是件幸事美事了……

黄裳说，文冲是个"有趣的人"。窃以为，高雅之人必有脱俗情怀与趣味，必能做出雅逸之事而令人惊喜。果然，不久我就从丁景唐先生处知道了他主编的《参差》一刊。记得那天拜访时，丁先生正在翻阅此刊，并说："想勿到研究毛边书的宁，兴致介高。"（宁波话，"宁"即"人"，"介"即"这么"）丁先生向我介绍了《参差》，首先使我眼前一亮的是，其封面朴素而雅致的“出跳”，可谓平中见“奇”，是一种普通中不凡的格调——封面是洁白的，右上角用单线条组成刊名“参差”两字，字的空隙平涂了美丽淡雅的颜色，因而颇有几分绚烂美，繁中见简，巧妙别致。内里的文章则独到新鲜，知识性充盈。再加上插图书法，彩印题词，毛边书影，都搭配得十分协调、精巧、丰富。主编的《炉边茶歇》，味道与董宁文《开卷闲话》相似，信息量大，十分耐看。如此种种，都是这本小刊吸引人之魅力所在！之后，又听丁先生谈了毛边书的历史渊源等，原来最早的毛边书还是产生在欧风美雨之中！当然问题也很多，譬如第一本毛边书的书名，谁首先发明毛边书等等，这些问题都待考。

鲁迅与周作人，则搞出了中国第一本毛边书《域外小说集》，前几年拍卖价都追到60万元了！这以后，丁先生在与病魔做斗争的同时，更是不厌其烦地对我所写《丁景唐先生谈毛边书》一文，认真地作了修订定稿，并蒙《参差》慨然发表。应该说，我是从丁、沈两先生那儿，方知世间还有此妙物，它那么令人魂梦系绕——读一本毛边书，裁切之味的玄妙真是难以言表！我记得，丁先生还讲了个笑话，说他在上海文艺出版社当社长时，为纪念“左联”成立五十周年，特地照鲁迅原版本影印了毛边的《鲁迅杂感选集》，想不到竟遭到一家书店退货，他们大概认为这是次品或者厂家忘记切边的半成品了。所以普及毛边书知识很重要！现在，《参差》很好地承担了这项普及工作。我从年轻时就参与《辞海》修订本工作，一直到第6版，现在虽已退休，但作为审读仍列名“主要编辑”。所以忍不住去查《辞海》，可是竟没有收录“毛边书”词条，因而郑重地向《辞海》编纂处提议增补。

佳妙、高雅、精致的《参差》小刊，在艰难中竟已印行六期，本本令人爱不释手，素朴中尤见雅致、充盈、温暖、淡泊、平和、丰满、美丽！我想，这可能就是每个阅读此刊之人的感同身受，而绝非我个人的一己之私吧！窃以为，此刊除了读书人的喜爱，也应该得到国际友人的回应！走笔至此，巧的事又从天而降，竟然读到《文汇报·笔会》的文章《读些别的看看》(5 月 1 日)，文中对《参差》与文冲说了不少好评的话，甚获吾心！主流媒体的意见我一向尊崇，并在我的心中目为神圣。极为难得的《参差》，竟然受到沪上老牌报纸副刊的称美，也算是一件雅事吧！正是：文雅数一流，冲高为书香。

感谢文冲主编此刊，祝《参差》愈办愈好！

2018 年 5 月

将毛边书记录在案的《参差》

[天津]管淑珍

任何小众化的东西,在大众传媒时代里都处于尴尬位置,有时候任凭你喊破喉咙,也未必能听到几声应和。从这一点上来看,《参差》这本民间刊物是幸运的,虽然只出过几期,却受到众多"毛边党"的钟爱,并且大有星火燎原之势。

《参差》这本杂志是沈文冲先生多方筹措资金创办的民间刊物,筚路蓝缕,实属不易。《参差》稿源是很充实的,既有学术界的耆宿名流,也有来自不同工作岗位的爱书人。从这一点,既可以看出《参差》这本杂志的号召力,也可以看出"毛边党"对毛边书感情确实十分深厚持久。当然,这本杂志的顺利出版也得益于许多前辈学者的支持,正如沈从冲先生在第二期《参差》卷首语中所说:"他们或义无反顾地为办好本刊出谋划策,或给予道义上资金上的声援帮助,他们要么来信奖掖,鼓励有加,要么题词撰文,捧场支持,更有以转载拙刊文章、报道拙刊出版资讯等方式宣传本刊,以此扩大小刊在读书爱书藏书人中间的影响。"由此可见,一己之力往往显得很微弱，而全社会的力量却是无穷大的，因此，建设书香社会是离不开《参差》这样具有号召力的报刊杂志的。

《参差》这本杂志对毛边书的起始原由和发展脉络都进行了详细生动的回顾，既起到了正本清源的作用，也产生了振聋发聩的效果。诸如毛边书从西方进入中国的时间、鲁迅等学者对毛边书的重视等相关史料，都是难能可贵的，使那些对毛边书一知半解的读者产生豁然开朗之感。有些作者回顾了自己与毛边书结缘的过程，也写出了自己的读书心得，这些文章可供我们参考，在实行自己的阅读计划中，仿佛找到了一位循循善诱的老师。应该说，一本优秀的读书类杂志就是要让每一个人都能在建设书香社会的过程中不断完善自我，从而取得更大的进步。

《参差》杂志上刊登的文章，好几篇都提到了2016年孔夫子旧书网发起的手撕毛边书大赛，通过这些文章我们才知道，许多“毛边党”在手撕毛边书大赛中高山流水得遇知音，相识之后，相识恨晚的“毛边党”开始鸿雁传书，互通有无，见面时则相互切磋手撕毛边书的技艺，真是一团和气，其乐融融啊。

通过阅读《参差》杂志上的文章，方能领会古人所说的“君子之交，淡淡如水”的道理，这本杂志的作者与读者以书结缘，以书会友，书写着一个个令人感动的故事。而这本杂志的推送者和建设者们，是在克服重重困难的前提下完成这项工作的，手捧这册洁白雅致的杂志，阅读这些读书爱书藏书的作者的文章，就联想到编辑们的无偿劳动和无私奉献，不禁对他们肃然起敬，对《参差》这本杂志也产生了一种难以言说的怜惜之情。

2018年4月2日

《参差》絮语

[河北]宫　立

天津市问津书院除了开设问津讲坛，策划天津历史文化丛书《问津文库》，还印行了《参差》。《参差》不单是一本关于毛边本的刊物，而且自身也是毛边，创办时间并不长，但在民间读书圈里非常受欢迎。它与《开卷》《点滴》《芳草地》都是我最喜爱的民刊，无论装帧还是具体内容，都很符合我的口味。主编沈文冲先生提到，在创刊前曾拟名《毛边党人》《毛边书画刊》，最终起名《参差》，是王振良先生"与元卿等师友交流时的灵光一闪，并没有什么太多的深意"，但我觉得《参差》比《毛边党人》更有味道，《参差》的读者，未必是铁杆的"毛边党"党员，未必非毛边书不读，但对于毛边本未必不感兴趣。再说，即使是忠诚的"毛边党"党员也不是非毛边不读吧，至少在笔者接触的众多师友，还没有对毛边本"中毒"那么深的。创刊号上主编写有《毛边书与慢生活》，阅读毛边本的确与慢生活有关，如今我们的生活节奏太快，不是忙于为生存奔波就是为种种杂事烦扰，根本停不下来的节奏，而毛边本的出现，正好可以让我们得以静下心来抽点时间享受慢生活，体会阅读的诗意。

笔者一直非常赞赏刊物采用专辑的形式，比如《中国现代文学研究丛刊》《新文学史料》《现代中文学刊》等学术刊物近几年不断以专辑的形式推出系列文章。《点滴》也推出了不少专辑，比如“萧珊百年诞辰纪念小辑”“陈子善教授七十华诞暨从教四十周年庆贺小辑”，《参差》第2期设有“我怎样喜欢上毛边书的”有奖征文专辑、“高信先生纪念特辑”，第3期有“高信先生纪念续辑”，第6期有“毛边风月一周年纪念”专辑。当然，只要与毛边有关的文章，《参差》都可以刊登，但如果集中一点，以集束的形式推出相对集中的话题，笔者个人感觉，读者可能收获更多一些。《参差》已出的这6期刊登了陈子善老师的毛边本专栏，为我们介绍了他收藏的各类毛边本，信息量非常丰富，集学术性与史料性于一体，可读性非常强，是笔者比较欣赏的一种写作方式。当然，也不是要求人人都开设专栏，也不是要求期期都有专辑，也不是非专辑不能做，只是在今后的编辑中可以多一些尝试，多一些创新，多一些沉淀而已。

“对书感兴趣的人有许多种。有人把书当作一种物件来欣赏，有人对书的内容更感兴趣，有的只对善本书感兴趣，有的喜欢初版本，有的则看中书的历史内容”，“现在，不仅是藏书家，从学术的角度来说，也有越来越多的人把书当作物件来看，认为装帧、设计非常重要。书不仅仅是文字的载体，书本身也被看成为艺术品，属于印刷名物”，的确如大卫·皮尔森（David Pearson）所言，如今读者不再只关注书的内容，很多时候对书的装帧、设计等外在形式以及读书的环境等等都有很高的要求。书有光边与毛边之分，笔者虽然对于书的装帧没那么讲究，也并非彻头彻尾的“毛边党”，但收到各地师友寄来的毛边本的诗集或者学术专著也格外欣喜，因为毛边书确有一种“参差的美，错综的美”，随手用卡片或刀子“一张一张的裁开，觉得别有佳趣”。

不过，笔者也注意到，1928 年 7 月 10 日创刊的开明书店编译所编《开明》，在“读者的意见”这一栏，关于毛边本的装订引发过争论。“我最爱毛边装订，要是把它裁了的，我很不愿意买。不过请装订者大大地注意下子，因为是未裁的，我们买书时不能翻起来看，不忠实的装订工友便把破坏页数夹在里头，等到发现时，已把书裁了，不好意思送去换——像我去年在北京北新买的《彷徨》坏了六页之多，今年在光华买的《使命》有三页不曾订入，这不能不请书店主人大大的注意一下”，林翼 90 年前的这种遭遇，如今也不是不可能发生。当然，责任也不完全在负责印刷装订的工友，即使是他们的责任，也未必是有意的。“书的订装，可以说，大部的书，毛边却不适用，若是要随时阅读的小书，却不能不用毛边，——也可以说用来参考的，或是珍贵的书，都用平头的，随时阅读的书，却要毛边，杂志和其他合订之书，也要毛边就是”，这里的提醒也不是没有道理，并非所有的书，都适合做成毛边，比如花山文艺出版社 2017 年 1 月出版的《王余杞文集》上下两册，每册近 800 页，即使光边，翻几次都会散落，更何况毛边。

相对于结果，过程可能更重要。我们无法估量《参差》能支撑多久，但只要坚持，只要稿件的质量严格把控，我相信，它会越走越远，会成为“毛边党”成员与普通爱好毛边读者的精神家园。

2018 年 4 月 24 日

（载于 2018 年 5 月 25 日《天津日报》第 12 版“满庭芳”）

《参差》一卷足风流

[湖北]王成玉

2015 年 5 月，至少在“毛边党人”看来是个值得纪念的日子，经过主编沈文冲先生的努力，在王振良先生等的大力支持下，一份倡导阅读和赏析分享毛边书之美的民间读物《参差》创刊印行了。据说“参差”之美，乃毛边书之本色也。

我来亦迟，对毛边书的认识只是近几年的事，而且也不知道正宗的毛边书到底是个什么样子。记得前些年，桑农先生寄我一册《花开花落》的毛边书，这好像是我第一次收到朋友赠的毛边本。我当时拿到这本书，真的不知怎么办，还认为是个半成品，与我想象的毛边书相去甚远。要读则必须裁，不裁则不能读也。于是写了一篇《裁，还是不裁》的文章发表在博客上，一时议论纷纷。有人说，不要裁，好像毛边本的价值就在于不裁而藏。但因我读书之情如饥似渴，管他收藏不收藏，就裁开了一部分，先睹为快。此前我对毛边书并无兴趣，这次倒是领略了些边裁边读的乐趣。虽然有了如此的体验，但还是恍恍惚惚，不知其美也。

后来因为写《书话点将录》,觉得沈文冲先生对毛边书的钟爱以及大力倡导和发现毛边之美的执著很令人感动,遂在排名上将他安排在第五十一位。至少在我看来，他对毛边书的研究丰富了书话的写作，同时也给书话带来了更多的魅力,开创了书话写作的新空间。我与沈文冲先生闻声不见面,从未直接交往,于是专门读他的书以及陈子善、王稼句、徐雁等人谈毛边书的文章,领略其情其趣。今天王振良先生又寄来《参差》从创刊到第六期,发现原来要品赏毛边书还真是不容易,从装帧设计到印刷出版,处处皆学问也。我不是“毛边党人”,但通过阅读《参差》,对毛边书的认识又有了新的体会。回头一看,这些年来朋友们送我的毛边书大约也有二三十本了。当时只是觉得好玩,现在想起来,朋友们的这些书实际成了我书房里一道迷人的风景。后来我偶然在书堆中发现了一本民国时期的毛边书,是苏曼殊的《曼殊全集》第四册。这册是个纪念专号,为北新书局1938年的第五版。书中收录有章太炎、刘师培、周作人等人的文章,还有很多图片。书已发黄发脆,每次翻书总要掉下几缕毛边脆片,真有一种毛边之美。

阅读《参差》,看到很多读书人喜欢毛边书,各路高手,会聚一堂,笑看毛边风云,品赏书边风月。疑义相析,奇文共赏,兰亭之盛也。有人说要边读边裁,有人说一次裁完再读,还有人说最好一“毛”一“光”,一本读,一本藏,等等。特别是在制作的过程中,更是叫人摸不着头脑,根本想象不到有那么复杂。例如,龚明德先生就写过好几篇文章,谈他做毛边书的体会。如《硬面精装书的毛边尝试两例》一文结尾说:“我特意送给沈文冲先生一本,不知可以不可以在我这篇文字后,文冲能否给我出一些更可以操作的建议性的意见。”于是,沈文冲先生在该文按语中回答了龚提出的问题。细细读来,真是受益匪浅。沈文冲先生不愧为

"毛边"第一人也。

《参差》的另一特色,我以为是沈文冲先生的"卷首语"和王振良先生的"编后记"。一序一跋,真是神来之笔。闲笔不闲,妙趣横生,不忍释手,这才是民刊的特色。这些"不三不四"和"不正经"的话,才是我辈书迷读书的趣味——即如王振良先生《相对的"参差"》《渐入"圈套"》《无意义的"参差"》等篇。沈文冲先生除了写"卷首语"外,还有一个更吸引人的专栏"炉边茶歇"——以日记的形式记录了与全国各地毛边爱好者的通讯,就毛边书的出版阅读欣赏等交流心得体会。这就像董宁文先生主持的《开卷》之"开卷闲话"一样,娓娓道来,引人入胜。我读《参差》,神游毛边,误入"圈套",好像也快变成"毛边党人"了。

2018 年 4 月 8 日

参差，错落的美丽

[天津]王金萍

作为刊物的《参差》，是问津书院的四种内刊之一。

能接触到《参差》，始于对问津书院的关注和喜爱。尤其是书院创办的数种刊物，在我未睹其真颜之前，总会揣度它揭示或叙述天津历史的内容和角度。而当我从振良先生手中接过《参差》时，很是颠覆了几十年来对书的认知，书刊原来还可这样印——长短不一，彼此相连，而这样的书刊，还有个专属名字，曰“毛边”。

按照惯例，拿到未读过的书刊，常要一睹为快，但在《参差》这里，想不到头两页就是相连的。当时桌上虽没有刀，却有笔。有嘛是嘛，是我的做事风格。拿起笔遂插至连页处，虽然已是加了小心的拉动，结果还是让两页书边成了锯齿。这样的“成果”，很是让人惋惜。看起来，读这样的书刊，不裁刀侍候，不耐心细致，是万万读不成的。

读过了才知，《参差》也说历史，是说毛边书的起源发展史。读过这些之后，脑补了毛边书知识的两大空白点：一是它在我国的发起，与以犀利和严肃著称的鲁迅先生有关，看起来“多专多能”的称号非鲁迅莫属，这让我们对他更多了一层崇敬；二是在当下，再次把毛边书做得风生水起，则源自于“中国毛边书研究第一人”的沈文冲先生。所以，单从中国的毛边书历史来看，也已是跌宕参差的不一般了。

当然，读过几册《参差》，若只明白以上这些，应是不完备且没用心思考。在我看来，物有正欹，事有两面，书也未必只有工整的一种，所以毛边书应运而生，才符合事物发生发展的终极规律。

存在即合理。

在这里，仅就毛边书的表现形式、丰富内涵及哲学意义谈三点观感：

一是就表现形式而言，毛边书仅是一种书籍装帧。这是毛边书的落脚点。但它为何能够异军突起？这里毛边书适用的是反其道而行之。工整书不是四面板正吗？我毛边书偏要参差起来。标新立异，有时就是突破了那么一点点。这时，你说工整书舒朗，他说毛边书“风月”，都有所长，均具千秋。但凡事则有度，毛边书亦是如此。在这里，你说它是个游戏也好，一种风格也罢，无规矩怎成方圆？所以，热衷于此的人，又给其定出些许的规则，昭告于追捧者，如此才正宗，他道则野狐禅。看到这里，自然让人心花怒放，笑意涟涟。我就是。

二是就其内涵来说，务实与风雅，本来就难见高下。毛边书以其素朴的外貌，亲密性表征，慢生活实质，着实打动追随者的心。也难怪，生活脚步这么快，我到哪里站一站？捧本内容上乘的毛边书吧。不论你是一页一裁，还是一次全部裁定，只能先淡定了你的心，按住对书中内容的好奇，以慢慢开启的方式，寻找你所需要的主题。而且在这里，特突出圈子氛围。书家每有大作面世，知其或本身就是毛边党，则会很体贴很关照印制少许，以飨有这般雅爱的书君子。或者你本身不是毛边党，友人以此书相赠，亲密性可都藏在这参差的书边里。到时，你会不会唱出“手捧宝书人心暖”，那就不得而知了。但若有一天，我收到这样的书，我真会告诉你——情怀啊！

三是就哲学意义来说，生活本参差，《参差》终会在。在我们现实生活中，非主流虽然不是主流，却也确实存在，尤其是文人，谁心里还没有些许的小浪漫？这样的堤口一旦决开，虽算不上洪水激荡，一泻千里，但被浸洇的，都可报以一分相知、二分相亲、三分相契，而且积习可染。随着“毛边党”的“党徒”日丰，《参差》记录着毛边书兴盛壮大的足迹，让我们看到了此（光边书）没消却彼（毛边书）增长的可喜现实，真应了那句“风月无边，庭草交翠”。所以，生活本没有固定的活法儿，多一种暖心达意的生活方式，谁说不是人生的又一道风景呢？

于我，会不会成为毛边党尚不可知，但就生活本参差而言，《参差》刊物在振良先生的无私提携下，在沈文冲先生的大力推动下，越办越好，越走越远，已是不争的事实。

愿毛边书“党徒”日多，“精致”毛边书日盛，这是我们共同的盼望！

2018年4月25日

《参差》的格调

［山东］孙永庆

最初见到《参差》，缘于河北廊坊师院李树德教授的赠书。《参差》从封面设计到印刷，看上去就是手工制作的艺术品。虽说是小众刊物，但也有时尚的因素，现在流行手工作坊，制作纸质品还颇受欢迎，《参差》的制作也有这样的品性。真为主编沈文冲先生高兴，这是他多年的夙愿，在天津问津书院王振良先生的帮助下，刊物在天津第十三届全国读书年会时问世。

与沈文冲先生交往也有些年头了，我的小书《书边散墨》出版，制作了少许的毛边本，山东作家阿滢在报纸上发了书影和简介，沈文冲先生看到后想联系我，后经作家自牧牵线，我们便有了书信往来。我发表的《附庸风雅读“毛边”》，被选入他编辑的《毛边书情调》（河北教育出版社），得到了两册毛边样书，还有一把红木裁刀。这本书收录了鲁迅、周作人、唐弢、姜德明、徐雁、陈学勇、阿滢等近百年各个时代的谈毛边书的文章，让读者对毛边书有了更深层的了解。在温州读书年会上与沈文冲先生面晤，他曾说想办本介绍毛边书的刊物，现在六期制作精良标准的毛边《参差》放在面前，心里有种难言的兴奋，我想沈文冲先生和我会有同样的心情吧。

翻阅这些刊物能感觉到制作者的用心，让人倍感亲切，这也是我喜欢毛边书的原因之一。虽然沈文冲先生在《中国毛边书史话》（内蒙古教育出版社）中，把我列为毛边党的中坚，严格来说我还算不上真正的"毛边党"，只是喜欢而已。给《参差》撰稿的很多作者才是真正的"毛边党"，他们写出了对毛边书的爱恋。王稼句先生在《参差》创刊号上称毛边书为"佳人参差"；陈旻先生在《参差》创刊号上称"耳鬓厮磨"毛边书；龚令民先生从《错怪毛边书》（《参差》第三期），到《为什么要读毛边书》（《参差》第四期），到《关于毛边书的一点感想》（《参差》第六期），到《毛边杂篡十题》（《参差》第六期），从与毛边书的"初恋"，到与毛边书"结婚"，写出了毛边书痴迷者的心路历程。他不仅仅是自己喜欢毛边书，还为毛边书鼓与呼，他建了"毛边风月"公众号和微信群，成为传播毛边书的交互平台，有更多的爱书者加入了毛边党的行列；龚明德先生对毛边书有倡导之功，在《我做毛边〈新文学札记〉》（《参差》第四期）、《我做毛边书"老版本"》（《参差》第五期）中，写出了做毛边书的艰辛，只因为毛边书来之不易，才为藏书者倍加珍爱。我最初接触的毛边书，就是龚明德先生编印的《董桥文录》毛边本，这本书引起了我的兴趣，便陆陆续续收藏了多本毛边书。在《我的第一本毛边书》（《参差》第三期）中，袁滨先生介绍收藏的第一本毛边书也是《董桥文录》，他写道："余生也晚，孤陋寡闻，对毛边书说不上情有独钟，却大有相见恨晚之感。"我亦有同感。

《参差》所刊文章也有看头。陈子善先生的《参差》（《参差》第三期），从刊物的命名说开去，引经据典，文短意长，很有见识，也很有趣味，喜欢这种有趣味的文字。方然的《不裁的美丽》(《参差》第三期)，把毛边书提升到了世界上最美的书的高度，中国书籍设计师朱赢椿设计的毛边书《不裁》(江苏文艺出版社)被评为"世界最美的书"，该书让阅读有延迟，有期待，有节奏，有小憩，是一本雅致的毛边书，让更多的人知道了毛边书，给毛边书的发展注入了不小的动力。最有趣的还是杜鱼的编后记，我们先看看题目:《爱上"参差"》《小众的"参差"》《相对的"参差"》《渐入"圈套"》《无意义的"参差"》《有意义的"参差"》，读这些编后记，爱还是不爱，读者也会渐入"圈套"。现在人们又喜欢毛边书与生活节奏有关，生活的快节奏，逐渐使人们感到疲惫不堪，于是有人倡导慢生活，就如同现在用的东西多是机器生产的，于是便出现了手工作坊之类的时尚，正所谓物极必反。即使这样，毛边书仍是"小众"之事，这也是读杜鱼的编后记所产生的想法。

《参差》编到现在，已然形成了自己的格调，从刊物的设计到印刷，从文稿的选择到排版，从卷首语到编后记，都透出"参差"的内涵，正是"知命乐天真快事，舒心静气悟参差"。

2018 年 4 月 1 日

毛边本收藏的指路灯

[天津]邱永利

《参差》是我从微信公众号上偶然了解到的，当时问津书院正主办有关活动。

此前，我对毛边本的了解不甚准确，以为最初是人们为了附庸风雅随性而制的产物。后来，随着对毛边本产生、发展、完善等过程的逐步了解，我对这种版本才有了更深入的认识——“毛边”的本质还是想让大家多读书。因为设计的问题，每看一页必须亲力裁切一页，然后方能一睹真容。所以，“毛边”可以看作是以前读书人鞭策自己学习的重要因素。

《参差》作为民办内刊，是顺应当前毛边本热潮而产生的。《参差》的封面设计也是“毛边”设计，参差不齐但错落有序。《参差》虽然大都很薄，但内容丰富，所收文章蕴含的全是干货，好多作者都是毛边本收藏鉴赏领域的专家，他们以自己的渊博学识，剥茧抽丝般道出每册毛边本的前世今生，为我辈初出茅庐者提供了全方位的专业收藏指导。

《参差》2015 年 5 月 22 号创刊至今，每期都是佳篇不断。创刊号的篇首是沈文冲老师的《刊行缘起》，这里把杂志的创办初衷写得一目了然：

随着全民阅读、书香社会的积极倡导，爱好读书学习的人越来越多，人们的读书品味也在不断提升，喜爱乃至钟情毛边书，已然成为一部分高雅时尚的读书人与爱书人的文化自觉。无论是著作者，还是出版人甚或贩书者，每当有文史随笔、艺林书话、诗文小品之类的新书刊出版，设法印制少量毛边书，与师友们及毛边书爱好者分享，已经成为一种常态。

《参差》作为倡导阅读与赏析分享毛边书之美的民刊，由王振良先生几经斟酌后取名《参差》，诚如沈文冲老师在《刊行缘起》中所言，《参差》刊名"至为妥贴"，堪称是"现实的人世间最习见的一种常态"！《参差》办刊"以毛边书的收藏、鉴赏、阅读为主导，做到：书影、书人、书事等图片与鉴赏、鉴藏、品读的文章兼美，关注毛边新书的发布品鉴与点评中外毛边书文化的优秀传统并重，努力反应当代新老'毛边党'们鉴藏、品评、印刷毛边书的情趣嗜好"。

从笔者所见六期《参差》来看，主持者基本实现了编刊初衷。这里发表的每篇文章，都是宿儒时贤和有识之士的宏论心得。文章多能从实际出发，结合各自的收藏和研究，从多侧面多角度发声，对历史上的旧毛边本和现今的新毛边本作深入浅出的介绍。每一篇小文，于喜爱毛边本的人来说，都是丰盛的精神大餐，品出毛边本滋味的同时，对今后的收藏也有着积极指引作用。《参差》作者的文字，大体可以用"质朴自然"来形容，看似不经意间的娓娓道来，流露出的却是作者内心深处对毛边本的深厚情感。

陈子善老师连载于创刊号至第5期的“我收藏的毛边本”系列文章，是我最喜欢读的文字。陈先生自然是这方面的专家，对于毛边本有着独特见解。从行文之中，我们也可看出先生的良苦用心——每篇都是开篇明义，交代所藏版本的来龙去脉，然后对毛边本的细节进行深入解析，最后点出收藏的意义或价值，平实文字中时见收藏真谛，对我们来说可谓最好的入门教程。其他的专家学者，也从不同侧面进行深入研究，从各自角度发表见解，对毛边本收藏起到重要指导作用，如龚明德、沈文冲、薛冰诸先生！《参差》的文字，使不少门外汉了解了毛边本，更喜欢上了毛边本。《参差》还是一份有感情、有温度的民刊，其第2期和第3期对学术顾问高信先生的纪念就感人至深，多位作者从各自视角回顾了高先生的质朴一生，看得人心潮起伏，读到深情绵密之处，我这个局外人都流下泪水。

《参差》第6期是“毛边风月专辑”，是为纪念“毛边风月”公众号和微信群创建一周年印行的特刊，这里面不但记录了“毛边风月”一年来的足迹，而且刊出了诸多年轻群友关于毛边本的文章，可以看作新“毛边党”的研究成果报告吧！真心希望这样的专辑能多出几期，以鼓励更多的爱书人关注毛边本。

《参差》创刊只有三年时间，但对我等“党外人士”爱书者来说就像一盏指路灯，让我对毛边本发生兴趣，生出来万般宠爱，进而加入了“毛边党”队伍。这也许是另一种望外之喜吧！拉拉杂杂聊了些不成熟的看法，望专家学者和诸位同好批评指正。

促进毛边本收藏，发扬毛边本文化，我们共同努力！

2018年4月29日

写在《参差》三周年

[湖南]龚令民

书院五年,《参差》三岁,照例要写点什么。那写什么呢?朋友老顾说我最近全然不在状态。确实,最近脑子特别乱,乱成一锅粥,乱成一团墨汁,乱成一圈马赛克。

想想从前,意气风发。想想现在,意气发疯。

我跟老顾说,人最幸福的时候,是理想把你骗得五体投地的时候。

我跟老顾说,人最痛苦的时候,是理想看着你五体投地的时候"呵呵"一笑说:兄弟,哥们儿逗你玩呢!

一年之前,邂逅毛边,结缘《参差》。那时候天蓝云白,鸟语花香。与文冲师、振良师一起做杂志,一起谈文学,一起聊毛边。文冲师负责约专家稿,我负责约普通稿,振良师负责后期编排校定,三人合力,《参差》风生水起,在众多读书民刊中大有突围之势,我们也乐在其中。但一年之后,到了要小结的时候,我却突然很惶惑,我的大脑里不断冒出文天祥的两句诗——“惶恐滩头说惶恐,零丁洋里叹零丁。”因为我迷茫了。我不知道未来在哪里?《参差》的未来在哪里?毛边的未来在哪里?继续重复2017年的路子吗?重复当然错不了,但是重复有存在的必要吗?我失去了目标,没有了方向。

可能就像老顾说的那样,最近我状态不好,然后看朱成碧,恨屋及乌,把很多平常的事物看悲观了。在我看来,《参差》目前遇到的问题主要有三:

第一,作者队伍单一化。我没加盟杂志的时候,作者比现在还单一。那时候基本都是专家稿和同人稿。引进我之后,增加了很多普通读者的来稿,但依旧没有铺开去,作者队伍还是老样子,要么是文冲老师圈子的人,要么是我这个“风月”圈子的人,再无起色。

第二,文章内容同质化。毛边是很小众的东西,但小众其实也可以玩得风生水起,只是我们研究得不深,了解得不透,思考得不够。在我读过的关于毛边的文章中,说实话,不要说有创见了,就是能达到好玩的都少之又少,不仅观点雷同,就是写法也大同小异。有人开玩笑地说,毛边文章三要素:一必提鲁迅,二必抄旧文,三必自慰。可谓诛心之论。

第三,杂志结构模糊化。做杂志,振良师是老手了。但老手也有为难的时候,正如我在《毛边杂纂》里提到的那样:独手破鱼、北京买房三环内,这都是巧妇难为之事。不是不想,而是不能。因为作者单一,所以观点近似,所以写法雷同,故很难区分出各篇的文章结构、本质内涵,再加上本来稿源就不很充足,如此条件之下,要想把杂志分出栏目来,实在是一件不易的事。但这个不易的事又很容易把杂志勒死,做成一个大杂烩,做成一件百衲裙,做成一辆公共汽车。

如上者三，还有浪费时间和精力的必要吗？

可能有人会说，你啰嗦了这么多，全是丧气的话，一点也不喜庆，一点也不应景。其实，我也想说点喜气应景的话，但因为是具体的操刀手、经办人，我才有比常人更深的爱和不安，棍棒出孝子，慈母多败儿，自己的老婆自己爱，自己的儿子自己打。你们不打，是出于面子，出于鼓励；但是我们再不打，再无自知之明的话，这就等于毁了孩子啊！不过话又得说回来，有时确不应该只看到黑暗，也要给自己一点光明。

记得隔壁老王骂他儿子的时候，儿子回了一句嘴——道理我不比你懂的少。是啊，知易行难，我们毕竟也做了一些事，无论我们做得好还是不好，至少我们在做。很多时候，做总比不做要好，而且是好很多。正如朋友老顾说的，爱是用来做的，不是用来谈的。你爱她，你就去做，一个人，或者和她一起。

加油！《参差》！

2018年5月6日

素颜参差

小品《参差》

[内蒙古]刘 刚

回想起来,我收到过的毛边本刊物,大约有四种:张阿泉先生主编的《清泉部落》纪念号,8开报纸线装毛边;徐雁先生主编的《书林驿》,小32开平装毛边;禾塘先生主编的《蠹鱼——褚问娟诞生一百二十周年纪念专号》,32开毛边;再有就是这由"中国毛边第一人"沈文冲先生主编的《参差》。

因为喜爱毛边书,沈先生编著的《毛边书情调》《中国毛边书史话》两书,日常就放在客厅沙发旁边的茶几上。茶余饭后,吸一支烟的空闲中,随手拿起书来,读两段毛边掌故,抑或一则毛边史话,都是一种放松心情、舒缓神经的享受。

由唐文权先生设置的《参差》书衣,简约大气又不失美感。封面设计用了几个三角形叠加,构成汉字"参"的繁体,巧妙地将字体美术化,再配以红蓝绿三种色彩的交织,很能够体现这样一本探讨书籍装订形式美学的小众刊物的要求。

到手的六期《参差》,每期皆是薄薄的一小册,书边保留了很宽阔的页边,而三边切口均保持“折帖”原状，有一种错落有致的美。

就我的经验，毛边书应当做得小一点，薄一点，这样拿在手里，易于裁读，更便于把玩。因为书不切整齐，原本就是针对爱书家之闲情逸致的，若没有掌上摩挲把玩的余裕，毛边本又何必存在？与此相适应，版式设计亦当四周宽阔，空白留得多一些，字体也不宜过小，而内容，则也应当为絮语聊天一样的小品文字，如短小的西方散文，抑或中国无话不谈的笔记体。如此，方能从内容到形式都贯彻毛边的精神，体味和享受些许的“书情书色”。

翻开《参差》的创刊号，看看目录，每一篇都出自书林大家手笔：沈文冲、王稼句、陈子善、丁景唐、龚明德……读着名家的朴实无华的毛边情怀，润物无声地让人增长知识水平，提高欣赏趣味，每一篇都像师友茶烟歇余的娓娓的家常，仿佛可以亲闻謦欬，听到快意无忌的谈笑风生。

《参差》每期还附录几帧新出版的毛边书繁荣书影，如创刊号收录钟叔河的《人之患——为别人作的序》精装本、萧金鉴责编的《书人》杂志、夏春锦主编的《桐溪书声——梧桐影文选》等，每帧书影旁边都加上几句版本信息介绍，如纸面、出版社、长宽尺寸等，让人一览之下，油然心生向往。

《参差》至今已印行六期。我的几篇探讨西书毛边趣味的小文，也有幸在《参差》得以刊发，忝列各位师友之间。与毛边党同好分享我这“普通读者”的毛边风情，又得到编委王振良先生慨然惠赠的从创刊到纪念号的六期全刊，这在我，是由衷感到意外和惊喜的。

2018 年 4 月 7 日

遇见《参差》

[安徽]杨中广

因为毛边书,我结识了湘西才子龚令民。因为龚兄,又结识了沈文冲先生,就此接触到《参差》。捧读《参差》,是 2017 年下半年的事,所以说是刚好遇见。生命是一段旅程,我们无法决定生命的长度,却可以拓展生命的宽度。遇见《参差》后,我的读书和生活开阔了许多。有龚兄、沈师、灯下醉、prince 等毛边书友的真诚交流,有《参差》的朝夕相伴,其乐几何!

初看《参差》二字,我的第一反应是《易经》中“天尊地卑,乾坤定矣。卑高以陈,贵贱位矣”。卑高以陈,错落有致,这就是参差之美啊。对于“卑高以陈,贵贱位矣”,有必要多说几句。这八个字,易学大家各有解读,我比较认可殷昷老师的解读。他认为,这个“位”很重要。对“贵贱”应结合“位”辩证地看,在不同的“位”上,贵贱是可以相互转化的,因此,定位就显得尤为重要。鉴于此,我想《参差》能做到“卑高以陈”,定准自己的“位”,它的“不齐而齐,不美而美”的影响就能日益扩大了。

现今,毛边书进入它的第二春了。依我看,买毛边书的人有三种。一是专为收藏而来,对于这部分人,我是举双手赞成的,因为这正说明毛边书是有市场价值的。只要有助于传播书的行为,我们都应该赞同。另一种人是集收藏阅读于一身,他们收藏毛边书,阅读光边书,一举两得。这部分应是毛边党的主流。还有一种人就是铁杆的毛边党了,他们买书只为阅读。在清晨,在深夜,在公园,在书房,轻展书页,慢拆书边,悠悠乎,熏熏乎,放荡于书海,沉浸于澄明。然或再泡一杯清茶,最好是绿茶吧。茶在八十度的水里舒展腰身,思想在知识王国里自由遨游,真是"闲坐小窗读周易,不觉春去已多时"。

"五四"青年节的晚上,窗外下着小雨,书房前的杨树叶发出轻微的"哗哗"声。在昏黄的灯光下,我打开刚收到的第六期的《参差》,在读到杨栋先生的《若叫验取残篇看,定有烧痕与泪痕》一页时,我轻展竹刀,钝钝的竹刀剖开纤维纵横的绵纸,"嘶"地一声清脆,这清脆在雨夜里尤其悦耳动听。这是我读书从没有过的体验,是今夜本寂静,抑或者是我心如古井水,让我刚好听见,听见这一声清脆。

近半年来,我读了数本和鲁迅有关的书,它们各美其美,我想这也属于参差之美吧,所以我写下读鲁迅的些许感受。最先读到的是李伶伶老师的毛边本《鲁迅家的细碎往事》。李老师从周家的家长里短说起,她的笔下是母亲与儿子,兄弟与妯娌,还有柴米油盐,寒天暑地。起初,我以为我会因为书中的细碎而丢开,然而却很快沉浸在李老师创设的境况里,这境况是悲凉的。并且,这份悲凉在朱安的身上体现得更明显,这恰可以用余秀华的诗句来形容,"你从来不肯信一次我的美,枉我点了那么多红蜡烛,枉我一次次把嘴唇涂红"。这悲凉正如本书封面上所写“大家都是可怜的人间”。这是鲁迅和周作人失和时,周作人给他哥哥的绝交信里的一句话。我想,每个人读到这里,都会唏嘘不已的吧。

接着读的是毕飞宇解读版的《阿Q正传》,毕飞宇的解读文字不多,然而却很深刻。“沿着圆圈的内侧,从胜利走向胜利”,这是毕飞宇解读阿Q的最精彩处。我想这“圆圈的内侧”类似物理学上黑洞的内侧,这黑洞吸收一切,包括光。我们的阿Q就在这黑洞里游走,他怀抱着精神胜利法,“从胜利走向胜利”,他好像从来没有失败过,也好像永远不会失败。对于鲁迅,我们了解的还不够,要完全理解他,更是来日方长。

接着读的是朱正先生的《周氏三兄弟》,这本书从兄弟三人交织的生活处着笔,史料性强,更多有发人深思之处。对于周氏三兄弟之间的恩恩怨怨,我想周作人的《伤逝》一诗是颇能代表的,这首诗可能也部分体现了朱正老师对周氏三兄弟的态度。

我走进迢递的长途,
渡过苍茫的大海,
兄弟呵,我来到你的墓前,
献给你一些祭品,
作最后的供献,
对你沉默的灰土,
作突然的话别,
因为她那命运的女神,

忽而给予又忽而收回，
已经把你带走了。
我照了古旧的遗风，
将这些悲哀的祭品，
来陈列在你的墓上：
兄弟，你收了这些东西吧，
都沁透了我的眼泪，
从此永隔冥明，
兄弟，只嘱咐你一声珍重！

谈毛边书，说鲁迅，不仅仅是想通过众人的鲁迅来表现“卑高以陈”的参差之美，还因为鲁迅是公认的毛边党领袖。在《参差》第六期里，陈子善老师为毛边党挖掘出了鲁迅喜欢毛边书的原因：半是美观半是实用。提起陈子善老师，我用“沉古奇宕”来形容他，对于毛边书他说的不多，可是他说出的总是透出古意，这种古意让你沉迷其中不愿醒来。提起毛边书，沈文冲老师更是绕不过去的。我曾经用“平淡冲和”来形容他，随着和沈师交流（微信）的深入，我越发觉得这四个字是熨帖的，沈文冲老师因为冲和而有力，更因为独立而饱满。沈师与《参差》，正是“于冲和中见秀雅，在参差中见平正”。

2018 年 5 月 7 日

“参差”之美

［安徽］方怀银

工余买书读书，我还是习惯纸质书。拿在手里，或展读，或浏览，一页页翻过，书便有了温度。看到会意处，在空白处写下数十或上百个字。看完若有所得，在序前或跋后记下，这书便真正是自己的了。喜欢纸质书，偶尔也买几本纸质书的另类——毛边书，感受参差之美。

毛边书最早流行于德、法、英等欧洲国家，明治维新前后传入日本。1909 年，在日本留学的周氏兄弟，出版了他们翻译的外国短篇小说《域外小说集》第一、二两册，书籍装帧就是“三面任其本然，不施切削”的毛边形式。自此，毛边书进入中国。鲁迅自称“毛边党”，巴金、茅盾等人的作品，也都有过毛边本。在 20 世纪二三十年代，印制毛边书在中国出版界，尤其是新文学领域蔚然成风。据现代“毛边党”沈文冲统计，1929 年，我国出版印制毛边书达 333 种，几乎是“日出一本”的盛况。2015 年 8 月，我有幸获得其主编的《参差》第 1 期。在目录页上他写道："谈谈你是怎么喜欢上毛边书的……"我疏懒，一晃快三年时光，也没有写下关于毛边的一个字。其实，对于毛边，我只是喜好，似在马路上人群中欣赏素朴美人，一直远观。由《参差》始，我逐渐收罗沈先生相关著作，也开始学着与美人打交道。

毛边书天头地脚宽阔，整本书舒朗美观，表现出一种原始美。而这种看起来毛毛糙糙的书边，不经裁剪，不修边幅，更体现出参差美、残缺美。

阅读时，手握刃口略钝的木质裁刀或金属书签，裁一页读一页，读一页裁一页。在安静的时间里，刀纸摩擦的沙沙声，平添了一份与书的"耳鬓厮磨"，让阅读更显悠长。故而，制成毛边的书，一般都是篇幅不长的散文、诗歌之类，一篇有个三五页。边裁边读，有若江上行舟，不问止泊之处，任意东西，左右闲览。如果是悬疑小说，那不急死人呢。师友布谷曾谈及读谷林《答客问》毛边本的心境："在冬夜的灯光下，用一把精致的小裁刀，边裁边看，裁一页看一页，于是，谷林文字的意境慢慢地铺张，浸润在冬夜的时光里，冬夜的时光像是一张淳棉的宣纸，谷林的文字在其中慢慢地耗散，慢慢地显出一点淡淡的温馨而平静的磨痕。"昏昏灯火，品茗裁读，如老友晤谈。这样一份阅读带来的惬意与满足，非经历过恐难以明说。

毛边本虽省了裁切的工序，但售价大都高于书的正常定价，在书店很鲜见。最多也就印几百本，大都是作者自留和赠送，或在某些"毛边党"都知晓的固定渠道销售。安徽某出版社曾将一书做出大量毛边本，发到新华书店销售，居然被当作残次品退货。店员拆包上架后，发现是毛边，正准备下架。我当时在书店闲逛，便买了一本，算是捡漏。这书的内容谈事论政，还真不适合做毛边。手头的十几册毛边书，多是通过书讯或朋友介绍所得。《开卷随笔文丛》六册最为珍贵，内容自不必说，就外表看，毛边还“裸背”，似素心人，摊开在书桌上，书页服服帖帖，裁读极顺手。

毛边书似精美菜肴中的土菜，偶尔尝尝，别有风味。在感受参差之美时，体味阅读之美。

2018 年 3 月 27 日

我看《参差》

[吉林]刘永平

《参差》是天津市著名文化品牌问津书院旗下的四种小刊之一(其他三种是《问津》《开卷》《品报》)。其主编沈文冲先生,被誉为我国毛边书研究第一人。我关于毛边书的启蒙,正是来自于沈先生编著的《毛边书情调》《百年毛边书刊鉴藏录》《中国毛边书史话》。我认为,这三部书可称“毛边启蒙三书”,而《参差》正可称为毛边研究第一刊。

先看外表,一个字——美。六期毛边《参差》在我书桌上素面朝天,一本挨着一本铺平,摆成一列,大小参差,厚薄参差,像模特走上T台,以实在的姿态展示了无形的美——“一种参差的美,错综的美”。参差错落中也有整齐一致:在封面右上部,主体由三角形和横斜线组成的“参差”变体刊名,如一排小松树挺拔直立。封面下中部的印行日期,除了创刊号是22日,后五期都是23日,年月日方方正正,像一块块青石板延展着坚实的小路。单独看刊名,眼前不由会出现攀登者一级一级、一层一层辗转曲折向上艰难攀爬的身影，而最高峰上，红色的锦标在等待他夺取。这么美的封面，是设计者唐文权先生的功劳。

再看内页，两个字——很美。很美来自于这本小刊物的专业范儿。看看强大的顾问和编委团队吧！创刊号中列出顾问是丁景唐、高信、陈学勇、陈子善、谭宗远、龚明德、王稼句、卢礼阳、徐雁、朱国强诸位先生（后来还有陈克希、吴兴文先生加入）。编委是王振良、严晓星、沈文冲、董宁文。他们都是在出版界、读书界、文学研究与写作方面学有专长的真正专家学者，同时也是刊物中多篇精妙文章的作者。如陈子善先生，每期都介绍一种他收藏的珍稀毛边本，让无缘亲睹亲近老毛边本的普通毛边党员，也能在一定程度上画饼充饥，见识老毛边本的魅惑之力。更重要的是，这些顾问和作者中的很多人，不仅是毛边书刊的爱好者、收藏者、研究者，还是毛边书制作的实践者。既能坐而论道，又能作而行之，如龚明德先生就有专文介绍了自著《新文学散札》毛边本的详细过程和制作工序。可以想象，有了这样的后盾和厨师，文章的味道自然很是可口，足以让人食指大动。

六期《参差》中，我尤其喜欢看主编沈文冲先生的“炉边茶歇”专栏。只看名字就感到了其中烟火气儿，亲切温馨，暖意融融。从创刊号到第五期，沈先生连续记录了 2013 年 1 月到 2017 年 6 月期间他得到毛边书刊的简单情况，还有与“毛边”相关的人和事。沈先生真是有心人，不厌其烦，详细笔录。这让我想起有的家庭里，主妇喜欢每天一笔笔记下所有花销——衣食住行柴米油盐的各个细节，都活泼泼地显现在细碎的数字里了。我想，沈先生的记录，可算是他“毛边书史话”的继续，是在为更全面的毛边书史积累材料。

从《参差》中，我看到了众多“家人”，大家都喜爱毛边，因而走到一起来，开垦出毛边党人自己的园地。《参差》第六期是“毛边风月专辑”，正是毛边党人家庭大联欢的快乐高潮。“毛边风月”是龚令民先生创建的公众号和微信群。借助于微信这个新媒体，他让更多的毛边爱好者团聚起来。这期毛边风月专辑是对《参差》的热烈呼应和拥抱。毛边的大家庭里，一下子增添了众多的成员，大家欢天喜地地谈论起来，谈论得久了，一周年纪念应运而生。由此，新老毛边党们以及非党人士欢聚一堂，纷纷拿起笔来，抒发对“毛边”的爱。不论文章水准差别，关键在于大家都是自己人，都有一颗毛亮的心。家的味道，谁不喜欢呢？

2015 到 2017，三年说长不长，说短不短，看完了过去，更得好好看看未来。《参差》的未来，有赖于全体“毛边党人”的共同努力。作为家中一员，我愿意说出自己内心的一点想法，供大家参考。我想，今后可否多以专题的形式出刊，如从出版社的角度切入，集中介绍某一个或几个出版社所出的毛边书；或者以某一类内容，比如谈书的书为主题的毛边本评介；或者某个作家的作品毛边本专题；或者西书的毛边专题等。还可以选刊毛边前辈们，比如民国时期有关毛边的文章，甚至有雅量刊登反对毛边本的文章。我觉得这样可以大大拓宽刊物内容的丰富性和广泛性，可以把触角伸得更远些，有利于扩大毛边书文化研究的范围。

《参差》看不够，毛边爱不完，“毛边党员”同志们，慢慢裁吧，慢慢读吧，慢慢乐吧！

2018 年 4 月 25 日

裁毛致远

[广东]刘海钧

结庐在人境，而无车马喧。问君何能尔？心远地自偏。

怎样才能拥有这种境界？

如果会穿越，可以学郁达夫，“在皇城人海之中，租人家一椽破屋来住着，早晨起来，泡一碗浓茶，向院子一坐，你也能看得到很高很高的碧绿的天色，听得到青天下驯鸽的飞声。”郁达夫的北京没有雾霾，天上只有蓝色鸽哨，比今天的十八线城市还安静。

如果有勇气，那就学陶渊明，逃离北上广，逃离各种“阿尔卑斯”和“普罗旺斯”，回到农村广阔天地中去。在南山下垦一块地，搭茅屋栽篱笆，树柴扉种菊花，每天只做爱做的事。

当然，这是扯淡。现实还是现实，无法和幻想置换。

我们困在鸟笼里，一望无际遮天蔽日的石屎森林，囚禁了眺望南山的目光。

我们枯坐电脑前,以快进慢进定格重放的方式叹赏苍老师的菊花。

而陶老师的菊花越发地渺茫了。

如今,书画铺办公室书房客厅里,“宁静致远”是挂得最多的名言之一,可见“宁静”在当下是一种稀缺。进入宁静的门道很多。陶渊明东篱采菊,王维幽篁独坐,张岱湖心赏雪,蓑笠翁寒江独钓,这些我们学不来。当下人们最钟爱的方式是,“冠者五六人,童子六七人,浴乎沂,风乎舞雩,咏而归”。看上去很美。但今天的人口,比孔老师的时代不知翻了N倍,一到放风之时大家都往野外涌,于是野外比城里更城里。往往浴乎人海,风乎车流,郁郁而归。

所以,当大家都去放风时,我宁愿窝在家中裁毛边书。蜗居之中,心无旁骛,惟一书一刀。两耳不闻窗外事,一心只裁圣贤书。可以宁静,可以致远。

刀是红木材质,出自弟的手工。弟不是专业手工艺人,也没有拜过师,凭兴趣自己摸索。刀身的铜镏字缺少专业的精致,有朴拙之味,与毛边书甚为相洽。

书乃《参差》,致力于传播毛边书文化的民刊,主编是“中国毛边研究第一人”沈文冲先生。用文化一词,似乎有点大。不过,毛边书自20世纪初被鲁迅先生引进中国,历史不算短。在周氏兄弟的推动下曾经形成一种潮流。虽然后来有很长时间的中断,但近二三十年来“毛边党”复兴,势头汹汹。沈文冲等“党魁”对毛边书的研究也取得了硕果,在读书、写作、学术圈里已经形成一种比较浓郁的制作、赏读毛边书的风气。说文化,也未尝不可。

“毛边党”的迅速壮大,《参差》无疑起到了相当重要的引领和推动作用。党魁们俱为文章、学术名家,每期《参差》均有他们的专文,影响力能不大吗?在《参差》创刊号(2015年)中,仅收文章10篇,而第6期(2017年)已经增加到51篇。

《参差》之得名，取“参差”长短不齐之意，这正是毛边书的最大特征。至为恰当。

恰当之外，于我而言，还有难以言说的美妙。

我手中的《参差》，是湘西龚令民兄惠赠的。乍一见到“参差”二字，在我脑海中第一时间浮现的是“参差荇菜，左右流之”。童年时，我家前面有一个小水塘，几平方米大小，从来没干涸过，现在想来它也许是一口泉水。水质清冽，与旁边一口大水塘的黄浊形成强烈对比。小塘中有各种水草，长长短短、仪态万方地飘摇着，比米粒稍大点的小鱼在水草间悠游。阳光照射下来，水草、小鱼变得半透明。

为什么喜欢毛边书？这是每一个“毛边党”都绕不过去的问题。

我觉得，任何一种喜欢都不需要理由。你喜欢如云出岫的陈圆圆，他喜欢着古装扇遮面横陈玉体的舒淇，我喜欢有码的麻生希无码的陈冠希，都不需要理由。对《参差》的喜欢也是。非要说个道道，我要说，它是一种生理反应，一种个人体验，与个人的生活经历密切相关。面对同一个事物，不同的人有不同的观感。就拿“参差”二字来说，我想到的是青草池塘，有人想到的可能是德州杀人狂手中的电锯。这可能使他不喜欢《参差》，也可能使他更喜欢《参差》。

换一个说法：人活一辈子，如果不喜欢点什么，岂不是白活了？人之所以和猫狗不一样，喜欢毛边书是个重要原因。如果没有和毛边书的缘分，很多人不会成为“毛边党”。不作“毛边党”，可能沦为“低头党”“吃喝党”，甚至沦为“嫖赌党”也未可知。

《参差》里的文章体裁多样，有诗歌，有随笔（包含书话、札记、絮语、日记等类型），甚至有极为罕见的杂纂。内容亦非常丰富，有新老“毛边党”与毛边书相遇相伴的故事,娓娓道来,各有缘分。有关于毛边书的学术性、技术性探讨,通俗有趣有内涵。能看到写书人、读书人之间的往来交谊,“谈笑有鸿儒,往来无白丁”,令人无限向往。有文坛名人掌故,也有普通书友的平凡点滴,莫不雅意盎然,可窥见华夏几千年文明薪火流传的细微之处。《参差》的创刊与流布,不亦扮演着薪火传递者的角色么?

惟恨相识《参差》太晚。三年前,广东省立中山图书馆地下室有一家可能是私营的特价书店。我时常去逛,曾见到几本毛糙糙的书。彼时,我还没有与《参差》结缘,不知毛边书为何物。那些毛糙糙的书制作精良,我觉得有一种特别的情调,虽然喜欢,却没有下手,因书的内容不对胃口。今读《参差》第6期,看到张在军老师述及曾在这个特价书店淘到钟叔河老先生的《念楼集》毛边本。

直想仰天长啸,拍遍栏杆!

2018年5月6日

读些别的看看

[上海]王　贺

最近接连读到《参差》《太阳花》等所谓“民间刊物”(下简作“民刊”),颇感兴味。

多年前,为了准备丁玲研究的论文,找几本《丁玲研究》看,费尽周折。后来从学院资料室中,无意间看到该杂志寄丁河生老师的样刊,遂冒昧与当时已退休、完全陌生的丁老师联系,请其出借所藏该刊,始得一偿夙愿。我以后发表的论文,所引用的来自《丁玲研究》的论文,正是由此得来。记得当时丁老师的身体似不大好,那一包刊物,是她的爱人交给我的,说是送给我去看,后来,我们便再也没有见过面。

其后,承蒙王中忱、解志熙两位老师介绍,我也加入了中国丁玲研究会。作为会员,缴纳了会费,提交了论文,照例每期会收到该会的机关刊物《丁玲研究》。无论其间的宏论札记,还是学术动态,都有一定参考价值,这是不必赘言的。

这些刊物的民间身份并不影响我和朋友们对它们的重视。譬如去年12月，上海巴金故居出品的《点滴》杂志，就推出过“庆祝陈子善教授七十华诞暨从教四十周年”的专辑，一时成为学林佳话。专辑内收郑绩、陕庆、宫立、张可可、张德强诸同门大作，德强兄甚且有诗形容先生日常生活，其末四句云：“左抱皮皮右挥毫，更有多多卧脚暖。最喜弟弟小无赖，痴观女猫坐窗前。”深惬我心。

专辑中，我也有幸写了一篇题作“陈门立雪小记”的小文，略述数年从学因缘，但与他们诸位的生花妙笔相比，真是自愧弗如。拙文有一段话这样写道——

私下里和朋友们聊天，我常说，最佩服陈老师的除了他满腹的经纶、典故，还有他那超乎常人的精力、记忆力，以及待任何人都充满真诚、毫无戒备的赤子之心。这后一方面，也正如其素所敬重且认作恩师的钱谷融先生，从他们的身上，我们感受到了“先生”的人格之美，感受到现代文学作为一个活着的传统的魅力；而前一方面，我认识的师长、亲友们中间，至今仍无一能及之者。我还曾开玩笑说，“和陈老师一起搭地铁、挤公车，我发现，很少有人给陈老师让座，为什么呢？——因为古稀之年的老师，看起来仍然和中年人一样，目光炯炯，精神抖擞，浑身充满了活力。”这虽然是戏言，但绝非恭维之辞。熟悉陈老师的人都知道，以名声在外之故，他常受邀出席各种社会活动，但每一活动结束，却丝毫不见其倦态，仍笑容满面，神采奕奕，有如初见。

今年春天和几个外地的读书人见面，一打开话匣子，他们竟然不约而同提到这段话。《点滴》的影响力至此可见一斑。

《参差》《太阳花》等新创的“民刊”，虽然不及《点滴》影响之大，但是作为“毛边党人”，恐怕也没有不知道《参差》大名的；《太阳花》是徐志摩纪念馆的馆刊，关注徐志摩其人其文的朋友，多也听说过。

我读《参差》，读龚明德的《硬面精装书的毛边尝试两例》《我做毛边书“老版本”》等，对制作“毛边本”的工艺，似乎有了一点概念；读韦泱的《将错就错迎〈春〉色》等文，知道包括巴金的名作《春》在内的新文学作品，还有一些不为人知的版本需要研究；读沈文冲谈毛边本史话、李树德论姜德明缘何告别“毛边党”、赵龙江说唐弢与昔年同事陆象贤的交谊，均在某一方面很受启发；更不用说陈子善先生的“我收藏的毛边本系列”文章，不仅每篇都有新材料、新见地，而且纯就写法而言，也是那样精警而富有趣味。

这些《参差》的作者，既有学院中人，也不乏学院外其他行业的收藏者与文学爱好者。他们因为一个共同的理想、趣味，聚到一起，以《参差》为纽带，激扬文字，交换信息，分享彼此的收藏及心得，这些心得既令人深受教益，也显著地弥补了现行的文学史、文献学、图书馆学等领域专业训练的不足，委实值得重视。至于那些由专门的学术团体主办的所谓“民刊”，就更是如此了。

洪业年轻时，有人曾经给他说过一段话，对他影响很大：“你对经典很熟悉，而反对它很多的地方。可是这不是读书的办法，读任何书都不能用这种方法。书是古人经验的结晶，好的坏的都有；就像有人摆了一桌筵席给你吃，你应该拣爱吃的吃，不好消化的不吃。古书的语言换了几次，所以看的时候要拣好的记着，其余的不要。里面的错误、前后矛盾的地方是难免的。但有些看来似是矛盾的地方，往往以后发现并不矛盾；但你专心去记那些，等于白费脑筋。”(《洪业传》)是的，这是我一直在说的观点:读书就好比吃饭,我们拣自己喜欢吃的、别人做的好吃的多吃,不就行了,与其横挑鼻子竖挑眼,到处商榷,还不如不读。

现在,学界朋友们聚会,似乎不抱怨一下本科生研究生不读书、学问差,几乎没法举箸酌酒,但有时候,我也不免怀疑,指导他们的老师们,是否真正尽到了自己的责任?最起码,比如说,告诉他们,世界上,除了“度娘”“知网”,还有些别的东西要读、要找!

2018年4月16日于沪

素颜朝天的《参差》

[山东]张　成

我不算毛边党，但对《参差》，却有着发自内心的喜欢。二十几年来，陆陆续续收藏了些毛边本，有赵晓林、阿滢等朋友送的，也有在旧书市场淘的，均堪作文人的清玩。因此，在朋友圈得知有《参差》赠送，便迫不及待地给王振良先生发了微信。

收到王振良先生的快递是一个上午。打开包裹，映入眼帘的是素雅的封面。参差二字为美术设计，以书为元素——有打开的书，也有摞好的书——散发着书卷气，洋溢着现代感，真是妙趣天成。

版权页上的顾问、编委名单，赫然印着丁景唐、陈子善、龚明德、徐雁、董宁文、沈文冲等书友圈大咖，虽然均未曾谋面，名字却都如雷贯耳。作者中更有王稼句、自牧、阿滢、袁滨、张期鹏等朋友，读其文如见其面，能够在刊中相遇，也算相对故人了……而其他文章，或谈掌故，或讲经验，端的是“臭味相投”。

文字是名山事业，尤其期刊文字，不但要提供信息，更要提供审美、提供思想，这些于编者，是个不小的挑战。沈文冲先生在《刊行缘起》中说“努力反映当代新老‘毛边党’们鉴藏、品评、印刷毛边书的情趣嗜好”，翻看前六期杂志，编者的确是用心做出了文化品位，也得到了书友好评。向沈文冲先生、王振良先生致以敬意！

在这个浮躁的年代，能潜心做自己喜欢的事，用以追求心灵宁静，在常人看来是奢侈的，因为它耗费精力心血，却不能得到世人眼中的回报。记得有记者采访著名作家张炜时，问张炜依靠什么样的精神力量坚守文学，张炜回答说：“没有坚守，有的是乐趣和顺其自然。”《参差》编者的心态，也应该和孔颜乐处相仿佛吧。

子曰：“饭疏食，饮水，曲肱而枕之，乐亦在其中矣。不义而富且贵，于我如浮云。”“贤哉，回也！一箪食，一瓢饮，在陋巷。人不堪其忧，回也不改其乐。”《参差》三周年，愿编者、作者、读者，都能在这册素颜朝天的杂志上找到乐处，也希望《参差》更加蓬蓬勃勃。

2018年5月7日

我与《参差》

[浙江]耕　夫

人与人之间的相遇是一种缘分，人与物之间的相遇其实也是一种缘份。某藏家早年收藏了一只三寸金莲，数年后在另外城市偶遇一只三寸金莲，购回家与原先那只一比对，恰好配成了一对，这样的“巧合”难道不是缘分吗？我与《参差》的相遇，也是缘份使然。

2016年9月，我加入了一个微信群——毛边风月，这是我加入的第一个读书类微信群。毛边风月群聊得最多的自然是毛边书，虽然我收藏毛边书的历史不短，但藏品却不丰，是连“预备党员”都不够资格的。群主龚令民兄交游广，人脉阔，经常有毛边书出让的资讯。我自从收藏到第一册毛边本——钟叔河先生签名的《书前书后》，对“三面任其自然，不施切削”的毛边本便产生了恋情，喜欢它的朴素，喜欢它的清纯。未入群前，我对毛边本的恋情有点像初次约会，羞羞答答；而入群之后，对毛边本恋得过且过那真是忘乎所以，热情似火，每逢群里有毛边书出售，总会订购一本。

有一次，龚兄随书赠送了一册《参差》，是 2016 年 10 月出版的第 3 期。《参差》由天津问津书院编印，沈文冲先生任主编，是以毛边书的收藏、鉴赏、阅读为主导的民间读书类刊物。这期《参差》32 开 64 页，薄薄的一册。沈文冲先生是“中国毛边书研究第一人”，由其任主编实至名归。龚兄赠送的这册毛边本，也是我第一次认识毛边本的杂志。不知是有感于龚兄赠刊的热情，还是出于好奇，收到书刊的当晚，没有急于去翻读新购的毛边书，而是找了一把小刀，裁读《参差》。这期扉页刊名集的是蔡元培先生字。蔡元培先生是近代中国文化界的卓越先驱者，是中华民国第一任教育总长，与鲁迅先生是同乡，鲁迅去教育部任职就是受他邀请。蔡元培任北京大学校长时，提出的“思想自由，兼容并包”的办学方针，使北大成为当时中国思想活跃、学术兴盛的最高学府。蔡先生不是书法家，但他的书法受到过极其规范的训练，线条粗细自然变化，用笔提按顿挫徐疾有致，结体往往左低右高，呈斜势，自出机杼，独具个性。封二刊有王稼句先生的题词：“明月可望，佳人参差。笑言何时，写我相思。”录的是宋末元初思想家钱塘邓牧心《寄友》中的四句诗。稼句先生著作等身，有“苏州才子”之称，是苏州的一张文化名片，他的书法属“文人书法”，别有一种韵味。此期作者阵容强大，有王世家、陈子善、龚明德、朱晓剑、桑农、阿滢等名家大作。在目录页上，还意外看到姜晓铭的名字。我与晓铭先生交往多年，他爱好集报，我也有此癖，于是交流成了“报友”，在毛边风月群里相遇，又成了书友，缘分自然匪浅。

拜读完第 3 期《参差》，便极想读读前两期，于是和龚兄联系，但龚兄告诉我身边没有前两期可送，“参差如佳人，夜来多相思”，内心至为惆怅。2016 年 11 月

24 日，忽在孔夫子旧书网看到《参差》第 1 期在拍卖，顿时兴奋不已。这册《参差》有沈文冲先生的钤印，起拍价 20 元，我果断出价，然后守在电脑前盯着拍卖情况。幸运的是竟然无人竞价，终于抱得“佳人”归。《参差》第 1 期印行于 2015 年 5 月 22 日，32 开 40 页，扉页刊名集的是鲁迅先生字。鲁迅先生有“毛边党魁”之誉，以他的字作为《参差》第 1 期的刊名，甚为贴切。第 2 页有沈文冲老师《刊行缘起》一文，才知《参差》最初刊名拟的是《毛边党人》，经数位宿儒时贤提醒，又商议改称《毛边书画刊》，最终由王振良先生定名为《参差》。文有参差，书有参差，人有参差，“参差”实在是现实人世间最为习见的一种常态，我真为《参差》这个刊名叫好！2017 年初，龚兄又赐赠第 4 期《参差》，也是毛边本，此期《参差》龚兄已是五编委之一了。

蒙龚兄青睐，约写毛边稿，我应允弄了一篇《我的毛边“初恋”》短文，先发于毛边风月公众号，龚兄说再发《参差》第 5 期。毛边风月群周年之际，龚兄拟编一辑专刊而向群友征稿，作为最早入群的一员，我当然义不容辞，写了一篇《定是毛边群里人》小稿应征，荣幸入选。《参差》第 6 期即是“毛边风月专辑”，而原定刊于第 5 期的我那篇短文，也一并改发在第 6 期，于是第 6 期《参差》里就有了我的两篇短文。这期因是“毛边风月专辑”，页码比以往各期多了不少，有 144 页，恍若一盘美味，令毛边党人大快朵颐。第 6 期有我的文稿，自然获得赠刊，同时龚兄又另赠第 2 期和第 5 期，仍是毛边本。就这样，目前的全部《参差》我终于都齐了，实在是一桩喜事。

缘定《参差》，我已准备与《参差》一生相伴。

2018 年 5 月 6 日

我与《参差》

[苏州]何文斌

2016年,我在一个读书群里认识了龚令民先生。他在群里发了个二维码,是其组建的“毛边风月”微信群,是个专门网罗“毛边党”的微信群。在此之前,我陆续买过不到五十本毛边书,都不是刻意购求的。而现在,我的毛边书数量约有三百册。这些书开本各异,有的三边任其本然,一点没有刀削痕迹,似璞玉浑金,不可知个中原委;有的只有地脚的毛边切去,其余两边丝毫未动,如秋月寒江,透露出几许底细;也有仅仅天头保留着纸张装帧时的折叠页码,其余两边裁切干净,企盼引刀一快,亟待始为君开。很多毛边书地脚毛边,书口参差,插架不便,只能如线装书似的,平铺着叠放,可又没法在书根写字,因此不拿起来,都不知道是什么书。毛边书,玩的就是与寻常不同,所以到底如何制作才“正宗”,也一直众说纷纭,莫衷一是。至于精装、磨毛,平装、本然,孰优孰劣,争议与尝试总比盲目附和好。

固然喟叹“一入毛边深似海”，但更多的还是感受到组织的庞大，群友的可爱。友人王刃认为长篇小说、实用书籍，尤其是教科书、工具书不适合做毛边。（见《毛边琐谈》，载于《参差》第6期“毛边风月专辑”）我与田钢兄却反其道而行，专门收集这类冷僻的毛边书。毛边书的可爱，不就在于出奇制胜、意料之外么。《道德经》说：“曲则全，枉则直，洼则盈，敝则新，少则得，多则惑。”所云颇有辩证的意思，而毛边书也符合这个道理。确实，有一部分毛边书正如韦泱先生所说的那样实为毛坯书（见《从毛坯到毛边》，载于《藏书报》之“毛边专辑”）。但不足也好，缺点也罢，依然挡不住“毛边党人”购买的热情——这除了群主的热情推荐与知识普及，还有就是《参差》研究专刊的推广作用。

以前对沈文冲先生、王振良先生很陌生，因为没有交集，他们的著作也只是偶尔读过。在龚群主的推广引导之下，“毛边风月”群友对沈、王两位的认识也越来越清晰，著文介绍毛边形式，推荐毛边著作，编辑毛边杂志，他们在当下的毛边书研究和推广中都作出了很大贡献。今年4月初，大藏书家韦力先生在其芷兰斋公号发了一篇文章，介绍王振良先生和他的书房，作为韦力先生的粉丝，我当然是第一时间就读到并转发了该文。对于我而言，了解到王老师工作与藏书范畴更多的内容。无独有偶，不久与青年学者严晓星老师会于南通，其间参观严老师书房并翻阅其编著的书籍，燕谈至夤夜方罢。户外新篁，参差弄影；棐几临窗，缥缃满架。看着卷册累叠，触手琳琅，我大发感叹，严老师却说：“我编著不算多，天津王振良先生更在我之上。”严老师又说：“去年9月份苏枕书在南通的活动，沈文冲也来了，是你前脚刚走的时候。”原来他们离我那么近，机缘不到却又是那么远。这让我想起了《永远追求不到的情人》这个书名。读大学时，我函购过一部百花文艺出版社出版的这书，文字内容已大多忘记，书名却深深地印在脑海。

归家后在书房翻找，发现仅有的《参差》第 4 期，作者中很多都是我熟悉的师友，遂心生配全前六期的心愿。就在这时，龚令民兄在群里发布了链接，是王振良老师约稿，为《参差》纪念文集征文。王稼句老师是《参差》顾问，严晓星老师和龚令民群主是编委，有此因缘我岂能错过，很快加了王振良老师的微信，他说可以寄全部六期《参差》杂志。一下子，我的愿望就要达成了！

承蒙龚兄的厚意，发来《参差》第 6 期“毛边风月专辑”的电子版，我得以先睹为快。依旧是子善老师的大作排在正文之首，列次于后的有薛冰、陈克希等书话大家文章。我熟悉的朋友安健、赵辉、张南、曹彬、刘刚、王刃诸先生亦有大作，真可谓群贤毕至，少长咸集，有的是大音希声扫阴翳，有的是拨云见日现青天，精彩纷呈，蔚为大观。诚如主编沈文冲先生说的那样，虽然“文章水准‘参差’以至悬殊”，但大家“对于毛边书的喜爱无不溢于言表，流泻在字里行间”。内容或许有的与毛边无关，有的只是“擦点边”，但在这里“毛边党人”却能够互诉衷肠，可看作“毛边风月”微信群的“集结号”，这也是《参差》作者群不断扩大的体现，不但有“老树逢春更著花”的雄心，也有“小荷才露尖尖角”的希望。我在微信群里曾说，如果里面的文章作者愿意，我愿意邮寄给大家分别签名，这将是一件很有意义的事情。《参差》第 6 期，既是老“毛边党人”的书面集结，也是新“毛边党人”的集体露面。2006 年沈文冲先生编辑出版《毛边书情调》时，记录了新中国成立后五十年间的毛边风雅，十余年后《参差》赓续前缘，而且新人辈出，这本身就是件值得高兴的事。《毛边书情调》舍下早已入藏，但要得到作者群签本已是“永远追求不到的情人”，而这本“毛边风月专辑”的群签设想，不知是“路漫漫其修远兮”还是也将成为“永远追求不到的情人”？

王振良老师寄出六期《参差》并发微信我，于是我满怀期待等候着它的到来，可是“日日思君不见君”，忙不迭地跑到邮局去询问，却被告知系统升级，没有邮寄单号无法准确搜索。工作人员按日期查了半天，但终究没有找到。当天下午，我倒是盼到了邮局电话，是天津方面打来的，满口我熟悉的天津味。快递员送来了邮件，急忙打开翻看，原来是之前在网上订购的王振良老师书法一帧，随意浏览时发现的，因而下单买下。盼不来《参差》，我又给振良老师发信息，他说会再寄一份，但第1期没有了——我的耳边又回响起这样的话：“永远追求不到的情人。”

2018年4月20日

补记：写完此文的第二天早上，熟悉的电话响起：“你的快递到了，下来拿一下！”这是王老师寄来的《参差》。

［杜鱼按：本文所述写书法的王振良，并非参编《参差》的王振良。编《参差》的王振良字奇丑，因此轻易不写字签名哈！］

盼得《参差》姗姗来

[吉林] 孙欲言

喜欢读书，似乎是一种天性。很小的时候，就有一种记忆，家里有很多书。那些或薄或厚的神奇的书，带着一种油墨的清香，闻着都能令人陶醉。读起来，更是让人如饥似渴，手不释卷。这样一种文化氛围的熏染，家庭环境的浸润，带给人的影响是巨大而持久的。于是，不知不觉中，自己也走上了爱读书的路。那时候印象最深的一副对联，就是"书山有路勤为径，学海无涯苦作舟"，不知道是谁的名句，但却是一直鼓舞和激励我的名言。它如影随形一般，烛照了我大部分的顽童时代和青春时光，让人记忆深刻。

而喜欢上毛边书，则完全是一个偶然。最早是在《鲁迅日记》和《鲁迅书信集》中读到了一些只言片语，得知文豪的一个爱好，就是从出版商手中要些新出版的毛边书，用来馈赠友朋和自己赏玩阅读。这其中的况味如何，没见过、读过毛边书的我自然不明就里。既不曾染指，更遑论深尝。不过，毛边书的名字便似金刚种子一般留在了印象之中。相信有朝一日，缘遇时至，必会生根发芽，茁壮成长。将来蔚然蓊郁，盛况是完全可以期许的。

就这样，随着自己阅读范围的扩大和深入，接触的书友和媒介也越来越多。信息时代里，天南海北的同道书友也都拥有了旷世的神通，一台电脑，一个手机就能完全跨越千万里的阻隔，分秒之间对话晤谈了。虽没有饮茶品茗的高朋一会，但是高谈阔论的热烈是完全相同的。交流起各类书籍的出版就更方便和快捷了。也是在这种情况下，自己才逐渐有机会接触到毛边书，并且一发不可收拾，逐渐走上了“毛边党”的道路。

现在想起来，我的第一本毛边书，其实不是书，而是一本杂志。是南京邮电学院出版的《书林驿》杂志。记得是在一个书友群里，有书友发了一条信息，说这本杂志新创刊出版，有毛边本可赠阅云云，我就按照上面提供的电邮地址，写了封请赠信过去，过了不多久就收到了《书林驿》试刊号的毛边本。初见芳容，不禁反复摩挲观看，见其薄薄的册页，毛茸茸的天头地脚，多出来的部分上还印着专业的术语一类，很是给人些惊艳。放在一众的杂志之中，感觉确乎不同。不是出类拔萃，而是参差不齐。

有了第一本毛边本的初来乍到和惊艳一喜，从此就开始了更多的购买和阅藏。进了很多的书友群，也收藏了很多以毛边为特色的微店。这样，最新的毛边出版信息便很快捷地掌握于心，给购买也带来了极大地方便。毛边书枕边日多，阅读兴趣日浓，也带来一个问题，就是读的还是不如买的多，大有积压之势。虽然，毛边书有着不错的收藏功能和经济价值，但是其主体属性应该还是阅读第一。有的书友就认为，书好，毛边也珍贵；书不好，毛边意义也不大。这话有理，但非全部。

对于喜爱毛边书的癖嗜老饕们来说，毛边书的意义更为重要一些。有点我爱书，但尤爱毛边，不论其他的意思。这也可以理解，每个人的喜爱和兴奋点都不同，各家看起来各自有其魅力和价值。像我，就喜欢读书写点东西，至于在收藏层面，还是散淡了不少。也是因为如此，我把购买、阅读、收藏、写作，结合了起来，把种种过程化成文章稿件，投到各个报刊杂志去，广种薄收，不以营利为目的，却是兴趣喜爱为第一。

这样，我偶然知道了《参差》这本毛边本小杂志的存在。不记得在何时何处了，看见了书友转载的《参差》征稿函，也知道了这是一本毛边党人的思想舆论阵地，重要性大约不啻于共产主义运动之于《新青年》了。于是，欣然投奔，立即兴致勃勃地电邮了稿件，然后期待有所惊喜。不过，文章是否合乎刊物要求，还是个未知数。而且即使合乎，也有好多原因导致不能刊登，这是杂志出版的常态。多年来的投稿经验告诉我，一切都不可期望太大，免得失望太多。

非常意外，不久我收到了《参差》主编沈文冲先生的回复：

孙先生好！发来大作一组拜收，感谢支持！拙编下期拟据版面酌情选刊。再次感谢！即颂暑祺。

沈文冲　顿首

这是2016年8月6日写的回信。有主编回信，我写的四十几首《乙未书事》估计可以刊登一些。可是左等右等，就是没有消息。这样又过了一年多时间，我把

2015年写的古体诗歌印了个自印本，分赠友朋之余，也邮寄给了沈先生一册，之前又电邮了一组诗歌。并附信一封：

沈老师好！

《参差》创刊有日，常听文友言及毛边本，心向往之，但无缘一见。沈老师能否邮寄几期，一解相思崇仰之意？不胜感激之至！

另，又发去稿件一篇，请审核，如能刊登，双手欢迎。谢谢。

敬礼

孙欲言

2017年3月20日

这封信发过去后，过了五天收到沈先生的回信：

孙先生好！

读《念楼序跋》有感集句一诗与来书拜收，外出了几天，迟复为歉！

感谢对敝刊的关心支持，第三期曾选辑了《乙未书事》大作中的“新泰文史”“梧桐影”“书林驿”三题，未能正式地单独编发，只是在“编读往来”(即炉边茶歇)中用了一下。这次的一篇尽量争取能够独立成篇吧！

《参差》三、四期，因故迄今仅仅寄过顾问中的几个人而已，现遵嘱当尽快寄上，聊慰对本刊的厚望！

匆匆，即祝

文祺

沈文冲
2017 年 3 月 25 日

收到沈先生的回信,大感兴奋,以为这一次文章应该会刊登,而我最期望一见的杂志也应该会收到了。然而,又是等了很久依然不见其踪影。这就让人有点疑惑甚至愤懑了。我怀疑是否沈先生邮寄了杂志而邮局把杂志弄丢了,这种情况在当下的环境中是很容易出现的,国资邮局的效率和准确性都很可疑。山东的阿滢老师被称为"丢书专业户",为此写了几篇文章挞伐,也是不见效果。我等区区也只能心怀不满,骂他几句了事,因为一般的普通信件和印刷品,没有挂号是无法查询的,无凭无据你是说不了什么的。何况,即使有证据,你又怎么去高代价维权呢?只能叹息机缘不佳了!

时间漫漶,人事如轮。我对于《参差》的热情有增无减。时不时地可以在"毛边风月"读书群里,看见龚令民兄以及其他文友发布的关于《参差》的点滴消息。有的是赠阅,有的还发了些目录。我认真地看了一下,似乎没有我的作品。这不免让人有点泄气。不久"毛边风月"群建群一周年,群主龚令民兄发征文贴,我立即奉赠一文,详述缘起,以为庆贺。龚兄微信回复,将发毛边风月专刊。我甚为期待,因为这个专刊,是要发在《参差》上的,到时可获赠二本样刊,便可以一亲芳泽,以解渴盼之苦了。

转瞬之间,到了今年的三月份,"毛边风月"群中王振良老师发帖《参差》纪念文集征稿,真是求之不得的一个机会。按照文中所说,加了王老师的微信,立即索赠全套《参差》，王老师立即答应，并说稍待几日等五、六两期一到，即寄赠。心中不禁大喜，慨叹踏破铁鞋无觅处，得来全不费工夫。王老师办事快速高效，没过多久就挂刷邮寄了全套杂志，并微信告知。

打开信封，六本《参差》赫然出现。素朴的封皮，几乎不施颜色；厚薄不均，自显庄重；毛茬也不规整，各呈风流。打开内页，最为引人注目者，是集中各个名家的集字，有鲁迅、巴金、周作人等等，此是极佳创意。但我以为，这些字放在内文有些过于掩饰了，印在封面之上，更显大器厚重。不过，白璧微瑕，编者或有苦心深意，也未可知。翻看目录，终于见到了自己的文章，在刊登钟叔河先生的集句诗下，沈文冲先生还把我的短信做了补白，何幸如之！不禁心花怒放。这大约是写作者特有的情态。而我写的《毛边风月和水浒精神》一文也刊登在专刊上，更添喜色。杂志中的文章大多都是关于毛边书的，真似“久旱逢甘雨”一般，其酣畅淋漓的阅读快感，如人饮水冷暖自知。

从最初知道《参差》的名字起，直到亲自看到这本杂志，一晃过了将近三年的时间。虽然姗姗来迟，而究竟能得偿所愿。美国大诗人狄金森诗说：等待一万年不长，如果终于有爱作为报偿。《参差》之来，为我提供了一个可以学习借鉴的园地，也为我提供了又一个精神栖居的家园。在这块不大的园地内，可以和更多的文朋书友探讨交流，播种耕耘，砥砺前行。《参差》之功，于我个人而言，说句“大矣哉”，似不为过！愿这份集民间之力所创办的同人小刊，越办越好，坚持不懈，长久住世。愿人们的精神境界日渐提升，早日建成书香社会，人间净土！

2018 年 4 月 4 日

“佳人参差”与“相由心生”

[天津]万宝志

与《参差》甫见，第一观感素面朝天，姿容与《开卷》相类，却更为朴拙。展卷有阻碍，只得草草浏览目录，捡能看全的看些。翻书有看后记的习惯，所以刊尾仅为一页的杜鱼《“参差”闲弹》成为首选。杜鱼非“毛边党人”，却热情襄助印行，《参差》刊名便是他和友人交流时灵光一现的产物。杜鱼在这“闲弹”中，说了非常中肯的话——“‘毛边党’喜欢毛边书，就如同人的穿衣吃饭，心中各有所好各取所需而已，既谈不上下里巴，也没必要提升成高大上。”“这正如人的个性亦各有参差，社会应当给其适当的生存空间。”《参差》虽是类同于《开卷》一样的读书同人民刊，但受众更狭，能在全民数码阅读的当今有一席之地，可见编者的苦心孤诣和执信坚守了！

我买书读书向来随心随性，所藏近万册大多为文史类，除去师友馈赠之外，来源大体有二：一是购买于书店，大多为中国图书网或孔夫子旧书网的网店；二是每周六日淘于古文化街(现杂是海河边)的书摊。我买书很少特意专注毛边,藏书中只有寥寥数册,不过《老头儿汪曾祺》《寿芹心稿》两种,可说属于例外,其中也略有些故事。

《老头儿汪曾祺》是2012年5月孔夫子旧书网推出的限量毛边本。我家中藏有《汪曾祺文选》《汪曾祺文画》《汪曾祺谈戏》等,美食美文美趣相结合,闲暇时读来有清风习习之感。我尤其喜欢汪夫子"有酒则仙无酒则佛,刚日读经柔日读史"这种闲适的人生态度。恰巧《老头儿汪曾祺》作者之一——汪夫子的公子汪朗,做客孔网接受采访并回答书友提问,我通过问答解开作家儒雅闲适心境其所来自的疑问,于是根据这次问答体会拟成《岂非岁月磨砺出》,刊发在了《天津日报》的副刊"满庭芳"。

还有《寿芹心稿》,也是2012年得自孔网。这次孔网以"目盲心更明"为题,推出周汝昌先生口述的《红楼新境》钤印毛边本,也举行了一次答网友问。书自然是瞬间售罄,网上提问也异常踊跃。老人因身体原因,不能现场作答,便由孔网主持人收集问题,请周老过目。过了一段时间,网上贴出老人一封信,全文如下:

诸位良师益友:孔子网开展答问活动以来,提问非常热烈,使我深深感动!所提问题之丰富多采,富有讨论研究的重要意义,也给我继续努力、不断学习思考的更多启发。本当逐一恭敬回答,不巧的是正当春寒多变天气,年老之人调停欠佳,精力难及,心中实甚不安;又恐诸君等待过久不明缘故,更加愧疚,只好先奉此拙札,敬请体谅宽宥。不敬不尽之处容后补过。专此,静候春祺!周汝昌 壬辰清明佳节

2012年4月26日,孔网贴出了老人的全部问答,一共43个问题。老人一直

在病中口述,文字很可能是他的女儿兼秘书——周伦玲大姐一字一字敲出。对问题的回答长者几百字,短者几十字,43 个问答总约 1.2 万字。在红楼门外人看来很艰深的问题,经老人化繁为简,涉笔成趣,让人顿生醍醐灌顶之感。还有一两个带些恶意的问题,老人仍然谦谦有礼地作答。事后我打开网站,看到点击阅读数达到 23062 人次。面对来自五湖四海的网友和书友,更确切地说是后学晚辈,老人像一位循循善诱的导师,上了一堂极其生动的红学课。5 月 31 日凌晨,周汝昌先生在家中去世,终年 95 岁。“三生顽石铭旧梦,再无红楼别样红。”这一堂课,应是老人的最后一堂课吧。事后,包括我在内的三十位提问者,得到了老人赠送的《红楼新境》姊妹篇《寿琴心稿》钤印毛边本。

说句实话,因为舍不得裁开,这两部书至今我还没读。

承蒙振良先生惠赐六册《参差》,虽然叠起来也不算厚,但也没能全部读,但就局部得出个大概印象——爱而成癖,得而娱心,同人聚首,众说参差。关键在我,相由心生。王稼句先生云“佳人参差”,说俗了就是“情人眼里出西施”。读毛边,本应该焚香净手,执象牙红木之刃,徐徐图之,如入化境。但就我而言,天性疏懒,喜卧床读书,手中执刃恐伤人伤己,又好随意翻阅,不求甚解,读毛边自然滞碍更多。即便如此,还是想做件事:内人的学术著作《至性与真情》即将由南开大学出版社付梓,正考虑动员她印一二百部毛边,不知当否?

2018 年 5 月 6 日

《参差》寤寐觅苏州

[江苏]顾艳龙

人以“群”分。去年春，被微友拉入“废纸帮的朋友们”微群，大家交流各自淘旧书、旧日记、旧书信及内容等，倒也新鲜。不久，群主发起拍卖袁鹰著钤印本《上海滩的旧巢痕》毛边书，懵懵懂懂，居然拍得此书。可能是价格稍高，群主还附赠了濮存昕等一干影视名星的签名名信片等物。这是我第一次有意识地接触到毛边书。

由于毛边书的趣味性，且以书话、文史内容居多，后来陆续买过几本，这得益于龚令民兄的“毛边风月”群的大力推广，也知道了孔网上还有个毛边书局，这里皆活跃着“毛边党人”（鲁迅语）坚定的身影，释放着毛边本爱好者的荷尔蒙。有意思的是，我收到“中国毛边书研究第一人”沈文冲老师著《毛边书史话》，见到扉页上有“赠毛边党预备党员”时，让人莞尔。

诸多信息让我知道毛边书里学问多多。作为欧洲的一种书装形式传入，在吾国鲁迅对毛边书最为推崇,甚至有“必需毛边到底”决绝之语,周作人、郭沫若、郁达夫、林语堂、臧克家、茅盾、孙福熙等文化大家对毛边书情有独钟,当下则有姜德民、钟叔河、董桥、陈子善、扬子水、止庵、周立民等众多知名作家、知名学者与毛边书有殊缘。而毛边书中蕴含着版本学、书装美学、阅读学史、比较文化史等学问,待有心人挖掘探宝。文冲老师以《毛边书情调》《百年毛边书刊鉴藏录》与上述赠书,奠定了其研究“毛边书学”首创地位。人说,经济的快速发展,需要等等人的灵魂。依愚见,毛边书正是爱书人灵魂休憩的绝佳“后花园”。因此,“毛边党”同志们不断涌现也就不足为奇,苏州的书友也有不少。

沈老师还编辑由天津问津书院出版的“毛边党”刊《参差》(半年刊),已出六期。作为“毛边党人”必备的案头读物,我曾寤寐求之。近获王振良老师盛情赠阅。书一到手,迫不及待地想翻阅,却是典型毛边,“参差荇之”,只能耐下心来,边裁边读。感受是,书虽简朴,知识含量却十分丰厚。如能做得精致些,将为更多的人接受。多年后,这套杂志必成为后来者的追寻或研究的“圣物”。

马齿徒增,读书除了随性就是功利。淘旧书,当然是随性的一种暴露,还有就是在隐隐中期待一份“遇见”的快乐,且不去说它。再说功利,当然就是寤寐之后,《参差》中觅苏州了。

苏州文人多,文人多风雅。作为文人或书人的风雅读物《参差》当然会出现苏州的人与文。打开目录页上的顾问名单,就是两位苏州人的名字,王稼句、徐雁,占10名顾问的百分之二十。

作为研究苏州文史的标杆人物,稼句老师不是挂名顾问,更是现身《参差》创刊号上,用《佳人参差》作为压卷之作,叙述文友编印《参差》令他想起元人邓牧的《寄友》诗中几句:“我还吴,群适越,遥隔三江共明月。明月可望,佳人参差。笑言何时,写我相思”。他还对什么书适合做毛边进行了探讨,结论是最好是随笔,书不宜太厚,篇什也不要太长,文章要耐读,书装清淡雅致。瞎想想,道理自明。

创刊号上还有篇《〈犹恋风流纸墨香续集〉自序》,作者丁景唐先生是著名出版家、文史学者、藏书名家,曾担任上海文艺出版社社长兼总编辑。文章是其六十年文艺编著选集序言,文中提到其东吴大学同学潘惠慈赠送其史沫特莱《自传》签名本。丁先生为东吴大学(战时由苏迁沪)校友,苏州东吴大学有丁先生,值得一记。

《参差》第二期刊登署名“秋禾”(即徐雁)的怀人文章《默默劳作的“护花使者”——从高信先生的读书随笔集说起》,追忆了作者与高信先生因编辑《中国读书大辞典》而结缘,其后又发生了几件“书故事”,书人间的惺惺相惜之情,溢出文外。

安健先生用一篇《我与郑逸梅的忘年交——读毛边书〈花果小品〉引起的追思》,让读者看到 80 年代初的“补白大王”清寒的另一面,还有其到 1992 年去世年前,郑逸梅仅用约十年时间就出版了数十本著述,比民国数十年写的还要多,可见其勤奋程度。

《梅事儿》是苏州出的书,外地人赵辉《说说〈梅事儿〉》倒也头头是道。是书主编之一、设计师周晨(2017 年“中国最美的书”得主)交待编书由头,稼句先生请文龙兄(潘文龙为是书另一主编)组织赏梅踏春,我则建议文龙可以编本关于梅花的书……《梅事儿》毛边书“毛得”千娇百媚,不可方物。

我的苏州书友也都有大作发表。何文斌兄的《毛边我说》，从王强先生《书蠹牛津消夏记》一书中，读到王先生写外文版毛边书天头刷色问题，即绿色精装本刷红色，红色精装本刷绿色，与所见相反，因此存疑。又有《毛边三式话〈科学〉》和《邹问轩的毛边〈诗话〉》两文，王刃兄《毛边琐话》，曹彬兄《湖洲老少年，风度何翩翩——读〈周越然作品系列〉》等，俱有发见。

"炉边茶歇"作为文冲老师在《参差》的专栏，按年月记述了自己与文朋书友的交流事项。与苏州有关的有以下几则：2015 年 2 月 15 日，老同事屠一清在苏州相聚时持赠《佛教文化》（双月刊）毛边书一册。2015 年 3 月 13 日，徐雁在南通讲学期间，欣然为《参差》创刊号题词："对称美与参差美，并美书林学海间"。2016 年 8 月 23 日，作家兼藏书家祝兆平先生从苏州来电，询问托人所寄纪念他自己六十周岁的《花甲》精美精装毛边书一部是否收到。

最后，想用铁杆"毛边党"夏春锦老师的感受为同好者加油。夏老师所编著均存有毛边本，他在《闲话毛边书》一文中认为，不喜欢毛边本的人不一定不是爱书人，但真正喜爱毛边书的肯定是地道的爱书人……毛边书带来的欢喜主要还是来自翻阅裁读时的独特感受。去夏，春锦老师应邀来苏州讲木心时，赠予其在台湾出版的《山城卧治："三言"冯梦龙宦游福建寿宁文献考论》大著。冯梦龙，南直隶苏州府长洲县人，六十一岁时被任命为福建寿宁县的知县，在任四年，政声颇著，曾编当地方志《寿宁待志》。

五一前，图以一首打油诗付振良老师塞责，不允。故有上述杂拉文字，不知能否中式？小诗仍敝帚自珍照抄如下：

书中何来颜如玉

毛边才是素面美人

光阴年年，墨梅洇开

英雄向二十五史之外驰骋

人散后

一弯新月天如水

挥月色裁开异代的缥缈

用马蹄的回声去浇不变的块垒

又，《参差》第6期为“毛边风月专辑”，封面署为2017年12月23日(印行)，而杜鱼的跋文《有意义的“参差”》，却注作于2018年3月5日，一粲。

2018年4月30日

参差心裁清趣多

［河北］时建林

浮世苦短，书乡梦长。爱书人喜欢在书叶中行走，读着古人，也读着今人。时而摒蔽了所谓的繁扰，沉潜于清蕴乡中，扫叶书林，涵泳学养，做着清雅的自己。在文字中涤绪探访，解奥知趣，确也成了天地间的清欢客。书非读不能知也，非悟不得趣也。

书癖日久，每有余闲，尝约三五同好，茗屋可意，仄室说书，顿觉心胸舒展，疑误得相析，术业觅要，行止步正，容膝易安哉，温雅些许时光。惜乎红尘误我，应点走班，催我行程，那种尔雅的光阴，不觉也成为奢侈的“如面谈”了。

某个清新的春夜，漫步在一条叫作新海路的街道上，略作逍遥游。星月淡怡，树影婆娑，幽然听得树枝蠢蠢的声音，萌芽的律动中，想着春夜的千般锦绣，想着刚读过的那几册名唤《参差》的小书，或说别雅的毛边小刊，沉静清娱。心中有春风掠过，那片“参差”的风景在心里，那片温雅的感觉在心里，好似春野上刚刚簇拥的那片新绿，开在眼前，开在我不经意的期盼里，可以听得见鸟鸣，可以闻得到花香，可以手触，可以心聆。一页清蕴，光无限光阴。若果说，《开卷》是大众的，声势浩大，天下书爱者莫不识！那么，《参差》却有些小，小的有些奇美，有几分小家碧玉的姿态。人生其实就这样美好，暂遁于书香小舍，顷刻于岁月之偶然，弘雅畅达。

心神清爽，静释了身著的疲累，我辈不喜醉卧红尘听君笑，只意在躲进自己的书乡里，悦读着属于自己的那份快乐，宁静清雅着自己。谢谢振良兄雅意，寄递这么几本《参差》，让我走进了一个小众的群落。物类之壤，文质彬彬，满卷诗书说轻狂。以毛边本为小径，探颐觅香，无毛不欢，无趣不雅，享着自己的慢时光。天南地北客，山左海右人，齐聚一堂，共味别雅书香。虽无指点江山之能力，却有笑傲今古之余勇。书香大家说淘书机缘，说版本知识。知趣如我者，亦如坊间邻屋，隔三差五来此小坐。时展书影以娱，偶谈版本源流，或择某书之误，不过书生清谈而已，书乡之会，兴于阅微。每每流连，得无上清趣。有时，看看连珠妙语，颇让人玩味，可资清赏。有时也喜欢淘些毛边本，作书架旅伴，耘书生清景，静蕴硕硕，不觉东方之既白。阅微知著，琅嬛偶拾。

在这小小的"闲庭信步"，多的是夜航船上的趣味。由此，结识了诸多行家里手，温雅学者。跟着他们的脚步，作无涯之旅。浮世喧杂，行走崎曲，且作山阴道上，趣拾文心。

我庆幸，在愈来愈浮喧的世间，有这么一小册成长季漫长，容量却丰赡的小书。她很薄，但她让你学会放慢脚步，在美好的欣悦里，慢慢地裁读，如同耘耕着自己的那片锦绣小园，是一种幸福，也是一种放下。

有《参差》之什在书乡里，此生足矣。

2018年4月30日

听钟叔河先生谈毛边书

[四川]朱晓剑

前不久,和几位书友到长沙访书,拜访了钟叔河先生。钟先生是出版大家,对出版的事依然关心。说起时下的毛边书,似乎是火得不得了,随便一本什么书,只要是毛边本,就被一抢而空。钟先生说:“并不是什么书都适宜做毛边书,只有诗集和散文随笔集才适合做。此外,厚的精装书做毛边书就不好,阅读也不方便。什么书都做成毛边书,就失去了毛边的意义。”

说起藏毛边书的故事,钟先生说:“我藏有一本法文版的毛边书,是签名本,做得漂亮极了。比我们的毛边本要好。书上有题词,当是作者签赠给友人的书。我不懂法文,却十分喜爱这本书。就是因为这是毛边书,可供人雅赏。”钟先生侃侃而谈,这本书现在一时找不到了,要不就可以欣赏一下了。

不过,在钟先生看来,毛边书只是书的初期形态,毛边本看完了是可以切边的。我们之所以觉得这样的书很珍贵,是因其稀缺。

我记得钟先生也有作品是做成了毛边书的。他解释道:“那是出版社的意见,他们觉得毛边书好销售,可收藏,就做了一些。但我是个急性子,看东西要快,就看不了毛边书。”

钟先生还记得,十多年前的成都毛边书局编过的《毛边书讯》,那是最早的一册关于毛边书的刊物。而今天的毛边刊物《参差》则是一番新气象,让我们欣赏到毛边书的不同风味。

和钟先生闲谈毛边书,得到了新识见。然而对钟先生来说,这些也只是毛边书的常识而已。

(载于 2018 年 4 月 12 日《今晚报》第 12 版“副刊·读吧”)

毛边参差

毛边书局之来龙去脉

[湖北]李传新

毛边书局持续生长着，细细回想起来。书局成立之初叫着“小傅”，而到现在称着“天斌”，弹指一挥间快二十年了。越来越多的爱书人喜欢上毛边书，越来越多的渠道可以买到毛边书了。在书局成立二十周年这样的节点，梳理一下我知道的毛边书局，应该别有一番意义。

毛边书局走到今天，不能不提到另外两个人——龚明德和黄成勇。毛边书在中国风行久矣，最早的“毛边党”是鲁迅和周作人。20 世纪二三十年代，渐次有一批现代作家加入这个行列，构成毛边书的鼎盛时期。1949 年后的毛边书，品种和册数并不多，公开售卖且有些影响的似乎只有 1957 年《诗刊》初创时印行的几期毛边刊物，不过这毛边期刊次年也悄没声息了。毛边书复苏当在 1979 年左右，当时圈子很小。我是读《晦庵书话》才“认识”毛边书的，但因为没有见过毛边书模样，所以也并没有特别注意，直到 20 世纪 90 年代中期才从黄成勇那里一睹毛边书真容——其时黄成勇已经结识了龚明德，龚明德在成都供职出版社时，有兴趣也有条件弄弄毛边书。就这样，我也跟毛边书结上了缘。

傅天斌从成都到十堰新华书店打工时，门市部的部分毛边本是他从龚明德那里弄来的，基本上都是向作者本人提前预定，然后与其他图书摆放在一起零售。如今火得不行的毛边本，在当时的十堰并无多少人问津。《书友》报创办之前，天斌都是通过信函寄手写书目给各地书友——书目里的毛边书及签名书资讯，以社科类学术著作为主，通过口碑相传逐渐吸引更多爱书人和读书人咨询，手写或复写的书目类别也就丰富起来。随着网络的兴起，较早接触互联网的天斌，通过天涯社区把这些毛边书网售到全国各地，同时自己在成都淘得的旧书也通过这个渠道零星售卖。1998 年 3 月 28 日，黄成勇编的《书友》小报创刊，其时为了配合图书超市的开业，在汽院分店上班的天斌被安排到图书超市上班。他打工之余，仍然继续网上的邮购业务，黄成勇让他利用与外地书友和作者比较熟悉的优势，搞出一个专售毛边书和签名书的窗口出来，成勇并决定在门市部设专柜售卖毛边书和签名书，而负责这个专柜的就是傅天斌。《书友》报的第二、三版，都是关于书话方面的文章，容易引起读书人的注意，于是"新华书店向全国发行毛边书"的消息刊在创刊号第二版，同时介绍了《北京乎》《董桥文录》等毛边书等。现在想起来，这恐怕是 1949 年后出现的第一个毛边书专柜了。从此，毛边书就从私下预留几本或者几十本以飨同好，变成再度面向社会公开售卖了。

毛边书专柜的第一批毛边书，仅有钟叔河的《书前书后》《知堂书话》等寥寥几种，但是通过《书友》报的宣传，需要的读者慢慢多了起来。成勇通过他的书友圈，也不断为专柜增添新的毛边书。从《书友》的邮购书目来看，当时就有梅洁的

《古河》《并非永生的渴望》，龚明德的《新文学散札》，张放的《家园的味道》，周翼南的《秋菊集》等，这些书既是毛边本也是签名本，虽然好长时间没有售罄，但现在想重新集中起来恐怕也非常困难了。天斌是个有心人，他通过龚明德以及与书友交流，得到的一些作家的通讯地址，而他售卖毛边书时自己也时有留存，并通过信函往来方法得到越来越多的签名本。他与全国的毛边书爱好者在网上建立了广泛联系，如最早表达有渠道搞到毛边本的冯传友，就曾在《书友》发表《傅天斌与〈珍藏的签名本〉》，甚或不少作家后来也通过傅天斌邮购毛边书了。

说到毛边书，还真得再说说《书友》。黄成勇充分利用这个小报的宣传功能，每期外寄 2000 份，这就是潜在的 2000 位读者啊！除了实实在在看得见的毛边本专柜，《书友》还辟专版刊登关于毛边书的文章。1999 年 1 月《书友》刊发叶嘉新《毛边书之美与"毛边党"新秀》一文，谈及"毛边党"首推姜德明先生，提到的"毛边党"新秀则有陈子善、龚明德、王稼句、徐雁、徐明祥、黄成勇、杨栋等，这是《书友》发表的第一篇关于毛边书的文章。之后陆续刊出的有谷林《毛边本漫话》、范用《收藏毛边书》、陈原《印刷装订》、陈学勇《当今"毛边党"》、南台《名人名家的"毛边书"》、郑豫广《版本奇葩毛边书》、李树德《毛边书的款式》、朱金顺《略说毛边书》、路润学《毛边书韵》、顾农《毛边本〈凌叔华文存〉》等。这些关于毛边书的文章，无疑使毛边书引起更多书友的关注。当然，如果那个时期想着手存住一些毛边本，还非得找到《书友》，找到傅天斌才行。

1999 年 6 月，图书超市扩大营业易名购书中心开业在即，鉴于《书友》媒介让毛边书专柜已在爱好者中小有影响，黄成勇决定在购书中心单独设置卖场，这个卖场以毛边本、签名本、藏书票、书标等为主要经营项目，继续面向全国办理邮购服务。当时，我想也没想就把中华书局标志拿过来，改头换面成了毛边书局的招牌。同时，天斌也紧锣密鼓四方联系进货，毛边书品种越发丰富起来——章克标《文坛登龙术》、罗飞《红石竹花》、罗维扬《新文言》、李一清《山杠爷》、高语罕《红楼梦宝藏》、徐明祥《书脉集》《听雨集》……黄成勇还请钟叔河先生为毛边书《知堂书话》签名钤印。“毛边书局”的书目，开始刊登在书话的第二、三版，随着天斌按期提供的书目越来越多，后来统一移至中缝，字号虽然调小，信息量却更多了。

天斌握有一批“毛边党”的联系地址，为办理毛边书的全国邮购作了很好铺垫。他还恳请其中一些“党员”为毛边书局题签题辞，比如何满子的题辞“鲁迅说他也是‘毛边党’”等，这些墨宝不仅饱含文化意义，如今对于研究新中国毛边书发展流变也有了文献上的价值。

1996年开展邮购服务以来，毛边书签名本以及藏书票逐渐成为书店的特色，毛边书的订单纷至沓来，多年的宣传推广已然成了气候。2000年《文汇读书周报》举办主题征文“一家有特色的书店”，有读者以《宣传有书友　特色有毛边》为题，介绍了十堰的购书中心和附设其中的毛边书局。这篇文章刊登出后，毛边书局进一步扩大了影响，而天斌不但兢兢业业继续搜罗毛边书，也一心一意联系作家购进签名书，十堰的毛边书局成为全国各地书友钟情之地，以至只要有人找傅天斌，肯定是要买毛边书和签名书，“傅天斌”和“毛边书局”就这样水到渠成地连接在了一起。不久，经营毛边书局的天斌离开十堰，他也许想自己闯一片天地吧？于是，毛边书局的大本营，随着天斌迁徙到更有文化气息的成都。

2002年12月，天斌在孔夫子旧书网注册了毛边书局，毛边书自此有了更大的拓展空间。天斌在毛边书局初创时期为十堰新华书店争得的口碑，此后还延续了一些时日。2004 年 1 月，北京某部委的一位副部长，不知通过什么渠道得知湖北有毛边书供应，打电话给属下的武汉某单位询问。接电话的同志心想，湖北除了大武汉，其他书店怎么可能有毛边书供应？结果在偌大的武汉打听了几十家书店都无果，只有一家顺口说了句十堰好像有个毛边书局吧。几经辗转之后，这位副部长找到了十堰的《书友》编辑部，于是就有了黄成勇《关于几种毛边书的一通电话》。这通电话之后不久，《民间书声》印刷行世，制作有少量毛边本，远在香港之书话家许定铭盛赞“好极了”。看来，毛边书的温度真是升起来了。黄成勇决定包销一批扬之水的《古诗文名物新证》毛边本，他让我快递发出《民间书声》毛边本，让正在印刷的工人照葫芦画瓢制作，但最终因接事者不懂得毛边本，工人们不知道毛边本，印制《古诗文名物新证》毛边书的努力功亏一篑，实在可惜！天斌转战成都之后，书店没有了像他这样知书爱书又用心经营毛边书的人，毛边书在十堰的发展就日渐式微了。

天斌主事毛边书局，也为扩大《书友》影响立下汗马功劳。我的印象中，他发寄的每一单书刊，毫无例外都夹赠有《书友》，有些读者因此还成为《书友》的作者。对于比较熟悉的师友，天斌工作之余还与他们书信往来。许多年之后，这些早就“认识”且熟悉的师友，却至今尚有未曾谋面的。在《书友》作者中，流沙河、吴茂华夫妇，来新夏、焦静宜夫妇，姜德明、牧惠、范用、朱金顺、王稼句、李高信、古远清、止庵、王稼句、彭国梁、徐雁、阿滢、袁滨、秦杰、张阿泉、陈学勇、子张、薛冰……可以列举出来很长的名单。天斌不仅非常熟悉他们，而且比较早地建立了联系。此外，《书友》刊发的关于毛边书及其他内容的文章，有些就是天斌向各地爱好毛边书的作家和读者约来的，把他称为编外通联编辑也不为过。

2010 年第八届全国民间读书年会在成都召开,天斌陪我拜访流沙河先生时,先生特意嘱咐天斌一定注意旧书上的灰尘,让他注意不要因此染上细菌。之后,一帮书友去看慕名已久的毛边书局,天斌细心导引免得大家走错路;而年会代表们挑选出来意欲购买的书籍,天斌却无论如何也不肯收钱,当时就有书友对我说:百闻不如一见,小傅这么实诚真让我们觉得不好意思!据我所知,有位开网上书店的同行从天津抵蓉办事,天斌热情导引极尽礼遇;2015 年第十三届全国读书年会在天津召开时,天斌闲逛正好进到这位同行的门店,求助举手之劳的一件小事,可同行早已忘记在蓉之事而将天斌拒之门外。天斌对此不以为然,说这人再去成都找他还会尽力帮助。这些点滴小事,衬托出天斌并非是个单纯的卖书人,他其实也颇具山东自牧的风范,一位对书友对师长总是那样热情和实诚的使者。

毛边书局虽然 1999 年 5 月才名正言顺开张大吉,但追溯起来书局之经营其实是与 1998 年 3 月《书友》创刊同时起步的。朱晓剑君一直想为毛边书局编本书,我也赞同在毛边书局二十周年之际编出一本小册子,原因主要有三个:

一是我从来没有计算过与天斌的交往将近二十年了。现在虽然见面机会不多,但每次见面总觉得只是一夜之隔,天斌还是那么充满青春活力的"小朋友"。我非常地想看到,爱好者在这本小册子里记录下他们获得毛边书的经历,猜想一定有不少有趣的故事和有意义的资料;我也很想看到书友通过自己的眼光论说天斌,也藉此了解我心目中这位"小朋友"的更多传奇。

二是现在的毛边书简直红透半边天,沈文冲陆续出版多部毛边书专著,还编出来《参差》民刊,成了名副其实的毛边书专家。而天斌二十年前"做"毛边书经营时还是一个娃娃哩,我油然而生佩服,愿意让更多的书友知道天斌,知道他的毛边书局。天斌虽然 2004 年就编辑出来《毛边书讯》,但毕竟要以售书养家糊口,但这第一种毛边书刊物试刊几期之后就没了下文,或有待赓续亦未可知,毕竟天斌“做”了就值得记录。

三是借毛边书局二十周年纪念出书，也算是一举两得——既可厘清毛边书局的来龙去脉,也为今后研究者提供一些佐证资料。无论如何,天斌的毛边书局在书文化史上当有一席之地。毛边书近二十年来不断走热,毛边书局不仅是倡导者,而且也是践行者,我以为。

专注毛边书与签名本

毛边书局的二十年坚守

[河北]刘晓立

从新华书店邮购部到独立网络书店，坚持以毛边书和签名书为特色，蜚声书界的毛边书局及其店主傅天斌，在旧书界浮浮沉沉二十载，用亲身经历讲述了二十年来旧书市场的变迁。

书店开创：各地名家倾囊相助

傅天斌对旧书的最初认识来源于刚参加工作时的一个闲置小书柜。有了这个小书柜，傅天斌开始有意识地收藏一些专业书籍及感兴趣的小人书、文学名著等，也得到过不少前辈的馈赠，“那时候我就已经知道外国文学要选网格本，可惜只淘了些平装本，精装贵舍不得花钱”。1995年，傅天斌到成都谋生，休息时便会同好友一起逛逛旧书市场，为了更好地认识旧书，他还在谋生之余自学汉语言文学专业。后来有机会到湖北十堰一家新华书店打工，才算是真正与书有了密切的关联，也为此后毛边书局的诞生埋下了伏笔。

“1998 年，书店总经理决定开辟一个特色服务窗口，我兼职主持，并由报刊刊载有关图书信息的方式进行邮购业务。当年的 5 月份‘毛边书局’就这样创立了。”傅天斌介绍说，毛边书局设立后实质上就是十堰市新华书店邮购部，服务对象是全国各地书友，还有海外及港台地区书友。初始成立的毛边书局确实得到各地作者提供的毛边书、签名书寄售：长沙钟叔河先生和成都龚明德先生是大力支持者，还有北京范用先生、牧惠先生、姜德明先生，南京薛冰先生等……“2002 年由于我需要安家到了成都，毛边书局也随着我在互联网进行经营到现在。”算起来，毛边书局从初创至今已有 20 年历史了。

说到毛边书，傅天斌认为，毛边书的收藏价值在于书的题材、内容、品相。“民国时期毛边书和海外版毛边书的收藏价值取决于书的题材，题材好，价值就高些，同时还要讲究品相。对于新时期的毛边书，也一样，内容可读就收藏。”除了毛边书，傅天斌还热衷于收集签名本书籍，不过他也讲道：“一个作家有一本亲笔签名书足矣，我不贪多。上世纪 90 年代时，我收藏的作者签名本书籍有一两千册，其中有大部分是作者惠赠与我，小部分是自己淘来的。不过，近些年出现了伪造签名的书籍，所以淘得的书也不多。”

网络生涯：有起有伏，专注毛边

从 2002 年至今，毛边书局开始了傅天斌的独立经营、网络销售之旅，十几年来几经起落。2002年至2006年，旧书收购价格不高，当时毛边书局有上万种图书，书友选择性多，这期间，毛边书局主营的签名书和毛边书不说，连自然科技类植物志和园艺书，还有当时网上很少有销售的围棋、象棋书，及医学书等，销售都很喜人。“虽然获得书款不多，但是人气非常旺。有书友还总结毛边书局一般晚上几点上书，等着抢先看。”傅天斌说，那是毛边书局的一段辉煌岁月。

随着古旧书市场的发展，2007年至2011年间，毛边书局的业绩有所下滑：收书成本增加，定价相应增长；更多书店的出现使买家出现了分流；国外书友订购也少了。虽然傅天斌自己也作了一些调整，但是效果并不明显。“从2012年至今，毛边书局一直在调整思路，希望能够重新定位，找到一条合适的路子：努力做好一般图书的销售计划，找到合适自己的收书条件，做出书店的特长；继续开拓市场，及时与书友们沟通。”

从经营种类上来说，创立之初的毛边书局以销售新华书店社科类学术书刊、特价书为主，以毛边书和签名书为特色；2002年毛边书局走入网络时代后，毛边书局经营种类繁多，应市场需求开始走向多元化经营策略，而毛边书和签名书依然是特色，如今，傅天斌已收藏了2000余册毛边书。

书店虽以营利为主，但遇到一些罕见的图书版本，傅天斌也会秉持着旧书传承的理念，低价售卖，甚至赠送给有需要的人，也因此结下了不少书友。有一次，他收到丁玲著《桑干河上》的初印本，此书是早期表现中国农村阶级斗争书籍，直供胡乔木等文化界领导审阅读本，印量极少，陈子善和龚明德二位新文学研究者曾多次在文章中提到此书存世罕见。后来被傅天斌分文不取送给了一位新文学研究者。他说，这样的书可遇不可求。

书香传承:回收旧书,助力阅读推广

在傅天斌看来,当前古旧书书源有限,新型的旧书市场会呈多元化趋势。

“为了持续发展,古旧书市场经营品种渐渐五花八门,不仅是书,名人信札和稿件、字画、票证等文献类也成为旧书市场的重要类别。另外,旧书市场也会走进古玩市场中,相互交叉,形成多元化市场。”

另外,随着市场及渠道的发展,实体旧书店的问题近些年来慢慢凸显。“实体书店的问题主要在于不够方便快捷,店面房租成本高也导致折扣率低和品种受限。另外,网络书店逐步发展,也对实体书店造成一定冲击。”但,傅天斌也认为,长期在一处开设书店,能让更多人熟悉,并有利于收购旧书,若平时多注意寻找书源,加上经营品种多元化,应能维系古旧书店的生存。

傅天斌坚守旧书业近二十年,现在还成为书香成都阅读推广人,主要是二手书推广、交流、捐赠、回收,及闲书置换和民间书人及民间书刊推广。“不让有价值的旧书流落到造纸厂,不仅减少污染环境,还为阅读减少经济开支,我这辈子都会坚守旧书推广。”傅天斌说道。

(载于 2015 年 6 月 22 日《藏书报》第 2 版“业界关注”)

毛傅局长

[湖北]黄成勇

我藏的第一本毛边书是《余时书话》,作者姜德明先生寄赠,并题小跋。这得益于责编龚明德先生,他牵线搭桥,使我结识姜先生,此后获益良多。《余时书话》不是标准毛边书,上边并未披"一头秀发",下边本应折叠齐整的"秀足",倒是像《大话西游》中的至尊宝,长了一脚长毛。但这并不防碍我对毛边书产生兴趣,进而加入"毛边党",两位德先生是"入党"介绍人。

明德先生是乡党,岁数长我不多。我殷勤攀附,一贯对他执老师礼,他则折节下交,一直不拿我当学生看,多年过从密切,惠我甚多,这暂可不提。且说有次,忽来信推荐一个男孩儿,叫傅天斌,欲与我一起卖书。在他,这是举贤不避亲。在我,却正是求贤若渴。故回信开玩笑说,收到"调令",让他来吧。那时,我已在新华书店"为奴"六年,正是有些想法、想干些事时候,同时又为体制弊端颇伤脑筋。此前此后,我已经筹建与民营书店合作的席殊书屋,办了民间读书报刊《书友》,成立了读者俱乐部，也在筹划大型图书超市。天斌之来，毛边书局便应运而生。

天斌敏感、内向、寡言，却勤勉、细致、敬业。书局开张，是在十堰市的五堰，临街的一个橱窗，虽不足两平方米，但此地寸土寸金。天斌请流沙河先生题写了店名，又请许多名家题笺祝贺。我未详他具体经营情况究竟如何，也忘了对他的收入分配到底是几许，印象颇深的，只是对他逐渐看重及不断有所期许，当然，还有几件事情。

先是，如前所述，毛边书局设在繁华地带，橱窗后面，靠墙有一个书架，置作者签名钤印本、民国旧书，为数不少，俨然是家迷你旧书店。听同事说，天斌常写书话小文，发表在当地发行量很大的广电报上。我提起要看看，他却始终没有拿给我。天斌有些孤僻，在书店只与几个单身汉相善，与《书友》的几位编辑十分热络，经常为《书友》小报约学者稿，也为生意计，在《书友》上刊发毛边书局书目。《书友》每期刊头都是各地爱书人题写，有不少期是天斌联系约来的。

书店在汽车工业学院开校园店，派天斌去负责，也给他配备了一二名下属。这个店有三间房，经营范围大大拓展，同时要负责与校方沟通，供应教材，担子并不轻。我偶尔去看看他，看看书。发现他除教材、教辅、工业图书和文化图书外，设有一架旧书，品种较前更加丰富，颇有可观。显然是店随人走，毛边书局开进了校园。东汽公司有几位退休的老先生，狂热收藏旧书，常常跟我提起天斌。

有一年，所谓“一折书”忽然大行其道，一些民营书商在湖北“扫荡”几个地市后，大军驾临十堰。金玉其外，败絮其中，高定价，低实洋，蒙蔽读者，冲击市场。我们书店干预无效，反遭某些领导嘲讽：“人家500块钱定价，50块钱就能卖，你们什么时候这样打过折，可见你们国营书店有多黑！”这里且略过如何怒不可遏、拍案而起的细节，也略过风骤雨狂、波起浪伏的过程，只说由文新局协调，对照法规，掂量道德，选择尊重市场，也按做人留一线的“古训”，达成某种协议之后，由天斌率人与书商合作，居间协调各方，每天给书店上交好几万元现款。这并非易事，不但艰苦，甚至有某些潜在危险。我也是反复忖度之后，才将此事交天斌来负责，种种经过也还是略过。可以提一笔的是，书商中主事的，也是个风华正茂的小青年，与天斌一样有四川背景。年轻的生命，本应在奔竞和腾挪中显现价值。经此一事后，书店同事对天斌不再称名，一律改呼“傅局长”了。

毛边书爱好者，是文化收藏中的小众，无非在赏玩之间，享受某些文化情趣。书必得刀裁而读，裁多少看多少，一边看一边裁，比一翻即得的读书要更加深刻。如此刀裁手批探寻书中精髓，并不亚于《大话西游》紫霞仙子拔毛寻痣，探查孙悟空的前世今生。经由毛边书爱好者的推动，当下市面毛书、裸背等各类传统装帧已不罕见。当代中国，沈文冲先生是研究毛边本的专家，已有多部著作问世，我也曾获赠一种。而有功于毛边书流通的毛边书局，其发轫于湖北十堰，实赖天斌的努力，至今也算遐迩闻名。某天，我接一通电话，令我十分愕然。建设部副部长郑一军先生，通过省、市建设部门，辗转才找到我，聊了关于毛边书的题话，可证毛边书局声名远播。当然，郑先生的儒雅谦虚，至今令我记忆犹新。可惜，此时天斌已携毛边书局挥师西进，在天府之国成家立业了。他曾给我寄来邵子南的多人短篇合集《路》，又寄来《邵子南研究资料汇编》的编辑陈厚斌与邵夫人宋铮的通信一大叠。有一年，我和《书友》诸同仁往成都，明德先生和天斌设宴于巴金故居，微醺之后，同往傅寓兼毛边书局看书，那已是汗牛塞屋、书香盈室了。我们相视而笑，打趣说，要承认，十堰的围堰是小了，自然不及都江堰。

天下事物，不论难易，终须得其人方才能成其事。当年毛边书局由天斌经营，可谓得其人；而今天斌持业毛边书局存续二十年，可谓成其事。源出《左传僖公十四年》的“皮之不存，毛将焉傅”，用到这里，也可谓“毛”将“傅”焉。中国旧书业有孙殿起、雷梦水舅甥佳话，天斌得天独厚，愿他孜孜矻矻，再谱佳话新篇，为读书人、藏书人多做一些善事，如此则毛边一党，堪称幸甚。

附记一 前述“一折书”事后数年，我在武汉西北湖图书市场，偶遇当时书商中主事的小伙子，还是那样风华正茂。我们坐在市场假山水池边聊了一会，握手而别。再过十多年，最近，听说一种特殊的机缘，我们又有了一层特殊的关系。我忽然对当年的我起了敬意，“一句话”用了十多年才凑完整：“做人留一线，日后好见面。”

附记二 还是“一折书”，事后不久，监管部门下文规范“一折书”定价和销售。与《西游记》同理，妖怪往往是“上方”疏忽放出来的。过了几年，十堰市文新局原文化稽查大队刘武斌队长不幸去世，他是我的老乡，当时与其他几位领导一起，顶着压力给予新华书店大力支持。有时，在波云诡谲的环境下做事，是需要“肩膀头”的。明天，我将与他的几个亲人见面，这里附记一笔，以作纪念，以志不忘。

2016 年 12 月 17 日

我是“毛边党人”的朋友

[江苏]陈老萌

对毛边书我并无嗜好，但与当今“毛边党人”的缘分倒不算浅。著名党人沈文冲先生，收藏毛边书，研究中国毛边书史，编辑关于毛边书的刊物，诸多业绩已昭然读书界，很有些名气了。而文冲起步时，我却泼过不少冷水，差点扼杀这位毛边书专家于信念初萌之时。虽如此，凡有毛边书的信息，文冲君多先透露给我；有毛边书活动，也必定拉我凑凑热闹。莫非是想借助反作用力，为此我们原本的友情倒一天天加深。

我与“毛边党人”的缘分，其实早在文冲立志研究毛边书之前。20世纪末，龚明德先生策划出版拙编《凌叔华文存》，那时我就知道四川有个毛边书局，获阅书局编辑的《毛边书讯》，主事人即龚明德的外甥傅天斌。后来，我去蜀地开会路过成都，见到清瘦的傅先生。我们交流不多，他好像不擅言谈，何况在座有口若悬河的龚明德，傅的长辈。然而傅天斌很实干，又开书局，又编“书讯”。我本以为“毛边党人”个个是“遗老”，而他却这么年轻。于毛边书那份执着，总觉得与他年龄错位。因我缺少毛边书情愫，离开成都后也就无甚联系。以后会上或还见过一二回，但人多事杂，印象不深了。不过，在背后只要说到毛边书或成都，我的脑子里会立即跳出他名字，一位钟情毛边书的书商。

做书的生意，也是生意，总得讲求利润，这天经地义。可天下钟情毛边书的读者毕竟是少数，赚钱空间想来有限，但傅天斌竟坚持了二十年，让宏利以养书香，与各地学者、书痴多有联系，不与唯利是图的书贩子同流。这次他拟编印纪念文集，更是赔钱而费神费力费时的事情，令人油然而起敬意。认识傅天斌这么多年，从未当面称许过，今天才说出来，仿佛了却一件该做而久久未做的事。

毛边书局的人书刊

[江苏]沈文冲

傅天斌兄主持的毛边书局,弹指之间不觉已走过二十年。主持者也从初出茅庐的年轻后生,一晃跨入中年的门槛。书海浮沉,世相百态,人情冷暖,山穷水尽,柳暗花明,大致也是其人生历练、奋斗与成长的宝贵经历吧。

二十年贩书的风风雨雨,恩恩怨怨,喜怒哀乐,艰难困苦,自然在在皆是。而把毛边书局有益的经验、教训,以至与书友的交谊、趣闻和轶事等,通过不同的视角记录在案,汇编成书,实在也是极富意义的事情。

堪称古灵精怪的傅天斌兄,既有从前辈身上继承而来的侠义豪情,更有他自身创新拼搏的禀赋。如果说,天斌兄在湖北十堰创办毛边书局还是集众人智慧的话,那么二十年间毛边书局从十堰迁至成都,这块招牌迄今仍能保持和发展,仍然是他养家糊口、安身立命之本,则完全取决于天斌兄的不懈坚守。

一个人在学步阶段免不了需要拐杖的支撑,需要别人的扶持,而一旦能够独立行走，甩掉拐杖，自顾前行，既属正常，也是必然——起过拐杖作用的人必须要有这种心理准备与广阔胸襟。唯这有样，扶持者才不至于成为受到扶持者前行的负担，而被扶持者倘若能格外珍惜尽管已成“过去时”的那种扶持，悟透“受人滴水之恩，当以涌泉相报”之意蕴，那么这种和谐共生的局面经过努力一旦形成，相互间的宽容与亲密无间也一定会地久天长！

常言道：在商言商。与一般从商者不同，天斌兄还是位古道热肠、广交朋友的人，他的重义轻利给我留下很深印象。记得2010年11月中旬，第八届全国民间读书年会在成都举办期间，一天晚上我同几位师友与天斌兄约定，上他的毛边书局库房淘书。我们一行四五个人，总共淘了好几十本书，结账时天斌兄却硬是分文不取，弄得我们很不过意！事后我也只能寄去拙作数册，聊补对他的亏欠之情。

毛边书局二十年间，在十堰和成都两地究竟卖过多少毛边书？天斌兄心里或许会有一本账，不过这账否精确明细，怕是很难说。但对于我来讲，有一点则十分确定，那就是尽管我现在聚藏的毛边书刊已有八九百册，但我收藏的第一批毛边书，却全都来自十堰时期的毛边书局，其中包括钟叔河编《知堂书话》(上下册)、钟叔河著《书前书后》、陈学勇编《凌叔华文存》(上下册)、陈子善编《董桥文录》、龚明德著《新文学散札》、龚明德编“老版本”系列三种(《红楼梦宝藏》《文坛登龙术》《前辈先生》)、张阿泉著《躲在书籍的凉荫里》、吴茂华编《流沙河散文》，还有《三杠爷》《新文言》《并非永生的渴望》等。这些毛边书实物，让我从之前的仅仅限于文字叙述上的认知，转而进入对毛边书本身的观摩、赏玩与探究阶段。

第八届全国民间读书年会后的一段时间里，天斌兄又陆续从成都给我寄过多本他认为对我可能有用的书。在他赠我的书刊中，我以为最有意思的还是他自费编印的店刊《毛边书讯》毛边本。这是一份很难得的专门汇集有关毛边书各类资讯的小型内刊，尽管编辑一份杂志并非天斌兄所特别擅长，然而在师友的指点帮助下，经过他的悉心探索，这份当年独一无二的杂志，的确起到了他所期待的“引导书友购好书，推动作者与读者交流”的作用，是很有价值的“一份关于说淘书、话旧书与旧书业，谈书人书事的资料”。许多著名的作家、学者与名流，曾为这份小小的杂志写稿子，发表过不少好文章。只是这本极富趣味的《毛边书讯》，后来不知什么原因，而未能坚持办下去，殊觉可惜！

2015 年 5 月，由我创意主编、天津问津书院印行的《参差》小杂志，是否可以说就是《毛边书讯》的继续呢？应该说：既是，又不是。说它是，是因为两本杂志说的都是毛边书；说它不是，是因为“书讯”关注的主要是引导书友购买好书、畅通作者与读者之间的交流渠道，而《参差》则更注重对毛边书的品评鉴赏，尽管它也关注毛边书的各种资讯。在办刊的宗旨与理念方面，也许不能说两者大相径庭，但在内容编选及表现形式上两者的确已大异其趣。不过，值得庆幸的是，“毛边党”终究先后读到了专讲毛边书的两种不同的杂志。

丁酉年正月十二于杭州西子湖畔

毛边书局以及傅天斌

[江苏]董宁文

中华书局,金陵书局,秀州书局,毛边书局,这几个以书局命名的所在,总是使我感到亲切。中华书局作为老牌出版社自不必说,秀州书局的范笑我也是书界名人,这所已关门的书局早已成为书界的传奇,而秀州书局名字的由来,是参照了我所眠食之地南京金陵图书馆内金陵书局名字的。明年,毛边书局创办二十周年,傅天斌兄准备出一本纪念集,还会做些相关纪念活动,这让我勾起与毛边书局以及天斌有关往事的回忆来。

说到毛边书局,必然要说到十堰市新华书店,因为二十年前,黄成勇在那主事时,创办了《书友》读书月报。查了一下李传新所写的《毛边书局的来龙去脉》一文,才知道这份小报是 1998 年 3 月 28 日创刊的,文章中还提到毛边书局是 1999 年 6 月在十堰正式开张的。天斌到黄成勇那从事毛边本经营当在 1996 年,黄成勇在《毛傅局长》文中说,天斌是因龚明德的介绍从家乡去的十堰。这里面的某些时间点,或许不是太确切,但这些有关毛边书局肇始的节点,还是比较重要的吧。

我手头最早的一本毛边书，可能就是在傅天斌经营的毛边书局前身——毛边专柜购得的。那本毛边书上有罗飞先生的签名与印章，落款时间是1999年6月28日。这本由宁夏人民出版社1999年3月出版的罗飞诗集只印了2200册，估计毛边本也就百十本吧。后来,在《书友》报上经常能看到毛边书局的可供书目,印象比较深的有《董桥文录》以及龚明德《新文学散札》、罗维扬《新文言》、周翼南《秋菊集》、钟叔河《书前书后》、徐明祥《书脉集》《听雨集》,还有《知堂书话》等。这里面大多数我都有藏,估计不少都是在毛边书局所购。

2004年12月,全国第二届民间读书年会由《书友》报承办,记得火车经过长途跋涉到达十堰时,是李传新与傅天斌接的站,天斌的精干与瘦小给我留下非常深刻的印象。几年后,天斌因故离开十堰,在成都继续经营他的毛边书局。到成都后,我们的联系就少了,但毛边书局的事业却越做越大。直到前几年,在媒体上得知天斌经营之余还热心公益,钦佩之情油然而生!

2008年11月,第八届全国民间读书年会在成都举行,会上又见到了天斌。一天晚上,我与陈克希、徐玉福等书友去天斌的书店看书,在仅容一人艰难移动的狭小甬道空间里,我们翻看了几个房间的旧书,着实有被书压抑得透不过气的感觉。几位爱书的朋友,都有着不可理喻的如入宝山的兴奋,数小时后才满载而出书山。记得天斌执意不肯收钱,说大家都是第一次来,也是缘分。天斌的热情与诚恳令人动容!

在株洲、天津和张掖的读书年会上,又几次见到天斌,我们算是老朋友了,每次见面都会谈些闲话,多少也会涉及书人书事。在张掖时我提前离会,天斌热情代办了寄书事宜,使得我的返程轻松了许多。点点滴滴的小事,恰正是天斌为人的可圈可点之处。

我手头还有一两期天斌2004年编印的《毛边书讯》毛边本,后来不知什么原因就再也没有看到。从20年前创办毛边专柜,到毛边书局开张,再到《毛边书讯》试刊,直到现在筹办毛边书局20周年纪念活动,我想天斌与毛边书算是结下了不解之缘。无疑,天斌已将买书、卖书、读书,融入了自己的日常生活之中,他这一生应是须臾离不开书了。

二十年如一日做一件与书有关的事,而且还做出一般人不可想象的成绩,其实天斌是很幸福的。祝福天斌,祝福毛边书局!

2017年3月28日中午写就,上午则因沈文冲主编《参差》之约,刚刚完成《关于开卷系列毛边本》一文。这两篇短文,或许可称为"我与毛边书不得不说的事"吧!

远方有书香

[江苏]张元卿

2003年后，我开始用电脑写日记，手写日记的习惯就断了。前一阵子，傅天斌兄在微信上说："毛边书局曾有幸在十年前与您有书事来往，在毛边书局二十年之际特请您撰文。"我立刻答应了。随即思绪往回转，想找到和毛边书局结缘的细节，可怎么也想不清楚。后来忽想起手边正好有那时手写的日记，就急着翻找与毛边书局有关的记录。还好，日记留有点滴记录。

2002年2月1日，是腊月二十，这一天的日记写道："最兴奋的是收到毛边书局傅天斌寄来的龚明德兄的《新文学散札》，此本又系毛边本，正是心中想要的，傅随寄的藏书票书签亦清雅可人。"这不是我和毛边书局的第一次接触，却是目前有据可查的最早记录。但可以肯定的是，这是我和龚明德兄的第一次接触。《新文学散札》我边裁边读，后来怕这样读完就没有裁读之感了，有的文章就没裁，而是拨开相连的书页，望了望大概的意思。天斌寄来的藏书票用白色纸带扎着，正面纸带上写着:傅天斌赠。就要过年了,收到这样的礼物,心里很暖和。

2月21日,从山西老家过年回来,又有收获,当天日记写道:“收到傅天斌先生寄来的贺卡,云近日将寄来钟叔河的签名书。”3月5日日记写道:“今接钟叔河先生寄来的《书前书后》。”这是我第一次收到钟先生赠书,当时我和钟先生还不认识,但天斌可能知道我喜欢钟先生的书,那个正月他为此事和钟先生联系,一定费心不少,他和钟先生带给我的不只是拿到签名本时一瞬间的兴奋,而是长时间的安慰。

那年4月我突发心脏病,一时生活难以自理,父母亲急着从山西赶来天津照顾我,可病情时好时坏,半年后才见好转。那段时间,没力气握笔,日记记得少,漏了很多该记的事,其中一定有和毛边书局有关的,今天已记不清了。但我至今清楚地记得,那时床边案头一直立着《新文学散札》和《书前书后》,半躺在床上随时可以望见。案边墙上贴着生病前自写的条幅:假使寻不出路,所要的倒是梦。话是鲁迅说的,正是我当时的心境。《新文学散札》和《书前书后》,天天可以望见,可那是我的梦吗?我能做那样的梦吗?我不知道。但毛边书局把这样的书梦带到了我病床边,即便我仍然寻不出路,却时时能感到远方有书香,有温暖。这样想着,有时竟忘记了心脏不适;有时实在不适,望望这些书,无可奈何中多少总是一份安慰。

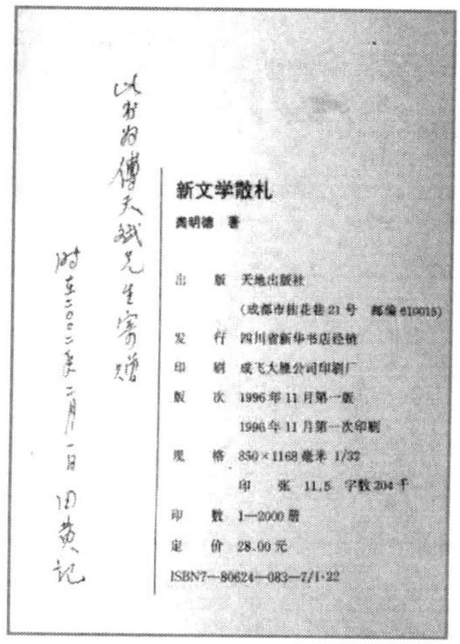
新文学散札
龚明德 著
出 版 天地出版社
(成都市桂花巷21号 邮编610015)
发 行 四川省新华书店经销
印 刷 成飞大厦公司印刷厂
版 次 1996年11月第一版
1996年11月第一次印刷
规 格 850×1168毫米 1/32
印 张 11.5 字数304千
印 数 1—2000册
定 价 28.00元
ISBN7—80624—083—7/I·22

收到书的当天,我在《新文学散札》版权页记下得书时间。田黄,是我那时在《书友》《旧书信息报》发文用的笔名。

天斌兄要我写写与毛边书局的书事来往，以上所记只是书事来往之“来”，忘记的一时又记不起来，而说到“往”，只记得曾给天斌兄寄过几本《民国北派通俗小说论丛》。

2003年身体恢复后，机缘巧合，我得以去韩国任教，一走就是五年。五年间，又是一番悲喜离乱，以为昔日友朋早已星散，浊酒一杯，不再追问。回国数年，渐行渐远的友人，并未再走到一起，我离群索居，南北奔波，不知江湖还有相逢日，只是一天天过着，静不下心来回望走过的路。

今年在张掖读书年会上遇到天斌，有简单的交流，我记住了他谦虚的笑容，知道他一直在办毛边书局，一直为读书人牵线搭桥，一直传播书香，一直记着我。

那天天斌在微信聊天结束时说：“有天斌所能及之事，敬请留言。”我回说“好的”，内心满是惭愧！

2016年9月8日至9日凌晨写于南秀村

寄语《毛边书讯》

[四川]龚明德

筹备已久的《毛边书讯》终于试刊问世，这是旧书界又一小小的喜事。翻阅这一期的十多篇文章，也称得上书香袭袭。其中让我特感兴味的是《陈子善答问》《给流沙河送书》和《旧书香成都·书市闻人刘胖娃儿》等，这些颇可耐读的篇什。看架势，这些都是《毛边书讯》主事者策划的连载类作品。如果真这样，有幸得见《毛边书讯》的书友可引为一悦了。因为，不容易被知晓的一些旧书界深层次文化讯息，会随着一期一期《毛边书讯》的印行，而逐渐成为大家都明白的情形。这，实在是好现象。

《毛边书讯》是成都毛边书局主办的有关书人书事尤其是成都旧书业界人事的刊物，按理，应该是毛边的，而且该是规范的毛边杂志。但是，听说印制工艺所限，只有待试刊几期后再设法出毛边本的《毛边书讯》。这也好，让读者有个盼头。

不光是我，像我的师长和友人如黄裳、来新夏、钟叔河、朱金顺、姜德明、李高信、陈子善、王稼句、刘绪源等，可能都会祝贺《毛边书讯》的问世，也都会尽力支持，并祝福越办越好的。

[载于《毛边书讯》试刊一号(总第 1 期)，2004 年 12 月]

写给《毛边书讯》创刊号

[北京]郝一匡

虽然也已年届花甲，自认为做了多年的编辑，对读书编书写书品书这一行很了解，但是前些年的某天，我在一家个体书店里淘书，一边翻看那些线装书，一边旁听店主和几个朋友聊天。店主和他妻子是家传的卖书人，和他们谈天的人也都是业内人，他们谈论的就是书，可是听来听去，听了老半天，他们说的好些用语我竟然听不懂！

他们说到的人有黄裳这样大家，可是绝不是我平时读到的那些书面常用语。品评黄如何如何，说黄的某本书如何如何，我听来真好像是在听他们说天书。这时我才知道，我离真正的书业内行还远着呢。尤其是我所不常接触的线装书、古本书、善本书等，自己完全是个门外汉。至于近代出现过的毛边书，也是这几年才有所耳闻，我想，我那在在那个书店里也许听见过他们嘴里说出过“毛边书”这个词，只是当时十分懵懂罢了。

说到这里，想起几年前的一件事。那时我刚上孔夫子旧书网，既卖书也买书，买卖开始后还算兴隆。不久后的一次，一位读者在收到我卖给他的英文原版书，泰戈尔的《伐檀集》。这个比我懂书的年轻人不禁喜出望外，接连在网上说他从我这里买到了一本洋毛边书，捡了一个大漏，高兴得什么似的。我当年买这本书时，并不措意什么毛边，卖掉它只是认为外文书，尤其是文诗集之类的书，再也用不到了。想不到竟然失之交臂！不过，话也说回来，好书落到真正喜欢它的人手中，才是到了它最值得去的地方，比在并不再需要它的人手里更好。所以我给那个小伙子回话，祝贺他，认为是古人所说的"宝剑给武士，红粉赠佳人"，我反而为他能从我这里捡这么个大漏洞感到高兴。

现在，《毛边书讯》终于问世。这是书业发展水到渠成的自然结果，更是爱这个种类书籍者的喜事。本人在些表示祝贺，发自内心地祝愿：愿意读书的读书，愿意存书的存书，不管是为了增值，还是真的为了喜爱。唯愿所有爱书人都能捡到大漏，也愿为了增值而存书的人都发大财！老夫本人倒是愿意率性而为，退休后要痛痛快快地读自己平生所爱的书啦！

[拟载 2007 年《毛边书讯》创刊号(总第 5 期)，后以故未印仅存样刊]

《毛边书讯》点滴感想

[江苏]周惠斌

傅兄台鉴:

《毛边书讯》日前收到。从头到尾认认真真地拜读了一遍。所刊文章质量很高,知识性、史料性、学术性、趣味性兼备。以个人单薄之力,编印如此特色鲜明的刊物,殊非易事,令人侧目、敬佩。

谈此个人读后意见,一家之言,仅供编辑以后刊物时参考刊物编排,整体给人印象厚实朴素,但也有呆板之嫌。其实适当的美观(当然力避花哨),也是当今书报刊与时俱进的发展趋势。

末页"编后语"中可见,所设的栏目颇具匠心,但名称上最好能做到字数划一,这还有劳斟酌。联系办刊的宗旨,当应加强编读之间的互动性,故拟增设相关的交流园地,以体现刊物(包括贵书局)的"桥梁"功能,亦便于读者集藏。"目录"页设计必须加大力度,宜添置栏目名称。

刊物名称为《毛边书讯》，但所刊文章涉及纯粹的"书讯"，篇幅几无，给人"文不对题"之感。这在我看来是一个极大的硬伤。补救措施：一是换刊名，如《毛边书丛》，但木已成舟，米已下锅，殊不现实；二是适当加强相关报道，但万不能冲谈已形成的风格、特色。

所刊文章中适当增加图片，力求图文并茂；或者增加名人生活或读书照片，体现"亲和性"。

点滴感想，不妥之外，傅兄哂之。附寄小报一份，主编者征求连环画，烦请代为留心。顺便我有一事求助。我在"孔网"上求购各种版本郑振铎《西谛书话》《西谛书跋》中，关于"孔子圣迹图"的文章。因我处没有该书，如果傅兄有，能否复印后寄我一份？打扰了。

多联系。鸡年将至，祝生意兴隆！

2005年2月1日

[载于《毛边书讯》试刊三、四期(总第3期、第4期)，2006年4月15日]

特立独行的《毛边书讯》

[北京]康　健

现今社会上,真正喜欢书的人很少,喜欢毛边书的人更少,喜欢为"毛边党"做点事情的人更是少之又少。四川成都的傅天斌先生,却是这少之又少的人中的一位,他不仅为"毛边党"开办了一家毛边书局,以经营毛边书、签名本为其特色,而且为"毛边党"编印了一种独特的刊物《毛边书讯》,一时之间竟洛阳纸贵,受到"毛边党"的热烈追捧。

《毛边书讯》创刊于2004年12月,至今已经试刊两期。从这两期的《毛边书讯》来看,它与其他的民间读书报刊确乎不同,主要体现在它的独具特色上。

依我看来,《毛边书讯》最大的特色,就是有几个特别的栏目,这些栏目如果以其特色大小排列的话,我认为应该是:"民间书声""藏书票风景""旧书香成都""淘书故事""'书讯'问客答""题跋之叶"……我之所以要把"民间书声"排在第一,是因为我总觉得:开设这样的一个栏目,是《毛边书讯》对于民间读书界的最大贡献。

是的，从某种意义上来讲，民间读书人是这个世界上最为纯正的读书人，他们既不希取利于闹市，又不期求闻达于诸侯，从早到晚只知道“两耳不闻窗外事，一心只读圣贤书”。如果用一个时髦的词语来说的话，他们才是这个物欲横流的尘世中的“精神贵族”。在这些纯粹的读书人中，更有一些具有奉献精神的人，这些人牺牲钱财时间精力，做着为其他读书人置办嫁衣或穿针引线的工作。他们虽然受到读书人的普遍敬重，但他们的艰难他们的故事却往往不为其他人所知。《毛边书讯》的“民间书声·民间读书报刊人物录”专栏，将这些幕后人物推到了前台，让我们这些读书人在心存感激中既了解他们的过去，又了解他们的现在，还了解他们的未来。不管从哪个角度来说，这都是一件极好的事情。

在《毛边书讯》试刊二号“民间书声·民间读书报刊人物录”中，介绍的是北京朝阳区文化馆《芳草地》主编谭宗远先生。我和谭先生曾经有过书信往还，他在信中不止一次邀我有时间能到他那里坐一坐。然而，我终因忙于俗务，虽相距只有区区五十里却不曾谋面。从“民间书声·民间读书报刊人物录”的《爱书人，人也爱他》中，我才知道谭宗远先生不仅仅是一个热心民间读书事业的人，还是一位很有成就的书话作家，他所写的一系列买书和读书的随笔札记，以其书香浓郁、韵味醇厚受到读者好评。

“藏书票风景”是《毛边书讯》的又一个特色专栏。从其他民间读书报刊上，我们看到的往往是一些藏书票，很少见到有关藏书票的理论文字。而《毛边书讯》的“藏书票风景”，却是对藏书票这一别样艺术形式的理论探讨。读这些文字，既增长见识，又开启智慧。如载于《毛边书讯》试刊二号上的藏书票画家杨可扬的《谈通用藏书票》一文，就很有指正谬误、以正视听的作用。

“承赠你们自己印制的藏书票多枚，谢谢。但是，看了这些藏书票，我认为并没有藏书票应有的含义，只是一般的小画片而已。藏书票是书籍持有者，把它贴在书页上，作为一种藏书的标志的，如钤上一颗姓名章一样，它是审美与实用相结合的一个艺术品种。作为藏书票，在票面上须有票主的姓名，或斋名、堂名，我们称这种书票为专用藏书票。同时也可以有通用藏书票，这种藏书票应该在票面上留出一点的空白，让使用人钤上自己的姓名章或签上名字，把通用藏书票转化为专用藏书票。当然，现在也存在只求审美不讲实用的情况，如有些收藏家的做法。但是，无论如何，藏书票不能失去它的特性与个性。……在票面上常出现 EXLIBRIS，这是拉丁文国际通用书票标志，意即藏书，我的藏书之一。”从这些话中，我们既弄懂了专用藏书票的定义，又明白了通用藏书票的概念，还搞清了拉丁文 EXLIBRIS 的含义，对于藏书票的作用和价值也有了更加全面而正确的认识。

跟《芳草地》一样，《毛边书讯》在栏目设置上，也突出了地方色彩，但它并没有把重点放在介绍地域文化上，而是放在了介绍当地的读书人身上，这就更加凸现出了《毛边书讯》对真正的读书人的尊重和宣传，也让这些活跃于民间的读书人很是扬眉吐气一番，从而让人读起《毛边书讯》来更有一种发自内心的亲切感和自豪感。在《毛边书讯》试刊二号“旧书香成都”中，介绍的是爱逛旧书摊的李妹儿，文章用生动风趣的语言，把一个名不见经传的爱书如命、嗜书成癖的弱女子的形象，生动鲜活地刻画了出来。读过以后，让人深为当今社会中还有这样喜欢书的女子而感到欣慰，心海里不由得产生了想与她结为知己的想法。

“题跋之叶”也与众不同，其他的民间报刊中的类似专栏，刊发的多是书的序跋，而《毛边书讯》的“题跋之叶”，发表的却是读书人写在自己购买的书籍上的随感性文字，类乎于孙犁先生的“书衣文录”。比如试刊二号上刊登的《养暗室题记——读孙犁》，就很有嚼头。作者付刚在孙犁的《尺泽集》上所写的跋语道：“昨天开始，全厂罢工。因为厂长大人们敛财自肥，而致生产无法进行。近几年厂里边搞房地产，卖出土地在数百亩之间，却无买生产原材料之资。实过之太甚。工人无他，能工作，能生活，每月得四五百元活命之钱即可，而意不能得，是有此变。干部到现在，不贪者鲜见……”读了这段文字，联想到那些坐在主席台上大讲廉政建设、下了主席台却大把捞钱的贪官们。就我而言，最喜欢阅读的正是这类“题跋之叶”，它能切中时弊，让我永远保持一个清醒的头脑……

通读《毛边书讯》，我还感到：它是一个恋旧的民间读书刊物，它上面发表的文章，大多谈的是旧书旧刊，这在以炒作新书为荣的当下读书界，无疑是体现出了一种特立独行的精神。一个人能够特立独行，说明这个人很有信仰；一份刊物能够特立独行，说明这个刊物充满自信。《毛边书讯》就是这样的一个充满了自信的刊物，我相信它会在这个世界上存在下去，因为它有自己的独特精神和独具风格。

能够读到《毛边书讯》的人，真应该为自己庆幸才是；陶醉在《毛边书讯》散发的书香里的人，人世间的所有的所有，都会被他们看成过眼烟云，他们的灵魂已经被《毛边书讯》淘洗得干干净净。

为自己拥有《毛边书讯》而欣慰吧。

2005 年 8 月 6 日于京东燕郊高远斋

（载于 2006 年《读书人》杂志）

《毛边书讯》目录

[四川]傅天斌 整理

试刊一号

(总第1期,2004年12月印行)

试刊二号

（总第2期，2005年3月31日印行）

试刊三、四号合刊

(总第3、4期,2006年4月15日印行)

创刊号

（总第5期，2007年，仅存样刊）

风月参差

吹灭读书灯　一身都是月

——我的“毛边风月”片段

[安徽]杨中广

“毛边风月”建群一周年了，我进群结识龚令民却只有半年。前半年，我们走着各自的路，后半年我们的生活有了交集。入群半年来，我更多的是和龚令民兄拌嘴，并且戏言“与群主斗，不亦乐乎”。佛说，与有缘人，做快乐事。由书结缘，不亦快哉。

接触“毛边风月”，我的第一感觉是“德不孤”。原来在滚滚红尘里，还有很多“蠹鱼”为书痴迷，为文化守魂，为往圣继绝学。我在毛边群里的第一句话就是“德不孤”。德者得也，书虫在书中自能得到属于自己的快乐。每夜入睡前，我都习惯地到群里看看，听书友谈毛边书的前尘旧事，听他们的得书、失书记。“独乐”又“众乐”，不亦快哉。

由于“深邃”，我不追星。可是自从在群里不经意间和陈子善师交流几句后，就迫切地想见一见陈师，真是“寤寐思服”，而后又“求之不得，辗转反侧”。我和陈师那么近，咫尺可见。却又那么远，千里之外。陈师若是看到我的文字，一定会说"你见或是不见，我就在那里"吧！"毛边风月"群，有我的期盼在，不亦快哉！

龚令民兄发来中华书局出版的赵林涛《顾随和他的弟子》一书，是我收到的第一本毛边书，也是截至目前我读的最认真的毛边书。对于顾随先生，我很陌生。对于诗词，我也不懂平仄。但是在顾随先生的文字里，我读出了美，读出了爱，感受到了顾随先生的"诗心"。这本书内容咀嚼有味，又采用毛边的形式，真是相得益彰。我想这应是毛边书的发展方向吧。毛边书，就别致那么一点，可是这一点却有万种风情，谁说读书人不是多情种呢。读周作人日久，我深受"其害"，也爱上了抄书。因为顾随先生传灯于叶嘉莹先生，所以我抄下了这首诗。

蓼辛荼苦觉芳甘，世味和禅比并参。
十载观生非梦幻，几人传法现优昙。
分明已见鹏起北，衰朽敢言吾道南。
此际泠然御风去，日明月暗过江潭。

反复吟诵，每每有一种说不出的感动。我亦为师，纳天下英才而教之，传薪火于天下，不亦快哉！

结识龚令民兄不久，我与友游览家乡的小溪山，小溪山不远处有严小姐墓。元明之际，严小姐救助了因战受伤的朱元璋，后在照顾朱元璋中生发情愫并且以身相许。可是朱元璋建立大明后，严小姐的身份没有得到官方认可。后来，严小姐抑郁而死。死后，朱元璋大为心痛，追封严小姐为一品夫人，建墓地于五河县内。

严小姐的故事未见明史，却是真实的，证据之一是严小姐墓前的石像生，和凤阳县明皇陵的，属于同一批工匠的杰作。因为严小姐没有得到官方认可，五河县周边的老百姓都称她为严小姐。县政府在前几年立的石碑上刻的是“严氏之墓”。墓右前方 50 米处有塘曰化明塘，取感化大明之意。游览后，我的心情久久不能平静，于是作文记之。小文得龚令民兄指点后，像模像样了点，随后发表在五河县诗词学会主办的《莺花吟坛》诗集里。“毛边风月”提供了一个交流学习的平台，“天高任鸟飞，海阔任鱼跃”，真真是不亦快哉！

兹将拙作《无声》抄录于此，做本篇小文的收尾。

小溪山下小溪清，化明塘前话未明。
明珠染泪天欲雨，湖水含恨潮不平。

（载于《参差》第 6 期，2012 年 12 月 23 日印行）

低语谈毛边

[广东]刘海钧

2017年10月23日下午,“毛边风月”群里龚老师又在开坛,传讲读书心法。此时的岭表正是一年中最宜人的时光,我的每一个毛孔满满的秋高气爽。

龚老师大名龚令民,世居湘西。湘西虽称幽僻,但他美酒佳人线装书一个不缺,还成天和群友在N次元空间进行心灵的交流碰撞,小日子爽得紧。

他大学学农学,却不务正业,耽于文史,狎玩文字(也许还有校花),毕业前就有不少作品发表,厕身作家之列。毕业后幸亏没有去搞杂交水稻,否则地球人都得饿死。

这厮书读得杂,且有一个阿尔法狗(AlphaGo)脑子,才华侧漏得一塌糊涂,先秦经典、唐宋诗词、乡野奇闻,随手摭来即成妙文。其文时而精准利落,如挟洪荒之力破空而来的小李飞刀。时而典雅富丽,如昆曲中杜丽娘百转千回地唱“原来姹紫嫣红开遍,似这般都付与断井颓垣”。时而淫荡邪恶,如西门庆被潘金莲砸中头欲怒而喜的一梭子嗞嗞作响的秋波。

因此,大家都叫他龚老师。但我觉得叫龚老邪更为妥贴。

我与毛边书结缘是误打误撞,时在 2016 年 8 月。我在孔网上找史料书,手一滑进了新书广场,看到里面在卖毛边书,遂以猎奇之心买了一本,就这样入了坑。没过多久,成为“毛边风月”门下走狗,从此我的剁手行动多在这里实施。盖因帮主功夫高人品好,有才华又谦逊,推荐的书好,性价比高,还时不时有礼物;帮里话语生态怡人,有阳春白雪有下里巴人,有荤有素营养均衡。

冒襄初见董小宛,见她“面晕浅春,缬眼流视,香姿玉色,神韵天然”,遂不可自拔。道理大同小异。

上面是我的毛边党履历,不算跑题吧。下面扯几句毛边书。

陈子善先生说,20 世纪二三十年代是中国毛边书的全盛期。据沈文冲先生统计,1929 年毛边书达到 333 种的巅峰。据在下不完全统计,2016 年中国大陆毛边书应在 400 种以上。

我们俨然身处毛边书的第二个黄金时代。

然而,数字可以是真相揭示者,也可以是假相代言人。

20 世纪中国毛边书的全盛期是在文坛大咖鲁迅先生率先垂范、全力推进之下,众多文坛老将、新锐纷纷仿效而形成的。鲁迅先生编、著、译、校的书刊,印制成毛边书的达 60 多种。属于毛边党的还有很多熟悉的名字,周作人、郭沫若、冰心、冯雪峰、柔石、沈从文、刘半农等等等等。这个在新文化运动的历史大背景下发生的毛边盛况,显然有着更为深厚悠长的意味。

作家的审美趣味主宰了那个时期毛边书的审美品质。如果浏览一下那时候毛边书的书名,我们脑海里浮现出的情景是这样:人们手里捧的毛边书大多是文学、艺术类书籍,偶尔有历史书,工具只有一把裁书刀,旁边也许有一杯茶。

而今天一些出版人可能觉得这个画面太无趣，想给单调宁静的毛边生活增加更多可能性。

比如为人父母者，给小孩子讲《小象吉福吉》（浙江少年儿童出版社）故事时，每讲一页停下来若干秒，给小孩子示范裁书刀法。脑子转得快的小孩子也许会问："这个刀法可以用来杀人吗?"这就给父母提供了更多和小孩子互动的机会。不过，父母要做好小孩子今后成为刀客的思想准备。

比如行走江湖者，地上摆本《武当张三丰秘传太极拳》（山西科学技术出版社），比划几下喘口气，裁一页再继续比划。忘了带裁书刀不要紧，运起内力化掌为刀，结果是书象被狗啃过一样。

比如悬壶济世者，左手持针右手持刀，对着《针灸基础学》（西安交通大学出版社）或《针刀笔记》（湖北科学技术出版社），每给病人扎一针切一刀就小心翼翼搁下手中利器，换裁书刀对书本施以切割术。但这样做的风险着实大，一不小心就会用裁书刀去锯病人的五脏六腑。

举这些例子只是想说明，并非什么书都适合做成毛边书。

现在国内每年毛边书种类是不少了，但泥沙俱下，以审美眼光来看，比20世纪的全盛期还有差距。当然，有些方面是超越了的，比如精装书，包括皮装本。不述。

前不久，龚老师赠送在下的沈文冲先生主编《参差》一至四期，感佩莫名。第一期有王稼句先生《佳人参差》一文。为《参差》撰文者俱为文章名家，说《参差》是佳人恰当得很。

愿《参差》办的更加厚重，越办越有特色！

（载于《参差》第6期，2012年12月23日印行）

“毛边风月”和“水浒”精神

[陕西]孙　涛

“毛边风月”是一个有趣的书人群。书人，这是近几年小范围但高频率使用的一个词。它不是新造的，也没有普罗大众，它的使用一般还局限在有相同爱好的人群之间，有特定的使用区域和范畴。它也没有一个准确的定义，大意就是爱书的人吧。而爱书又含了几层意思，一个是爱读书，一个是喜欢藏书，还有一层意思，是会写书。总之，都是对书有很深的感情和癖嗜的。这些感情和癖嗜交织起来，又浓又烈，如野生的藤草，斩而不绝；隐秘处的藓疥，顽固异常，亦如美酒，越久越醇香，是很可以据此区分出一个群体的。这么一说，书人的内涵倒是大大地鲜活和丰腴起来了。“毛边风月”，就是汇集这样一群人的一个微信群。

顾名思义，“毛边”应该是很好理解的了，就是毛边书，书页之间不整齐和需要裁切的书。熟悉鲁迅先生的读者，大约都知道先生的这一个嗜好。在他的书信集里，提到不少让出版商给他特别制作一些毛边书，他用来玩赏和赠送友朋，那是很有文化趣味的;"风月"也不难,有清风明月和男女情爱的意思。一般人都知道风花雪月,那是文人雅士之间,或者富裕有闲的阶层,搞的一点业余爱好,所谓:不以无益之事,何以遣有涯之生? 虽然,人世消磨往往显得颓废、落寞,可是文化传承,精神与血脉的联结和升华,也难说不蕴含在里面。毛边风月,它的骨血里,是天然含着浓缩的雅韵的分子的。

我是怎么加入到这个群里面的呢? 现在回想起来,是和"毛边风月"的群主留鱼堂先生大有关联的。我记不准自己是在哪个群里面了,又如何加的留鱼堂先生的微信好友, 然后就是被留鱼堂先生邀请加入到这个微信群里来。最开始的时候,没觉得这个群有什么特殊,那时候可能也因为人数较少,二百多点吧,说的谈的最多的还是毛边书的信息,有点文化搭台,经贸唱戏的意思。那段时间,我刚接触微信这种方式,手机里存着不少出版社微店和个人微店,都是为了买些毛边书签名本一类,自然没太在意"毛边风月"的存在。

后来,渐渐发现,"毛边风月"群比较活跃。这个群的发言很多,探讨的内容,也有可观处,不像一般的群,只搞销售,千篇一律,难以留人眼目。不久,留鱼堂先生又搞了一个公众号,大发征稿启示。我遂投了几篇,不意竟被选发一篇。经过留堂先生的善巧编辑,我的原名为《地摊书》的一篇文章,被改名成《一个书痴的心路历程:淘书经年话地摊》。同样的一篇文章,经此一改,文字没动,但效果确乎超过了原来,有画龙点睛之效,不禁让人对留鱼堂先生刮目相看。经过一段时间了解,知道留鱼堂先生学识颇深,尤其对于图书的写作、出版、发行,均有心得。他自言做过文字写手,也出版过几本小书,至今还奋斗在文化战线上。

起先我以为,留鱼堂先生起码已经年届不惑,大概奔着知天命而去了。后来他自己透露，方才三十余岁。这也让人有些惊讶了，他出色的活动组织能力和对一些文化现象的独特理解，有着很强的独立思考的精神。有些我不能苟同，有些我深以为然。古人说，益者三友，友直、友谅、友多闻。以我的理解，留鱼堂先生是可以当得“友多闻”的。这就很好，在欣赏书的同时，能够收获更多的知识，加深自己的学识和文化修养，真是一举两得的好事。我在毛边风月群里，只淘过一种书，是茅盾文学奖获得者张炜先生的一本演讲口述著作《陶渊明的遗产》，精装、钤印、签名的毛边本，特点十足，令人很感兴奋。

我后来从公众号上的文章看到，留鱼堂本名龚令民。以前读书，知道周作人号知堂，留鱼堂何意，倒是恕我孤陋寡闻了。不过，听上去也是比较庄严斯文的。而读他的文章，也写的恣肆纵横，大开大合，能在短小的篇幅内，吸引住人的眼球，而带给人知识与趣味，同时呈现了他的思想。我想龚先生是想有一番作为的，而不仅只是吆喝几声做一个掌柜。在开公众号的同时，还和国内第一本探讨毛边书的毛边杂志《参差》结成了战略合作伙伴，又联合《藏书报》专门出了一版毛边专版，在这个专版里，我的一篇《洋大师的毛边签名本》也被选发，非常给力。编辑选发的毛边文集，也在循序渐进，风生水起。

“毛边风月”群里呈现一种很活跃的、闹热的气氛，让我想起了名著《水浒传》。后人总结，《水浒传》满本呈现的是十足的“水浒”气，即流氓做派，强盗黑社会气息。在我看来，这都不是最主要的事，最主要的是一种“及时雨”的精神。宋江成事，靠了“及时雨”的事实和声名，才能团结带领一帮兄弟，干出惊天动地的大事业。而一百零八位好汉的上山因缘虽各不相同，但是兄弟的感情，义气的旗帜，是都承认的。这其实就是“及时雨”的精神，就是互助互爱的同气连枝，就是随愿满足的大同理想。试问，管你不受谁压迫拘束的自由自在，大块吃肉，大碗喝酒的快活，还是大秤分金银的均贫富，不都是这种精神的体现么？

有点扯远了。书友群毕竟不是梁山泊，龚先生也不是山大王，这里排不了次序，没有什么贵贱尊卑，只要是书人，都有一席之地。他可以自称堂主，群主，也能叫毛边党的帮主、会长一类，但肯定叫不了书记和主席。科学的新时代里，民主和自由更加让人自信并充满活力。英雄和平民没有什么本质不同，在时间的漂洗下，都会回归普通的原色。我们应该崇拜英雄，这没什么错，不是自我迷信和软骨病发作。因为，立足独立思考和个人自由，是许多世纪以来，人们的执着追求。这很对，符合历史的潮流和人性的规律。但这和崇拜英雄无关，崇拜本身无罪，关键在于英雄本身，这个英雄要自己走出时代的行列，自己耸立起来，而不是靠别人的吹捧。这一点龚先生是一直坚持的。

“毛边风月”群建群一周年了，龚令民先生要搞活动庆祝一下，征文是很好的方式，文章千古事么！这还真不是古人白说的，经得起历史的检验。身在群中，我自然也是要躬逢其盛的，于是拉杂拢了一些闲话，算是给“毛边风月”庆贺吧。本来想是给群里弄些宗旨义务一类的标语来着，但一想那太机械呆板，和风月不太搭边儿，与“水浒”精神也格格不入，于是放弃。但是这个思路也不错，扔掉了可惜，还是交给龚先生自己筹措吧！

(载于《参差》第6期，2012年12月23日印行)

定是毛边群里人

[浙江]耕　夫

时序更迭,岁月嬗变。

又是一年秋风劲,弹指间,我入"毛边风月"群不觉整整一年了。"毛边风月"群是我加入的第一个读书类微信群,每个人对于人生的第一次,如第一次约会,第一次接吻,第一次坐飞机等等,记忆自然特别深刻。记得刚入群时,看到群里有那么多闻名遐迩的大咖,很是惊奇,同时也佩服群主的交游。

由于自己资历浅,所以很少在群里发言,基本上是潜水员。虽然不大发言,但群里的每一条消息我都会去看,即使有时工作忙,没来得及看,也一定会在睡觉前爬楼看完。群友们把群当作了一个非常好的交流平台,经常聊一些版本知识,文坛掌故,使我这样读书少的人大开眼界,学到了不少知识。有一次,看到群友们在晒宝,我也心痒痒的,晒了一册平明 1953 年 11 月初版,唐弢著的《向鲁迅学习》的签名本,结果让我大吃一惊,唐弢的签名经群友鉴定竟然是伪造的。这册签名本购自孔夫子旧书网，通过这次群友们的鉴定，让我“吃一堑长一智”，后来在孔网碰到巴金、启功、茅盾等名家的签名本，再也不为所动了。

毛边群，聊的最多的自然是毛边书。我收藏的毛边本很少，是连预备党员都不够资格的。有一天，晒了一册刚购的《苏州美术研究》的毛边书，被冯传友老师看中了，欲要此书。冯传友老师曾经在《藏书报》上连载过书话，非常熟悉，能在群里相识，很是高兴，于是互加好友，用《苏州美术研究》换来了一册黄岳年老师的《弱水书话》签名本，皆大欢喜。

我有一册萧乾编选的《英国版画选》，当年购来时，卖家说是签名本，当时暗自兴奋不已，以为捡了个大便宜，谁知收后一看，签名是印刷上去的，想要退书，卖家却不同意，心里一直很怅然。冯老师在群里晒了一册有文洁若老签名上款的《英国版画选》，我很是羡慕，与冯老师说起了购此书的经过。冯老师爽快的说，可以把书寄他，等他去京看望文老时，代我求一签名。我听后真是惊喜无已，马上把书发给了冯老师。春节过后，收到了冯老师的快件，文老不仅在《英国版画选》一书上签了名，钤了萧老、文老两枚印章，还题了上款，真令我感激涕零。虽说我已经有文老的签名本了，但这册题有上款的签名本，意义不同寻常，令我格外珍爱。每当翻开此书，便会想起从未谋过面，却古道热肠的冯传友老师。

一册毛边书，成就了一段我与文洁老、冯老师难得的书缘，可谓是“千里书缘毛边牵”啊。

阿滢老师和自牧、徐明祥被称为山东的“三架马车”。阿滢老师在读书界鼎鼎有名，是山东的一张文化名片，也是我颇为仰慕的一位作家。我虽然收藏了数百册签名本，但阿滢老师的签名本却不曾入藏，深为遗憾。当我在毛边群里看到阿滢老师后，迫不及待地向他发出了请求。阿滢老师并没有因我籍籍无名而拒绝，通过了我的申请，成了微信好友。通过微信，我购得了阿滢老师的《秋缘斋书事三编》《秋缘斋书事四编》《秋缘斋书事五编》《我的中学时代》等几种毛边书，如愿得到了签名本，而且每本还题了上款。收到书的当晚，我在博客上写了一首小诗《毛边风月群遇阿滢老师感赋》：

久仰秋缘阿滢翁，音容笑貌频入梦。
我欲插翅飞平阳，不期毛边喜相逢。

与姜晓铭、严汉平、王宴三位因为集报藏报而相识、订交，互称“报友”已十数载，没想到又因爱书相遇于毛边群，成了“毛边书友”，缘份不浅。近日，经汉平友牵线，代为求得嘉兴范笑我老师的上款签名本三册，使寒斋又添珍品，喜事也！著名红学家周汝昌先生著有一书，名《定是红楼梦里人》，我易其三字为“定是毛边群里人”，不知众书友以为然否？

（载于《参差》第 6 期，2012 年 12 月 23 日印行）

好书尽毛边　风月有佳人

[辽宁]孙晓葵

对于我这种文化水平不高，却对种种书籍爱不释手的人来说，毛边书更是“舍我其谁”。

毛边书，说白了就是作家出了书，一定要送至亲好友几本。怎样才能显出与众不同呢？当然要“特制”，这种“特制”，非“毛边”莫属。用好友 skyqing 的话说，毛边书就是成书少了最后一道工序。未做最后一道剪切工序的书，大概只有作者本人才能拿到手，所以就成了一种别致的送亲朋好友的“礼物”。

从古至今，读书人，确是那么地与众不同。书也有作为商品的特质，所以好多营销书籍的商人看到了毛边本的盈利所在，所以现在毛边本已经不再是小众才能拥有的稀缺品、奢侈品，反而成了藏书爱好者的一种收藏嗜好。当然，我就是其中一员。

摩挲着不同的书的纸张，未裁切的边缘，内心充满了一种对心爱之物的把玩之情。而这种玩赏、玩味、研习，像灯红酒绿中偶尔回眸的一瞬间，占尽葱茏岁月中的无尽风月。

收藏毛边书，少不了加入“毛边风月”群。怎么进入到“毛边风月”群的已经忘了，好像是某位友人推荐的，加进去以后却几乎未抢到什么书，因为每回抢红包儿排序的时候，都不符合群主的排序入书要求，结果就几乎没淘到什么毛边本。但结识了那个文采飞扬的群主龚令民先生，确是人生一大幸事。

最早入书，除了每周六周日的旧书市场，还有书店、当当、京东以外，再就是孔夫子旧书网和布衣书局。去北京，特意拜访了布衣书局的掌门人胡同。在布衣书局购书的时候，也许是年龄的缘故，对于胡同的严谨却是比较适应，而对于像龚令民这样的更年轻的一代人，却极度不适应。尤其是周六活动，一本书抢红包排序，有时竟耽搁两个多小时。

胡同的严谨，在于他对书的甄别上更趋于科学合理，尤其他的“有底拍”更是吸引了众多书友。而龚令民，也许是年龄上更年轻，所以他的方式更趋灵活多样，更契合年轻一代的书友。在书的价格上，“毛边风月”也更占优势。

胡同的贩书日记，看似流水账，但实际上却是对他整个布衣书局的经营的模式的一种探讨，有史料价值。而龚令民的文章，则天马行空极尽文采，诗词歌赋信手拈来，遣词造句极为老辣。读他的文，有酣畅淋漓之感。比如“开到荼蘼花事了”，比如“无边落木萧萧下”，博古论今，寓意深刻，让人拍案。

对书的了解，龚令民不似胡同半路出家——胡同经营的网站是养活着十几个人的企业，所以书价只有高起来，才会维持布衣书局的运转；而毛边风月，应该是龚令民先生业余玩票的平台，只有对书爱之深切，才会玩得风生水起、欲罢不能，并拥趸了前呼后拥的粉丝。

龚令民先生的感性，更在于他对书友的无所隐瞒和躲藏，比如，和媳妇儿闹别扭了，在外面被别人算计了……等等，那时读他的《夜听朴树〈清白少年〉》，他就像一个青春期的少年，偷偷地喜欢着朴树和王珞丹，与他的那些"年年岁岁花相似"完全不同，极羞涩地倾诉着他的喜欢。

在"毛边风月"群，除了遇到毛边书，最主要的是在这样的群里，能感受到一批具有人文情怀的一票书友，对书的喜爱和认知，让我开了眼界，开阔了视野。对于陪伴，对于岁月，可能书和佳人是最好的遇见，而风月里的故事，只待清风徐来，花朵自开。

（载于《参差》第6期，2012年12月23日印行）

毛边"病人"

[北京]刘通生

最近我的书柜得"病"了，它暴饮暴食，特别是"生猛海鲜"吃得太多，导致营养过剩，肥胖臃肿，且兼有脾胃不和、消化不良之症。究其病因，自然在于我淘书越来越多，没有节制，特别是近期染上"毛边病"，别人淘书吹毛求疵，寡人有疾，购书求"毛边"。

自己原来经常想，居京城大不易，陋室虽小，尚可放下一张书桌，摆几个书柜，收几册爱书，也算是平生一乐了。不想去年秋凉之时，偶入"毛边风月"群，染上毛边病，病势日愈沉，且无药可治矣。

见我病的不轻，春节后老婆拨款给我买书"治病"，说是半年的"药费"，没料想各种奇方验方开了一堆，三月末见底而拨款已花光，病未见好转，反而服药上瘾，患了药物依赖症。

看到群里发布好书，自己无力到手，痛哉；见到群友晒"新欢"，自己没缘分，惜哉；听到群主侃侃而谈，自己没学问，悲哉。戒书瘾比烟民戒烟瘾，难矣；不淘毛边书如同酒友不喝酒，难矣；掉进“毛边”陷阱里想往外爬，难矣。“三哉三难”过后，痛定思痛，谁叫自己没有做到防微杜渐呢！从今而后，要勇于对毛边书说爱你不容易，敢于将各种诱惑拒之门外，对于签名不美、钤印难看、无题无款、价格虚高的“伪毛”“杂毛”不屑一顾；对于群主推荐、自己喜欢、独家定制、名家签钤、题词上款、赠送书票的“真毛”“好毛”，还是要义无反顾扑上前。

手里的毛边书渐渐增多，就有了比较，从纸张到装订，从封面设计到内页排版、签名用笔、钤印用泥，到书法字体，方方面面都值得慢慢欣赏。把玩之余，对于装帧不善、字体不佳、印泥不妙者暗自叹惋；对于设计精美、毛笔题款、字印俱佳者爱不释手。

这又带来了新的并发症，好毛边舍不得裁，只好大致翻看一下，顶多把目录页裁开，读一读序跋和目录，对于感兴趣的内页只能以偷窥的方式探视，这也是一种病态吧。自己还给自己做心理安慰：反正看不完，不裁就不裁吧。

其实《不裁》也裁了，《不裁》是书名，2006年出版，古十九写的随笔集。“不裁”的谐音“不才”，出于作者的一番谦意。它被设计成一本朴雅的毛边书。2011年我从图书馆看到了它，三五册复本中只有一册裁开，因为不知何为毛边书，我当然借了一册未裁的，回家用书里的纸刀裁读了，这是我裁的第一本毛边书，不过因为是借阅，如同猪八戒吃人参果，并没有真正领略到毛边书的趣味。待后来才知道，它曾经被评为2007年“世界最美的书”，我想再借一册细细品味，已经没有未裁开的了。

既然不裁的都裁了，也就无所谓了，虽说群里各位老师建议还是裁读为妙，我这病重之人也管不了那么许多了，反正光边本还读不完呢。在书柜里挤出空间，腾出一格专门存放毛边书，原来立着放书改为平躺安置，即便如此，也不过暂时缓解一下压力，不久桌上又摞满了，还是无处安放，只是委屈了两把梅妃竹刀，如同两名御前侍卫，贬为守门员，看护我的琅環书库，待适当时机寻觅一锦盒盛放，那就真正的刀枪入库马放南山了。

元稹诗云："垂死病中惊坐起，暗风吹雨入寒窗。"不知怎么，心里突然就冒出一句没来由的"病比西子胜三分"，感到毛边之癖似乎多少有一种病态美。都说书中自有颜如玉，我把毛边比西子，淡妆浓抹总相宜，喜欢毛边，就如同喜欢浣纱的西施，就算是一种病症，那也是令人陶醉的，由它继续发展下去吧，我终于决定放弃治疗了。

（载于《参差》第6期，2012年12月23日印行）

风清月朗　盛世书香

——写在“毛边风月”微信群建立一周年

[云南]李福钧

丁酉仲秋，适逢“毛边风月”微信群建立一周年，作为入群不久的“毛边党”新“党员”，我自然无比的兴奋与激动，禁不住提笔写上几句，表示祝贺与感激之情！

此前，作为耕读子弟，我虽然也爱书、读书、买书、藏书，但对毛边书而言，始终只知皮毛而未见真形。今年初，在《藏书报》QQ 群里偶然发现了“毛边风月”微信群的广告，便迫不急待地点击、关注、加入。惊喜中发现，昵称“留鱼堂”的群主，乃是 QQ 群里的好友，远在湘西的年轻有为的龚令民先生！从此，在群里聊天交流，成为每天不可或缺的功课，且一发而不可收拾。大有一入“风月”深似海，“毛边”底事尽欲知的味道。

在“毛边风月”微信群这个大平台上，书友们或畅聊心得，或展示珍藏，偶尔发点牢骚，间或幽默调侃，其喜也洋洋，其乐也融融！龚先生组织的每周两次毛边书活动，更是把这个虚拟交流场所，打造得风生水起，有声有色！我不但学到了书籍装帧、签名钤印、版本目录等方面的新知，领略了《藏书报》QQ群里一众老友们的另一番风采，见识了志趣相投的“毛”粉朋们的滔滔辩才，饱览了群主给大家推荐的一部部佳作的倩影，欣赏到大家新秀们签名钤印的丰神俊朗，更会为自己心爱的毛边书慷慨解囊，潇潇洒洒弄上一本！我入群虽晚，但获益匪浅，真可谓满满的都是内心的快乐与超越世俗的幸福感！

将满周岁的孩子已经开始牙牙学语，蹒跚学步，将满一年的“毛边风月”微信群也已经凝聚了数以百计的毛边书拥趸，成功策划了近百期的互动交流活动。在传承优秀文化、共建书香社会的今天，这些成绩有目共睹，这样的贡献值得推崇、值得赞颂！

古诗云：路漫漫其修远兮，吾将上下而求索。和人的成长进步过程一样，一个交流平台的发展，也会经历一些挫折和困难，受到一些误解和非议。但是，有开明的盛世，有群主的奉献，有众多毛边群众的拥护和作家们的大力支持，我坚信，“毛边党”的队伍会日益壮大，“毛边风月”群的活动会更加精彩，“毛边党员”们之间的友谊也将历久常新！文成之际，激情难抑，顺撰一联，聊表敬佩、感激与祝贺之意！

遇盛世风清月朗，爱读书尤好毛边。

（载于《参差》第6期，2012年12月23日印行）

为“毛边风月”一周年而作

[安徽]吴吕林

不知不觉中“毛边风月”群一周年了,我不是第一天就加入的,但我感觉在众多的微信群当中,它是最有趣的;有一个踏实的、勤奋的、活跃的群主;他带领我们组织了一场又一场的文化盛宴;让我们更亲近作者,更接近读书;他自己的学养和才华也在其间流露无遗。今年他更是开辟了《随感》,虽然被无聊者构陷诲淫诲盗,但所谈琐事诸多味道,一解朋友圈饥渴。

“毛边风月”群的福利、加餐、重磅、推荐都是经过群主筛选的好书,也为我们选择提供了便利;可以说无论是对读书兴趣所为何,总有一款适合你。

我的很多签名本即来自此群,而且都是毛边本,实在是有趣儿;群主也不亦乐乎,每一个星期总能鼓捣一本书来,有时候甚至有三五本,随性而为,其乐融融。

我查看《毛边风月》公众号,第一期是《岳飞长啥样》,更新时间挺有趣,2016

年2月14日,那天是西洋情人节,好似拉开了中西的窗帘,把春宫图画在了南北回归线之间;兰陵笑笑生和亨利·米勒他们会聊些什么呢?

《岳飞长啥样》的结论是:

岳飞,男,汉族,河南省汤阴县永和乡孝悌村人,1103年生,身高170厘米,体重75公斤,身体健康,面白无须,微胖,耳大脸圆。

这篇文章出自他的《大话花边历史》。

群主是很有趣的一个人,这一点贯穿毛边风月一年的前前后后;一个人,他的品格不是一件两件事情的影子掠过,而是坚持的每一件事的润物无声;是的,在群里你看他在奔走呼喊、他在宣传、他在发红包;但是他现在不在我面前,我没打开手机,我也能仿佛看到他在我对面,边教儿子吟诗边忙着包书,脑子里还有鸟儿复述他昨晚的随感,禅房花木深。

说群主其实说的也是一个群,群的趣味取决于群主;正是有他的牵头,才使得一个毛边群不离本位,总有双翼;毛边书堆积如山,散往八方;那些闻道而来的好友总是得偿所愿,老人们也都已经书富五车;一年下来,没个五六百本也有百来本了,繁荣了文化,普及了书香。

群里活跃的一些人也是蛮有趣的,我结识了很多位;虽然没有很深入去交流,但有时候只言片语总关情;如果你说你是"毛边风月"群里的,那就有一种好像我们在一床老棉被下面看同一本毛边书的温馨和美好的感觉。

群里的玩意儿还有裁纸刀、藏书票、信笺等等,这都是文人的趣味,也是读书人的福分;读书群很多,毛边群算一个;有趣的人儿多,龚兄算一个;你的书多,没有毛边本你还算不上真正意义上的读书人。

这篇东西写完以后再看好像一篇广告词，就是文辞不够火候；不过我想说的不止这些，但更可以从中看出这就是口碑。

（载于《参差》第6期，2012年12月23日印行）

遇见“毛边风月”群

[吉林]刘永平

物以类聚，人以群分。2016年9月间，我加入了一个微信读书群，由群中书友介绍，接二连三，牵五挂四，很快又加入了好几个与书相关的群。然而，其兴也勃焉，其亡也忽焉，又是很快，我高昂的兴致低落下去，陆续退出。到现在，唯余“毛边风月”一个群，依然如当初相遇时天天厮磨。群主有言，人这一辈子都是在遇见，不停的遇见，遇见未知的世界，遇见未知的他人，遇见未知的自己。而我，正是在“毛边风月”群里，遇见世界、他人、自己。

我遇见的“毛边风月”世界，正是河伯至于北海，望洋兴叹。天是那么豁亮，地是那么宽广，风月无边，毛边无涯。渺小如我，沧海一粟，九牛一毛而已。毛边是什么？毛边从哪里来？毛边到哪里去？我不知道。我只知道，在毛边群里，毛边是主角，是众人瞩目的焦点，我爱上她的样子，自然也爱上这个群。魂是那么脱缰，神是那么奔放，情是那么荡漾，心是那么浪漫。爱上了，还有必要列出理由吗？

人上一百，形形色色。近五百人的群里更是五颜六色，众声喧哗。像是在闹闹哄哄的舞厅里，听着动感的音乐，由不得我也蹦蹦跳跳，唱唱叫叫，乐呵了自己，贻笑了大方。亲身上了台，他人见了我，我也见了他人，就在互相的遇见中，从未知到已知，知道了谁是愿意与我说话的朋友。人总是厌弃孤独的，能找到这样的朋友，该是多么大的幸福。

群主又有言，时间很快，比老司机解情人的扣子还快，比隔壁老王没去男科医院之前还快。就是这么快，"毛边风月"群周岁了。贾宝玉周岁时，他老爹要试他将来的志向，将那世上所有之物摆了无数，与他抓取。谁知他一概不取，伸手只把些脂粉钗环抓来．直惹得他老爹大怒了，说他将来酒色之徒耳。那老爹却不知，贾宝玉的幸福正在这脂粉钗环之中。而我的幸福，也就在这乱头粗服之中，在这无边风月中，在这有边的毛边中。

近日多闻"不忘初心"之说，思想起群里初次搞活动是"风月无边有毛边"对联接龙。当时曾凑一联："群党雅裁求不裁，风月无边有毛边。"横批是"周而不比"。而今再提此事，也算是幸福了一年的"毛边风月"后，以示不忘初心吧。真心祝愿"毛边风月"群越来越好！毛边多多，风月多多，幸福多多！

（载于《参差》第 6 期，2012 年 12 月 23 日印行）

“毛边风月”一周年

［湖南］龚令民

倏忽又是一年，一年做不了什么事。

2017年我做了些什么，现在想来都有点模糊不清了，只记得还欠出版社两本书稿，签了合同的10月份交稿。总是太忙，忙什么，不知道。忙人的世界，闲人不懂，忙人自己也不懂。总之是欠下了。

2017年我还做了些什么，记得萌生过无数的念头，但大多未实行。客气的说，知易行难。不客气的说，语言的巨人，行动的矮子。更不客气的说，跟我聊天，浪费时间。哈哈！

另外还做了些什么？醉了无数次的酒，红的，白的，黄的，中的，洋的，究竟有多少次，我也记不清了，在酒桌上究竟出了多少丑，吹了多少牛，得罪了多少人，胡背了多少唐诗宋词，瞎编了多少情场花海、风月帘幕的故事，现在都是个未知数，认识的知道这尿性也就过过嘴瘾，不认识的还以为我不是潘安就是西门大官人。

知子莫如父!

父亲评价我有三大爱好:喝酒,吹牛,写文章。

喝酒吹牛写文章刚才都说了,逢酒必醉,吹牛没谱,写文章稀里糊涂,2017年拉的屎还得2018年来擦,想想都膈应。

不过,2017年我也认认真真地做了一些事,譬如审视自己,譬如观照人生,再譬如创建了个叫“毛边风月”的公众号和微信群。

审视自己的结果是我明白了自己的长短。

观照人生的结果是我知道了女人的深浅。

与“毛边风月”起舞的结果是我耗费了大量精力,也收获了无数天南海北的朋友,出于隐私的保护,在此就不一一点名了,略用代号意思意思。

他们分别是,内蒙的未央生,陕西的苍井空,江苏的李太白,河北的黄世仁,黑龙江的牛魔王,上海的扈三娘,四川的笑笑生,广东的波多野结衣,天津的王二小,北京的红孩儿……

一年过去了,这群朋友要我做点事,我说那就编个册子吧,于是众人拾柴,就成了现在的规模。感谢每一位来稿的朋友,也感谢一年来不离不弃众群友。没有你们的支持,就没有这本小册子的面世。老婆是别人的好,当着老婆的面,我不敢说。儿子是自己的好,当着儿子和老婆的面,我都敢大声地对全世界说。当然前提必须是亲儿子,隔壁老王偷梁换柱的不算,隔壁老刘李代桃僵的也不算。

前几日,我和老王、老刘在我们家小区楼下三号草皮左边垃圾桶旁的石凳上开了个神仙会,我们从叙利亚危机到一带一路,从台海现状到供给侧改革一路神侃，最后得出的一致结论是：微信是个好东西！

理由有三：

一、他让老王和小张发生了一夜情。

二、他让老刘2017年成功的抢了前妻80多元红包，解了前妻曾经乱花钱的心头之恨。

三、他让我认识了刚才点过名和还没来得及点名的无数朋友。

最后我想说，谢谢各位的关照支持，祝你们永远开心，幸福！就像老王和老刘一样。

2018年3月2日

（载于《参差》第6期，2012年12月23日印行）

编者私语

《参差》已满三周岁。就像谁家生养了宝宝，都会邀请亲朋好友喝满月酒、贺百日诞一样，振良先生也热忱地祝祷《参差》三周年，并且信心满满地约来极大部分文章，编成《参差》三周年史料性文集，列入《问津四雅》公开出版，兼为问津书院揭牌五周年之纪念。这番好意当然是值得珍视的，我欣然颔首称许之余，亦略尽绵薄，共襄其成。

一

回想青春年少癫狂时，我也做过文学梦——不自量力地想着将来要当文学家，做新闻记者。当然，有梦不是什么坏事。但梦与现实毕竟还遥隔着千山万水，有梦还只是万里长征跨出的第一步。好在因为有梦，我的第二个梦想，在大学中文系毕业后不久,很快就实现了。作为省级主流媒体的新闻工作者,采访、写稿与发片是日常必须做的“规定动作”。我的定位也很明确,就如同到处寻找蜜源只顾采蜜的蜂儿,对于文学或其他文字之事,已经完全无暇顾及。

当然,自己要编一份杂志的想法的确有过,就是在我刚从事记者工作之时,由于还缺乏电视新闻采访实践方面的基本经验,于是大胆地设想在同人中创办一份有关电视新闻业务的小型手抄杂志,相互交流总结各自的采访经验与体会。可惜这个良好的愿望一经提出,就被我所敬重的前辈领导也是我的顶头上司劝阻了。那时还是20世纪80年代中前期,人们的思想观念还被许多僵化的“阴影”笼罩着,这位在广播与电视新闻实践中摔打成长起来、在新闻业务方面绝对在行的前辈领导,是出于对我真诚的关心与爱护,才委婉诚恳地加以劝阻的!

二

其实,在我高中毕业踏入社会之初,就曾在乡政府(当年叫作公社)自己采访、自己编辑、自己刻版(蜡纸)、自己油印(纯手工操作的滚轴式油印机)、自己分发过好几期农田水利建设工地的《河工战报》。以同样的方法,我还编印过《文艺汇演》等文娱演出资料集。

尽管这些仅仅是我编辑工作“最初的实践”,但至少可以说明,从那时起对文字的编辑印发,我就已经不陌生了。某种程度上,我对文字的编辑还有那么几分喜欢的成分。在大学读书期间,我还阴差阳错地兼做了四五个学期的学校广播站编辑,甚至直到大学毕业,我的理想职业选择之一,仍是去文学杂志社当编辑,或者去出版社当文学编辑（可惜在当时分配的单位中，并没有这样的职位可供选择）。由此，已足见当年的我对于文字编辑之事，是怎样的痴迷与钟情了！

三

进入新世纪之初，我在工作之余，开始关注毛边书，对相关资料进行了搜集与爬梳。在多位师友的怂恿、激将与支持下，我在进行有益与必要探讨的同时，陆续选辑编撰出版了《毛边书情调》《百年毛边书刊鉴藏录》《中国毛边书史话》等书，这些都为"毛边党"的卷土重来，为毛边书的重新流行，为毛边书在当代阅读、鉴赏与收藏热的出现，起到了推波助澜的作用。

这些专题著作的面世，引起了国内纸质媒体的关注。诸如《藏书报》《文汇读书周报》《华西都市报》《扬子晚报》《江海晚报》《温州读书报》《点滴》《芳草地》《书香两岸》《开卷》，以及《包商时报》《悦读时代》《清泉部落》《日记杂志》等近二十家报刊，或专题采访，或评介传播，刊出关于这些毛边书著作及我对毛边书见解的报道，从而使毛边书真正成为不少读书人关注的一种图书版本形式与收藏新宠，使毛边书知识得到了更高程度的普及，不少出版社的编辑也开始重视毛边书的印造。更多的读者则被毛边书的独特魅力所吸引，深深地爱上了毛边书，成了新的毛边党。

在这种情势之下，如何让真正喜爱毛边书的"毛边党"有个共同交流切磋的窗口或平台，成了毛边书研究探讨者共同关注的话题，于是我就想到有必要创办一份关于毛边书的小刊物，使毛边党能够有机会展示他们的毛边书收藏，交流对毛边书的感悟以及对于毛边书制作、形制的意见，探讨中西毛边书的审美价值等。正是在这样的背景下，创办杂志的事开始逐步酝酿。

四

不过，从有办刊想法到2015年5月《参差》正式面世，其间经历了长达八年的过程。

民间办刊在有了好的创意之后，最重要的无疑是得有属于刊物自己的作者团队与办刊经费，两者缺了哪一方面都难称完美。常言所谓“兵马未动，粮草先行”，要把一份刊物办起来，必须得有起码的财力作为基本保障。在费用筹措无着的情况下，即使是一份支出无多的小刊物，也是很难办起来的；或者即使勉强办了起来，也会很快难以为继！

2014年秋冬之交，我与天津问津书院王振良先生在电子邮件往来中，有意无意地谈及想为毛边党办一份小型期刊的设想，很快得到王振良先生的积极回应。经过几个回合的商议，谈定问津书院承担刊物印制费用，排版事务则由振良先生义务完成；至于稿费，恰巧有位从事三产的儒商朋友愿意给予支持。就这样，经过几个月时间的筹备，一本崭新的关于毛边书的小型期刊顺利诞生！创办的详细过程，振良兄与我合撰有《更添碧柳郁参差——毛边文化小刊〈参差〉诞生记》（见本册卷首），此处不再赘述。

遗憾的是，因企业界朋友经营上的困难，从《参差》第五期开始，稿酬之事已落空无着。

五

创办《参差》与编辑《参差》的过程，我感到特别幸运，如同我当年从事有关毛边书著述时遇上严晓星先生、陈学勇教授、徐雁教授、张跃进总编辑、黄政一主任、黄妙轩总编辑、张阿泉首席编导等贵人一样幸运！

首先是与王振良先生的合作，是一件令人愉快的事情。振良先生的本职工作本来不轻松，但他精力充沛而且谨慎勤勉，以极大热情全身心地投入自己钟情的天津文化事业，致力于做实事、做大事、做有益于地方文化发展与积累的好事。振良先生策划主编的《问津文库》，是一项功垂后世的浩大文化建设工程。他为此付出的心血与汗水，已经结出了累累硕果，一步步完成了宝贵的文化积累。《参差》琐碎的编印校订事务，在他众多的工作中，在他极长的编辑战线上，也许只占极小的一部分，但他照样一丝不苟。尤其令我感动的是，无论怎样繁忙劳碌，他都要应我之约，为每期的《参差》撰写一篇“编后记”。振良先生的“编后记”多从全民阅读的宏观视野，对毛边书现象的存在，从不同角度作理性的思辨与细致的阐述，尽管“编后记”篇幅不大，却成为每期《参差》的亮点之一！

再说诸多前辈师长的屈尊支持与捧场，或吟诗题词，或撰文护持。锺叔河先生是当代著名的出版家、中西文化交流史研究专家，又是博古通今的编辑家兼作家，近见朱晓剑先生对他的访谈中，锺先生再次对《参差》予以夸赞：“今天的毛边刊物《参差》则是一番新气象，让我们欣赏到毛边书的不同风味。”这令编者不禁感激莫名，也惭愧万分，只有据此要求更加努力完善。回想《参差》创刊之际，锺先生用快递给编者寄来他感慨于把原拟《毛边党人》改成《参差》刊名所作的打油诗墨迹(刊于《参差》创刊号封二)。尽管锺先生说他性子急,读不了毛边书,但他真诚地尊重嗜好毛边书的朋友,他的多种著作都印制过至为精致美观的毛边本,编者也有幸多次获得先生宠赐的毛边题赠本。

已于年前在上海作古的丁景唐先生,在对待毛边书的态度上,与锺先生有惊人的相似之处。丁老也不嗜好毛边书,但他 20 世纪 80 年代初却在全国率先依据鲁迅生前悉心印造的毛边本原书,公开仿制出版了堪称当代毛边书经典之作——某种程度上比原书更为精美的《鲁迅杂感选集》!《参差》创刊后,丁老不仅欣然应允列名担任刊物顾问,而且委托韦泱先生给编者寄来新著,并以在《参差》刊发其新书"序言"的实际行动来表达倾力支持与赞赏。

六

《参差》是一份小刊物。刊物篇幅小,但并不等于可以形式单调;刊物规模小,也并不等于可以内容无趣。《参差》的四封,专门用重磅优质白报纸彩色印刷,增加了读者视觉上的美感,已出六期的封二、封三,刊载过姜德明、锺叔河、陈子善、李心田、王稼句、徐雁、薛君舟,以及已故师长来新夏、丁景唐、李高信等名家的题词、书信、书法等作品。

再以《参差》的刊名为例,封面统一使用王振良先生委托唐文权先生设计的红黄蓝三色艺术字,并加注了刊名的汉语拼音;而内封面亦即目录页上,编者采用"集字"的形式,把现当代名人的手迹用作《参差》的刊名,每期一换,同时在名人手迹上端,加上英文刊名“毛边书爱好者”(Uncut-book lover)。《参差》的第一至六期,已经先后刊出鲁迅、周作人、蔡元培、巴金、程千帆、丁芒等先生的墨迹,以后还将刊出孙犁、邓云乡等现代名家的手迹,以飨读者。

诚然,一份刊物的外在形式必须要美,而更深层次的美,乃是刊物的内容必须扎实厚重而又趣味孔多。作为《参差》的编者,沈文冲何德何能,而能获得众多毛边书关注者、爱好者的垂青,如丁景唐、姜德明、钟叔河、王观泉、王世家、李高信、陈学勇、陈子善、薛冰、谭宗远、龚明德、王稼句、徐雁、王振良、桑农、子张、李树德、朱晓剑、刘运峰、武德运、卢润祥、陈克希、卢礼阳、韦泱、吴震宇、阿滢、汪一方、严晓星、罗文华、董宁文、王成玉、曾纪鑫、马旷源、吴浩然、安武林、孙卫卫、夏春锦、杨栋、自牧、徐明祥、于晓明、袁滨、安健、夏雷鸣、范永生等专家、学者、诗人、作家、教授,还有海外华人作家方然和芊华等,都给《参差》小刊寄赐过墨宝或文字!正是前述名家的作品惠予,还有众多普通作者的文章,共同为《参差》支撑起一片属于自己的朗朗清明的天空,从而成就了小小《参差》的今天。

七

陈子善先生对毛边书的嗜好,在当代为数不多的著名新文学研究学者里,绝对是独一无二的。子善先生最近二三十年来,从海内外搜集的新文学毛边书之富,在国内同行中恐怕是绝无仅有的!但这似乎还远远不够,更为重要的是,子善先生非常乐意把自己的珍藏,挥洒自如地精心结撰成文,奉献给新老毛边党朋友分享。《参差》创刊前,编者邀约子善先生为小刊撰稿,他不仅欣然允应,还主动提出开设专栏“我收藏的毛边本”，令编者喜出望外。《参差》问世三年来，子善先生所叙述的毛边书无一不是珍稀版本，行文严谨，考订精密，又有故事，娓娓道来，引人入胜，真可谓是篇篇精彩，隽永耐读，深得毛边党的青睐！

近年来，与毛边党关系密切而又甘愿徘徊于“党外”的陈学勇教授，也是著名的现代文学研究专家与作家，他对现代才女作家创作与生平的研究独树一帜。就他允诺列名《参差》顾问一事，陈先生风趣地说，这像是议会需要反对党一样。也许学勇教授只是遵循“君子不党”“朋而不党”的古训，因而不愿加入毛边党吧。作为现代文学研究者，他对毛边书话题从来都是十分关注的，我们甚至可以说，他在党外比在党内发挥的作用或许更大！当年如果没有陈教授的怂恿与激将，极可能就没有编者探讨毛边书的几种撰述问世，也就不会有《参差》小刊了。尽管陈教授不希望我在毛边书这片小园地里恋得太久，而是可以做些别的更有价值的事情，但在我编辑《参差》的过程中，还是能时时感受到他对小刊的温馨关爱与浓浓暖意。

八

倡导“书香社会”和“全民阅读”的著名阅读学专家徐雁、著名作家王稼句两位先生，都是《参差》真诚热忱的支持者。每当编辑《参差》遭遇困惑或难题时，只要编者发出紧急求助，两位都会毫不吝啬地拨冗施以援手！

《参差》创刊号上的开篇之作，就是出自稼句先生手笔的美文《美人参差》。《参差》第一期封三刊出了徐雁先生题词：“参差美与整齐美，并美书林学海间。”

当《参差》第三期封二眼看要开天窗时，一个“救场”信息发出不久，稼句先生就以EMS形式及时寄来珍贵的墨宝，是其书于宣纸上的宋末元初思想家邓牧《寄友》中的句子：“明月可望，佳人参差；笑言何时，写我相思。”这些真诚友好的帮助，都叫人没齿不忘！

九

在当代毛边书的编辑印造过程中，尤其是20世纪80年代以来，除了老一辈的作家、学者和出版家，如唐弢、丁景唐、王观泉、王世家、姜德明、朱正、黄裳、锺叔河等先生之外，在当代中青年出版人和学者中，龚明德先生和徐雁先生绝对算是对此有特别“文化自觉”的两位学者。

任四川文艺出版社编辑时，龚明德以印制姜德明先生《余时书话》毛边书为起点，七八年间推出《董桥文录》《新文学散札》《凌叔华文存》《红楼梦宝藏》《文坛登龙术》《前辈先生》等七八种极具影响力的规范出彩的地道毛边本。龚先生“做”出的这批毛边书，受到毛边党的大肆追捧。因为有了这些实践，他说过一句切身体会的殷殷名言：谁要是做毛边本，不说“做毛边本”，而说“留毛边本”，那是外行。正因如此，我约请龚明德先生为小刊撰写他当年如何精心制作地道、规范、精美毛边书的文章，龚先生欣然允应，即使事情再多再忙，他都会如期交稿。

徐雁教授近二十年间，成功领衔主编刊行了“华夏书香丛书”(陕西师大出版社1988年版)、“凤凰台笔丛”(江苏教育出版社2001年版)、“书林清话文库”(河北教育出版社2004—2006年版，分为三辑)三种大型书话丛书。最近三四年来，他又策划主编了“全民阅读书香文丛”(上海科技文献出版社 2015—2018 年,分为五辑)。这些书每种都制作了毛边本。编者有幸承其宠赐第二辑全套六册毛边书,还是当面逐一钤印的题赠本,真的令我感觉如沐春风一般惬意!

2016 年元旦刚过,在《参差》第二期准备付印之际,临时决定增出“高信先生纪念特辑”。与龚明德教授一样,徐雁教授在得悉高信故去后一周内,不顾外出讲学归来车马劳顿,很快就赶写出饱含深情的回忆文章《默默劳作的“护花使者”——从李高信先生的读书随笔集说起》,确保了“纪念特辑”如期刊行。当然,徐雁教授播种书香之余,拨冗为本册赐序,也是要万分感谢的!

十

在我的印象里,谭宗远先生是以悉心编印《芳草地》杂志而闻名于读书界的。其实,谭先生不但文学功底深厚,文字考究,写得一手好文章,出版过多本散文与书话著作,而且有着很高的艺术表演天赋,经常参与话剧演出,还出任过“五个一”工程话剧评委。他的胞兄谭宗尧,在北京人民艺术剧院几乎是与于是之先生齐名的大腕,然而天妒英才英年早逝,令谭宗远先生伤痛不已。由此可知,谭宗远先生是位集作家、编辑和话剧表演于一身的多才多艺的人物。

谭先生自己说,他不喜欢毛边书,至于为什么不喜欢他没细说。不过,有一点不能不说,尽管不喜欢毛边书,却并不妨碍他编的《芳草地》以及自己出的书做毛边本。《芳草地》从创刊到休刊的十三四年间,共出版 64 期,谭先生始终没有忘记为毛边党们做毛边本!杂志毛边本做得称心满意的时候,谭先生还不无得意地觉得"与有荣焉"！因此，当我约请谭先生撰文，谈谈如何做《芳草地》毛边本时，谭先生很愉快地答应了。谭先生自己的书——《风景旧曾谙》《卧读偶拾》《文人影》等，也都做了数量不等的毛边本，其中迂回曲折的故事，谭先生也以给编者回信的形式作了简要回顾与叙述。

令人欣喜也值得庆幸的是，今年《芳草地》又复刊了，虽然引入了新人，但继续由谭宗远先生担纲主编。

十一

作为《参差》的编者，三年来我陆续约请过董宁文、杨栋、孙卫卫、桑农等作家和学者，请他们谈怎样做自己编辑、创作、翻译作品的毛边书。他们都根据各自实际，给予热情回应并拨冗撰文，或详或略地叙述了有关情况。

客观地说，董宁文先生十几年间以《开卷》杂志为依托，组织编辑印行了多达百余种的"开卷"系列图书，每种几乎都做有毛边本——这些毛边书大都做得地道美观，而且有的还带几分创新的意味。譬如大 32 开本的"兰阇文丛·开卷书坊"(青岛出版社 2016 年版)首辑收的三种毛边本《爱书者说》(桑农)、《拾叶集》(薛冰)、《雅线意彩》(王晓丹)；又如小 32 开本的"开卷书坊"第二辑和第四辑(上海辞书出版社 2013 年、2015 年版)纸面小精装的十九种毛边本。至少以我的眼光看来，这些毛边书几乎已经做得尽善尽美，即使是对毛边书要求特别高的毛边党人，恐怕也会觉得无可挑剔吧！宁文兄是一个愿意费尽心思，极力把一件事情做到极致臻于完美的作家与出版人。

与湖南长沙作家兼藏书家彭国梁先生一样，山西沁源著名作家杨栋先生也是读书界少数几个拥有自己藏书楼的人之一。作为“梨花楼主”的杨栋先生，三十多年来创作和编辑的各种图书，几乎都留有毛边书，把他称之为真正的爱书人和“铁杆”毛边党一定不会错！杨栋兄多才多艺，创作勤奋，才华横溢，不仅小说、散文、诗歌及书话写作硕果累累，近年还对绘画尤其是漫画创作产生极浓的兴趣。他也是《参差》撰稿者中难得的积极支持者之一。

十二

编辑《参差》的过程，也是我与素所钦佩的师友沟通交流、增进了解、加深情谊的过程。三年前，天津之夜在海河游船上与子张教授倾心交谈，不仅赢得了一诺千金的子张教授大作，之后还收获了印造数量极稀的其大著的签名毛边本。子张教授深厚的学养与行文的隽永、文字的明朗，也是编者一直敬佩的。他的学术成就不屑于以学院式的高头讲章展示，而是以散文随笔或者以小品文的形式奉献给高品位的爱书人。

与上海陈子善先生相似，芜湖的安徽师范大学教授桑农先生，是学者之中的少数毛边党之一。应编者之邀，桑农教授不单写了自己著译毛边书状况的《毛边本自述》，并且因为编者的“紧追不舍”，还撰写了记述朋友赠给他的毛边本的《毛边书编年录补遗》。桑农先生是真正嗜好毛边书的毛边党，早在拙编《毛边书情调》面世不久，他就关注到毛边书发展的动态进程，并在《藏书报》上以独有的敏锐与热情撰写专题书评，向毛边党推荐这本略具“毛边书小百科”意味的毛边书专著。

寓居浙江桐乡的后起之秀夏春锦先生,无疑是学界一颗明亮闪烁的新星。夏先生工作之余,除了主编《梧桐影》杂志及“梧桐影文丛”之外,还与诸暨周音莹女士共同策划主编了“蠹鱼文丛”。他对毛边书的喜爱,似乎是与生俱来的,并且他对毛边书文化有着明晰的领悟,对毛边书形式有着透彻的理解,无论杂志还是“丛书”,夏先生都用心做了少量毛边本,我欣慰能入其法眼而获赠相应的毛边书刊。尤其是在木心研究方面取得的成果,使夏先生名闻遐迩,令人钦敬!

十三

孙卫卫先生是著名儿童文学作家,可喜的是尽管他对毛边书没有特别嗜好,却对毛边书的价值与意义看得格外清楚:“我一直觉得毛边书适合收藏,不适合阅读。拿到一本好书,火急火燎想往下读,却要一页页去割开,岂能不急?……朋友以后寄我毛边书,顺道寄一本普通本。……毛边本是书的一种呈现形式,书珍贵,(做成)毛边书自然珍贵;书一般,(即使)毛边书收藏的意义也不大。”这是他因应编者之约所写短文《关于毛边书》中所说的话。

很显然,作为作家的孙先生,同时也是一位喜欢读书的藏书者,与编者有同好,所以很荣幸地把他引为“同类”。当然也还有一层,孙先生与编者同是南京大学中文系的校友。我记得,母校中文系曾明确声言是不培养作家的(专设的作家班除外),看来孙卫卫兄是个特殊的例外了。我读孙兄的大作,的确觉得其心灵有如赤子般纯洁美丽,他的作品语言明净隽永,处处呈现出少年儿童的天真与活泼，是个天生的儿童文学作家的“料”。他的作品一部部面世，并且屡获全国优秀儿童文学奖、冰心儿童文学新作奖等，这应是质量最有力的明证。孙先生出版新书时，总不忘留毛边书以飨同好，至少可算是毛边党的得力“同盟军”！

十四

陈克希先生是旧书业界杰出的有作为者。他是上海博古斋古旧书刊首席标价师，通俗地讲就是古旧书刊鉴定的“老法师”。他以“虎闱”笔名先后出版《旧书鬼闲话》《旧书鬼闲事》两本著作，在旧书刊爱好者中有着极大的影响。尽管在旧书业界跋涉了大半辈子，经手的旧书刊不计其数，但虎闱先生对编者的毛边书研究以及编辑《参差》杂志，仍能保持一种充分肯定与赞赏、支持的态度。报刊揭载的评介编者所撰毛边书著作的文字，虎闱先生一旦读到，觉得有可取之处就会来电肯定，循循善诱，鼓励有加。

在近现代旧书刊鉴藏方面，虎闱先生有着丰富而宝贵的经验，但他从不自以为是，好为人师。他的文章，都是源自实践经验的总结提炼，文字质朴而内涵丰赡。在上海图书公司旧书店工作时，他经手的毛边书刊一定不在少数，然而因当初“购买毛边书的错误理念”，导致了他并不怎么收藏毛边书——也许是经眼太多，一般的根本看不上。最近虎闱先生在《参差》第六期刊出《若即若离毛边本》一文，果然出手不凡。此文介绍的其收藏的七种民国毛边书里，有六种都为 1929 年至 1931 年刊行，均是民国毛边书鼎盛期的新文学书籍，弥足珍贵。《参差》今后当以能够继续刊发虎闱先生叙述所藏毛边书的文章为荣。

十五

上海韦泱先生是诗人,更是著名的书话作家,同时还是一位值得信赖、热心助人、做人低调的朋友。在《参差》刊发的稿子中,有多篇得益于韦泱先生的奔波。韦泱先生与当代诸多杰出的诗人、作家、学者有交往,藏书丰富而又有极高的质量。韦泱先生出版的著述,不仅有诗集(如《金子的份量》),更有书话与怀人叙事、充满人文情怀的著作。近几年来是韦泱先生著述的丰收期,除了《百年新诗点将录》外,还有《纸墨寿于金石》《人与书渐已老》《跟韦泱淘书去》《淘书路上》《书丛人影》等问世。韦泱先生对《参差》的支持,不仅体现在应约撰写有关毛边书的美文,还一再为办好刊物出谋划策,提出他的主张与意见。这一切都令编者感到朋友深深的温暖。

与韦泱先生一样,上海资深编审卢润祥先生也是《参差》的热心读者与支持者。卢老真心喜欢《参差》的风格及内容,尤其欣赏《参差》的封面设计。他为给《参差》撰写《丁景唐先生谈毛边书》文稿,多次往访丁老,不辞辛劳地核实细节,纠正误记,一丝不苟,令人感动。文章刊出后,卢老明确声明却酬。卢老"是一个从年轻时就搞《辞海》修订本工作的人,直至第六版,虽已退休,仍参与审读并列名为'主要编辑'"。卢老因为喜欢毛边书,所以忍不住去查《辞海》,"可惜!竟没收录'毛边书'一条,因向《辞海》编纂处提议补收"。除此以外,卢老还向沪上文化出版界的知名人士与主流媒体的副刊编辑等积极推荐《参差》,体现了老一辈文化人弘扬毛边书文化的历史责任感与使命感。

十六

作为英语教授的李树德先生，绝没有囿于自己的学科范畴。他对中外语言文学注入的热情，远远超越了编者的想象。从惠予《参差》的大作来看，他的字里行间都透露出对生活的热爱，对友朋的坦诚。李教授在西方毛边书方面有着广博知识，条分缕析，娓娓道来，令编者刮目相看，眼界大开。李教授并不因为《参差》刊物太小而嫌弃，一再赐以有趣而又高质的文稿，使编者在精神上受到鼓舞，真正找回和感受到"吾道不孤"的满满自信。

编者的同道——江苏无锡的安健先生，是鲁迅毛边党的"铁粉"。安先生特别嗜好毛边书，近年写有多篇关于毛边书的文章在《参差》及其他报刊揭载，自己也珍藏了不少珍贵的毛边书。更有意思的是，安先生还以自己对毛边书的嗜好，设法让好的图书与好的刊物都做毛边本，如严克勤先生著《仙骨佛心——家具、紫砂与明清文人》毛边本、刘大石先生创办的大型期刊《中国书房》第一至三期毛边精装本，就是因为有安健先生从中周旋而得以完成的。多承安先生的厚爱，替我谋得《中国书房》创刊号精装毛边本一部，我却迄今未能找到一种适当的方式予报答。

十七

吴震宇先生是我所知国内唯一专门策划和实施给新印老版连环画做毛边书

的倡导者与实践者,他的上海连艺文化传播有限公司,还是中国非物质文化遗产连环画项目保护责任单位。不过,我更关注的是近十年间他精心印造的一批新印老版连环画毛边本,诸如上海学林出版社的老版新印连环画毛边本《两汉风云——通俗前后汉演义》三十集、《隋唐英雄传》四十四集、《南宋风云录》十集等,品种有上百种之夥。其中《隋唐英雄传》和《南宋风云录》等,还是殊为别致的上下两册不同内容构成的双联毛边本。

大量的连环画毛边本,吴震宇先生都亲自下厂督印,精益求精,有些品种吴先生干脆自己动手,做成精美绝伦的涂金边或赤橙黄蓝色边的涂顶毛边连环画,如"爱看连环画"系列中的《一头小猪》《新队员》《两个少年音乐家》等,都是天头涂色的毛边本,其中《表扬》还做出四种不同样式的毛边本。这些珍罕稀少的连环画毛边本,见了真是让人羡煞!今后,《参差》拟对这些独一无二的毛边本连环画有选择地披露介绍。

十八

近两年来,因为成功主编《掌故》杂志而在读书界声名鹊起的严晓星先生,其实还是从事古琴文化研究、挖掘与整理的著名学者,并已取得令古琴界瞩目的成果。十多年来,他不单出版了个人著作,诸如《近世古琴逸话》《梅庵琴人传》《民国古琴随笔集》《七弦古意:古琴历史与文献丛考》以及《金庸识小录》《条畅小集》等,同时还策划主编并出版"现代琴学丛刊"多种,如《历代琴谱过眼录》《松庐琴学丛稿》《琴学存稿:王风古琴论说杂集》《古琴演奏法》等。作为《参差》的编委之一，严晓星先生自始至终关注着《参差》的发展，本刊开展过的“我是怎样喜欢上毛边书的”征文活动，就是出自严先生的提议。这样的征文活动，相信新老毛边党都有话要说。根据编辑计划，在第七期或第八期《参差》上，拟仿此再搞一次“我最珍爱的毛边书”征文活动，衷心希冀毛边书爱好者踊跃参与！

十九

说了很多帮助和支持《参差》的人，最后还得回到这册纪念集自身。本册所收文章，根据内容别为六个部分：一是碧柳参差，收录《更添碧柳郁参差——毛边文化小刊〈参差〉诞生记》长文，是我与王振良先生所撰，比较详尽地记录了《参差》问世的过程；二是佳人参差，收录各期《参差》的“卷首语”“编后记”，还有截至目前全部六期的目录，大体可看出《参差》之编辑思想、操作流程和主要内容；三是风雅参差，为师友对《参差》的社会价值和文化意义之追索；四是素颜参差，展示读者翻阅《参差》的独特观感与审美体悟；五是毛边参差，缕述《参差》之前成都傅天斌先生及毛边书局和《毛边书讯》对毛边书文化的开拓；六是风月参差，记录《参差》之后吉首龚令民先生及“毛边风月”微信群和公众号对毛边书文化的弘扬。从《毛边书讯》到《参差》，再到“毛边风月”，大体可以看出二十年来民间对毛书文化的认知研究过程以及传播手段变迁。

拉杂写下这许多，仍只能是挂一漏万。就此打住，是为编后之记。

沈文冲　2018 年 6 月 19 日于杭州西子湖畔